U0568840

守望者
The Catcher

阅读　你的生活

DANUBIA
A PERSONAL HISTORY OF HABSBURG EUROPE

漫步中欧历史
三部曲
I

多瑙河畔
哈布斯堡欧洲史

〔英〕西蒙·温德尔 著
（Simon Winder）
郑玲 译

献给玛莎·弗朗西斯

在文明的国家里,什么是"众所周知"的,什么是人们"该去知道"的,是个伟大的谜题。

——索尔·贝娄《耶路撒冷去来》

胖子志愿兵滚到第二条草垫子上接着说:"肯定的,这些事总有一天会了结的。这种情况是不能永远维持下去的。往猪身上使劲添荣誉,最后都要垮台的。"

——雅洛斯拉夫·哈谢克《好兵帅克》

奥地利皇帝

匈牙利使徒国王

波希米亚、达尔马提亚、克罗地亚、斯拉沃尼亚、加利西亚、洛多梅里亚和伊利里亚国王

耶路撒冷国王等

奥地利大公

托斯卡纳和克拉科夫大公

洛林、萨尔茨堡、施蒂里亚、卡林西亚、卡尔尼奥拉和布科维纳公爵

特兰西瓦尼亚大亲王

摩拉维亚边伯

上下西里西亚、摩德纳、帕尔马、皮亚琴察、瓜斯塔拉、奥斯威辛、扎托尔、泰申、弗留利、拉古萨和扎拉公爵

哈布斯堡、蒂罗尔、基尔堡、戈里齐亚、格兰蒂斯卡帝国伯爵

特伦托和布雷萨诺内亲王

上下卢萨蒂亚和伊斯特里亚边伯

霍恩埃姆斯、费尔德基希、布雷根茨、松讷贝格伯爵等

的里雅斯特、科托尔和温蒂茨马尔克领主

塞尔维亚总督区大总督……

1867年后,弗朗茨·约瑟夫一世拥有了上述头衔,有些只是大胆的宣称,而非实际所有权的体现。

序　言

《多瑙河畔：哈布斯堡欧洲史》记录了发生在欧洲大片土地上的历史，这些土地都曾属于哈布斯堡家族。这个故事始于中世纪尾声，一直延续到第一次世界大战。战争结束后，哈布斯堡帝国分崩离析，家族成员四散奔逃。

哈布斯堡家族经历过荣耀，也经历过混沌，狡诈和好运气让这个家族有了格外悠久的历史。所有帝国的延续多少都要靠几分偶然因素，哈布斯堡帝国尤为如此。这个家族虽然遭遇过绝嗣、疯癫和死亡，但还是将一大批王国、公国、各式马尔克①和郡县收入囊中。

---

① 原文为德语 Mark，英语为 Marcher，古英语为 March，音译为"马尔克"，即边疆区。——译者注

从北海（North Sea）到亚得里亚海（Adriatic），从喀尔巴阡山（Carpathians）到秘鲁（Peru），这个家族的统治覆盖了大片疆土，其治下的重镇也遍布欧洲各地，但家族的统治核心始终位于多瑙河（Danube）流域。这条大河流过今天的上下奥地利州（Upper and Lower Austria），帝国将第一首都设在维也纳（Vienna），其后，皇室家族成员在布拉迪斯拉发（Bratislava）加冕为匈牙利国王，而布达佩斯（Budapest）后来也成了帝国的重要首都之一。

四个多世纪以来，欧洲历史上每一个具有重大转折意义的事件中都能看到哈布斯堡家族的身影。对于数百万现代欧洲人来说，他们使用的语言、信仰的宗教以及城市的风貌和国家的边境竟是由哈布斯堡这个现今很难被人记起的家族及其过去的争吵、奇想和马后炮般的反思决定的，真是令人不安。但他们又是中欧的卫士，抵御了一波又一波奥斯曼土耳其人的进攻。他们坚决干预了新教的传播，但又在种族民族主义盛行的 19 世纪欧洲——虽然很不情愿——成为包容性的典范。他们和几乎所有非家族治下的欧洲地区建立了婚姻或军事关系。在大多数欧洲国家看来，哈布斯堡家族经常变换的形象令人迷惑，他们有时是坚如磐石的盟友，有时又成了一群反基督徒。事实的确如此，哈布斯堡家族巨大的影响力和复杂性几乎涵盖了所有的人类行为领域，已经超越了道德判断的范畴。

16 世纪上半叶，哈布斯堡家族几乎统治了整个欧洲——土地扩张的速度之快连盾徽设计师们都要跟不上了——似乎预示着欧洲即将像中国一样，形成一个大一统的帝国。然而，众多因素联手摧毁了查理五世（Charles V）的霸权，抢掠来的领土也让他受困于相互矛盾的诉求。1555 年，查理不得不违心地将他治下庞大的领土一分为二：以新都马德里（Madrid）为中心的领土分给了他的儿子腓力二世（Philip Ⅱ），以维也纳为中心的领土分给了他的弟弟斐迪南（Ferdinand Ⅰ）。以此为转折点，我的故事将继续围绕斐迪南的后代展开，但他们的马德里亲戚也会时不时地闯进来，直到他们的统治在 1700 年以可怕的绝嗣告终。

在写作上一本书《日耳曼尼亚：德意志的千年之旅》（*Germania: A Personal History of Germans Ancient and Modern*）时，我偶尔会由于焦虑陷入恍惚，因为我知道自己在耍花招。除了几处任性的例外，我将上本书的地理范围严格控制在今天的德意志联邦共和国境内。这虽然让我保持了叙述上的连续性，但从历史角度看无疑是可笑的。这样的叙事结构无疑和我的论点相悖，即"德国"只是一个新近创造出来的国家，是在若干混乱的中小型封建制国家包围下的一块土地，而后者恰恰是欧洲的主流。在神圣罗马帝国皇帝的保护下（虽然只有为数不多的皇帝成了公认的明君），数百个争议不断的管辖区得以存在了一千年。在帝国存续的最后 350 年里，皇位几乎一直被哈布斯堡家族的资深成员把持。他们之所以能当上皇帝是因为他们本身就控制了大片土地，实际上，在不同时期，他们的领土涵盖了部分甚至全部 19 个现代欧洲国家[①]。这就意味着他

[①] 这 19 个国家以英文国名首字母顺序排列分别为奥地利、比利时、克罗地亚、捷克共和国、法国、德国、匈牙利、意大利、列支敦士登、卢森堡、荷兰、波兰、罗马尼亚、塞尔维亚、斯洛伐克、斯洛文尼亚、西班牙、瑞士、乌克兰，以及几乎西班牙海外帝国的全部。在查理五世的儿子腓力二世执政时期，家族开始统治葡萄牙帝国和西班牙帝国，对后者的统治时期更长。

们拥有足够的经济和军事实力,可以名正言顺地成为皇帝。但同时,这也意味着他们必须要一心多用:既要管理神圣罗马帝国境内的广袤领土(比如今天的奥地利共和国和捷克共和国),又要为克罗地亚甚至是墨西哥这样不相干的地方费心。因此,有人认为,统治上的一心多用是推动欧洲政治史发展的主要动力。

哈布斯堡家族是欧洲最持久、最强大的王朝家族,从远在现代德国领土之外的地方统治着日耳曼尼亚的世界。他们的故事错综复杂,不容忽视,仅在《日耳曼尼亚:德意志的千年之旅》里顺便提及是远远不够的。哈布斯堡家族深刻地影响了整个欧洲,但欧洲历史上许多"重大事件"的发生,除了源于家族的主动出击外,也与他们的无能和显而易见的软弱不无关系。事实上,令人难以置信的一点在于,家族中虽然出了那么多糊涂或无能的皇帝,但被扫进垃圾堆的竟是无数凶残的对手,哈布斯堡家族则得以缓缓前进。他们凭借着没来由的好运气和短暂迸发的活力,扛过了一连串无法掌控的事件,直到被拿破仑击败。接着,他们又迅速更改了皇帝的头衔,巧妙地让自己成为如今所谓"哈布斯堡帝国"的皇帝,这就意味着帝国变成家族的私人财产,依旧是仅次于俄国的欧洲第二大国家。就这样,家族又跌跌撞撞地走过了一个世纪,直到在第一次世界大战中作为同盟国(Central Powers)的一员遭遇惨败。这个意外形成的帝国以如此意外的方式终结,给后世造成了巨大影响,甚至在今天还能感受到它的余波。我在书中提到了这一点,但我的叙述以1918年作结,是因为帝国分裂后形成的国家走上了不同的道路。

本书不如《日耳曼尼亚:德意志的千年之旅》般轻松。来到莱茵兰（Rhineland）的城市，你能清晰地感受到，这些城市虽然在20世纪饱受（物质上和精神上的）磨难，但历史上仍然是重要的城市，里面住满了德意志人。这些居民既能承认自己在1933—1945年间是恐怖暴行的共犯，也能将自己和过去的历史联系起来。大部分德国人躲过了苏联的占领，这大大缩短了他们的创伤期。对于许多联邦德国人来说，直到20世纪40年代，他们还能清晰地记得1914年夏天的繁荣和团结。而对于很多哈布斯堡帝国的前居民来说，他们却未能获得任何喘息的机会。在一个世纪里，他们在国家建设和重建的过程中要时不时地忍受屠杀、迁徙、侵略、恐惧和巴比伦求平方根公式一般复杂的局面。

到了20世纪90年代，这些焦土上幸存者的后代们与帝国的联系只剩下身边的残垣断壁了。人们对于旧帝国充满痛苦的历史早已麻木不仁，一个极端的例子发生在2011年。当时，历史悠久的利沃夫（Lviv）金玫瑰犹太会堂（Golden Rose Synagogue）仅存的遗迹险些因为一个酒店建设项目被拆除。从捷克共和国西部到喀尔巴阡山，很多小镇的居民都是1945年以后的移民。罗马尼亚人怎么会将废弃的德意志村庄看作自己的遗产呢？乌克兰人又怎么会珍视波兰人的教堂呢？游客眼中风景如画的去处，在当地人看来或许只有仇恨或是（显然是种进步的）冷漠。这些冲突和断档无疑会影响本书的内容。

一个人能有多喜欢这些命运悲惨的地方，显然是个问题。但在帝国旧土上游历的四年里，我总有一种使命感，想让读者们明白这些居于欧洲中心的城镇为什么会在这片大陆波澜起伏的历史中扮演重要的角色，以及它们的迷人之处——尽管在冷战早已结束的今天，这些城镇仍然不为英语区国家的人们所熟知。了解这些地区在1918年以前的历史，可以让我们重新找回后世集权政府想要永久抹掉的事实：一个多元化、多语言、处于无政府状态的欧洲曾一度被混合了愚蠢、恶毒和偶尔一丝仁慈的哈布斯堡家族把持。

在2008年10月的一场欧洲冠军联赛（UEFA Champions League）上，切尔西（Chelsea F.C.）和克卢日（CFR Cluj）对阵。切尔西队的球迷飞到特兰西瓦尼亚（Transylvania）观战，他们戏谑地穿着斗篷，嘴里装着塑料尖牙，故作蹒跚地走下飞机，扑腾着手臂，还换上了滑稽的口音［"啊呵，*夜晚的害（孩）子们——我听到了他们的呼唤！*①等等］。翌日，在一档英国的广播节目里，一个让人难以忘怀的克卢日音乐电台主持人操着一口完美的英语（但平心而论，他的口音还是有点好笑）愤怒地表示这些英国球迷的行为是对罗马尼亚的羞辱，是对当地人的冒犯，以及吸血鬼德古拉的形象"完全是某些爱尔兰小说家"的发明创造，吸血鬼信仰在特兰西瓦尼亚更是闻所未闻。

这一切都是真的，他的采访一直在我的头脑里挥之不去，因为我自己也是个戴着塑料尖牙、踉跄着下飞机的切尔西球迷，这一点让我倍感焦虑。在哈布斯堡的旧地上，战争就是对历史最好的诠释。实际上，历史研究的动力正是对民族、宗教和阶级特权的仇视与幻想。我已经充分意识到，进入这个剑拔弩张的竞技场是个愚蠢

---

① 本书译文斜体的均遵从原书，表示突出或强调之意。——译者注

的举动。我们可以非常轻易地对他人的民族主义观点表示鄙夷,却意识不到自己身上也有同样的问题。帝国对于语言学、考古学、民族学、印章学、钱币学、制图学等学科病态般的迷恋让我意识到——特别是在我心情低落的时候——这些学科的传播和运用给中欧带来的只有灾难,而学者们(在神职人员的帮助下)正是最为邪恶的帮凶。事实的确如此,和学者相比,政治家和军事家不过都是些傀儡,哪怕是希特勒,也不过是邪恶的维也纳民族主义和科学知识共同作用下的一个令人作呕的副产品。

这是利害攸关的问题。各语族沉迷于对历史的筛选,不仅是为了虚构出对自己先祖有利的证据,以达到自娱自乐的目的,更是要以此为武器,对其他族群保持支配地位。匈牙利人穷尽所能,将自己伟大的先祖描绘成来自亚洲草原的勇士,还在 1896 年煞有介事地举行了匈牙利人抵达欧洲一千年的纪念仪式。与此同时,罗马尼亚的学者上下求索,挖掘出各种证据证明罗马尼亚人才是这片土地真正的主人,是罗马军队和移民的后裔(他们甚至重新编造了国家的名字以证明这一点)。这些迟钝的好古思想本该是无害的,结果却导致了一系列可怕的事件,其中伤害程度最轻的或许是罗马尼亚人在帝国末期反对哈布斯堡家族的集会上,冲着匈牙利人高喊"滚回亚洲"的口号。当然,这句话也凸显了犹太人和吉卜赛人这种没有"故乡"的群体。当哈布斯堡帝国在 1918 年解体,分裂为一个个民族主义小国时,所有这些有着多重身份的人立刻陷入了相当危险的境地。

在本书中,我专门用了一些篇幅来记录民族主义真正带来的恶果,但这并不意味着我想回到帝国时代。从理智上来讲,承认现代性中存在着大量污点,要比梦想回到一个没有报纸、普遍缺乏教育的贵族世界好得多。毕竟,太多可怕的想法都产生自哈布斯堡帝国*内部*,从这个意义上来说,帝国是应该被谴责的,但用来抗击帝国的思想手段同样应该受到谴责(从犹太复国主义到无政府主义,再到对无意识的理解)。

写作本书的另一个目的,是用戏剧化的手法体现早年间中欧生活的可怕。当时,极端野蛮的暴力让这一地区几乎成了无人区,这里在 20 世纪遭遇的悲剧与当时的破坏不无关系。如此暴行对西欧人来说是陌生的,是他们从未在"家乡"有过的体验,尽管他们也曾在其他大陆上快活地实施过类似的暴行。如果将欧洲看成奴隶制、惩罚式突袭、强制迁居、海盗活动、宗教名义下的公开残害与处决的舞台,那么至少可以说是相当有趣的。我希望在作品中已经充分阐释了我的理解,从而不至于招致反感,但也希望读者能明白,这样的命运正是整个欧洲故事的核心,而非只会出现在某个奇怪的"东方的"野蛮时代。

1463 年夏天,波斯尼亚(Bosnia)国王斯特凡·托马舍维奇(Stephen Tomašević)在克柳奇(Ključ)要塞遭到奥斯曼土耳其统治者穆罕默德二世(Mehmet Ⅱ)及其部队的围攻。最终,国王同意签订安全协议并投降。然而,斯特凡和他的随从甫一落入穆罕默德手中便惨遭杀害,幸存的波斯尼亚贵族皆沦为苦役犯。在奥斯曼土耳其人看来,波斯尼亚的整个统治阶级已经丧失了统治功能,理应被清算——波斯尼亚将永远作为奥斯曼帝国的一个小行省(eyalet)存在。波斯尼亚的国王虽然得到了安全协议,但现在只是普通子民的一员，随时可以除掉。这个体面的中世纪王国便因此丧失了自治权长达500年之久。波兰是另外一个知名的例子。18世纪末，在一连串令人窒息的冷酷谈判后，哈布斯堡家族、普鲁士人和俄国人决定联手瓜分波兰，并希望这样的状态可以永久地持续下去。波兰的名字消失了，取而代之的是"西普鲁士"（West Prussia）、"西俄"（West Russia）和"加利西亚及洛多梅里亚"（Galicia and Lodomeria）这些便于管理的新名字。波兰的新主们还联手杀害、秘密引渡或囚禁了所有威胁到这种新格局的人。

在中欧历史上，一个不时出现的主题就是极端暴力发生的不确定性，这种不确定性可能导致整个精英阶层的毁灭。这在西欧或英语区国家的历史中鲜少出现。以法国为例，这个国家在大部分时间里都成功抵御了外敌的入侵，统治权也几乎一直把持在法国人自己手里。在大部分英语区国家，政治决策始终以保障安全为考量。然而，哈布斯堡家族的领土在几乎各个方向上都有薄弱环节，还有数十条可以被轻松攻入的路线。一旦盟友化身仇敌，长期平静的边境地带就可能会在一夜之间变为战区。因此，巩固军力成了哈布斯堡家族的主要目标：从初建到灭亡，帝国像一台机器一样，始终在对外抵抗强大的邻国，对内控制好斗的居民。他们如果没在作战，就一定在准备作战。尤其在即将进入1914年前的一段时间里，有一种说法甚嚣尘上，即认为帝国是一个落后且低效的存在，只崇尚"蛋糕加华尔兹"，但这样的说法是错误的。哈布斯堡王朝的统治者是狭隘的，他们冷酷无情，以严苛暴虐的手段抗击所有外来者，维护帝国的统一。留着大胡子的老弗朗茨·约瑟夫（Franz Joseph）

虽然表面和善，但他一心想将帝国打造成一个庞大的军事体：他的一生中充斥着阅兵、军演和授奖仪式，为军队庞大的开支争论不休。这些对于他 200 年前，甚至是 400 年前的先祖来说也是不陌生的。绝对的不安全感随时可能带来战争，哈布斯堡家族无时无刻不在关注邻国的军事动向和氛围波动。有太多的例子使他们警醒，国家的统治者会因为愚蠢的错误而被废黜。事实的确如此，哈布斯堡家族经常会利用他国的失败来扩张自己的土地，直到他们自己在 1918 年也做出了错误的决策，最终导致了帝国的解体。

有一点我们必须记住：随着大众教育的提升、电报和铁路的出现，各个地区和国家才真正开始被联系在一起，在此之前，欧洲的统治是相当含混不清的。哈布斯堡家族热爱整理地图、家谱和盾徽，利用各种象征性的缩写来彰显家族对各地的统治权，但这样的姿态并没有多少实际意义。除了极少数生活在山区和林地的族群外，所有人都生活在家族的统治之下，但维也纳地处遥远，难以企及，很难让民众产生对维也纳的责任感。当地无数的贵族和宗教特权阶级也让统一高效的现代美梦成了一个笑话。许多历史学家都习惯于通过统治者的视角来讲述历史，他们最富戏剧性的用词当数"叛乱"，而这个词本身就预示了失败（从定义来看，叛乱一旦成功就会造成朝代更替）。我们很容易就能从他们的叙事中得出结论：所有叛乱都是令人恼火的，是对资源的浪费，是落后的绝望之举，等等。但这也在无形中抬高了那个在维也纳头戴皇冠之人的重要性。我也希望读者们能认识到，对哈布斯堡统治的抗争之中，有多少是相当有理有据的。事实上，在某些时候，几乎每个人都成了

序　言

"不忠之人"（这种情况在匈牙利反复出现），这一点就是一条有价值的线索。1788年，约瑟夫二世（Joseph Ⅱ）在对土耳其人的战争中失利，匈牙利贵族拒绝为他提供粮食，因为他们对他恨之入骨，认为他是个让人反感的小人。当他的大军最终溃散时，约瑟夫二世怒不可遏却又无能为力。从世界史的观点看，我们很难不为他感到遗憾，但当时的欧洲到处都是愤怒的反抗团体，这些人也应该得到更多一些鼓励。

在众多逸事和小说中，一个匈牙利的小贵族成了备受喜爱的人物。他只喜欢喝酒和打猎，拒绝打开任何收到的信件和电报，认为这些东西是对绅士生活的无礼入侵。哈布斯堡家族总要和类似的人物打交道：封建权利的捍卫者、顽固的市镇分子、古怪的宗教群体，还有难以管束的行会成员。甚至连大贵族都很享受和土耳其人合作叛国的高危刺激。一代又一代维也纳的官员或许会在盛怒中将头撞向樱桃木的桌面：*为什么这些人就不能听话？*也许他们太过沉迷于地图、表格和预算正是这一切的成因。本书一个可能的新颖之处在于，我尽量避免将维也纳看成一切公正的政治、宗教、社会和战略思考的清算所。施蒂里亚（Styria）的农民、特兰西瓦尼亚的农奴和亚得里亚海上的海盗对维也纳的看法可能不尽相同，但他们的看法并不一定是错的。

《多瑙河畔：哈布斯堡欧洲史》应该与《日耳曼尼亚：德意志的千年之旅》分开阅读。两本书自然有重叠的部分，但我使用了不同的视角和例子来处理这些部分，不过谈及欧洲在神圣罗马帝国存续期间如何运转的问题，一些基本概念势必需要重复说明一下。

有三点我可以向读者保证。第一，这不是一部王朝家族史。您不会被迫读完那些没完没了的婚约，大公之间无聊的流言蜚语，或是某个人为什么一直与自己的姗娌不和。在本书中，您将读到一些统治者做过的趣事，其中势必会涉及一些婚约（新人的名字通常是"玛丽亚"或"查理"），但我会尽量避免那些道听途说的谣言和野史，或是像"凯利恬"（Quality Street）牌①巧克力那样有着精美包装的皇家闲谈，这样的内容有时会影响人们对哈布斯堡家族的印象。我也省去了所有有关吻手礼、美人痣、后碰步，还有摇晃着扇子小心偷看（"噢，您太直接了，伯爵先生"）的桥段，希望能因此赢得读者的感激。

第二，本书不会凭借一些想象中的特点来定义某个民族群体。你肯定不会在书中找到这样的断言，比如"匈牙利人钟爱的香料'红椒粉'闻名全球，匈牙利人就和这款香料一样热烈而高贵……"。没有哪个民族会牺牲自己的基本需求来帮助其他民族；没有哪个民族天生忧郁；没有哪个民族天生能歌善舞；没有哪个语族可以亦敌亦友；绝对没有哪个民族会相信宿命论，甘愿自我牺牲。这样毫无意义的废话已经流传了几个世纪——弗朗茨·斐迪南（Franz Ferdinand）甚至在桌子上放了一张各民族特性的列表以提醒自己——现在该停下来了。我们如果将一些品质，比如开朗爱笑、喜怒无常、为爱而生、吹毛求疵等等，看作个人特性，而非整个民族的特性，并且避免荒唐的民族暗示，比如城市居民都有音乐天

---

① 英国品牌凯利恬诞生于1936年，产品以太妃糖和巧克力为主，通常包装精美，用于各种节庆场合。——译者注

赋，或是谷地居民都喜怒无常，当即就能提高欧洲生活的质量。在写作《日耳曼尼亚：德意志的千年之旅》时，我开始强烈地感受到了这一点。不少英国和美国的朋友都跟我说德国人没有幽默感，好像这是不言自明的公理。可我当时刚从一间德式啤酒屋（Bierkeller）出来，绝大部分客人都心情大好，笑得脸色发紫，四肢都快笑断了——当然，这也不能证明所有德国人都具有幽默感。

第三，本书也无意成为一本详尽的中欧指南。我将写作的内容严格限定在让自己着迷的事物上，尽可能地保持叙事的清晰，但也难免遗漏掉大量内容。比如，大量有关音乐的内容我都没有涉及，但通过我的文字，您一定能感受到我对海顿（Franz Haydn）和沃尔夫（Hugo Wolf）的挚爱，但对于贝多芬（Ludwig van Beethoven）和布鲁克纳（Anton Bruckner），我知之甚少，只能简单地送上我的仰慕。这一定会惹恼一些读者，也请您接受我的歉意。但如完成任务一般地去编造一些话题来占用有限的篇幅，似乎是毫无意义的举动，还会导致更有趣的材料被删减。皇帝们也是如此——有些皇帝的故事比其他皇帝更精彩。因此，我选择重点描述其中的几个皇帝，而非一视同仁。

能够写作本书让我感到异常幸运。自打成年以来，我一直痴迷于中欧文化，而本书给了我一个正当的理由在各地游历。从波希米亚（Bohemia）到乌克兰（Ukraine），我得以长时间地阅读、思考、讨论和写作，真是让人难以置信的优待。当我在布达佩斯东火车站翻新过的豪华自助餐厅里，大嚼麦香鸡汉堡，畅想下一次冒险时，总会产生一些奇妙的感受，希望通过本书，您也能获得同样的感受。

地　名

　　给城镇命名一直是建立地区主导权的重要武器。一个城镇的名字既可以代表命名者的种族渊源，也可以展示或激进或复古的政治观点。现代社会的一个好例子就是特兰西瓦尼亚小镇克卢日-纳波卡（Cluj-Napoca）。克卢日是罗马尼亚语的叫法，而克卢日-纳波卡这个名字直到20世纪70年代才出现，因为当地在罗马时期是一个名为"纳波卡"的小镇。克卢日在德语中被称为克劳森堡（Klausenburg），在意第绪语（Yiddish）中被称为克拉奇（Klazin），在匈牙利语中被称为科洛斯堡（Kolozsavár）。这些词大都同根同源，却代表了不同的政治权重。匈牙利人认为，选择科洛斯堡只是给当地起了一个匈牙利语名字——但在罗马尼亚人看来，这就是领土收复主义者的挑衅,他们拒绝接受罗马尼亚的统治,妄想让小镇回到匈牙利人占主体的好时候。罗马尼亚人的愤怒可以理解,但没有必要。类似的故事也发生在古镇波若尼(Pozsony),这里曾经是匈牙利国王的加冕地,在德语中被称为普雷斯堡(Preßburg)。后来,捷克人和斯洛伐克人占领了波若尼,并于1919年将这里更名为布拉迪斯拉发,抹去了所有德意志人和匈牙利人的痕迹。最糟糕的例子可能要数捷克共和国,该国被迫换上这个难以令人满意的名字,是因为它过去的名字波希米亚和摩拉维亚(Moravia)曾被纳粹用来称呼它的"保护国",因此已经被玷污,无法再使用了。

这是一个无法躲开的雷区:今天的利沃夫曾被称为伦贝格(德语:Lemberg)、伦贝里克(意第绪语:Lemberik)、利沃夫(波兰语:Lwów)、里沃夫(俄语:Lvov);今天的伊万诺-弗兰科夫斯克(Ivano-Frankivsk)又名斯坦尼斯劳(德语:Stanislau)、斯坦尼斯拉维夫(波兰语:Stanisławów)、斯坦尼斯拉夫沃夫(俄语:Stanislavov)——地名的每一种变体都能让一个被排斥的群体感到伤痛。因此,在本书中,我会使用各地的现代官方名称,尽量简单处理,不带任何喜好或厌恶之情。

在本书中还有很多陌生的历史地理学概念。比如有几个世纪历史的卡尔尼奥拉(Carniola)或上卢萨蒂亚(Upper Lusatia),它们是具有强大历史张力的地方,拥有自己的传统、盾徽、贵族世家和对统治者的责任和义务。又比如著名的加利西亚及洛多梅里亚王国,虽然在包括波兰人在内的很多人眼中,这个王国简直就是可怕的殖民之耻,是完全不合法的政权,却也延续了近150年——换句话说，这个王国的历史比统一的德意志国家的历史还长。因此，我们必须要意识到，加利西亚绝非一个注定失败的疯狂政权，而是一个延续了几代人的事实存在，这是我们认识欧洲历史的前提。

在今人看来，许多古老的政治实体不过是些弹丸之地，但在19世纪前，中欧大部分地区都是由这些蕞尔小国组成的。实际上，在德意志和意大利实现统一之前，连瑞士这样的国家都能被称为大国。如果1900年的欧洲人有机会看到2000年时的欧洲版图，一定会大为震惊：波兰、爱尔兰等曾经独立过的国家竟然再度崛起（彼时，这些国家似乎稳定地处在超级大国的控制之下），甚至还神奇地出现了一批新兴国家，比如斯洛伐克和马其顿（Macedonia）。这两个国家在1900年的欧洲人看来根本没有任何意义，一个只是位于匈牙利北方的高地，另一个则深藏于奥斯曼帝国的内陆。同样令他们震惊的一点在于，中世纪的强者如格尔茨伯国（County of Görz）或泰申公国（Duchy of Teschen）竟然消失了，在新的边界划分下，甚至都无法找到它们曾经所处的位置。这样的思维练习可能无法满足所有人的口味，但我也希望通过本书促使读者意识到，欧洲就是一个边界划分古怪多变、结果多种多样、时刻在争夺土地和所有权的地方。

哈布斯堡家族

我不想为难读者，因为家谱图太复杂了，好像一个所知甚少的疯子绘制的人体血管图，动脉和静脉纠缠在一起。不如就让我先把家族的首脑人物理理清楚，这样每个分支就能清晰很多。我会列出每个统治者继位的时间和去世的时间，这样更直接也更自然。当然，这样的整理办法会掩盖掉所有的暗害、分裂、仇恨、虚假的忠诚和失败，我会把相关内容放到正文中。

为了便于大家理解，我简化了所有头衔。这是个复杂的话题，但我会尽量在所有情况下，使用同一个头衔来称呼一个人物。至于这个问题有多复杂，请让我给大家举个小例子：无聊的"美男子"腓力（Philip 'the Handsome'）的头衔包括卡斯蒂利亚的腓力一世

(Philip Ⅰ of Castile)、卢森堡的腓力二世（Philip Ⅱ of Luxemburg）、布拉班特的腓力三世（Philip Ⅲ of Brabant）、勃艮第的腓力四世（Philip Ⅳ of Burgundy）、那慕尔的腓力五世（Philip Ⅴ of Namur）、阿图瓦的腓力六世（Philip Ⅵ of Artois），以及其他地方的一世、二世、三世们。因此，当我只用"美男子"腓力来称呼他时，您应该心怀感激，庆幸自己不用身陷一场迂腐的恐怖秀。或许最重要的省略恰恰出现在一些重要的头衔上，比如匈牙利国王和波希米亚国王，同一个统治者可能有不同的排序数字——鲁道夫二世也是匈牙利的鲁道夫一世，查理六世也是匈牙利的查理三世〔或称卡罗伊三世（Ⅲ. Károly）〕。这样的省略方法通常出现在皇帝的头衔上，既包括神圣罗马帝国皇帝（直到1806年），也包括奥地利皇帝（1804—1918年）。

以下列举说明，在真实姓名的处理上，我无法保持统一的方法。如果把查理五世（Charles Ⅴ）称为卡尔（Karl）或是卡洛斯（Carlos）显然会弄巧成拙，因为英语区国家的读者都更熟悉查理五世。玛丽亚·特蕾西亚（Maria Theresia）在英语里常被写作玛丽亚·特蕾莎（Maria Theresa）。在统治的大部分时间里，弗朗茨·约瑟夫（Franz Joseph，英语中以"-ph"结尾，而在德语中以"-f"结尾）在讲英语的民众中一直被称作弗兰西斯·约瑟夫（Francis Joseph），这是一种英语化的叫法。但在第一次世界大战中，这位敌国统治者的名字被再度德语化为弗朗茨，只是因为这样更难听。他的后继者查理一世（Charles Ⅰ）也得到了同样的待遇，后者一直被称为卡尔一世（Karl Ⅰ）。2004年，根据毫无理性可言的标准,天主教廷为卡尔一世施宣福礼,现在他被称为"奥地利真福卡尔"(Blessed Karl of Austria)。他是家族第一个,也很有可能是最后一个有机会封圣的成员。

1806年以前,"帝国"意指广袤的神圣罗马帝国,帝国皇帝通常在哈布斯堡家族的资深成员中产生。皇帝个人统治着"哈布斯堡的领土"或"哈布斯堡的财产"。这些领土通常十分分散,土地的管理权也并不统一,在大部分地区土地实际掌控在各种贵族和宗教集团手中,只有一些令人尴尬的小地方为家族"所有"(owned)。"统治"(rule)通常意味着特权、恩惠、豁免和僵化的封建礼节。这些个人领地中的重要部分均位于神圣罗马帝国境内,其他部分(比如匈牙利)则并非如此。因此,"帝国军队"(imperial troops)是听命于神圣罗马帝国皇帝的军队,不同于哈布斯堡家族自己的军队。对于所有不满50岁的读者来说,"帝国"和"皇帝"会立刻让他们想起《星球大战》(Star Wars)中那些高度组织化的邪恶势力。的确,最近有关神圣罗马帝国史研究的回潮,可能与这种潜意识不无关系。但我们必须记住重要的一点,即无论我们在何时使用这些术语,人类帝国和它的太空对手相比,在效率、动机和邪恶性上都差了好几个档次——但关于两者还是有很多可以相互交流的话题,比如为何它们总会如此轻易地遭遇不必要的失败。

腓特烈三世(Frederick Ⅲ,1452—1493)在一段时间的联合执政后,将皇位传给了他的儿子**马克西米利安一世**(Maximilian Ⅰ,1493—1519)。后者传位给孙子**查理五世**(1519—1558)。查理五世决定将领土一分为二:家族的西班牙分支由儿子腓力二世统治,东部领土则落入弟弟**斐迪南一世**（Ferdinand Ⅰ，1558—1564）手中。斐迪南一世的继任者为儿子**马克西米利安二世**（Maximilian Ⅱ，1564—1576），后者又传位给儿子**鲁道夫二世**（Rudolf Ⅱ，1576—1612）。鲁道夫的弟弟**马蒂亚斯**（Matthias，1612—1619）通过政变，短暂地获得了帝位。鲁道夫和马蒂亚斯都没有子嗣，因此他们的堂兄弟**斐迪南二世**（Ferdinand Ⅱ，1619—1637）成为家族首领，后者根据简单的长子继承制将皇位传给了**斐迪南三世**（Ferdinand Ⅲ，1637—1657），之后分别传给**利奥波德一世**（Leopold Ⅰ，1657—1705）和**约瑟夫一世**（Joseph Ⅰ，1705—1711）。由于约瑟夫的意外早逝，他的弟弟**查理六世**（Charles Ⅵ，1711—1740）继承了皇位。查理没有留下皇子，这意味着大量的不忠和杀戮，他的女儿**玛丽亚·特蕾莎**（1740—1780 年间统治哈布斯堡领土）通过斗争继承了若干头衔。特蕾莎的丈夫**弗朗茨一世**（Franz Ⅰ，1745—1765）在一个令人尴尬的断档期后继承了皇位，重建后的王朝即为哈布斯堡-洛林王朝（the House of Habsburg-Lorraine）。他们的儿子以正常的方式继承了皇位，史称**约瑟夫二世**（1765—1790）。约瑟夫二世将皇位传给了弟弟**利奥波德二世**（Leopold Ⅱ，1790—1792），后者又传位给儿子**弗朗茨二世**（Franz Ⅱ，1792—1806）。自弗朗茨二世起，皇帝的头衔由神圣罗马帝国皇帝变为奥地利皇帝，因此他重新调整了排序数字，改称自己为**弗朗茨一世**（Franz Ⅰ，1804—1835）。他的继任者为儿子**斐迪南一世**（Ferdinand Ⅰ，1835—1848），后者在 1848 年的政变中被废黜，皇位由侄子**弗朗茨·约瑟夫一世**（Franz Joseph Ⅰ，1848—1916）继承。王朝经历了一系列复杂的挫败之后,皇位由弗朗茨·约瑟夫的侄孙**卡尔一世**(1916—1918)继承。尽管在1944年前,匈牙利一直以王国的形式存在,并自称为代表哈布斯堡家族的摄政国,但公正地说,当卡尔在1918年下台时,整个王朝也退出了历史的舞台。

目　录

第一章 / 001

　　坟墓、树林和沼泽 / 003

　　游荡的人 / 014

　　鹰堡 / 019

　　"当心背后！" / 023

　　神圣之地 / 027

　　当选的恺撒 / 033

第二章 / 043

　　赫克托耳的继承人 / 045

伟大的奇才 / 050

马背上的矮人 / 056

胡安娜的孩子们 / 062

来自富格尔家族的帮助 / 068

大灾难 / 074

第三章 / 087

千般悔恨 / 089

"发生过的最奇怪的事" / 092

英雄的甲胄 / 099

欧洲之围 / 107

海盗的巢穴 / 111

以熊护城 / 118

第四章 / 123

另一个欧洲 / 125

牛黄和夜店女招待 / 132

带着猎豹打猎 / 142

七座堡垒 / 149

第五章 / 159

飞屋奇访 / 161

"他的圣名将被铭刻于星辰" / 169

死于埃格尔 / 174

葬地与棒击狐狸 / 178

目录

　　恐怖娃娃 / 183

　　如何建造巴别塔 / 190

第六章 / 197

　　遗传恐慌 / 199

　　争霸欧洲 / 204

　　新边疆 / 214

　　仪式礼节 / 220

　　鸡头蛇的厄运 / 224

　　私人享乐 / 227

第七章 / 237

　　耶稣与尼普顿 / 239

　　第一个遗愿 / 248

　　教堂内饰 / 254

　　第二个遗愿 / 264

　　齐普斯和皮亚斯特家族 / 274

第八章 / 279

　　大危机 / 281

　　奥地利称霸 / 291

　　凯旋门 / 298

　　圣诞马槽之战 / 300

　　著名的尸体 / 308

　　瓜分世界 / 312

第九章 / 319

　　"日出" / 321

　　理性思维的时代插曲 / 326

　　败于拿破仑（一）/ 330

　　败于拿破仑（二）/ 334

　　事情怎么更糟糕了 / 341

　　一场亲密的家族婚礼 / 349

　　复得返自然 / 355

第十章 / 363

　　给正统主义者的警告 / 365

　　忠诚子民的问题 / 372

　　"真正的 48" / 380

　　山民 / 391

第十一章 / 399

　　光荣灾难的殿堂 / 401

　　新哈布斯堡帝国 / 409

　　愚蠢的巨人 / 416

　　各民族的快乐时光 / 425

　　交易 / 428

　　昂贵之水 / 431

目录

第十二章 / 437
 规划未来 / 439
 东方的诱惑 / 445
 拒绝 / 453
 被诅咒的村庄 / 460
 迁徙 / 463
 元首 / 473

第十三章 / 479
 绵羊和甜瓜 / 481
 精灵、女像柱和象征万物的少女 / 492
 为消失的过去立碑 / 501
 青年波兰 / 507

第十四章 / 513
 "那个信上帝的胖子" / 515
 夜曲 / 523
 特兰西瓦尼亚的火箭科学 / 529
 日常生活的精神病理学 / 533
 末日的开端 / 541

第十五章 / 549
 军事应急计划的诅咒 / 551
 萨拉热窝 / 558
 普热梅希尔之灾 / 561

最后一班开往威尔逊维尔的列车 / 567

点心酥皮 / 572

战败的代价 / 578

冷漠的胜利 / 581

尾　声 / 587

参考书目 / 597

致　谢 / 612

第一章

这幅气势恢宏的木刻作品创作于1507年，出自另一位布格克迈尔之手。画面中的帝国之鹰身负各种寓言和典故，马克西米利安一世端坐于王座，而王座立于一个类似巨型鸟浴盆的容器之上，容器里挤满了九位缪斯女神。

资料来源：Scala, Florence/BPK, Berlin.

坟墓、树林和沼泽

匈牙利南部的小城佩奇（Pécs）是开启欧洲哈布斯堡家族历史的好地方。历史上的佩奇并不是一个宁静的小城，它不幸被卷入一次次国际纷争，却又意外地没有成为任何事件的策源地。从这里向南，就进入了死气沉沉、人口稀少的贫瘠地界，因此佩奇更像是最后的绿洲，颇有种边境的荒凉感，好像连买杯卡布奇诺都要费点力气。在佩奇，严重残损的宏伟建筑四散各处，在一次次灾难过后反复经历修修补补。1686 年，土耳其人将佩奇归还匈牙利。在浓烟滚滚的废墟中，一座饱经战火洗礼的清真寺被改成天主堂，虽然外观还保持了清真寺的模样，但也给中心广场增添了几分魅力。

还有一处罗马时期的墓葬遗迹被意外地保存了下来。彼时的佩奇是罗马人的酿酒地①，叫作索皮阿尼亚（Sopianae），是罗马帝国潘诺尼亚行政区（Pannonia）瓦莱里亚（Valeria）行省的首府。这片遗迹中最知名的墓葬在 18 世纪晚期才被发现，其中的圣经故事壁画极富特色。这些壁画的色彩和笔触好似来自一个略有才情的九

---

① 此处原文为 wine colony，直译为葡萄酒殖民地。——译者注

岁小童，但历史的沧桑感和令人惋惜的斑块给画面增加了不少意趣。尽管画块已经剥落一地，但画面中的亚当和夏娃，诺亚和他的方舟，还有圣彼得（St. Peter）和圣保罗（St. Paul），还是熬过了约1 400年的地下岁月，最终被保留了下来。

这片墓葬群建于4世纪，当时的索皮阿尼亚紧邻帝国动荡的边陲，注定是一个让人揪心的地方。这里虽不是任何意义上的战略要塞，可多瑙河边任何一个要塞一旦失守，就会有一个吓破了胆的骑兵赶在令人胆寒的大部队抵达之前，快马加鞭地赶来送信。住在这里的人们是拉丁化的、信奉基督教的日耳曼人，他们是罗马帝国的子民，已经臣服于帝国长达四个世纪。不过，"葡萄酒殖民地"这样的名字听起来倒是让人愉悦。在这里可以看到罗马城市常见的设施，比如浴场、高架渠，还有一座巴西利卡式教堂，氛围好似《高卢英雄传》（*Asterix*）那般欢快。

佩奇墓葬群令人着迷的地方不在于壁画或是任何不寻常的装饰，反倒是它的缺憾。在一座据信建于公元400年的坟墓里，准备抹灰的墙面一直没有完工：有人斥巨资给一位有钱的亲戚修了这座坟墓，却在工程未完成之前就离开了。虽然这只是一个推测，但很有可能这处墓葬没能完工是因为在这一年，索皮阿尼亚不复存在了。从委托人到施工方，每一个参与工程的人要么逃跑了，要么被入侵的匈人（Huns）夺了性命或是掳为奴隶。小城再次出现在文献里要等到差不多500年后了，那时，城里再也找不到一块晚于公元400年的砖石。几个世纪的雨水和泥土叠累将墓葬群深深地埋入了地下。

罗马帝国在这里的统治覆灭了，此后的欧洲历史就此展开。几

第一章

个世纪以来,这一片日后被划入哈布斯堡帝国南部版图的土地上没有文字,没有城镇,更没有基督教,只有残存的短程贸易。有些人可能一直住在小城的废墟里,因为墙壁多少还能提供些安全感和庇护,但他们赖以生存的供水系统和市场却消失了。一旦高架渠损坏,而没人知道要怎么修理,蓄水池就一定会迎来无法蓄水的一天。短命的首领们想在残存的宏伟建筑前修筑王宫,却都半途而废,因为没人知道怎么打磨石头,就无法完成任何新的工程。几个世纪以来,这里仅存的几个城镇都是用木栅栏围着,再挖一条水沟当护城河。就是在这样的情形下,中欧现代国家名义上的祖先出现了,他们驾着(一定是)散发着强烈臭气的行伍车列从东方游荡至此。

关于罗马人走后欧洲的命运变迁可以在小城包岑(Bautzen)找到一些线索。包岑位于德国萨克森州(Saxony)东南部,四周围绕着幽暗的森林和山地。这里的大峡谷吞噬了所有的色彩,让小城显得愈发阴郁,甚至像松鸦这般色彩艳丽的鸟儿,飞到峡谷里也仿佛被吸去颜色,只剩古怪的黑白。峡谷的形成源自施普雷河(River Spree)的冲刷,这条大河从它更为知名的柏林河段一路奔涌到了这里。即便从地图上看,包岑也不像是一方福地——它的山口向南,很容易把东西两方的军队吸引过来。事实也的确如此,人满为患的包岑一定是本地区被烧毁次数最多的城市,无论是故意为之还是出于意外。

包岑的有趣体现在方方面面。这里属于上卢萨蒂亚地区,一度为哈布斯堡家族所统治(今天在瞭望塔上仍然可以看到鲁道夫二世极富魅力的肖像)。1635 年,三十年战争期间,这片土地被作为谢礼送给了萨克森的统治者。作为中欧语言混杂的转弯地带,上卢萨蒂亚曾部分属于日耳曼语区,部分属于斯拉夫语区,但领土都位于今天的德国境内。也正因如此,此地大部分居民躲过了大规模的民族清洗,避免了像邻国捷克斯洛伐克(Czechoslovakia)和波兰那样在1945年成为单一语言国家。这也意外地促成了旧有风俗的延续,即城市人说德语,乡下人说斯拉夫语(尽管此前整个区域都是如此)。此外,在上卢萨蒂亚还居住着少量索布人(Sorbs)。所以包岑又被他们叫作布迪辛(Budyšin),而施普雷河则被称为施普耶哈河(Sprjewja)。

这座小城真正的巨大价值在于它的源起,以及它对整个中欧地区源起的记录,这是一个对各方都利益攸关的问题。中欧的每一个民族都认为自己比其他民族更"道地"①,都声称这片土地为自己所有,有些通过武力征服,有些通过强势文化,或者更为直接地宣称自己才是最先来到这片谷地的人。客观来说,除了个别研究古物的老古板,某语族初抵欧洲时间的碳定年结果本不该引起任何人的兴趣。但就是因为这些迂腐之人的煽动,这件事才成了每个人的心头大患,甚至引来无数的暴力杀戮。

19世纪,人们痴迷于追根溯源,一时间,激进的语言民族主义席卷中欧。各地的城市广场上立满了英雄先祖们披头散发的雕像,市政厅也因为充斥着这些先祖的壁画而显得压抑。画面中的先祖有些皱着眉头,登上山顶俯瞰这片应许之地;有些在典礼上舞旗弄剑,为新城市奠基;有些屠戮了所有的原住民。学校里则回荡着

---

① 此处原文为德语"echt",意为"真实的、真正的"。——译者注

第一章

孩子们背诵英雄史诗的声音。这是欧洲文化的伟大盛放,也是灾难的序曲。当 20 世纪的欧洲人挥舞着现代武器,重现这些早期的中世纪幻想时,灾难也就降临了。

这正是包岑的特别之处,它向我们展示了在黑暗时代,当所有民族都能找到自己的根源时会导致怎样的危机。对于卢萨蒂亚的考古研究显示,差不多在公元前 400 年到公元 200 年间,多个日耳曼部落曾定居于此,安逸地处在罗马帝国的统治之外。但在此后的六个世纪,*似乎不再有人居住于此*。诚然有可能彼时的居民过着极其简单的生活,未曾留下任何痕迹,比如坟墓、刀剑、陶罐、要塞等等,但这样的推论实在不合常理。无论出于何种原因,这里似乎只有很少人,甚至完全没有人居住。曾经遍布欧洲的森林卷土重来,覆盖了早期的定居地,吞噬了一切人类定居的痕迹,只剩下狼群、野牛和巨大的公牛在如画的雾气中穿行。尽管卢萨蒂亚的情况比较极端,但放眼整个欧洲内陆,大部分地方的人口似乎都经历了锐减。匈人和其他野蛮的入侵者摧毁了像佩奇这样的罗马城镇,同时也屠戮或是驱逐了住在帝国边境北方小的定居地的人们。

今天,在中欧大部分地区,森林不过是人类居住地的美丽陪衬(虽然在波希米亚和斯洛伐克还可以看到大片密林),但从历史上看,欧洲的植被覆盖率相当之高,除了贫瘠的高海拔地区,几乎都有森林分布。因此,人们一旦停止砍伐,树木就会很快再生:假如一个小的定居地因为粮食歉收或是大屠杀而消亡,人们平整过的土地很快就会被几百万条树根撕扯得支离破碎。即便到了中世纪,开荒拓土、清理树木仍是困扰人们的难题。当时,若是一块土地需要鹤嘴锄（来清理树根），领主就会以低廉的价格租给农户。一块土地哪怕只能翻犁，租金也会立刻飙升。就连匈牙利大平原（Hungarian Great Plain）这样以阴郁和空旷著称的地方，当时也是树满为患。

还有一些日耳曼部落曾定居在北海和巴尔干半岛（the Balkans）之间的狭长地带。亚洲游牧民的入侵，以及西罗马帝国在5世纪的覆灭及其导致的经贸往来中断，让这些日耳曼人有的束手就擒，有的搬离了居住地，有的遭到削弱，有的移居到了不列颠。爆发于6世纪中叶的瘟疫最终给了他们致命一击。有记录显示，这次疫病对东地中海的主要城镇带来了灾难性的影响。与此同时，瘟疫也随着商路传播到了更深入内陆的地区。在那里，人们没有文字，自然就无法记录下本族的消亡。在北美洲也有类似的例子，那里的许多部落群体死于来自欧洲的疾病，即便多年之后他们才会直接接触到欧洲人。记得在加拿大西部的一个博物馆里，我参观了一个小小的却令人悲恸的展览，展出的是内陆阿萨巴斯卡人（Athabascans）的鹿皮鞋和珠串饰品。这些人悄无声息地死去了，遗骨分布在山谷腹地的各个角落却无人注意。这让我们很容易想到，类似的事情可能也发生在欧洲的腹地。瘟疫沿着狭窄的商道上行席卷巴尔干半岛，摧毁了那里的定居地，人们存在过的痕迹也被森林无情地抹去了。正因如此，斯拉夫人（Slavs）、马扎尔人（Magyars）、弗拉赫人（Vlachs）等小族群才能轻而易举地迁居至中欧这片空旷的土地上。

今天，在匈牙利南部的盖曼茨森林（Gemenc Forest）还能一

第一章

瞥原生态欧洲的奇景。19世纪，多瑙河大部分河段经过改造变得易于通行也更易治理，盖曼茨地区的牛轭湖却被保留了下来。这些湖实在难于治理，因此成了公国的猎场。我在一个炎热的夏日抵达盖曼茨森林，这里非常宁静。森林外面立着一块很有帮助的地图板，上面用各种颜色标注出山道，旁边还工整地装饰着林子里各种动物的图画，包括体型巨大的鹿、飞扬跋扈的鹰，还有一只异常雀跃的野猪腾起两条前腿，好似马戏团里的贵宾犬。想看清这些图解和说明并不容易，板子上停着数十只嗡嗡作响的甲虫，不停地抽动身体（虫身一半是天青色，一半是红铜色，很是吸引眼球），把字遮得严严实实。阳光照在甲虫身上，反射的光让周遭显得更为古怪而险恶，但这和森林中的现实状况比起来根本不算什么。没过多久，整齐标注的小路就开始让人招架不住了：人类的秩序让位于自然的癫狂，空气里充斥着植物的恶臭，耳边回响着动物的尖叫和咕哝，一切都被古树的昏暗大氅遮得严严实实，让人喘不上气。又过了没几分钟，眼前出现了一片完全失控的巨型池塘，水面上飘落的种子无可计数，青蛙蹲在漂浮的垃圾上悠闲地混日子。前进的小路被池塘的涨水淹没了，我向前走了几百码便不得不折返。这片肆意疯长的落叶林，似乎更有点巴西的狂欢气质，而非匈牙利。霎时间我明白了，多少世纪以来，为什么我们需要修建排水道和堰坝、清理树根、蓄养家畜，无时无刻不重复这些无聊的劳作和巡逻，因为想要创建社会，这些劳作比稍纵即逝的政治事件重要得多。最后，我又多走了几英里，登上树林旁一座土坝的坝顶（土坝的修建是为了治理牛轭湖的定期洪泛）。我的眼前出现了几只苍鹰，一只体型异常硕大的黄铜色母鹿，一副狐狸骨骸，还有一位牧牛人和他的牧牛犬——却没有野猪。这些珍贵动物的缺席丝毫不会影响盖曼茨森林非凡的自然风光。这也让我们得以知晓，大部分河谷在人迹罕至的时代有着怎样的天然风貌。比如恒河河谷，今天那里是一片焦褐色的无树平原，曾经却是时有猛虎出没的混乱之地，遍布泡在洪水里的、难以通行的密林。许多欧洲低地区域也是如此。恶劣的自然条件威胁着人们的生存，大部分经过进化适应了低地的大型动物也随着栖息地的消失而灭绝。直到公元8世纪，才有一小批勇士带着家人，迁居到这片完全未经开发、树木盘根错节的湿软之地。

比尔森（Plzeň）的西波希米亚博物馆里有一件雕刻家萨福（V. Saff）完成于1900年的建筑雕带，其纹饰之狂放令人咋舌。画面中的古捷克人来到林地，把敌人绑在树上，勒住脖子，折磨并杀害了他们。通常，在这些原始新艺术（proto-art-nouveau）风格的作品中，总能看到雕刻家对某些人种的偏见，认为部落中生活着大量赤身裸体的妙龄少女。他们的作品里充斥着施虐狂的气息，也正应和了当时的民族主义狂潮，希望以此敦促捷克人放下手中的报纸和香草甜酒，继承先祖们的剽悍美德。实际上，我们根本无从得知这些古捷克人到底什么样，萨福或许并没有完全夸大他们的暴行：虽然女人们袒胸露乳，但手抓发髻将人头凭空挥舞的场景，可能更难得一见。

罗马尼亚的民族主义者精明地拔得头筹，宣称自己是罗马人的后代，祖先生活在古达契亚（Dacia）行省。这就惹恼了斯拉夫人和匈牙利人，毕竟他们把祖先抵达的时间相对清晰地定位在公元

第一章

600—900 年①。在很多罗马尼亚小镇,母狼喂养罗马城的奠基人罗慕路斯(Romulus)和雷穆斯(Remus)两兄弟的雕像已经成了当地特色,这是来自墨索里尼(Mussolini)的大礼。20 世纪 20 年代初,墨索里尼的举动分明是在公开宣布,他的新帝国拥有了同宗同源的盟友,另一个罗马的孩子。在后续的故事中,类似的物品比比皆是。我希望读者已经清楚地看到,在这个地区,历史是怎样被曲解并加以利用的。

和其他人一样,罗马尼亚人的祖先很可能来自其他地方,比如拉丁化程度更深的多瑙河南岸地区,即今天的塞尔维亚和克罗地亚。这也就解释了为什么居于罗马帝国边陲粗野地带的达契亚行省,未能在地区巨变中保持它的罗马风格。这样不受欢迎的结论会让互相敌对的民族主义历史学家们绝望投降,放弃争论,一块去喝杯毫无种族偏见的酒,然后握手言和。如果罗马尼亚人有一块秘密腹地,结果却属于另一个国家,我们大概就掉头回家了吧。

过分沉迷民族起源问题只会导致癫狂。所有部落随时都在迁徙,几个世纪以来,也不曾有过文字记录。大体上的趋势是日耳曼部落退往西方,斯拉夫部落取而代之。这些部落似乎是来自今天的波兰东部地区,和阿瓦尔人(Avars)、马扎尔人等匈人之后的草原入侵部落杂居在一起。还有一种让这些追根溯源的人倍感绝望的说法,就是最初的克罗地亚人(Croats)和塞尔维亚人(Serbs)的精英阶层很可能都使用某种波斯语。大概说到这里,所有理性尚存的

---

① 罗马帝国初建于公元前 27 年,远早于两族祖先抵达的时间。——译者注

人都该放弃了吧。地图上的箭头互相缠绕，形成令人惊异的人口迁徙图景，沿途还夹杂着陶罐碎片、屋柱遗存，还有一些轻率、随意甚至是胡乱编造的点评和解说，作者是生活在几个世纪之后甚至更晚的修道士，尽管他们对此所知甚少。这种迁徙的影响在今天仍然清晰可见。捷克人的定居地背靠新月形的铁山山脉（Iron Mountains）和波希米亚森林山脉（Bohemian Forest Mountains），保护他们免遭日耳曼人和法兰克人（Frankish）的入侵。其他的斯拉夫人部落，包括定居在北方的撒克逊人（Saxons）部落和定居在南方的卡兰塔尼亚人（Carantanians）部落则被日耳曼入侵者摧毁，幸存者皆改宗，成为说日耳曼语的基督徒，只剩下萨克森和卡林西亚（Carinthia）两个地名传于后世。在更远的东部和南部，摩拉维亚人（Moravians）、斯洛伐克人、俄罗斯人、乌克兰人、立陶宛人、保加尔人（Bulgars）、波兰人、罗塞尼亚人（Ruthenes）、克罗地亚人、塞尔维亚人的先祖们分散而居（在他们各自族群内部，还有更多细小的分支，但都已消亡），皆受阿瓦尔领主统辖。

阿瓦尔人是一群快速机动的亚洲游牧民，每一个想在中欧安定下来、勤勤恳恳讨生活的民族，都对阿瓦尔人再熟悉不过。我们却对他们几乎一无所知。626年，盛极一时的阿瓦尔人发动了君士坦丁堡围攻战。但拜占庭人最终取胜，将阿瓦尔人驱赶到波希米亚和保加利亚之间的一大片狭长地带。通过阿瓦尔汗国（Avar Khaganate）的历史，我们可以充分体会黑暗时代的恼人之处——阿瓦尔人的身影偶尔在编年史里闪现，或是出现在完全没有时代信息的少量装饰品上，但他们又是中欧斯拉夫人的主要领主，管理定居地超过

第一章

两个世纪。790 年,一位阿瓦尔使臣在莱茵河畔的王宫内谒见了查理大帝(Charlemagne),以确认法兰克王国和阿瓦尔汗国的边境线。阿瓦尔人在一场恶战中被法兰克人击败,划定边境显然是停战求和之举。他们将成堆的财宝献给查理曼的盟友们,将大量黄金从东方送往长期贫瘠的西方。822 年,阿瓦尔人最后一次出现在史籍中,此后便不复出现。我很想知道拜见查理曼的阿瓦尔使臣长什么样子——毕竟我们连他使用什么语言、穿什么衣服都不知道。这些如火星来客一般的阿瓦尔人最终消失在历史的长河里,和斯拉夫民族融为一体。

到了 9 世纪,影响中欧历史的关键因素依次出现。大摩拉维亚公国(Great Moravia),这个昙花一现般的斯拉夫联邦,虽国史记载寥寥,却在历史中扮演了重要角色。我们至今无法判断该公国的领土何在,只能相对确定其国土包括今天的摩拉维亚和斯洛伐克,也可能包括这一地区周围的弧形地带。但捷克的民族主义者为此争论不休。该公国享国不过数十年,却在文化领域大放异彩,美丽又怪异的格拉哥里(Glagolitic)字母即诞生于此。比如,西蒙(SIMON)这个名字会写为ⰓⰊⰘⰒⰐ [Ⱞ(M) 由不连续的笔画组成,显得尤其可爱]。来自拜占庭的传教士西里尔(Cyril)和美多德(Methodius)创造了这套字母,他们不仅开创了斯拉夫语中最早的书写体系,也让东正教在这一地区得到更广泛的传播。这一时期的传教工作让一大部分欧洲地区摆脱了罗马基督教信仰,转投君士坦丁堡和东正教,其影响直至今日仍然清晰可见。

这些欧亚部落每一次定居并建立长久王朝国家的尝试,拉动哪怕一点点经济增长的企图,都因为频繁的快速迁徙而以失败告终。

此时的欧洲虽然人口不多（最容易形成城镇的地方往往是大型武装军营或是围绕着堡垒修建的一小撮建筑群），但留下的都是愿意远征、愿意承担更大风险的人。而威胁中欧融合的两大因素，正分别在东方和西方伺机而动。

游荡的人

位于巴伐利亚和奥地利交界的帕绍（Passau）风景秀美，地理位置优越，街边的小商铺却只卖些宗教饰品和鸟笛这样的小玩意儿，不免让人觉得有些遗憾——这里的居民本该多几分英雄主义气概。多瑙河和因河（Inn）两条大河在此汇聚，也让帕绍所在的狭长土地为世人所知。多瑙河发源于士瓦本（Swabia）一片湿软洼地，因河则发源于阿尔卑斯山（Alps）。还有一条名不见经传的伊尔茨河（Ilz）也从北方缓缓流经至此，让帕绍成了名副其实的"三河之城"。伊尔茨河源自北方波希米亚森林山脉，从山脉边缘的森林地带向南倾泻而下；因河发源于瑞士的阿尔卑斯山；多瑙河则顺着阿尔卑斯山北侧沿东西方向流淌。三水并流恰恰证明了山间缺口的存在，说日耳曼语的欧洲人也正是由此涌进了东方斯拉夫人的土地。

帕绍位于今天巴伐利亚州的最东端。纵观巴伐利亚地区的历史，这里曾形成过类似王国的政体①，但每一次都在即将成为真正

---

① 即巴伐利亚公国。——译者注

第一章

的独立国家之前惨遭兼并或颠覆。和英国或法国一样,这里也有许多易守难攻的边界。英国的海岸线以及法国的海岸线和山地都有利于军事防御,因此这两个国家很难被攻破。大部分中欧国家却面临着完全相反的情形,它们经常陷入腹背受敌的局面,不得不像一只想要保护水盆的狗一样,迷迷糊糊地原地打转。而不可逾越的南部山脉和广阔的东部山脉让巴伐利亚得以保全。巴伐利亚公国兴起于黑暗时代,在阿芝诺芬(Agilolfing)家族的统治下,这个日耳曼语国家物产富庶、秩序井然。8 世纪,公国的领土持续向东扩张,讲日耳曼语的殖民者越过帕绍,直抵蒂罗尔(Tirol)和萨尔茨堡(Salzburg)。

历史上,巴伐利亚公国总因其丰饶的物产和易守难攻的地形,引起周边国家的觊觎。比如表面上维持了安全距离的法兰克首领查理大帝,他声称自己继承了(300 多年前就已覆灭的西)罗马帝国之正统,在莱茵河下游重新"复兴"了罗马帝国。查理大帝的野心、豪奢的宫室、财富和学识,以及军事上的成就终结了欧洲的黑暗时代,开启了历史发展的新方向。欧洲将不再属于小首领和靠不住的亚洲领主,荣光将归于重生的罗马帝国,查理曼就是帝国之王。巴伐利亚人和法兰克人曾多次交战,但自 785 年起的 10 年间,查理大帝完成了对北方撒克逊人的征服,废黜了南方巴伐利亚长期的统治者塔西洛(Tassilo),接着向东摧毁了阿瓦尔汗国。

统治巴伐利亚的阿芝诺芬家族出局,整个地区被纳入查理曼帝国的版图,帝国势力继续向东扩张。法兰克人一路屠杀,推行基督教,进行日耳曼化改造,击退斯拉夫人,不断向东开疆拓土。直到 9 世纪中叶,欧洲基本形成了与语族分布相同的国界格局,奥地利大部分地区落入日耳曼人手中。但在这一格局完全定型之前,这里还要经历一场更惊人、更彻底的入侵。

马扎尔人并不是这片混乱而拥挤的土地上最后的外来者,但他们绝对是最骁勇的民族之一。马扎尔人被迫离开自己的家乡可萨汗国(Khazar Khaganate)之后便一路西进,凭借高超的骑术闯入欧洲,也带来了一种完全不同的语言,还有随之而来的暴力和骚乱。巴伐利亚人和东法兰克人的军队都成了他们的手下败将。马扎尔人的劫掠继续向西深入,直到法国和意大利,但最终在955年决定性的第二次莱西菲尔德之战(Battle of the Lech)中被奥托一世(Otto Ⅰ)击败,停止了继续西进的脚步。

马扎尔人最后的劫掠似乎有点怀旧的意味,好像上了年纪的战士无法抵御旧部的召唤一样。被奥托一世驱逐后,他们放弃了对西欧的劫掠,继续开拓疆土。更多来自中亚的新移民也加入了他们,甚至包括此前的宿敌佩切涅格人(Pechenegs)——这名字听起来真轻快——让他们的实力大大增强。

今天的我们根本无从得知这些族群迁徙时的真正场景,但每个人的头脑中都会自动出现这样的画面:一连串的大篷车里坐满了如先知般的老人、衣着华美的妇人、咿呀学语的小女孩,小男孩们则骑着小马,手里挥舞着木剑。这显然和马扎尔人全员男性、气氛如橄榄球队一般的入侵者形象截然相反。同样,我们也永远无法得知,被入侵的定居人口中有多大比例可以逃脱,那些没来得及逃走的人是被杀害了还是沦为奴隶,这些马扎尔男人是否会屠杀斯拉夫和阿瓦尔男人并抢走他们的妻小。在这种情况下,民族身份可以快速转换。19世纪晚期，许多德意志人、犹太人、斯洛伐克人变成了匈牙利人，轻而易举地改变了上一代传下来的语言和宗教信仰；同一族群中还有不少人通过移民，摇身一变成了美国人。很显然，一个完全没有文字的本土部落可以很快融入其他部落（特别是在面临可怕的暴力威胁时）。因此，想在今天的人身上找到某个中世纪"民族"的"纯正"血统基本上是不可能的，这样的分类本身也是毫无意义的。

马扎尔人在莱西菲尔德的战败对欧洲格局的形成起到了决定性的作用。后撤的马扎尔军队曾顺势进攻波希米亚的斯拉夫人，但再一次失利，被迫退至多瑙河沿线，并定居了下来。日耳曼人和马扎尔人在维也纳以东划定了分界线，两者像安全带卡扣一般，将北部斯拉夫人（波希米亚人、摩拉维亚人、波兰人）与南部斯拉夫人（斯洛文尼亚人、克罗地亚人、塞尔维亚人）分隔开来，并由此创造了未来奥地利和匈牙利的国家雏形。972年左右，马扎尔人的首领盖萨（Géza）突然灵光一闪，决定改信基督教。这本是一次纯粹的政治表态，但大量马扎尔人也随之改宗，这也让他们摆脱了法兰克人对异教徒长久的战争。盖萨支持罗马而不是君士坦丁堡，是一系列看似很小却有着深远影响的决策之一。这一决策拉近了匈牙利与西方的关系，也让他们拥有了与东方和南方邻国截然不同的文化形态与风格。

巴伐利亚人是促成中欧格局形成的最后一个关键因素。巴伐利亚人不断取道帕绍或蒂罗尔，涌入波希米亚以南地区。这里的定居地和美国颇为相似：不断变化的边境线，暴力挫败，凭借狠劲或运气积累的大量财富。奥托一世指派柳特波德藩侯（Margrave Luitpold）来接管击败匈牙利人而获得的新领地，还在这里建立了一系列马尔克来管理和保卫这片土地。两个世纪以来，这些工作皆由巴本堡（Babenberg）家族和其他巴伐利亚公国的下属封臣（比神圣罗马帝国皇帝低两级）负责。直到1156年，奥地利从巴伐利亚公国中独立出来，成立了新的奥地利公国，并由巴本堡家族世袭公爵爵位（比皇帝低一级）。

"奥地利"（Austria）一词在拉丁语中意为"东方的土地"。和许多其他问题一样，我们也无法解释为什么这里的居民大多为巴伐利亚人。对于这些殖民者来说，也有不少惊喜在等着他们。比如，在萨尔茨堡周边竟还生活着很多幸存的罗马基督徒，虽然这些人应该都需要点再教育。两个世纪以来，外来的定居者不断涌入，与当地的原住民融为一体，在维也纳东侧边境形成了日耳曼-匈牙利人的杂居地带，在南方边境则形成了日耳曼-斯洛文尼亚人的杂居地带。这一地区是典型的日耳曼政治混杂地带，其他相对分隔的领土，如卡林西亚和施蒂里亚（即"施泰尔马尔克"①，意为主要堡垒）要在多年后才落入巴本堡家族的手中。萨尔茨堡和帕绍仍是独立的教会领土，本笃会（Benedictine）在此享有各项特权。此后，在多瑙河谷地，又修建了多处西多会（Cistercian）修道院。

回过头想一想，当时的欧洲人口可能少得吓人：在中欧大部分地区，村子就是能够组建的最大聚落了。但是现在，一批新移民正

---

① 原文为 the Mark of Steyr。——译者注

第一章

在由日耳曼南部赶来，一大群全副武装的投机分子、变态狂、牧师、工匠还有农民都在赶往山口。大片的土地上仍然人烟稀少——超出想象的巨型森林隔开了波希米亚和奥地利，偶尔露出的山头让交流变得更为困难。建造修道院成了改造这片土地的动力之源，一代一代的农民通过辛苦劳作将废土变为良田。过去仅仅是经过加固的聚落开始演变为真正的城镇，其中最重要的当数维也纳。维也纳位于多瑙河畔，有东侧的阿尔卑斯山为其提供保护。1221年，维也纳成了日耳曼人和匈牙利人水路贸易中的重要一站，并因此变成了富庶的城市。

鹰堡

1246年，巴本堡王朝长久的好运气终于到了头，好斗的腓特烈二世公爵（Duke Frederick II）在与匈牙利人的战争中阵亡。1250年，神圣罗马帝国的皇帝，另一位腓特烈二世也不幸去世，中欧大部分地区自此深陷战乱与痛苦的泥沼。为了保护奥地利的领土不被瓜分，一些贵族推举波希米亚国王奥托卡二世（Ottakar II）接管帝国。1273年，来自南德意志的奋进统治者，哈布斯堡王朝的奠基人鲁道夫（Rudolf of Habsburg）当选，成为神圣罗马帝国的新任皇帝。选帝侯们喜欢支持软弱的候选人，这不是什么新鲜事。鲁道夫就没有多大的权力基础，人也年过半百，似乎对选帝侯们构不成什么威胁。但这一次，所有人都失算了，除了鲁道夫自己。

鲁道夫死在了施派尔（Speyer），被埋葬在施派尔皇帝教堂。我在一个冬天的夜晚抵达施派尔，幸运地在教堂就要关门前溜了进去。整座建筑充斥着惊人的力量感和严酷的压迫感，每一块巨岩都在用纯粹的体量展示着皇权的不可动摇。对于任何一个习惯了哥特式建筑的英国人或是法国人来说，被罗马式的巨像环绕都会心生惊恐。再加上周遭的黑暗聚集，脚步拖拽带来的异样回响，更给教堂增添了几分表现主义式的恐怖色彩。有那么一瞬间，教堂里回荡起仿佛来自异世界的扑簌，真叫人寒毛直竖——尽管那不过是几百个锡纸做的小蜡烛托被倒进垃圾袋时发出的声响。但无论如何，鲁道夫的石雕像才是这里的亮点。他的形象绝对符合人们对于皇帝样貌的期待：表情严肃、冷静，长长的鹰钩鼻，手里握着宝球和权杖，胸口刻着象征帝国的雄鹰，脚下踏着一头狮子。从某个时候起，他的石像碑开始靠着墙直立放着，而不是平放在棺椁上，更让他的形象栩栩如生。

鲁道夫一世（Rudolf Ⅰ）从很多方面来看都是一个典型的德意志小诸侯。他通过兼并和继承获得了一些领地，大多分布在阿尔萨斯（Alsace）、士瓦本和今天的瑞士北部地区（包括哈比兹堡[①]，即鹰堡，他的家族或许也因此而得名——而瑞士在 1415 年赶走了哈布斯堡家族）。作为皇帝，鲁道夫一世是成功的。他率领部曲攻入奥地利，将奥托卡二世驱逐；又几经辗转和匈牙利人结盟，大败波希米亚人，在 1278 年的玛希菲尔德战役（Battle on the March-

---

[①] 此处原文为 Habichtsburg。——译者注

第一章

field)中击杀奥托卡二世。

　　1282年，鲁道夫将巴本堡家族大部分土地划归自己所有，彻底解决了巴本堡王朝的领土继承问题——在接下来的六个世纪里，这些土地一直归哈布斯堡家族所有。自此，哈布斯堡家族开始崛起。随着家族财富不断积累，一些麻烦事也开始出现了，暗杀、阵亡、领地分治的情况屡见不鲜。很快，哈布斯堡家族开始将重心从旧有的南日耳曼领土转移到新攫取的奥地利。他们在1363年占领蒂罗尔，又在1382年占领了的里雅斯特（Trieste），让家族的权力范围第一次扩张到欧洲沿海地区。1452年，腓特烈三世加冕成为神圣罗马帝国皇帝，哈布斯堡家族从此开始垄断帝位，不曾让大权旁落。但在这之前，哈布斯堡家族虽然有些实力，但也并非没有对手，比如领土更广阔也更有声望的卢森堡家族。正是来自卢森堡家族的皇帝、波希米亚国王查理四世（Charles Ⅳ）将布拉格营建成了一座伟大的国际都会，他对城市建设的宏伟设想更是让哈布斯堡家族相形见绌。

　　纵观历史，每一任皇帝的重要程度完全取决于他本人的天性和运气。查理四世的当选颇有些争议，直到他的劲敌、前任皇帝巴伐利亚的路易（Louis the Bavarian）在猎熊途中因突发癫痫去世后，查理四世才毫无争议地登上了皇帝宝座，从此幸运的天平开始倒向他的一边。一直以来，当皇帝都是份吃力不讨好的工作，直到15世纪仍是如此。从弗兰德斯（Flanders）到维也纳，当时的神圣罗马帝国小领地遍布，易主更是常事。因此，皇帝必须加强对这些小领地的管控。这些小领地的存在好像是对查理大帝重建罗马帝国愿景的无情嘲讽。几个世纪的明争暗斗、家族内讧、自然灾害、贿赂和特权,让这个古老的帝国陷入了一盘散沙的状态。每个地方都有势力雄厚的独立城镇,教会坐拥大量土地,私人城堡周围也占有大量土地,即便是巴伐利亚或萨克森这样幅员辽阔的公国内部,也分布着大大小小的地块,领主间彼此割据。皇帝统领整个帝国,几百个独立领地的首领直接向他汇报情况,从人力资源的角度来看,这是极为低效的管理架构。加冕后的查理四世于1356年颁布了《金玺诏书》(the Golden Bull),确定了帝国未来的发展方向。其中最重要的一条是在法律意义上确立了七人选帝侯制度,并规定选帝侯的领地不可瓜分或易主。这就给七位选帝侯打下了坚实的权力基础,也避免了(像他自己在此前选举中所经历的那样)让任何觊觎皇位的人或敌对的选帝侯来干扰选举。这七位选帝侯分别是科隆总主教(the Archbishop of Cologne)、美因茨总主教(the Archbishop of Mainz)、特里尔总主教(the Archbishop of Trier)、勃兰登堡藩侯(the Margrave of Brandenburg)、萨克森公爵(the Duke of Saxony)、莱茵-普法尔茨伯爵(the Count Palatine of the Rhine)和波希米亚国王(the King of Bohemia)。不过,这些选帝侯在法兰克福(Frankfurt)选出的只是"罗马人的国王",只有经过罗马教皇的加冕才能成为皇帝。这样的区别在哈布斯堡王朝统治时期不复存在,他们会通过选帝侯将自己的继承人选为国王,当选的国王会在现任皇帝去世后,自动登基成为皇帝。

　　成为皇帝无疑是至关重要的,但想要和读者们更为熟悉的古罗马皇帝一样,拥有无可争议的崇高地位,新皇帝们还需要大费周章。他们做的每件事都是为了将自己与查理大帝的荣耀联系在一起,包括在亚琛(Aachen)登上属于查理曼的王座(王座至今仍完好地保存在亚琛,样子很普通,却代表着神圣和庄严),以及典礼上越多越好的旗帜和不绝于耳的小号声。但出席这些盛典的其他领主,在面对皇帝时,并没有强烈的低人一等的感觉,也不会因为他的不快而全身发抖。

"当心背后!"

腓特烈三世对帝国的长期统治让哈布斯堡家族成了人们关注的焦点,15世纪肖像画技法的提升对此起到了推波助澜的作用,也让我们对腓特烈的样貌有了清晰的认识。说起肖像画,他的前任、最后一位来自卢森堡家族的皇帝西吉斯蒙德(Sigismund)有一幅绘制精美却无比怪异的肖像:他头戴特大号的毛皮帽子,表情僵硬,一脸茫然,好像巡演途中的乐手,吃了太多致幻蘑菇。我不是在随意说笑,他的表情着实令人困惑,你甚至无法理解画师到底想要表达什么。再加上他的毛皮帽子和略显黝黑的皮肤,让他看起来(怎么说呢)有点像个加拿大人。腓特烈的前任君主短命的阿尔布雷希特二世(Albrecht Ⅱ,他死于和奥斯曼土耳其人的战争)也因为他的肖像画而青史留名,只不过画中的他虽然衣饰华美,画面效果却好像小学生的习作。到了腓特烈时期,绘画技法的发展和足够的资金支持让他拥有了一系列肖像画,所有画面都传递了明确的信息（或许这是任何肖像画成功的关键）：威严、平静和至高无上的皇权。

对于历史学家而言，腓特烈统治时期乃至整个15世纪，欧洲都面临着两大问题："《天路历程》（*Pilgrim's Progress*）① 效应"和"圣诞哑剧综合征"。前一种观点认为，每一个独立的君主都必须完成一个特别的人生目标——不出意外地都是建立尽可能类似现代国家或帝国的统一政体，尽管这样的国家要到19世纪才会出现。一位君主能否坚守这个目标，抵御外界的干扰、阻拦和诱惑，成了人们判断其是否为明君的标准，就像班扬故事里的基督徒一样。英格兰就是个好例子。今天的我们都知道，一次次想要拥立亨利六世（Henry Ⅵ）成为法兰西国王的举动是多么可笑，英国人早该回到自己的岛上去。但作为英国人，我们还是会抱怨法国怎么出了圣女贞德（Joan of Arc）这样的人物，在她被施以火刑的时候，内心难免有些振奋。不过我们也都明白，伦敦的君主永远不可能真正统治巴黎。1429年，年幼的亨利在巴黎圣母院（Notre Dame）加冕——这可真让人尴尬，因为我们知道，他未来的几十年都将被浪费在徒劳的血战里，完全把英格兰的伟大国运抛在脑后。

《天路历程》效应的影响在腓特烈三世时期表现得尤为突出，因为腓特烈真正建立了一个统治中欧以及其他地方长达四百年的王朝——虽然他自己并没有意识到这一点（当然更不可能未卜先知）。

---

① 《天路历程》为英国作家约翰·班扬（John Bunyan）创作于17世纪的长篇小说，讲述了基督徒经历各种艰难险阻，终于获得灵魂救赎的故事。——译者注

第一章

称帝后的腓特烈并没有选择前往"天国"① 维也纳建立行之有效的中央集权政府,作为帝国管理的核心,反倒开始四处游荡。很长一段时间里,即便身边骚乱四起,他也只会这边修修教堂,那边补补城堡,漫不经心地干预一些地方事务,似乎已经偏离了"真正的道路"。他反复无常的性格、无精打采又无所作为的状态让朋友和敌人都感到抓狂。作为神圣罗马帝国的皇帝,腓特烈竟然创纪录地在整整 27 年间从未踏上过德意志的土地。在这期间,帝国同盟由盛及衰,崩溃的城镇陷入无政府状态,科技向前发展,城堡被攻陷,但所有这一切都无法引起腓特烈的注意,因为他的心思都花在设计纪念碑或是欣赏音乐上了。

作为历史学家,对于腓特烈同辈人的怒火,我们完全可以感同身受,甚至也想扯着嗓子大喊:"你在林茨(Linz)都干了些什么——你不知道纽伦堡(Nuremburg)的水深火热吗——为什么不帮帮这些人!"他一定是查理六世(Charles Ⅵ)出现之前神圣罗马帝国最让人恼火的皇帝。但《天路历程》效应确实需要被克服,因为没有一个王朝可以达成这样的目标——每一代人的目标都十分狭隘,只着眼当下的问题,甚至连这些目标能否达成,也完全取决于灾难或运气这样无法掌控的因素。也难怪人们会花这么多时间去教堂:因为只有上帝才能决定世间大势,而这些让人无法捉摸的大势又决定了一年中大事件的吉凶祸福。哈布斯堡家族的劲敌卢森堡家族中出了几位功勋卓著的皇帝,比如集所有王朝开创者之优点于一

---

① 原文为 Celestial City,即《天路历程》中基督徒想要前往的目的地。——译者注

身的查理四世。卢森堡王朝的领土遍及中欧和西欧（包括今天小国卢森堡的所在地，在经历了一连串事件之后，卢森堡这个名字最终被传承了下来），但最终也没能摆脱消亡的厄运。卢森堡家族最后一位男性继承人是"遗腹子"拉斯洛五世（Ladislaus Posthumous[①]），他的父亲是哈布斯堡家族的阿尔布雷希特二世，母亲则是皇帝西吉斯蒙德唯一的女儿。拉斯洛出生前，父亲就去世了，他因此得到了"遗腹子"这个有点怪异的名号。这个年轻人有着与众不同的金色卷发，负责照顾并辅佐他的是他极擅长虚张声势的二表兄，当时的哈布斯堡公爵、未来的帝国皇帝腓特烈三世。很快，拉斯洛发现腓特烈表面上对他关怀备至，实际上却不让他和任何人说话，也不让他做任何事情。后来，拉斯洛终于设法逃离了腓特烈，但始终只能充当各派势力的棋子，直到17岁时意外丧命，卢森堡家族也由此绝嗣。

另外一个陷阱，"圣诞哑剧综合征"的影响则更直接。我们都知道，奥斯曼土耳其人很快就要给中欧带来致命打击。如果把这段历史改编成圣诞哑剧，一定会有很多人冲着舞台上的主角大喊："当心背后！"因为他背后站着魔鬼、怪物和巫师，在他转头的时候，这些怪物又立刻消失不见。或许真的有人曾向年幼的拉斯洛五世喊过这样的话吧。当时的腓特烈一门心思扑在和瑞士邦联无谓的战争上，很难让人不想冲他大喊"赶快把你东边的国境守好，再建立一个团结的基督教联盟"，或其他诸如此类的话。这是必须要摆

[①] Posthumous一词即为"死后的""遗腹的"之意。——译者注

第一章

脱的陷阱,但纵观中欧的历史,这样令人懊丧的情节却反复发生。等到法兰西国王和土耳其人真的结成同盟,共同抵抗哈布斯堡家族时,现代所有的历史叙事都充斥着无法掩饰的惊异和失望。今天的我们都知道,每当双方的战争进入长久的间歇,唯一的理由就是土耳其人转移了阵线,主攻安纳托利亚(Anatolia)或是波斯(Persia)的敌人去了。东边的敌人一旦解决,他们立刻就会卷土重来,给西方以致命的打击。只可惜哈布斯堡家族和他们涣散的联盟,除了些零碎的情报外,也收不到多少关于前线的消息。比如土耳其人即将派遣一支庞大的"新部队"犯边的"新闻"①,其回传速度可能比这支部队的挺进速度快不了多少。

历史让哈布斯堡家族成了带领欧洲抵御土耳其人入侵的排头兵,但腓特烈似乎既对1456年解除贝尔格莱德(Belgrade)之围的大胜不感兴趣,也丝毫不在意土耳其人想要入侵意大利的企图,只是继续他漫无目的的旅行。土耳其人在贝尔格莱德大败后,双方进入了长达70年的休整期,这不过是一段虚幻的平静,更大的灾难还在后面。但当时没有人知道这样的修整期能持续多久,或者是否能持续到永久——这样的可能曾经存在过。

神圣之地

维也纳新城(Wiener Neustadt)是维也纳南部一座毫无生气的

---

① 此处作者使用了"new"一词的两个意思,即"新的"和"新闻"。——译者注

工业小城,它曾在二战中被毁,重建后也一直笼罩着绝望和枯竭的气息。其中最特别也最困难的重建项目当数维也纳特蕾西娅军事指挥学院,该学院由玛丽亚·特蕾莎创办,校址在腓特烈三世的城堡和礼拜堂附近。维也纳新城在腓特烈(危机与机遇并存的)统治时期,曾是帝国的首都之一。他的儿子,未来的帝国皇帝马克西米利安一世,出生于此也埋葬于此。马克西米利安简单的石棺至今仍保留在指挥学院中心的圣乔治礼拜堂(Chapel of St. George)——这里另外备受瞩目的物件是一个巨大而丑陋的圣骨匣。在这个短腿又粗重的立方体上有一块块小玻璃窗,每块窗后都放着一个圣人的头骨,让这里看起来更像是婆罗洲(Borneo),而不是下奥地利州(Lower Austria)。

学院还在正常教学,所以参观需要特别的流程。和普通景点"售票处—旋转门—邮局(寄明信片)—商店—咖啡厅"的常规参观路线不同,在这里,参观者需要先在学院南门外按门铃等待开门。我在门外等着,过了好一段时间,却传来了皮靴的声音。一位背后挎着枪的军校学员给我开了门,陪我逛了起来。和他一起走在昏暗的长廊上,我仿佛来到了一个属于秩序、技能和专家的平行世界,充斥着制服、技术培训和等级制度。我们还撞见了一队正在执勤的军校学员,每个人看起来都头脑清晰、身材结实,脸上挂着自豪的表情,好像真的来自完全不同的世界,只可惜我更适合生存在这个脆弱、愚钝的世界。

我们(或者只有他)迈着潇洒的步子走进洒满阳光的中央庭院,当即映入眼帘的就是腓特烈三世的巨型纹饰墙,上面记录着腓

第一章

特烈一生的丰功伟绩。虽然大部分墙体经过翻新和整修，但其雄浑的气势却未减半分。墙基处刻有腓特烈的形象，接着是一字排开的87个盾徽雕刻，一直延伸到小礼拜堂的边缘。这些盾牌中，有的代表了地图上的一个小地方，有的则代表了大片领土。来访者一定会被腓特烈坐拥的广阔领土和至高无上的地位所折服。他也一定会享受这样的感觉——虽然我们无法亲眼得见，但不难想象腓特烈坐在院子里，静静欣赏这些领土的场景。

我的学员向导在护送我出去的路上，随手将一大串中世纪风格的钥匙扔给了另一个学员，那钥匙恐怕和一整套盔甲一样重，对方却头也不抬地用单手接住。这让我不免有些惊恐，只想赶快离开这些孔武有力的强人，回到自由散漫的无能世界。

哈布斯堡家族早期的另一处神圣之地位于维也纳北部的小城克洛斯特新堡（Klosterneuburg），这个地名在德语中的意思为"新城堡修道院"。这里有一座由巴本堡藩侯利奥波德三世（Leopold Ⅲ）修建的奥古斯汀修道院（Augustinian abbey）。几个世纪以来，哈布斯堡家族的高级成员每年都要来到这座古老的修道院为巴本堡家族的祖先祈祷。也正是这座复杂的建筑给了哈布斯堡家族执政的合法性，让他们能打着宗教的幌子来取代绝嗣的前朝、发动丑陋的内战，并以帝国的名义大量攫取土地。

传说利奥波德的新婚妻子是一位虔诚的教徒，她的面纱被风吹走了，利奥波德因此起誓，要在找到面纱的地方建造一座修道院。几年后，他在外出打猎的时候，意外地在一片接骨木丛上找到了这块面纱，便就地开始了建造工程。无数雕刻品和小画像都在讲述这个故事,但仅仅是在树丛上找到一块布的情节实在难以引人入胜,于是作品中总会添上圣母玛利亚(Virgin Mary)给出指引和无数天使在空中引导利奥波德来到树丛的桥段。

很显然,修道院曾经美轮美奂,如今却满目疮痍。修道院内部遍布18世纪工匠的"杰作",各个角落都充斥着令人窒息的灰泥和杂耍般的圣人像,外面还立着几座巴洛克式的塔楼。这样出格的设计在19世纪得以部分修正,建筑师们保留了修道院内部的装饰,但将外墙的设计成功调整为中世纪的样式,并将巴洛克式塔楼改建为更合理的哥特式塔楼,但也难免让人想起沃尔特·司各特爵士(Sir Walter Scott)① 小说里那种竭力仿古的风格。19世纪晚期,修道院迎来了终极灾难,早期巴洛克暴徒们在内部设计中留下的空档全部被壁画填满。壁画描绘了耶稣一生中几个异常美好的生活片段,而救世主本人却被塑造得骨瘦如柴,好像哈利勒·纪伯伦(Khalil Gibran)② 笔下的人物。

在修道院身后的王宫,一处未完成的区域有一个小小的博物馆,里面竟奇迹般地收藏着一件展品,能让我们摆脱这庸俗的格调。这是一块巨型彩绘镶板,1485年由修士们委托制作,用于修道院的创建者利奥波德三世的封圣仪式。镶板上画着一个个色彩鲜艳的小圆盘,每个圆盘都代表一位巴本堡家族的统治者,共同组成

---

① 沃尔特·司各特爵士,英国著名的历史小说家和诗人,代表作有《艾凡赫》等。在他死后,浪漫主义时代走向终结。——译者注
② 哈利勒·纪伯伦,黎巴嫩裔美国诗人、画家,代表作有《先知》《泪与笑》等。——译者注

第一章

了整个家族的谱系。腓特烈三世一直极为在意族谱和合法性问题，因此对利奥波德十分着迷。在腓特烈治下，这位新追封的圣人有了标准像：浓密过头的大胡子、夸张的巨大王冠，总是心不在焉的表情彰显了他的圣德。在每一幅大型肖像画里，利奥波德的形象统一清晰，很像圣诞老人的原型。他的妻子艾格妮丝（Agnes）一般出现在侧边的镶板上，形象总是虔诚而妩媚的。她的形象也恰好反映了画师们常见的困扰：如何绘制皇后的形象？一个更经典的例子出现在与她同时代的埃莉诺身上。葡萄牙的埃莉诺（Eleanor of Portugal）是腓特烈三世的妻子，她的石椁被安置在维也纳新城的新修道院（Neukloster）主祭坛后面。埃莉诺的石雕像是整个棺椁的精华，很是引人注目，又不失圣人的风采。

巴本堡家族曾是以劫掠为生的日耳曼战士，是效忠于巴伐利亚公爵的一支基督徒部队，他们曾一路东进，将匈牙利人打得节节败退。关于家族的历史记载寥寥，除了一些基本概况，其他的记录都像是浓墨重彩的传奇故事。这正是修士的画作中所表现的内容——在一片狼藉的战场上，因为背叛而蒙难的人们在此祈祷，想要阻止十字军的东征。延续几百年的王朝故事在画面中依次展开，历史的厚重感扑面而来：原属巴伐利亚公国的奥地利马尔克①，在藩侯亨利二世（Henry Ⅱ）②统治期间获得独立，并被提升为奥地利公国，定都维也纳。在另外一个生动的场景里，一位巴本堡家族的成员死

---

① 见序言第1页注释①。——译者注
② 亨利二世的绰号为 Jasomirgott，意为向上帝求救的人，据说为他的口头禅 "Yes, so help me God" 在德语中的谐音。——译者注

在了意大利,他的尸体被滚水煮了,骨头被装在棺材里送回奥地利。另一处画面中还有名不副实的"高尚者"利奥波德(Leopold the Virtuous)的形象——他因为绑架"狮心王"理查(Richard the Lionheart)而成为巴本堡家族唯一在英格兰出名的成员。第三次十字军东征期间,利奥波德因为理查一世对自己的轻视而大为不满。战争结束后,理查一世有违常理地决定乔装穿越欧洲大陆,以求快速返回英国。在经过奥地利领土时,利奥波德一举将他擒获,并索要大量赎金(至少二十吨白银)。在奥地利,恐怕所有古堡的墙面都是靠着这笔赎金建起来的。利奥波德的重要性还体现在他继承了施蒂里亚地区(其面积大于今天的施蒂里亚州,领土还包括斯洛文尼亚大部分地区),这一行动对后世影响深远。此公的另外一项传奇是确立了代表巴本堡家族的旗帜。据传他的白色十字军外袍曾被鲜血染红,形成红白相间的条状图案,这便是家族旗帜的灵感之源。这面旗帜在哈布斯堡家族统治时期很少出现(哈布斯堡家族的旗帜为黑黄配色),但在1918年成了新成立的奥地利共和国的国旗——这是一种深层次的历史传承,让旗帜这种普通的东西也变得意味深长了起来。

任何王朝在经历了世代传承后,早晚都会遇上麻烦,巴本堡王朝也不例外。1246年,"好斗者"腓特烈(Frederick the Quarrelsome)在与匈牙利人的战争中阵亡,却没留下任何子嗣。巴本堡王朝就此消亡,哈布斯堡家族开始了崛起之路。

哈布斯堡家族对克洛斯特新堡的执着不难理解,因为他们大胆地宣称自己为巴本堡家族真正的继承人,他们执政的合法性也根植

第一章

于此。礼拜堂里复杂的仪式给了他们睥睨群雄的资本,再没有人敢把他们看成来自士瓦本的外来户了。哈布斯堡家族永远不会忘记,奥地利才是让他们伟大崛起的核心,克洛斯特新堡也是他们必须掌控的地方。经过几个世纪的精心维护,这块绘有巴本堡族谱的镶板好像一本巨大的漫画书,但它构成了腓特烈三世及其继承者们的精神内核。这是一种极具压迫性的世界观:腓特烈和他的儿子马克西米利安一世都被画中的中世纪骑士精神洗脑了,这些冒险故事在他们心中产生了强烈的共鸣。这个神奇的世界里充满了神圣的善举和骑士们的勇气,让他们沉浸在画中的夏日风光里,远离现世的债务困境、令人沮丧的新型枪支和政治斗争。

当选的恺撒

为了让本书更加易读,有一个重要环节必定不能跳过,那就是对神圣罗马帝国的介绍。对此我深表歉意,但这确实是无法逃避的问题,也是有益的挑战。我愿意将大部分时间用来研究这个帝国的兴衰,但你如果和很多人一样,觉得这种研究有点无聊,可以跳过这一段,无论是否有兴趣再读读其他部分。

神圣罗马帝国的领土覆盖了欧洲相当广阔的区域,几个世纪以来,这里一直是推动欧洲历史发展的重要引擎。对于任何一个成长于英国、法国或是美国的人来说,整个帝国的发展史简直骇人听闻——建在野地上的荒唐小国,由僧侣控制的蕞尔谷地,固守成规的蒙昧主义注定会让 19 世纪试图重建历史的德意志作家们羞红了脸。来自拿破仑的重创让帝国大厦将倾，对帝国的讨伐之声随之四起，可惜人们并不知道他们之后将迎来一个更为动荡和残酷的国家。在今天看来，这种对帝国长期的鄙夷态度似乎匪夷所思。从查理曼到拿破仑，帝国漫长的国祚及其对于欧洲文化、政治发展的持续推动——不论是好是坏——让我们不能只看到帝国的腐朽和僵化，而把它当作笑谈。

前面已经谈到，帝国的源起根植于查理大帝成功的统治。这位野心无限的法兰克领主在欧洲东征西讨，宣称自己的帝国就是早已覆灭的西罗马帝国的再生。通常，当这样的人物出现时，身边总会有一批笑眯眯的智者为他布道，在故纸堆里搜集证据来支持这种惊人的言论。今天的我们只能想象，查理曼和他蓬头垢面的随从们马蹄踏过的欧洲是怎样一番光景——小小的定居地遍布，随处可见罗马时期的残垣断壁，其中最壮观的一处位于君士坦丁大帝（Constantine）时期罗马帝国西部地区的首府特里尔（Trier）。行走在这些罗马帝国时期的宫殿、教堂、碉堡遗址之间，好像让我们变成了赫伯特·乔治·威尔斯（H. G. Wells）的小说《时间机器》（*The Time Machine*）的主人公，在 800 世纪，穿行在数量庞大的晚期人类文明遗存之中。

基督教维护了新帝国在文字、司法和文化方面与罗马帝国的联系，但查理曼及其继任者征服的领土大多位于罗马帝国的疆域之外，这也让查理曼的新帝国继承罗马帝国正统的说法看起来更像是一种意愿，而非真正的复兴。这种虚构的渊源却成了新帝国维持千年国祚的重要因素,也拉近了帝国皇帝和罗马教皇之间的关系——在教皇的支持下,皇帝得以大言不惭地宣称皇权承自古罗马帝国,其权威性不容置疑。这也让不少皇帝对意大利产生了迷之依恋,大概是因为"新罗马"位于多雾的北部地区,而不是人们第一反应中"古罗马"所在的区域,多少会让皇帝们感到尴尬吧。意大利人自己更是无法建立起这种联系,皇帝在他们眼中更像是古怪而贪婪的北方访客,不过是帝国边缘的几股势力之一。

和其他所有欧洲国家一样,新帝国在查理大帝去世后,一直面临着分崩离析的威胁。对于历史学家而言,如何描述这样动荡的时期显得异常困难,因为这取决于作者如何看待政治事件的本质:对于中央集权的威胁到底是好是坏?譬如,传统上英国历史学家认为,法国路易十四(Louis XIV)高度集权的统治和蒙古人的统治一样,是极其冷漠的,毫无道德意识——两相对比,英国人却将发生在本国的血腥征伐和集权统治粉饰为勇气的象征和正派的行动。

新帝国很快意识到,仅凭皇帝一人无法直接管理如此广袤而多样的国家。查理曼及其继任者从西欧出发,向东、东南、东北方向一路开疆拓土,占领了欧洲大部分讲日耳曼语的地区,以及众多低地国家(包括今天的法国北部、东部和东南部,波希米亚、摩拉维亚、卢萨蒂亚地区)和意大利北部的大片领土。皇帝将这些大大小小的领地册封给自己的随从,随从们则以皇帝的名义保卫和巩固这些领地,同时给自己创造收益。领地越大的诸侯越难以服从皇帝的政令,他们要求更大的自主权,却从未要求获得真正意义上的独立。即便是在萨克森或巴伐利亚这样实力雄厚的公国,统治者也清楚地知道公国的地位和安全与整个帝国的存续密不可分。哈布斯堡家族垄断了帝国皇位之后，皇帝更是成为世俗与宗教特权的象征，支持他的是在各地举办的一系列神圣活动：在法兰克福举办选举，在亚琛、沃尔姆斯（Worms）、纽伦堡、奥格斯堡（Augsburg）等见证了前人历史功绩的地点举办帝国集会。

在经历了无数动荡、挫折和内讧之后，帝国终于在15世纪形成了相对稳定的格局，直到1806年解体。帝国在各个方向上的边境地区成了欧洲绝大部分"历史事件"的策源地，即便在1806年帝国解体之后，这些地区仍是最容易引发分歧和战乱的导火索。很多历史学家对皇帝抱有同情，他们虽然心有不安但也必须承认，正是狭隘的地方主义导致皇帝的很多伟大设想被迫流产。但与此同时，或许正是因为这种无可救药的地方主义，才让欧洲拥有了如此丰富的文化和语言。譬如，帝国西部地区的管理水平之低令人咋舌，这里似乎只能起到防范法国的作用，丝毫没有出击之力。又比如另一片西部的领土普吕姆（Prüm），因为发现了耶稣的一只草鞋，而拥有了仅存在于精神领域的防御能力。同样的例子还有埃森（Essen），这个未来军火商克虏伯（Krupp）的家乡，几个世纪以来一直被一群出身贵族的修女所控制，她们脾气很坏却没什么防御能力。

因此，帝国的领土更像是一块块让人深感忧虑的拼图。比如符腾堡（Wüttemberg）这样相对大块的土地看似稳固，内里却被各种地方法规和特权所蚕食，当地的公爵也因此贫困潦倒，日子凄苦，沦为大众的笑柄。当然也有像萨克森这样面积更大也更有秩序的公国，却也无法摆脱继承人相互夺权的诅咒。这样的局面频繁发生,让公国一半的领土分裂为各自为政的小片领地。萨克森东北部的勃兰登堡藩侯与神圣罗马帝国治外的波兰保持着私人联系,后来勃兰登堡与普鲁士公国合并,对后世造成了深远影响。

这些大块而完整的领土十分诱人,因为它们拥有真正的未来。但帝国更多的领土是像普法尔茨地区这样古怪的组合:分布于德意志中南部的一连串富庶领地,其领主在帝国历史的关键时刻扮演着重要角色,他们也将海德堡(Heidelberg)打造成了一座浪漫主义的城市。虽然今天的我们很难想象,曾经的普法尔茨是一个稳固而有活力的政治中心——海德堡如画的风景大概要得益于此地的主要城堡已沦为废墟。普法尔茨的例子恰恰展示了帝国令人费解之处:每一个领主的土地都是通过继承、购买或掠夺而来的,但面积都不大甚至经常互不连续。

皇帝也会出于某些特殊原因将属于自己的土地赠予教会,并在这些土地上兴建宗教建筑,这就构成了一种重要的土地所有权类型。比如小国奎德林堡(Quedlinburg),这里的统治者是出身名门的修女,她们拥有足够的土地来经营修道院,每日为"捕鸟者"亨利(Henry the Fowler)举行多场祝祷。亨利一生杀伐无数,在10世纪初曾强迫不信基督教的撒克逊人改宗,他本人也葬在这里。帝国中还有一些土地属于帝国自由城市(Imperial Free Cities),同样面积不大,但重要性却非同一般。这些城市往往是贸易中心,享有各种特权,由商人寡头们而非单一领主管辖。其中的一些城市始终作为帝国重镇,与皇帝保持密切联系,比如法兰克福和纽伦堡,还有一些则偏安一隅。其他更为远离帝国核心的城市,则与外部世界保持着广泛联系，比如北方的汉萨同盟城市，其中最有名的当数汉堡（Hamburg）和吕贝克（Lübeck）。每座城市都有自己的专业化产业，比如吕讷堡（Lüneburg）的盐矿和霍尔（Hall）的铸币厂。帝国中重要性最低的领土当数由数百位帝国骑士占有的微型土地，大部分分布在士瓦本，通常只有一座摇摇欲坠的城堡，一小片葡萄园，运气稍好的还能临近某条河流，让骑士们得以向路过的不幸商船收取极少的通行费。

这些大量的政治实体（到 15 世纪晚期已多达数百个）皆受皇帝管辖。可以想见，其中的小国对皇权尤为忠诚，因为它们需要帝国的庇护才能存活——在要塞的外墙上通常挂有精美的盾牌装饰，以显示它们的忠诚并警示偶尔出现的来犯者。它们会为帝国提供小股部队，向皇帝服饰华美的随从们上供，并在教会中创造大量工作机会。大型领地的领主们也对皇帝报以信任，而这样的管理体系自然会衍生出大量法律纠纷，比如针对遗产和继承权的纠纷，针对军事和财政贡献多寡的纠纷，等等。皇帝的大部分时间都要用来解决这些纠纷。这些无休止的冗长听证和巡访过后会让一些人成为输家，并因此感到气愤或被冷落，但这正是皇帝最重要的职责之一。能否给出公正的判决，对于一个皇帝的名声来说与军事成就同等重要。腓特烈三世在漫长的统治期间所遭遇的大部分混乱与失序事件，根源都在于他对处理这些问题失去了兴趣。而哈布斯堡家族在 15 世纪后的成功统治也要归功于一代又一代家族成员出奇勤政（除了鲁道夫二世，他的房间里堆满了没拆封的信件）。他们经常要面对一大群易怒而好战，通常也没受过什么教育的贵族，手里挥舞着伪造的"古代"文件（哈布斯堡家族的成员对此再熟悉不过了），要求兑现这样或那样的权利。我在后面的内容中将不再提到这一点，但请读者们记住这一重要的时代背景——帝国的官僚体系始终不够健全，却又享有威望，要花上几代人的时间才能解决遗产和土地纠纷。莱奥什·亚纳切克（Leoš Janáček）和卡雷尔·恰佩克（Karel Čapek）创作于1926年的歌剧《马克普洛斯档案》（*The Makropoulos Case*）就反映了这样的问题，其中处理蒙尘文件的几场戏堪称经典。作曲家亚纳切克甚至专门谱写了优美动听的重复性主旋律来代表帝国永无尽头的法律流程。

因此，皇帝需要亲自走访他广袤的国土以彰显自己的地位，每个城镇都要对他尽不同的义务。这是一套复杂的体系，但这些义务通常会以装潢精美的"皇帝厅"（Imperial Halls）来表现，在今天很多曾经属于帝国的领土上仍可以看到这些建筑。皇帝厅里都会设有奢华的会议室（配有极尽谄媚的壁画来赞美皇帝的伟大，以及自己的先祖和皇帝的亲密无间）和一整排卧室——尽管有时一个世纪才会启用一次。

每任皇帝都有自己的根据地，即便他们经常在各地出巡，无法长居于此，也对他们保持权力十分重要。布拉格特别的城市风貌大多要得益于查理四世，在他统治期间，布拉格既是皇家都城（查理四世同时出任波希米亚国王）也是帝国首都。他的儿子西吉斯蒙德在其漫长的统治期间，虽辗转于欧洲各处担任不同的职位，但如果要选出他所谓的"根据地"，大概就是布达（Buda）或维谢格拉德（Visegrád）了。这些地方都由皇帝自主选择，而非帝国的安排。

比如，帝国东南部的领土上有很多并未完工的建筑，大多因为早期哈布斯堡家族突然改变心意或品味而废弃，或是因为资金不足而停工。马克西米利安一世的长眠地也是个好例子：他在因斯布鲁克（Innsbruck）的坟墓被空置，遗体埋葬在维也纳新城，内脏却被装进一个铜罐子埋在维也纳。只要皇帝还在各地巡游，他们的法律、军事、财政和居住权就能得以延续——就像潮湿的混凝土永远需要搅动一样。长期的忽视会让整个系统固化，甚至——用回刚才的例子——毁掉搅拌机本身。

帝国的皇帝由选举产生——可能听起来有点奇怪，但事实的确如此——是让帝国保持正常运转的核心机制。根据《金玺诏书》的规定，现任皇帝去世后，七位选帝侯要（亲自或选派代理人）来到法兰克福，在皇家圣巴塞洛缪（St. Bartholomew）教堂的一个特别礼拜堂选出罗马人的新国王。选举结束后，会立刻在法兰克福老城中心的罗马贝格广场（Römerberg）点燃篝火，举办盛大的庆典，还会供应整只动物烤肉。选帝侯的决定通常是明智的，因为当选的皇帝必须获得所有人的同意。即便某个家族可以买通两个甚至三个选帝侯，也无法完全收买各个地方，平衡好不同的道德观念。尽管选举过程中的确可能存在惊人的交易与贿赂（大部分都未被史料记载），但选帝侯的决定仍然具有极高的合理性，因为他们既会考虑候选人家族在历史上的重要性，又可以从一大批既有财富又有才干的成年候选人中做出自由选择。正因如此，帝国得以避免像法国或英国一样，遭遇纯粹世袭君主制带来的噩梦：偶尔要经历幼主亲政或傻子治国的局面。

第一章

但这种选举对于上了年纪又想更进一步的野心家来说，根本毫无胜算。极为严苛的入选标准，几乎让所有人都无法拿到候选资格。其中的一个原因在于，中世纪鼎盛时期，帝国皇帝拥有大量土地，管理这些土地也是他工作的一部分。到了15世纪，这些土地几乎都被赠予殆尽。因此，皇帝必须有能力凭借自己的实力获得巨额财富，才能维持自己的尊贵地位，应付随时起兵的可能。只有两到三个家族才能达到这样的要求。14、15世纪，卢森堡家族是最务实的选择，他们是波希米亚国王，到了西吉斯蒙德时期，还是匈牙利和克罗地亚国王，并以此积累了大量财富。查理四世去世后，他的儿子西吉斯蒙德继位，这也让皇位在同一家族中世袭成为可能。可惜西吉斯蒙德没有留下任何子嗣，卢森堡家族世袭皇位的梦想破灭，选帝侯们便开始寻找新的目标。来自哈布斯堡家族的内奥地利（Inner Austria）公爵腓特烈成了不错的候选人。在解决了一系列地区性问题后，腓特烈于1440年当选罗马人的国王，1452年加冕成为神圣罗马帝国皇帝。1440年参与投票的这七位选帝侯不曾想到，帝国皇位自此被同一家族锁定（除了短暂的旁落之外），哈布斯堡家族开始了他们长达三百多年的统治。

第二章

马克西米利安一世全副武装打扮,脖子上戴着金羊毛骑士团勋章项链——这幅17世纪的版画基于卢卡斯·范·莱登(Lucas van Leyden)1515年的原始雕版创作而成。

资料来源:akg-images.

赫克托耳的继承人

15世纪晚期的欧洲进入了大变革时期——经济快速发展，人口增长，技术全面进步，新的艺术形式和思想形态百花齐放。金属活字印刷无疑是这一时期最为重要的发明。这一技术让早期含混而晦涩的历史事件变得清晰生动，想必既会让当时的人们感到新奇，也能让今天的我们有证可查，从而避免了理解上的争议。像英格兰的亨利六世或法兰西的路易十一（Louis XI）这样的君主，无论我们多么努力，对他们都所知甚少，因为他们留下的记录实在屈指可数——只有几幅僵硬的肖像画，几封书信，还有真假难辨的编年史。我们当然愿意了解他们同样精彩的统治故事，但缺乏史料的支持，我们无能为力。

1493年加冕的帝国皇帝马克西米利安一世忠实地记录了这一变革时期。他的父亲腓特烈三世是一个令人费解的人物：我们知道他的长相，这已经是个进步了，但历史学家们对他的研究仍然只能基于一些不太可靠的故事。这些故事对他极尽偏袒之能事，让我们只能模糊地推测出他的无能或狡诈。对于马克西米利安，我们都有统一的认知：他长了一个鹰钩鼻，穿着毛皮斗篷，脖子上戴着金羊毛骑士团勋章项链（Order of the Golden Fleece chain），还留着一头及肩发（面对这种惊人的男士风潮，大家一般会选择避而不谈）。他的形象出现在硬币上，被制成雕塑和画像，还有木版画这种历久弥新的艺术形式。有关他的作品数量极多，在欧洲各地广为流传。马克西米利安对所有新技术着迷，无论是否可以应用到瓦楞甲（即马克西米利安式铠甲）、火炮（今天在因斯布鲁克还可以参观他的军械库），还是最为重要的印刷术上。知名的"哥特"字体，即德语中称为"德文尖角体"（Fraktur）的字体，就是为他特别设计的。（对于非日耳曼人来说）这种笔画不连贯的字体让书籍的内页看起来十分古怪，难于辨认，但仍通行于世。直到1941年，希特勒对该字体发出禁令，出于没来由的过度敏感——这种尖角体难于认读，不利于在他全新的世界性帝国中保持高效沟通。

马克西米利安也开始广泛利用新媒介进行宣传，包括他的作为，他自己和家族的丰功伟绩。但他似乎和以前一样，在每件事上都没有常性，经常做做停停，很快就改了主意或是失去兴趣。在他去世时，留下了数不清的半成品项目——从魔法到骑士制度，从族谱到政治，每个项目他都会亲自安排、亲自指挥。他曾为德意志的民族主义历史学家们所痛恨，因为他不仅没有带来德意志的统一，反倒因为四处涉猎和犹豫不决，让国家没能保持不断高歌猛进的历史叙事。但从今天的视角来看，正是这些所谓的失败才让他变得如此迷人。我们不再需要为他没能建成强大而独立的德意志军队，或是没能击溃法兰西而感到失落。

在哈布斯堡家族中，马克西米利安是特别的，他是一个令人信服的行动派，更是一位智者。成为神圣罗马帝国皇帝后，他深刻地认识到自己一定要开创一个先例——把皇位永久地保留在哈布斯堡家族手中。他为此付出了大量努力，主要借助印刷术的力量，又和

第二章

所有领域的伟大艺术家合作，让他的形象可以永久地留存下来。虽然哈布斯堡家族在众多德意志统治者中拥有的领土最多，但和许多统治者相比，他们的血统不够高贵，家族渊源和帝国的关系也不够牢固。他们最为人诟病之处在于，家族（直到最终下台）始终为了自己的利益而在帝国边疆地区——包括低地国家及意大利北部还有帝国东部地区——纠缠不清，以及为了满足狭隘的家族目的而滥用帝国财富，只是装作把德意志的利益放在心上。事实上，正是因为他们的这种半边缘性和大量的财富，才让家族深受不少德意志诸侯的喜爱——他们足够有钱，不会拖累其他领土；他们又忙着去打土耳其人，没空插手德意志自己的事务。

在马克西米利安的宫廷里，不少职位对我都很有吸引力。我从不擅长户外运动，所以当个雇佣兵恐怕有些难度，但他们双手持大剑的身姿、飘逸的美髯和蓬松的丝绸开衩袖确实让人心潮澎湃。事实上，在战场上单纯靠力量就能取胜的时代很快就要结束，我也只想赶快躲开。能在宫廷上担任皇帝的人文学者、乐师或是艺术家也是不错的选择，虽然这听起来有些谄媚的意味。还有一个备受皇帝信任，但职责有限，却也最有可能获得的职位是皇帝的私人排便监督员。但当个"粪屎官"① 可比"族史官"强多了，给皇帝编写族谱才是真正可怕的营生。如果有哪份工作需要虚假的学识和智力上的懒惰，这个职位就再适合不过了。一开始，族谱师们花了大量精力把荒谬的证据天衣无缝地拼合在一起，来证明马克西米利安是诺

---

① 原文为 the 'groom of the stool'，直译为"粪便男仆"。——译者注

亚（Noah）家族的后裔。族谱的重要性由此可见一斑，它证明了家族享受的权利和特权都根植于深厚的历史背景之中。但这份族谱也是脆弱的——一旦流传到外国宫廷，极易引发效力于其他家族的敌对族谱师的嘲笑（比如巴伐利亚的维特尔斯巴赫家族①，他们会指出自家成员也曾出任帝国皇帝）。因此，通常情况下，对族谱的尊重程度部分取决于记录族谱的家族在潜在对手眼中的形象，但前提是文件本身必须真实可信。

　　帝国皇帝查理四世编写的族谱中，不仅暗示自己的家族是诺亚的后裔，甚至暗示是罗马最古老的神祇之一萨图恩（Saturn）的后裔。在氛围更为严谨的 15 世纪晚期，这样可笑的说法就站不住脚了。现在，马克西米利安在经过反复思考之后，认定自己的血统并非承自诺亚，而是特洛伊的英雄赫克托耳（Hector）。宫廷人文学者们听到这样的话，大概不敢翻白眼或是发出扑哧的响动，而是微笑着赞美皇帝的睿智，深深地鞠躬告退，转身回到图书馆重新开始拼凑证据。马克西米利安的宫廷里有一位重要成员，在编制族谱的工作中因为谨慎的态度而出名。考虑到这样的族谱基本上属于胡乱编造而成，所以对于如此"谨慎"的学者，我们也不得不表示钦佩。赫克托耳因为儿子们一系列不见于《圣经》记载的（也可以说是编造的）故事而变得重要。族谱师们在《埃涅阿斯纪》（Aeneid）② 中找

---

① 原文为 the Wittelsbach of Bavaria。——译者注
② 《埃涅阿斯纪》作者为古罗马诗人维吉尔，记录了特洛伊战争中的英雄埃涅阿斯从特洛伊逃出后建立罗马城的故事。《伊利亚特》中曾记载埃涅阿斯是特洛伊王子赫克托耳的主将之一。——译者注

第二章

到了一些模糊的证据,证明埃涅阿斯在建立罗马城时,有一位名叫法兰西奥(Francio)的兄弟去了更远的北方。他的孩子们在美因河(River Main)畔定居下来,并建造了"法兰克人的城市"(City of the Franks),即法兰克福。这一证据极为珍贵,它试图赋予德意志和意大利同等的声望,也让法兰克福成为像罗马一样的圣城。族谱经过一系列可疑的向下分支之后,终于来到了克洛维斯(Clovis)一支,克洛维斯是真实存在的人物,是颇有威望的法兰克国王。族谱继续沿着克洛维斯的幼子一支向下延伸(以免有人质疑哈布斯堡家族成员为何没有声称自己是法兰西国王,这一事实大概已经在别处被注意到了),这时马克西米利安真正的士瓦本直系先祖们才安全出场。这些人文学者虽然可能会担心名节不保,但好歹还是给特洛伊和因斯布鲁克之间创造了直接的联系。

花了这么多时间来讲述这个可笑的族谱项目似乎有点奇怪,但族谱的确处于皇室权力的中心,它对于哈布斯堡家族编造的其他谎言来说也至关重要,比如 14 世纪名为《大特权》(*Privilegium Maius*)的一系列文件,其中竟然还有尤利乌斯·恺撒(Julius Caesar)和尼禄(Nero)的签名。《大特权》规定了奥地利的领土神圣不可侵犯,并为哈布斯堡的统治者增设"大公"(Archduke)这一特殊头衔,级别等同于神圣罗马帝国的选帝侯。在当时看来,这就是赤裸裸的谎言,因此遭到了不少嘲笑,查理四世对此置若罔闻。腓特烈三世加冕称帝后,他利用自己的皇帝身份,确认了《大特权》的合法地位,好为自己谋求利益。这样,他的土地就可以一直被家族中的父系血脉所继承,并根据规定获得特制的大公王冠。

自此，皇帝全部来自哈布斯堡家族——这样听来可笑的事情却成了真，所有对《大特权》真伪的讨论都被视为叛国。就这样，哈布斯堡家族，这个赫克托耳和克洛维斯的后代，终于带着罗马皇帝们的祝福登场了。

伟大的奇才

哈布斯堡家族的很多统治者对艺术的态度近乎敌视，更不愿借助自己独特的身份来创造伟大的作品，他们因此饱受批评——弗朗茨·约瑟夫在这方面的表现就极其不尽如人意。但还是有一些例外，比如查理五世和提香（Titian），鲁道夫二世和他身边的那群江湖骗子及怪胎，斐迪南三世和鲁本斯（Rubens）。不过谁也无法和马克西米利安比肩——丢勒（Dürer）、布格克迈尔（Burgkmair）、阿尔特多费尔（Altdorfer），还有许多没名气的小画家都曾为他创作，他也支持伊萨克（Issac）和森夫尔（Senfl）的音乐发展，这让他成为最伟大的艺术赞助人之一。马克西米利安并不会因为自己崇高的地位，而对艺术作品随意指手画脚，反而深入参与创作过程，贡献他变化无常的想法（反复无常让他在政治上也走了不少弯路）。很多杰出的艺术家花了大量时间在马克西米利安的半成品工程上，包括为他设计书籍、塑像和肖像画。只可惜这些作品要在很多年后，在他的孙子斐迪南一世的热心主持下，才得以重见天日或流通，而到这时所有参与创作的艺术家都已离世。马克西米利安几乎每一次半途而废,要么是因为他的想法摇摆不定,要么是不幸遭遇了经济上的困难。

想要理解马克西米利安一生中重要的政治事件,观察他的艺术表达是很好的途径。这样的艺术表达随处可见,比如布格克迈尔非常奇怪又精美的画作《腓特烈与马克西米利安的历史》(The History of Frederick and Maximilian),还是个婴孩的马克西米利安在第一次受洗时就能站得笔直,震撼了整个宫廷,但更为传神的作品要数丢勒工作坊出品的巨型木雕版画《凯旋门》(The Arch of Honor)。这幅高 12 英尺①、宽 10 英尺的巨幅作品似乎是一项不可能完成的任务:一叠叠纸张相互交错,放在一起好像墙面上的巨型拼图,无数寓言、勋章和历史事件充斥其中。这幅作品的半移动性或许会深深吸引马克西米利安,因为他的宫廷时刻处在移动之中,但如何欣赏这件特别的作品仍然是个谜——作品体量太大,难以一眼看全;而细节又太小,让人很难看清。实际上,整幅作品好像是皇帝在看到木雕技术提升后而凭空生出的美梦,接着将工程交办给丢勒位于纽伦堡的工作坊,没人敢指出这一想法的近乎愚蠢之处。但无论如何,工匠们都投入了大量精力,每一块反映马克西米利安生平故事的雕版都精彩绝伦。这件作品直观地展示了马克西米利安对于哈布斯堡家族财富积累的重要性,省去了不少连篇累牍的阐述。

《凯旋门》中的第一组图像描绘了马克西米利安和他的父亲通

---

① 1 英尺约为 30.48 厘米。——译者注

过政变为家族夺取勃艮第（Burgundy）领土的故事。15 世纪晚期成了瑞士唯一一段在欧洲历史中扮演重要角色的时期，这也是这段时期欧洲政治格局的一个显著特点。当时的瑞士拥有强大的军事实力，再加上各个不安分的小邦，让这个国家逐渐在帝国中拥有了一小块独立的领地。这块领地不断向外扩张，部分抢占自哈布斯堡家族的故土。前任皇帝们十分纵容瑞士的行为，希望以此来压制哈布斯堡家族的实力。等到哈布斯堡家族的成员当上皇帝，瑞士倒霉的日子就来了，因为家族一心要向他们复仇。与此同时，1477 年的南锡战役（Battle of Nancy）中，又是瑞士人彻底改变了欧洲历史的面貌。他们击杀了来自瓦卢瓦（Valois）王朝的最后一任勃艮第公爵大胆查理（Charles the Bold），导致瑞士边境到尼德兰（Holland）的大片领土被迫易主。勃艮第人建立的公国如果能保持稳固，就能在法兰西和德意志之间充当永久性的屏障。这是一个富庶的国家，人民勤劳而团结，享有大片连贯的国土和深厚的商贸、军事及艺术传统。

去世前的大胆查理已经成了一只暴怒的猛兽，他梦想打造幅员辽阔的洛塔林吉亚王国（Kingdom of Lotharingia），因此注定要和周边的小国联盟进行无休止的恶战。他需要战胜这些微不足道的邻国，夺取它们的土地，以实现自己的宏图大志。大胆查理的意外离世是个好消息，因为这创造了危机与机遇并存的罕见格局：坐拥大片令人垂涎的领土，却没有子嗣继承。尽管查理曾结过三次婚，但他只得了一个孩子，那就是勃艮第的玛丽（Mary of Burgundy），也被称作"富有的"玛丽（Mary 'the Rich'）——勃艮第人总喜欢

第二章

给名字加上无聊的修饰（比如"好人""无畏""大胆"），幸好这样的传统很快就能终结了。19岁的玛丽突然成了举足轻重的人物。路易十一一反常态地慌了神，没有选择让自己的儿子迎娶这位女继承人，反倒开始进攻她的领土。这样愚蠢的错误促使她投入了马克西米利安的怀抱，那时的马克西米利安还是个十几岁的少年，父亲是帝国的皇帝腓特烈三世。

这场婚姻重塑了欧洲。从今天的多瑙河一直到北海的大片土地都为哈布斯堡家族所有，这让家族的实力远超其他统治者，除了奥斯曼苏丹和某些情况下的法国国王。这也展示了王朝历史恼人的本质——勃艮第公国本是一个欣欣向荣的政治实体，现在它成了一片不断延伸、互相纠缠的广阔领土的一部分，也带来了令所有人担忧的问题。结婚不到五年，玛丽就因为坠马而意外离世，但她的决定，以及她和马克西米利安的儿子"美男子"腓力——他是最后一个拥有这种附带名字的成员——的决定，将以难以预料的方式壮大哈布斯堡家族的实力。

玛丽的不幸早逝让马克西米利安开始用绘画记录他的生活，第一幅就是他和玛丽的订婚式，两个人看起来都风华正茂。这是他财富的基础，他接管了勃艮第公爵的遗产和包括金羊毛骑士团勋章项链在内的传奇宝物。勃艮第人的音乐和艺术传统也提升了奥地利宫廷相对落后的品位。"美男子"腓力和他的儿子根特的查理（即未来的查理五世①）都将在低地地区长大，这一点从根本上改变了哈

---

① 根特的查理原文为 Charles of Ghent；查理五世原文为 Charles V。——译者注

布斯堡家族的风貌——对于很多德意志人来说，从这一刻起，他们的"德意志性"将要受到彻底的质疑，哈布斯堡家族的"跨国性"将成为他们吸引力的来源，也是他们成功的关键因素，当然德意志人并不这么想。

另外的 16 幅画作则记录了马克西米利安的婚姻带来的不良影响——1477 年到 1489 年间大小战争时有爆发，都是为了稳定新继承的土地，既要驱逐外敌也要安抚凶猛好战的镇民。每一幅画作都反映了马克西米利安浴血奋战的英雄主义精神——在乌得勒支（Utrecht）、格德司（Guelders）、列日（Liège）的战斗，还有他和英格兰的亨利八世（Henry Ⅷ）这位偶然合作的可疑盟友在马刺战役（Battle of Spurs）后共同出现的时刻也被画师费力地捕捉下来。这些画作还记录了他在亚琛被授予王冠，成为罗马人的国王，由此正式成为他父亲的继承人，担任下一任神圣罗马帝国的皇帝（丢勒工作坊曾制作了一张精美的木雕版画，画面中衣着华美的国王身边围绕着喜笑颜开的选帝侯）。画作中还反映了他重返奥地利再次夺回核心领土的场面：这算是一桩尴尬事，他被低地国家分神的时候，自己的领土却被匈牙利人偷偷抢了去。画作还记录了他最为耻辱的时刻——1499 年的瑞士战争（Swiss War）成了瑞士向哈布斯堡发泄宿怨的出口，瑞士大败哈布斯堡军队，并由此获得了独立（国家独立在当时的欧洲还是个让人困惑的新概念，所以瑞士的独立地位直到 1648 年才得以批准）。其他的画作还包括他在特伦托（Trento）接受教皇加冕的场景（威尼斯人拒绝让马克西米利安入城，所以他的加冕仪式未能在罗马举行，这算是另外一桩尴尬事了),以及代表神圣罗马帝国保卫巴伐利亚的战争(这是他罕见地以帝国皇帝而不是宗族首领的身份真正履行职责的时刻),还有他在意大利与法国作战的场面。

还有两幅最为重要的画作同样反映了婚礼的场景,两幅作品都出自丢勒之手,其细节之丰富、纹章之精美,让婚礼的盛景跃然纸上。第一幅作品里的马克西米利安头戴沉甸甸的皇冠,脖子上挂着金羊毛骑士团勋章项链,身穿盛装,满意地看着儿子"美男子"腓力迎娶胡安娜(Juana),她是卡斯蒂利亚的伊莎贝拉(Isabella of Castile)和阿拉贡的斐迪南(Ferdinand of Aragon)的女儿。第二幅作品描绘了1515年的维也纳议会(Congress of Vienna),以及马克西米利安的两个孙辈斐迪南(Ferdinand)和玛丽(Mary)分别与匈牙利及波希米亚国王拉迪斯劳斯(King Vladislaus of Hungary and Bohemia)的两个孩子结为夫妻的场景。在经历了一连串无法预知的灾难和机遇后,这两场婚礼将为欧洲接下来的历史定下基调。

马克西米利安的伟大形象得以流传,在很大程度上要归功于丢勒杰出的雕版和绘制技术。丢勒以马克西米利安主持奥格斯堡帝国议会(Diet of Augsburg)的草图为基础,创作了这幅伟大的版画,但到皇帝突然离世后才最终问世。画中的马克西米利安是一位拥有超凡魅力的奇才,充满领袖的风范。和后世子孙出自学徒工之手的画像相比,丢勒高超的艺术水平让他的肖像画无人能出其右。马克西米利安还对死亡着迷,无论走到哪里都会带着自己的棺材,甚至在弥留之际,还在为自己的棺材增添更多细节。在统治的大部分时间里,他一直在完善这座石棺的设计。设计墓碑似乎是最让他高兴的事情——他为自己父亲设计的在维也纳大教堂的巨型橙黄色大理石墓碑，直到他去世前不久才完成。

马克西米利安长久的忧郁气质也成就了他的魅力。他的宫廷音乐编排精巧，既有神圣之感又有王者之风，让后世的音乐听起来要么过于刺耳，要么华而不实。耳边回荡着乐师演奏的美妙音乐，悠闲地翻看丢勒为自己创作的画像，再时不时从镶满珠宝的酒杯里啜饮几口琼浆，这大概不能吸引所有人，但对于栖居于伦敦西南一角的我来说，这才是真正的精神和情感家园。

马背上的矮人

从阿尔卑斯山间小镇博尔扎诺（Bolzano）沿着蜿蜒的小路向外走，就可以看到一处陡峭的岩壁，上面有一座保存完好的小城堡。博尔扎诺全镇都讲德语，直到1918年还是蒂罗尔的一部分。作为一战期间支持协约国（the Triple Entente）的战利品，南蒂罗尔落入了意大利手中。即便面对奥地利的反复申诉，甚至是本地居民不时发动的恐怖暴乱，意大利仍然对这一地区紧抓不放。在欧洲，德意志人很少会受到威胁和歧视，但这里就是为数不多的地区之一。直到过去十年间，意大利才对这一地区采取非强制性的策略，允许双语制的存在。这样全新的双语制给城堡带来了匪夷所思的影响。在意大利语中，这里被称为"隆可洛城堡"（Castle Roncolo），总能让人联想起草坪养护良好的庭院，穿着薄纱裙的侍女在小手鼓

第二章

和鲁特琴的伴奏下轻盈跳跃，还有穿着彩色紧身衣的瘦弱年轻人在一旁观看。而在德语中，这里则被称为"朗克斯腾城堡"（Schloß Runkelstein），不免让人想到因酗酒而神经错乱的贵族老兵，顶着一张紫红色的脸，拖着脚镣，沿着潮湿又阴暗的长廊趔趔趄趄地向前走，挥着手里的拐杖把仆人打个半死。看到这两个名字在各处成对出现，总让人有种摸不着头脑的感觉，好像有一只眼睛失了焦。

这座城堡是19世纪浪漫主义的发源地，弗朗茨·约瑟夫是浪漫主义的忠实拥趸。他曾对城堡进行修缮，因为在阿尔卑斯山区道路拓宽工程中发生了令人尴尬的意外，致使城堡的一面城墙坠落山崖。15世纪时，这里也是当地贵族和哈布斯堡家族交锋的战场。对于城堡的浪漫主义之爱部分源自它完好的外观，同时还因为城堡内部保存下来的15世纪早期壁画。这些壁画是由最初拥有朗克斯腾的一对兄弟委托制作，又熬过了一直无人问津的16、17、18世纪，最终安全地进入"后沃尔特·司各特①时期的新中世纪"世界。

可以想见，马克西米利安十分欣赏这些壁画，还派了一位艺术家去修缮。他的三面盾牌（勃艮第、奥地利、蒂罗尔）至今仍刻在壁炉上方。可以肯定地说，马克西米利安喜爱这些壁画是因为它们生动地记录了中世纪的欧洲，让他得以远离充斥着"雇佣兵和火炮"的现实世界。这些壁画看起来绘制得并不专业，绝不能被称为高雅艺术的作品，但却有着独特的吸引力。画面的主题皆是世俗生活，展现的多是骑马比武、狩猎、星辰太阳、游行、男女交谈这样

---

① 见第30页注释①。——译者注

的普通场景。其中还有一系列看起来笔触幼稚但又极其精彩的画面，描绘了《特里斯坦》（*Tristan*）中，主人公杀死莫罗尔德（Morald）和恶龙后，坐船来到康沃尔［Cornwall，用意大利语来说就是"康诺瓦利亚"（Cornovaglia）］等场景①。壁画中还有英勇的骑士加勒尔（Garel），但他的冒险故事没有留下多少，因为大部分记录都和墙面一起跌落到悬崖下面去了，起因就是令人尴尬的道路拓宽工程。但最为奇怪的是城堡庭院里绘制的一系列三人像，排列顺序也颇有神秘之感，比如古代英雄三人组（赫克托耳、亚历山大和恺撒），《旧约》英雄三人组（约书亚、大卫、犹大·马加比）②，中世纪英雄三人组（亚瑟、查理曼、布永的戈弗雷③）。紧随这些人像之后的还有亚瑟王的英雄、伟大的情人、《尼伯龙根之歌》（*Nibelungenlied*）中的英雄，收尾的一组是滑稽的三个男巨人和三个女巨人，还有马背上的三个小矮人，这些形象的意义我们永远不得而知。所有画像的绘制水平都十分有限，大部分已经漫漶不清，但得以留存的部分已经让我们可以窥见中世纪人古怪的审美，以及他们对数字组合、特性、美德的执着。

和同时代的人一样，哈布斯堡家族也认为自己直接继承了这些人物的衣钵（当然更多的是指英雄，而不是矮人）。我们此前也曾提到，马克西米利安花费了大量心力来展示他高贵的血统。这座城

---

① 此处指中世纪最有名的哥特人浪漫传奇《特里斯坦与伊索尔德》（*Tristan and Isolde*）。——译者注
② 这三人的原文分别为 Joshua, David, Judas Maccabeus。——译者注
③ 此处原文为 Godfrey de Bouillon，他是弗兰德斯家族成员，耶路撒冷王国的创立者。——译者注

第二章

堡便是祖先崇拜的象征,也反映了哈布斯堡家族对威严有礼的贵族行为和骑士英勇精神的崇尚——尽管这些都是难以企及的理想状态,但在哈布斯堡宫廷中,人们都以此为盼,不时鞭策自己。虽然在现实生活中,哈布斯堡皇族们面对的是漫长而痛苦的意大利拉锯战,但在他们心中,骑士比拼和贵族风度仍然占有重要位置。

现在的我们很难想象每一任哈布斯堡统治者如何看待自己和前任与继任者的关系。他的先祖虽然已经与世长辞,但他们在审视着当世的统治者,统治者去世后也要在另外的世界与先祖相见。精心绘制的族谱、耶西树(trees of Jesse)、盾徽的排序共同创造了绝对的权威和笃定,让成功的皇帝可以纵情享有成群的列队、盛宴、阅兵式,还有最为重要的一点,就是持续不断的教会礼拜。在哈布斯堡王朝广袤的领土上,有许多特别的圣地用来供奉重要的先祖。比如在施蒂里亚赖因(Rein)的西多会修道院,马克西米利安的祖父"钢铁"公爵恩斯特(Ernest 'the Man of Iron')长眠于此,僧侣们受雇为他的灵魂"永世"祈祷。一些非哈布斯堡家族的皇帝也享有了同样的威望,比如葬在马格德堡(Magdeburg)的奥托一世。这样的"永世"祈祷可能难以被今天的我们所理解,但在帝国的国土上,曾随处可见这样的小礼拜堂,为故去的君王进行长时间的祈祷——奎德林堡的修女为亨利一世的祷告延续了几乎900年,直到被迫打包走人。这些过去的英雄就像电池一样,为在任君主延续声望。这些先祖通过无数雕塑、画像、诗歌和戏剧存在,维护好他们的长眠地就成了家族的重要任务。皇帝的臣民们都认同一个观点:(除非这位君主过分地不称职)皇帝不过是一连串高贵勇武的英雄在此刻的象征，他们的传承可以回溯到《旧约》、《埃涅阿斯纪》、查理大帝、奥托王朝（the Ottonians）、萨利安王朝（the Salians）、巴本堡王朝和哈布斯堡家族的遗产。在亚琛、法兰克福、纽伦堡、奥格斯堡、雷根斯堡（Regensburg）等伟大城镇里，人们通过一系列庆典来纪念这样的传承，选帝侯们参与其中，还有很多时任皇帝的泛泛之交也亲临祝贺。无论是母亲、妻子、士兵还是神职人员，所有的皇室成员都享有特别的威望，这种威望虽然在今天荡然无存，但在当时却具备有目共睹的权威和力量。

马克西米利安将最伟大的作品留在了因斯布鲁克的宫廷教堂（the Court Church at Innsbruck）。他犹豫不决的创作者秉性和资金不足的现实让他的埋骨地并没有达成最初的设想。他的坟墓本应成为哈布斯堡家族皇权威严的集大成之作，但实际上这里却是一座空坟。晚年的马克西米利安穷困潦倒，死后被葬在奥地利领土另一端的维也纳新城。他下令制作的雕塑孤苦伶仃地矗立多年，直到他的孙子斐迪南一世最终完成了陵墓的修建，为雕塑提供了适宜的安身之所。但这样两相结合的效果十分奇特：墓室和雕塑本身笼罩着文艺复兴时期北方领土上更为忧郁的氛围，而教堂却是意大利式的，有着强烈的反宗教改革的风格。这不禁让我想起在白厅街国宴厅（the Banqueting House in Whitehall）中看到的一部短片，讲述了1649年查理一世（Charles Ⅰ）在国宴厅外被送上断头台的故事，配乐却是普赛尔（Purcell）为查理的孙女玛丽二世（Mary Ⅱ）在1694年的葬礼谱写的乐曲，这样情感上的跳脱就好像给一部记录一战的影片配上了摇滚乐一样，带着你《昼夜摇滚》(*Rock around*

第二章

the Clock）。

可以说因斯布鲁克的周遭环境实在不太对劲，但这并不影响坟墓本身的雄伟壮丽。马克西米利安不厌其烦地反复完善设计——这可能是作为皇帝最有意思的工作之一，其中的一些巨型先祖铜像在他在世时完成，剩下的大部分铜像至少在草稿阶段得到了他的首肯。这些铜像充分反映了勃艮第人的审美，但在雕塑史上似乎成了绝唱，他的继承人中没有一个选择继续这样的设计，或许人们还是喜欢不那么疯狂的作品吧，又或许是这样费时费力的创作只消一次就足够了吧。作为哈布斯堡家族第一个父死子继的皇帝，马克西米利安要确保家族的血统可以在未来的几个世纪中直接拥有继皇帝位的权利，让皇位一直掌握在哈布斯堡家族手中。先贤的铜像围绕着空荡荡的石棺，好像巨大而恐怖的休眠的机器人，特别是葡萄牙最后一任勃艮第人国王斐迪南一世的雕像。他因为没有肖像留存于世，而不得不以一套巨型甲胄代替，头戴闭合的面甲，盔甲表面缀满了精致的铜制装饰。

这些雕像的水平参差不齐。有些非常平庸，有些则可能是德意志雕塑史中最伟大的作品，散发着迷人的独特魅力，比如亚瑟王、阿尔布雷希特公爵（Duke Albrecht）的雕像以及由丢勒设计的法兰克国王提奥德里克（King Theoderic）的雕像。哈布斯堡家族的第一位皇帝，历史可以追溯到13世纪的鲁道夫一世的雕像有一处令人尴尬的设计，那就是他胯下的遮羞布过于突出，让几个世纪的来访者都忍不住想要摸上一把，这就让他铜色发黑的盔甲上只有裆部显示出明晃晃的橙色，不免让人心神不安。还有几尊雕像特别受到喜爱，比如"钢铁"公爵恩斯特，他的妻子雅盖隆家族（Jagiellonian）的公主赞布吉斯（Zymburgis）是一个强悍的女人，可以徒手将钉子从墙上拔出来，甚至还能敲直马掌；马克西米利安的儿子"美男子"腓力，只可惜腓力英年早逝，他在世时只来得及完成雕像的草稿；还有据信为克洛维斯、阿拉贡的斐迪南，以及"疯女"胡安娜（Juana 'the Mad'）的雕像——他们都为哈布斯堡家族的普世主张提供了支撑，这些主张在马克西米利安的继承人他的孙子查理五世的时代开花结果，查理五世也得以继续从这些人物身上汲取养分。

还有一些雕像被设计成手持蜡烛的姿势，这是为了特殊场合准备的。虽然马克西米利安本人仅在纪念碑顶以巨型跪姿像的形式出现，但从某种意义上来说，将他的尸首葬于他处也不失为理想的选择，因为这代表了先祖们的铜像（也在接受着上方来自一排罗马皇帝胸像的凝视，象征着他们对马克西米利安血统之说的默许）所关注的不是某个后代，而是更为广阔的世界。我注视着他们的时间越久，就越有毛骨悚然的感觉，这些守卫者的雕像经历了五个世纪的战乱却几乎毫发未损（鲁道夫一世的雕像除外），甚至连他们守卫的王朝都寿终正寝了，这些雕像还得以永存。

胡安娜的孩子们

对于经历了1490年的动荡并活到了1530年的一代人来说，世界上规模空前的反常变革给了他们极大的冲击。这段时期的君主似

第二章

乎被复杂的局势擒住了手脚，他们大胆的想法化为泡影，不思进取反能获得回报，两相混合造就了更为令人不安的局面。这并不是说此前的欧洲一片风平浪静，只是拥有了更多确定性因素。举个最明显的例子，英法百年战争（The Hundred Years War）正是在这种令人痛苦的确定性中走向尾声：当又一批穿着板甲、踏着泥水而来的士兵出现在眼前时，阿基坦（Aquitaine）、诺曼底（Normandy）和皮卡第（Picardy）的居民甚至都不会看上一眼。尽管偶尔停战，但英格兰人对统治法兰西始终有着骡子般的执拗，这似乎成了一代又一代执政者必备的特性。

与此同时，运气和残忍让哈布斯堡家族成了最大赢家。查理五世认为自己漫长的统治以失败告终，给继任者留下了不少难题。但当他正式退位，在埃斯特雷马杜拉（Extremadura）的一处修道院隐居祷告，欣赏风景，忧郁地转动地球仪的时候，他的家族已经在欧洲掌控了史无前例的庞大帝国。

回顾家族财富积累的过程，马克西米利安对西班牙局势的关注是一个好的开始。斐迪南和伊莎贝拉的结合让卡斯蒂利亚与阿拉贡的王位合二为一，并联手击溃了西班牙境内最后一个伊斯兰国家。一年后的1493年，两人在巴塞罗那（Barcelona）共同踏上王宫的台阶（这组台阶保存至今，可能是全世界最让人激动也最让人费解的地方），迎接远航归来的克里斯托弗·哥伦布（Christopher Columbus）。哥伦布为他们献上来自加勒比海的奇珍，还有伊斯帕尼奥拉岛（Hispaniola）上一脸不快的"印第安人"。未来的几十年里，人类的精神世界将轮番受到奴隶制、蔗糖、黄金、白银、种族灭绝、丛林、海盗船、吼猴、巴西坚果和巨嘴鸟的冲击，像英国和法国的骑士在加来海峡（Pas de Calais）的细雨中，为了几个小村庄的控制权就大打出手的欧洲旧俗突然就显得有点过时了。16世纪20年代，来自阿兹特克（Aztec）的金银开始大量涌入欧洲，让这片大陆上限期执政、零和博弈的氛围几近终结。

在马克西米利安的授意下，他唯一的儿子"美男子"腓力迎娶了斐迪南与伊莎贝拉的女儿胡安娜，这是他封锁法国大计的重要一环。但马克西米利安从未想过要彻底击溃这个国家——腓力当上了勃艮第公爵，未来将接替马克西米利安，接管哈布斯堡家族现有的领土，在运气和经略的双重保障下，他还将继任神圣罗马帝国的皇帝。但1497年到1500年间的一连串意外死亡事件彻底颠覆了腓力的命运。彼时的卡斯蒂利亚和阿拉贡还是两个独立的王国，但伊莎贝拉在分娩中去世，她诞下的男婴也很快夭折，胡安娜因此成了卡斯蒂利亚无可争议的王位继承人（卡斯蒂利亚的法律和哈布斯堡不同，女性成员同样拥有继承权）。看到这样的局面，掌管阿拉贡王国的斐迪南十分惶恐，他深知按照这样的继承顺序，不仅哈布斯堡家族的成员可以接管卡斯蒂利亚，而且如果自己膝下无子，阿拉贡迟早都会落入哈布斯堡家族手中。斐迪南的晚年十分压抑。但想想热尔梅娜·德·富瓦（Germaine de Foix）吧，十几岁的她匆匆赶到巴塞罗那，嫁给斐迪南为妻，在接下来的十年里一直和苟延残喘的老国王生活在一起，只为给他生个儿子，避免哈布斯堡家族染指阿拉贡。1509年5月，他们的儿子胡安（Juan）降生，只活了几个小时便夭折了，历史本可能在这几个小时中被改写。如果胡安能活

第二章

下来,那么西班牙将被永久地分割成东西两个王国——东部是以巴塞罗那为中心的地中海王国,西部则是以托莱多(Toledo)和格拉纳达(Granada)为中心的太平洋王国。但孩子最终还是死了,1516 年,绝望的斐迪南也撒手人寰。

唯一能让斐迪南欣慰的就是"美男子"腓力死在了他的前面,伤寒夺去了腓力的性命,但始终有传言是斐迪南毒杀了他。腓力一直被看作勃艮第人骑士精神的典范,但作为个人或是政治角色来说,他的离世并没有造成多大的损失。胡安娜一直被精神障碍所折磨,不时发作的抑郁毛病也随机遗传给了她的子孙后代。精神障碍让她无法治理国家,腓力、斐迪南以及她自己的孩子都曾以此为借口逼迫她退位。16 世纪上半叶,"疯女"胡安娜的身影无处不在,她拒绝离开丈夫的棺椁,偏执狂般地祈祷,最终在一座女修道院里过了几十年。她既是欧洲最为重要的王朝君主,也是无足轻重的忧郁妇人。

腓力和胡安娜一共有六个孩子。他们的四个女儿分别嫁给了葡萄牙和法国国王、丹麦国王、匈牙利和波希米亚国王,以及后来的葡萄牙国王。其中的一个女儿玛丽有着异常丰富而精彩的人生,早年间她曾摄政匈牙利,又成了伟大的艺术赞助人,后来还出任尼德兰(the Netherlands)总督。他们的两个儿子查理(Charles)和斐迪南(Ferdinand)则接管了家族的全部财富。

在特伦托有一座老旧而杂乱,颇具埃舍尔(Escher)风格的布昂康西里诺城堡(Buoncosiglio Castle),那是采邑主教的王宫。王宫里的众多奇观之一,便是天花板装饰有多索·多西(Dosso

Dossi)绘制的壁画的房间。一直以来我都对查理五世恢宏而僵硬的官方肖像不感冒,特别是提香绘制的作品,虽然提香绘画技术精湛,但他笔下的查理总像被困在了华服里。出乎我意料的是,这里的壁画均由采邑主教贝尔纳多三世·克莱西奥(Bernardo Ⅲ Clesio)委托制作,画作的主人公却是贝尔纳多自己——他和沃西红衣主教(Cardinal Wolsey)一样精明强悍,善于经营,在他满满的日程表上只有很少的时间留给信众——还有年轻的查理和斐迪南。这两个年轻人都穿着气派的铠甲,动作却是惊人地随意和放松:他俩正摘下头盔,坐在长椅上,查理好像还在说着什么。作为人像画,作者对两个主人公的塑造十分生动传神——查理长了一个肿胀的大下巴,看起来心不在焉,却又过于热切地想要保持一本正经的形象;斐迪南则身材结实,很有行伍中人的派头,好像一个橄榄球员或是喜欢大喊大叫的指挥官。两人分别在不同的地方长大成人,查理生长在勃艮第,而斐迪南在西班牙。他们时而紧张的伙伴关系在很大程度上塑造了世界历史,无论是好是坏,看到这样一幅描绘二人青葱岁月的壁画还是令人动容,这两个20岁出头的小伙子还没有被肩上无法卸下的重担压垮。

胡安娜因为精神问题无法治国,她的父亲斐迪南不得不承担起摄政王的角色,自腓力去世起到他自己离世前的这段时间,斐迪南总表现得愤懑不平。斐迪南去世后,情势变得尤为困难。胡安娜成了唯一的君主,各地违宪政变不断,他的儿子查理因此从勃艮第封地赶来,不仅仅为母亲摄政,更是取而代之成为真正的国王,在当地人的怀疑和仇恨中统一了西班牙。这就意味着他拥有了阿拉贡王

第二章

国所有的土地,从西地中海到意大利,还有一片又一片美洲沿海的大块土地,每一艘航船归航时还会带来更多土地。但奇怪的是,在他无趣的自传(这本自传的大部分内容来自他在旅途中的口述,1550年6月他和随从曾悠闲地划着船,花了五天时间从科隆前往美因茨)里查理只字未提美洲,虽然当时的欧洲经济已经完全被墨西哥和秘鲁的金银重塑了——大概他觉得在自传中讨论经济问题显得有些俗气。

在统治了西班牙及其帝国(还有他继任勃艮第公爵而获得的封地,包括法国东部边境地区和整个尼德兰)三年半之后,(仍然只有19岁的)查理不得不承担起祖父马克西米利安的去世带来的后果。他首先要做的就是继承哈布斯堡家族在奥地利及其周边的世袭领地。接着,经过一连串不忍直视的贿赂后,他还要接任神圣罗马帝国的皇帝。这些意外事件让空前巨大的权力落到了这个年轻人手中,他接受过良好的教育,考虑周全,还十分勤勉。所有人都不曾想过局势会如此演变,因为没有人能想到这份遗产竟变得如此丰厚。新上任的法兰西国王,略比查理年长一点的弗朗索瓦一世(Francis Ⅰ)一定会在旁看得目瞪口呆又怒火中烧。英格兰同样年轻的国王亨利八世和他相比更显得微不足道了(尽管亨利一直像牛蛙一样极尽吹嘘之能事)。整个欧洲就这样意外地落入了一群衣着考究、喜欢卖弄的年轻人之手,前任君主们最后的一点哥特气息也在瞬间烟消云散。要是这样还不够,看看查理的弟弟斐迪南,他很快也要收到一份意外之喜了。

来自富格尔家族的帮助

接下来我要坦白一个奇怪的想法,我不喜欢地中海,也很少到访这一地区。这里的户外气息过于浓郁,人们也过于"坦诚奔放"。一想到地中海炽热的阳光,还要学会驾驶小船的技巧,我就本能地打起了退堂鼓。最近,我不情愿地和家人一起到这里度假,立刻就感觉被困在了某个小说情节里:年轻的助理牧师坐在酒店房间里,翻看罗伯特·布朗宁(Robert Browning)的精装版诗集,他漂亮的妻子和码头边的弥诺陶洛斯(Minotaur)们四处闲逛,不时捏一捏他们的三角肌。在小说结尾,所有人都陷入了酒神般的癫狂状态,没人能听到助理牧师尖锐的叫声——他在绝望中想要向妻子展示自己的泳技,却根本无人在意——一股急流把他冲到了海里。此刻,小说的作者却无情指出,是一位古代神祇召唤了这股急流,只为把这个长了细腿的废物从自己的地盘里赶出去。在此我必须补充一点,这样的想法完全是受到英国地中海小说的不良影响,和我妻子对装卸工们无药可医的迷恋毫无关系。

我绝非因为骄傲或挑衅而对南方充满敌意,只是觉得这里还不够好。很多时候,特别是在意大利的时候,我总会有种焦躁的感觉,所有的艺术形式我都看不进去,因为北方的艺术才让我更有共鸣。这并不意味着我要傻乎乎地反对文艺复兴,但我更喜欢在铅灰色的天空下欣赏这些佳作。这样的厌烦之感也降低了我对亨利·詹

第二章

姆斯（Henry James）别样的狂热，要是他不把作品中的女主角们送去意大利，而是布拉格或布达佩斯就好了。这些城市或许不如意大利的城市那般灯火通明、金光闪闪，但女士们一定会被城市的魅力所折服，大概也就不会生病了。

人们大多认为哈布斯堡家族与意大利的关系令人尴尬，即便他们在意大利的时间比我要长得多，也深入得多。到了查理五世时期，家族占据亚得里亚海的港口城市的里雅斯特已超过一个世纪，但小城完全被威尼斯共和国的领土包围，西边是内陆领地（Terrafirma），东边是伊斯特里亚半岛（Istria）和达尔马提亚（Dalmatia）。亚得里亚海为威尼斯人所独占，哈布斯堡人在此孤立无援，直到18世纪威尼斯的影响力衰落，的里雅斯特才开始有了真正的价值。的里雅斯特北部还有一小片名为戈里齐亚〔Gorizia，德语为Görz（格尔茨）〕的土地，当地的统治者起初将其中一小块土地割让给哈布斯堡家族，家族以此打通了蒂罗尔和施蒂里亚。1500年，当地最后一位有着一半马扎尔人血统却没有子嗣的伯爵，在遗嘱中将整片领土留给马克西米利安，后者迅速占领该地，由此点燃了威尼斯人的怒火。直到今日，这一地区仍然是多种语言的混杂地带，卡尔尼奥拉东部地区尤甚（今天这里是斯洛文尼亚的核心地区，包括了过去温蒂茨马尔克①的领土。这样的政治名词虽然已不复存在，但听起来却是个可爱的名字，就像同样不复存在的巴尔干胡姆公国②一样令人惋惜）。意大利人、斯洛文尼亚人、德意志人、弗留利

---

① 此处原文为 Windic March，"马尔克"一词见序言第1页注释①。——译者注
② 此处原文为 Balkan Principality of Hum。——译者注

人（Friulian）、拉汀人（Ladin）和克罗地亚人始终处在极不稳定的竞争状态，在哈布斯堡家族执政的大部分时间里，这些威尼斯势力让这一地区成了毫无出路但景色宜人的死胡同。这里不过是帝国版图中的一小块附庸，只能贡献点人力、财力和一些风景秀美的小镇。

阿尔卑斯山脉东西延伸，威尼斯人占据了意大利的东端，西端被法国人截断，脆弱的勃艮第伯国（County of Burgundy）成了唯一的缺口。意大利其他地区则被自给自足的瑞士人占去，他们对哈布斯堡家族充满蔑视，是坚定的反对者。1499 年，大败马克西米利安之后，瑞士在法律意义上进入了一种奇怪的模糊地带，周围国家都假装它并不存在。实际上，哈布斯堡家族的成员只能以神圣罗马帝国皇帝的身份，穿过布伦纳山口（Brenner Pass），向南通过帝国领土布雷萨诺内（Brixen）① 和特伦托进入意大利。布雷萨诺内主要讲德语，而特伦托讲意大利语。这条路线上还要经过一小块威尼斯共和国的领土，但已不构成任何问题：如果帝国和威尼斯开战，大军就可以不顾一切地踏平这片土地。

可以说哈布斯堡家族想在意大利攫取利益始终不太容易。皇帝和教皇之间的渊源尽管是象征性的，但仍然影响力巨大。再加上所谓"复兴罗马帝国"的宏愿，都让意大利无法被排除在外。但实际上，腓特烈三世是最后一位在罗马接受教皇加冕的皇帝；马克西米利安和教皇达成共识，未经加冕仪式便继位为帝国皇帝；查理五世则是在一片责难声中在博洛尼亚（Bologna）完成加冕，因为他的

---

① 也译为"布里克森"。——译者注

第二章

军队不久前才洗劫了罗马。此后，皇帝和教皇的关系忽远忽近，但帝国名称中的"神圣"二字不再需要某些特别的祝福了。

意大利战争（the Italian Wars）标志着文艺复兴的结束，以及意大利几代人痛苦的开始，它也充分体现了哈布斯堡王朝在此地利益的糅杂。马克西米利安虽然是哈布斯堡帝国的君主，但出于和米兰（Milan）的私人关系（迎娶了米兰公爵的女儿），他仍心系米兰的安危，同时又希望一举摧毁威尼斯（这样的愿望在后来的三个世纪中都未能实现）。

1489 年是意大利动荡年代的开端，令人不快的教皇英诺森八世（Pope Innocent Ⅷ）向年轻的法王查理八世（Charles Ⅷ）建言，表示自己非常欢迎查理八世出兵接管那不勒斯（Naples）。这导致了一连串灾难性事件，让欧洲最有经济活力的地区毁于一旦，换回的只有几个世纪的混乱和外国干涉。数任教皇对强权政治的迟钝反应更是让情况雪上加霜，经过了 1527 年的罗马之劫（Sack of Rome），梵蒂冈（Vatican）丧失了对局势的控制。导致宗教改革（Reformation）的重要因素不仅仅是教皇为了重建圣彼得教堂（St. Peter's）而横征暴敛，更是因为普世教会（Universal Church）的领袖已经沦为利欲熏心的失败怪胎。

一大队携带着火炮的法国士兵来到半岛上，好像为一座生态地理受到庇护的小岛引入了新的捕食者——当地人建立了一系列错综复杂的城邦国家，它们皆风光秀美却十分好战，但它们的军队崇尚道德和价值，根本无法与法国军队抗衡。历史事件通常看起来毫无意义，意大利战争就是这一时期最好的证据。在极其含混的战略指挥下，法国军队快速穿过意大利北部和中部的城邦，大举进逼半岛南境，根本没有意识到他们已经落入了对方的陷阱。他们曾让沃土变为荒原，复仇的人们已经虎视眈眈。

众多在意大利的势力经过组织和重组，形成了一系列极不稳定的联盟。教皇组织起以驱赶法国人为目标的威尼斯同盟（the League of Venice）——这是欧洲众多联盟中的第一个，马克西米利安参与其中。结盟似乎成了欧洲国家的传统，无论它们是在互相征伐还是共同抗击奥斯曼土耳其。联盟达成了自己的目标，破产的查理八世灰溜溜地逃回法国，之后因为在网球场上意外撞到头而去世。查理八世的行动让法国在意大利建立起影响力，也和哈布斯堡王朝结下了梁子，两方的敌意虽偶有缓和，但直到拿破仑战争（Napoleonic Wars）结束后方才告终。这样令人沮丧的竞赛仍在继续，成功干预的结果往往是自动形成新的联盟，迎来新的赢家。马克西米利安的表现并不出彩，甚至滑到了人生的最低点：他未能夺取威尼斯的城邦博杜瓦①（该城曾和法国短暂结盟）。马克西米利安的军队从特伦托缓缓出发，因为发不出军饷，不少士兵中途就被遣散了。他本人也败给了威尼斯一支东拼西凑的军队，士兵都是前一场战斗中的幸存者。马克西米利安狼狈的退军堪称精彩，但这也不过是另外一场无意义的混战。讲述这些残酷又荒谬的事件真是让人绝望，历史学家们恐怕要把头发都拔下来了吧。军队退走，瑞士的雇佣兵粉墨登场，他们似乎对当下的乱局没什么兴趣，于是也离开了。君主们抵上自己全部的名声加入这场骑士"兄弟连"的狂热庆典，一旦他们的名声受到玷污，就再次漫步而去。

---

① 原文为 Padua。——译者注

第二章

1521 年，新一代的主人公法兰西的弗朗索瓦一世和查理五世，重演了意大利的悲剧。弗朗索瓦痛恨查理，这样说一点都不为过。尽管弗朗索瓦付出了巨大的努力，查理仍然通过明目张胆的贿赂和来自奥格斯堡的富格尔家族的资助，成功接替马克西米利安，加冕神圣罗马帝国皇帝。我们永远无法知晓，选帝侯们经历了怎样的唇枪舌剑——马克西米利安虽说是个迷人的人物，还是个充满想象力的知识分子赞助人，但他对帝国的统治实在算不上成功，只是比他父亲的混乱统治略好一些。哈布斯堡家族必定付出了努力，但也经历了失败，可此时此刻，让一个本质上讲德语的帝国接受一个法国人的统治，实在不合常理。况且查理虽说年纪轻轻，也没什么经验，但弗朗索瓦同样如此。或许根本不用付出那么大一笔贿金，查理就可以当选（像科隆总主教这样的人物一定会满脸堆笑地把钱装进口袋），但这的确是 18 世纪中叶之前，最后一次阻止哈布斯堡家族世袭皇帝的好机会了。曾经占据上风的混乱局面和特别安排，如今都被查理五世的长期规划取代了。

1525 年，决定性的帕维亚战役（Battle of Pavia）爆发，法兰西与哈布斯堡在意大利的敌对状态得以终结。彼时的查理是西班牙和哈布斯堡领地的继承者，帝国军队也加入了战争，查理旗下的两支部队均重兵出动。数千名神圣罗马帝国和西班牙联军士兵穿着各式军服，操着各式武器——当然也是各怀心思——不断前进、后退，在激烈的交战后，彻底打垮了弗朗索瓦的军队。弗朗索瓦本人被生擒，遭遇这样的奇耻大辱在君王中实属罕见。

这是查理帝王生涯早期的高光时刻。这场大胜通过挂毯和油画成为永恒的记忆,虽然精准度存疑,但这些非即时性的媒体或迅速或慢吞吞地把哈布斯堡家族获胜的消息传遍了欧洲。但胜利的长期影响遭到弱化,因为教皇开始担心自己培养了一个无法控制的怪物。他立刻组织了新的科涅克同盟(League of Cognac)来反对查理,但更像是纸上谈兵——法国、威尼斯、佛罗伦萨等都加入了同盟,但同盟中各为私利谋的氛围连最麻木的雇佣兵都会脸红——同盟很快瓦解了,查理那些没有拿到军饷的士兵疯狂地洗劫了罗马城,屠杀了几千名士兵和平民。经此一役,教皇和帝国的关系跌至谷底,罗马的文艺复兴也宣告结束。

意大利大部分地区国土尽毁、财富枯竭,从各个标准来看,直到 20 世纪才算真正恢复。那不勒斯以外的地区还有西北地区都成了落后与失败的代名词,领土被不同的势力瓜分殆尽。在许多方面来看,这场灾难只是法国与神圣罗马帝国对抗造成的连带损失。但这种无法摆脱的困境在 19 世纪激起了意大利民族主义者的斗志,正如德意志人在三十年战争(Thirty Years War)中受到的屈辱和失败激发了他们北方同胞的民族主义情感一样。此时的意大利低调行事,风险也不高。但查理五世——他总是这样——又把力气花在了错误的地方。他真正重要的敌人只有两个:马丁·路德(Martin Luther)和苏莱曼大帝(Suleiman the Magnificent)。

大灾难

这段时期,一方担心自己会败北的激战其实很少发生。除了伏

第二章

击之外,战争并非常事,除非双方的指挥官都自信能取胜。因为战争一旦开始,很快就有一方会意识到自己的失算,这样的代价是非常可怕的。多年来,人们执着于骑马比试、集结部队、借钱买武器、代际传承战斗技能,在餐桌上还要为阵型、将领、重型火炮的优势而争论。在某次高谈阔论之后,所有这些准备可能被突然拉上战场,接受真正的考验。但大战并不会轻易爆发,因为统治者常会被沉重的历史期望所压垮,每个人都会瞻前顾后,既要考虑当下的危局,也不想放弃让自己名留青史的机会。

从匈牙利南部的摩哈赤(Mohács)再向南,是一片平原沼泽,来到这里你就能明白为什么参观古战场完全是浪费时间之举。这里立着20世纪修筑的纪念碑,却什么也没说清楚,当然你也并不知道在这里应该看些什么,或者对于任何战场应该有怎样的期待。很难想象1526年8月29日下午,25 000名匈牙利士兵和55 000名奥斯曼土耳其士兵在这里的田地和林间展开了怎样悲惨的遭遇战。我们对战争的准确细节一无所知,只知道匈牙利人遭受了灭顶之灾。大部分匈牙利贵族在战争中殒命,幸存者大都惨遭生擒并被处死。时任匈牙利国王拉约什二世(Lajos Ⅱ)虽然逃离了战场,但随后亦被杀害或溺亡。这一情节在匈牙利后世的绘画中多有体现,描述的大多是拉约什二世这位让人心酸的无用君王,身披插有鸵鸟毛的精致铠甲,被人从小溪中拖出来的场面。在战场附近的摩哈赤小镇上也有一尊拉约什二世的现代雕像,这位不幸的君主脸上布满痛苦的表情,身上穿着制作精美的装饰性铠甲——拉约什不过20岁,还是个神经质又信心不足的小傻蛋,雕塑却把他刻画得头发斑白、一脸疲态,可真是有些奇怪。面对这些早期对手，奥斯曼人的出击通常并非为了缔结条约或是索要赎金，他们赢得战争只为根除现有秩序，建立新的统治。

　　这场灾难终结了旧有的匈牙利王国，人们每每谈起这场惨败都会感到狂怒和悲伤，因为这场战争显然是可以避免的。今天的我们将这次失利视为基督教国家的大溃败，巴尔干半岛的大片土地因此落入土耳其人手中长达几个世纪，但在当时的人看来，情况完全不同。实际上，摩哈赤战争爆发前，各个王庭之间摩擦不断，由此可见将这里统称为"欧洲"的说法是多么无谓。面对奥斯曼帝国的进逼，各国联合行动是取胜的唯一希望，但这样的行动从未成形。在这段漫长的危机时期，战事偶有中断，基本上都是因为奥斯曼帝国其他地区发生了反叛。当苏丹的军队将矛头调转至埃及（Egypt）或波斯时，欧洲的众人便一下子放松下来，拍拍手召唤出小阳台上的宫廷乐师继续奏乐，或是再画上一幅考究的皇室肖像画（尽管如此，拉约什在每幅画像里看起来都不太机灵）。在欧洲，至少有整整一代人都清楚，土耳其人正在进军。他们重要的东方盟友摩尔达维亚公国的王子斯特凡（Ștepan the Great of Moldavia）持续坚守，为欧洲赢得了时间，但他同时发现，波兰人和匈牙利人对自己的威胁一点不比土耳其人小。最终，他意识到自己能给后世子孙最好的建议就是和更可靠的土耳其人合作，两者间的协议最终于 1512 年签订。自此，摩尔达维亚成了奥斯曼帝国的藩国，西方基督教世界就这样因为纯粹的愚蠢，丧失了曾经的盟友和壁垒。多年来，奥斯曼帝国的军队光明正大地蚕食着欧洲——威尼斯被迫割让一连串爱琴海小岛；1499 年，黑山投降；1522 年，罗得岛（Rhodes）在艰

第二章

苦卓绝的围城战中失守……但欧洲君主们的反应令人费解，他们好像没有一点危机意识，一心只想着意大利和其他地方的战事。

匈牙利在君主和贵族、贵族和农奴的互相仇恨中分崩离析。种种迹象都在表明，国家正在陷入衰落，这让人十分失望。面对这样的压力，互相竞争的势力总会提出各自的振兴方案，彼此却不肯妥协。其中的一个方案是《三一法典》（Tripartitum），这个糟糕的创举直接将匈牙利民族简单地与匈牙利贵族画了等号。这是君主与贵族之间不满情绪的副产品，因为法典定义了谁是"绝对真实"的匈牙利人，以此来反对公认靠不住的外国君主。从长远来看，法典同样疏远了大量更为穷苦的匈牙利人——这一点也不用大惊小怪——他们都是非匈牙利族的农民。匈牙利即将成为一片废墟，惊魂未定的幸存贵族们仍盲目地将《三一法典》奉为圭臬。这部法典成了定义所谓"正途"（True Way）的邪恶箴言，一直扭曲着统治阶层的头脑，直到整个阶层在 20 世纪走向灭亡。恐惧和怀疑进一步削弱了匈牙利，最可怕的体现就是 1514 年，埃斯泰尔戈姆总主教（Archbishop Esztergom）看似理智地准备对土耳其人发动新一轮十字军东征。但局势很快失去了控制，超过 4 万名农民和小贵族拿上武器，在充满魅力的塞凯伊（Szekely）战士乔治·多沙（György Dózsa）的领导下集结成军。大贵族们纷纷拒绝加入东征，这惹恼了士兵们，他们开始大肆蹂躏村庄，屠杀任何阻碍他们的敌人，甚至是假想敌，直到被来自匈牙利东部的正规军全歼。这次失败的后果极其惨烈：多沙战败被俘，在众人面前被赤条条地绑在一个烧红了的巨大"王座"之上，敌人还嘲讽般地给这个"国王"戴上同样烧红了的王冠。多沙幸存的副官们被迫吃下他被烤熟了的肉条,接着惨遭处决。这个社会已经开始真正意义上的自我蚕食,根本不需要"魔鬼般"野蛮的土耳其人施以任何援手。

1521年,贝尔格莱德的陷落无情地嘲弄了年轻的拉约什政权。上一代人曾誓死捍卫的伟大城堡——在守军将领的争吵和变节中——沦为奥斯曼帝国的重要据点长达近三百年,所有的基督教信众都经海路被送去伊斯坦布尔(Istanbul)当了奴隶。多沙起义后的匈牙利满目疮痍,民众对王室的恐惧和厌恶,再加上资源的匮乏,让这个国家根本无力自保。王室也做出了自己的贡献,将任何可能的帮助都一把推开,他们拒绝了奥斯曼人的停战建议,也放弃了和波兰人、威尼斯人结盟的可能。不仅如此,王室还指责富格尔家族从属于匈牙利的矿井上贪污,因此疏远了欧洲最有影响力的家族,还有和家族关系密切的大部分神圣罗马帝国势力。

身处事件中心的拉约什仍然志得意满,但他实在太没经验也没能力赢得真正的忠诚。他不仅仅是匈牙利国王,也统辖着克罗地亚和波希米亚的土地——包括波希米亚本土、摩拉维亚、西里西亚(Silesia)和卢萨蒂亚。无休止的积怨和混乱意味着他虽然贵为欧洲最有权势的人物之一,但也只是名义上的,实际上不过是夹在两位伟大邻居——查理五世的弟弟斐迪南大公和苏莱曼大帝——中间一颗短命的小棋子。斐迪南和苏莱曼的长期统治决定了中欧的未来,他们开创的政治单元与统治结构亦经久不衰。斐迪南是他的兄长查理在东方的代理人,掌管着奥地利和蒂罗尔这两片相对紧凑的小领土。神圣罗马帝国内部的战争常常占据着查理的注意力,斐迪

第二章

南只能独当一面，抵御一波又一波行将席卷欧洲的灾祸。查理和苏莱曼统治时期，不断扩张的疆域和奢华的风气足以让他们名垂青史。但斐迪南才是真正缔造了哈布斯堡君主政体的统治者（这一政体一直延续到了1918年），他也最终登上了帝国皇位。

根据马克西米利安1515年巧妙设计的家族协定，一旦拉约什绝嗣，哈布斯堡家族将接管他的王国。布达的王室中，哈布斯堡家族的影响无处不在：拉约什的妻子玛丽是斐迪南的妹妹，而斐迪南则娶了拉约什的姐姐安娜（Anna）为妻。事实上，能让匈牙利贵族产生异议的核心原因在于匈牙利人一直有着反对哈布斯堡家族的传统，并引以为傲。最血腥的一次反抗发生在不久前的1485年，时任国王马加什一世（Matthias Corvinus）占领了维也纳，这也成了腓特烈三世不太光彩的时刻之一。

在匈牙利人眼中，斐迪南既是拯救他们于民族灾难的救世主，又是清道夫。摩哈赤战役后，情势急转直下，西部和西北部的领土门户大开，沦为奥斯曼土耳其人的战场。1527年，苏莱曼发动军队围攻维也纳，久攻不下决定撤退。1529年，苏莱曼的军队卷土重来，继续他们的围城战，这一次战役引发了民众第一次大规模自我牺牲以保全家园的壮举。这是灾难般的克塞格（Kőszeg）战役留给匈牙利人唯一的回馈。

沿着奥地利布尔根兰（Burgenland）和匈牙利西部起伏的边境线一路行驶，会经过诸多令人昏昏欲睡的静谧小镇，很难想象这片荒僻的边境地带在1529年竟成了决定欧洲命运的关键。这里在冷战期间曾是主要的边境之一，茂密的植被好像《睡美人》

(Sleeping Beauty）中的咒语，将这里和外界隔开，更给人增添了睡意和闭塞之感。这里同样是多种语言糅杂的地区，在 20 世纪初成了兵家必争之地，由此可见，发生在克塞格的战役或许并非偶然。奥斯曼大军进犯维也纳之前曾在这里停留，想要一举攻下当地的小型要塞。这处要塞由约 700 名匈牙利裔的克罗地亚士兵驻守，在没有火炮装备的情况下抵住了奥斯曼大军一次又一次的进攻。土耳其人当时并不占优势，他们的进兵期很短，要花上大量时间从伊斯坦布尔赶到如克塞格这样的战场，还要赶在天气变得恶劣之前班师回朝，因此在克塞格的拖延是致命的。关于这场战役的细节今天已无从考证，但围着这座重建的堡垒走上一圈，实在很难相信这是一处极难攻占的地方——奥斯曼土耳其的指挥官面对难堪的战局，夸大了守军的规模，还声称堡垒建在高耸的陡坡上很难攻克。但真实的情况是，堡垒建在一处平坦地带，从停车场向下走不了几步就能到达。克塞格守军誓死捍卫堡垒的英雄气概给后来更为激烈的围城战守军树立了标杆，其中最知名的要数 1552 年的埃格尔（Eger）之围和 1566 年的锡盖特堡（Szigetvár）之围。锡盖特堡的守军英勇无畏、视死如归，长时间地牵制了土耳其人，以至于苏莱曼大帝还没等到战争结束，就突发疾病去世了。他大概是气坏了，因为匈牙利人迟迟不肯投降，让他的又一个进攻期颗粒无收。匈牙利人的残部非但没有投降，反倒在匈牙利裔的克罗地亚指挥官兹里尼（Zrínyi）的带领下拼死抵抗，击杀了无数土耳其士兵，他们的壮举被写成诗歌、小说、历史故事，今天收藏于匈牙利国家美术馆（Hungarian National Gallery）的《兹里尼的最后一击》（Zrínyi's

第二章

Last Charge）是气势最为恢宏的作品。画家约翰·彼得·克拉夫特（Johann Peter Krafft）使用浓烈的色彩再现了这场浩劫：邪恶如兽人般的土耳其人被吓破了胆，连滚带爬地躲闪和逃窜，却仍躲不过死亡的命运，他们面前的兹里尼穿着橙红相间的战袍驭马威立。

每一次英勇反抗的背后都有无数被遗忘的灾难，奥斯曼的铁骑踏遍匈牙利全境，也摧毁了这个国家。土耳其人获得了全新的广阔领土，但西南方向上的亚得里亚海，还有哈布斯堡王朝一连串拱卫布达大后方（1541年被土耳其人攻占）和边境线的堡垒和要塞共同形成了掎角之势，将他们围困其中。斐迪南可能是这场兵燹中唯一的受益者，他填补了拉约什二世留下的权力真空，从巴伐利亚公爵一脉中被倚重的王子摇身一变成了中欧公认的最强统治者。他治下的王国现在都是选侯国，在这样危急的情况下，说服在恐慌中挣扎苟活的选侯议会根本不是难事。

在经过了一系列逆转、背叛和阴谋之后，《埃迪尔内和约》(Peace of Edirne) 于1547年签订，匈牙利被一分为三。最大的一块领土，包括匈牙利大平原、多瑙河匈牙利河段和克罗地亚被并入奥斯曼帝国的版图。特兰西瓦尼亚和摩尔达维亚，以及狡猾的达尔马提亚港口城市拉古萨〔Ragusa，即今天的杜布罗夫尼克（Dubrovnik）〕一样，成为奥斯曼帝国的附庸国，但这里仍是顺从却又充满活力的匈牙利统治区的中心。对于很多匈牙利贵族来说，特兰西瓦尼亚就是对拉约什王国的延续，剩下的地方则受制于哈布斯堡异族的殖民统治。包括匈牙利国王加冕地波若尼（即后来的布拉迪斯拉发）在内的幸存领土，以及今天的斯洛伐克和西匈牙利地区,共同组成了哈布斯堡王朝治下的新成员:皇家匈牙利(Royal Hungary)。对于所有生活在这片残存土地上的人来说,这感觉就好像是一个英国人突然发现自己被困在了肯特郡(Kent)和萨塞克斯郡(Sussex),同时还要接受一个法国人统治一样。这样的类比通常不够贴切,真实的情况可能更好或更糟,但就是在这片土地上,一代又一代统治者励精图治,为日后重新夺回匈牙利打下了基础。为了收回控制权,斐迪南(一开始代表查理)同意向奥斯曼帝国缴纳3万弗罗林金币的岁贡。这是一笔划算的交易。斐迪南虽然无法击败土耳其人,但他可以一边纳贡,一边修筑防御工事,尽管这些工事让匈牙利的新边境看起来更加支离破碎。这样的边境划分持续影响着中欧人的生活,直到20世纪90年代南斯拉夫解体,但其影响或许仍在延续。

  斐迪南可以被看作哈布斯堡家族统治期间重要的思想奠基人。因为查理的灵光一闪,他被指派代表查理统治家族东部的世袭领土——最初这不过是权宜之计,因为斐迪南名下必须拥有一定的土地,才能和匈牙利/波希米亚王室联姻,这样的安排是马克西米利安在斐迪南和安娜还是孩子的时候就已经定下了的。斐迪南的领土大规模地增加,他也把针对土耳其人的防御工事安排得井井有条,还和安娜生了一大堆孩子,让他们通过联姻遍布欧洲各地,为王朝的统治打下了坚实的基础。查理五世好像哈布斯堡家族的超级指挥官,但他的统治是暂时的。随着斐迪南资历的增长,他的野心和重要性也在同步攀升,不得不让查理将一半帝国交到他的手中——查理唯一的儿子接管了西班牙和勃艮第地区;斐迪南则拥有了家族的世袭领土和两个新王国。哈布斯堡家族的历史悠久,想要完成这样的势力划分需要足够的好运气,但也不能规避出现其他结果的可能,比如在土耳其人的蹂躏下,东部领土全线崩溃。

　　查理最终只能做出让步,不仅让斐迪南接手了东部领土,还将神圣罗马帝国的皇位传给了他。这一方面是由于斐迪南的坚持,另一方面也是合乎逻辑的安排,毕竟帝国中大片讲日耳曼语的领土显然与维也纳的关系更为密切,而非西班牙。斐迪南继位后一个耐人寻味的举动就是明确了"不可转让的传家宝"。这些宝贝现在都藏于维也纳的皇家珍宝馆(Imperial Treasury),珍宝馆恰好位于斐迪南兴建的霍夫堡宫(Hofburg)内,今天在皇宫大门上还可以看到他的名字和头衔。这两件"不可转让的传家宝"包括一根巨大的独角鲸长牙和一只做工精巧的玛瑙碗。斐迪南急切地给两件宝物贴上"不可转让"的标签是因为家族中不少成员在典当物品方面有着不良记录。两件宝物因此有了特殊的地位:在未来的世代传承中,这两件宝物归整个家族所有,不可为任何成员所独占。独角鲸的长牙是巫术中常见的道具,对于因纽特人(Inuit)来说更是再普通不过的物件,但这根来自遥远域外的长牙被愚昧地认作独角兽的角,他的拥有者因此被赋予了巨大的权力和美德。玛瑙碗的故事就更有意思了——人们相信这就是传说中的圣杯(Holy Grail),因为在某些特殊的光线条件下,(只有某些特殊的人)可以看到半透明的碗壁内侧闪现出 XRISTO① 的字样。实际上,这只碗制作于 4 世纪君

---

① XRISTO 源自希腊语,意为"被选中的人"或"弥撒亚"。——译者注

士坦丁大帝统治期间，在第四次十字军东征时通过不光彩的途径被带到欧洲——长牙和玛瑙碗都体现了哈布斯堡皇权奇怪的宗教性和怪异的本质，斐迪南也成了他的祖父马克西米利安理想的继承者。

珍宝馆里充斥着类似的圣物。今天，只要买了门票，任何人都可以隔着玻璃尽情欣赏，不免让这些宝物光环尽失，因为在过去，只有极为特殊的显贵才能在重大场合一睹这些宝物的风采。其他的珍宝还包括一只用产自南美洲的巨型翡翠雕刻而成的俗气酒杯。能够亲自拥有这些宝物，意味着获得了至高无上的权力，几乎可以看作让皇帝和上帝建立了最为直接的联系，皇帝因此成为超越人类的存在。哈布斯堡家族比其他任何人都更擅长利用这些手段，因为自斐迪南起，所有的成员都开始利用这些帝国皇权象征物，让自己作为各领地国王和公爵的重要身份更为稳固。

神圣罗马帝国存续期间，加冕礼使用的王冠、权杖和饰物都被保存在雷根斯堡。今天，我们却要在维也纳的珍宝馆里欣赏这些藏品，这是因为在拿破仑战争期间帝国解体，哈布斯堡家族趁乱将这些珍宝偷运到了维也纳。这些珍宝曾经极少示人，更为它们平添了几分神圣的色彩。它们是哈布斯堡传奇的核心所在，即便在现代博物馆这样冰冷而平静的环境下，也不由得让人震撼于皇权的威严。比如11世纪80年代，为帝国皇帝亨利四世（Henry Ⅳ）的加冕礼打造的金剑鞘，这件制于意大利的宝物上装饰着前任皇帝们的形象，最远可以追溯至查理大帝。还有我最喜欢的一件皇室披风，其工艺之精美让人难以置信，披风上装饰有艺术化的金骆驼，一棵棕榈树，还有阿拉伯文的图样。这是12世纪30年代，伊斯兰艺术家

第二章

在西西里为当地的国王罗杰二世（Roger Ⅱ of Sicily）打造的珍品，充分体现了中世纪时期西西里文化的多元和繁盛［他的故事因为希曼诺夫斯基（Karol Szymanowski）① 创作于 1926 年的疯狂歌剧《罗杰王》（*King Roger*）而被永世传唱］。但就像玛瑙碗被误认成圣杯，鲸牙被当成独角兽角一样，这件披风在当时被认为是查理曼击败摩尔人（Moors）的战利品。因此在丢勒为查理曼虚构的肖像画中，这位君王才会以身披披风的形象出现。我们有理由推断，这件披风和皇权的渊源可以直接回溯到腓特烈二世时期，因为他的母亲正是罗杰二世的女儿。由此我们可以想见，这些看似遵循古礼、拥有最高规格的仪式在本质上是多么混乱而不靠谱，乃至在某些时候，连这些最基本的信息都能被遗忘。

书至此处，我应该再也不用提及哈布斯堡家族对于仪式和先祖崇拜的迷恋了。对我们来说，哈布斯堡的很多统治者都是平庸之辈，或许只能算得上尽职尽责，但他们也像考拉一样被特殊化了，因而显得有些无助。哈布斯堡的统治者们声称自己拥有高贵的血统，是欧洲地位最高的家族，但这显然是个骗局。他们尽管一直被嫉恨、被算计，却从未失去过权力的力场（force-field）。在查理五世和斐迪南一世治下，他们站稳了脚跟，也开始展现出非凡的一面。他们通过实际的手段（比如贿赂、威胁、武力、礼赠、联姻）巩固了帝位，同时也创造了一个坚不可摧的"魔力场"，每一代人都通过操纵特殊的物品、活动和仪式不断加强他们的"魔力"。这

---

① 希曼诺夫斯基为波兰作曲家，创作有歌剧《罗杰王》。——译者注

些玩弄手段的天才将家族的伟大标志（因斯布鲁克和维也纳新城的盾徽墙、众多坟墓、克洛斯特新堡的巴本堡族谱、"不可转让的传家宝"）和帝国皇权紧紧绑定到了一起。斐迪南一生大部分时间都生活在哥哥的阴影下，执掌帝国皇位不过八年，但他巩固了哈布斯堡家族对核心领土的传承，直到 20 世纪都在平稳运行。他也确保了维也纳在帝国中的核心地位（在抗击土耳其人的问题上也是如此），让这出古怪的皇权大戏得以从维也纳传播到欧洲各地。他或许误解了身边这些充满象征意味的宝物到底从哪里来，又是出于什么目的，比如花了太多心思在一根海洋哺乳动物滑稽的长牙上，但他的权力是真实存在的，这让他足以抵御 21 世纪教条主义者们的讪笑。

第三章

格拉茨军械库中的重型骑兵盔甲。
资料来源：akg-images/Erich Lessing.

千般悔恨

  很遗憾，我们不知道查理五世对于几十年的帝国皇帝生涯作何感想。他从未卸下过皇帝的面具，在公众面前总能保持平静的状态，这也成了后世家族成员的楷模。查理五世虽然成长于低地国家，但身边的士卒、顾问和乐师都来自弗兰德斯，这让他养成了西班牙人的秉性。他的宫廷在各地辗转，但始终保持着华贵、肃穆又庄重的风格。他的儿子腓力二世统治时期，在大一统的帝国定都马德里后，这种风格就成了哈布斯堡家族统治的重要特征。谈起对欧洲大陆的控制，历史上只有拿破仑和希特勒可以与查理相提并论；但查理似乎从未沉迷于统治者的角色，他未经征战便获得了皇帝的头衔，全靠祖父的精心设计。他对皇权的捍卫也并非源自本人的狂妄，而更像是完成一项让他身心俱疲的任务。马克西米利安曾经有着种种谋划——他甚至一度想过要让自己当上教皇——但他所有的计划几乎都半途而废了，除了像下棋一般的联姻结盟。查理从马克西米利安那里继承了前所未有的广袤领土，但他并没有做出任何实际的努力来把这些土地整合在一起。他匆忙地从一个地方赶去下一个地方，不停地换着帽子、王冠、项链和特别的斗篷。他总是在研读宪法、格言，在欧洲各地处理邦国和帝国的关系，判决无数好斗贵族和城市寡头犯下的过失。无论走到哪里，他都要面对造反的乡民、奥斯曼的劫掠者、令人恼火的新教徒、两面派的德意志诸侯，还有麻烦不断的家庭成员。

　　查理经常生病,也无法公开用餐(因为他巨大的下巴),但他钟情于阴郁的乐曲,对这种风格所知甚多,这些都反映了他长久以来对独处的渴望,比如藏身于一所隐秘而雅致的修道院担任院长——他终于在退位后实现了这样的愿望。《千般悔恨》(*Mille Regretz*)似乎曾是查理最喜欢的歌曲,在他的时代这首歌被称为"皇帝之歌"("我的痛苦如此深重,我的时代就要结束"),歌词的内容大致概括了他的一生。查理的一生一直笼罩在母亲精神疾病的阴影下——随便朝他的文件篮里看上一眼,就能看到他的失误、缄默和举棋不定。另外一首查理钟情的歌曲名为《我生命中的美人》(*Belle qui tiens ma vie*),这首歌的风格更为欢快,但也不失伤感,可以说是欧洲创作最早,至今仍广为流传的曲目之一(肯定有很多博闻强识的读者表示反对)。

　　我们永远也不会知道,1521年,当他迎来执政的一个重大危急关头,与马丁·路德在沃尔姆斯的帝国议会上当面对质的时候,脑子里在想些什么:是异端思想的危害还是为他从墨西哥运抵布鲁塞尔(Brussel)的一船又一船珍宝?年复一年,他必须保持傲慢的态度和决断力,一刻也不能松懈(身在沃尔姆斯的查理当时不过21岁)。因此他为自己打造了棱角分明的伟岸形象,还有不凡的帝王气度,这些都为后继者所模仿,无论他们是和查理一样活跃的知识分子还是思想贫乏的无聊之人。1535年,查理凭借从印加帝国(the Great Inca)巧取豪夺的数万吨黄金,发兵入侵突尼斯(Tunis),他治下的领土也开始在各个方向疯狂扩张。在他的主导下,欧洲的

第三章

势力范围和影响力急速增加——饱受压迫的卡斯蒂利亚农民和弗兰德斯的官僚们被船送往新大陆（New World），被迫开始适应前所未见的食物、举止和自然景象。查理增设了新西班牙总督辖区（Viceroyalty of New Spain）和秘鲁总督辖区（Viceroyalty of Peru）（旗帜沿用勃艮第的十字旗），将英王亨利八世的土地紧紧限制在中美洲（Central America）的一小块区域，这不免让欧洲现行的政治格局看起来像个笑话。弗朗索瓦一世因为与奥斯曼土耳其人结盟而遭到谴责，他的行为被认为是对基督教的背叛，但面对查理这样无懈可击的傲慢劲敌，还有他背后势不可当的强盛家族，弗朗索瓦还有什么更好的选择吗？现实的情况比他同代人了解到的还要糟糕。在雷根斯堡参加帝国议会期间，查理和一个当地市民的女儿发生了关系，他们的私生子就是后来奥地利的唐·约翰（Don John of Austria）。查理去世多年后，唐·约翰率领舰队在勒班陀海战（Battle of Lepanto）中大破奥斯曼土耳其海军。由此可见，即便查理已不在人世，他仍然形塑着世界的历史。

但查理很快意识到，这种泛欧洲的狂热根本没有前途，便立刻将能甩掉的包袱全部甩在了一边。和其他时候一样，欧洲政治格局内部隐藏的秘密机制钳制了普遍帝国（universal monarchy）的成形，让帝国敌人像抗体一样不断增加。即便查理本人的权力再大、地位再高，他也无力解决新教的历史问题。查理在沃尔姆斯议会上和路德当面对质，发表了重要的演说："真正让我们感到羞愧和冒犯的是，区区一个僧侣，胆敢违背上帝和上千年的基督教信仰，妄图用他错误的思想来腐蚀我们。"此刻的查理既是一个虔诚的教会之子，又是手握重权的君主，随时准备铲除异己。

想要反抗如此强人，除了拥抱新教还有什么更好的办法吗？查理在沃尔姆斯议会上对路德的批判，让教皇免于陷入末日决战，但同样也将宗教异见和反对哈布斯堡家族的统治画了等号。

千头万绪的事务让查理无法抽身，直到25年后，他才在短暂的施马尔卡尔登战争（Schmalkaldic War）中采用军事行动对抗新教的威胁，可惜为时已晚。查理在战争中获胜，但反对天主教的浪潮已经席卷整个欧洲。查理指派提香为他绘制一幅肖像画来纪念这场胜利。在这幅著名的作品中，查理穿着插满羽毛的全副铠甲，跨坐在一匹桀骜的骏马之上，这匹马可能是整个西方艺术史中最威风的战马之一。但这幅画更像是对失败者的记录：查理胡子斑白，脑袋小小的，看起来没什么底气。他就像在海边的拍照板后，将脑袋从洞里钻出来的游客，根本不知道自己是被塑造成了天主教的捍卫者，还是穿着红条纹连体泳衣的小丑。更让人遗憾的是，当时的查理重病缠身，根本无法上马，只能用担架把他抬到战场上——在当时的人们看来，提香无与伦比的创作无非是在收了钱之后客客气气地扯了个谎。

"发生过的最奇怪的事"

无论从当时还是今天的角度来看，宗教改革的推进速度之快都令人恐慌。1517年，名不见经传的马丁·路德将他的论纲（Theses）牢牢钉在了萨克森的一个大学城里。到了16世纪20年代，集体改宗的风潮已经向南传至斯洛文尼亚。16世纪30年代，迷人的博学家约翰内斯·洪特鲁斯（Johannes Honterus）将新教的福音远播到特兰西瓦尼亚的东南方，此时这种"传染病"已经来到了距离发源地750英里①之外的地方。这种宗教灾变源自权威的倒塌。实际上，新教涵盖的种种细节还要再经历一个世纪的激烈论战才能敲定，但它给中欧带来的是突然的巨变。就像1918年一战结束或1989年冷战结束时的情况一样，这次变革的背后有着广泛的共识——维持现状根本毫无意义。人们的动机或许不同，但对于很多人来说，罗马教皇几乎在一夜之间成了一个邪恶残忍的胖子，他身着华服珠宝的形象出现在成千上万的木版画里，但他应该被赶到地狱里去。

教廷的权威崩塌了，曾经受到罗马教廷庇护的财产和宝物如今似乎唾手可得，这让一些世俗的统治者简直不敢相信自己的好运气。整个欧洲，特别是在英格兰，掌权人物们开始各取所需。所有这些都和信仰危机无关——宗教改革在维滕贝格（Wittenberg）发起前，欧洲刚刚经历了一轮教堂的重建和装潢（导致宗教改革的部分原因就是教皇为重修圣彼得教堂而横征暴敛），还创作了数百幅杰出的祭坛画，这些画作完成于宗教改革即将爆发的当口，今天都收藏在中欧的美术馆中。但信仰出现了新的方向，越来越多的阵营加入了这场激烈的争论，甚至包括一个重归理性的激进天主教派。

在哈布斯堡家族的统治下，宗教改革绝对不可能被允许——家

---

① 1英里约为1.61千米。——译者注

族登上权力巅峰与罗马教廷的默许密不可分，因此查理五世不可能改变对教廷的忠诚。在很多有权势的贵族看来，情况可大不一样，个人信仰和贪欲交织，让他们无法抵御新格局的诱惑。和1917—1919年的共产主义革命一样，改革似乎成了未来的潮流。虽然新教和天主教都强调普世真理，但新教的成功打击并分化了天主教徒。同时，新教徒们也遭遇了无法愈合的冲击：西班牙和意大利从未在意过他们全新的普世真理，这些真理反倒被英格兰人所拥护，最终又被哈布斯堡家族和法兰西的国王们轻蔑地拒绝。新的耶路撒冷迟迟未能出现，新教的教义在智识和精神方面都开始变得自相矛盾，教廷抓住机会召开特伦托宗教会议（Council of Trento），成功组织了天主教的反击。

查理和斐迪南共同在欧洲掀起了大范围的恐惧和焦虑。共同执掌领土的情况时有发生，马克西米利安一世经过密谋，打造了一个权倾天下的家族网络，但总有一些意外是他无法预知的。皇室家族已经习惯了在欧洲各地交叉往返，形成各种古怪的组合、宣言和可能。比如，匈牙利的国王拉约什二世的父母分别出生在波兰和法国，在查理五世本人身上也能看到欧洲各地影响的混杂。此时的哈布斯堡家族正在成为真正的罗马帝国继承者，其他幸存的君主国要么选择归顺（比如曾盛极一时的匈牙利和波希米亚王国），要么被彻底吞并。

查理伟大的政治传承和痛苦的个人生活形成了鲜明对比。他巨大的下巴似乎是遗传自曾祖母，波兰马佐夫舍人的皮亚斯特王朝（the Masovian Piast）公主赞布吉斯。赞布吉斯的基因在哈布斯堡

第三章

家族世代流传,不仅影响了查理,还影响了一众后世子孙。男人们尚且可以依靠夸张的胡子来掩盖这一缺陷,但画像里的女人们都好像在下半张脸上挂了一双丑陋的粉鞋子。查理似乎也遗传了母亲和外祖父一支的忧郁症,这种病症同样影响了家族的一些后人,最有名的要数查理的侄孙(同时还是外孙!)鲁道夫二世。

新教的反抗让欧洲千疮百孔,但基督教的分裂与人们面对哈布斯堡霸权的态度不无关系,而不仅仅是在两种教义中选边站的问题。1555年,战败于新教诸侯后,查理被迫和这些诸侯签订了《奥格斯堡和约》(Peace of Augsburg)。和约规定教随国定,即帝国中的各邦国可自行决定宗教信仰,一般与该国统治者的信仰一致。但这样的规定不足以解决全部问题,因为双方都故意忽视了加尔文宗的存在,反而造成了更严重的问题。加尔文宗是新教中的苦修派,其影响力迅速蔓延,从苏格兰到特兰西瓦尼亚,这一教派重塑了很多国家的宗教信仰。1525年,条顿骑士团的大团长(the Grant Master of the Teutonic Knights),来自霍亨索伦家族(Hohenzollern)的亲王,普鲁士的阿尔布雷希特(Prince Albrecht of Prussia)意外发动政变。这位亲王曾和路德促膝长谈,探索自己的灵魂,直到他得出结论:上帝指示他要改奉路德宗,他治下位于波罗的海附近的修道院土地应归为家族世袭所有。这个厚脸皮的家伙就这样把天主教堡垒地带的土地据为己有了,但他骇人听闻的行动反倒启发了欧洲其他的统治者。比如英王亨利八世很快意识到,如果他能像阿尔布雷希特一样向前迈上一步,就可以赶走过去的妻子,再娶个新的,还能把王国内所有的修道院土地都归为自己所有：确实要想想是不是该和教皇决裂了。

《奥格斯堡和约》的签订让不少在任的独立统治者获益，但新教徒们或真实或嘲讽的谩骂要到怎样的程度才会引发天主教的暴力反击呢？查理和斐迪南的继任者马克西米利安二世和鲁道夫二世都顺应当时的潮流，在宗教问题上保持和平共存的态度，从这个角度来看，和约的签订当属成功。但宗教、传承和个性三者交织在一起，在某些时候也会酿成大祸。在查理看来，和约意味着失败——尽管查理不一定有什么好办法能遏制新教的发展，但等到1555年才采取行动，实在是太晚了。敌人的眼中只有哈布斯堡家族纯粹的力量，丝毫没有看到他的痛苦、疲惫和早衰，甚至连德意志诸侯间象征性的天主教联盟也开始攻击他。他最后一次古怪的政治联姻计划也失败了。15岁的英格兰国王爱德华六世（Edward Ⅵ）突然宾天，比他大上不少的姐姐、虔诚的天主教徒玛丽一世（Mary Ⅰ）继任成为英格兰女王。在查理的安排下，玛丽与他的儿子腓力联姻。英格兰人本应小心提防腓力，但在狂热的民族主义浪潮下，人们已经忘记了这一点，腓力被尊为英格兰国王，他的形象和玛丽一起被铸在了硬币上。虽然万事尚未确定，但查理已经开始暗中盘算，如果腓力和玛丽有个儿子，那他就能继承英格兰和勃艮第，以此形成一个庞大而团结的新公国。虽然听起来有点怪异，但计划一旦成功，英格兰就能永久接受信仰天主教的哈布斯堡家族统治。这个让人脊背发凉的计划最终落了空：作为高龄产妇的玛丽开始努力怀上她第一个孩子，但她却只得到了神经性的假妊娠，如果她真的生下了孩子，一定会造成最令人惊骇的后果。所幸玛丽继位仅仅五

第三章

年就去世了，让英格兰臣服于哈布斯堡家族的计划随之破产，真让人长呼一口气。

和约签订后，查理的眼中只剩灾难。他身心俱疲、一病不起，终于决定退位。这可是破天荒的头一遭，教皇觉得这种想法是"发生过的最奇怪的事"。王位世袭制的重要一环就是旧统治者的衰老和死亡，新统治者随后继位——为了支持别人而提前退场完全是匪夷所思的举动。想象一下吧，高贵而威严的查理来到布鲁塞尔，面对着一群哭哭啼啼的贵族，正式宣布放弃皇位。当然，也有人认为他的举动恰恰展示了家族惊人的权势——想想他的前任和继任者吧，查理似乎只把自己看成伟大的哈布斯堡传承中一个小小的环节。与其保留皇位，在一片虚情假意和不耐烦的窃窃私语中垂死挣扎，远不如堂堂正正地把皇位交出去。整个退位流程持续了整整11个月，发布了一系列重要公告：1555年10月，查理将勃艮第交给腓力，来年1月又将西班牙划给了他（当然还有美洲的领土）。4月，腓力获得弗朗什-孔泰（Franche-Comté，这是一个独立的"勃艮第伯国"，而非公国）。9月，查理将神圣罗马帝国的皇位授予斐迪南（他已经获得哈布斯堡家族的世袭领地，同时担任波希米亚国王和匈牙利国王）。

哈布斯堡家族分支众多，但家族中主要的两大支系始终保持合并的可能。我们实在难以判断哪一支系更为重要：神圣罗马帝国皇帝的重要性超越众人，但我们也无法忽视西班牙局势的变化。西班牙成了大一统帝国，有了常驻的君主，并于1581年兼并了葡萄牙及其在美洲和亚洲的领土。两大支系都认为自己的重要性更大，正因如此，哈布斯堡家族无法实现真正的合并。马德里的腓力二世无疑是欧洲最富有、最有权势的君主，西班牙文化也为哈布斯堡家族带来了决定性的影响——直到18世纪，马德里富丽而沉闷的宫廷风格还在影响着维也纳，而维也纳对于马德里的影响却十分有限。马克西米利安二世登上帝国皇位前曾在西班牙的王庭中生活多年，他的继承人鲁道夫二世更是在西班牙长大成人。从某种意义上来说，家族在奥地利的土地更加荒僻闭塞——那里是动荡的边疆，是令人沮丧之地，根本无法与伟大的西班牙帝国相媲美。斐迪南之死结束了他短暂的统治，这也成了家族历史上的关键时刻。查理曾计划让腓力继位，但斐迪南坚持要传位给自己的直系后裔。很难想象选帝侯们如何能接受一个西班牙人接管帝国，特别是一个有权有势、虔诚信奉天主教的西班牙人。可以说斐迪南选定自己的儿子，也就是后来的马克西米利安二世继位，对于哈布斯堡家族守住皇位是多么至关重要。这样的举动疏远了家族成员的关系，却无法阻止他们完成可怕的族内通婚，因为他们傲慢地认为没有任何其他家族配得上他们。因此，马克西米利安二世迎娶了腓力二世的妹妹玛利亚（即便他们是堂兄妹），腓力二世后来又与马克西米利安的女儿安娜完婚（相当于叔叔娶了侄女！）。幸好后来的皇帝们要么终身未娶，要么来自远房的支系，但到了17世纪30年代，这两支的成员重新恢复了通婚，终于导致了灾难性的遗传和生育问题，也让大下巴的基因在欧洲各地开枝散叶。

就让我们带着这种强烈的悔意，将视线从富丽堂皇、香薰缭绕的西班牙宫廷移开（这段故事相对独立，有着自己的发展脉络，其

第三章

中涉及银矿、巧克力和电鳗），转向白雪皑皑、守卫森严的内陆领地，在这里，斐迪南子孙们的统治一直延续到了 20 世纪。

英雄的甲胄

1665 年，一艘去往维也纳的小船在多瑙河上沉没了，这是当年最令人伤感的事件之一，因斯布鲁克的所有哈布斯堡宫廷音乐记录都随着这条船一道被河水吞没了。数千张手写的乐谱孤本在浑浊的河水中悉数被毁，成了哈布斯堡家族蒂罗尔分支的谢幕演出。没人知道这场灾难究竟是怎么发生的，但因斯布鲁克曾经和萨尔茨堡或维也纳一样，是重要的音乐之都，那里汇集了一代又一代出色的意大利演奏家和作曲家，比如乔瓦尼·潘多尔菲（Giovanni Pandolfi）。我们对潘多尔菲的了解仅仅局限于他发表的两组小提琴奏鸣曲，这些曲子对普赛尔和巴赫（Bach）等后世作曲家产生了深远的影响（实际上，普赛尔最为优美的作品之一就是窃取自潘多尔菲的作品）。这两组奏鸣曲是作曲家为当地的大公和大公夫人所作，于 1660 年发表于因斯布鲁克，这是我们唯一能找到的信息。潘多尔菲可能是一位上了年纪但相当高产的作曲家，创作了很多优秀的弥撒曲，还为各主要乐器创作了一系列无与伦比的独奏曲，更是凭借一己之力让 17 世纪的歌剧变得趣意盎然。他也可能是个坏脾气的小神童，总是对人拳打脚踢，却能轻松创作出一组组奏鸣曲，直到厌烦他的卫士们偷偷把他卖掉，让他替别人划桨。这些将永远成为未解之谜,因为船上的一切都不复存在了。

通过这些奏鸣曲,我们能在头脑中想象出一个奇幻而精致的世界。作曲家将这些曲子献给宫廷里重要的意大利乐师们:小提琴手们、阉伶歌手们,还有伟大的安东尼奥·切斯蒂(Antonio Cesti),他的作品在接下来的十年里都是帝国皇帝利奥波德一世的心头好。然而这些音乐能传递的信息通常十分有限——我们对于作曲家一无所知,更遑论他的创作意图,或是他为什么要把奏鸣曲献给这些乐师,以及他们之间有怎样的关系。

潘多尔菲的赞助人,斐迪南·卡尔大公(Archduke Ferdinand Karl)是个令人讨厌的专制主义者。在弗兰斯·卢伊克斯(Frans Lucyz)① 为其绘制的肖像画中就可见一斑:大公身穿耀目的猩红色华服,身上缀满织锦,脚上穿着整个欧洲历史中设计最为精美的靴子,一脸轻蔑地看着他的后人。斐迪南·卡尔意外地英年早逝,他的弟弟也在三年后早早地撒手人寰,王朝随之寿终正寝。卡尔的弟弟西吉斯蒙德·弗朗茨(Sigismund Franz)曾是特伦托的主教,他匆匆结束了教会的工作,来到因斯布鲁克执掌政事。他还结了婚,想要生个儿子继承家业。但一切都太迟了:他在婚礼后12天就去世了。现在的因斯布鲁克只能算是维也纳周边的一个偏远小城,家族不得不把这里的音乐档案转运到维也纳重新安置。从马克西米利安一世壮观的墓葬雕像队列到斐迪南·卡尔的作曲家们,因斯布鲁克走过了漫长的黄金时代,终于沦为一潭死水。

---

① 此处原文为 Frans Luycz,疑为作者笔误。——译者注

第三章

哈布斯堡家族一直控制着巴伐利亚以南的阿尔卑斯山区，因斯布鲁克宫廷曾是这里的中心，掌管着蒂罗尔和大杂烩一般的前奥地利地区（Further Austria）。哈布斯堡家族的大部分世袭领地都维持着表面的团结（一个个王国和家族直接管辖的公爵领地比邻而居），这一点和神圣罗马帝国其他地区大不相同。对于一个经常研究绍姆堡-利珀（Schaumburg-Lippe）或是荷亨洛赫-魏克尔斯海姆（Hohenlohe-Weikersheim）这种可笑政体的人来说，在前奥地利不免会有种喜悦之感，因为这里让我再次感受到了友善的古怪。地图上的蒂罗尔土地紧凑，行政区划看似合理，但实际上这里是盛产特殊主义的温床。生活在阿尔卑斯山谷地的人们总会季节性地切断彼此的联系，完全自给自足，对外来者有着特别的看法。比如在蒂罗尔盛行着一个观点，认为生活于铜器时代（Copper Age）的名人"奥兹"（Ötzi）的木乃伊本应在蒂罗尔被挖掘出来——一是因为奥兹有一种骄傲而粗犷的气质，是个自给自足的人（比如他的毛皮衣服和一包疗伤的草药），二是因为他的背上插着一支箭。

如果按照"可用程度"来给蒂罗尔的地图填色，这里将不再是一小块完整的土地，而是在险峻群山包围中的一段段细线和圆点。直到19世纪晚期，热衷于挑战的铁路建造者们斥巨资在这里打通了铁路，终于将这片地区连成了一个整体。前奥地利的其他区域也是如此，土地支离破碎，毫无规律可言。在奥格斯堡和斯特拉斯堡（Strasbourg）之间，多瑙河沿岸，以及博登湖（Lake Constance）附近都零星分布着小块土地。1268年，霍亨斯陶芬（Hohenstaufen）家族绝嗣，原南德意志的诸侯暴乱，士瓦本分崩离析，哈布斯堡家族的先祖们趁机占领了这些地区。前奥地利遍布"森林城镇"、要塞、宗教基地和毫无价值的村庄，即便是最详尽的历史地图也无法标识出所有地点。这里人口稀少，无论从任何角度来看，都不是什么重要的地方（虽然大片土地被瑞士蚕食），但哈布斯堡家族的确发源于此，这里尴尬的定位也不影响它的重要性。从很多方面来看，正是因为哈布斯堡家族拥有像松德高（Sundgau）（松德高属于阿尔萨斯大区，自古以来就是家族的财产）这样可以专权的地区，才让他们成长为一股西欧势力，但也引发了哈布斯堡家族和法国人之间的宿怨。本书的重点或许是避免让读者陷入诸如"松德高的战略价值"这类的讨论，即便这些话题的确很有吸引力。

为了彻底清理前奥地利地区，大大小小的地块被作为贿赂赠予了哈布斯堡家族在西班牙的分支，让他们不再觊觎维也纳的领地，还能连通西班牙和低地国家。也正因如此，三十年战争期间，帝国军队、瑞典军队和法国军队在这里往来交战，几乎把松德高夷为平地。1648年，这片荒无人烟的废墟被卖给了法国，卖地的收入都被斐迪南·卡尔大公花在意大利音乐上了。后来，松德高的大部分区域和其他一些零碎的土地被拿破仑移交给巴登公爵（Duke of Baden）和符腾堡国王（King of Wüttemberg）管辖。维也纳会议上，奥地利人为了和这些统治者保持友好关系，决定不再索要前奥地利地区，但只有一处例外。他们要求归还博登湖南端的一小片名为福拉尔贝格（Vorarlberg）的土地，那里的主要城市布雷根茨（Bregenz）位于蒂罗尔西侧的延长线上。这个地区对于世界史的发展再无贡献，直到一战结束，福拉尔贝格忘恩负义地要求脱离奥地利，

第三章

并入瑞士邦联,但这一计划最终未能实现。话说到此,我发誓再也不会提到前奥地利这片偏远的土地了。

这些零散的土地给统治者带来了不少麻烦,但因斯布鲁克的重要性仍然不容忽视。因斯布鲁克位于崇山峻岭的包围之中,是巴伐利亚到意大利商道上的重要一站。事实上,这座城市也掌管着通往布伦纳山口的道路,并因此成了欧洲往来交通的咽喉,文化异常繁荣和多元——讲日耳曼语的斐迪南·卡尔和他的父亲一样,迎娶了美第奇家族(the Medici family)的一位成员,造就了因斯布鲁克德意糅杂的文化。在戈里齐亚和特伦蒂诺(Trentino)享受了几天阳光、烩饭和美味的番茄沙拉后,我对此深有体会。作为跨越这道文化分水岭的留念,我特意点了一份"蒂罗尔农家煎蛋卷",这道菜的分量之大、脂肪含量之高几乎到了可以致死的程度,不免让我想到拖拉机驾驶舱里直挺挺地躺着一个面色黑紫、满脸斑点的家伙——只有真正痴傻的农人才会把这东西当午餐吧。

对于哈布斯堡家族蒂罗尔分支的讨论可以单独成章,我决定把这个段落安排在这个位置是因为因斯布鲁克正是在蒂罗尔大公斐迪南二世统治期间才吸引了所有人的注意。斐迪南二世于1564年开始掌管这一地区,直至1595年去世。哈布斯堡家族在蒂罗尔的分支相对独立,在历史记录中来来去去,曾多次归附于维也纳的直接领导。斐迪南曾娶了一位美丽的平民女子为妻,但她的儿子们没有继承权。在第二次婚姻中,斐迪南只得了几个女儿。所以他本人一死,蒂罗尔的独立性便随之消失。年轻的斐迪南极富冒险精神,曾与土耳其人交战,并辅佐父亲帝国皇帝斐迪南一世(叫斐迪南的人太多了），由此获得了大公的头衔。皇帝斐迪南一世在临终前，委任斐迪南二世掌管蒂罗尔和前奥地利，斐迪南二世的哥哥，掌管维也纳的马克西米利安继皇帝位，即后来的马克西米利安二世。斐迪南曾想在因斯布鲁克大展拳脚，只可惜这座城市今天只剩滑雪道，其文化上的魅力则被埋没了。不妨去看看斐迪南的府邸阿姆布拉斯宫（Schloss Ambras）吧，建筑的精美令人赞叹。走在那里就好像在一位文艺复兴赞助人的头脑中漫游，是为数不多能感受到文艺复兴纯粹之美的地方之一。

斐迪南没有子嗣，因此他的大部分收藏品流散各处，他的侄子鲁道夫二世将一些最为精美的甲胄和奇珍纳入了自己的收藏。这些藏品先是被运到了布拉格，接着又被带到了维也纳（其中的一些藏品在三十年战争期间惨遭瑞典人劫掠，被带回了斯德哥尔摩）。幸存的斐迪南藏品大多也未能逃过水火虫蛀之灾，甚至是像满船的乐谱一样葬身水底。但阿姆布拉斯宫保存尚好，这里的庭院和大厅仍然带有强烈的斐迪南风格。

斐迪南的藏品包括最早的德古拉（Dracula）画像和一系列哈布斯堡家族成员的肖像画，从中可以见证可怕的大下巴如何代际遗传。从各处收集的一大批古怪物品充斥着斐迪南的珍奇柜，包括两件完美代表了"生命无常"（memento mori）的藏品——一副由斐迪南的曾祖父马克西米利安一世委托汉斯·莱茵伯格（Hans Leinberger）用梨木雕刻的弓箭手骨架，还有画框中一副小的雕刻骨架，骨架的一只手放在下巴上，一副哲学家的派头。这副骨架很小，只有凑近了才能看清楚，这时你的脸就会在映在骨架后面的镜

第三章

子里。我一直很喜欢这种带点哥特金属风格的物件，但在上一次到访阿姆布拉斯宫时，突然意识到自己已经老到不会在意这种"生命无常"了，这样的警示只会让我感到厌烦和不屑。就像婚礼和毕业时的照片一样，它们只是年复一年地耐心等待，直到影响力达到巅峰。

还有一幅绘画作品用近乎天真的直白笔触记录了家族历史中的一件大事：年轻的斐迪南被父亲送到布鲁塞尔，请求他的伯父查理五世不要退位。这个任务显然失败了，但值得作画铭记。画面上有一所小房子，透过房子的窗户可以看到憔悴的查理，远处则是穿着轮状皱领上衣的小斐迪南和他伟大的征程。整幅画面似乎只差用大写字母加个标题了。这里我还不得不提到佩特鲁斯·冈萨雷斯（Petrus Gonzalez）和他家人的特别画像，他们都是特内里费岛（Tenerife）人，全身像被诅咒一般长满了粗厚的毛发。从巴黎到布鲁塞尔，再到帕尔马（Parma），这一家人成了不少宫廷的装饰品，但大部分时间和斐迪南的姑妈玛格丽特（Margret）在一起。他们的病症（今天被称为阿姆布拉斯综合征①）是由不可治愈的遗传缺陷造成的，他们的样貌也被如实地记录在画像中。一家人穿着优雅的宫廷服饰，看起来高贵典雅，却总有些可怕的怪诞之感。

斐迪南藏品的核心是对英雄主义的阐释——骁勇善战、骑士风度和炫耀般的慷慨。这些藏品是他花了巨资从欧洲各地收集而来的，有些来自前人的收藏，有些来自其他诸侯的特别馈赠，以满足他对铠甲的迷恋。现在展出的铠甲只是他过去收藏的一部分，但足

---

① 即先天性多毛症，是一种极其罕见的遗传疾病。——译者注

以令人叹为观止——这些精致的甲胄曾经穿在当时最为显赫的英雄们身上：一套属于曼托瓦侯爵（Marquess of Mantua）的铠甲已经被战火熏黑，他曾经在福尔诺沃战役（Battle of Fornovo）中将可怕的法王亨利八世赶出了意大利；一套莱茵-普法尔茨伯爵的铠甲，他曾在1529年率领德意志骑兵解了维也纳之围；一套甲胄属于1556年对抗土耳其人的战役中斐迪南手下的得力战将；还有一套甲胄属于年轻又富有魅力的马蒂亚斯大公（Archduke Matthias），几十年后他将成为三十年战争期间暴躁而衰老的帝国皇帝。展厅的灯光如果再暗一些就更好了，实际上举着火把欣赏才是最理想的选择，但即便如此，从这些精美的甲胄身上我们也看到了历史的轮廓，这总能让人产生共鸣。对于斐迪南来说，这些铠甲代表了一个黄金时代，铠甲背后是一段又一段值得颂扬的故事。展厅里还有大量骑上比武时的装备，比如奥斯曼土耳其的武器，在骑士近战时佩戴的"土耳其人"面具，还有巨人巴尔特梅·博恩（Bartlmä Bon）穿过的巨型铠甲——博恩曾陪同斐迪南参加了1560年在维也纳举行的盛大的骑士比武活动（并起到了轰动的效果）。斐迪南似乎患上了严重的军旅忧郁症，他渴望丰功伟绩，也渴望陪伴，好像人到中年的橄榄球运动员总会惆怅地暗自垂泪一样。

这样的基调随处可见。比如有一幅巨幅油画，表现了勒班陀海战中骁勇善战的海军将领。勒班陀海战是斐迪南一生中最为辉煌的胜利，神圣同盟（Holy League）舰队摧毁了奥斯曼帝国的海军，也终结了土耳其人对帝国的心理优势。画面里，土耳其人的舰船燃烧沉没，映衬着来自基督教欧洲的英雄们——斐迪南的叔叔（身为

第三章

私生子的）唐·约翰、马尔坎通尼奥·科隆纳（Marcantonio Colonna）、塞巴斯蒂亚诺·韦涅罗（Sebastiano Veniero）都意气风发，似乎在竭力避免露出骄傲的傻笑。和铠甲一样，我们很容易想象，斐迪南是如何带领来访者在这幅画前驻足，事无巨细地将这次伟大的胜利讲了一遍又一遍的。

也许斐迪南当真就是个糟糕的人，但每次来到阿姆布拉斯宫，我都清晰地认定他是真正为哈布斯堡家族带来价值的成员之一，他不是一个只会通过联姻壮大家族人口的趋炎附势之辈，他是可以与马克西米利安一世比肩的君王。他为了和平民女子结婚而甘愿放弃子女继承权的行为，更给他增添了几分前卫的魅力。因此，把他葬在豪夫大教堂（Hofkirche）楼上的礼拜堂是再合适不过的了。教堂由他的父亲皇帝斐迪南一世修建，用来存放马克西米利安的墓碑。弗兰德斯的雕塑家亚历山大·柯恩（Alexander Colyn）在墓碑两侧（按照丢勒完成于几个世代之前的设计）添上了表现战争和婚礼的浮雕。他也为蒂罗尔的斐迪南第一位妻子的墓碑和斐迪南大公自己的墓碑制作了浮雕。礼拜堂里还有一处古怪但有趣的设计，那就是墙上伸出了一个小台阶，上面放着斐迪南的全套甲胄，以跪姿面向祭坛上的圣母玛利亚雕像。这种文艺复兴时期的古板礼节看起来十分怪异，但在因斯布鲁克，我们总能感受到过去的种种奇想。

欧洲之围

15 世纪到 18 世纪末，哈布斯堡帝国和奥斯曼帝国之间的边境地带风云变幻，形势严峻。面对土耳其人的进攻，亚得里亚海到喀尔巴阡山脉之间易受到攻击的曲折边境地带不断向西收进，无数家庭为了活命不得不时刻做好战争准备。然而，低地国家、突尼斯或是德意志的事务占据了帝国皇帝的全部心思，格拉茨（Graz）的常设宫廷战争委员会试图在皇帝缺席的情况下管理好这一大片地区，但通常收效甚微。在摩哈赤战役中取胜后，土耳其人经常在所谓的"军事边疆区"（Military Frontier）大肆劫掠，甚至还得到了更多的好处，但这片区域的范围大体上并无变化。

施蒂里亚小城格拉茨的教堂外墙上保存有一幅著名的壁画，记录着边境生活的水深火热。1480 年，居民们的处境变得尤为糟糕，幸存者认为他们必须出钱雇用画家菲拉赫的托马斯（Thomas of Villach）来制作一幅壁画，以感激上帝对他们的照拂（当地还立着一座座瘟疫纪念碑，仿佛是在表达人们的责难之情——上帝只能将人们从一种灾难中拯救出来）。尽管大部分画面已经漫漶不清，但我们还能辨认出盘旋在格拉茨上空的天主形象。然而，瘟疫、土耳其入侵者和粮食歉收还是联手夺去了大部分居民的性命。在画面中还能看到大若乌鸦的蝗虫（这样夸张的画法情有可原，如果依照真实的大小作画，我们根本无法看清这些蝗虫）——正是蝗灾导致了大饥荒的爆发，还有死于瘟疫的人们被装进棺材的场景。1480 年是一个典型的灾年，这些随机发生的灾难可以在几周之内带走全镇四分之一的人口。如此严重的自然灾害在今天是无法想象的。

导致格拉茨在 1480 年受难的第三重因素在于土耳其人的入侵。在壁画上，我们可以看到一个个被关在围栏里的小人像，他们都是

第三章

被绑在一起即将送去奥斯曼的奴隶,这就是数十万德意志人、克罗地亚人和匈牙利人的命运。在中欧,战败的代价尤其高。举个例子,如果你在意大利战败,惩罚无非是被收编进胜者的部队。在一些极少发生的特例中,战败国的平民会被抛弃或是被要求缴纳一笔高昂的税费。但在边境地区,一旦战败就会沦为奴隶。在格拉茨,大部分碉堡已被摧毁,但几个世纪以来,这里还在不断兴建牢固的外墙、塔楼、水障和炮台。这里是调度的核心区,军队、补给、军饷和政令都从这里发出,送到南方和东方呈"之"字形分布的小型要塞。想要保住哈布斯堡家族南方的版图,守住这些中心碉堡至关重要。如今尽管大部分军事设施已不复存在,但这里仍然令人震撼。在巨大的中央岩块上我们还能清晰地看到防御工事留下的痕迹,此处正是旧日城堡之所在。

生活在这里的家庭最常讨论的问题一定是搬到哪里更好,格拉茨政府经常要为留下足够的人口而格外努力。同意迁来的移民会被给予最高的特权以及土地、金钱和名望,但也要做好高限度的军事准备。不少人从奥斯曼帝国占领的西伯利亚和波斯尼亚逃难至此,有时难民会成群结队地跑到哈布斯堡一侧,因此造就了像斯拉沃尼亚(Slavonia)这样文化糅杂的地区,但这一地区在1992年将经历残酷的解体。侦查员、哨兵、间谍、情报员和警报塔组成了守卫边境地区的神经末梢,但土耳其人的行动速度极快,城里往往刚收到寇边的消息,大批侵略者就已拍马赶到,只消几个小时便能洗劫整个社区。这里唯一的防御设施就是足够坚固的城墙,人们各司其职,依靠配给等待援军赶来。这里的人们即便在平静时期,也会几十年如一日地保持高度战备状态，等待致命一击的到来（但实际上，这反倒会让防御松懈）。常年的战备成了真正的噩梦，也给了土耳其人可乘之机。

格拉茨的军械库竟意外地保存了下来。在这些令人不安的房间里，成千上万件武器被一排又一排地挂在一起。大部分武器没有任何装饰，和博物馆里的贵族武器完全不是一个类别。有一件武器看起来倒很别致，那是一把表面装饰着银色镂雕的手枪，但军械库里的所有物件都是用来杀人的工具——令人生厌但极为实用的长矛数不胜数；名为"西班牙骑手"的拒马有着尖锐的长刺可以致残马匹；无数机器人般的灰色金属胸甲被放置在一个个架子上；还有数不胜数的滑膛枪。这些装备几乎穷尽了人们对尖角和利刃施虐狂般的想象，越古老、越简单的武器就越邪恶，即便过了四五个世纪，它们可怕的用途仍令人胆寒。我想不出任何一个地方能比这里更生动地展示战争的常态化——是要多么骇人的紧急状况才需要调用这么多武器。

发给民兵的标准武器都是些刚刚够用的基础装备，根本无法与指挥官及其随从们配备的精致武器和铠甲相提并论。这些人中有些是本地人，有些则是来自欧洲各地的雇佣兵。他们来到东方作战要么是为了名望，要么是为了履行十字军的誓言。对于任何一个全职士兵来说，在他的戎马生涯中，总会有在此地作战的经历，帝国的政策也鼓励这样的做法。在维也纳盔甲与武器博物馆（Vienna Armour and Weapons Museum）里有一幅杰出的雇佣兵肖像画，这幅画完成于16世纪60年代，画中的主人公是暮年的康拉德·冯·博恩堡（Konrad von Boyneburg）。他穿着一套极为精美的装饰性铠甲——在一次英雄般的大胜之后——这套铠甲今天就立在画像旁边展出。康拉德效忠于查理五世，去过很多地方。他看起来像是一个完美的基督教骑士，只有一点细节出卖了他。他的脚边骄傲地散放着许多指挥棒，代表着他参加过的战役。指挥棒上写着战役发生的地点：德意志南部、意大利北部，还有——最令人羞耻的——罗马。他正是指挥1527年罗马之劫的重要人物，但他似乎不以为耻反以为荣。康拉德也曾在边疆区北部的匈牙利作战，这一点同样让他引以为豪。康拉德是无数高度机动、装备精良的海盗和无赖之一，在无数突袭和反突袭的战斗中，他们组成了基督教世界的第一道防线。

海盗的巢穴

在边疆区更为混乱和偏远的地方，有一批和康拉德一样充满残忍魅力的人，他们构成了一个截然不同的世界。远在帝国南部边陲的达尔马提亚小岛和要塞，比如拜戈（Bag）、克利斯（Klis）、柯尔克（Krk），组成了一个混乱的防御网络，被不朽的塞尼的乌斯科克（Uskoks of Senj）所占据，他们是信仰基督教的非正规军，也是当地最知名的占领者。格拉茨的当权者几乎无法对塞尼形成有效统治，哈布斯堡家族派去的特使大多运气不好，要么被当地无视，要么命丧异乡。这些乌斯科克海盗利用迷宫一般的航道和海湾骚扰土耳其人的航运,偶尔也会对奥斯曼本土发动突袭。在这里孕育了一个古怪的奇景,即对天主教的狂热竟和臭名昭著的海盗行为苟合。教皇的代表时常要解决一些棘手的问题,比如战斧是否可以带进教堂,牧师是否能为乌斯科克的船只和武器祈福——这里甚至还出现过神职人员参与劫掠的事件。另外,这里的什一税也是个大问题。什一税是缴纳给教堂的赋税,但乌斯科克们常用"偷来的"物品缴税,而他们能"偷到"这些物品的方法就是屠杀掉所有不幸的船员。乌斯科克们还有一个令人侧目的习俗,那就是用受害人的鲜血给自己的面包调味,当然这就是另外一个话题了。

乌斯科克是罗马教会偏爱的孩子,代表上帝工作,但显然属于"危险"群体。整个16世纪,被吓坏了的来访官员都在给罗马写信,汇报他们的恶行。我们现在还能看到有关军事边疆区某个孤立地区的报告。这些报告中最令人震惊的一点在于民族身份的极端易变性,比如在塞尼定居的意大利人和波斯尼亚人,他们从名字到语言很快就会克罗地亚化。这个细节让我们认识到,这些被后世民族主义者视为神圣的民族标识,在没有文字的社会中根本毫无意义——你说什么语言、叫什么名字,或是去哪所教堂完全取决于你的周遭环境,而非遗传编码。几个世纪以来,达尔马提亚一直以这种流动性闻名,但进入20世纪,这种流动性至少被五种不同的民族主义思潮排斥,都带来了悲剧性的后果。

基督徒和奥斯曼土耳其人都开始诉诸恐怖剧(Grand Guignol)里才会出现的极端残酷行为。1532年,塞尼的乌斯科克们给查理五世献上了一大袋土耳其人的鼻子——送出这样的礼物大概会比收

第三章

到这些礼物兴奋得多吧。但在这个世纪大部分时候,正是这些大口袋证明了乌斯科克的作用。对于格拉茨的统治者来说,乌斯科克的野蛮让他们有借口可以睁一只眼闭一只眼,资金和配给的短缺更是让形势急速恶化,这也意味着格拉茨对于塞尼丧失了全部影响力。遗憾的是,乌斯科克们宣称要以耶稣的名义摧毁穆斯林异教徒的商业贸易,但这只让威尼斯共和国空欢喜了一场。乌斯科克们就像改过自新的酒鬼,面前却摆着一排又一排五颜六色的小瓶烈酒——他们根本难以自控,因此威尼斯基督徒的船只也无法安全通行。当哈布斯堡家族和威尼斯人交恶时,这算不得什么问题。但格拉茨也不得不找些蹩脚的借口,说明自己无法控制住乌斯科克——虽然有些丢人但也的确是实情。塞尼成了海盗的巢穴,这也引发了另外一个严重的问题:像里耶卡(Rijeka)这样哈布斯堡家族在北方亚得里亚海的普通港口,通过转卖乌斯科克们的剩余货物赚了大钱,无论这些货物来自哪里。比如,一船被偷来的鸵鸟毛就引发了极大的骚动。这些羽毛沿着亚得里亚海从塞尼——这里几乎用不到鸵鸟羽毛——被运到伊斯特里亚。在这里,哈布斯堡的商人们将鸵鸟毛卖给威尼斯专营鸵鸟毛的商人,而这些人正是货物最初的买家,或是货船的主人,但船员都被乌斯科克杀害了。那些表情庄重、服饰华丽的威尼斯贵族一定会在盛怒之下,一拳砸向嵌了螺钿的桌子,这样的场景不难想象。1618 年,在犯下更多失控的暴行之后,乌斯科克们终于在威尼斯和哈布斯堡的联合行动中被剿灭。属于这些穿着宽裆裤的散兵游勇、在教堂里挥舞战斧、大啖人血面包的时代终于结束了。这些人按照家庭集团被重新安置在军事边疆区,塞尼的乌斯科克渐渐成了传说。

　　军事边疆区暴力冲突的时间之长令人咋舌。乌斯科克控制着区域的最南端，但在今天的克罗地亚和匈牙利西部一带，异常残酷的局部争端不时爆发，让这里的生活更加困苦。在摩哈赤战役爆发前，这里曾经是一片良田，散布着小型城堡、磨坊和修道院。居民们还面临着另一个无解的问题：到底要效忠于谁？匈牙利境内的强大势力惧怕穆斯林的统治，又质疑哈布斯堡家族执政的合法性（这种质疑很大程度上源于鲁道夫二世的无能），他们更是因为无法回归正常生活而陷入绝望。即便如此，人们仍愚蠢地祈求着上帝能赐予人间千年（chiliastic）的和平，这一点毫不意外。16 世纪 70 年代，他们面对的是"德布勒森黑人"（Black Man of Debrecen）令人胆寒的统治，以及被武装部队踏平的克罗地亚和斯拉沃尼亚，连最基本的文明都已荡然无存。后来，哈布斯堡王朝开始全力反击，他们派遣了大量德意志雇佣兵——这些人曾经是塞尼的守卫者——逐渐收复了这一地区。1593 年，在经历了几十年的"和平"——除了武装的鞑靼人（Tatar）犯边抢奴外，没有其他正规军战争——之后，鲁道夫二世和他的盟友发动了抗击奥斯曼土耳其人的"漫长战争"（the Long War）①。这场旷日持久的苦战让所有人都叫苦连天、失望透顶。战火让整个地区沦为焦土，匈牙利和克罗地亚的大部分区域都成了无人定居的荒地。匈牙利贵族对哈布斯堡统治

---

① "漫长战争"为原文直译，中文常作"奥土战争"，即奥地利（神圣罗马帝国）与奥斯曼（土耳其）为争夺东南欧和中欧的霸权而进行的旷日持久的战争，前后持续近三个世纪。——译者注

第三章

的反抗引发了更深层的恐惧。他们无法接受哈布斯堡王朝让皇家匈牙利重归天主教信仰的愚蠢政策，也不断质疑哈布斯堡家族的执政合法性——这些人偷走了匈牙利的王位。这就引发了更为疯狂的暴力冲突，主角就是被称为"哈伊杜克"（Hajduks）的匈牙利非正规军。和约签订后，哈伊杜克被收编，成为哈布斯堡军队重要的组成部分，在军事边疆区和其他地区为帝国效力。"哈伊杜克"这个词后来逐渐演变为指代那些神气活现、服饰花哨、类似乌斯科克的半独立非正规军了。

在奥斯曼土耳其人17世纪晚期最终被击退之前，军事边疆区从未拥有过真正的稳定。支撑格拉茨的力量主要包括（越来越没用的）民兵组织、贵族随从、雇佣兵、临时来到此地的十字军"观光客"、想要示好的小邦国、单纯的好战分子和一群鱼龙混杂的军事移民。然而，双方正式签署的长期和平协议仍然无法避免大规模突袭的发生。土耳其人每一次成功进犯，都可能造成几千名饱受战争创伤的难民流离失所，遍布于卡林西亚和斯洛文尼亚的修道院承担了庇护难民的重要职责。直到17世纪晚期，萨拉热窝（Sarajevo）、贝尔格莱德、布达等奥斯曼的重要据点都未曾真正受到过哈布斯堡的威胁，无数囚犯被土耳其人输送到奴隶市场。这里的奴隶交易跟我们更为熟悉的西印度群岛（West Indian）奴隶拍卖别无二致，赤条条的塞尔维亚人或日耳曼人，被人用鞭子抽着穿过贝尔格莱德的中心广场，好让潜在买家了解他们的健康状况。

哈布斯堡家族对奥斯曼领土的入侵造成了怎样的影响，我们知之甚少，因为这类军事行动很难像抗击入侵时那样，激发人们写出气势磅礴的反抗檄文,但双方的行为仍可互为镜像。在奥斯曼治下的塞尔维亚北部地区和匈牙利南部地区,土耳其人对堕落邪恶的乌斯科克和哈伊杜克们放任自流。今天,这里是一望无际的玉米地和向日葵花田,还有些没什么生气的小村庄,可在当时,这里几乎人迹全无。直到18世纪末,也只有瘴气弥漫的沼泽和周围卷土重来的密林,还有大批狼群出没。这里成了欧洲的噩梦,任何在此处行军的部队很快都会集体病倒,在饥饿中迷失方向,士气全无。

潘杜尔(Pandurs)可能是军事边疆区最后的勇士,他们头戴平顶筒状军帽,在富有魅力的变态狂弗朗茨·冯·德·特伦克男爵(Baron Franz von der Trenck)的带领下冲锋陷阵。18世纪30年代,特伦克组织了一支以克罗地亚人为主的部队,打击所有对哈布斯堡政权表示过哪怕一丁点不满的人,不管对方是土耳其人还是普鲁士人(Prussian)。潘杜尔们花哨的杂色制服恐怕比他们的英勇事迹更为出名,这种奇特打扮总能让人想起过去的乌斯科克和哈伊杜克。在当时那个备受管制的无聊世界里,这是属于散兵游勇之辈最后的狂欢。直到今天,位于哈布斯堡旧地的地方性博物馆和蝇卵密布的破旅馆墙上,还四下张贴着潘杜尔们抽着烟斗、翘着帽子的廉价海报。

特伦克后来被关进布尔诺(Brno)的斯皮尔博城堡(Špilberk fortress),在那里结束了他短暂、暴力而漂泊的一生,他的名声也彻底毁于一旦。然而,他却拥有了漫长而奇特的后世人生——现在他是当地嘉布遣会修道院(Capuchin monastery)地下墓室里的主要展品。这个奇怪的墓室好像一间经营不善的医院,里面摆着一排

第三章

又一排修士的干尸，他们的头靠在砖块上，身穿修士袍，手里握着十字架。游客在接近这些朴素的模范修士之前，会看到一口华丽的棺材，顶盖是打开的，里面躺着特伦克的尸体。特伦克生前声名狼藉，因此死后尸体会干瘪发黑，这真是再好不过的警示了。他全身赤裸，只在腰间盖了块布，身下的"床"上铺着有褶边的精致床单，其污秽程度比尸体更甚。墓室的其他地方还摆放着法官、建筑师和将军的干尸，其中包括菲利贝蒂男爵（Baron Filiberti）的尸体，他穿着骑兵的靴子，看起来仍然派头十足。1872年，在地窖早已封闭多年之后，特伦克的尸体才被放了进来，所以他始终是作为西洋镜奇景一般的存在。在一张拍摄于一战前的照片中，修士们郑重地将特伦克棺材上的玻璃盖子挪开，方便一些特别来宾近距离观看。幸好现在不再提供这样的服务了。

特伦克干瘪而冷漠的遗骸让我们感受到军事边疆区最后的一丝气息——三个世纪以来，这里曾崇尚暴力、运气和莽撞，现在这一切都成为历史。对于克罗地亚人、阿尔巴尼亚人（Albanians）特别是塞尔维亚人来说，这些在适当的时候都将成为他们民族主义的原型，即便这意味着他们需要高度选择性地阅读，假装没有任何日耳曼或匈牙利元素存在。这也孕育了一种玩世不恭的浪漫主义态度，人们留起大胡子，穿起大衬衣，但这和多数军事边疆区旧地冷漠的农耕现实格格不入，这种矛盾在后世历史的大部分时间一直持续。在这片沉闷的土地上，流传着英雄的歌谣，人们赞颂抗击土耳其人的乌斯科克英雄伊沃·森亚尼（Ivo Senjanin）和哈伊杜克英雄米亚特·托米奇（Mijat Tomić）。这些英雄在后共产主义时期的中欧重获新生，如图腾一般在学界和民间备受推崇。无论是在城市广场还是在公园，只要这里曾经爆发过基督徒和穆斯林的大战，就能看到他们通常带有强烈重金属风格的雕像。实际上，布尔诺的地下墓室里总是挤满来看干尸的重金属乐迷——这很有意思，又有点愚蠢，但这确实是反映文化史发展的好例子。2010年夏天，我在克卢日（Cluj）度过了愉快的几天，运气大好地恰巧错过铁娘子乐队（Iron Maiden）在克卢日中心体育场让人头脑炸裂的全球巡演，巡演的名字就叫作"最后的边疆"。这不禁让我怀疑——虽然我的观点可能经不起最简单的推敲——铁娘子这种身穿皮衣的过气英国乐队，还能受到中欧观众的持续追捧，大概是因为哈伊杜克的精神传承已经在此地扎根了吧。当然也许不是。

以熊护城

我经常坐火车旅行，一路上总会遇到不体面的行为，还要忍受难闻的气味和单纯的无聊，有时也会收获惊喜，足以抵消掉所有的不快。比如从捷克布杰约维采（České Budějovice）搭乘火车南下，沿着几乎淹没在密林中的单向轨道穿越无聊的乡间。列车中途停靠，周围却没有任何聚居地的影子，仿佛这列小火车慢慢停下，只为追忆曾经存在过的村庄——在这片经历过危机和移民的波希米亚土地上产生这样的联想似乎情有可原。火车终于驶入一个木制的小车站，我下了车，拖着沉重的背包走在一条毫无特色的小街上。背包成了我漫长旅途的痛苦之源，里面不仅装了牙刷和衣物，还有一本我刚刚入手的斯柯达（Škoda）历史图集。这书让我一度（很有道理地）兴奋不已，丝毫没有意识到它的重量会给我带来多大的痛苦。我对捷克的工业化愈发失去了兴趣，只是上气不接下气地走着，终于来到了一个小公园：这是中欧最动人的美景之一——巨大的山谷里挤满了红屋顶的小房子，那就是捷克克鲁姆洛夫（Český Krumlov）小镇：黑漆漆的伏尔塔瓦河（Vltava River）在这里转弯，阴森森的悬崖上矗立着一座城堡，散发出难以言喻的独特魅力。

一般来说，想象中的城堡总比现实中的城堡更有气势。不论是卡夫卡笔下的城堡，还是睡美人身处的城堡，抑或是《歌门鬼城》（*Gormenghast*）中的城堡，都比现实中的建筑更广阔也更显鬼魅。现实中的城堡通常没有如此高耸的城墙，停车场也建得过于引人注目。捷克克鲁姆洛夫却是个特例。沿着小路向下走到镇上，陡峭的崖壁俯瞰着湍急的河水，上面是和崖壁融为一体的高大城墙，体现了蔑视一切的绝对权威。城堡中立着一座巨型瞭望塔，漂亮的涂绘不免让人想起五彩拉毛陶器（sgraffito），塔上的廊柱、粉彩、金球高高地盘旋在难以企及的城垛上方。

城堡外面还有一道真正的"护城熊河"（bear-moat）。我兴奋地把这一发现告诉家人，他们的回复却是，是河里有熊还是用河把熊挡在外面？我可以理解他们的疑惑，但只需稍加思考，就会发现想要挡住熊只消一扇加了门闩的城门，小小的门闩足以战胜熊的智慧，但事实却是理解"以熊护城"的新发现的确需要花点时间。到了夜里，城堡收起吊桥，护城河里的熊就成了拱卫城堡的第一道防线：虽然这道防线用点下了迷药的蜂蜜三明治就可能被攻克。遗憾的是，这些熊今天生活在标准的动物园环境里，周围是有益健康的石头，以及树干和一个小池塘，让这些动物可以漫无目的地走来走去——过去，"护城熊"们的生活环境更偏向巴洛克风格。在一幅17世纪的疯狂画作里，萨克森选帝侯的"护城熊"们爬上了树，上面还建了高台和漂亮的喷泉。如果把熊看作装饰性的元素一定会出岔子，想想那一堆堆熊粪、兽疥癣，还有没吃完的食物吧，这可一定要快速清理掉以免破坏这别致的场景。

这样的护城熊河如今非常少见，因为它们不再是必需品——弗朗茨·斐迪南大公在科诺皮什泰（Konopiště）城堡前重建了一条熊河，里面只有一头被圈养在护城河一隅的熊，震慑功能大打折扣，但今天的护城河里却只剩一尊愚蠢的射箭雕像。即便是知名的伯尔尼熊苑（Bear Pits of Bern）如今也空空如也，最后一头老熊在2009年被杀掉了。捷克克鲁姆洛夫的熊是特别的，因为以熊护城的历史可以追溯到16世纪。当时，罗森贝克（Rožmberk）家族与异常富有而贪婪的奥尔西尼（Orsini）家族达成协议，允许罗森贝克家族通过付钱，假装成为奥尔西尼家族的亲戚。为了纪念这一荒唐的协议，罗森贝克家族在护城河里养了几头熊，因为"奥西"（orso）在意大利语中是熊的意思。大概罗森贝克家族的成员会故作悠闲地在城墙上挥手，只等着来客张口询问："为什么你的护城河里会有熊？"这样他们就能趁机解释这一语双关的妥帖安排了。这些"护城熊"就这样无精打采地闲逛了近五个世纪，甚至比罗森贝克家族的历史还要长。这个家族在四个世纪前就已消失，却给后世留下了根深蒂固的幼稚印象。

罗森贝克家族是波希米亚最为显赫的贵族世家之一,实际上他们根本不需要用金钱换取奥尔西尼家族的背书。家族的最后一位领主罗森贝克的威廉(Vilém of Rožmberk)曾作为外交官和顾问服务斐迪南一世、马克西米利安二世和鲁道夫二世,也是波希米亚最为资深的礼仪性代表。他还是一位伟大的博学家、收藏家,沉迷于炼金术,还在特热邦(Třeboň)的城堡里兴建了最为先进的实验室。威廉还在波希米亚南部修建了不少大型鲤鱼池,每年都会抽干水捞鱼,因此许多捷克家庭的圣诞节大餐并非火鸡,而是鲤鱼,这可真让人沮丧。

威廉虽然结了四次婚,却没有一个孩子。城堡的房间里装饰着《旧约》故事的图画,绘制精美却也流露出威廉膝下无子但渴望孩子的绝望心情。他的弟弟彼得·沃克(Petr Vok)一生奢靡,接管家族时年事已高。后来,他不得不将城堡卖给了鲁道夫二世,并在1611年去世前,散尽家财打发了入侵布拉格的雇佣兵(鲁道夫和兄弟们在这一点上无法达成共识),这也是他为宫廷做出的最后一次自我牺牲了。

我不想让大家觉得我是在为捷克旅游局做宣传,但捷克克鲁姆洛夫的确给了我极大的快乐。自从1989年以来,来到这里已不再是难事,但它似乎一直不在任何人的考虑范围之内。整个波希米亚南部地区人口稀少,大部分人都讲德语——埃贡·席勒(Egon Schiele)的母亲就来自这个小镇,席勒本人也曾住在这里,他的最精彩的作品也创作于此。和许多波希米亚的城堡一样,捷克克鲁姆洛夫的城堡也曾被纳粹征用,之后便被弃置。1945年,大批讲德语的人口被驱逐出境,更加剧了对这一地区的破坏,小镇好像一下子从地图上消失了。冷战时期,这里成了前线,南部和奥地利之间隔着一片荒芜的土地。有些时候我很想留在这里——尽管我对至少另外二十几个哈布斯堡旧镇都怀有这种不可靠的滥情。

第四章

《酸橙、陆生软体动物和飞燕草》(*Sour Orange*, *Terrestrial Mollusk and Larkspur*)。在一次充满创意的文化破坏中乔治·博奇考伊(Georg Bocskay)为马克西米利安二世创作的精美书法作品,在一代人之后被乔里斯·霍夫纳格尔献给鲁道夫二世的水果、花卉和小动物装饰画入侵。这是张很好的例图(也是任何图像能被冠以的最佳标题之一),我还要力劝诸位去盖蒂博物馆(Getty Museum)的网站上看看——那里有一页杰出的"夜之文本"(night script),黑漆漆的页面上填满了类似狐猴或是树懒的图案。

资料来源:The J. Paul Getty Museum, Los Angeles, Ms. 20, fol. 33.

另一个欧洲

奥斯曼帝国控制了中欧和东南欧的大部分土地,这是影响哈布斯堡家族统治的核心问题,也是整个欧洲历史中令人费解的棘手问题。如果说 16、17 世纪是欧洲成功对外扩张的时代,北美洲和南美洲顺应天意般地为基督徒所享有,但为何欧洲人会在自己的土地上遭受同样的命运呢?为了控制墨西哥和秘鲁,西班牙哈布斯堡王朝在那里发动边境战争、掠夺奴隶,采取恐怖策略。在与奥斯曼土耳其人对抗的四个世纪里,奥地利哈布斯堡王朝也同样经历了这一切。直到 17 世纪末,奥斯曼土耳其人不可战胜的神话才被打破,第一次世界大战爆发前,土耳其人才被彻底赶出了欧洲。

在摧毁了匈牙利、清理了波斯尼亚战场之后,大批土耳其人涌入新领地开始重建,并定居于此。15 世纪中叶,萨拉热窝建城,贝尔格莱德〔土耳其人称之为达尔哈伯(Dar al-Harb),即战争领土〕的重建工作也在 1522 年基本完成。此前一年,土耳其人从哈布斯堡王朝手里夺取了贝尔格莱德,全部居民被打包送去伊斯坦布尔当了奴隶。军事边疆区将欧洲分割为两个部分,双方都严格禁止与对方的贸易往来——只有拉古萨共和国(Ragusan Republic),即今天的杜布罗夫尼克这一处小小的例外。拉古萨共和国依附于奥斯曼帝国,是奥斯曼帝国位于西方的可控窗口。

19 世纪以来,民族主义历史学家们紧盯着这一封闭体系,试图理解奥斯曼帝国治下早期同胞的命运。即使在 20 世纪 90 年代初,生灵涂炭的波斯尼亚战争期间,这些话题仍有很强的现实意义——波斯尼亚的穆斯林被指控是土耳其内奸,并非真正的欧洲人。民族主义者们经常要面对如此危险的控诉。哈布斯堡军队(通常和帝国军队或波兰盟友一道)逐步解放了这些地区,拯救了被奴役的人民。他们本以为当地人的生活会立即恢复到被奴役前的状态,但实际上,这些人和他们未遭征服的先祖已经大不相同了。当然,这些人的先祖也和民族主义历史学家们的想象大相径庭。

最初的征服战异常惨烈。马扎尔人组成的卫戍部队背水一战,顽强抵抗到了最后一刻,最终在末日般的决战中全军覆没。许多匈牙利贵族在 1526 年的摩哈赤战役中阵亡,即便土地尚未遭遇侵占和掠夺,国家的管理也已经陷入一片混乱:城镇尽毁,食品供应中断。此后的匈牙利大平原元气大伤,未能从打击中真正恢复过来——数十年的战乱和劫掠让这里几乎成了无人居住的荒地,复杂的灌溉系统被破坏殆尽,土地开始半荒漠化。如果说平原易攻难守的平坦地势算是天灾,赤地千里的现实就完全是 16 世纪的人祸所致。一些土耳其人迁居至此,在奥斯曼帝国的新领地上开疆拓土,但无休止的战争、危机和一次又一次的瘟疫,实在无法让这里成为吸引人的目的地。当然,也不是说这里从未享受过人类堕落之前的(prelapsarian)黄金时代,但在这一时期,极度贫瘠和严酷的生活成了常态。

奥斯曼的统治者似乎对基督教臣民的信仰问题并不在意,只是偶尔出现过几次劝说基督徒转信伊斯兰教的例子。然而,出于某些

第四章

尚无法完全理解的原因，17世纪晚期，大批阿尔巴尼亚人和波斯尼亚人皈依伊斯兰教。哈布斯堡家族在战场上失利，导致20万信仰东正教的塞尔维亚人北迁至匈牙利，他们的故土被新来的阿尔巴尼亚移民占据，这也为后来的科索沃（Kosovo）问题埋下了隐患，该问题一直困扰着冷战后的欧洲。除此之外，还有很多令人困惑的迁徙在欧洲上演——罗马尼亚人向北迁入特兰西瓦尼亚，向西南迁入巴纳特（Banat）；保加利亚人和阿尔巴尼亚人分别向西方和东方迁徙；犹太人、弗拉赫人、吉卜赛人几经迁徙、分裂，改变了自己的身份，但鲜有记录留存。正因如此，任何想要在这些族群身上强加秩序，在事后对他们进行民族主义划分的行为都导致了两大恶果：其一，形成了具有强烈倾向性的史学叙事；其二，正是因为这些历史学家的论证，造成了大量邪恶而徒劳的放逐和屠杀。想要理解这种难以理顺的混乱状况，布达就是个好例子。17世纪的布达远未成为马扎尔人永不沉没的堡垒，那里曾是一个主要讲塞尔维亚语、信仰伊斯兰教的波斯尼亚小镇，犹太人和亚美尼亚（Armenian）商人带动了小镇的发展。除了皈依伊斯兰教的斯拉夫人，巴尔干半岛还吸引了许多真正的穆斯林新移民，有些甚至来自遥远的土库曼斯坦（Turkmenistan）。这些穆斯林移民基本构成了这一地区的精英阶层。我们根本无法将所谓"真正的"穆斯林和后来皈依的穆斯林区别开来——他们的定居地并不固定，成长于匈牙利乡下的穆斯林也会在野心的驱使下迁居到奥斯曼帝国的中心城市，比如埃迪尔内、伊斯坦布尔和布尔萨（Bursa）。军事部署同样会带来族群的迁移，比如1723年，约5 000名波斯尼亚人被送往前线和波斯作战，最终只有约500人回归故里。剩下的大部分人可能都已战死沙场，但也不能排除有幸存者迁居至奥斯曼帝国治下其他地区的可能。

南斯拉夫解体期间，有一种令人厌恶的说法甚嚣尘上。一些人认为，巴尔干半岛分裂的根源是"古老的仇恨"。巴尔干人似乎生来就是为了作战，无休止的战争让他们成了不讲理的土匪，因此无须与他们建立良好的关系。然而，在奥斯曼帝国治下的几个世纪里，这一地区并未出现如此局面，被统治的各个民族都同样弱小，处于被歧视的地位。穆斯林统治者给予各方一视同仁的鄙夷。这一政权的核心是西向的道路系统，将伊斯坦布尔、埃迪尔内、普罗夫迪夫（Plovdiv）、索菲亚（Sofia）、尼什（Niš）、贝尔格莱德、布达串联在一起。为了回馈这些小小的特殊优待，基督徒们需要维护这些道路和关键支线，并非出于贸易考量，而是为了确保部队和信使能够快速通过。正如欧洲海外殖民帝国中的居民无法享有健全的司法权利一样，奥斯曼帝国治下信仰基督教的欧洲人也遭遇了同样不公正的对待。比如，他们不能对穆斯林提起诉讼或出庭作证；他们不能骑马、捕鱼、畋猎或赛马；他们必须穿着特定服装，居住在城里的特定区域，以及——经典的殖民管理基础——时刻对穆斯林表示足够的"尊重"。一些特定的基督教族群会被赋予世袭职责，让土耳其人治下的欧洲像乐高乐园（Legoland）一样富有吸引力。驯鹰猎人们（doğancis）为苏丹饲养猎鹰，保加利亚佛努克人（Voynuks）为皇室饲马，德本特人（Derbencis）负责守卫隘口和桥梁，等等——他们都要遵守严格的着装要求，但可以享受一定的税收优惠。马尔托罗（Martolo）是西欧人心中最重要的一支力量，

第四章

他们组成了奥斯曼帝国对抗哈布斯堡王朝的最前线。作为回报，他们可以劫掠土地，还掌握着极其重要的拜占庭赎买系统。若对方付出赎金，人质可以被放回哈布斯堡一侧；若赎金收取未果，人质则直接被卖为奴隶。

另一个负责防御边境的民族是莫拉赫人（Morlachs），又称弗拉赫人，不同的民族主义者都对他们颇有争议。他们最初是牧民，依靠在高山牧羊躲过了黑暗时代斯拉夫人的入侵。他们的语言深受拉丁语影响，这让他们与更东方的罗马尼亚人产生了或直接或间接的联系。即便有了这样直截了当的解释，弗拉赫人的起源问题仍然争议不断，追溯他们的起源就好像陷入了一场注定疯狂的民族志闹剧。比如罗马尼亚人相信一种理论，即弗拉赫人的深色皮肤证明了他们是来自摩洛哥的古罗马军团的后代，很早就定居在伊利里亚（Illyria）。弗拉赫人一直没有文字记录他们的语言，种族身份也会随着定居地的主流族群变化，不少人因此成了塞尔维亚人——这一点清晰地表明，用宗教和语言作为远古民族身份的标识基本毫无意义。

跨越奥斯曼帝国欧洲领土的长距离贸易掌握在特殊群体手中，他们在某些特定区域或商品贸易中享有特权：希腊人、塞尔维亚人、犹太人、亚美尼亚人和拉古萨人都成了掮客。土耳其人尤其喜欢犹太人，原因很简单：他们没有外部赞助人，可以任人宰割地应下全部要求。信仰东正教的基督徒可以继续做礼拜，但他们的教堂必须比清真寺建得更小也更矮。大部分东正教首领被土耳其人控制在君士坦丁堡，根本没有独立的条件。1691 年，塞尔维亚人成功说服神圣罗马帝国皇帝利奥波德一世，允许他们将中心教会设在斯拉沃尼亚（的美丽小镇斯雷姆斯基卡尔洛夫齐①）。在经历了无数起伏之后，这里成了塞尔维亚人活动的中心，对他们的未来影响深远。据估计，奥斯曼统治巴尔干半岛期间，大约有 20 万信仰基督教的儿童被迫与父母分离，他们被送到君士坦丁堡，以穆斯林的方式抚养成人，之后进入帝国的管理部门和部队就职。从某些角度来看，这些人的确享有很多特权，但从其他角度来看，也并非如此。

到了 16 世纪晚期，军事边疆区背后的奥斯曼土耳其已经发展为一个管理良好、高效、崇尚文明法制的帝国。在无数小镇里，遍布着各具特色的清真寺、伊斯兰经学院、商队旅舍、咖啡屋、公共浴室、医院、喷泉和市场。这些设施大多由瓦基弗（Vakifs）负责维护，瓦基弗是由重要市民运营的伊斯兰慈善机构。我们还可以通过散落各地的破败大楼和改造成教堂的清真寺，窥见这些旧日元素的影子。在锡盖特堡，匈牙利人曾拼死抵抗土耳其人的进攻，但某座罗马天主堂里还残存着昔日清真寺的细微痕迹，另一座教堂里的洗礼盆曾经是土耳其人的洗手盆。

此时的奥斯曼帝国仍在经历着动荡。在经历了 17 世纪的扩张之后，帝国开始加速衰落。战争让贝尔格莱德和斯科普里（Skopje）等城镇人口锐减，瘟疫的爆发也中断了穆斯林人口的迁入，让情况雪上加霜。波斯的复苏意味着奥斯曼帝国失去了东方的移民

---

① 此处原文为 Sremski Karlovci。——译者注

第四章

来源地,对于迁居者来说,有太多地方比北面的巴尔干半岛更有吸引力了。同时,哈布斯堡家族在欧洲的另一端取得了重大突破,自由贸易在西方盛行,但奥斯曼土耳其人却无法适应这种新环境。他们的黄色收腰上衣和红帽子已经过时,根据职业和宗教划分城区的做法也不再奏效。17世纪末,帝国西北部爆发了毁灭性的大战,土耳其军队四散溃逃,他们曾经守卫的土地贫瘠不堪,都是荒地和瘴气密布的沼泽。各地的穆斯林人口数量开始逐步下降,到了1800年前后,像巴尼亚卢卡(Banja Luka)这样曾经几乎完全伊斯兰化的小镇上,绝大多数人口都是基督教徒。

帝国存续期间随处可以看到帝国的印记,通过无数奥斯曼小镇,我们也看到了一个特别而迷人的世界——宣礼塔、戴头巾的官员和骆驼曾经充斥着贝尔格莱德、萨拉热窝和佩奇。今天,围绕着佩奇城的无花果树,最早就是由土耳其人种下的。也有一些改变最近才发生。19世纪末20世纪初的两次巨变让布达佩斯摆脱了土耳其的影响:牛肉取代羊肉成为餐桌主力(牧民开始大量蓄养新品种的匈牙利肉牛),意式浓缩咖啡机的普及让土耳其式咖啡无人问津。或许奥斯曼帝国在此地留下的唯一重要遗存就是公共浴室了。

波斯尼亚战争带给人们的痛苦之一就是亲眼见证这些奥斯曼帝国的遗产被炸成碎片,不论是破坏莫斯塔尔(Mostar)大桥,还是摧毁萨拉热窝的东方学院(Orient Institute),都是在神秘而腐败的历史学家的鼓动下故意为之的恶果。还有一种说法认为,这些穆斯林根本不具备成为欧洲公民的合法性,尽管作为古老的欧洲居民,他们拥有伟大而精致的文化,对东南欧大部分地区的统治时间比所有后继国家都要长上许多。

牛黄和夜店女招待

在维也纳自然历史博物馆的角落里，有一个小小的玻璃罐子，里面是泡在酒精里的"巴西利斯克"（basilisk）怪蛇。这当然是个假冒的物件——某位专家在某个遥远的海港，从渔民手里买了一条鳐鱼。他把鱼切开，折叠，通过缝合做出腿、翅膀和犄角。人们曾相信这就是怪蛇，因为他们把鳐鱼身下的孔洞当成了一对眼睛，认为眼睛下面的嘴巴还挂着诡异的微笑。这东西看起来糟糕透了。但在几百千米外的内陆，透过模糊的玻璃，它似乎有了点奇珍的意味。或许那些倒卖巴西利斯克的商人——这一小撮经常闪烁其词的人，可能连圣诞节都不会聚到一起吃午餐——会交换情报，看哪些客人是最容易上当受骗的，哪些见习炼金术师需要给实验室添点装备了。

维也纳和布拉格几乎是欧洲距离海洋最远的内陆城市，曾先后成为鲁道夫二世宫廷的所在地。16世纪晚期，他的宫廷毫不意外地成了各种异术和魔法的集散地。但通过19世纪的工艺品回看一座城市最后的辉煌，就会发现有些声望可能名不副实。魔像（Golem）就是一个经典的例子，据传这个保护布拉格犹太区的傀儡泥人是拉比·勒夫（Rabbi Loew）创造的，可惜这个传说直到19世纪40年代才出现，而且勒夫漫长而精彩的职业生涯中，大部分时

第四章

间都是在布拉格以外度过的。实际上,在这段时期,欧洲的许多王廷都对巫术和炼金术情有独钟,但不知何故,一提到这种痴迷,人们总会联想起鲁道夫的布拉格。

瓶子里的巴西利斯克让我们意识到,理解那个时代有多困难。想要理解这些宫廷的主人对科学与魔法的迷恋,就必然会经历"延展阅读"问题。在我们看来,即便是最简单的炼金术问题都是不可理喻的,所以我们只能寄希望于多读书,通过了解当时的传统,来理解人们为什么会相信——举个例子,宝石研磨成粉就成了可以治病的药物。然而,当真正开始"延展阅读"以后,你就会发现这些学者的思想内涵相当丰富,想法很多甚至互相矛盾,根本起不到什么帮助:你可能会在这些无用的废话里越陷越深。我们怎么会看得懂这些作品呢?——特里特米乌斯(Trithemius)的《隐写术》(*Steganographica*),费奇诺(Ficino)翻译的《赫密斯文集》(*Hermetica*),赫尔墨斯·特利斯墨吉斯忒斯(Hermes Trismegistus)留下的《翠玉录》(*Emerald Tablet*),帕拉塞尔苏斯(Paracelsus)的著作《大教义》(*Archidoxa*),还有令人恐惧的《贤者之书》(*Picatrix*),那是一本波斯和阿拉伯咒语概略,多年来都被视为危险之物,没人敢将这本书的手稿刊印出来。我们不知道谁曾读过这些书,也不知道这些书的流传程度,只能在其他作品中窥见一些赞美或诋毁的言辞,尽管当时绝大部分的关键讨论都是口头完成的。我们也根本无法在1600年以前找到一个回归理智的时间点,因为更为可靠的现代科学是从那时起才开始在魔法的世界里萌芽共生的。

我们无法回溯当时的人们是从何时起开始嘲笑假托巴利努斯

(Pseudo-Balinus)之名的作品《造物之谜》(Secret of Creation)的。也许即便在那个时候，也总会有人对巴西利斯克嗤之以鼻，或是信誓旦旦地指出所谓独角兽的角不过是独角鲸的长牙。丢勒曾为一只海象画过速写，那是1521年由荷兰渔民捕获的。当时，在北极圈捕鱼已经相当常见，所以坊间对独角兽的质疑之声一定甚嚣尘上。兽角和胡乱缝合的怪蛇至少还是真实存在的东西，但要总结这些神秘奥义信仰的兴衰就是件令人绝望的事了。今天的我们有能力在空中俯瞰，还原布拉格城市的区划方案，同时我们也看到了各种炼金术发展的路径——那个时候，在犹太区（Jewish Town）、耶稣会观象台（Jesuit observatories）或是城堡之内，各种猜疑此起彼伏，唯一的原因就是对彼此的无知。即便在各个独立区域内部，诽谤中伤、哗众取宠的行为也在轮番上演，不少知识分子因此精神崩溃。就连第谷·布拉赫（Tycho Brache）和约翰尼斯·开普勒（Johannes Kepler）这样杰出的人物也都想致对方于死地。很遗憾，我们无法近距离观察当时的布拉格到底有多混乱，但城市的街道上到处是江湖骗子、小丑、对战土耳其人的雇佣兵、各式各样的宗教狂热分子、动物饲养员、穿着异域服饰的使节，甚至偶尔还能看到几个严肃的科学家。

这一切的中心是古怪的神圣罗马帝国皇帝鲁道夫二世。他的父亲，脾气温和、暗地里对新教抱有好感的皇帝马克西米利安二世葬在了布拉格，鲁道夫自执政初期就决定将宫廷永久地移到这里，原因有三：第一，面对土耳其人的进攻，布拉格比维也纳更安全；第二，波希米亚的贵族们强烈要求他迁都；第三，在布拉格，他可以

第四章

为所欲为。从各个角度来看,鲁道夫都算不上讨喜的人——他总是讳莫如深又变化无常,经常在激进行动和无所事事之间反复摇摆。和他的同代人英国女王伊丽莎白一世(Elizabeth Ⅰ)一样,鲁道夫也没有明确的继承人——他终身未娶却有好几个私生子,这样虽然可能延续哈布斯堡家族的血脉,但却对王位继承毫无帮助。他的五个兄弟也没有可以继承法统的子嗣,这就让鲁道夫陷入了非常不利的局面:他的兄弟姐妹没有孩子却都异常暴躁,随时可能身亡,即便他们中间的某个或多个人有可能成为下一任皇帝。继承问题成了亟待解决的头等大事,可到了1600年左右,鲁道夫却做起了甩手掌柜,哈布斯堡家族的统治开始分崩离析。导致如此局面的唯一原因就是鲁道夫作为皇帝的无能,他可以一连消失几个月,对国是不闻不问。和他信奉天主教的激进继任者们相比,鲁道夫是个温和的皇帝。但在一个基督徒与穆斯林相互敌视、天主教与新教相互对立的世界里,理性和忍让不会带来宽容,只能延缓恶意的到来。

鲁道夫本人没有留下任何记录,身边人对他也是记录寥寥,我们只能根据他的精神世界对他做出或好或坏的评价。从很多方面来看,鲁道夫算得上有史以来最幸运的君主之一,他比其他任何人都更好地把握了这个令人兴奋的大冒险时代。16世纪晚期,这一黄金时代更是进入了全盛期。他比伊丽莎白一世更富有也更专注,没有腓力二世那么无趣,也不如后者虔诚。与同时代乱作一团的法王们相比,鲁道夫活得更长也更惬意。他对收藏品的偏好一方面反映了当时的文化氛围,一方面也受到自身成长环境的影响。鲁道夫成长于腓力在马德里的宫廷,随时可以尽情浏览腓力引以为傲的藏品，比如希罗尼穆斯·博斯（Hieronymus Bosch）的作品《人间乐园》（*The Garden of Earthly Delights*），这些藏品影响了鲁道夫后来的喜好。从马德里去往布拉格的路上，他曾在因斯布鲁克逗留，和叔父蒂罗尔的斐迪南生活了一段时间，由此可以享受斐迪南对艺术品激动人心的导览。鲁道夫刚在布拉格的城堡里安顿下来，流言立刻不胫而走，说他对所有稀奇古怪的东西都颇有兴趣。为了给他提供奇珍异宝，各个行业都开始活跃起来。这几十年里，新鲜事层出不穷，显微镜的发明让人们看到了肉眼不可见的微观世界，望远镜的发明又把遥远的事物放大在眼前。这些新知识让人们对世界上大部分动物和植物有了新的认识，番茄、土豆、向日葵和玉米首次被引入欧洲，这成了它们全面占领这片大陆的第一步。这个时代，人们热衷于探讨超新星的本质（"超新星"一词出自第谷·布拉赫的作品。1604 年，人们在布拉格观测到一次完美的超新星爆发，由此引发热议），以及明火的本质。

鲁道夫的好奇心似乎没有止境。有些时候，他像是陷入了狂热症，稀奇古怪的东西堆满了一个又一个房间。直到他统治的最后十年，还有人会因为有机会向他献宝而兴奋不已。经营银行业的富格尔家族在安特卫普（Antwerp）有一间堆满了笼子的热闹仓库，笼子里都是极富开拓精神的荷兰货船从各地运回的奇异动物。这些新奇的外来货很快被送到布拉格的城堡，比如金刚鹦鹉、吸蜜小鹦鹉、多情鹦鹉和凤头鹦鹉，它们在北方阴冷的新家里被冻得瑟瑟发抖。鲁道夫还养过一只渡渡鸟、几只天堂鸟和一只鹤鸵。这只鹤鸵几经辗转才来到鲁道夫的宫廷。它先是被作为外交礼物，由一位远

第四章

东不知名的国王或诸侯送给了爪哇岛的统治者,接着又被转送给了一位荷兰船长。这只鸟体型巨大,野性十足,样子好像化了妆一样,甫一下船就引起了轰动。鲁道夫为了保证自己的安全,还给它准备了经过特殊装饰的独立房间。还有两只饱受颠沛流离之苦的鸵鸟,一路从非洲来到威尼斯,又接着北上穿过布伦纳山口抵达因斯布鲁克,最终才运到布拉格。所有这些动物都毫不意外地很快死掉了。

鲁道夫和腓力二世之间曾爆发了一场持续几十年的无谓争吵,起因是双方都想得到一头运到里斯本的印度犀牛。腓力最终得到了犀牛,他把这头犀牛和一头大象一起送到了卡斯蒂利亚,两只动物开始了漫长的巡游,以此向臣民展示西班牙哈布斯堡家族的权势和力量(这恰好成了难得幸存的线索,让我们得以领略家族的仪仗、展览和充满象征意义的特殊仪式,展示皇权的强大似乎成了家族的日常)。犀牛死去后,鲁道夫通过交易得到了犀牛皮。但是没人知道要怎么处理动物皮,犀牛的尸体因此腐败得面目全非,送到布拉格时,只剩下犀牛角和一些骨头留给鲁道夫赏玩了。

每每提起鲁道夫的统治,我们的头脑中总会出现这样的形象:他穿着一身带有羽毛装饰的黑衣,坐在昏暗的房间里,手里把玩着一块牛黄(用作解毒剂的动物胆结石)。但实际上,他也是一个挑剔、激进、很有条理的收藏家,一直在提出各种要求,这一点常常被我们忽略。这样一位内向到几乎静止的人是如何组织起如此大量的人力、物力的?是什么在驱动着他?或许他的心里深藏着一种令人不安的幽默感,让他沉迷于利用无限的权力满足自己古怪而隐秘的爱好。也许这就是为什么鲁道夫会在布拉格的城堡里豢养一头狮子和一只老虎,甚至让它们近乎随意地在城堡里闲逛。多年来,这样危险的举动彰显了皇权的至高威严,也让无数仆人、酒商和负责持火炬照明的男孩吓破了胆。他们往返于城堡幽暗的长廊里,竭力把银托盘端平,虽然他们的双腿早已因为恐惧而抖个不停。的确,在幸存的账簿中,我们经常能看到赔偿金的记录,有些是赔给了丧命者的家属,有些则是赔给了因遭到攻击而截肢的受害人。

鲁道夫痴迷于收集活物,也乐于将动物死去的尸体制成标本放进珍奇柜,所有这一切都是为了满足他对装饰品和奇珍异宝的无限狂热。通过阿尔钦博托(Arcimboldo)古怪的肖像画,我们得以一窥鲁道夫的统治。阿尔钦博托曾用一堆水果和蔬菜为这位皇帝堆砌出一幅复杂的肖像画(他的鼻子是一只梨,喉咙是两条小胡瓜和一颗大头菜)。这位米兰的怪人曾服务于马克西米利安二世,为他创作了许多伟大的作品,而在鲁道夫执政期间,他只能刻板地重复自我。遗憾的是,我们永远无法还原阿尔钦博托为聚会和宴会设计的华美装饰——马克西米利安曾沉迷于举办经典主题的娱乐活动。或许这些用过即弃的装饰就是他最伟大的作品?最可怕的一点在于,今天仍然得见的艺术品(比如容易卷起来的布面油画)都是几代掠夺者在鲁道夫死后,从他的收藏品中劫掠而来的。他们抢走的都是最容易带走的物品,而不是最能体现当时社会上各种神秘气象的物品,比如挂满耀目装饰的房间,穿着统一制服的仆人,还有互相连通的长廊——虽然你可能会迎面撞上一只老虎。

除了阿尔钦博托,鲁道夫身边还有数十位古怪的天才来满足他的各种要求,包括书法家、蚀刻家、服装设计师、动物管理员、金

第四章

匠,还有版画家。在鲁道夫的授意下,同样曾服务于马克西米利安二世的安特卫普画家巴托洛梅奥·斯普朗格(Bartholomeus Spranger)为他创作了16世纪晚期最为露骨的色情绘画。今天,这些作品让维也纳艺术史博物馆的后廊焕发出勃勃生机。这些作品自然都遵循着"经典主题",斯普朗格备受推崇的密涅瓦(Minerva)像也位列其中。画中的智慧女神身穿钢铁战袍,手持武器,摆出一副撩人身姿,即便在最小众的会员制俱乐部里也能引发一场骚动。在布拉格城堡里还有一幅斯普朗格绘制的耶稣像,画中的耶稣身披薄纱般的斗篷,和密涅瓦一样,像个夜店女招待一般搔首弄姿。他的脚下踩着装了人头骨的玻璃球,一个满脸通红的天使面带欣喜地抓着他裸露的屁股。这画面真是太离奇了。

  鲁道夫似乎也沉迷于宝石雕刻,即在珍贵宝石上雕花的艺术。这可能是最典型的私人艺术喜好,无法在现代博物馆中展出,因为这些小小的宝石雕刻只适合在手中把玩,同时在光线下转动才能看到作品的精妙之处。他把大量财富用在了收集宝石上——他的代理商遍布欧洲内外,将钻石、珍珠和蓝宝石源源不断地送往布拉格,这些蓝宝石甚至来自遥远的克什米尔(Kashmir)。鲁道夫二世精美的王冠似乎从来就不是为了佩戴,而是拿在手中把玩。王冠的设计者是同样来自安特卫普的扬·维尔梅因(Jan Vermeyen)。在布拉格,他巧妙地利用金板斜接的设计,创作出这件(以王冠的标准来看)超凡脱俗又精美绝伦的艺术品,为鲁道夫一生中最为庄严的时刻献礼:在雷根斯堡加冕神圣罗马帝国皇帝,以匈牙利国王的身份在普雷斯堡(即布拉迪斯拉发)巡游,又以波希米亚国王的身份回到布拉格。在最后一块金板的雕花中，鲁道夫被描绘成战胜土耳其人的胜利者。可不幸的是，这一切都是假的，对土战争的失利才是导致他执政灾难的根源。

鲁道夫很多伟大的先人，比如马克西米利安一世和查理五世，都热爱艺术，但他们同样拥有强悍的军队和生育能力，鲁道夫却只醉心于艺术。他曾花了很多时间与约翰·迪伊（John Dee）[①]探讨用阿兹特克黑曜石制作的魔法镜，但显然他应该把这些时间花在更为重要的事情上。作为神圣罗马帝国的皇帝，他完全是失职的。他对宗教问题的宽容或者说是冷漠让天主教信仰在波希米亚逐渐失势。到了1600年，王国内大约90%的信徒都成了新教徒。即便抛开他个人毫无建树的问题不谈，单就终身未婚这一点便足以让他的统治后期陷入毁灭性的停滞状态。这也让未来哈斯堡家族领土上的宗教正统问题，完全由继任者的态度决定。各种宗教信仰在布拉格遍地开花。这种宽容态度也让布拉格成了巫师们最好的庇护所，因为他们一旦草率地进入任何邻国都会招来杀身之祸。比如1591年，来自异国的骗子马克·布拉加迪诺（Marko Bragadino）[②]在慕尼黑（Munich）被斩首，他的好运气算是到了头，但临死前还穿着缀满金饰的外衣，这些金子都是从蠢人手中骗来的。

[①] 约翰·迪伊是英国著名数学家、天文学家、占星学家、地理学家、神秘学家，曾任伊丽莎白一世的顾问。——译者注

[②] 马克·布拉加迪诺是来自威尼斯的僧侣，曾声称自己是炼金术师行骗。他曾冒充已故威尼斯共和国军事长官马克·安东尼奥·布拉加丁（Marko Antonio Bragadin）之子，要求威尼斯宫廷支持他用普通金属炼金却一无所获，后在慕尼黑被斩首。——译者注

第四章

鲁道夫的一个重要外交决策导致了更大的灾难。1591年，匈牙利的两大要塞——位于多瑙河畔的科马罗姆（Komárom）和距离维也纳75英里的杰尔（Győr）——陷落，让奥斯曼帝国的边境再次陷入混乱。1593年，以克罗地亚士兵为主力的军队对西萨克（Sisak）发起突袭，大败奥斯曼人，这让人们第一次意识到看似坚不可摧的奥斯曼大军也并非不可撼动，尽管这样的看法多少有些错误地估计了形势。穆拉德三世（Murad III）苏丹为了一雪前耻，决定向鲁道夫宣战，由此开启了漫长而痛苦的十三年战争。来自欧洲各地的士兵组成了（由罗马教皇而非帝国皇帝发起的）强大的神圣罗马帝国联军，他们和东方各公国——摩尔达维亚、瓦拉几亚（Wallachia）、特兰西瓦尼亚——结盟，反抗公国曾经的保护者奥斯曼帝国。关于这场战争的记录并不多见，但这可能是中欧历史上最重要的战争之一，它为影响了一整代人的三十年战争做足了准备，也是导致这片区域人口锐减的重要原因之一。无休止的恐怖劫掠和血腥攻伐让一座又一座城市沦为空城，连周围的村庄也不能幸免。如此彻底的人口灭绝重塑了这片区域的民族版图，前人留下的空城逐渐被新的语族占据。

漫长的战争演变成令人难以忍受的拉锯战，似乎永无止境。1596年，在迈泽凯赖斯泰什（Mezőkeresztes）爆发了摩哈赤战役以来最大规模的恶战。基督教的军队浴血奋战，在几乎惨胜的时刻却突然成了瓦合之卒，大肆劫掠，最终被土耳其人逐一分化消灭。这场战役大约共有15万人参战，双方都损失惨重，但奥斯曼军队占据人数优势，最终决定了战局的走向。屠杀、围攻和疫病流行导致的大量士兵死亡，消耗着双方的国力，但战争仍然没有停止的迹象。鲁道夫作为名义上的指挥官却从未亲自上过前线，他的家人，特别是弟弟马克西米利安担起了指挥作战的重任，虽然结果并不如意。对于哈布斯堡家族乃至整个基督教世界来说，十三年战争是灾难性的，战局发展更是令人蒙羞。但同样，奥斯曼帝国也因为战争而陷入绝望，这一点在当时并不明显，却值得单独拿出来讲一讲。战争拖垮了奥斯曼帝国的说法并非毫无根据：君士坦丁堡因为迈泽凯赖斯泰什的险胜而陷入狂热，这恰恰反映了帝国已经不复苏莱曼统治时期的自信和强势。一批又一批士兵从君士坦丁堡开拔，迈着沉重的步伐赶往匈牙利前线，庞大的军费开支却并未给他们带来什么好处。1606 年，穆拉德的继任者艾哈迈德（Ahmed）和鲁道夫的弟弟马蒂亚斯大公签署《吉托瓦托洛克和约》（Peace of Zsitva-torok），结束了这场可怕的战事。根据和约，边疆区的划分略有调整，但奥斯曼帝国仍占据明显优势。愤愤不平的哈布斯堡人当时还不知道，奥斯曼帝国的威胁（除了 77 年后疯狂的维也纳之战以外）已经到达了顶峰。

带着猎豹打猎

星星夏宫（the Star Hunting Lodge）位于今天的布拉格市郊，是由阿姆布拉斯城堡的伟大收藏家，鲁道夫二世的叔叔蒂罗尔的斐迪南修建的。斐迪南在十几岁的时候就被他的父亲帝国皇帝斐迪南

第四章

一世任命为波希米亚总督,而他也需要一处乡间居所。这里甚至还保留着他的规划草图:整座宫殿呈六角星形,很可能是在效仿某座罗马建筑。夏宫经历了五个世纪的严酷考验,周围是几代入侵者驻扎过的公园——从瑞典人、普鲁士人、法国人,再到德国人和苏联人。这里风景秀丽,任何侵略者都很难不想把指挥部建在这里;但这里又像被诅咒了一样,每个侵略者都逃不过黯然离场的命运。夏宫成了弹药库,公园成了纳粹国防军(Wehrmacht)的修车厂,苏军则在这里蓄养牲畜作为军需。三十年战争期间,雇佣军掀掉了夏宫屋顶上的铜板,改建成穹顶(如今已经被移除),整个建筑就这样被废弃了。16世纪下半叶是夏宫使用最为频繁的时期,斐迪南和他的哥哥帝国皇帝马克西米利安二世,以及皇帝的继任者鲁道夫经常来此打猎放松。在一次特别狩猎中,鲁道夫甚至带了好几只猎豹在这里猎鹿。他和随从共同策划了这场幼稚的闹剧,让吓破了胆的波希米亚有蹄类动物直面令人胆寒的非洲猛兽——双方大概都想不明白为什么会遇到彼此吧。

星星夏宫的神秘和独特在它六角星形的外观中得以充分体现。这样的设计十分符合今天的审美,仿佛它经历了数百年沧海桑田的洗礼,只为此刻在谷歌地球上展示其独特的风采。最初,环绕夏宫的植被也被设计成了星形,但这会让建筑的装饰风格变得平庸。今天,夏宫孤零零地立在一条长路的尽头,颇有点外星文明的意味。它的建筑风格似乎不属于任何一个时期,也不似普通建筑那般和观者没有任何互动。它仿佛既不吸收光,也不反射光,星形的轮廓折叠光影,给人以非同一般的体验。夏宫是怪异的,也是16世纪世界的完美体现,它比任何珍奇柜都更猎奇:它把数学融入建筑,又穿越历史来到今天。

我曾读到过鲁道夫带着猎豹打猎的故事,因此很想亲眼看看这片建筑。这次狩猎既是鲁道夫式自大的典型范例,又是理解他神秘行为的关键。他经常带着猎豹打猎吗?这只是一次性的活动吗?他是否很快失去了兴趣,转而去研究波希米亚的森林,把不幸的猎豹看管员和这些饥肠辘辘又野性难驯的猛兽一起抛在了脑后?为什么像鲁道夫这样内向的人会选择如此刺激的活动?很显然,随着鲁道夫执政时间的延长,他对猎豹的兴趣渐渐被宝石和小巧而精美的绘画作品所取代。未经处理的公务越堆越多,帝国陷入停滞,与土耳其人的连年征战好像科幻小说里折磨人的背景故事,在星星夏宫的刺激游猎已经成了遥远的回忆。鲁道夫可以连续几周闭门谢客,这动摇了神圣罗马帝国的统治结构,也让哈布斯堡家族的领土陷入动荡。

哈布斯堡家族能够惊人地长盛不衰,根本原因在于其男性成员有能力繁育众多子嗣,同时保持清醒的头脑。在一个崇尚世袭传承且等级森严的世界里,拥有继承人和一定程度的官僚制度,再加上君主的个人能力,便能让家族在经历重大动荡时避免重蹈英国或西班牙主要血脉绝嗣的覆辙,让家族的统治得以延续。人们因为各种理由而痛恨这个家族,或者只是厌倦了他们一家独大,但哈布斯堡人没有给对手留下任何篡权谋反或是改朝换代的机会——他们不断繁衍子嗣,推动王朝缓缓前进。上了年纪的哈布斯堡家族成员更是团结一致。每一位统治者背后都有众多亲友的支持——君主的遗

第四章

媳、姐妹、兄弟——我们今天大都只能猜测这些亲友的贡献几何，但无论他们有多大的私人恩怨，都会默认以家族的团结为重。

鲁道夫的崩溃造成了巨大的危机，让家族团结毁于一旦。鲁道夫没有明确的继承人，连炼金术师们也因为无所事事而离开了他的宫廷，他个人的恐慌和忧郁情绪威胁到了整个中欧的安全。马克西米利安二世和西班牙的玛利亚曾为哈布斯堡家族诞下了九个孩子，但到了16世纪末，这些孩子的境况大不相同。玛利亚回到了西班牙（开心地生活在没有异教徒的土地上），她的两个孩子也一起回归了西班牙哈布斯堡家族（一个成了尼德兰总督，一个成了修女）。剩下的七个孩子中，有四位已经离世，只剩下鲁道夫、马蒂亚斯和马克西米利安。马蒂亚斯和马克西米利安一直在四处征战，前者领导军队与土耳其人展开了"漫长战争"，后者则在波兰王位争夺战中败北，之后成了条顿骑士团的大团长。当时的情势并不乐观，鲁道夫并不喜欢这两位幸存的兄弟。他们三人年龄相仿也都没有孩子，即便指定马蒂亚斯为接班人，也同样面临年老无子的问题，根本就是个权宜之计，不值得鲁道夫费尽心思去贿赂那些选帝侯，送给他们华服和珠宝，以确保马蒂亚斯能在他死后顺利当选皇帝。因此，非直系继承人们开始对皇位虎视眈眈，西班牙的腓力三世（Philip Ⅲ）最令人忧心，他声称自己是马克西米利安二世的外孙，理应获得王位。另一位竞争者是斐迪南，他掌管着格拉茨，父亲也是马克西米利安的后代。

除了政局的动荡，宗教问题也愈演愈烈。马克西米利安二世和他在各邦国的朝臣一样，都对新教保持着暧昧不明的同情态度。他短暂的统治结束后，鲁道夫很快发现在自己治下的土地上，很多波希米亚、奥地利和匈牙利豪族都成了新教徒，自己的正统天主教信仰已经显得不合时宜。在很多地区，信徒中绝大多数都是非天主教徒，无论是皈依于古老的圣杯派（Utraquists）、路德派还是加尔文派。鲁道夫和马蒂亚斯都很清楚，无论这些新教的教义多么令人倒胃口，贸然破坏《奥格斯堡和约》都是相当危险的举动。16世纪后半叶，帝国仍然面临着宗教对立的紧张局面，鲁道夫在新教问题上体面地采用了相对宽松的政策。然而，鲁道夫的后继者，无论是腓力三世还是斐迪南，都对新教徒态度强硬，认为他们是受到魔鬼蛊惑的恶人。这两位最有希望的候选人只想将新教徒们统统流放、杀害，剥夺他们的继承权。因此，对于哈布斯堡王朝治下的很多国民来说，迎来新皇帝是件极其可怕的事。

每当有重大事件发生，我们总能寄望于巴托洛梅奥·斯普朗格通过古怪的画作记录下来。1606年，马蒂亚斯大公签署终结奥土战争的《吉托瓦托洛克和约》自然也不例外。战争的最后阶段充斥着可怕的屠杀，反叛的匈牙利人在土耳其人的支持下和哈布斯堡军队浴血奋战，以救世主自居的新教与狂热的天主教之间，矛盾日甚一日。和约签订后，马蒂亚斯篡夺了鲁道夫的统治权，后者命令斯普朗格绘制了一幅讽喻画来表达自己的不满。在这幅巨型作品中，斯普朗格可能画下了史上最性感的胜利女神。女神脚下踩着一个躺倒在地的土耳其人，他可能是死了，也可能只是晕了，正瞪大了眼睛直勾勾地望向女神，却因为角度问题只能看到她的局部。女神的另一只脚下踩着一堆看起来不怎么稳当的石块，似乎在艰难地保持

第四章

平衡。代表皇权的权杖和宝球随意地散落在地上,在这个幸运的土耳其人旁边还蹲伏着代表帝国的雄鹰,这与传统绘画中雄鹰翱翔于天际的场景截然相反。这样直接而私人的画作能够保存至今实属不易——斯普朗格无疑收到了鲁道夫明确的指示。这不是一幅普通而空洞的寓言画,更不是阿谀奉承之作。这幅画清晰地表达了一个观点:鲁道夫执政期间,决定中欧命运的大事件最终以屠杀、妥协和失败告终,他本人的皇权威严完全无人在意。

在鲁道夫剩下的执政期里,王权进一步被削弱。马蒂亚斯的犬儒主义让他在与新教徒的交往中如鱼得水,这一点是鲁道夫无法做到的。马蒂亚斯承认了特兰西瓦尼亚和哈布斯堡治下匈牙利剩余地区的宗教自由权。在鲁道夫最后的岁月里(他死于1612年),马蒂亚斯进一步架空了他的权力,让他所有的头衔都成了虚名。马蒂亚斯和哈布斯堡治下每一块宗教土地的所有者都做了交易,让他得以在新教徒的支持下继承了鲁道夫的所有头衔。我们当然可以看到其中的积极方面,但现实却是狂热而混乱的。1611年,帝国陷入了最为危险的境地。极度好战的帕绍主教利奥波德大公(Archduke Leopold,他也是格拉茨的斐迪南大公的弟弟)前来支持鲁道夫。我们可以在布拉格城市博物馆收藏的一块雕版上看到这样的记录:信仰天主教的帕绍雇佣兵在布拉格小城区(Lesser Town)烧杀抢掠,家家户户皆黑烟四起,尸横遍野,枪械之声不绝于耳。查理大桥(Charles Bridge)的东端是由重兵把守的堡垒,是抵御帕绍人进入老城区(Old Town)的关键工事,但帕绍人退兵的真正原因还是收受了贿赂。与此同时，老城区的新教徒对天主教徒发动了猛烈的攻击，雪中圣母教堂（Our Lady of the Snow）的方济各会僧侣们被砍杀，或是被屋顶的枪手射杀身亡，战火甚至蔓延到了犹太区。虽然距离三十年战争的爆发还有七年之久，但一切诱发战争的因素都已就位。1611年底，马蒂亚斯已经50多岁了，急于求子的他终于和一位不幸的表亲结了婚。婚礼几天后，鲁道夫去世了，他的遗体被埋葬在圣维特大教堂（St. Vitus' Cathedral）。这里设有哈布斯堡家族的墓穴，他的父母和祖父母也长眠于此。然而，鲁道夫却成了最后一个被埋葬在布拉格的哈布斯堡统治者，也是最后一个将布拉格定为帝国首都的皇帝。

以如此阴郁的场景作结似乎有点遗憾。1922年，卡雷尔·恰佩克根据想象中的鲁道夫二世，创作了剧本《马克普洛斯档案》，几年后被作曲家莱奥什·亚纳切克改编成了一出怪异但精彩的歌剧。故事围绕着鲁道夫宫廷中古怪的江湖游医马克普洛斯展开，他发明了一种可以让人获得永生的魔药。他将魔药献给鲁道夫，后者却害怕药水有毒，让马克普洛斯先喂给自己的女儿喝。在经历了一系列经典的恰佩克式情节转折后，鲁道夫还是撒手人寰了。药水本身可能并没有毒，但它的效力恐怕要等到很久之后才能显现，至少在鲁道夫自然死亡之前没能奏效。他注定无法得知这瓶魔药是真是假，他的炼金术师是否又欺骗了他。这出歌剧将故事背景设定在恰佩克生活的现代捷克斯洛伐克，一位美丽的妇人来到布拉格，她似乎对这座城市过去几个世纪的故事都了如指掌……

第四章

七座堡垒

　　特兰西瓦尼亚有着世界上最为封闭的景观，这里位于群山包围之中，其东南部的乱局让人能切身体会精神崩溃的感觉。这里堡垒遍布，城墙、瞭望塔和破损的大门随处可见——这只是特兰西瓦尼亚历史的冰山一角，提醒着人们勿忘曾经令人窒息的军事化时期和匪夷所思的过往。这里拥有美景，却没有快乐的回忆。

　　在神圣罗马帝国，一个人的居住地通常由语言和宗教划分。夹在两山之间的喀琅施塔得（Kronstadt），即今天的布拉索夫（Brașov），曾是一座住满了德意志商人的阴森古城。在城市北缘仍可见到旧时防御工事的遗存，这些城墙将罗马尼亚人拒之城外。这里的生活由层层关卡和特权构成，全副武装的队伍护送着货物（布匹、武器、谷物）从一个据点运到下一个据点。布拉索夫是进入喀尔巴阡山前的最后一站，再往前走便是奥斯曼帝国的领土。在布拉索夫，商人们冒着巨大的风险，趁着停战的间歇，将北方的新奇玩意儿卖到君士坦丁堡，由此赚得盆满钵满。

　　特兰西瓦尼亚为匈牙利人所掌控达几个世纪之久，有几次差点成为独立公国，但在大部分时间里，这片区域总是被不情愿地划入维也纳或是君士坦丁堡的势力范围。自中世纪起到18世纪末，特兰西瓦尼亚一直处于被动防御之势。南侧和东侧的山脉形成了天然的堡垒，位于山脉交接处的布拉索夫因此得以保全。这样曲折的石制防线也给特兰西瓦尼亚人带来了另一个无法解决的难题——几十年里，战争不时爆发，一直在这些绵延数百英里的石头平台上布防，从经济角度来看，根本是无法完成的任务。发起进攻的一方天然占据优势，因为他们可以自主决定进攻的时间和地点，而防守方则经常陷入布防失当的绝望。在这片地区，鞑靼人是最大的噩梦——他们要么单独出击，要么成为奥斯曼帝国的直接盟友，以克里米亚汗国（Khanate of Crimea）的名义出征。这些轻装上阵的草原骑兵随时会大批出动，只为劫掠人口和财物，对侵占土地并无兴趣。即便特兰西瓦尼亚和东方邻国已经达成名义上的和平共处，这些草原劫掠者们仍然不以为意。

在边疆区的大部分土地上，人口灭绝的惨剧会不时上演。鞑靼人会在一次成功的突袭（当然是从鞑靼人的视角来看）中，杀光所有无法成为奴隶的人。18世纪晚期，哈布斯堡家族在军事上的成败能直接影响家族殖民地的命运，当地人口随时可能面临灭顶之灾。比如德意志的农民刚刚迁入位于今天罗马尼亚西南部的区域（即巴纳特）不久，该区域就被夷为平地。12世纪以来，重新开拓殖民地的唯一方法就是为满怀希望的新移民群体提供大量特权——这些群体往往迁自遥远的地区，对未来发展尚不具备清晰的认识。比如"撒克逊人"中只有一部分人来自萨克森——很多人似乎来自遥远的弗兰德斯——在一系列激励措施的鼓励下，这些人获得了土地，建起了自己的城镇。这就是"七座堡垒"（Seven Fortresses）的原型。在德语中，这片区域仍被称为锡本布尔根（Siebenbürgen），意为七座城市。马扎尔人将这里称作厄德利（Erdély），特兰西瓦尼

第四章

亚是其拉丁化的叫法，意为森林之外。这七座城市中，有些获得了繁荣发展，有些则不然。德意志的两座重要城市沙斯堡（Schässburg）和赫曼施塔特（Hermannstadt）——今天的锡吉什瓦拉（Sighișoara）和锡比乌（Sibiu）——便位列于此，还包括匈德杂居的小镇，匈牙利语称为科洛斯堡，德语称为克劳森堡，也就是今天的克卢日-纳波卡。沙斯堡的军事传统在它的拉丁语名 Castrum Sex 中得到了直接体现，意为第六军营（Encampment Number Six）。定居者们也将德意志的城镇法规带到了这里——沙斯堡和克劳森堡采用《南德意志法》（South German Law），而赫曼施塔特则沿用波希米亚伊赫拉瓦（Iglau/Jihlava）的法规。法律条款中规定的责任和义务让这些小镇和 19 世纪美国西进运动中的新兴小镇有了很多相似之处，但这里并没有美国西部那种开放、乐观和爽朗的氛围。

　　对新移民的优待不只存在于特兰西瓦尼亚。人口锐减的情况反复出现，让中世纪时期的波希米亚、波兰和匈牙利国王，以及他们的哈布斯堡后裔们不得不赋予移民以特权，将统治权下放给当地居民，以此换取他们对城镇的防卫和定量的岁贡。正因如此，在波罗的海沿岸、波兰和哈布斯堡的领地上出现了很多德意志人的城镇，也形成了新的景观。有些城镇以矿产闻名，比如波希米亚的库滕贝格（Kuttenberg）——当地语言称之为库特纳霍拉（Kutná Hora）——以及位于今天斯洛伐克的小镇斯皮什（Spiš，德语称为 Zips）。这种德意志文化甚至远播到了克拉科夫（Kraków）。1257 年，这座在波兰语中称为克拉考（Krakau）的小城依照《马格德堡法》（Magdeburg Law）建成，直到中世纪晚期才摆脱了德意志的影响。

当然，提起这些德意志人，我们很难不联想到他们在20世纪40年代的暴行，彼时的克拉考是纳粹德国在波兰的总督府所在地。这可能是有关中欧的所有话题中，最难理性研讨的一个。但我们必须要认识到，这些德意志人只是单纯"恰巧讲德语的人"，不能将他们和后来的国家主义者画等号。从伊普尔（Ypres）到施泰尔（Steyr），这些人从神圣罗马帝国治下的各个地方迁居于此，带来了各自的语言文化，还有截然不同的政治观点和社会思想。直到他们搬入这些新城镇之后，才成为"撒克逊人"，产生了身为德意志人的自觉，而非巴伐利亚人、汉堡人或是荷尔斯泰因人（Holsteiner）。在特兰西瓦尼亚，这些撒克逊人直到19世纪中叶才丧失了最后的特权——他们极度排外、寡头盛行的生活对于今天的我们来说是陌生的，甚至是无法理解的。

这种奇特的撒克逊氛围在他们高壁深垒的村庄里最为盛行。大城镇的发展惊人，但在锡比乌和布拉索夫这两个今天属于罗马尼亚的小镇，国家也投入了大量资源助力发展，让它们变得更为现代化。然而，还是有很多撒克逊人的影响保留了下来。这些村庄里洋溢着强烈的保守主义色彩，自1650年左右起便是如此。科技的进步让这里的许多防御工事都丧失了作用，甚至连最小规模的突袭部队也无法抵御，但这些工事仍然继续存在了至少一个世纪之久，在接下来的至少三个世纪里，实际上的威胁都消失了。这些撒克逊人的村庄是令人沮丧的存在。撒克逊人在这里生活了七个世纪，到了

第四章

1990年，罗马尼亚集体化运动和歧视政策让大部分幸存者离开了这里，去了德国。许多村庄现在只剩下一座座空房子，即便做了大量的翻新工作，也只有一群群吉卜赛人来来去去，根本看不到未来。这里是美丽的，但又是极度怪异的。

一个知名的例子就是锡吉什瓦拉附近的撒克逊人村庄维斯基利（Viscri），德语称为德意志维斯基什（Deutschweißkirch）。前面的短短一句话恰好展示了在这一地区命名是件多么困难的事：在现代罗马尼亚语中，维斯基利是个准确的名字；考虑到撒克逊人的历史，德意志维斯基什又显得恰如其分；同样，有个匈牙利语名字索斯费莱吉哈佐（Szászfehéregyháza）好像也没什么问题。通过这个村庄，我们得以一瞥大部分中欧人与世隔绝又自给自足的生活。这里远离为数不多的几条路况良好的大路，即便到了今天，也只能通过一条单向土路出入。两排低矮而结实的房子隔着一块狭长地带相对而建，在不少地方，中间的这块狭长地段被改建成了道路，常见于许多19世纪晚期哈布斯堡村庄的照片中：混乱的公共空地上散养着鸡、鸭、鹅，还种着果树，很适合骑马通行。每座房子好像一间迷你工厂，生产衣服、床上用品和食物：这里单调而复杂的生活让人无处遁形，一年中的每个星期都有特定任务需要完成。人们依照事无巨细的指令行事，谁在何时要做什么都有明确的规定。这里几乎每项工作都十分重要，关乎村子的安全和存续，因为每年冬天，村子都要和外界切断联系长达数月之久。漫步在维斯基利，总让人有种奇妙的感受，好像我们可以直接触碰到过去人们的生活，他们的一些行为直到不久前还在塑造着历史：对村民无情的强制管理，教堂处于中心地位，读书写字被看作一小撮人需要的特殊技能，与其他人毫无关系。村里的工作通常会被分配到各个具体家庭，每项工作对村子都至关重要。令人惊讶的是，女性在这里的地位举足轻重，她们肩负着一系列重要职责——在这里，制作腌菜和割草、缝纫同样重要，设置圈套的工作也是同等重要。每一天，每个人都要做好分配给自己的任务：饲喂动物，缝补衣服，腌渍樱桃，检查干草。只有在工作不那么繁忙的时候，人们才有机会相互走动。这样的社交场合并不多见，通常也匆匆忙忙，只有在某些重要人物的纪念日或是宗教集会上，才会要求全体村民共同参加。如果每个人都能完成好自己的工作，村子就可以存续，但容错率仍然极为有限。这听起来真是糟糕透了，也难怪到了20世纪，随着这里的生活方式和欧洲其他地方越来越脱节，撒克逊人陆续都前往斯图加特（Stuttgart），寻求更好的生活去了。

在维斯基利待得越久，我就越能感受到这里的有趣之处：村民们不信任陌生人，往来的犹太人和吉卜赛人打通了村子和外界的联系，经典的民间传说在这里扮演着重要角色。吉卜赛人的车队带来了颜色鲜亮的制成品，让年轻的男女村民对土路之外的生活心生向往。外来者带来了剪刀、染料、食盐，还有瘟疫。如果有不幸染病的外来者造访，就能在一周之内除掉全村的男女老少。但最令人胆寒的一点莫过于村民们的安全根本无法保障：比瘟疫更为骇人的是那些无法无天的暴徒——马扎尔叛军，军纪涣散的帝国军队，还有最为可怕的鞑靼人。在漫长的苦寒天里，村民们一边要腌制泡菜，杀鹅御冬，一边还要时刻提防这些暴徒的进犯。

第四章

　　撒克逊人的教堂戒备森严,这恰恰体现了人们的不安之感。这些防御手段有种莫名的吸引力,让人想要花上几周时间在各个村落走访,比较一下各村的瞭望塔、铁闸门和断崖。这些教堂外表朴素,实用性高,却又好像奇怪的艺术品。别尔坦(Biertan,德语称Birthälm)是个特例,这里的大教堂摆脱了当地的朴素风格,外形宏伟而浮夸。但除此之外,大部分教堂,比如维斯基利和普雷日梅尔(Prejmer,德语称Tartlau)教堂,皆是设计简朴,却别有一番吸引力。撒克逊人宗教生活的核心在于座次排列,这一点在普雷日梅尔教堂被完整地保留了下来。每到周日,全村人都要参加礼拜。女人们必须穿上设计繁复的裙子,坐在中间没有靠背的长凳上,男人们则要沿着教堂中殿围成一圈。一旦警报铃响,他们就能立刻拿起武器,赶赴作战区域。

　　我爬上维斯基利教堂塔楼的顶层("你在欧洲其他地方根本看不到这样的景象""哦?为什么""因为塔顶实在太危险了"),看到了一片荒芜之地,散落着破洞的木板、细长而摇晃的梯子,还有貌似重要却缺失了的建筑构件。站在这样的地方,我心生一种古怪却奇妙的感受,在电报发明之前,战争戏剧化地成了高度和距离间的博弈。教堂的塔楼一直承担着重要的防御使命,但在维斯基利,塔楼仿佛成了美景的点缀,更多了几分个性和想象空间。环绕四顾,塔楼的高度显然经过了严格的计算:高度每增加一英尺,便可多向远处看上125英尺,这样警戒的哨兵便可估算出骑兵进犯的速度,及时通知村民躲进壁垒森严的教堂里避难。在布拉索夫这样大一点的城镇,一旦有骑兵在局势紧张的时期靠近城镇大门,哪怕没有提前收到任何敌军进犯的风声，或是骑兵没有下马，都会被当场击毙。但这是大城镇才有的特权，那里有真正的卫戍部队，装备也更完善。在资源贫瘠的小村庄，唯一的防卫办法只有农民们轮流在城墙上站岗放哨。他们从未想过要击退进攻者，只想要尽可能长地拖住对方，让他们自觉没有必要再耗下去。这些掠奴的部队对维斯基利本身毫无兴趣，只需简单评估便会调转马头，进攻防御疲弱的区域去了。即便是正规军队也不会为了这样的小地方分心，更不会围攻这里，因为收益根本抵不过调集火炮的时间成本。这里的防御更像是虚张声势，但即便如此，为了保卫村庄，村民们也会战斗到最后一刻，因为他们知道自己面临的威胁有多大。直到18世纪90年代，当哈布斯堡家族与奥斯曼帝国的战斗进入尾声，人们仍清楚地认识到战败就意味着伤员被杀，剩下的人为奴。这和西欧的战争截然不同。

今天，这些防御外壳的余威仍在，但大部分工事已经被拆除了：村民们虽然极端保守，但也不情愿地承认，这些护城河、成排的拒马和防御外墙的确应该拆掉了。普雷日梅尔的教堂经过了精彩的修缮，至今仍矗立在原地。人们需要走过一条长30米、装有铁闸门、戒备森严的通道才能来到厚实的城墙和塔楼脚下，其后才是教堂的区域。城墙上设有很多可以射弩的石槽，周围修建了许多作战墙台。普雷日梅尔真正的奇迹在于城墙之内，这里还保存着为每一户人家准备的应急居所，沿长廊一字排开——这是些小小的屋子，每间屋子都有编号，和村里每一间房子的编号一致。其他的房间里堆放着应对围城战的物资，从火腿到弩镞一应俱全。堡垒中心

第四章

是一座异常简朴而美观的希腊十字式教堂，配有实用的高塔。

压抑的悲怆之感在村子中蔓延，让人无法逃脱：你根本无法将这里看成*好玩的*地方。但在辛索尔（Cincşor，德语称 Kleinschenk）或霍莫罗德（Homorod，德语称 Hammeroden），朴实的城墙和塔楼（从我这个男性视角来看）似乎可以满足孩子们对于玩具城堡的基本幻想。我们是走在实物大小的玩具城堡里，还是被缩成适配玩具大小的小矮人了？

第五章

《上帝之母拯救斯拉瓦塔和马丁内斯》(*The Rescue of Slavata and Martinez by the Mother of God*)［祭祀画，约 1620 年，捷克共和国因得日赫赫拉茨城堡 (Jindřichův Hradec Castle)］。玛丽和她的随从前来拯救被掷出窗外的帝国代表们。看看这幅画你就会明白新教徒们当时面对的势力有多么粗暴。

飞屋奇访

1612年，年迈的马蒂亚斯终于以一种骇人听闻的方式当上了皇帝（他比兄长鲁道夫二世更长寿，最终在和后者的角力中胜出，获得了渴望已久的皇位），他必须面对曾经自吹自擂的野心已经沦为笑柄的现实。马蒂亚斯宫廷的氛围比鲁道夫二世在世的最后几年还要糟糕。愈发苍老的马蒂亚斯膝下无子，他的顾问是更加老迈的红衣主教克莱斯尔（Cardinal Klesl），他们的身边围绕着不少年轻人，相互交谈、祈祷、密谋，不时进来看上一眼，确认皇帝是否还活着。马蒂亚斯发疯似的想要留下个子嗣，因此娶了比他年轻不少的安娜。不幸的安娜来自哈布斯堡家族蒂罗尔分支，却先于马蒂亚斯一步去世了，没有留下一儿半女。马蒂亚斯统治的最后几周可能是哈布斯堡家族的至暗时刻。施蒂里亚的斐迪南（Ferdinand of Styria）身边形成了更年轻也更有活力的宫廷，这成了代际更替的明确标志。糅杂了犬儒、调和、热切、实验和神秘主义的思维方式曾在哈布斯堡家族中盛行，也贯穿于马克西米利安二世、鲁道夫二世和马蒂亚斯的统治时期，但这样的思想如今已被摒弃。斐迪南二世见证了故态复萌的懦弱和混乱如何将整个欧洲拖入异端的泥沼，这一切令他觉得恶心。

斐迪南统治南奥地利期间，曾将治下新教盛行的地区分隔出来，采用严刑峻法。他的酷吏们离开后，当地教堂悉数被毁，成堆的书籍焚烧殆尽,新教徒的尸体从坟墓里被挖出来,随意地丢弃在路边,甚至挂在栅栏上。在他的大本营格拉茨,斐迪南以残酷的手段强制推行正统基督教信仰。有一幅令人毛骨悚然的肖像画恰好反映了这一场景,这幅画今天收藏于埃根伯格城堡(Schloss Eggenberg),城堡属于斐迪南最为阴鸷怪诞的副官之一。画像里的年轻统治者有着浅色的瞳仁,表情冷漠,手里拿着剑和十字架,将异端分子碾压在脚下,周围是一脸赞许的密涅瓦和时光老人(Father Time,时光老人通常并非基督教信仰中的核心人物),整幅画沐浴在圣光里。即便是在他尚未确定可以继承哈布斯堡家族的领土,有望成为帝国皇帝之前,斐迪南对于宗教的态度已经昭然若揭了。在他治下的小片奥地利领土——施蒂里亚、卡尔尼奥拉和卡林西亚——如今已被有效"净化"。对于奥地利和波希米亚大片新教徒占多数的地区来说,这个受教于耶稣会(Society of Jesus)、狂热而强硬的天主教徒已经成了最为致命的威胁。

  斐迪南二世曾前往洛雷托(Loreto)的教堂朝圣,由此我们便能理解他病态的本质。在洛雷托有一座疯狂的神殿,纪念圣母玛利亚曾经住过的小屋被风吹到半空后,几经颠簸,最终落在意大利的神迹。据传,圣母的小屋保佑这片土地逃过了穆斯林的袭击,要知道这些人甚至入侵过基督教的圣地(Holy Land)。作为经验主义者,你如果觉得这个圣屋故事一点都不荒谬,那么一定连最基本的测试都通不过,无论测试的内容是否与天主教有关。斐迪南二世却对这个故事深信不疑。他和他偏执而虔诚的同伴们——无论是他幸存的兄弟姐妹,还是同样令人生厌的巴伐利亚亲戚们,都喜欢互相

第五章

怂恿着,以俗气的方式展示自己过人的灵性。

从各个角度来看,战争爆发前的欧洲已经进入了一个悲惨的困难时期,思想和文化的火花仿佛已经燃烧殆尽。新教思想曾在16世纪大放异彩,但现在成了僵化腐朽的"正统"。新教教义代表未来的猜想已被证实是错误的,欧洲大部分地区仍然信仰天主教。新教的成功要部分归功于天主教的失序。新教徒们曾认为天主教教义只剩下毫无生气的躯壳,理应被淘汰掉,而新教的宗教愿景显然是不言而喻的真理,可以扫除一切障碍。双方争议的焦点在于绝对真理——救赎的本质、人对上帝的义务、权威和顺从——因此失败的代价是极高的。17世纪初,新教徒们开始全面发力,许多位高权重、胆识过人的统治者仅仅因为没有听信新教徒的说法,便被他们鄙视,因此不少统治者被激怒了。

在这样一个停滞而枯竭的世界里,斐迪南二世显然是充满活力的新势力,他有着击垮一切的绝对自信。他首先确保波希米亚王位不会旁落,接着与西班牙哈布斯堡家族达成了秘密协议:西班牙人会帮助他在马蒂亚斯死后继承帝位,作为回报,斐迪南要将法德分界线附近几片属于哈布斯堡家族西部的领土划给他们。这些重要的土地将促成"西班牙路"(Spanish Road)的复兴。这是一条重要的补给线,可以保证大批军队安全地从西班牙人治下的意大利出发,向北直抵叛乱频发的尼德兰诸省。斐迪南二世的所有经略都有着宗教和政治目的。秘密协议确保了斐迪南二世能顺利登基——还有他过去反对新教的不快经历——也让同样反对新教的西班牙轻松除掉叛乱的异教徒。现在,新教的毒瘤已经铲除,欧洲的大动脉再次恢复了自由流动。新政权一切就位，只待马蒂亚斯龙驭宾天了。

多年来，鲁道夫二世一直对宗教采取宽容态度，现在新教徒们应该警觉起来了——哈布斯堡家族席卷欧洲大陆的协同反击似乎就要到了。波希米亚的新教徒们见证了斐迪南二世在南奥地利的暴行，他们很清楚等待着自己的是怎样的命运。斐迪南二世甫一成为波希米亚国王，便立刻开始强化天主教的特殊权利，因此有理由相信，他一旦登基成为神圣罗马帝国皇帝，便会孤注一掷地铲除新教。正是在这样的背景下，1618年夏天发生了"布拉格掷出窗外事件"（Defenestration of Prague）。斐迪南二世派来的天主教议员们被暴怒的新教贵族从布拉格城堡的窗口丢了出去。议员们保住了性命，是因为他们被赶来的天使拯救了（至少天主教徒们是这样解释的），又或是因为他们落在了一大堆牛粪上（新教徒们更倾向于这样的分析）。在荷兰人的怂恿下，波希米亚人废黜了他们的国王斐迪南二世，要求年轻的普法尔茨选帝侯腓特烈五世出任波希米亚的新国王。波希米亚宣布独立，不再接受哈布斯堡家族的统治。

遗憾的是，这样的反叛并没有起到什么作用。鲁道夫二世和马蒂亚斯腐朽而散漫的统治期间，波希米亚人自以为安全，实则不然。波希米亚有着根深蒂固的非天主教传统，在饼酒同领派信徒（Utraquist）中，甚至出现了类似国家教会的设置。该教派与新教同源，早在路德之前就已在此地扎根，还提供捷克语的礼拜服务。然而，尽管大部分波希米亚人都不是天主教徒，但其内部也出于各种原因四分五裂。新教团体之间很少互相帮助，大部分团体都厌恶这位信仰加尔文宗的新国王，因为他疏远了很多关系密切的支持

第五章

者。特别是当他的随从开始破坏偶像崇拜的雕像和祭坛时，绝大部分波希米亚人都被激怒了。波希米亚人很清楚，切断与（统治了他们一个世纪之久的）哈布斯堡家族和神圣罗马帝国（他们的行为已经完全破坏了帝国的宪法）的联系，一定会带来极大的动荡，但他们却没有下功夫争取足够的盟友。斐迪南二世在听取了更广泛的民意，又和耶稣会的朋友们私下讨论之后，毫不意外地选择了战争。1619年3月，马蒂亚斯去世。9月，斐迪南二世在法兰克福登基称帝。11月，他的对手腓特烈五世成功篡位，在布拉格加冕波希米亚国王。

波希米亚的叛乱者很快陷入了不利局面——像萨克森这样信仰新教的邦国都被他们的不法行为激怒了，开始支持皇帝。当时流行着一张伤感的卡通画，画面里代表波希米亚的双尾狮子被困在了荆棘丛里。新国王腓特烈五世穿着漂亮的衣服，戴着时髦的帽子随后赶到，把狮子救了出来，拔掉了它身上的刺，狮子逐渐在他的照料下恢复了健康。新教徒们这样一厢情愿的幻想简直成了讽刺，因为这头狮子需要更多保护，而这个来自普法尔茨的花花公子根本无力提供。即便是腓特烈的岳父，掌管英格兰的古怪国王詹姆斯一世（James Ⅰ），即苏格兰的詹姆斯六世（James Ⅵ）①，也替他感到担忧，不赞同他赶往布拉格的草率决定。荷兰人受制于和西班牙人签订的停战协议，无法为波希米亚提供多少军事援助。第二年，在一

---

① 詹姆斯·斯图亚特（James Stuart），斯图亚特王朝的第九位苏格兰国王，称詹姆斯六世；后来英格兰女王伊丽莎白一世驾崩，将王位传给詹姆斯，即称为英格兰的詹姆斯一世。——译者注

边倒的白山战役（Battle of the White Mountain）中惨败之后，波希米亚军队被彻底打垮，波希米亚也和施蒂里亚一样，消失在斐迪南二世冷漠而残暴的统治之中了。

主要说捷克语的上层阶级被迫改宗或被流放。骇人的场景在布拉格老城广场反复上演，领头的反叛者被集体处决，他们在临刑前大义凛然的抗议和呼号都被成群的敲鼓手们震耳欲聋的鼓声淹没了。斐迪南二世给不少讲德语的支持者赏赐了大量房产，捷克语很快成了乡下语言，只有穷光蛋才会使用。整个王国进入了大一统的顺从模式——在意识形态领域可以如此成功地排除异己，让后世统治者都惊叹不已。这些讲德语、信仰天主教的外来投机分子卷土重来，抢占了所有城堡，但他们无法彻底地将捷克人从地图上抹去，虽然他们差一点就做到了。当然，在波希米亚本就有着不少古老的日耳曼社群，但直到白山战役之后，德语才成了波希米亚政府和部队的官方语言，似乎和奥地利、巴伐利亚一样晚。一个伟大的中世纪王国土崩瓦解，沦为帝国的一个行省——这里为帝国贡献财富和兵员，布拉格失去了它的重要地位，成了乡下地方。鲁道夫二世带着猎豹的畋猎活动，还有他和巫师的对话，统统成了城市遥远的回忆。天主教文化大举入侵，给洛雷托带来了圣屋——在布尔诺也有一处同样的圣迹——直到今天，圣屋的影响还在主宰着城堡中贵族们活动的区域。

在布拉格的圣维特大教堂，我们还能看到有关这个时代的重要记录。在经历了围攻、入侵、一波又一波的"新捷克人"（neo-Czech）热潮之后，祭坛两侧的两大块木制镶板保留至今，上面记

第五章

录着新政权对腓特烈五世短暂统治的看法。其中一块镶板上的场景虽然常规，但仍颇具趣味：腓特烈五世的加尔文宗侍从在拆毁教堂中的圣像。同样的雕刻师在另一块镶板上惊人地刻下了布拉格的全景图：一大片教堂高塔阴森地耸立着，心怀蔑视地俯瞰整座城市，查理大桥上的行人和车队小到几乎看不清——腓特烈五世和他的下属们带着华服和抢来的战利品匆匆逃离布拉格，再也没有回来。这座城市又一次成为健康、纯净的有机体，不再有可悲的人形跳蚤妄图挑战唯一真正属于上帝的教会了。这样的影响是可怕的，它和20世纪所有独裁政权一样傲慢、具有毁灭性，这也是胜利者艺术的最佳写照。

三十年战争是一场灾难，从它的源起我们就能理解为什么这场战争可以摧毁一切。波希米亚人被制伏后，从西班牙到特兰西瓦尼亚，一大群欧洲统治者受到各种宗教的、狡猾的，甚至是愚蠢的动机的驱使开始发动战争。他们如果看到了忽隐忽现的"天赐良机"，或是决定支持某种政治原则，就更有充分的理由发动战争了。野心和恐惧相互交织，让人无法断言斐迪南二世能否算是"初代希特勒"。对于一些后世的德意志民族主义者来说，斐迪南二世是英勇的，他曾尝试将德意志的土地整合在一起——巨人被小矮人扳倒，也被背信弃义的法国坑害。对于天主教徒来说，他阻止了社会的衰败——他将奥地利和波希米亚重塑成纯洁的国家——巨人被扳倒……对于新教徒来说，他是危险、邪恶的狂热分子，心胸狭隘又缺乏理智。现代欧洲已经摆脱了德意志军队的掌控，也不再强制推行统一的天主教信仰，因此人们更倾向于认同新教徒的看法。

斐迪南二世从未有过明确的战争目标,因为他被迫与很多敌人开战。在一段时间里,他可以轻松制伏对手,好像神枪手在游乐场打塑料鸭子一样简单。除了阿尔萨斯(给了西班牙人)和上、下卢萨蒂亚地区(划给了萨克森公国作为派兵入侵波希米亚的谢礼),斐迪南二世保住了哈布斯堡家族剩下的全部领土,再次重振了皇帝的权威,这是自查理五世以来的头一遭。鲁道夫二世统治时期,除了调派军队抗击土耳其人,帝国几乎完全陷入了混乱。但斐迪南的眼中是整个欧洲,他要利用哈布斯堡家族的资源,征服所有反对皇帝专制和天主教政策的敌人。最初的敌人都被击败了:信仰新教的丹麦人想要阻止他,却遭遇了灭顶之灾。皇帝的主要将领、帝国总指挥阿尔布雷希特·冯·华伦斯坦(Generalissimo Albrecht von Wallenstein)组织了欧洲自罗马帝国以来最大规模的军队。斐迪南在耶稣会的朋友们为之激动、呐喊,他们组织建筑工和装潢师兴建、复建了一大批天主教建筑。我们可以理解斐迪南二世的野心,但他自信得过了头,最终导致了致命的后果。1629年,他草率地颁布了《归还教产敕令》(Edict of Restitution),要求新教徒将大量财产和土地归还给天主教会。1555年帝国确立了宗教所有权制度,这一"前瞻性"的制度疏远了所有人,除了那些最为懒散的狂热分子。自1555年起,许多信仰新教的诸侯从天主教会手中夺走了土地,不来梅(Bremen)、马格德堡等主要城市危如累卵。斐迪南二世的狂妄自大让盟友和中立者胆寒,他们清楚地知道斐迪南的野心不会止步于此:他对天主教的狂热意味着他迟早不会满足于推翻1555年的所有权制度,他要夺回整个帝国的土地。第二年,在新教徒的求助下,瑞典国王古斯塔夫·阿道夫(Gustavus Adolphus)率领军队抵达德意志北部,欧洲的历史由此发生了改变。

"他的圣名将被铭刻于星辰"

三十年战争的乱世造就了一批奇怪的英雄和恶人,他们大都昙花一现,但也有人引起了时人的注意,他们模糊的形象通过振奋人心的新闻传单和布道故事流传至今,信仰加尔文宗的特兰西瓦尼亚亲王拜特伦·加博尔(Bethlen Gábor)就是其中之一。他可能是在英国史学界唯一被奉若神明的匈牙利人,连他的名字都严格遵循了匈牙利人姓氏在前、教名在后的习惯顺序——当然这完全是因为英国人的无知,而非对外域文化的尊重。这是特兰西瓦尼亚唯一一次出现在英国人的认知当中——新教徒们利用这位英勇的亲王在战争初期试图摧毁哈布斯堡家族的壮举来讽刺詹姆斯一世的消极政策。一个世纪前,奥斯曼土耳其人入侵匈牙利,拜特伦的封邑成了匈牙利王国中幸存的两个基督教政权之一。两个政权都指责对方是卖国贼,不具备合法性,有点类似后来的"东西德"之争。皇家匈牙利臣服于哈布斯堡家族的统治,特兰西瓦尼亚则成了奥斯曼帝国治下半独立的附庸国。匈牙利王国剩下的领土都被并入奥斯曼帝国,成为普通的行政区。拜特伦·加博尔和他领导下的匈牙利人将特兰西瓦尼亚公国视为马扎尔人最后的不屈堡垒,皇家匈牙利不过是哈布斯堡家族可怜的附庸。皇家匈牙利的一些贵族更认同特兰西瓦尼亚人,但其他为数众多的贵族却安心于哈布斯堡家族的保护,认为特兰西瓦尼亚不过是一个不忠诚的、半东方化的、在宗教信仰上摇摆不定的小丑。这些不同的政权保护了许多匈牙利人,使他们免受哈布斯堡家族天主教大一统的统治。等到17世纪末,特兰西瓦尼亚最终被哈布斯堡家族接管时,家族已经来不及将对付捷克人的手段用在匈牙利人身上了。拜特伦和他的继任者虽然仍臣服于土耳其人,但也争取到了足够的自治权,让特兰西瓦尼亚成了一个半独立的匈牙利人公国。但他们也清楚地意识到不可过分越界,因为君士坦丁堡随时可以将这里夷为平地。

特兰西瓦尼亚以宽容的宗教政策著称。亲王们皈依了加尔文宗,全力支持加尔文宗重镇德布勒森(Debrecen),资助神学生前往其他友好的欧洲国家。多种语言和宗教在特兰西瓦尼亚共存,因此公国必须采取宽容的政策才能避免内战的发生。然而,信仰东正教的罗马尼亚人不曾享受过这样的宽容态度,因为他们都是农奴。尽管如此,在特兰西瓦尼亚公国,宽容已经成了标志性的特征,与斐迪南二世推行的残酷同质化统治形成了鲜明对比。

通常情况下,宗教与政治有着千丝万缕的联系,根本无法判断一个人的行为究竟出于哪方面的动机。宗教扮演着重要的角色,获得个人救赎的代价极高,仅仅通过诵读《圣经》是无法获得救赎的。特兰西瓦尼亚亲王的加尔文宗信仰却在无意间成了匈牙利人抵抗哈布斯堡家族统治的关键因素。实际上,不少人认为,正是因为奥斯曼土耳其人为匈牙利人的加尔文宗信仰提供了庇护,才让匈牙利的精神保存了下来,没有像奥地利顺从的天主教农民一样,屈从

第五章

于《天外魔花》(*Invasion of the Body Snatchers*)①般的命运。只要哈布斯堡家族坚持秉承天主教大一统的观点（除了偶尔的故作姿态，他们一直如此），特兰西瓦尼亚的多样性就会成为与之截然相反的选择，这也是匈牙利人自我信念的核心。即便到了17世纪晚期，公国失去独立地位后，这一点也不曾改变。为了保卫特兰西瓦尼亚匈牙利人的独立，反叛领袖伊姆雷·特克伊（Imre Thököly）与土耳其人并肩作战，共同反抗哈布斯堡家族。下一代人的领袖费伦茨二世·拉科奇（Ferenc Ⅱ Rákóczi），来自另外一个痛恨哈布斯堡家族的名门望族，与土耳其人和法国人结盟，对抗哈布斯堡家族。这两个人都死在了流放土耳其的过程中，但他们的事迹对后来的民族主义意识形态影响深远。

几个世纪的战争和劫掠已经将这片地区夷为平地，回溯拜特伦·加博尔的故事并不容易，但有一处精彩的例外。特兰西瓦尼亚被群山包围，西部和西北部有一片当时被称为帕蒂乌姆（Partium）的地区，受特兰西瓦尼亚亲王管辖。这片弧形土地位于今天的乌克兰境内，起自喀尔巴阡山的罗塞尼亚（Carpathian Ruthenia），向南连接罗马尼亚西南部缺乏活力的散碎土地，德布勒森、阿拉德（Arad）等城市位于这片区域之内，奥拉迪亚（Oradea）则是拜特伦·加博尔最重要的据点之一。和许多主要城镇一样，这里也建有坚固的堡垒，巨型外墙包围出一个五边形的区域，占据了堡垒的南端。在炎炎夏日，堡垒展现出一种吸引人的印度风情。破碎的城垛

---

① 《天外魔花》，由唐·希尔格导演，1956年在美国上映。影片讲述了外星人复制小镇居民并逐渐控制全城的故事。——译者注

仿佛在暗示，人类的名利场不过和腾格拉卡巴德（Tughlaqabad）的城墙一样脆弱，只是这里没有眼镜蛇。通常在这样的地方，乌鸦（这里是寒鸦）凄厉而萧索的叫声会让眼前的废墟显得更为凄凉。就是在这座堡垒，哈布斯堡家族与特兰西瓦尼亚的亲王们签订了分割匈牙利的条约。这里也曾历经多场英勇的守城战，在抵御了土耳其人和叛军的多轮进攻后，城墙修缮的痕迹仍然清晰可见。在一处堡垒上，残存着一小块石牌。石牌虽已严重破损，但上面的字迹仍可辨认：

> 潘诺尼亚的加博尔是赫拉克勒斯的后裔，他为了自己热爱的国家修建了巨人般的城墙，有了这些城墙，神话中伟大战争的结果将被逆转：特洛伊、塔尔皮亚岩石（Tarpeian Rock）、巴比伦。天堂里传颂着他的品德，他的圣名将被铭刻于星辰。

当然，我们完全可以将之看成奥兹曼迪亚斯（Ozymandias）[①]式的臆想和愚蠢，但细细品味这些自17世纪20年代保存至今的恢宏叙事，不是一件更为美好的事吗？

拜特伦差一点就能击败哈布斯堡家族了，他的部队曾三次侵入哈布斯堡的领土，有一次甚至兵临维也纳城下。但通过特兰西瓦尼亚，我们就能明白为什么三十年战争具有如此骇人的破坏性，为什么这场恶战不可阻挡。与第一次世界大战一样，三十年战争或多或少也是两大敌对势力之间的竞争，双方的盟友也都互相敌视。皇帝

[①] 奥兹曼迪亚斯为埃及法老拉美西斯二世的希腊化名字，此处或指英国诗人雪莱以拉美西斯二世破损的塑像为灵感创作的同名诗歌。——译者注

第五章

一方最初处于绝对的混乱之中,这仿佛给了他的敌人一种拥有无限可能的错觉。洋洋得意的捕食者们(包括拜特伦在内)涌入战场,却都遭遇惨败,但皇帝的兵力尚不足以将他们赶尽杀绝。拜特伦可以肆意介入战局,最重要的原因在于哈布斯堡家族无法直接出兵特兰西瓦尼亚,因为这可能引起奥斯曼君主的行动。这肯定不利于斐迪南的计划——实际上,奇怪的是,整个三十年战争期间,奥斯曼帝国一直无暇西顾,这让他们丧失了彻底消灭哈布斯堡家族的最佳时机。①

大部分欧洲国家都把战争看作谋私利的好机会,因此纷纷参战。它们轮流进攻,又轮流战败,让国家陷入停滞的僵局。最终,在遭遇了一轮又一轮的屈辱、占领和挫败之后,古斯塔夫·阿道夫和他的部曲终于带领反斐迪南的势力扭转了局面,斐迪南二世征服全欧洲的计划彻底落空。瑞典士兵在几个月内沉重打击了帝国部队,即便古斯塔夫 1632 年战死沙场,瑞典人仍旧势不可当——很快,法国人也加入了战局,斐迪南二世即便与西班牙联手,也无法扭转颓势。然而,哈布斯堡家族资产雄厚,即便遭遇一次惨败,也不会迫使斐迪南鸣金收兵。战争的复杂性推动着战事的发展,各国签订的和平协议很快被新协议取代。半独立的雇佣兵肆意劫掠乡间,瑞典人也从英雄般的新教徒逐渐演变成巧取豪夺的恶人。

---

① 威尼斯共和国竟然也没有采取行动——总督的行为好像夜犬不吠一样奇怪。

死于埃格尔

如果说拜特伦·加博尔和古斯塔夫·阿道夫是两位影响力最为深远的新教英雄,帝国"总指挥"华伦斯坦则可能是(除了受到耶稣会蛊惑的斐迪南二世本人之外)最伟大的恶人。他曾是波希米亚的一个小贵族,后来"变节"投靠了斐迪南二世。反叛者的土地被斐迪南二世没收,大片地块被斐迪南作为谢礼赐给了华伦斯坦,他因此收获颇丰。同时,这样的安排也有点授权外包的意味,让华伦斯坦可以名正言顺地组建更大规模的部队,这靠维也纳自己是做不到的。有了"捐款"(换句话说,就是为了让自己的城镇不被摧毁而上交的保护费),这些部队得以在中欧各地不断前进、后撤,打击反抗哈布斯堡家族的势力。队伍的规模一直在无序激增,但他们的力量尚未强大到能一击制敌。

埃格尔是小镇海布(Cheb)的曾用名,从这里沿长路前行可抵达加博尔的据点奥拉迪亚西部。海布是个很有意思的地方,但也有点让人沮丧,因为你几乎可以在所有发生于 20 世纪上半叶的事件中看到海布的影子。多年来,这个小城因为博物馆中的一处展厅而闻名。来到博物馆,我一直提醒自己要专注,按照正确的顺序参观,但实在难以抑制自己激动的心情。第一个展厅里的展品还算有意思,展出了奥鲍德里特人(Obotrites)的储物罐、手镯和长矛托。我盯着一张陶罐挖掘现场的黑白照片看了一会,就实在忍受不

第五章

了了,两步并作一步地冲向博物馆真正的精华所在:华伦斯坦遇刺的卧室!这间卧室自然是重建的,样子十分时髦——木制护墙板,一张大床,房间中央悬挂着一柄斧枪(也许就是杀手用的武器),正对着一件同样挂在半空的长睡衣(代表大将军)。

华伦斯坦是斐迪南至关重要的将领,但他与皇帝的关系却相当疏远,可以说对皇帝毫无恻隐之心。1633 年,人们愈发担心华伦斯坦会依仗雄厚的资产、财富和军力,摆脱维也纳的控制,甚至篡夺神圣罗马帝国的控制权。但遗憾的是,我们对于这样的重要人物知之甚少,更枉谈理解他的动机。也许他就是个无趣却有钱的军人。自1799 年起,席勒开始创作伟大的诗剧《华伦斯坦》三部曲,从此让华伦斯坦的故事青史留名。然而,三部曲中的华伦斯坦被描绘成了一个有性格缺陷的复杂人物:沉迷于占星术,最终被平庸之辈欺骗。但无论如何,持续了 15 年的战争让人们陷入了忧郁和恐慌,斐迪南二世和他的顾问们也开始相信,也许华伦斯坦真的有意背叛他名义上的君主。阴谋开始酝酿,一队苏格兰和爱尔兰士兵在海布屠杀了华伦斯坦和他的支持者,这一戏剧性的时刻被制成了一千张廉价的木刻版画。

虽然刺杀现场的布局并不可靠,但能参观这个房间本身就是一种享受,博物馆还准备了完全出人意料的意外之喜——华伦斯坦一匹战马的标本。在因戈尔施塔特(Ingolstadt)有一个古斯塔夫·阿道夫的战马标本(阿道夫在围城战中失利,这匹马被当地信仰天主教的居民射死,后被当作战利品留在了当地),我很喜欢这件展品,曾一度以为它是世界上最古老的动物标本。但华伦斯坦的战马标本似乎险胜。遗憾的是，华伦斯坦的战马标本被修复得过于完好，而古斯塔夫的战马标本则更具真实魅力：标本上遍布补丁，还有红酒染上的印子，这马一定当过宴会的主角。站在华伦斯坦的战马标本旁边，我的心中总会涌起一丝疑虑，和著名的布尔诺鳄鱼标本给我的感觉一样。鳄鱼标本挂在布尔诺的老市政厅里，据说是土耳其人送给皇帝马蒂亚斯的礼物，却带有一丝让人无法忽视的维多利亚时期标本的风格。因戈尔施塔特的战马标本虽然一团糟，却更加真实而生动——华伦斯坦的战马标本（还有马蒂亚斯的鳄鱼标本）身上的虚假元素似乎更让人难以理解。

1637年，斐迪南二世离世，他的儿子斐迪南三世领导了接下来11年的战争。在大部分时间里，无政府的部队都在寻找并劫掠未经毁灭的地区，所谓战争不过是让人疲累又毫无意义的噩梦般的消耗。战争后期，整个欧洲笼罩在一种大难临头的感觉之中。黎塞留（Richelieu）和马萨林（Mazarin）掌权时期的法兰西又一次大权在握，此前的法国实力有限，在国际舞台上根本不值一提。可以说战争的爆发，部分原因是想要阻止信仰天主教的哈布斯堡家族进行势不可当的报复——以传统的欧洲方式——却导致了新的怪物出现。

《威斯特伐利亚和约》（Peace of Westphalia）于1648年签订，彼时几乎所有发动战争的统治者都已离世，除了阴郁而衰老的天主教狂热分子巴伐利亚的马克西米利安（Maximilian of Bavaria），他继续阴沉地祷告了三年。没人知道究竟有多少人在战争中丧命，比较合理的估计是约800万，这样的死亡人数和20世纪的战争一样可怕。很多地区在战争中被摧毁，直到约200年后随着工业化的发

第五章

展才得到了真正的恢复。战争浇灭了人们对于宗教的热情，虽然宗教问题恰恰是战争的导火索。斐迪南二世似乎真的相信（他许多信仰新教的对手同样相信）战争关乎世界的终结，人们面对的所有危机正是宗教救赎的体现。然而，从个人忠诚（新教徒支持皇帝）到现实政治（信奉天主教的法国支持新教徒），这样的观点几乎立刻受到了各方驳斥。战争结束时，哈布斯堡家族成功净化了大部分直接管辖的领土，比如奥地利和波希米亚曾是新教徒占大多数的国家，从现在起，它们会以非新教信仰而闻名。但纵观神圣罗马帝国，这样的净化工作是失败的，欧洲各国在政治和宗教领域仍然互相敌对，只是各方都已无力再战。

在布拉格林木茂盛的小山上，保留着几处19世纪晚期节庆活动的遗迹。我最喜欢的一处是镜厅（Hall of Mirrors）。可爱的木制框架保护着厅中的镜子，整个区域有种上流社会的高雅气息。哈布斯堡王朝晚期的风格被完好地保存了下来，不少电影和小说都喜欢以此为灵感。走在镜厅里，让我不由自主地想要穿上燕尾服，戴上单片眼镜，方能符合这里的氛围。镜厅的中心陈列着当时人们喜爱的东西，虽然在今天看来有些莫名其妙——一幅反映了1648年查理大桥保卫战的巨型画作，画中的学生和耶稣会信徒竭尽全力地抗击邪恶的瑞典雇佣兵。整幅作品十分沉闷，让人兴致全无，很难相信这样的作品能引起任何观众的赞叹，哪怕是最早的观众也一样——他们的要求可能比我们今天对《泰坦尼克号（3D版）》（*Titanic 3D*）的要求还要低。画中的透视效果仅靠画面前端一门可怜的小加农炮和几件散落的盔甲体现。这幅作品记录的保卫战发生在战争末期，瑞典人洗劫了城堡（将许多鲁道夫二世时期的藏品掳回了斯德哥尔摩，包括他收藏的几幅阿尔钦博托的精品），又试图攻入老城。对抗瑞典人的坚固防御工事体现了战争给布拉格带来的改变。过去的布拉格曾经是新教抵抗运动的中心，胡斯派信仰根深蒂固，后来它成了一个顺从的天主教小城，城内修道院遍布，到处是新建的或是新改宗的教堂，大量讲德语的新移民来到了这里。曾经在1619年让当地人感激涕零的瑞典人如今已被拒之门外。直到两个世纪后，捷克的民族主义者才开始重新发掘这段更古老、更具争议的历史，并由此建立了整个意识形态体系。但到目前为止，大部分中欧国家已经成功完成了宗教净化，哈布斯堡家族重整好旗鼓，再次出发。

葬地与棒击狐狸

三十年战争进入后期，哈布斯堡王朝终于决定长期定都维也纳。似乎永无止境的战争几乎把家族拖到了破产的边缘，身心俱疲的斐迪南三世坐在财政紧张、坏消息不断的维也纳宫廷里，最终竟留了下来。从很多方面来看，布拉格都比维也纳更气派，城堡山（Castle Hill）周围设置了各种办公机构。但鲁道夫的古怪行径玷污了这座城市的美名，作为曾经的异端邪说发源地，布拉格也注定走向被抛弃的命运。哈布斯堡家族似乎从未想过将首都迁到对帝国而非家族意义重大的城市，比如雷根斯堡、纽伦堡或是法兰克福这样典型的德意志城市。他们选定布拉格东南两百英里外的维也纳作为首都，

第五章

恰恰证明了哈布斯堡家族真正看重的只是大公的家族领地，这也决定了家族战略重点的东移。近两个世纪以来，法国一直是哈布斯堡家族最大的敌人，向东迁都可以在两国间形成足够的防御缓冲区，这一地区在后世历史中多次发挥了重要作用。但这也让家族的定居地过于靠近奥斯曼帝国的边界，不免让人忧心。哈布斯堡家族早期的宫廷一直在帝国各处游荡，比如腓特烈三世或马克西米利安一世统治时期，皇帝常会带上一大队人马突然出现，包括饥肠辘辘的鼓手和弓骑兵卫队，希望得到当地贵族的热情款待，这让贵族们陷入了绝望。但这样的日子已经一去不复返了。这座斐迪南一世和马克西米利安二世在紧急状况下临时驻扎过的城市，如今成了宫廷的永久所在地。

迁都维也纳的影响体现在宗教崇拜的方方面面。事实上，马蒂亚斯为数不多的始终遵循了价值观的行动之一就是迎娶了蒂罗尔的安娜（她的父亲是极富魅力的蒂罗尔的斐迪南二世）。安娜是个虔诚的教徒，年龄比马蒂亚斯小了不少。可惜她英年早逝，在遗嘱中提出想要修建一座嘉布遣会教堂。嘉布遣会以苦修闻名，在鲁道夫二世执政期间传入帝国。该教派的首领后被封圣的炳德西（Lawrence of Brindisi）曾在奥土战争期间担任帝国牧师。嘉布遣会教堂最终被建在了新市场广场（New Market Square），教堂的僧侣们将负责看管安娜及其丈夫的石棺。三十年战争的爆发让建筑工事推迟，教堂最终于1632年完工。然而，不知感恩的斐迪南二世最终选择长眠于他钟爱的格拉茨。但后来，随着维也纳作为帝国首都的地位不断稳固，斐迪南三世和他几乎所有的继任者都毫无异议地被埋进了嘉布遣会的纳骨堂。

他们的遗体被埋进了纳骨堂,心脏被埋在霍夫堡宫旁边的奥古斯丁教堂(Augustinian Church),肠子经过特殊处理后被装进铜罐埋在圣斯特凡大教堂(St. Stephen's Cathedral)(每个罐子上都有小小的标识:利奥波德一世、约瑟夫一世等等——不能把罐子拿在手上摇一摇,听听里面的动静真是太遗憾了)。这些行动表明,哈布斯堡家族已经下定决心选择维也纳作为王朝的大本营。实际上,维也纳市中心的很多地方对于哈布斯堡家族来说都意义重大:史蒂芬广场(Stephansplatz)、格拉本大街(Graben)、安霍夫教堂(Am Hof)、霍夫堡宫的庭院,还有各种错综复杂的道路。几个世纪以来,家族会在这些地方定期举办烦琐的宫廷仪式。

进入17世纪以来,哈布斯堡王朝的公共纪念日越来越多,华盖、焚香、唱诗班很快被重新启用。每年都会组织仪式来纪念对土战争、对法战争的胜利,庆祝利奥波德一世幸运地躲过闪电。每年10月,人们还会聚在格拉本大街上的圣三一柱(Holy Trinity Pillar)前,纪念1679年黑死病大流行的终结。18世纪后期,玛丽亚·特蕾莎和继任的约瑟夫二世取消了不少活动和仪式,但直到第一次世界大战前,类似黄道十二宫的荒谬表格仍然存在,弗朗茨·约瑟夫一世还要按图索骥,计算何时需要履行宗教职责。

人们都认为哈布斯堡的宫廷生活十分无聊。最为难堪的是,他们比17世纪的法国对手要穷上不少。法国人有着当时装饰最为华美的王宫,香气袭人的朝臣们都戴着手套,指尖轻触以示对多彩喷泉的欣赏。他们享受着特别的佳酿,徜徉在孔雀遍布的花园里,流

第五章

连于为他们打造的镜厅。哈布斯堡王室则有着不同的审美,他们看重霍夫堡宫的功能性,因此有些乏味无聊,直到今天仍是如此。与法国人截然不同的另外一点在于,哈布斯堡王室极少豢养情妇——他们极其看重道德品行,在哈布斯堡的宫廷中,很少出现让凡尔赛宫闻名的流言蜚语和派系倾轧。然而,哈布斯堡家族对宫廷侏儒有着别样的热情。这样的爱好虽然没什么危险性,但却令人困惑不解。侏儒们和其他来自西班牙的珍宝一样,都是时髦雅致的代表。小矮人们被赐予诸如"克莱因男爵"(Baron Klein)这样的名号,他们是对王室成员不构成威胁的密友、弄臣和杂役。虽然有了"男爵"的头衔,但只消看上一眼他们矮小的身材,就知道他们和真实世界中位高权重的贵族之间仍有天渊之别。实际上,这些侏儒可能是朝堂上为数不多能保持放松的人之一。大部分人都像是研磨机上的零件,要严格遵守尊卑次序,脱帽致意、行屈膝礼,还要履行从马德里盲目引进的各种繁文缛节。

  皇帝很可能会被这样繁复的礼仪机器困住。在一位记忆力超群又吹毛求疵的内侍看来,整个宫廷应该像个锦缎镶边的星象仪:年复一年,宗教节日依序到来;日复一日,皇帝的生活要依照用膳、祷告、觐见、议会会议的顺序展开。但如果皇帝只是像圣诞老人一样坐在那里一动不动,则其结果一定是致命的。因此,皇帝一些不负责任的行为(比如突然要听音乐,心血来潮一般地慷慨解囊,要去普拉特公园①骑马)既可以让每个人保持清醒的神志,也体现了

---

① 此处原文为 Prater。——译者注

皇帝不可驯服的天性。约瑟夫一世曾为了得到一枚喜欢的钻石，一举挥霍掉相当于霍夫堡宫一整年食品和宴会费用的财富。这样的花销足以把大臣们吓得心脏病发作，但这也符合皇帝们一贯的行事作风。这样的行动清楚地表明，皇帝根本不在乎中产阶级的埋头苦干。这样不计后果的挥霍在喜欢摆阔又装腔作势的贵族阶层中并不罕见。

玩纸牌和掷骰子占据了宫廷生活的大部分时间。一天中也会有一些时候（比如听歌剧），皇帝无须和任何人讲话，让双方都能各得其乐。每一天，皇帝身边都围绕着样貌古怪的使节、油嘴滑舌的马屁精、曾经在战场上立过功的醉鬼，还有各路有求于他的人，这迫使皇帝不得不找出各种理由不去理会他们，拒绝对他们做出任何承诺。有时，皇帝仅仅为了打破这种乏味的生活而突然做出战争决定——实际上，想要打破这种繁复而规律的宫廷机制，最重要的一个方法就是让宫廷中的成员每隔一段时间就全体出动，参与重大战事或是紧急事件。这是一位成功的统治者对国家凝聚力、团结力和信任度的最大考验。

在没有皮克牌（piquet）① 和战争的日子里，他们的大部分时间都花在了打猎上。哈布斯堡家族热衷于奇怪的狩猎形式，最为古怪的要数每一年，王室都要在拉克森堡（Laxenburg）利用猎鹰来猎杀苍鹭。飞行中的苍鹭总给人以纤弱之感，好像一件用轻型巴沙木制成的蹩脚模型，外面覆盖了一层羽毛。猎鹰是凶残的猛禽，好

---

① 皮克牌是法国的一种纸牌游戏。——译者注

第五章

像《精武门》(Fist of Fury) 里体型精壮的踢馆恶汉——用猎鹰击杀苍鹭实在算不得多么了不起的成就。同样，让助猎手将几十头鹿驱赶到深水池，再用弓弩猎杀，或是将狐狸裹进毯子再用乱棍打死的场景（利奥波德一世尤其享受这一暴行，侏儒们在一旁协助，只为博他一笑）实在让人无福消受。或许这样的狩猎形式只为彰显贵族掌握着对大部分生物的生杀大权，也能让皇帝免于出丑：苍鹭属大型鸟类，如果以常规的形式用猎枪射杀，就会像炸开的细脚椅子一样，让场面一片狼藉，这样就会让皇帝的狩猎水平显得平庸，而非精湛；普通的猎鹿场面过于危险，在任何情况下都不宜有人围观，因此鹿作为猎物必须要被驱赶到皇帝跟前；狐狸又太过灵活，无法以体面的形式猎杀，所以这种动物必须要被打晕了裹进毯子里。可以说，皇帝必须显得事事精通，但事实绝非如此。或许这恰恰体现了皇帝的绝对掌控力：举个例子，在宫廷中，哪个人胆敢认为利奥波德一世把狐狸丢进毯子的行为是可笑的？大概不会吧。当然，读史越多，怪事也跟着多了起来。

恐怖娃娃

蒂罗尔南部一些分散的小块土地曾是古罗马帝国的主教辖区，大多分布在旧称布雷克森（Brixen）的小镇附近。今天这里被称为布雷萨诺内（Bressanone），是意大利境内讲德语的地区。特伦托位于布雷萨诺内以南，两座城镇共同组成了一道屏障，为皇帝扼守布伦纳山口。你如果对主教辖区的遗存感兴趣,那么可以到布雷萨诺内主教辖区博物馆看看,那里塞满了各种经典展品:满是虫眼、破旧不堪的木版画,上面记录着《圣经》中的受难故事。几个世纪以来,当地的雕刻家和画家以这些故事为主题创作了为数众多的作品。博物馆中还展出了大量以"马槽"为主题的作品,这可能是博物馆最为独特又最为疯狂之处。18世纪末19世纪初,主教们委托艺术家制作了这些工艺精良的作品,在小小的全景图里塞满了细小的人像。"马槽"一般暗指圣婴耶稣,不少作品中都描绘了圣婴的形象,但木雕师和蜡雕师们很快厌倦了这样的朴素描画,将创作主题延伸到更容易引发狂热的领域。比如一组表现希律王(Herod)①的作品中,希律王顶着一张金色的猴脸,站在战车上狰狞大笑,(长矛上戳着婴儿的)恶魔护卫着战车冲向地狱之口(Mouth of Hell)。还有一件作品中展现了耶稣帮助他的父亲劈木头的场景,周围有天使相助——这个场景有些怪异,我认为《圣经》中并没有这样的记载。另一件作品的可靠性更是令人生疑,"逃离埃及"(Flight into Egypt)是这件大作的主题。一般来说,同类题材的作品都会反映出一家人长途旅行的趣味和兴奋,然而在这件作品中耶稣一家正骑着小毛驴走过一座摇晃的小桥,穿越野兽峡谷,几十只小小的狮子、老虎、豪猪(这安排有点古怪)虎视眈眈地等在桥下。一家人一旦从桥上坠落,猛兽们就会立刻把他们吞进肚子。一群职业杀手般的天使打破了猛兽们的美梦,他们挥舞着火焰之剑保

---

① 希律王是罗马统治时期的犹太国王,曾下令将伯利恒境内两岁以下的男孩全部杀死,以免出现新的犹太人之王。其执政时期耶稣降生在伯利恒。——译者注

第五章

护着这片区域——我实在不记得在《圣经》中读到过这样的桥段。

大众对于天主教的歪曲阐释实在引人发笑。接着我来到一个挤满了圣徒和殉道者雕像的房间，气氛一下子就变了，我的眼前只剩下一件异常恐怖的东西：制作于 1495 年前后的小雕像，刻画的是殉道圣童特伦托的西蒙（Simon of Trento）。大部分类似的恐怖娃娃早已被丢弃，或是装箱封存了，连梵蒂冈教廷都在 20 世纪 60 年代撤销了对西蒙的封圣①。在这里，竟然还有一尊雕像留存至今，极致再现了曾经无处不在的圣童形象。在马克西米利安一世执政早期，特伦托发生了一个耸人听闻的事件：在一户犹太人家的地窖里，发现了一具两岁男孩的尸体。有传言称，这户犹太人杀死了失踪小童，还把他的血和进面里，做成了逾越节的无酵饼。雕塑中的孩童身上遍布几十处刀伤，鲜血顺着伤口滴下来，他的手里举着一块牌子，上面画着钳子、螺丝钻等犹太人使用的凶器。尸体的发现点燃了众人的恐慌情绪，引发了暴力骚乱，最终八个犹太人被处决，还有一人在狱中自杀（杀害西蒙的三个凶手以小小的形象被刻在了他的脚下）。整个犹太群体都惨遭逮捕，另有 15 名犹太人被送上了火刑柱。

人们对特伦托的西蒙虔诚而狂热的宗教崇拜很快扩散开来，在各个地方都能看到以他命名的祭坛、教堂和圣祠。进入 19 世纪以来，在臭名昭著的法兰克福老城桥塔（Old Bridge Tower）上，不仅雕刻有糟糕透顶的"犹太猪"形象，还有西蒙的尸体和置他于死

---

① 西蒙遇害事件被认定为对犹太人的污蔑，梵蒂冈教廷于 1965 年撤销了对西蒙的封号。——译者注

地的凶器。对西蒙的狂热崇拜无人能挡,数十件灵迹都被认定为与西蒙的代祷有关,这也进一步推高了民间的反犹情绪。在帝国历史上,对犹太人的敌意似乎不时会沉渣泛起。

导致1495年血祭诽谤案发生的真正原因现已不可考,但该事件充分体现了大众天主教信仰与哈布斯堡历史中不时兴起(新教徒也牵涉其中)的反犹主义之间存在着怎样邪恶而不稳定的联系。在本书中,似乎并没有一个恰当的章节用来讨论帝国中的犹太人,或许这里是个不错的位置。到了17世纪,发生在特伦托的事件仿佛已经成了老皇历,但它同样成了永恒般的存在——这一事件被记录在反对宗教改革运动(Counter-Reformation)的图腾之中。同样出现在图腾中的还有摩尼教(Manichean)这一反对基督徒和犹太人的宗教力量。但尽管如此,也无法掩饰各宗教间长期存在的、古怪而稳定的关系。

在20世纪40年代令人难以忍受的阴影之下,想要重新设想一个时有暴力但又不足以导致种族灭绝的世界是极为困难的,却又十分必要。即便斐迪南二世在帝国境内禁止了除天主教外所有宗教的传播,他也要为犹太教网开一面。犹太人的族群历史悠久,比其他定居中欧的族群都要古老。他们在基督教历史中扮演着重要角色,也由此获得了令人困惑的重要地位。犹太人不能被简单地看作异端分子,因为他们同样信仰耶稣基督;他们又不同于穆斯林,无法被单纯地认定为"作恶之人"。尽管如此,犹太人的地位也无法让人羡慕,他们过于"固执",染指基督徒被明令禁止从事的生意(比如借贷),这就让他们不时处于难以被人接受的境地,还要时刻面

第五章

临被屠杀或驱逐的威胁。

　　在犹太人看来，罗马帝国的提图斯皇帝（Emperor Titus）① 摧毁了他们的神庙，之后的几个世纪里，他们不得不流散于欧洲各地，而"固执"的秉性就成了犹太人身份认同的核心。大迁徙的历史让犹太人对于强权产生了不同的解读——这些行动没有止境、世代更迭，其目的只是帮助犹太人在冷酷、敌对而险恶的环境中保全自己。对于基督徒而言，《旧约》中的大部分场景更像是生动而古雅的故事，很适合用作雕刻素材和墙面装饰。《旧约》里充斥着很多线索，在经过大量的学术研究之后，并没有什么成果，却让人们期待《新约》的到来。而对于犹太人来说，这些材料被基督徒曲解、滥用了。《旧约》带给犹太人以慰藉和挑战，时刻让他们想起永恒的流放，以及他们的先祖为保护律法而付出的代价。基督徒与犹太人的信仰同根同源，两者却对此有着不同的阐释，经常相互否认、相互对抗，但这也成了塑造欧洲历史的过程中最为重要、最具影响力和创意的线索之一。除了在某些短暂的时期（最具代表性的要数鲁道夫二世治下的布拉格，出于一些琐碎而怪异的原因，基督徒和犹太人曾有过一些交流），双方几乎从未进行过对话。犹太人可以从《希伯来圣经》（Hebrew Bible）中找到一连串声名狼藉又野蛮凶残的固有形象，很容易就能让人联想起那些曾经威胁或支持过他们的欧洲王公，这些人都身着华服，骑着高头大马。从理论上来说，通过犹太人的视角，哈布斯堡家族的历史可以被重构，因为

---

　　① 提图斯是罗马帝国的第十位皇帝，仅在位两年。他曾以主将身份，于公元 70 年攻破耶路撒冷，结束了第一次犹太战争。——译者注

其中充斥着众多微妙的细节。在我们看来可以算作"历史"的事件，在犹太人看来可能是无关紧要的。比如"对于国土的憎恶"展示了欧洲人无意义的野蛮暴行，而在犹太人眼中，这无非是真实生活展开的背景。

尽管特伦托的西蒙的故事尤为令人作呕，但也只能算是个例。几个世纪以来，在基督教内部，一直存在着如何处理犹太教的争论。哈布斯堡家族设立了特别法庭，处理财政和行政事务，包括各类矿产、葡萄园、森林、河流、士兵的争端，也包括涉及犹太人的争端。和位于匈牙利北部的德意志矿工殖民地一样，特别法庭也直接向帝国皇帝汇报。这为犹太人提供了切实的保护：除了在社会崩溃时期，犹太人极少遭受真正的暴力。但这也远称不上优待，为了换取帝国的保护，犹太人必须缴纳沉重的赋税，很容易因税致贫。犹太人面临的严苛限制简直难以想象，但实际上也许并没有我们想象中的那般极端。因为几个世纪以来，每个人都生活在高度受限的社会之中，承担着无数义务，只享有极少的权利。当人们打破了"封建"的枷锁，基督徒、地主和行会就失去了权力，犹太人的问题就显得更为突出了。到了18、19世纪，皇帝们绞尽脑汁也想不出好办法，在法律框架内处理好犹太人的问题。

在有关界定犹太人在社会中的正确位置的争论中，最令人惊异的一点在于，从未有人征询过犹太人的意见。皇帝和他的幕僚们（通常由信仰天主教的名流显贵担任）在决策中只考虑虔诚和效率，几乎从未有过半点好奇心，更没有考虑过犹太人的实际需要。经院派的学究们曾将犹太人看作活化石——他们是《旧约》传统的低劣

第五章

继承者，也是通过卡巴拉（Kabbala）[①] 传承古埃及魔法的媒介。更为古怪的是，犹太人还被莫名其妙地看作"沙姆之地"（Land of Cham）[②] 的后代，学者们相信他们能接触到隐藏在神秘的象形文字背后的秘密。这些古奥幽深的研究并未对多少人造成影响，但也反映了学术界的研究旨趣。这类研究在天主教大学的圈子里获得了尊重，也加深了犹太教和其他宗教间的差异。基督徒中另一派主流观点认为，可以采取一些特定行动，最终消除犹太教这一散布在帝国各处的反常宗教，通过一些吸引人的法案促使犹太人改宗。斐迪南二世在其狂热而古怪的执政时期，曾迫使犹太人聆听布道。他也组织了其他大手笔的行动，比如在维也纳的多瑙河畔兴建全新的犹太人居住区，赋予他们特权，并提供金钱支持。

所有这些行动都加深了犹太人的恐惧，也促使犹太人内部同时展开了讨论：与基督教在何种程度上的合作是被《妥拉》（Torah）[③] 所允许的？犹太人有多大余地可以摆脱帝国设下的陷阱，避免被去犹太化的命运？这样的焦虑通过无数方式表现出来。比如，哈布斯堡的统治者完全出于账簿可靠性的考虑，要求犹太人用德语而非意第绪语记账，因此他们强迫犹太人学习德语——这很容易被看作对犹太人毁灭性的耻辱同化。每当法律对犹太人的管控有所放

[①] 卡巴拉又称"希伯来神秘哲学"，是在犹太教内部发展起来的一整套神秘主义学说。——译者注

[②] 沙姆之地（Land of Cham 或 Land of Shaam），即黎凡特（Levante）在阿拉伯语中的叫法。——译者注

[③] 《妥拉》狭义指《旧约》的前五卷，犹太教称《摩西律法》。——译者注

宽,都会在各个犹太人群体中引发极富创意但并无结果的争论:面对基督教权威,哪些妥协是恰当的,哪些不是?哈布斯堡王朝颁布的每一次特赦都是极为慷慨的,但对于双方来说,这些特赦也是狡诈的诱饵——或许这次行动最终会导致犹太人改宗?一些特赦的颁布是为了提高行政效率,但从未有过任何一次特赦真正是为了犹太人的福祉。1772年,第一次瓜分波兰之后,哈布斯堡的统治者发现,犹太国民的数量增长了三倍,一个全新的时代已然到来。然而,无论出于理智还是世俗的考量,在这个时代,令人厌恶的特伦托的西蒙的影响尚未完全消失。

如何建造巴别塔

三十年战争末期,教皇权威扫地。人们不去理会他攻击《威斯特伐利亚和约》中有关宗教信仰自由条款的诏书,只把他看作意大利教皇国无能的统治者。反常的是,教皇仍然要靠选举产生,当选者通常都上了年纪,这就导致了另外一些问题:罗马教皇的职位被一连串行将就木的老人把持,在17世纪,神圣罗马帝国前后迎来了五位皇帝,教皇却换了12个。这些人尽量避免像前任们一般,沉迷于腐败、刺杀、投毒等低俗的戏码。在很多时候,他们都是才智过人、心思缜密的人物,却很少总揽大权,也无法跟上世界变化的脚步。

第五章

从《威斯特伐利亚和约》签订到法国大革命爆发的一个半世纪里，天主教本身保持了惊人的活力和攻击性——我们对此并不否认，但这完全要归功于教皇的默许，而非领导。我们必须要认识到，正是在这一时期，耶稣会的发展达到了鼎盛。这个特别的组织在哈布斯堡帝国的各个地方都留下了自己的印记，比如风格独特的耶稣会教堂和体量巨大的学院建筑遍布帝国故地。一个最好的例子就是位于波希米亚中心的小城库特纳霍拉。三十年战争曾让这里沦为一片废墟，战争结束后，这里成了天主教的大本营，并得以起死回生。小城中心耸立着一批阴森的耶稣会建筑，装饰有必不可少的殉道圣人像。一位耶稣会士曾做出过这样的评价："每个学院就像一匹特洛伊木马，里面藏满了来自天堂的战士。"耶稣会士们接受了良好的教育，十分自信又足智多谋，他们主宰了整个天主教欧洲的教育。他们还特别擅长利用城镇广场巩固影响力，比如在广场上插满猎猎大旗，组织游行和自我审查，以筛选出最为听话和顺从的人群。

受到宗教改革带来的第一波冲击，耶稣会开始在全球范围内传教。他们劝人皈依、研习教义，以确保更多地区信仰天主教，而非新教。这项全球使命让耶稣会士们承受了难以估量的压力：尽管他们曾在世界各地，特别是印度和中国，费尽心思地去分析和解释基督教，但人们往往会针对基督教的排外言论提出一连串令人尴尬的问题。随着耶稣会士们研究的深入，耶稣会本身却愈发衰落，这成了18世纪晚期西方宗教中普遍存在的问题。但与此同时，耶稣会在哈布斯堡家族的土地上真正实现了大权在握。

今天的人们很难理解耶稣会的运行方式，一个主要的困惑在于，我们如果有机会聆听这些才智过人的耶稣会士在桌边的高谈阔论，就会发现他们提到的每件事基本上都是胡说八道——我不是在嘲讽宗教，而是他们对整个社会、科学和教育的理解在我们看来都是古怪的或是有问题的。耶稣会的宗教法庭（Inquisition）并不具备类似盖世太保的功能，也尽量与那个奇怪的组织保持距离，因为他们在早期发展阶段已经饱受调查之苦。然而，这并没有影响耶稣会对基督教的其他分支保持深深的鄙夷，对其他宗教更是如此。他们还无情地寻求任何形式的文化倒退——大多通过教义和规劝，而不是牢笼和酷刑。耶稣会的教堂通常是巴洛克装饰风格的最佳典范，金色的绘画和小天使像如井喷一般随处可见，足以让人头昏脑涨。耶稣会士们过剩的情感在传教仪式上展现得淋漓尽致，他们需要利用教会楷模的生平事迹来装饰教堂的天花板和小礼拜堂。最为重要的是，耶稣会信奉拥有超凡神力的圣母玛利亚。如此狂热的信仰并未受到新教徒的反对，相比于耶稣会士，新教徒显得更为呆板，也多了几分男子气。

在我们看来，耶稣会是古老而古怪的，这种特质在伟大的阿塔纳修斯·基歇尔（Athanasius Kircher）的职业生涯中得以体现。基歇尔是德意志人，于 1680 年去世，成年后即加入了耶稣会，并终身为会士。他大部分时间住在罗马，处在教皇的庇佑之下，帝国皇帝斐迪南三世和利奥波德一世曾赞助他出版作品。即便一辈子只研究基歇尔的作品也会是大有裨益的经历。基歇尔是一位知识渊博的博学家、高产的作家，还在罗马拥有一所博物馆。然而，按照现

第五章

代科学的标准来看,基歇尔对几乎所有感兴趣的领域都有着错误的认知。他曾请人为自己的作品配上版画,通过这些版画,基歇尔向我们展示了他认知中的世界——可靠、古怪、有着自己独特的价值观,也让我们得以一窥耶稣会士的世界观。基歇尔曾开创性地使用47种语言为斐迪南三世撰写了一系列诗歌和赞美之词,包括一篇据称使用了埃及象形文字写成的作品(斐迪南就是"奥地利的奥西里斯……奥地利的蒙伏塔[①]等等")。作品被漂亮地刻在一块方尖碑上,但上面的象形文字错误百出。基歇尔沉迷于迷宫、镜子、火山(他是最早进入维苏威火山口的人之一)、磁铁(在他的作品《磁铁》的卷首画中,还能看到神圣罗马帝国皇帝的装备——金属的王冠和权杖用磁铁吸在一起,悬挂在双头鹰的爪子下面)、音乐扩音器,还有自然界的怪胎。他利用耶稣会遍布全球的关系网,搜罗有关埃及、墨西哥神庙以及中国奇观的图画。

在他的研究里,偶尔还能欣喜地看到科学方法的闪光。基歇尔伟大的好奇心让他击败了一切嘲讽,他同时也是探究古代世界的重要人物之一,生动地描绘着罗得岛的太阳神巨像(Colossus of Rhodes)、古巴比伦的空中花园(Hanging Gardens of Babylon)等等。但基歇尔研究的核心,在于对《圣经》内容的原样再现,对此他有着异乎寻常的热情。比如,他在其最伟大而又最无谓的作品中,展示了诺亚方舟可能的内部构造,让所有生物都能找到一席之地。一些本该在大洪水后(post-diluvian)通过杂交繁衍出来的动

[①] 奥西里斯(Osiris),古埃及神话中的冥王,也是植物、农业、丰饶之神。蒙伏塔(Momphta),古埃及星座中代表第八宫的神祇。——译者注

物并没有出现在画作中，让方舟的布局松快了不少。比如，豹子和骆驼杂交而成长颈鹿，狐猁则是陆龟与刺猬结合的产物，种种例证不一而足。这幅方舟作品上画着数不清的小动物，还有特别计算好数量的瓶瓶罐罐，里面装满了粮食。整幅画面充斥着癫狂的美感，让它成了17世纪最令人瞩目的作品之一。然而，他另一件描绘巴别塔的作品才算得上集大成之作。这幅作品让我们不禁疑惑，这到底是个恶作剧，还是把大量的努力用错了地方。基歇尔请人为巴别塔绘制了精致的插图，接着就一头陷入了疯狂的思考，即如何通过《圣经》中对巴别塔只言片语的描写，完整地展示高塔的真实内涵。他毫无根据地认为巴别塔由宁录（Nimrod）① 所造，塔通"天堂"实则是通往"月亮"。接着，他通过一系列计算证明这样的说法是不现实的，因为地球上没有足够的砖头可以完成塔的修造。即便这一设想在技术上可行（见下图），基歇尔也通过严谨考证，表示这一工程需要耗费 374 731 250 000 000 块砖石。更令人头疼的是，马匹即便全速前进，也要花上 800 年才能把砖块运上去。

趁着还没有在如此惊人的材料中迷失方向，我们必须得向前看了。随着 18 世纪的发展，耶稣会越来越腹背受敌。在笛卡尔（Descartes）、帕斯卡（Pascal）等人的影响下，耶稣会的思维方式显得支离破碎，许多世俗统治者将教皇看作不可接受的敌人，耶稣会跨国传教的本性让教会显得更为反常。灾难终于降临：1759 年，

---

① 宁录，据《创世记》第 10 章记载，宁录是古实的儿子（古实是受诅咒的含的儿子），在耶和华面前是个英勇的猎户，是地上最早的勇士。——译者注

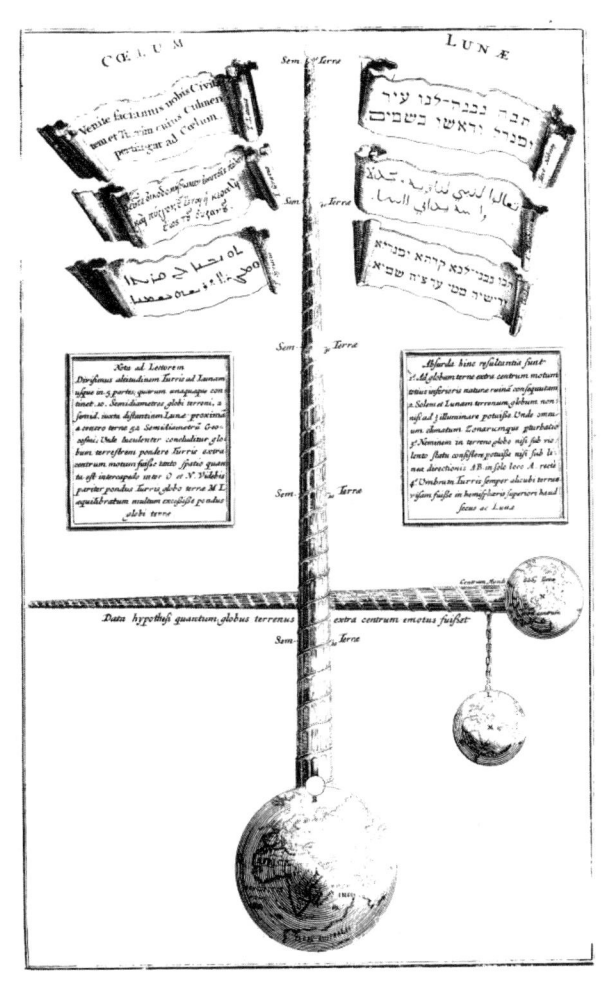

《巴别塔无法抵达月球的证明》(*Demonstration that the Tower of Babel could not have reached the moon*),选自阿塔纳修斯·基歇尔的作品《巴别塔》(*Turris Babel*)(阿姆斯特丹,1679 年)。

资料来源:Wellcome Library, London. Photo:Wellcome Images.

耶稣会首先被葡萄牙教廷驱逐；到了 1773 年，大部分欧洲国家都驱逐了耶稣会。这一伟大、辉煌又不同寻常的组织终于走到了尽头。1814 年，耶稣会低调重生，成为欧洲社会中毫不起眼的小部分。对于哈布斯堡王朝来说，耶稣会是宗教突击队，也是智囊团，扮演着重要的角色。今天回望中欧风云变幻的宗教图景，耶稣会正是其中缺失的重要一环。

第六章

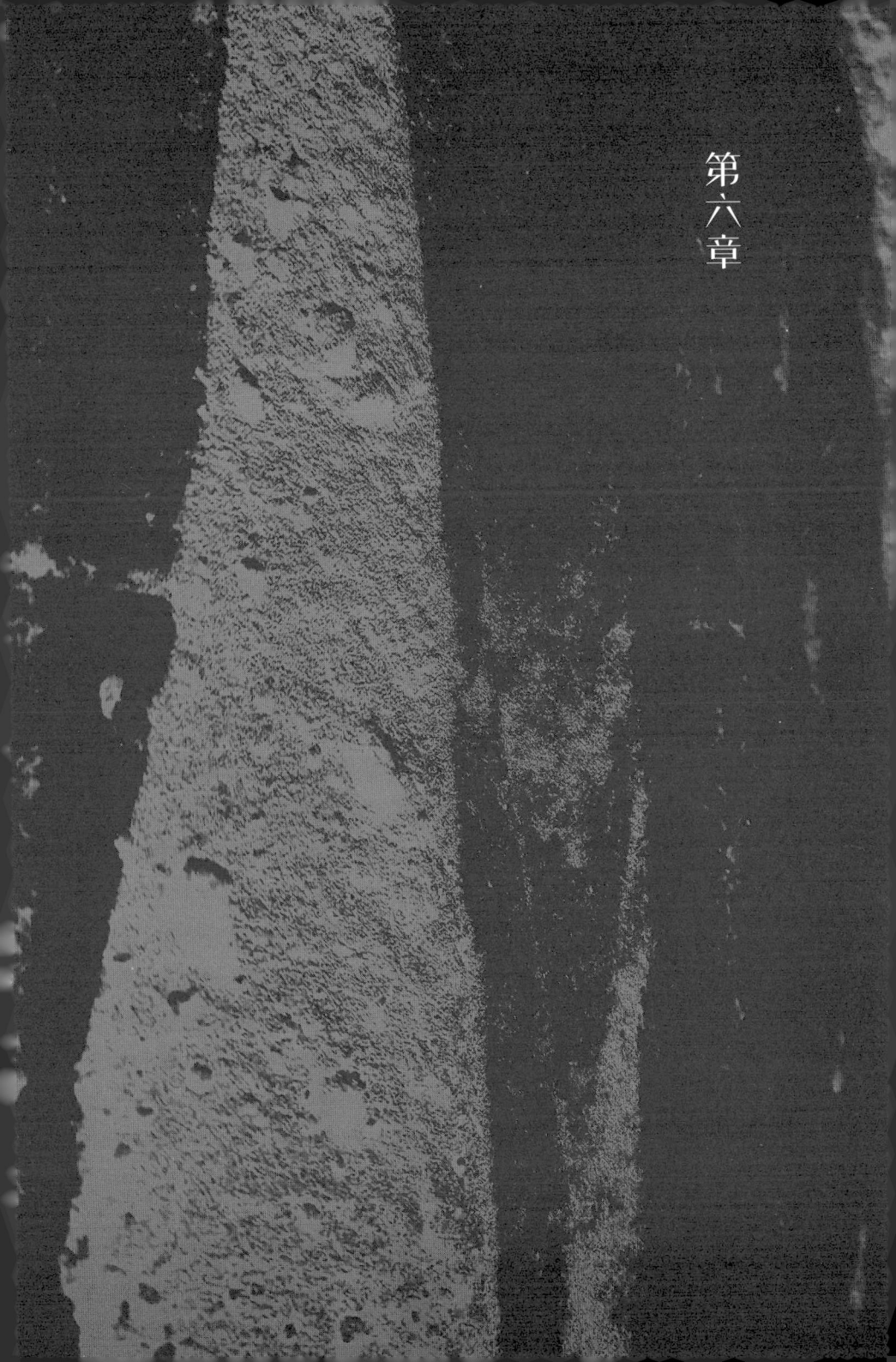

身着华服的皇后玛格丽特·特蕾莎［作者扬·托马斯（Jan Thomas），约1667年，因斯布鲁克的阿姆布拉斯宫］。

资料来源：akg-images/Erich Lessing.

遗传恐慌

1666 年 12 月，维也纳霍夫堡宫的主庭院里，举办了一场极尽盛大、庄重而奢华的婚礼，婚礼的主角是年轻的帝国皇帝利奥波德一世和西班牙公主玛格丽特·特蕾莎（Margarita Teresa）。我们今天还能看到这场盛会的图片资料，当时的一些音乐也被记录下来，其中最为惊人的当数施梅尔策（Schmelzer）惊雷般的曲子《骑兵芭蕾》(*Cavalry Ballet*)，浮夸的小号堆叠让人记忆犹新。伴随着音乐出场的是由几百人拉着前进的板车（上面载着满脸愁容的巨型寓言人物雕塑），一辆被装饰成战舰的花车，还有无数身着繁复礼服的骑手。在烟花、礼炮和定音鼓之后，整场活动迎来了最终乐章——年轻的皇帝跨上马背，身后跟着超过百人的乐师队伍，在一片热闹的鼓吹乐声中，迎接他的西班牙新娘。

几个世纪后，仅靠阅读材料，我们根本无法感知当天主庭院里的恐惧和焦虑。毕竟我们都知道，在利奥波德一世与玛格丽特·特蕾莎的这次会面之后，一系列历史、政治、个人和区域事件会依次上演。当然，对于当时霍夫堡宫中攒动的贵族要人、乐师、象征性的雕塑和装饰鲜艳的马匹来说，未来如何发展他们自然是一无所知的。

想要了解这场庆典，不妨从鲁本斯的作品入手。1634 年，神圣罗马帝国和西班牙联军在讷德林根（Nördlingen）取得了决定性的大胜，鲁本斯受命创作一幅作品，纪念哈布斯堡家族的两大分支在大胜前的会面。在画面的前景和天空中，画着几个僵直的寓言人物，帝国皇帝斐迪南二世的儿子和西班牙国王腓力三世的儿子热切地握着手，他们的联军即将击溃信仰新教的敌人。这幅作品完成的同一年，委拉斯凯兹（Velásquez）创作了更为恢宏的作品《勃鲁达的投降》（The Surrender of Breda），纪念西班牙哈布斯堡家族击败荷兰人的一次伟大的胜利。这两幅作品都意外地呈现出"虚空派"（Vanitas）① 的风格，将哈布斯堡家族在三十年战争期间运势达到顶峰的一刻残酷地定格在时间的洪流中。所有的辉煌最终沦为齑粉——斐迪南二世建立普世天主教帝国的梦想破灭，勃鲁达被独立的尼德兰吞并。但抛开这些失利不谈，在鲁本斯的画中，哈布斯堡家族的两大分支都看起来状况良好：他们是欧洲大部分地区的统治者，都信心十足，充满魅力。然而三十年后，这两大分支都遭遇了严重的血缘灾难，面临绝嗣的危局。1666 年霍夫堡宫主庭院里的婚礼可能是这个不幸家族的最后机会，灾难性的近亲通婚制度让他们陷入了危险境地。

利奥波德是奥地利哈布斯堡家族短命的后代中最后的幸存者。他的父亲斐迪南三世有过三次婚姻，头两个妻子都因为难产而死，还有三儿三女在婴儿期就夭折了。到了 1654 年，在经历了一系列可怕的悲剧之后，斐迪南三世仍有七个儿子在世，其中的几个看起

---

① 虚空派是指一种象征艺术的静物绘画流派，盛行于巴洛克时期，特别是 16—17 世纪的尼德兰地区。虚空派的绘画试图表达在绝对的死亡面前，一切浮华的人生享乐都是虚无的，因此在描绘中经常透露出一种阴暗的视角。——译者注

第六章

来身体不错。然而，利奥波德（此前他正为投身教会做准备）却见证了哥哥斐迪南（皇位继承人）、父亲斐迪南（皇帝），以及叔叔利奥波德·威廉（Leopold Wilhelm，他是部队的指挥官，也是伟大的艺术赞助人——他是维也纳艺术史博物馆关键的发起人）和年仅14岁的弟弟卡尔·约瑟夫（Karl Joseph）的突然离世。接着，如前文所说，斐迪南·卡尔和西吉斯蒙德·弗朗茨两兄弟三十几岁便英年早逝了，都没有留下子嗣，哈布斯堡家族蒂罗尔一支就这样以惊人的速度消亡了。从长远来看，蒂罗尔一支的绝嗣让利奥波德得以接管他们的所有领土，直到1918年，这些领土完全处在维也纳治下。但短期来看，这也导致家族失去了男性后代的唯一来源。

利奥波德的西班牙妻子玛格丽特·特蕾莎面临着类似的家族灾难。她的父亲腓力四世与第一任妻子生了六个女儿，只有一个活过了褪褓期，还有一个儿子，十几岁时死于天花。在第二段婚姻中（事情由此开始变得古怪），腓力四世迎娶了斐迪南三世的女儿，自己的外甥女玛丽安娜（Mariana）。事情的发展大概不会出乎现代生物学家的预料，他们的五个孩子中，只有两个活了下来：玛格丽特·特蕾莎和她的弟弟——有着严重生理缺陷的卡洛斯。

因此在霍夫堡宫，整个欧洲见证着哈布斯堡家族最后的机会：两大分支中最后两位健全的家庭成员结为夫妻，尽管玛格丽特（和她的妈妈之于腓力四世一样）是利奥波德的外甥女。利奥波德其貌不扬，玛格丽特稍好一些，但两人都继承了哈布斯堡家族扭曲的面部特征——瘦小的利奥波德有着极为突出的大下巴，好像一到下雨天，他的嘴里都能积满雨水。如果他们能顺利生下个儿子（假如病恹恹的小卡洛斯夭折了），这个孩子将同时继承维也纳和马德里的王位，很有可能重现查理五世的伟大帝国。但如果他们失败了，哈布斯堡家族便会就此消亡，本书可能用不了几页就能干脆利落地结束了。如果利奥波德在霍夫堡宫的庆典上策马疾驰，又不幸坠马身亡，那么整个欧洲的历史也将迎来全新的篇章。

但利奥波德活了下来，在后来的半个多世纪里，他奇怪的头像出现在无数硬币上面。尽管在统治期间，他曾多次在关键时刻临阵脱逃，但他也算得上奥地利哈布斯堡家族中最为成功的皇帝，因为他生下了可以继承王位的子嗣，但孩子的母亲并不是玛格丽特·特蕾莎。玛格丽特·特蕾莎的名气要大得多，甚至比她的丈夫还要出名——委拉斯凯兹的名作《宫娥》（*Las Meninas*）正中五岁的小女孩正是玛格丽特。在当时，这幅作品只有能出入马德里王宫中某个特定房间的人才会知晓，但今天，我们有理由将它看作美术史中最为伟大的杰作之一。这幅作品在无意中成了西班牙哈布斯堡家族隐秘的绝唱。

作为利奥波德的妻子（在整个婚姻存续期间，她一直称呼利奥波德为"舅舅"，这当然没有错，但实在有些古怪），玛格丽特·特蕾莎和她的亲戚一样，承受着不可避免的诅咒。对于当时的家族而言，每一次分娩带来的更多是恐惧，而非希望。玛格丽特遭遇了多次流产，两个儿子一出生便夭折了，有一个女儿活了下来。不满22岁的玛格丽特在生产另一个女儿时死于难产，这个孩子在母亲死后通过剖宫产被生了出来，但很快也死去了。活下来的女儿名叫玛丽娅·安东尼娅（Maria Antonia），后来嫁给了巴伐利亚选帝侯。她

第六章

生了三个儿子,其中两个一出生便夭折了,在生出第三个儿子约瑟夫·斐迪南(Joseph Ferdinand)后不久,23岁的玛丽娅便撒手人寰了。这个男孩成了腓力四世唯一的曾外孙,他本该成为西班牙国王,但却在六岁时身故,让整个计划落了空。

这一连串真实发生过的可怕事件通常并不为人所知,取而代之的是一连串官方的肖像画,画面中是一个个头戴假发、身穿盔甲、持剑跨马的自信男士,在当时的欧洲主流历史中,这样的画像数见不鲜。然而,在光鲜表象的背后,是一段充斥着人类困境、苦难和屈辱的不堪历史。或许我们应该写一本书,通过被忽视的王后、母亲,恐慌的妻子,沦为跨国联姻棋子的公主,在修道院或是无人问津的王宫侧殿中销声匿迹的先王遗孀和公主的视角,重现哈布斯堡家族的历史:一旦出生的是女儿,人们便会一哄而散,根本无人在意母亲生产的痛苦,以及她们因此遭受的厌烦和怨恨。但孩子们还是一个接着一个地早夭,即便在婴儿死亡率居高不下的年代,哈布斯堡家族特殊的近亲通婚习俗无疑加剧了婴儿的死亡。在维也纳的皇家纳骨堂中,有一处"儿童纳骨龛"受到了众人的关注。20世纪60年代,斐迪南三世和利奥波德一世11个早夭的儿女被整齐地放入了这个冰冷的安置所。

维也纳艺术史博物馆藏有一幅扬·托马斯·范·伊普尔(Jan Thomas van Ieperen)创作的精美绝伦的肖像画,画中是婚后不久的玛格丽特·特蕾莎。她穿着华丽的长裙站在林中,扭曲的脸上挂着微笑。她的头上戴着一顶白橙相间、有羽毛装饰的巨型王冠,显出了几分无与伦比的魅力。她和她的舅舅丈夫一样,热爱音乐和假面舞会，两人在短暂的婚姻生活中，似乎是一对快乐的夫妇。但她肩上来自家庭、生育和遗传的压力，早已超出了人类承受的极限。

争霸欧洲

一列慢车缓缓地从匈牙利南部和塞尔维亚北部之间穿过（这里曾是匈牙利王国巴克斯-博德罗格①县的所在地）。窗外平坦而荒凉的景色让人昏昏欲睡。几个小时就这么过去了，任何东西——哪怕是一座房子或是一个小树丛——都足以吸引眼球，偶尔出现的小镇、鹳鸟和秃鹫更是让人精神一振。怯懦的人通常只敢在夏天踏上这样的旅程，毕竟这个地区在夏季还算可以接受。到了冬天，这里就和内布拉斯加（Nebraska）一样，只有生于斯长于斯的本地人才能忍受。广袤的田野和低垂的天幕让这里和帝国的不少地方一样，给人以"边远"之感。但通常，人们会紧接着问出下一个问题："距何为边远？" 17 世纪末，这片地区地域辽阔、人口稀疏，也曾短暂地热闹过——数千名衣着奇特的士兵曾艰难地穿过沼泽，大部分时候都食不果腹，他们的身后是一连串废弃的小小驻地。这里曾多次爆发大规模的武装冲突（1687 年豪尔卡尼之战，1691 年斯兰卡曼战役，1697 年赞塔战役，1716 年彼得罗瓦拉丁战役②），联军

---

① 此处原文为 Bács-Bodrog。——译者注
② 此处原文为 Harsány 1687, Slankamen 1691, Zenta 1697, Petrovaradin 1716。——译者注

第六章

投入的兵力远远超过了维也纳的人口数量。这些战役的胜利除了归功于将士的勇猛之外，同样也要"感谢"疾病在敌方阵营中的传播和联军有效的物资供应。对于整整一代人来说，这里是欧洲最神秘的地区，既让人兴奋又让人胆寒。数十万士兵在这里丢了性命，之后，这片地区再次成为闭塞落后的蛮荒之地。

17世纪大部分时间里，哈布斯堡王朝和奥斯曼帝国的边境地区相对平静。所谓"相对平静"，是指大规模的劫掠虽仍有发生（其暴力程度通常让人难以置信），但严重性尚不足以登上《时代》杂志。从历经鲁道夫二世和马蒂亚斯两代统治者的奥土战争以失望结束，到17世纪80年代维也纳之战的爆发，其间大小战事不断（比如三十年战争），但很少涉及基督徒与穆斯林之间的直接对抗。1664年，在特兰西瓦尼亚爆发了一场短暂却特殊的战争（彼时的特兰西瓦尼亚只能刚刚维持住自己并不稳固的半附庸国地位）。交战双方都没有把全部心思放在这场战争上，因此也没有取得什么实际成果，但这场战事对于哈布斯堡家族来说有着特殊的意义：在格拉茨以东的圣戈特哈德（St. Gotthard），哈布斯堡的军队击败了大举入侵的土耳其部队，这是双方一个半世纪的交战史中，第一次让人真正意识到土耳其人的战力最终可能消耗殆尽。与此同时，哈布斯堡家族建立起重要的同盟机制，集结全欧洲（甚至包括法国）的部队组成联军，共同以抗击土耳其人作为目标。虽然这场战事的结果让帝国蒙羞——利奥波德一世向土耳其人纳贡，特兰西瓦尼亚继续归奥斯曼帝国所有——但不失为一次有趣的先例。

无论在当下还是在即将到来的大土耳其战争（Great Turkish

War）中，哈布斯堡家族都面临着同样的问题：如何处理好这片地广人稀的区域？这片区域的面积是家族世袭奥地利领土的四倍，人口却少得可怜。一旦取得任何值得登上头条的胜利（比如拿下贝尔格莱德或布达等为数不多的几个要塞），就会产生持续的争论：到底还要投入多少战事才能确保土耳其人不会对欧洲产生威胁，这是关系到欧洲生死存亡的大问题。攻占君士坦丁堡在此刻还是痴心妄想，要到两个世纪后才有实现的可能。对于哈布斯堡军队和后来的"神圣同盟"联军而言，更短的补给线是他们在战争中最大的优势，但随着战事的推进，联军的补给线越拉越长，土耳其人则更靠近自家的前线根据地。每次进军都会造成新的安全问题，总有新的要塞需要派人驻扎。简而言之，哈布斯堡家族从未真正谋求攻占君士坦丁堡，奥斯曼土耳其人却对维也纳虎视眈眈。

圣戈特哈德战争结束后的近二十年里，奥斯曼帝国和哈布斯堡王朝保持了相对和平，但与波兰爆发了激烈的战事。波兰人在极富个人魅力的大盖特曼（Grand Hetman）扬三世·索别斯基（Jan III Sobieski）的带领下，成功抵御住土耳其人的进攻。等到索别斯基加冕波兰国王的时候，他已经成了全欧洲的英雄，终结了波兰屡遭割据的悲惨时代。索别斯基曾仔细考虑过各种选项，制订了周密的计划将特兰西瓦尼亚纳入波兰版图，甚至考虑过与土耳其人结盟，共同对抗哈布斯堡家族。但万幸的是，他最终选择成为"基督教的救星"，让所有人都舒了一口气。

1682年夏天，索别斯基收到谍报，规模庞大的奥斯曼部队正在君士坦丁堡外集结，很有可能再次对波兰发起进攻——大部分奥

第六章

斯曼指挥官都在暗地里伺机而动,安全局势在此刻显得尤为紧张。索别斯基和利奥波德一世达成协议,根据土耳其人的动向,派出军队互相拱卫对方的安全。哈布斯堡联军和特兰西瓦尼亚的驻军之间爆发了激烈的冲突,奥斯曼土耳其人果然对此十分忧心:如果他们无法为附庸国提供有效的保护,奥斯曼帝国的威望便会进一步下降。因此,土耳其人的部队前进至贝尔格莱德之后,全然不顾阻碍行军的重重要塞,径直向奥地利进军。鞑靼的轻骑兵不断侵扰下奥地利地区,大规模地烧杀抢掠,整片区域几乎在战争中被夷为平地。尽管没有确切的统计数据,但据估计,有十万人在战争中丧命或是被掳为奴隶。更为可怕的是,当地的信号枪和烽火台皆年久失修,致使当地人根本没有收到任何警报:如何能心存侥幸,依靠这样的警报系统来警示当地的民众呢?在这个令人毛骨悚然的时刻,帝国元帅洛林公爵查理五世(Duke Charles V of Lorraine)率领部队在布拉迪斯拉发以西驻扎,他向前方望去,眼前是一大片扬起的红土。那正是逼近的奥斯曼土耳其部队,人数足有15万之多。查理转头后顾,在他和维也纳之间,无数地方黑烟四起,都是被鞑靼人烧毁的城镇。

利奥波德一世匆忙逃亡帕绍的举动为世人所耻笑,但他最主要的技能在于音乐欣赏,以及付钱听百姓们高歌。他身材瘦小,本应被培养为一个神职人员,对枪械更是知之甚少。他的膝下只有两个年幼的儿子(来自第三次婚姻),没有任何兄弟或叔父在世。因此,维也纳一旦陷落,他就可能像波斯尼亚国王一样面临被土耳其人处决的命运,或是像匈牙利国王一样战死沙场,他的王朝也将谢幕。

今天，利奥波德一世夫妻修建的圣母堂仍矗立在帕绍的山间，那是夫妻俩对于圣母保佑的感激，也体现了他们审慎而谦卑的姿态。

保卫维也纳的重任落在了卫戍部队肩上。城市的防御墙新近完工，卫戍部队情绪高涨。即便土耳其人破城而入，他们也做好了巷战的准备。对于洛林公爵查理而言，他的首要任务是最大限度地降低部队的损失，等待增援到来，让部队扩充到足够突围的规模。在苦撑了三个月之后，查理的计划开花结果。一群皇家贵胄在维也纳城北的卡伦堡（Kahlenberg）山顶纵酒言欢，欧洲历史上罕见的大联军成形了。在纪念这次会议举办两百周年的纪念碑上，记录了波兰国王扬三世·索别斯基、洛林公爵查理五世、萨克森选帝侯约翰·乔治三世（Elector Johann Georg Ⅲ of Saxony）、巴伐利亚选帝侯马克西米利安二世·伊曼纽尔（Elector Maximilian Ⅱ Emanuel）、沃尔德克亲王乔治·腓特烈（Prince George Frederick of Waldeck）、巴登藩侯路德维希·威廉（Margrave Louis William of Baden）和（躲躲闪闪的）"利奥波德一世的部队"会师的场面。哈布斯堡家族成功的外交努力和对神圣罗马帝国优势的充分利用，造就了这支伟大的多国联军。在一场特殊的弥撒之后，大部队冲下卡伦堡山，这是世界历史上规模最大的骑兵出击行动。能够完全决定战事走向的战役并不多见，联军把握住了其中的一次机会，彻底摧毁了土耳其人的部队。

在洛林公爵查理的队伍里，有一位惹人厌烦的年轻军官，他便是萨伏依的欧根亲王（Eugene of Savoy）。他不仅是帝国痛击其他敌人的利器，更是在迅速晋升后，给奥斯曼土耳其人的部队造成了

第六章

无限打击。但令人惊异的是,尽管最初的围城部队遭受了毁灭性的打击,奥斯曼土耳其人仍有能力调动大批部队取而代之。接下来的几十年,可能是欧洲迄今为止最为穷兵黩武的时期。在经历了一连串异常残暴的围城和攻伐之后,奥斯曼帝国的救援部队接连被毁,中欧重新回到哈布斯堡家族的掌控之中。但中欧的民族平衡完全被打破了。定居中欧数代的穆斯林和后撤的残存部队一并败走,大屠杀清空了整个城镇,清真寺悉数被毁。在经历了一系列很少被记录在案的恐怖暴行之后,穆斯林和犹太人曾经聚居的布达变成了属于基督徒的城市。匈牙利陷落了,高涨的兴奋情绪刺激着当地贵族,促使他们投票通过了哈布斯堡家族世袭匈牙利王位的决定(后来他们悔不当初),让这一大片地区摆脱了(理论上的)不确定性。1697年的赞塔战役是欧根亲王最为杰出的大胜之一,三万土耳其部队被斩杀或溺毙。大捷之后,欧根亲王重返维也纳,修建了美景宫(Belvedere Palace)以为庆贺。

在风景秀美的塞尔维亚小城斯雷姆斯基卡尔洛夫齐[又名卡洛维茨(Karlowitz)]城郊以南有一处特别的小礼拜堂,用以纪念1699年《卡洛维茨条约》(Treaty of Karlowitz)的签订。"神圣同盟"与奥斯曼帝国(在英国和荷兰的调停下)在土耳其人的一座驻地帐篷中展开了谈判。这座教堂即模仿了帐篷的外观,铅制屋顶层层叠叠,看起来十分有趣。教堂设有四座大门,这也和当时帐篷的形制一样,目的是让四队人马可以同时进入帐篷,避免产生先后顺序。帐篷内部(头一次)摆了一张圆桌,以防让任何一方的谈判人员看起来占据了主导地位——这是外交实践中的一次全新突破。奥斯曼土耳其人认为自己做出了惊人的让步,因为他们早已习惯于敌人无助的请求。但从欧洲人的角度来看,这次谈判也相当于承认了奥斯曼帝国作为欧洲强国的合法地位。《卡洛维茨条约》改变了地域的划分:匈牙利和斯拉沃尼亚被纳入哈布斯堡的版图,威尼斯人获得了伯罗奔尼撒(Peloponnese)和达尔马提亚,波兰重新夺回波多利亚(Podolia)——索别斯基在和土耳其人的早期战争中丧失了对该地区的管辖权。土耳其人将这一条约视为灾难,他们的谈判人员坚持要求按照奥斯曼宫廷占星家的指示,在1699年1月26日上午11点45分签订条约,由此为帝国保留了一点尊严。随着斯雷姆斯基卡尔洛夫齐小城的不断发展,今天在礼拜堂的周边兴建了不少新的房舍,这让礼拜堂看起来更加古怪,在这样的环境中举办日常宗教活动更是显得颇为滑稽。教堂以北是多瑙河的大转弯,岸边耸立着一座更加宏伟的纪念碑,纪念这个特别的时代。

一幅18世纪早期的地图清晰地展示了这个地区有多么糟糕。多瑙河以北一片平坦,只有连绵不绝的泥泞沼泽,这就意味着此处根本无险可守,被困的部队无须敌军侵扰,就可能死于饥饿或疟疾。多瑙河野性难驯,直到今天还能看到一些端倪:坐在斯雷姆斯基卡尔洛夫齐的巴士上,窗外是令人毛骨悚然的沼泽地——那是一片无法通行的混乱水域,遍布烂泥和厚厚的芦苇,与周围的景致格格不入。19世纪,在河道疏浚和运河开发工程开始前,这里就是该区域中绝大部分地方的缩影。在地图上,河北岸的一小片高地被命名为"塞尔维亚人镇"(德语为Rätzen-Stadt),河南岸一些零碎的土地被称为"克罗地亚人村",还有一处"士瓦本人村"(即德意志

第六章

人村），但很显然，这些地方的人口一定只有区区几百人。这一地区真正令人惊异的地形出现在彼得罗瓦拉丁，这是抵达贝尔格莱德之前，唯一一处可以看到大块多瑙河岩层的地方。这些裸露在外的岩层一直是奥斯曼帝国的领土，现在成了战争前线。接下来的80年里，哈布斯堡家族在这里修建了体量巨大、结构复杂的要塞。

从充满魅力的小城诺维萨德（Novi Sad）——由古老的塞尔维亚人小镇发展起来的面积更大的城市——上桥过河，我突然（颇有点伤感地）意识到，几年来，自从我第一次听说这个城镇，就一直在等待着此刻的到来。这里的要塞恢宏壮丽，与许多城市景观和绘画一样，不亲眼所见根本无法体会它的壮美。不得不承认，初到彼得罗瓦拉丁，砖石修建的堡垒好像被克雷斯·奥登伯格（Claes Oldenburg）①放大的一块三角形蛋糕，不免让人觉得有些失望。但当你意识到，要塞顶端异常纤细的彩色线条实际上是从碉堡向外眺望的人群，而阳光照射下不断移动的小小色块实际上是岩基处的小汽车时，要塞的复杂性会突然令人不安起来（当然，也同样让人欣喜若狂），它的体量之巨就更显得非人力所能完成。

进入要塞前要途经一个死气沉沉又无人问津的小镇，沿着教堂拾级而上，再穿过一条长长的、由岩间开凿出来的陡峭通道。一路上，我的身边总跟着一大批孩童，真是让我大惑不解。小孩子们越聚越多，他们高声尖叫着，几乎要堵塞了通道。不得不说，在塞尔维亚，有这么多学生对哈布斯堡家族的防御工事感兴趣，真是让人

---

① 克雷斯·奥登伯格，瑞典艺术家，其典型风格就是将现实世界中各种寻常的物件放大数倍，加以修饰并转化为艺术品。——译者注

佩服。但可惜的是，我很快就意识到，这个想法是错的——我的行程刚好和火爆全球的儿童出口音乐节（Baby Exit Festival）撞了车。确切而言，这个音乐节是每年夏天在要塞举办的成人"出口"（Exit）摇滚音乐节的儿童版本（几年前，来自苏格兰的乐队弗朗茨·斐迪南曾在出口音乐节上表演）。"儿童出口节"①热闹非凡，整个塞尔维亚北部的小朋友似乎都来到了这里，他们尖叫着，转着呼啦圈，周围是各大赞助商支起来的巨型芝士充气模型。孩子们像潮水一样，席卷了整个要塞，到处是面部彩绘的涂料、卡祖笛、贴纸、铅笔和怪模怪样的帽子。一辆又一辆运送软包果汁、爆米花和香肠的面包车挤满了通往要塞的窄路，车上的货物卸下来后，还要回去拉上更多货物。一头吓坏了的驴子似乎要被孩子们爱抚致死了。一场极为正式的民族舞比赛成了重头戏，赛场边站满了一脸严肃、大喊大叫的家长，他们和我在西南伦敦见到的那些胜负心极强的家长别无二致，不过是把孩子们的比赛项目从足球变成波尔卡舞。憔悴的手风琴师胡乱擦了擦额头，等待着每一组戴着小花帽、穿着宽松束腰短衫的小选手，汗涔涔地听完最后一轮打气演说。整个音乐节有趣至极，真庆幸在多年之后，彼得罗瓦拉丁要塞终于找到了合适的用途。

　　整个18世纪，要塞都在无休止地扩张，以防备土耳其人的入侵，但事实证明这样的扩张是毫无意义的。欧根亲王在一次大胜中，彻底挫败了15万土耳其士兵的攻势。他们无法破城而入，反

---

① 实际上，这个听起来不太走运的名字源自英语，并不是一个愚蠢的译名。

第六章

倒被包围了。这次大捷让哈布斯堡王朝将巴纳特收入囊中。彼得罗瓦拉丁似乎成了几代军事工程师的兴趣所在。要塞中的通道绵延不绝，被路障和弯曲的通路划分为一个个独立的区域。如此设计的背后有着一个邪恶的目的：各个军事区域的指挥官并不知道如何进入下一个区域，即便被俘后惨遭刑讯逼供，也无法将深入堡垒的路线告知土耳其人。这样残忍却精巧的军事布局完全没有起到任何作用：设想中的堡垒本该像吸水的海绵一样，吞噬掉土耳其人的进攻浪潮。成千上万的奥斯曼土耳其士兵本应被围困其中、被肆意屠杀，整支部队都该消失不见。然而，战争的前线越转越远，修建堡垒的目的便落了空。1848—1849年匈牙利独立战争期间，堡垒被匈牙利部队占据。匈牙利人倒是乐在其中，他们使用重型火炮，一点点地从河对岸炸毁了诺维萨德的大部分地区。哈布斯堡王朝为了根除匈牙利部队而付出的一切努力只换来了他们的嘲笑，这大概只能让维也纳军方挤出一丝苦笑，毕竟他们投入了大笔金钱来加固要塞。要塞后来也被用作监狱。第一次世界大战爆发之初，年轻的铁托（Tito）① 曾被短暂地关押在这里，彼时的他还只是布罗兹中士（Sergeant Broz）。

　　铁托被释放后，重新加入了哈布斯堡的军队，抗击东面的俄国人，这不禁让我们想起哈布斯堡王朝始终面临的问题（即便在欧根亲王英勇的岁月里同样如此）。欧根亲王的部队进入巴尔干半岛后，立刻出现了一个问题：哈布斯堡家族到底希望将奥斯曼帝国削弱到

---

① 铁托，前南斯拉夫社会主义联邦共和国总统，全名为约瑟普·布罗兹·铁托（Josip Broz Tito）。——译者注

何等地步？中欧的大片土地成了哈布斯堡家族的新领土，特兰西瓦尼亚归属维也纳管辖，数千名来自欧洲各地的殖民者涌入这些因战乱或逃亡而人烟稀少的地区，俄国人也趁势西进。作为信仰东正教的斯拉夫人，俄国人是否能肩负起特殊的使命，保护当地的原住民免受信仰天主教的德意志人和匈牙利人的威胁？同时，后索别斯基时代的波兰王国和奥斯曼帝国日渐衰弱，哈布斯堡王朝和罗曼诺夫王朝（Romanovs）之间合理的界限又该如何划分？通常，面对军事战略问题，任务一旦完成，就立刻有新的任务递过来：在摆脱了土耳其人的威胁之后，哈布斯堡家族立刻发现新邻居也在打他们的主意。在接下来的两个世纪里（以俄国人消灭奥匈帝国作结），这成了哈布斯堡家族面对的头等问题。但幸运的是，在儿童出口节的狂欢里，这个问题显得并不突出。

新边疆

站在布达佩斯的城堡山上，我为自己的孩子气感到羞愧：去匈牙利国家美术馆，还是去匈牙利国家军事历史博物馆（Museum of Military History）让我犯了难。两家博物馆离我距离相当，各自散发着别样的魅力，让其他博物馆都相形见绌。我就像寓言里的驴子一样，饿着肚子却在两捆同样美味的干草前犹豫不决，整个人像被冻住了一样无法动弹。匈牙利国家军事历史博物馆正在举办名为"奥斯曼帝国与匈牙利的军事关系"的临时展览，展厅里一定人头

第六章

攒动,大家都对这段充斥着对抗和野性的模糊历史充满兴趣。但最终,匈牙利国家美术馆胜出了——我不能再浪费时间,一定要再看一眼吉拉·本克苏尔(Gyula Benczúr)的杰作《重新夺回布达城堡》(*The Recapture of Buda Castle*),这是 19 世纪末最为精彩、最为庞杂,也最为引人入胜的美术作品。

这幅疯狂的作品记录了特别的一刻:在极具毁灭性的残酷围城之后,"神圣联盟"的指挥官们在元帅洛林公爵查理的带领下,踏上布达城堡的残垣断壁。令人尊敬的奥斯曼指挥官阿卜杜·帕夏(Abdul Pasha)的尸体仰面倒在地上,他雪白的胡须和身下阵亡的非洲弓兵的深色皮肤形成了鲜明对比。在他们的身边,传令官吹响了小号,一位僧侣直勾勾地盯着十字架,骑兵们在欢呼雀跃,幸存的土耳其人束手就擒。时隔 143 年后,布达重新成为匈牙利人的城市,奥斯曼帝国在此地的统治轰然倒塌。

奥斯曼帝国在中欧统治的终结引发了更多难题:这些新征服的地区是否可以看作"西方"失落领土的回归,而这些领土是否沾染了不可逆转的"东方性"。哈布斯堡家族传统的核心领土西起博登湖,东至军事边疆区,绵延约 300 英里。奥斯曼帝国旧日领土纳入神圣罗马帝国版图后,使后者疆域的横向跨度扩张了两倍多,边境距离黑海仅有约 150 英里。这也让帝国不再是单纯的阿尔卑斯、德意志及意大利文化盛行的君主国,其"东方性"主要体现为更为自由、多元的宗教信仰。在新领土上,随处可见信仰路德宗的撒克逊人、信仰犹太教的犹太人、信仰加尔文宗的匈牙利人及信仰东正教的塞尔维亚人和罗马尼亚人。要不是许多穆斯林在"神圣联盟"挺进前就逃到了波斯尼亚和色雷斯（Thrace），这里的宗教图景会更加复杂。

正因如此，西方的胜利在这一片宗教混杂的土地上掀起了独尊天主教的狂潮。这种宗教排他风潮的复苏早在维也纳之围开始前就已成形。在皇家匈牙利，人们对新教徒的歧视愈演愈烈，这也导致了更为残酷的荒诞行为：数百名新教牧师被卖到那不勒斯做苦工。这种异乎寻常的技能转换可能会于短时间内在地中海一带收获令人愉悦的虔诚赞歌，但也酿成了巨大的公关灾难。与此同时，一种不受欢迎的说法也在盛行：哈布斯堡家族不应对新领土拥有特别的管辖权，因为成功驱逐土耳其人要归功于整个欧洲的联盟。紧接着，一系列可怕的暴动开始让人们质疑这样的说法。1672年到1711年间的三波库鲁克人（Kuruc）武装起义摧毁了这片饱受蹂躏的土地，甚至给一度完好的上匈牙利地区（斯洛伐克）也带来了灾难性的打击。这些武装起义目标明确，影响广泛，背后有多股外部势力的支持和干预。从波兰到法国，再到奥斯曼土耳其，他们都希望利用库鲁克人摧毁利奥波德一世的统治。外部势力的干预给了库鲁克叛军更大的筹码和权力，却葬送了他们成功的可能，因为哈布斯堡王朝绝对不会让新领地的管辖权旁落。库鲁克起义军只能小范围地挫败哈布斯堡军队，但他们若想最终取胜，只能指望法国人或是土耳其人击溃哈布斯堡军队，并把匈牙利作为独立缓冲国的地位写进和约里。然而面对匈牙利问题，外部势力通常不会在这方面费心思，因此库鲁克人始终未能等来胜利。

第一波起义完全是绝望的混乱产物，叛军多是新教徒，因为不

第六章

满哈布斯堡王朝对公民权和宗教活动的镇压而斩木揭竿。我们这些因为不光彩的帕里斯·冯·斯潘考将军（General Paris von Spankau）而开始收集哈布斯堡军队将领的滑稽名号的人，会永远记住这次起义。紧接着是伊姆莱·图科利（Imre Thököly）领导的第二波起义。这一次，起义军对于奥斯曼帝国的依赖给了他们致命一致，虽然他们的死伤和土耳其人在维也纳之战的惨败相比，实在算不上多大的损失。由费伦茨二世·拉科奇领导的第三波起义几近成功。起义军占领了匈牙利的大部分领土，似乎很快就能获得国际认同。但这恰恰就是匈牙利问题的一个经典例子，起义军之所以能占据领土，完全是因为大部分哈布斯堡军队正忙于其他战事，无暇顾及他们。布莱尼姆一战（Battle of Blenheim）中，盎格鲁-哈布斯堡联军以压倒性的优势大破法军，这沉重打击了拉科奇的主要赞助人，也让哈布斯堡军队得以东归，在特伦钦（Trenscén）轻松大败拉科奇的军队。自此，拉科奇开始了他漫长的海外流亡，这似乎成了匈牙利反叛故事里常见的主题。他后来在奥斯曼帝国的庇护下成为位于马尔马拉海（Sea of Marmara）北岸泰基尔达（Tekirdağ）小镇上一处匈牙利流亡者社区的领袖。

匈牙利贵族致命的冷漠态度让每一波起义都备受打击。无论事态如何紧急，国民们都拒绝听候指令，也从不奋起反抗。从某种程度上来说，这种行为恰恰反映了这一地区的落后和疯狂，他们甚至不愿意和隔壁谷地的族群产生联系。但从另一个角度来说，这也可能是出于社会上对人民起义的恐惧。在很多地方，地主讲匈牙利语，而他的佃农很可能是不可靠的斯洛伐克人、罗马尼亚人、塞尔维亚人或是罗塞尼亚人。这些人很可能正期待着哈布斯堡王朝的拯救,让他们免遭本地压迫之苦。宗教分歧也不容小觑:匈牙利人必须小心掂量,这些库鲁克起义军到底在支持宗教自由,还是实际上在反对天主教?这是否意味着信仰天主教的匈牙利人必须要支持哈布斯堡家族呢?

轮番的叛乱让哈布斯堡王朝始终将匈牙利看作治下的一个独立国家,但从其他方面来看,这样的做法无疑让匈牙利陷入灾难。大片领土赤地千里,只剩烧焦的房舍、城堡和小镇。许多家庭流离失所,其人口锐减的程度堪比和土耳其人交战的地区。在这里,人们也尝到了重获自由后第一波民族矛盾的滋味:不少塞尔维亚人选择支持哈布斯堡王朝,而不是反叛军。这也证明了,外来的统治者可以小心地利用奖惩手段,维持民族间的敌对关系,进而扼杀掉起义成功的可能。这也成了接下来的两个世纪里,各路摄政王和总督最常用的手段之一。许多匈牙利贵族在经历了战后民族清洗和宗教歧视之后,对民族独立产生了矛盾的看法:土耳其人走了,但又涌入了更多外族人,这让他们难以掌控匈牙利的未来。

武装起义造成了大规模的人口迁移,进一步推高了这里的不确定性,也彻底改变了此地的景观。想要了解 18 世纪早期这些新领土的糟糕状况,不妨去看看玛丽·沃特丽·蒙塔古夫人(Lady Mary Wortley Montagu)[①] 的一系列书信。她曾从维也纳出发,沿东南方向前往外交官丈夫在伊斯坦布尔的驻地。在旅途的书信中,她这

[①] 玛丽·沃特丽·蒙塔古夫人,英国作家、诗人,她的文学声誉主要来自在君士坦丁堡大使馆写的 52 封书信。——译者注

第六章

样形容这一地区:"帝国和土耳其人经历了漫长的战争,皇帝利奥波德一世对新教徒的野蛮迫害,导致了更为残酷的内战。两场战争让这里的大片土地都沦为荒地,根本无人开垦。"她途经的城镇已是一片废墟,土地荒芜,林间狼群遍布。20 年前的主战场上,士兵、马匹和骆驼的遗骨仍随处可见。

这次大规模欧洲移民行动的重要性,堪比同时期的英国人在北美建立的 13 个殖民地,也让这片不幸的土地成为今天人们关注的焦点。匈牙利人向东南迁移至今天的匈牙利境内,并在此繁衍生息。许多斯洛伐克人迁移至布达以北和以东地区,罗马尼亚人西迁至帕蒂乌姆和巴纳特地区——因为定居人数众多,一战后,巴纳特地区的大部分土地被纳入罗马尼亚的版图。大批塞尔维亚人成了移民中重要的一支,他们向北迁移,避开奥斯曼帝国的统治。他们最终在匈牙利南部一个今天名为伏伊伏丁那(Voivodina)的地方落脚,这里也是彼得罗瓦拉丁要塞的所在地。

每一次反抗哈布斯堡王朝的伟大起义都在匈牙利民族意识里留下了深刻的烙印,图科利和拉科奇的雕像随处可见,还有赞颂他们的诗歌、小说和绘画。但实际上,大部分起义活动都发生在现代匈牙利的国土之外——围城战和对抗战大都发生在今天的斯洛伐克、罗马尼亚和乌克兰,这些地方当时的政治格局相当混乱不清。匈牙利的贵族们一直希望在土耳其人的时代结束后,夺回他们的故国。然而,1526 年匈牙利国王拉约什二世死于摩哈赤战役之后,帝国皇帝斐迪南一世与奥斯曼帝国达成协议,对匈牙利分而治之。这样的安排竟然延续至今,就连特兰西瓦尼亚(拉科奇竟成了最后一位特兰西瓦尼亚大公）也突然丧失了长期保持的半独立地位。哈布斯堡王朝确定的新边界似乎为匈牙利人划出了一片区域，但他们仍要接受维也纳的跨国管辖，而布达对此无能为力。1918 年，最后一位哈布斯堡王朝的皇帝逊位后，匈牙利人重新统治这片广袤领土的幻想最终被无情地打破了。

仪式礼节

从多个角度来看，哈布斯堡王朝在利奥波德一世漫长的统治时期达到了巅峰——重大事件接连发生，地缘政治出现了令人兴奋的变革，当然还有杰出的音乐作品问世。利奥波德一世是家族中少数能调和职责"阴阳"的成员之一：他很好地平衡了神圣罗马帝国皇帝和哈布斯堡家族领土统治者的双重身份。"德意志帝国"（Reich）和"奥地利"（Österreich）之间的区别经常为人所遗忘，特别是皇帝们自己。利奥波德一世的前任们，比如斐迪南二世和（情况略微好些的）斐迪南三世曾试图利用帝国的力量（即他们所能调遣的所有帝国境内的部队）来达成天主教独尊的目标，最终在帝国内部引发了大规模的内战。斐迪南二世试图通过暴力手段迫使国民臣服的举动恰恰展现了皇权的有限性。摧毁新教是斐迪南的主要目标，为了达成这一目标，他必须采用前所未有的手段，强迫所有名义上的国民认可他的权威，但并没有成功。查理五世甚至曾通过摧毁低地国家的整片城区，让当地民众遵从他的指令。帝国希望采用欺骗和

第六章

愚民策略，保持政体的形制（以防小邦国被更为强大的邻国吞并），保护皇帝，只让他在必要的时候出面。但帝国内部遍布难于管理的蕞尔小邦，法律文书早已蒙尘，判决过程更是冗长。虽然在今人看来，低下的效率成了帝国的困境，但在当时或许并非如此。

对帝国丧失了耐心的历史学家和经济学家曾设想，帝国如果实行了这样或那样的创新或改革，就能拥有更合理的金融结构。但我们并不清楚，当时的人们是否真的对此感兴趣。诚然，所有统治者都渴望获得更多金钱，但他们对待金钱的态度实在是出人意料的混乱。他们会一时兴起决定再建一座恢宏的巴洛克式教堂，或是突然赏给朝臣一座新房子。或许和枯燥的记账相比，随意挥霍才是君主应有的行为。

在利奥波德一世身上，皇帝身份和哈布斯堡王朝统治者的身份完美地融为一体。依照历法，利奥波德一世需要参加一个个盛大的宗教活动，但他有时会表现得十分低调。这些活动通常伴有繁复的仪式礼节：国王的内侍们围绕着贵族、使节、到访的士兵、告解神父和皇室的小成员，各自站在、坐在或跪在恰当的位置上，让任何人都没有被怠慢之感。一年中大约要举行 60 场盛大的宗教仪式，在圣诞节、复活节、圣灵降临节（Pentecost）等重要节日还要举办特别的庆典。在金羊毛骑士团庆祝圣安德鲁日的庆典上，皇帝更是要公开用膳。在这些活动上，皇帝必须在众人眼前现身，必须和贵族说上几句话（贵族们对这一刻十分期待，一旦皇帝怠慢了某人，便会立刻流言四起），也必须接见请愿人。这种生活一定古怪透了，或许皇帝们选择狩猎甚至宣战，就是想要摆脱无聊的执政生活和强制性的寒暄。玛格丽特·特蕾莎曾指出，玩纸牌、欣赏音乐会和歌剧是避免与其他所有人说话的好方法，她也因此把几乎所有的时间都花在了这些事情上。

没完没了的卑躬屈膝、礼节性的吻手礼、特殊的宫廷礼服以及纯粹的恭维话让人感到厌倦，但也经常被各种原因打断。就是在这些冗长的仪式和永无止境的聚会中，皇帝做出了一个又一个决策。他要经常接见议会成员、领军将军、告解神父（这是帝国中相当重要的人物，我们却对他们一无所知）和皇室成员，但重要事项的最终决策权，还是会落在皇帝一个人身上。他处于高度复杂又摇摆不定的权力中心，欧洲的大片领地都在等待他的决策。换作是我，一定会选择当个毫无作为的皇帝。我要花上大把时间去欣赏音乐，和情妇嬉戏，购买昂贵的珠宝，坐在私人图书馆里舒服的椅子上看书。我会和许多才华横溢的画家交谈，讨论如何在庆祝大胜的穹顶壁画中画上我的形象。有些项目相当值得尝试，利奥波德一世肯定对此充满兴趣，但帝国东边的奥斯曼土耳其人和西边的法国人都是相当好战的邻居，迫使利奥波德不得不做出一些关键的决策。

面对东西两侧的威胁，利奥波德一世充分利用帝国资源，同时阻击路易十四和土耳其人。帝国和英格兰、西班牙、尼德兰等国组成了强大的同盟，在九年战争（Nine Years War）期间，成功遏制了路易十四。作为大同盟中具有影响力的成员，利奥波德一世引入了"兄弟连"（band-of-brothers）式的军事策略，成功在维也纳之战（Battle of Vienna）及其后续战事中，大败土耳其人。接着，他又挥师西进，摧毁了路易十四的部队。随后他又杀回东方，进一步

第六章

重创奥斯曼帝国。实际上,仔细想来,在这一波军事行动中,尽管帝国和哈布斯堡家族都处在更大的同盟之中,但两者的利益在欧洲各地都体现了更强的一致性,这样的情况并不常见。利奥波德一世有效地利用了自己皇帝的身份,精明地讨价还价,并做出了两个对欧洲未来发展至关重要的决策。第一个决策是允许勃兰登堡选帝侯腓特烈·威廉一世(Friedrich Wilhelm Ⅰ)获得国王尊号,以此换取他对抗击路易十四的支持。这是极为惊人的改变:过去,在帝国中唯一能被称为国王的人都来自哈布斯堡家族(皇帝本人拥有两个国王头衔,即波希米亚国王和德意志国王;另外一个则由他的继任者获得,即罗马人的国王),其他人只能被冠以亲王、骑士、领主等头衔。腓特烈·威廉一世起初被称为"*身在普鲁士的国王*"(King *in* Prussia),当他将波兰管辖下的普鲁士领土全部收入囊中之后,这一古怪的头衔就被改为"普鲁士国王"(King *of* Prussia)。这一头衔给了他的家族以特殊的荣耀和地位,尽管他们后来成了哈布斯堡家族的死对头。第二个同等重要的决策是利奥波德一世同意将来自西北部的德意志诸侯恩斯特·奥古斯特(Ernst August)任命为选帝侯,以奖励他对土耳其人的作战。这是一次重大的调整,帝国境内其他诸侯十分厌恶这一决策,他们直到恩斯特·奥古斯特死后才肯承认他的地位。但恩斯特的儿子汉诺威选帝侯(Elector of Hannover)乔治·路德维希(Georg Ludwig)于1714年加冕大不列颠王国国王,即后来的乔治一世(George Ⅰ)。这次意外的转折让英国在神圣罗马帝国中获得了重要的话语权,尽管此时的帝国正处在快速解体的边缘。这也巩固了伦敦和维也纳之间略显畸形却相当重要的关系,稍后我会继续谈到这一点。

鸡头蛇的厄运

小天使(Putti)的谱系是复杂而混乱的。大约自文艺复兴时期开始,艺术家们通过复制古典原作,再现了小天使的形象。人们经常把小天使与掌管性爱和命运的丘比特(Cupid)混为一谈,却很少将他们和长着翅膀、上下翻腾的小婴孩形象联系在一起。在宗教绘画中,小天使们的形象略显严肃。在数百幅绘有统治者和古老神祇的穹顶壁画中,小天使们通常在抛掷花朵,在云间嬉戏,或是做些其他清闲的工作。有时,他们也会呈现出略显伤感的表情,让人欲罢不能(最知名的当数拉斐尔的油画《西斯廷圣母》,现藏于德累斯顿①),但在大部分时候,他们的存在可以为沉闷的画作增添几分轻盈之感,让画面更为丰富动人。到了拿破仑执政时期,小天使的形象几乎销声匿迹,这大概也要算到拿破仑头上。

在维也纳的安霍夫广场上,耸立着一座巨大的玛利亚纪念柱(Marian Column),一想到柱子上古怪的小天使形象,不免让我有点心慌意乱。斐迪南三世命人修建了石柱以感激圣母玛利亚的代祷,保护维也纳在三十年战争期间免遭瑞典人的入侵。这是一座异常奇怪的纪念碑,但仍是朝觐和举办特殊弥撒的中心。2007年,

---

① 此处原文为 Raphael's *Sistine Madonna* in Dresden。——译者注

第六章

为了纪念石柱落成 360 周年，教皇本笃十六世（Pope Benedict XVI）在柱下祈祷。他面对众人高声说道："多少年来，有多少人曾在此柱下仰望圣母，虔诚地祈祷！"这真是动人的一刻，很容易让人联想起历史上的众多时刻，人们以国家和个人的名义在这里祈求圣母保佑。在经历了风风雨雨和最为可怕的政治动荡之后，玛利亚纪念柱完好如初。但位于布拉格的纪念柱就没那么好运了：1919 年，捷克斯洛伐克甫一独立，纪念柱就被欣喜若狂的人们推倒砸毁了。

布拉格的民众们有无数合理的动机推倒石柱，其中最为强烈的要数玛利亚纪念柱令人极为不快的象征意味。在维也纳，圣母玛利亚看似无害地立在柱头之上，她的一只脚下踩着一条扭动的恶龙（龙口中喷出一道美丽的金色火焰）。这条龙好像一个巨型尖叫玩具，玛利亚似乎在全力把它踏成扁片。底座四周围绕着小天使，整个组合非常别扭：他们丝毫不像在迎接圣人进入天堂，或是在抛撒花环，更像是某些实验农场的产物。这些小天使都长着胖嘟嘟的小脸蛋和藕节般的手臂，周身却披着角斗士一般的重型铠甲，手持宝剑，砍杀各种令人作呕的扭曲怪物，比如鸡头蛇（cockatrice）[①]。教皇曾提到纪念柱是斐迪南三世为"感谢圣母保佑维也纳在极端危难的时刻获得解放"而建立的，但很显然，他所谓的"危难"不只是瑞典人，还有随之而来的"传染病"——新教。

[①] 鸡头蛇在中世纪时期的绘画、纹章、雕刻、建筑中大量出现，它拥有公鸡的头、身和腿，蛇的尾巴，身体像鸟，但却没有覆盖羽毛，而是覆盖着蛇的鳞片。据说是从公鸡蛋里孵出来的蛇，有瞪视人即让人石化或致死的能力。——译者注

每一个在"特种部队"服役的小天使都挥舞着手中的小剑处决这些怪物,玛利亚本人也是一样。她一反常态地主动出击,将"异端"恶龙碾为齑粉。大量带有明显反新教意味的材料都已被销毁或悄悄地藏了起来,因此在这里看到这样的石柱实属让人意外。但在慕尼黑,另有一座邪恶的纪念柱也留存至今。用这些长着鸡头和两条带鳞细腿的怪物来代表新教似乎不是什么好主意,也不该拉拢小天使们去干这些卑鄙的勾当。这反倒体现出一种不切实际的幻想,好像新教的问题可以用宝剑来解决——好像雕像一旦完工,挥舞着利刃的小天使就能终结新教的威胁,但实际上,哈布斯堡家族花了数百年的时间来消灭异端,最终却以失败告终。布拉格的纪念柱曾矗立在雄伟的扬·胡斯(Jan Hus)纪念碑附近。1915年,扬·胡斯纪念碑落成,成为曾被斐迪南二世扼杀的捷克民族性的伟大标志之一。人们推倒玛利亚纪念柱的行为,既代表了对哈布斯堡家族的反抗,也是对三十年战争结果的徒劳抗争。

斐迪南三世和利奥波德一世统治期间,似乎突然开始流行造型华丽又有些抽象的公共纪念碑。在帝国各处,黑死病纪念柱随处可见。周游各地到访这些纪念柱,似乎还是一个小众爱好。但在格拉茨,存有一座略显粗糙却富有魅力的黑死病纪念柱;奥洛穆茨(Olomouc)的纪念柱则十分宏伟,好像一枚巴洛克风格的地对空导弹。纪念柱代表了对圣三位一体(Holy Trinity)终结某场瘟疫的感谢,但长久以来,人们似乎很难讲清楚这些石柱的地位。1679年,利奥波德一世为了躲避黑死病可耻地逃离了维也纳,此后便许诺建立一座纪念柱。今天,这座刻有流云和圣人形象的纪念柱矗立

第六章

在格拉本大街中央,却被周围成群的哑剧演员和人像雕塑抢了风头。但是,瘟疫总会过去,仅仅因为瘟疫在四分之一人口死亡后停止就建起这么一座装饰华美的石柱,似乎多少有些讽刺。也许这些石柱更适合建在某个奇迹般躲过了瘟疫的小镇——尽管我猜其他饱受疫病之苦的小镇并不会认同。但无论如何,这些石柱都是非常古怪的存在,很多时候,它们能够意外地保存至今仅仅是因为选对了地方或是材质耐久,其最初的功能自然早已荡然无存。西里西亚战争(Silesian Wars)期间,普鲁士人曾围攻奥洛穆茨,几颗炮弹击中了黑死病纪念柱。吓坏了的居民竟派出一队代表,恳请普鲁士人调转炮口,不要损坏这些石柱。普鲁士人同意了,虽然代价很可能是居民的无端伤亡,让房舍和商店毁于战火。然而在这之前,唯一受损的不过是那些肢体扭曲、表情夸张的圣人雕像,还有古怪的小天使。

私人享乐

对于每一个涉足哈布斯堡家族问题的人来说,都会面临同一个问题,那就是如何享乐。如果你拥有无限的金钱,也没有人限制你的行动,这会是件乐事吗?总的来说,我们无法回答这样的问题。皇帝要同时扮演公众角色和私人角色,两者完美地互相交叠,其古怪程度是我们无法想象的。一天的大部分时间里,皇帝都要履行各种象征性的世俗义务和宗教义务。他的身边围绕着一群侍从,唯一的工作就是要确保皇帝戴对了王冠、挂对了吊坠、穿对了装饰性的斗篷。皇帝本人必须留意尊卑次序，因为他在公众场合和某个人稍微说上几句话都可能给这个人带来改变命运的莫大荣耀。当然，皇帝们的头脑中也会时刻盘旋着一个令人不安的念头：最终只有死亡才能带来自由，让他可以摆脱这份看似光鲜的枯燥工作。死亡的机会只有一次，皇帝的死亡则必须充满"善终"的象征意味（临终前家人围聚在身边，在恰当的时候手握十字架做出忏悔）。表面上看来，整个过程都是庄严肃穆的，特别是当一大群悲伤的亲戚缓缓地聚到一起，时不时还要从气喘吁吁的信使口中得知前线失利的战报——这算得上是哈布斯堡家族的老传统了——气氛就会变得尤其凝重。

对于哈布斯堡家族的一些成员来说，最为合理的评价或许是美好事物的管理员。这些伟大的收藏家为我们留下了一份惊人的遗产。这些藏品是我们当下的乐趣之源，彼时的收藏者一定也曾享受过类似的快乐。硬币、珠宝、玉雕、图章等精致而小巧的物件可以拿在手中把玩，因此是收藏家们的心头好。我曾花上好几个下午来研究哈布斯堡王朝的硬币和勋章，却一无所获（实际上，这类物件的研究空间十分有限）。真正有意思的收藏品当数小小的木质托盘、细小的手写标签和纤薄的白手套。当然了，这种所谓的趣味部分是出于自命清高和自我粉饰的需要，但能把这些小玩意儿握在手里，缓缓地对着灯光翻转把玩，然后独自陷入沉思才是真正令人享受的过程。（对于习惯了把玩金币巧克力的人来说）一个小小的金制圆盘分量惊人，重力的法则似乎都失去了意义。硬币也同样惊人，自15世纪晚期以降，硬币上的统治者形象必须采用写实风格。因为

第六章

硬币的作用在于流通，它代表了君主在管辖地域内的权力与合法性。皇帝的面容被如实地刻在硬币上——维也纳王庭中的奴颜媚骨之徒对这张脸再熟悉不过了——其相貌也由此远播至蒂罗尔治下叫不上名字的小地方。精美的金币和勋章通常被用作赏赐，或是庆祝皇位继承、军事胜利、皇室婚礼的纪念品。这些艺术品让特定的家族和上层人士得以了解事件的盛况，也让他们能在城堡和宫殿中向特定的访客展示，进一步巩固帝国的统治。将这些制作于16世纪末的精美硬币以恰当的角度握在手中（戴着特殊的手套！），便会惊奇地发现，硬币人像的细小发丝、珠宝和褶皱领边历经几个世纪仍完好如初。这些硬币是为了马克西米利安二世的儿子阿尔布雷希特大公（Archduke Albrecht）和妻子腓力二世的女儿伊莎贝拉公主（Infanta Isabella）所造，当时他们统治着西属尼德兰。今天，他们的宫殿、音乐、地位和政治权力早已不复存在，二人高贵的气质却通过硬币留存至今。即便从冶金的角度来看，在马克西米利安一世去世约500年后，还能在一枚古旧的廉价硬币上看到他极富魅力的形象，特别是与众不同的发型和大鼻子，也算得上是个奇迹了。由于硬币上的人像必须遵从写实风格，人们最容易通过硬币见识到哈布斯堡家族成员的丑陋。帝国硬币因循了罗马硬币的传统，人物都以头肩像出现，家族成员骇人的肿胀下巴完全显露无遗（在人们更为熟悉的绘画中，这一缺陷还能通过调整角度、灯光，加上长短胡子来掩盖）。利奥波德一世在位时间很长，其间也多次取得军事上的胜利，这就意味着他模仿恺撒风格的形象会出现在无数硬币、勋章和装饰画上。然而，他闷闷不乐的表情却让他的威严大打折扣。

不少哈布斯堡家族的成员都对收藏硬币情有独钟。硬币成了他们和先祖保持私人交流的渠道，也是一种愉快的消遣。在一个悠闲的早上，认真翻看放在小抽屉里的金属片——那是来自先辈的传承——让人不免产生一种鉴赏家之间亲密无间的惺惺相惜之感。这也是一堂生动的历史课，让他们通过历史的棱镜对照自己的执政表现是好是坏。对于哈布斯堡家族的每一位成员来说，这些物件带来的最大慰藉莫过于让他们知道，即便遭遇了最坏的情况，总会有一位先辈——看看鲁道夫二世和马蒂亚斯不可一世的形象吧——经历过更为糟糕的局面。

藏品进入博物馆，其性质就发生了变化，博物馆的作用就是抑制人们想要创造某件物品的冲动。一排排的硬币好像帕尼尼（Panini）公司出品的球星贴纸，但图案比贴纸呆板得多。这些可供把玩的藏品讲述着一个非凡的故事：如何从浮夸的巨大金块变成粗糙而毫无特色的金属小方块，后者正是维也纳之围期间使用的战时货币。

硬币显然是最为知名的皇室私家藏品，但皇帝身边的好东西不只有硬币，还有版画、细密画、餐具等不一而足。这些都是欧洲最为上乘的精品，也最能反映时下潮流，是人们最难企及的领域。我们无法想象，当皇帝得知其他宫廷获得了来自佛罗伦萨的最新款精美餐桌摆件，上面嵌有银子和珊瑚，是否会担心自己不够时髦？如若他们得知坊间有一位新晋的肖像画家能让每个人的画像都充满中世纪的遗韵，是否会急着让他前来作画？有一些皇帝会把这类工作交办给了解自己的朝臣或亲属，本人则专心祈祷、狩猎和生儿育

第六章

女。然而,皇帝们的公众形象和私人品味之间的差异始终让人好奇。从各个角度来看,鲁道夫二世都是利用皇帝身份满足私人享乐需求最极端的例子。饲养渡渡鸟既满足了他的个人喜好,又是展示帝国实力的手段:他有能力保证渡渡鸟安全地从印度洋被运送到他寒冷的宫殿(这只鸟的大部分遗存现今保存在布拉格的斯特拉霍夫修道院①)。鲁道夫的大部分藏品显然是为了满足他贪婪的(甚至是疯狂的)个人喜好。几千件藏品堆满了一个又一个房间,几近失控,似乎也在提示我们,鲁道夫的头脑也快要失控了。但在一切脱轨之前——甚至是接近生命尾声的时刻,在某个特别而安静的地方——鲁道夫一定从这些藏品中感受到了巨大的快乐。从鹤鸵到巨型木化石,它们都是皇帝一遍遍爱抚过的珍藏,更是权力的公开象征(即便耳边响彻鹤鸵从围栏里传出的凄厉尖叫,也是只有皇帝才能享受的特权)。

　　鲁道夫的收藏癖覆盖各个领域,这也让他成了最早一批"真正的"欧洲人之一。从意大利的宝石制作到荷兰的绘画,他广泛的兴趣爱好从某种意义上来说,让他的头脑成了最早的欧陆博物馆。他沉迷于丢勒的绘画,虽然这种老派的艺术传统早已式微。经过无休止的谈判,鲁道夫花了大价钱买下了丢勒的作品《玫瑰圣母宴会》(*Feast of the Rosary*)。这幅画是画家受雇为威尼斯的德意志商人教堂创作的祭坛画。鲁道夫直接下令,让四个健壮的男人从威尼斯把画扛到了布拉格,中间途经布伦纳山口。一路上,画作必须保持

---

① 此处原文为 Strahov Monastery。——译者注

直立向上，不能放倒在雪地上。要是我们能知道这四个人在这场奇怪的旅途中都聊了些什么，该是多么美妙的一件事啊！

鲁道夫二世一定从这幅画中得到了极大的私人享受。或许他执政期间最令人兴奋的时刻就是有机会能花上几天时间静静地坐在画前，欣赏它的艺术之美。在接下来的几个世纪里，这幅梦幻般的作品历经沧桑，受到了严重的损毁。今天，这幅作品被妥善地保存在位于布拉格的国家美术馆。在鲁道夫钟爱的这幅画作中，还能看到跪在圣母面前的帝国皇帝马克西米利安一世。圣母将玫瑰花冠戴在他的头上，他的身边围绕着一群姓名现已不可考的贵族和士兵，丢勒本人也出现在画面的背景中［和往常一样，他看起来和里克·韦克曼（Rick Wakeman）①一模一样——在前卫摇滚出现前的几个世纪里，人们该如何接受丢勒奇怪的发型和胡子呢？］。

正如鲁道夫本人一样，如果不连篇累牍地记录他的钟爱之物，就很难说清他丰富的内心世界。至此，我甚至都还没有提到《米拉善本》（*Mira Calligraphiae Monumenta*），这是帝国皇帝斐迪南一世的皇家秘书临写的一套书法珍品合集。鲁道夫二世委任画家乔里斯·霍夫纳格尔（Joris Hoefnagel）为善本增加了装饰画，多是些小动物、水果和花卉图案。这些插图十分生动美观，衬得其他部分都略显乏味——不论是黑莓、蛞蝓、桃子还是繁花，每个图案都精巧地排布在书页上，仅供善本的拥有者（即皇帝）赏玩，这完全是无与伦比的私享体验。或许互联网带来的最大改变在于，它让人们

---

① 里克·韦克曼，英国前卫音乐人，他的作品融合键盘、古典钢琴、电子合成器等，甚至和管弦乐团共同创作了多张前卫的音乐专辑。——译者注

第六章

第一次有机会重新体验各种藏品带来的私人享乐——在此之前,这是只属于住在布拉格城堡中挂着黑眼圈的隐居者的特权。

在皇帝的私人艺术享乐中,另一个神秘领域当数音乐。公共音乐的种类多种多样:从仪式开场的号角短曲到进行曲、弥撒曲,都与皇帝和大公的喜好息息相关。这些乐曲会定期更新,前代人的音乐难免会被扔进故纸堆。20 世纪 70 年代以来,音乐学家们挖掘出不少幸存的资料,让我们得以再次听到这些旋律。但遗憾的是,当时的音乐界也盛行一种无情的使徒传承关系,导致不少好音乐仅仅因为不符合时代需求或风尚而不再传唱。对于哈布斯堡家族来说,16 世纪 90 年代发生了一个重要事件:彼时的年轻人即未来的帝国皇帝斐迪南二世,开始在位于格拉茨的宫廷里招募来自意大利的乐师和歌手(包括不少威尼斯人)。斐迪南二世要求他们用音乐表达对宗教改革的反抗,就像他让建筑师们利用白灰泥和金油漆达成的效果一样。1619 年,斐迪南二世登基称帝,他把这些乐师也一并带到了维也纳。斐迪南虽然施行恐怖统治,却始终保持着绝妙的音乐品位,看来两者的确可以并存。

这样的传统延续到了斐迪南三世、利奥波德一世和约瑟夫一世统治时期。在此期间,诞生了许多人们耳熟能详的作曲家,比如乔瓦尼·弗留利(Giovanni Friuli)、安东尼奥·贝尔塔里(Antonio Bertali)和马西米里亚诺·聂里(Massimiliano Neri)。聂里是斐迪南三世最喜爱的作曲家之一,他甚至因此获得了爵位。这些作曲家的风格各异,作品时而气势恢宏,时而悲怆伤感,高超的音乐水平让他们可以轻松创作出适用于加冕典礼的,"盛大如潮水般吞没众人的"音乐。我在这里提到这些乐师是因为他们除了完成公务，也会为皇帝的直系亲属们创作各种小篇幅的应景音乐。似乎所有的皇帝都对音乐重视有加，而为私人享乐创作的乐曲对于鲁道夫二世的继承者们来说，大概和鹤鸵一样，为他们带来了无上的（听觉）趣味。

在大部分英国皇室成员看来，帝国皇帝们的行为令人困惑：他们高涨的音乐热情促使他们自己开始作曲。或许和欣赏勋章及书法作品一样，创作音乐可以给皇帝们带来内心深层次的满足和愉悦。更为惊人的是，他们的大部分作品都质量极高——当然，我们也很难客观评价这些作品。斐迪南三世创作的圣歌《上帝，人类的救赎者》(Jesus, Sower of Human Salvation) 是一首轻快、优雅的佳作[①]；尽管隐去了自己的姓名，但约瑟夫一世创作的《天堂圣母》(Queen of Heaven) 完全可以在任何献给圣母玛利亚的康塔塔(Cantata)[②] 大赛中拔得头筹。然而，还有一个问题不容忽视，那就是在这些优秀作品中，像贝尔塔里这样的马屁精们到底出了多少力。另外一点在于，17世纪的音乐有着像数独一样严格的作曲规则，任何人都能试着创作一曲，甚至还能有不错的产出。但即便如此，对于那些本可以畅享鸵鸟蛋或是猎杀苍鹭的皇帝来说，选择用

---

① 斐迪南的离世甚至成了利好音乐界的消息，施梅尔策以此创作了无与伦比的作品《斐迪南三世的悼歌》(Lament on the Death of Ferdinand III)，让人仿佛身处空旷而鬼魅的宴会厅之中。

② 康塔塔是巴洛克时期一种重要的声乐体裁，通常由一系列的宣叙调、咏叹调、咏叙调、二重唱与合唱组成。康塔塔的题材既可以是宗教的，也可以是世俗的，既可以是抒情性的，也可以是近似戏剧性的。——译者注

音乐填满业余生活也是令人震撼的。他们好似在用乐器和乐谱注解炼金,徜徉在无限延伸的魔法世界之中。

利奥波德一世无疑是对音乐最为着迷的皇帝,也是最具天赋的作曲家。如果要评价他统治期间的功与过,他创作的宗教题材管弦乐作品《皮埃纳奏鸣曲》(*Sonata Piena*)或许可以抵消维也纳之围期间逃跑的羞耻。利奥波德一世也是特别的,他在第一任妻子玛格丽特·特蕾莎早逝后,为她创作了一首安魂曲。在玛格丽特短暂的一生中,艺术家们以她为灵感创作了许多杰出的作品,这首安魂曲也恰到好处地为她的一生增添了绚烂的结尾。

由此可见,皇帝们在公共生活之外,还有着丰富的私人生活,或者说是内心世界被完好地保存了下来。我们当然要关心奥土战争漫长而焦灼的战况,但鲁道夫二世狂热的收藏癖好显然要有意思得多,而这些癖好本就是皇帝身份的一部分或是副产品。我们即便无法确切了解利奥波德一世和法国人之间冗长斗争的所有细节,也要珍视他为培养维也纳丰富的音乐传统做出的贡献,这一点在他死后的一个世纪里仍然影响深远。

第七章

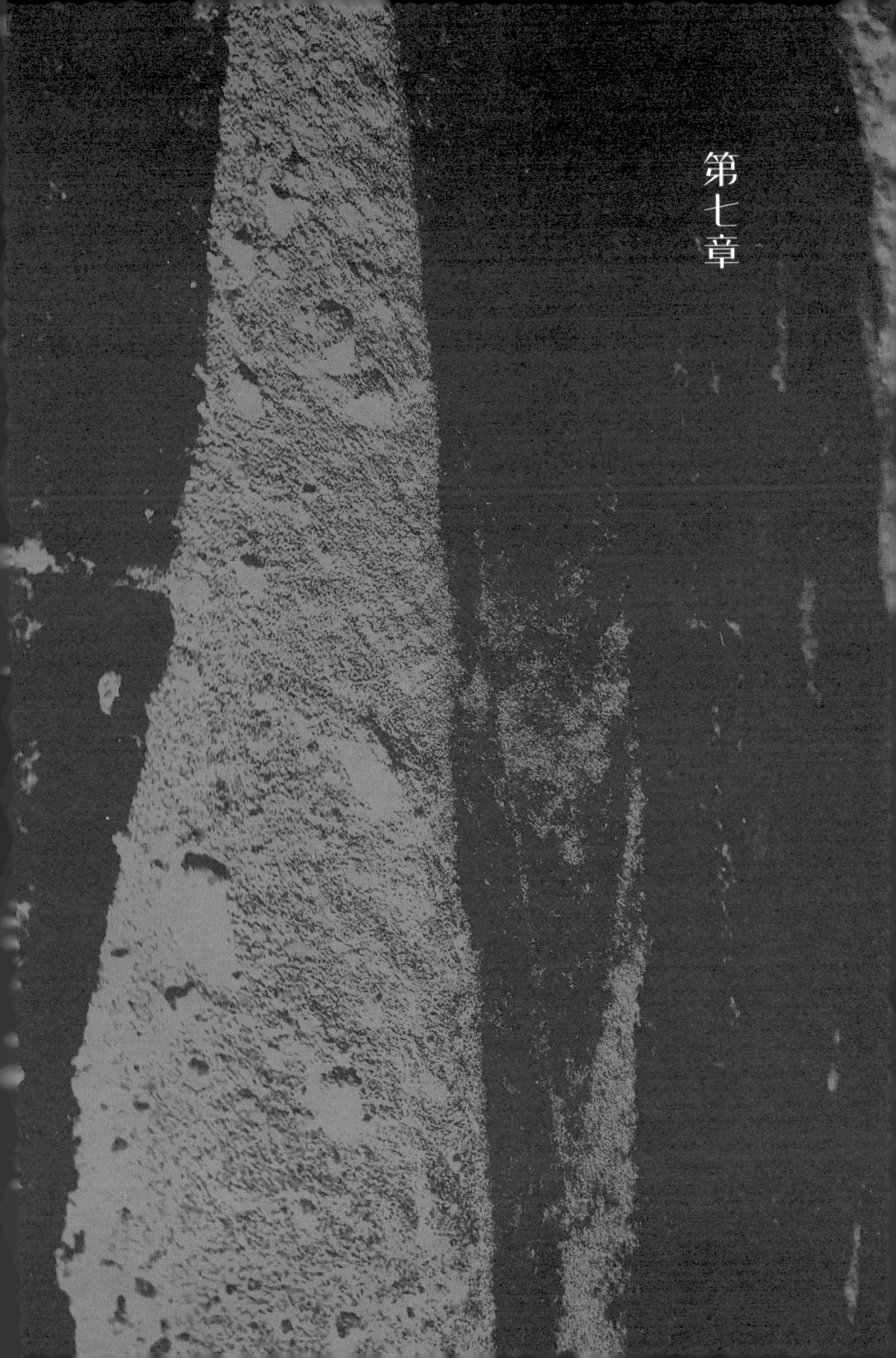

霍夫堡宫的皇家图书馆内部,现被称为普隆克厅。
资料来源:Bildarchiv Monheim/akg-images.

耶稣与尼普顿

来自托斯卡纳（Tuscany）的僧侣安东尼奥·切斯蒂也是一位歌手、乐器演奏家和作曲家，他的作品或许让利奥波德一世最为痴迷。杰出的音乐天赋让切斯蒂在处理世俗与宗教音乐时都游刃有余，也让他在短暂的一生中得以四处游历。他曾服务于斐迪南·卡尔位于因斯布鲁克的宫廷，在这个讨人厌的大公死后（无人为他哀悼），来到了维也纳。17世纪60年代，切斯蒂为年轻的利奥波德一世创作了一系列大歌剧（grand opera）①，包括最为知名的《金苹果》(*The Golden Apple*)，以庆祝玛格丽特·特蕾莎17岁的生日（这也是来自"舅舅"的一份特殊礼物），利奥波德本人还亲自创作了几段华丽隽永的咏叹调。这出歌剧场面恢宏，舞台设计庞大而繁杂，要花上两天时间才能完成布景。剧中出现了火焰、惊雷、飞龙，甚至是船难的壮观场面，其规模和危险程度都让人叹为观止，可惜我们今天再也无缘得见。切斯蒂是方济各会修士，却以古代众神为题材创作歌剧，这种古怪的组合恰好体现了整个欧洲的宫廷生活中自15世纪延续到19世纪的一个令人费解的重要特征：如何才能让已经占据优势却又严肃好战的圣三位一体在充斥着朱庇特（Jupiter）等神祇的宫殿里与后者和谐共存？在切斯蒂冗长的歌剧

---

① 大歌剧泛指场面宏大、内容严肃、充满史诗性内容的歌剧，后特指19世纪20年代兴起于法国的大型豪华歌剧。——译者注

《爱之耻》(The Disgraces of Love) 中，女高音用柔和的颤音唱出序曲，她的角色对这个问题做出了回答：基督教信仰已经将古代异教的伪神"碾碎在她的脚下"。接下来便是丘比特、维纳斯、伏尔甘（Vulcan）①和朋友们之间永无休止的乏味对话，当时的观众一定在默默祈祷，土耳其人何时才能发起进攻，好让这个夜晚赶快结束。

在哈布斯堡家族的每寸土地上，都能看到古典众神和助手的身影，同时出现的还有他们在现代的替代品，名义上一神教的象征，要求信徒绝对忠诚的上帝。他们出现在喷泉中、门廊上，还有穹顶上。古希腊和古罗马简单却刺激的英雄故事陪伴了我的成长，因此从特伦托到特兰西瓦尼亚，在一个又一个城镇欣赏当地的古典装饰成了我最大的乐趣。城镇中通常会有一个中心广场，在广场上，苍白而痛苦的耶稣被钉在十字架上，愤怒地盯着由进口白石修筑而成的巨型喷泉。池水中是粗腰而多毛的海神尼普顿（Neptune）②，他懒散地和一群裸体的水中仙女嬉戏（很显然，哈布斯堡的河流最终都要涌向大海）。

关于两种宗教得以共存有这样一种说法，即古典众神的存在仅仅是个象征，他们的作用就是弥补《新约》中缺少的有关皇室先祖传承的全景图。罗马给了查理曼以灵感，让他坚称欧洲是罗马真正的继承者，古代众神在宗教上也是中立的。这一点可能的确是真的：没有人会真的崇拜朱庇特和他的朋友们。众神对教会根本构不成任何威胁，因此宗教和世俗义务的统治阶层都深深沉浸在古典世

---

① 伏尔甘，朱庇特之子，古罗马神话中的火与工匠之神。——译者注
② 尼普顿，古罗马神话中的海神，对应古希腊神话中的波塞冬。——译者注

第七章

界之中。他们广泛诵读拉丁文,让古老的众神和英雄如普通百姓一般鲜活。

我一直为无法将伟大的 17 世纪英雄——画家克劳德·洛兰(Claude Lorrain)纳入本书而遗憾。洛兰有着漫长的艺术生命,尤其擅长绘制无与伦比的风景画,画中常有古典(偶有基督教)人物出现,却不曾出现过任何一位哈布斯堡家族的成员。后来我欣喜地发现,洛兰曾创作过一系列版画来记录罗马各类节日的盛况,其中就有庆祝斐迪南三世在 1636 年底当选"罗马人的国王"的场面——这样我就有理由把洛兰加进来了。斐迪南三世的加冕十分匆忙,他的父亲斐迪南二世在几周后就去世了,他也顺理成章地当上了帝国的皇帝。在这期间,西班牙的使节决定在罗马举办一场空前盛大的庆祝活动,克劳德此时正住在罗马(他主要的古典风景画赞助人为教廷工作)。当时奥地利和西班牙两国关系甚密,年轻的斐迪南和他的西班牙堂兄弟斐迪南①在讷德林根大败新教军队(这一场景因为鲁本斯的作品而不朽),也让人们产生了三十年战争即将结束的虚妄幻想。三十年战争名义上是捍卫天主教的战争,因此在罗马,注定会大肆庆祝斐迪南三世的继位,西班牙大使成了庆典的负责人。他安排了一系列让人完全摸不到头脑的盛大活动(大概要等到一个世代之后,欣赏切斯蒂歌剧的观众们才会对这样的场面感到熟悉),还雇用克劳德创作一幅与之匹配的精美版画,以凸显自己的聪明才智。没有什么比罗马主广场上的陈设更能体现古典世界

---

① 幸好这两个斐迪南造成的困惑很快就将不复存在。

与此刻的联系。在今天西班牙台阶（Spanish Steps）所在的位置上曾经有一座12米高的尼普顿雕像，身边围绕着海怪，还有一只象征哈布斯堡家族的双头鹰，他的身下是游满了假鱼的人造海洋。雕像附近有一座略显笨重的小城堡，顶上也装饰有哈布斯堡鹰，城堡四角分别代表四片大陆。接下来便是有些可笑，但又让人兴味盎然的环节了：天一黑，整片场地便会点燃一大串焰火。焰火先从方塔开始燃放，照亮下方更小的圆塔。接着，圆塔也点燃焰火，照亮斐迪南跨在马背上的雕像。雕像会缓缓穿越广场，抵达西班牙大使的宫殿，这一切要归功于 occulte macchine，即"秘密机器"（很遗憾，这名字一点也不贴切）的使用。最后的场景总能让人想到经典之作《恐怖旅馆》（*Horror Hotel*）中布莱顿码头（Brighton Pier）的幽灵列车。

克劳德用近乎奇迹般的版画如实记录了这些活动，包括焰火表演、摇摇欲坠的舞台装饰、壮观的场景，还有荒诞离谱的愚蠢行径。每个欧洲王朝都对古典意象有着各自的兴趣，但罗马的庆祝活动清楚地表明，哈布斯堡家族虽已在布拉格和维也纳定居多年，但他们仍然信奉查理曼无伤大雅的玩笑——他们统治下的帝国，其合法性来自古罗马，因此他们是"罗马人的国王"，是"神圣罗马帝国的皇帝"（尽管罗马并不在他们的直接统治之下，这多少让人有些尴尬）。因此，在帝国中使用古典意象再合适不过了，当然前提是要小心地去掉这些意象的宗教价值。

在色情作品中，我们也很容易看到古典意象。比如，鲁道夫二世就藏有多幅《朱庇特之爱》（The Loves of Jupiter），显然是为了

第七章

私用。反对宗教改革的伟大画家鲁本斯深受哈布斯堡家族喜爱,但奇怪的是,他的作品中既有"痛苦的圣徒被圣父迎入天堂"的场景,也能轻松地转换画风,将丰腴的荷兰裸女描绘成美惠三女神(Three Graces)。然而,他的作品却掩盖了斐迪南二世和斐迪南三世在位时一贯严酷而凶残的统治。在维也纳艺术史博物馆,鲁本斯的作品仿佛形成了特别的冲击波,让周围的其他作品都显得索然无味,似乎失去了原有的色彩。

  皇帝们常常将自己看作朱庇特。他们的双头鹰标志出现在无数旗帜和寓言中,还有神圣罗马帝国各处的墙面上。这只鹰可以被看作罗马帝国雄鹰的化身(俄罗斯的双头鹰据称也同样来源于此),也可以被看作化身为雄鹰的朱庇特。哈布斯堡家族成员可以以皇帝的身份使用双头鹰的标志,但在拿破仑(欧洲的另一只雄鹰)摧毁了神圣罗马帝国之后,他们竟大言不惭地将双头鹰据为己有,还带到维也纳,做了自己家族的徽章。从描绘哈布斯堡家族在战场上取胜的版画到罗马愚蠢的焰火表演,都能看到双头鹰盘旋其上。双头鹰是家族合法性无形却强大的标志,一旦王朝覆灭,这种合法性就很难在精神和心理上得以重建,两者紧密地交织在一起。查理五世曾在热那亚(Genoa)生活过一段时间,在安德烈亚多利亚宫(Palazzo Andrea Doria)处理公务。宫殿当时刚刚完成了穹顶壁画的绘制,铺满了佩林·德尔·瓦加(Perino del Vaga)令人惊叹的杰作。画面中的朱庇特轻松击败了一群反叛的泰坦(Titans),后者皆赤身裸体,四散畏缩在画面的底部,一队高贵的神祇在周围旁观。这是查理所能摆出的最为潇洒的姿态之一,也没有更具震撼性的视角可以更好地描绘他的形象，更不会有哪些傻蛋胆敢挑战他了。

　　朱庇特的形象还会不时出现，但令人意外的是，皇帝们也常喜欢被看作大力神赫拉克勒斯。在这里我应该加个括号：赫拉克勒斯一直是我热爱的英雄，自年幼时起，他的十二项伟绩（Labours）就一直盘旋在我的脑海里。对于大力神的丰功伟绩，我只有一点担忧——忒修斯（Theseus）也给了我同样的感觉——从某种程度上来说，他似乎缺乏幽默感，把希腊有意思的动物和人物都赶跑了。这些英雄的存在或许保护了希腊的文明，但他们的四处漫游也让希腊付出了代价：忒修斯惩治普洛克路斯忒斯（Procrustes）①之床的故事至少还保存有一丝幽默感，但他杀死克罗米翁牝猪（Giant Crommyonian Sow）②的故事则完全是乏味无趣的。我是一个来自英国中产阶级家庭的孩子，儿时有一本很大的希腊神话，赫拉克勒斯的十二项伟绩让我深深着迷。在我看来，这些故事就像耶稣的苦路十四站（Stations of the Cross）③一样，都是好故事的永恒范本。即便在过了大半生之后，在哈布斯堡王宫的穹顶上看到记录十二项

---

　　① 普洛克路斯忒斯是古希腊神话中一个开设黑店的强盗，他把人放在一张铁床上，如果身体比床长，他就砍去长出的部分；如果比床短，他就用力把身体拉到和床一样长。他用这种方法杀害了很多人。后人用"普洛克路斯忒斯之床"（Procrustean bed）意指"削足适履"，"强迫进入某地或某种情况"。——译者注

　　② 克罗米翁牝猪为野猪精，克罗米翁乡间常年饱受其害，后被忒修斯除去。——译者注

　　③ 苦路十四站指耶稣背着沉重的十字架在苦路上停留的十四处地方。苦路是基督教在耶路撒冷最重要的朝拜圣地，贯穿耶路撒冷老城基督区和穆斯林区的主要街巷。——译者注

第七章

伟绩的巨幅壁画依旧让我兴奋不已,一看到有不符合经典的部分,我便会气得头发直立。直到为本书进行最后一轮调研时,我才意识到,为什么这些伟绩存在多个版本。回想起来,这样的设计不无道理:宫殿的巨型穹顶下,是人们举办舞会、享受美食、参加婚礼的场所,不会有任何画家会在这样的地方为赞助人画下赫拉克勒斯清理奥吉亚斯国王(King Augeas)牛圈里数百吨牛粪的场景。这绝对不可能:哪怕是清理一小堆牛粪都会影响赫拉克勒斯的英雄气概,让他看起来像个在做堆肥的农民。更不用说他让江河改道,清理掉像山一样高的新鲜牛粪,这些热气腾腾的排泄物恐怕要占满半个天花板,这看起来可不太舒服。

维也纳郊区的列支敦士登花园宫殿(Liechtenstein garden palace)里有关赫拉克勒斯的穹顶壁画是同类题材中最为伟大的作品之一,由安德烈·波佐(Andrea Pozzo)于1707年完成。在这幅华丽的穹顶壁画中,赫拉克勒斯的伟绩被统一画在一隅,包括勒尔那九头蛇(Lernean Hydra)和尼米亚猛狮(Nemian Lion)在内的巨型怪兽们看起来都像滑稽的毛绒玩具。皇帝们对赫拉克勒斯的认同着实有些古怪:和朱庇特不一样,赫拉克勒斯有超能力,但他需要完成的任务却都是单向且轻松的——如果措辞再极端一点,人们会认为赫拉克勒斯实在有点蠢笨。他的敌人们似乎把握不住任何一丝机会,任由他在乡间漫游,扯掉猛狮的头颅,或是把凶残的狄俄墨得斯(Diomedes)[①]投喂给他吃人的牝马。赫拉克勒斯似乎在

---

① 狄俄墨得斯是一位凶残无道的色雷斯国王,曾用误入城堡的外乡人来喂养他的牝马,后被赫拉克勒斯丢进马槽,被自己的马吃掉了。——译者注

以浮夸炫耀的方式完成普通警察的工作,而不是完成崇高的使命。

我沉迷于赫拉克勒斯的十二项伟绩,却忽略了他的身份:他是朱庇特的儿子,是立法者;他是一位英雄,是奥林匹斯山(Olympus)的捍卫者。所有这些角色都符合哈布斯堡家族的世界观,当然他作为害虫防治员的身份除外。亚德里安·德·弗里斯(Adriaen de Vries)曾为鲁道夫二世铸造了一尊威严的半身像,鲁道夫身着赫拉克勒斯的狮皮铠甲,以基督教世界捍卫者的身份对抗(野蛮的、未开化的)土耳其人。这样的作品难以服众,因为人们都知道鲁道夫本人是个喜欢收藏贝壳、和江湖郎中往来密切的皇帝。在这样的背景下,十二项伟绩在哈布斯堡的土地上就成了简单的图示,让人们见识到伟大统治者的惩罚方式和远见。这绝对是以蒂罗尔的斐迪南二世为代表的西班牙哈布斯堡王朝想要传递的信息。在因斯布鲁克,哈布斯堡家族的先祖、当世成员以及战斗中的赫拉克勒斯共同出现在壁画中,但用了另一项"非常规"的伟绩——击杀巨人安泰俄斯(Antaeus)——替代了清理牛粪的画面。总而言之,这幅壁画有力地表明:如果有人胆敢违抗我们,我们就会碾碎你,砍下你的头颅,把你从地狱里揪出来,或是拿你喂马。

哈布斯堡家族对于赫拉克勒斯感兴趣的核心原因,在于一项经常被人遗忘的伟绩——赫拉克勒斯的神秘远征。赫拉克勒斯曾穿越利比亚(Lybia)来到地中海的最西端,在那里杀死了多头巨人革律翁(Geryon)和他丑陋的朋友(一只狗和模样古怪的牧羊人),再把他的牲畜带回文明世界。这是发生地最远的伟绩,经常和赫拉克勒斯之柱(Pillars of Hercules)联系在一起。在某些传说中,他

第七章

就是在那里将地中海分开两岸，从而形成了直布罗陀海峡（Straits of Gibraltar）。而在另一个传说里，赫拉克勒斯建起了两根巨型石柱用来标记地中海的尽头，他也因此和腓尼基人（Phoenicians）建立加的斯（Cadiz）的故事扯上了关系。这种错位的联想也意味着查理五世将赫拉克勒斯看作自己的象征，并通过石柱的设计表明了他的态度。海峡边的石柱上曾刻有 *Non plus ultra*（意为"世界尽头"）的字样，查理后来将 *Plus ultra*（意为"走向更远"）作为自己的座右铭，来炫耀他的臣民已经跨越海峡，征服了新世界。换句话说，他已经超越了赫拉克勒斯，成了新的立法者，不仅为欧洲立法，更可能为世界立法。这句话成了他纹章的一部分，也吓坏了他的对手，仿佛哈布斯堡家族已经取得了无限的权力。

奇怪的是，西班牙一直将 *Plus ultra* 用作国家格言，还刻在了王室盾徽上，或许他们应该做些调整了，因为情况早就发生了变化。最令人遗憾的当数克洛斯特新堡天花板上的纹章，这一大片位于维也纳附近的宫殿建于查理六世时期，在他于1740年去世后便被遗弃，很多地方尚未完工。十几岁的查理六世曾想要成为西班牙国王，也几乎继承了同名先帝的大部分帝国领土，因此他重新将赫拉克勒斯之柱视为自己的标志。但在建设克洛斯特新堡期间，帝国遭受了军事和外交上的巨大耻辱，让他的美梦破灭，这对石柱就成了莫大的讽刺。实际上，如果查理六世想要在穹顶上为赫拉克勒斯绘制一幅伟大的壁画，我担心棕色的牛粪要不受控制地堆满整个天花板。

第一个遗愿

最近我一直在尝试一项让人十分难受的思维实验：想象每天早上，皇帝查理六世醒来后，脑子里都在想些什么。或许是写书的压力让疯狂的念头开始侵袭我的头脑，但这一问题确实值得探讨。所有世袭统治者都会面临同一个让人周身冰冷的困境：每一天，每一刻，他们必须扮演好重要的政治角色，也要在一连串宗教仪式中充当象征性的核心——他们无法摆脱来自个人、宗教、王朝的重任，因为这才是他们政治合法性的来源。统治者只有死亡才能让永不停歇的星象仪停止工作，也只有死亡才能让他无须对来往的人们表示感谢：成千上万人将参与他的身后事，为他演唱悲伤的歌曲，或是将他的遗体、心脏和其他一些内脏分别埋在维也纳的三处地方。在所有皇帝中，查理六世一定会在惊醒前感受到最为强烈的战栗——半梦半醒之间，昨日的混沌在向他招手，来日的凶险又可想而知。睡眠真的能提供休息吗？皇帝的梦境和我们的梦境有什么不同？或许他们会在头脑中下意识地构建一个与现实有别但又存在联系的宫廷世界。以查理五世为例，在梦中的世界里，他或许是一个备受爱戴的皇帝，是一个战功赫赫、有无数子嗣的智者，还有一个装得满满当当的宝库。但现在，仆人和侍臣又一次出现在遮有华盖的大床边，梦该醒了，新的一天开始了。

对于传记作家来说，查理六世就像个一直把金羊毛骑士团勋章

第七章

项链挂在脖子上的柏油娃娃:作家们都跑去研究不那么沉闷的皇帝了,他们的统治也没那么复杂和折磨人。因此,我们对查理六世的了解相对有限,和其父亲利奥波德一世以及女儿玛丽亚·特蕾莎相比,人们对他的印象寥寥。然而,只要我们忽略掉一些令人麻木的细节,他充斥着惨败的一生也是相当精彩的。

查理的一生受困于两份未能实现的遗嘱,每一份遗嘱都对欧洲的未来至关重要。然而,他本人却无力对任何一份遗嘱施加影响,这就注定了他失败的命运。第一份遗嘱来自西班牙哈布斯堡王朝的最后一位国王卡洛斯二世(Carlos Ⅱ)。卡洛斯二世既可怕又可怜,他是哈布斯堡家族连续几代人近亲结婚和"遗传实验"的最后一位幸存者。(我认为)卡洛斯的母亲算是他的表亲,从他母亲的支系来看,他的父亲也算是他的舅舅。西班牙王室的灾难可以通过委拉斯凯兹一系列如快照般杰出的肖像画窥得一些端倪:曾经风度翩翩、强势能干的腓力四世年岁日长,形容愈发憔悴。腓力两次婚姻生下的孩子中,有九个已经离世,只剩下两个女儿和一个有着严重身体缺陷的婴孩卡洛斯。两个女儿分别嫁给了路易十四和利奥波德一世。嫁给了路易十四的女儿玛丽亚·特蕾莎(Maria Theresa)有两个孩子很小就夭折了,只有一个关键的儿子路易(Louis)活了下来。另一个女儿玛格丽特·特蕾莎在之前已经介绍过,她嫁给了自己的舅舅利奥波德。可以预见的遗传灾难自此开始爆发——玛格丽特只活了不到22岁,在这之前她生下了四个孩子,但其中三个(包括她的两个儿子)已经夭折。利奥波德一世在第二段短暂的婚姻中迎娶了一位远房亲戚,但两个孩子也没有保住,年轻的母亲在

22岁便去世了。这样可怕的经历最终让哈布斯堡家族下定决心,要迎娶外族女子。利奥波德最终选择了一位虔诚的公主,她来自遥远的杜塞尔多夫(Düsseldorf)一个生育能力极强的家族。这位公主活了很长时间,成功为王朝延续了香火。

然而,对于西班牙哈布斯堡家族来说,利奥波德一世拯救王朝的行动显然来得太迟了。卡洛斯二世几乎不能说话,吃不了固体食物,基本无法独立行走,更无法和两位不幸的配偶生育子女——西班牙哈布斯堡家族就此绝嗣。活着成了卡洛斯最大的成就。1665年,卡洛斯二世继承王位,人们本以为他的执政会是一段令人遗憾的简短插曲,但事实上,他可怕的统治延续了35年,其间充斥着忧郁、癫狂、衰败和企图让皇帝康复的疯狂驱魔术。卡洛斯唯一的实质行动就是时不时地颁布一份新遗嘱。然而,在家族幸灾乐祸的其他支系眼中只有唾手可得的大片领土,对这些文件根本毫不在意。阴谋家和使者们戴上巨大的假发,系上时髦的带扣,游走在欧洲各地,暗地里谋划着各种方案。这些方案都十分复杂,但也值得尝试,因为所有方案都和最终结果一样,可能给我们带来一个截然不同的世界。早在1668年,年轻的路易十四和年轻的利奥波德一世都意识到,各方如果无法达成一致,就会引发宇宙级别的大战。两位君主分别娶了卡洛斯二世两位幸存的姐姐,以确保有机会插手西班牙事务。两人在高度保密的条件下达成了协议:卡洛斯肯定不久于人世,他死后,利奥波德将获得西班牙、美洲和意大利北部,路易则获得西属尼德兰、弗朗什-孔泰、纳瓦拉(Navarre)、意大利南部和西班牙在北非的据点。这样的计划既向我们展示了在当时

第七章

的认知中，美洲是多么无关紧要，又让我们看到了一个始终未能实现的疯狂设想。在这样的设想中，巴黎和维也纳将变得更为强大，英国则会丧失发展机遇，因为它无法像过去一样，借由两大帝国在安全协议上的缺口和失败获得发展。1670年，事态有了更令人意外的转折。当时的利奥波德一世仍未能生出男嗣，路易便和巴伐利亚选帝侯斐迪南·玛利亚（Ferdinand Maria）——这个名字的确有些好笑，但在天主教国家，显然是个合情合理的男孩名字——达成了另外一项秘密协议。由于哈布斯堡家族的两大支系都面临绝嗣危机，因此根据协议，路易将接管整个西班牙帝国，作为回报，斐迪南·玛利亚在利奥波德一世去世后将获得哈布斯堡的领地，同时保有巴伐利亚。哈布斯堡家族一直梦想将巴伐利亚纳入自己的版图，现在却可能迎来完全相反的噩梦。1678年，两人的密谋最终流产，因为利奥波德一世终于生出了儿子约瑟夫，并将其立为储君。

路易和利奥波德日渐衰老，卡洛斯却仍然存活于世。17世纪90年代，各方达成了一个完全不同的方案，将西班牙王位通过利奥波德的女儿传给了腓力四世的孙子约瑟夫·斐迪南，这是一个干脆利落又充满智慧的折中之法。但我们必须在烦人的族谱出现前赶快停止这个话题，不需要解释为什么会做出如此安排，这根本不重要，因为到了1699年，约瑟夫·斐迪南就非常不幸地突然身故了，比卡洛斯二世还要早上快两年——近两年的时间足以让风烛残年、筋疲力尽的路易和利奥波德发动一场战争，这便是三十年战争以来，欧洲经历过的最为残酷、波及面最广的西班牙王位继承战争

(War of the Spanish Succession)。利奥波德的军队曾一度几近溃败，但在1704年，伟大的盎格鲁-哈布斯堡联军在布莱尼姆战役中大破法国和巴伐利亚联军，让哈布斯堡的土地免遭入侵。

在巴伐利亚事件发生的同时，战争最初的目的正在西班牙逐渐显露。首当其冲的要数利奥波德一世的小儿子查理。查理是哈布斯堡家族争夺西班牙王位的候选人，他的对手是路易的新继承人他的孙子安茹公爵腓力（Philippe of Anjou）。憔悴的路易甚至还鲁莽地宣布，腓力将继承一切，因此他将统治新诞生的法西超级大国（Franco-Spanish），进而制约全球。利奥波德则表现得更为谨慎，只希望查理继承西班牙现有的土地（这就意味着他将在军事上获得吓破胆的英国、荷兰和葡萄牙的支持）——尽管这完全是个谎言，（另一个）秘密计划已经在酝酿之中，但这也意味着查理和他的哥哥约瑟夫两人之间，一旦有任何一个身后没有留下子嗣，另一方将继承全部土地，组成奥西超级大国（Austro-Spanish），俨然就是昔日查理五世帝国的加强版。

十八岁的查理现在被称为卡洛斯三世（Carlos Ⅲ），他于1705年以英国-奥地利-葡萄牙联军首领的身份抵达里斯本。安茹公爵腓力，即现在的费利佩五世（Felipe Ⅴ），在法国的支持下与之对垒。这给西班牙带来了深重的灾难：双方在当地的效忠者点燃了内战，进而发展为地区战争，终于让强国西班牙分崩离析——战争还在继续，战利品的吸引力却在逐步降低。英国趁机将直布罗陀收入囊中。西班牙的战事迫使法国和神圣罗马帝国不断倾注资源，即便在1705年利奥波德一世去世后，他的继任者、帝国的新皇帝、查理

第七章

的哥哥约瑟夫一世仍然延续了这样的做法。西班牙战场上的帝国联军人数一度高达 15 000 多人。各种形式、各种理由的战争摧毁了欧洲大部分地区。查理在巴塞罗那迎娶了强悍的伊丽莎白·克里斯蒂娜（Elisabeth Christine），进一步加强了自己的实力。伊丽莎白来自不伦瑞克-沃尔芬比特尔（Braunschweig-Wolfenbüttel），是由新教改宗的天主教徒。她的祖父是实力强大的安东·乌尔里希公爵（Duke Anton Ulrich），也正是他迫使伊丽莎白嫁给了查理。看过《日耳曼尼亚：德意志的千年之旅》的读者或许还对这位公爵有些印象，他对性高潮后奄奄一息的裸女像有着极大的兴趣。

查理在战场上的运气时好时坏，让他不得不经历了两次胜利进军马德里的奇耻大辱（一次在 1706 年，另一次在 1710 年）。第二次进军马德里时，他或许还能听到人群中此起彼伏的讽刺欢呼。然而，更大的意外还在后面：帝国皇帝约瑟夫一世在执政短短六年后，竟突然死于天花。约瑟夫身后无子，他的弟弟查理赶紧坐船赶到维也纳，接过了帝国的皇位。伊丽莎白·克里斯蒂娜被留在巴塞罗那，掌管查理继承的正在瓦解的遗产——现在只有加泰罗尼亚人（Catalans）和各路反法势力还对他保持信心，西班牙其他地区早已倒向费利佩。1713 年，双方最终签订了《乌得勒支和约》，对西班牙帝国进行了合理划分，防止任何一方趁机做大，成为超级大国。费利佩放弃法国王位的继承权，查理获得西属尼德兰、米兰、那不勒斯和意大利一些散碎的小块土地。

但登基之后的查理六世仍然顽固地不肯放弃"卡洛斯三世"的名号。当时的维也纳到处都是西班牙难民，查理身穿黑红相间的暗色服饰,每天招摇地依照西班牙礼节进行祈祷。他做成的唯一一件好事就是在维也纳一座新建的漂亮小楼里,重建了西班牙皇家马术学校(Spanish Riding School)。皇帝一天的安排里少不了冗长的宗教仪式:法国使节气愤地发现,在棕枝主日(Palm Sunday)到复活节星期一(Easter Monday)的短短八天里,他必须和皇帝一起在教堂里待上100多个小时。或许这是唯一能让查理发挥点作用的祷告仪式:人数众多的唱诗班和数量激增的宫廷朝臣聚集在这片明净的空间里,共同赞颂他的伟大,为他祈求上帝的保佑。但随着他灾难般的统治不断展开,查理一定希望花更多时间在教堂参加弥撒,或是睡觉。

教堂内饰

几年前,我曾在芝加哥欣赏过一场合唱音乐会,其中的一位表演者是我的朋友。演出场地大大增强了音乐的感染力:那是一座极为简陋、昏暗的新哥特式天主堂,室内刷着白墙,只有几排椅子、一个小小的洗礼盆和一个简单的祭坛。音乐会后,我没谈几句表演,就开始兴奋地和人讨论这座美丽的教堂,似乎是有点失言了。后来,我得知这座教堂刚刚完成翻修,其变化之大让本教区的居民都认不出来了。多年来,教堂里最为知名的内饰当数两块巨大的布面编织壁挂。早在20世纪70年代,这些记录着耶稣和门徒作为

第七章

"得人渔夫"(fishers of men)① 的装饰品就已高悬在教堂中殿的左右两侧。这一下子唤起了我所有可怕的回忆:我曾就读于一所天主教小学,在一座建于20世纪70年代的教堂里参加了几年弥撒,那座教堂尤其喜爱这种带有流苏的布面装饰。我还清楚地记得,我曾用纸做过《得人渔夫》的拼贴画。选择这个主题与内容无关,完全是因为形式的美感,鱼和渔网的图案能轻松创造出不错的效果。但回想起来,这一主题隐约还有点嬉皮士的意味,和当时的风潮刚好吻合。

很快,芝加哥的巨型壁挂开始出现问题,潮湿的天气让壁挂变得膨胀、下垂。即便在最好的状态下,耶稣和朋友们的形象也不甚清晰,内里的凹陷让布面愈发紧绷,画中的人物只剩下方形的胡子、一只正在赐福的手,还有一堆乱七八糟的渔民服饰元素——当然还有尚可辨认的渔获和渔网。到后来,每场礼拜都像噩梦一样:壁挂开始散发出越来越奇怪的味道,整体开始变形,偶尔还会抖动。到了天气热的时候,壁挂陈旧、丑陋的外层下面,有大批蜈蚣、蠹虫和其他寄生虫快速地爬进爬出。也许和我交流的知情人说得有点夸张了,但在他看来很有趣的一点在于,教堂的会众、牧师、壁挂艺术家为这些怪东西花费不少,即便这些壁挂已经开始影响环境,甚至变得有些危险和可怕,它们还是在墙上保留了数年之久。最后,人们请了一些不当班的消防员,穿好全套装备来到教

---

① "得人渔夫"指当耶稣呼召他的第一批门徒西门彼得和安德烈时,耶稣告诉他们,新的工作将是"得人渔夫",即通过辛勤的劳动,渔夫得鱼,而传福音的人将福音传播出去,让更多人听到福音并得救。——译者注

堂,挥舞钩杆和工业级大剪刀把壁挂剪成一块一块,再把碎块拖到院子里,一把火烧掉了。当时的画面一定会深深刻进所有围观者的记忆里:一大堆斑驳的布块开始散发出黏稠的黑烟,在靠近地面的位置聚集,人们不安地向后退了退。突然间,伴随着刺耳的锐响,浓烟好像爆炸了一样,一下子喷发出来,古怪的红褐色火舌直冲天空而去。

我之所以提到这个离题万里的故事,是因为我经常思考一个有趣的问题——在宗教场景中的改变,其本质到底是什么?教堂建筑的权威性源自它不会改变、不打折扣的神圣尊严,但矛盾的是,在某些特殊时刻和某些特定文化中,我们又必须对其进行彻底改造,甚至推倒重来。这个问题在天主教中尤为突出。天主教尤其重视圣像,新教则在与之相反的另一端。有些时候,新教徒对这个问题几乎漠不关心,因为他们眼中的教堂不过是屋檐下一片可以祷告的地方。对于后者来说,偶像崇拜问题在16世纪得以解决:野蛮的圣像破坏运动进行了一波又一波,在苏格兰和瑞士等国,几乎所有16世纪及以前的艺术品被悉数砸毁或焚毁。清理运动大获全胜,类似教堂内饰设计的问题自然就被搁置了。但对于天主教徒来说,宗教崇拜的核心恰恰就在于教堂装饰,以及对装饰的利用和调整。在奥地利各处,这都是一个无法回避的问题。

多瑙河畔克雷姆斯(Krems)小镇上的皮亚里斯特教堂(the Piarist church)就是个好例子。这座令人惊艳的教堂属于皮亚里斯特会(the Piarists),该会全称为"教宗致公教学校司铎修会"(the Order of Poor Clerics Regular of the Mother of God of the Pious Schools)——

第七章

使用缩写情有可原——是天主教在教育领域最伟大的修道会之一。这一修道会是反对宗教改革的核心力量，是天主教复兴运动的重要阵地。成长于新教国家的民众很难对此产生共鸣，但对于其他大部分欧洲国家来说，天主教的复兴意义深远。克雷姆斯的教堂里有很多用来教学的工具。比如教堂外部装饰有自然、古朴的雕塑，记录了耶稣一生中的重要事件，塑像背后还画有彩绘的背景图，其中包括一幅极具魅力的耶路撒冷美景图，引发众人遐想。每一个路过教堂的人都能看到这些重大事件，不自觉地就上了一课。但教堂真正让人称奇的当数内部装饰。教堂内的每一处平面上——从墙壁到窗台，从尖顶到窗户——都画满了富有教育意义的圣经故事和殉教事迹。在这里布道的感觉一定棒极了：在群情激昂的时刻，随手指向那些精彩的绘画，带领教众沉浸在充满道德选择、英雄主义、顺从和勇气的故事之中。

　　我自己的孩子们去了一间友善的圣公会主日学校（Anglican Sunday school），在那里，他们大多会学习诸如"分享"之类的内容，或者通过抢椅子的游戏（婚礼上总要安排些适合派对的游戏）理解"迦拿的婚礼"（Marriage at Cana）到底意义何在——这或许是最不寻常的教学法了。在17世纪的克雷姆斯，慈善基金会照料下的孩童们却过着截然不同的生活。在那个世界里，孩子们面对的核心难题是在耶稣受难时，钉死在他左右两侧的善贼和恶贼会面临怎样的命运。面对酷刑仍坚贞不屈的殉道者成了他们冥想的对象，宛若佛教徒在修行中对某位菩萨的观想。他们想象着这些圣徒：腿上长满脓包的圣洛克（St. Roch）和对他不离不弃的狗；看起来异常漫不经心的圣塞巴斯蒂安（St. Sebastian）；圣多纳图斯（St. Donatus）和他手里攥着的那颗逼真到骇人的心脏（也许是一串葡萄——这地方有点暗）；还有终生照顾病人和贫民的公主，图林根的圣伊丽莎白（St. Elizabeth of Thuringia）。在这里，我们还能看到反对宗教改革的杰出人物，他们倾尽全力来服务上帝，也改变了天主教会：耶稣会士圣依纳爵·罗耀拉（St. Ignatius of Loyola）、圣类思·公撒格（St. Aloysius Gonzaga）和圣方济各·沙勿略（St. Francis Xavier）成了世人的楷模，他们饱受折磨的一生通过皮亚里斯特会的教育，让一代又一代的孩童深深铭记于心。教堂里还有一幅油画，画中的女孩胸口插着一把宝剑，这样的作品我完全无法评价，或许按照天主教某种模糊的判定方法，女孩会把胸口插剑看作一种正向的体验。

教堂的一处侧坛上装饰有皮亚里斯特会的创办人圣若瑟·加拉桑（St. Joseph Calasanz）的画像，画中的圣人被心怀感激的孩童围绕，圣母玛利亚也微笑着望向他。莫扎特（Mozart）、戈雅（Goya）、舒伯特（Schubert）、海顿、沃尔夫、格雷戈尔·孟德尔（Gregor Mendel）等名人都曾在孩童时期接受过皮亚里斯特会的教育。虽然他们的教育方法难以复制，但修会教育已经成了当时欧洲文化的核心。克雷姆斯教堂中最令我惊异的一点在于，不少雕塑和绘画作品都堪称艺术佳作（其中也混杂了一些糟糕透顶的破烂），但天主教会并不鼓励人们从审美角度来欣赏这些作品，因为它们只是单纯的冥想和教学工具，其精良的制作无非是在帮助人们更有效率地冥想和学习。在克雷姆斯期间，我经常造访这座教堂，因为这

第七章

里让我清楚地看到韦伯式（Weberian）新教历史虚伪和偏袒的本质，这不禁让我有些惆怅。这里是属于教育、祷告和思想的世界，也创造了非凡的成就，但我很难理解这样的思想体系，也无法投身于天主教信仰。

通过这座皮亚里斯特教堂，我们见证了天主教高涨的宗教自信和教会的变化，这两点在欧洲各地的宗教建筑中皆有所体现。但也只有经历了一系列特殊事件之后，这座中世纪的建筑才能接受如此大规模的改造：不光新增了附属礼拜堂和若干雕塑，到了18世纪，在教堂装饰有精美细长彩窗的东端，还加设了巨型祭坛装饰，天使、皇族、圣人的雕像簇拥着这些泛着粉红、猩红和金色的疯狂艺术品，好像卸去了轮子的札格纳特神车（Car of Jaggernath）[①]。但有趣的是，动荡带来的改变仅止于此，除了接通电路之外便再无下文。我们永远无从得知，为了这些反对宗教改革的装饰，教堂中到底摧毁了多少部件。有的部件或许得以保留，被其他礼拜堂用作教堂内饰了，有些却像芝加哥的壁挂一样灰飞烟灭——我们今天还能看到的内饰恰恰代表了各教堂想要坚持而非改变的东西，那就是前所未有的宗教自信，其信心之高让后人无法企及。

宗教自信在维也纳附近的多瑙河谷地蔓延，也让这里自然而然地成为神圣的地界。约瑟夫一世和查理六世执政期间，帝国掀起了土木热潮，遍布河谷的大型修道院多在这一时期完工。曾几何时，

[①] 札格纳特神车指公历6、7月印度教乘车节期间，承载毗湿奴等神像到附近寺庙的礼车。印度教札格纳特派（即毗湿奴派）信徒甚至愿意投身神车车轮下而死，以示自己的虔诚。——译者注

这片区域一定充斥着锤子敲击的巨响,还有哒哒的马蹄声,一车一车贴有金箔的天使像和大理石柱被马匹拉着运送至此,一队队壁画大师也从帝国各处赶到这里。通常来说,建筑工程就像复杂的翻绳游戏一样,各种要素相互交织:资金、历史、信仰和审美与诽谤中伤、政治角力和真实的灵感一道,共同决定了每一座建筑的样貌。1683年,土耳其人的突袭战结束,重建计划由此展开:被战争摧毁的建筑亟待修复(比如被鞑靼人摧毁的梅尔克修道院①),对上帝救赎的感激亟待表达,哈布斯堡家族也愿意花上一大笔钱重塑哈布斯堡王朝的荣光。然而,其中的一些项目惨遭烂尾,比如查理六世雄心勃勃的克洛斯特新堡建设计划就随着他的离世而停工,这些经年累月也未能完工的半成品如今还矗立在原地。其他项目,比如格特维格(Göttweig)修道院,早早就出现了资金问题,最早修好的帝国阶梯气势恢宏(拿破仑曾气宇轩昂地沿着阶梯策马而上),之后在两侧修建的房间就和商务中心的会议室一般平平无奇。但在圣弗洛里安(St. Florian)、克雷姆斯明斯特(Kremsmünster)、阿尔滕堡(Altenburg)和梅尔克,雄浑而完整的建筑定格了当时的特殊审美,也通过一种异常华丽而浮夸的方式颂扬隐修制度。然而,这也让不少人开始怀疑:为什么修道士们需要生活在如此奢华的环境之中?再者,从根本上来讲,修道士到底为什么存在?

查理六世本人也许是个让人不快的沉闷家伙,但他的审美旨趣却远远超过哈布斯堡家族的其他成员。他出资建造了许多重要建

---

① 此处原文为 Abbey of Melk。——译者注

第七章

筑,也强调建筑中的"表现性",这一点在后世也难能可贵。后世的图书馆、教堂和宫殿更趋实用,但每座建筑都像把18世纪早期哈布斯堡领土上各种建筑物混合起来再缩小了一般。如果你想"表现"对书本的掌控、所有和驾驭,不妨去看看世界上最伟大的两座图书馆——维也纳的皇家图书馆和梅尔克修道院图书馆。如果你想"表现"对马匹的掌控、所有和驾驭,就要去维也纳的西班牙皇家马术学校。如果你想"表现"对宗教的掌控、所有和驾驭,查理六世时期的修道院、修道院中的皇帝厅和帝国阶梯是绝佳的去处,还有他修建于维也纳的典雅的圣卡尔教堂(Karlskirche)。建筑师、雕塑师、石匠、装潢师、画家共同完成了这些工程,耗尽心力创作了这些精美的艺术作品,让后来人都断了复制的念头。这些建筑是热情而外放的,甚至有些闹剧的意味,显然与后来哈布斯堡宫廷的氛围格格不入(它们更为简朴,甚至可以称得上平庸)。后来的统治者和工匠们在面对梅尔克修道院里无数疯狂的金箔装饰时,要么会觉得兴奋,要么会觉得恶心,但一定不会认同这样的审美真正反映了祈祷(教堂)或是学习(图书馆)的精髓。

几乎所有的建筑项目都发生在查理六世在世期间(1685—1740):17世纪80年代,圣弗洛里安和克雷姆斯明斯特修道院已经开工;18世纪30年代,格特维格修道院的工程被迫暂停。和其他所有极富创造性的运动一样,这些修建项目从荣耀巅峰坠入疲软衰退的速度之快令人咋舌。在18世纪的第一个10年,工匠创造了成群的天使像、漂亮的阳台、精致的管风琴,还有展现高超透视法和短缩法的圣徒生平画,但很快这样的创意就消失殆尽了。圣弗洛里安修道院是诸多建筑中最为神奇的一处——这里既有适合祷告的庄严氛围，又体现了帝国的威严；既适合僧侣清修，又能彰显贵族气派。巨大的石柱和充满肉欲的天使像也反映了圣弗洛里安殉教故事的一体两面：他曾是挥舞着束棒和军刀的罗马士兵，却因拒绝向异教神祈祷而被丢入因河溺死，脖子上还绑着磨盘（意外的是，帝国各地的教会都将圣弗洛里安奉为消防员的保护神，其形象通常一手执剑或长矛，一手拎着一个小水桶——这是艺术家们自由阐释的结果——将水倾倒在燃烧的建筑物上）。圣弗洛里安修道院获得了来访者的绝对尊崇，他们被修道院在艺术和宗教方面的成就所震撼——人们好像成了幡然醒悟的扫罗（Saul）①，即便效果并没有那么持久。

与此形成鲜明对比的是，当你气喘吁吁地沿着林间小道一路向上攀爬，终于抵达格特维格修道院时，眼前所见只有一片衰败景象。和圣弗洛里安相比，格特维格修道院教堂（Abbey Church）同样气派，也同样引人入胜，但仔细一看，这里的绘画作品愚蠢得让人无法接受：画里的巴别塔好像高级度假村，《最后的晚餐》好像朋友间的美食聚会。压死骆驼的最后一根稻草当数一幅取材于福音故事的画作：在这个感人的场景里，抹大拉的玛利亚（Mary Magdalene）一脸惊恐地望向基督空荡荡的坟墓，她以为坟墓旁边的人是一位园丁，后来才知道那正是复活后的基督。画面里有玛利亚也

---

① 法利赛人扫罗是以色列进入王国时期之后的第一位君主，曾反对基督福音、迫害基督教徒，后在前往大马士革搜捕基督徒的路上见证耶稣神迹而转变归主。——译者注

第七章

有耶稣，后者戴着一顶软趴趴的帽子，手里还拿着一把铁锹，这两个物件在《圣经》里都未曾出现。实际上，基督真的扮成了一位园丁，这样怪异而特别的举动或许反映了主在复活后经历的思维混乱。诚然，这个故事很少成为绘画主题，但也有画家创作过同样愚蠢的作品。对我而言，在类似作品中沉浸了一周之后，这幅画让我意识到，美梦该醒了。格特维格修道院的绘画只是单纯的可笑（自然也非常有趣），但在查理六世去世前不久，整个艺术传统开始崩塌了。对精细繁复的沉迷、大胆的装饰风格和象征性的蒙昧主义被仁慈地按下了暂停键，提埃波罗（Tiepolo）[①] 让人目眩神迷（但并不符合哈布斯堡风格）的余波终于被抛到了脑后。

宏伟壮观的梅尔克修道院名义上为私人祷告者服务，也为一小批独身者提供教育，却让当地居民苦不堪言：设立修道院的主要目的是庆祝哈布斯堡家族和奥地利对新教和伊斯兰教的胜利。漫步在奥地利人古老的核心领土上，随处可见经过改建的洋葱顶教区教堂，还有零星经过彻底改造的修道院。这片位于多瑙河谷地的区域大多属于闭塞的乡下地方——唯一的经济产品大概是杏仁利口酒——直到今天也没有多少改变，也几乎看不到更晚期的大型建筑。可以说在这一轮狂热的重建运动之后，哈布斯堡家族和天主教会的野心和自信都进入了冷却期。到了18世纪，随着时间的推进，家族和教会迎来了又一轮打击。

[①] 提埃波罗，意大利画家，其画风自然洒脱、十分华丽繁杂，被认为是洛可可风格在意大利的代表。——译者注

第二个遗愿

波兰小镇切申（Cieszyn）曾是西里西亚一块风景秀丽的公爵领地，历史上却常常遭受苦难。广袤的西里西亚地区位于波希米亚以北，由小块的公爵领地构成，分属皮亚斯特家族（Piast）的不同成员，不少公爵在波希米亚国王统治时期就已经拥有了这些领地。因此在1526年摩哈赤战役惨败后，他们转而对哈布斯堡家族效忠。在接下来的一个世纪里，公爵家族逐渐凋零，这些领地便一个接一个地归于哈布斯堡家族直接管辖。一些大块的领地被其他势力接管——克罗森（Crossen）归于勃兰登堡（后来又归于普鲁士），扎托尔（Zator）和奥斯威辛（Auschwitz）则成了波兰王国的领土。历史上，这里就是波兰人、德国人和捷克人的必争之地，进入20世纪，这里更是经历了可怕的命运。

1919年，波兰和捷克斯洛伐克曾在切申（德语称泰申）爆发过一场短暂的恶战，小镇由此沿河分治。那一时期曾爆发过数千场非正义之战，切申的战争是其中尤为恶劣的一场——跨河的桥上遍布铁丝网，分居小镇各地的亲属被迫断了联系长达一代人之久，甚至都不能通邮。今天，在镇中心的小店里挂着一张大约绘制于1910年奥匈帝国时代的精美地图，展示了小镇完整的面貌：河两岸的土地由镇中心一条复杂的八字形电车轨道紧密相连。对于当地居民来说，小镇的分割一定犹如中风般痛苦。这不禁让我想起《慕尼黑协定》(Munich Agreement)中一条鲜少被人提起的条款：作为瓜分捷克斯洛伐克行动的一部分，切申被波兰吞并。然而还不到一年，波兰就反遭入侵，小镇随即被德国人占据。1945年，国界重新按原址划分。今天，走在捷克共和国和波兰的界河边，感觉确实有些异样。这条曾经承载了无限痛苦和仇恨的界河，如今却风平浪静。当然，这样的变化是通过种族清洗达成的——今天的切申成了完全讲波兰语的小镇，而捷克捷欣（Český Těšín）只讲捷克语。

切申有太多故事，但我得控制住自己，只来谈一谈这里不同凡响的博物馆。切申西里西亚博物馆（Museum of Cieszyn Silesia）坐落于镇中一座18世纪晚期的宅邸，其核心展品均由当地一位耶稣会士在1802年收集完成，是中欧历史最为悠久的公共博物馆之一。整座建筑精美绝伦，一些房间甚至保留了作为贵族宅邸时期的内饰。馆内朴素而怪异的壁画隐约沿着"古代世界"的主题展开，其中包括一间尤为疯狂的"埃及厅"，画有斯芬克斯的形象和对象形文字的粗糙描摹。1942年，希特勒青年团（Hitler Youth）曾在此纵火，导致罗马主题的宴会厅严重损毁，内饰大块剥落，让人们可以永远铭记曾经的苦难。但这还不是博物馆唯一令人惊叹的地方。馆内最早的展品被收藏在一系列精美的陈列柜中，向我们展示了科学时代到来前最后的收藏。这是哈布斯堡家族旧日领土上最为生动的展示，见证了鲁道夫收藏传统的终结，以及计划和理性的到来。举个例子，这里藏有一根鲸鱼的阴茎（真是个令人不安的藏品）、一只小猛犸象的下颚骨、一块鹦鹉螺化石、一个插有独角鲸角的马头（硬要创造独角兽），还有艺伎的鞋子。这都是些有意思的物件，但有一件展品只能用古怪来形容了。那是一片深褐色的长方形纸片，我凑上去努力看了一会波兰语介绍，才发现那是"一块土耳其人皮"。

奥斯曼土耳其人曾是基督教世界所恐惧的一股势力，后来却奇怪地消失了（或是被当成令人厌恶的老古董），其间经历了漫长的过程。人们通常认为，土耳其人通过战争彻底摧毁了匈牙利之后便开始衰落，然而他们在后来的两个世纪里，仍然统治着欧洲大片地区。维也纳的威胁解除了，而奥斯曼土耳其人仍保存着强大的防御能力，当然，他们本身也是欧洲人。数量庞大的军队拱卫着东方的专制主义，这些卫士包括希腊人、塞尔维亚人、阿尔巴尼亚人、保加利亚人，很多人和他们的哈布斯堡对手在民族上是同根同源的。实际上，无论指挥官是来自莱茵兰、戴着巨型假发的德意志将军，还是包着头巾的土耳其总督，真正参战的士兵在大多数时候都是同一群人。奥斯曼人甚至可以和跨过奥特朗托海峡（Straits of Otranto）的天主教徒挥挥手，而像波斯尼亚这样高度混杂的地区几乎和特兰西瓦尼亚一样，应该被看作欧洲多元文明的荣耀之地。纵观整个哈布斯堡王朝的发展，他们最为本质的认知在于，奥斯曼土耳其人是极其遥远而陌生的（你肯定不会在博物馆里看到"一块奥地利人皮"）。这种认知在20世纪90年代初南斯拉夫解体的问题上尤为突出——欧盟的表现仿佛是在表明，这些所谓"古老的巴尔干仇恨"仿佛是发生在火星上，即便战争爆发之地距离意大利只需要短短的航程，或是在一个风和日丽的早上，从奥地利出发，开车便可以轻松抵达。这种对土耳其人的异族感一直在中欧十分盛行，但在

第七章

维也纳之战后又生出了一种全新的认识，那就是土耳其人是最终可以被打败的卑鄙之徒。在瓦维尔主座教堂（Wawel Cathedral），扬三世·索别斯基华丽的棺椁上雕刻着他一生中的光荣成就：在他的人像上方刻有诸多枪械和军旗，下方是吓破胆的土耳其人，他们身上绑着铁链，蜷缩在一旁，小胡子无助地低垂着，牙齿都折断了（这是一个反常的细节），好像真的遭受了扬的毒打。

在圣弗洛里安修道院同时期的巨型穹顶壁画上也能看到类似的基调：帝国皇帝查理六世尽享荣耀，脚下蜷缩着惊恐的土耳其人，身上同样戴着镣铐。在查理的一生中，他总希望被塑造成一个胜利者。只可惜这些把他描绘成新恺撒，一位风度翩翩、身跨战马的年轻君主的作品到头来都成了对他的嘲讽，好像一个可怕的噩梦，耳边只有来历不明的、冷冰冰的嘲笑声。

查理六世在西班牙王位继承战争后被驱逐出西班牙，但当他回到维也纳，前景似乎一片光明，他逐渐适应了意外得来的新身份——神圣罗马帝国皇帝。战争的结果也看似充满吸引力。查理为哈布斯堡帝国带来了大片新领土，包括旧时的西属尼德兰、米兰、那不勒斯，还有意大利一些散碎的小块领土。他在随后的战争中也取得了胜利——也就是圣弗洛里安修道院壁画上记录的对土大胜——帝国的领土进一步扩张，夺回了包括重镇贝尔格莱德在内的大片土地，让国土一直延伸到今天的罗马尼亚西南部地区［即小瓦拉几亚（Little Wallachia）］。这个地区在今天鲜为人知，但如果一直为哈布斯堡家族所有，就会极大影响巴尔干半岛民族主义的发展。哈布斯堡家族对极度虚弱的奥斯曼土耳其人发动的远征让人们看见了再度辉煌的可能:帝国有机会发展为一个幅员辽阔的大国,领土延伸到黑海和爱琴海沿岸,甚至可能直抵君士坦丁堡。尤其擅长创作戴着镣铐、包着头巾的俘虏形象的雕塑家们已经磨尖了手里的凿子,准备大干一场。

查理六世在表面上的胜利逐渐成了他的耻辱。新的奥属尼德兰总是莫名其妙地陷入灾难,和独立的列日在地理上纠缠不清,成了周围强大邻国的眼中钉。西班牙哈布斯堡家族曾对这片地区头疼不已,几乎因此财政破产。现在,这份受诅咒的遗产转交到了奥地利哈布斯堡家族手中。更让查理难堪的是,他清楚地认识到,英国人支持他的统治完全因为他是一位软弱而低效的君主——这是他们自西班牙无敌舰队(Armada)时代起唯一在意的问题。想要保卫这片与今天比利时国土大体吻合的土地是完全荒唐的举动,只有通过和英国/荷兰或法国结盟才有可能成功,这让哈布斯堡家族总想用这里换取其他土地(主要是巴伐利亚),而这样的态度十分不利于培养当地人的自尊心,更不用说对哈布斯堡家族的支持了。同时,新领土也带来了不错的海岸线,让查理六世不得不开始思考海上事务——这对于一个此前近乎身处内陆的政权来说完全是头一遭,适应过程也谈不上顺利。总部位于奥斯坦德(Ostend)的帝国皇家印度公司(the Imperial and Royal Company of the Indies)是奥属尼德兰的主要收益来源。这家公司起初运营良好,和印度及中国进行贸易,在孟加拉湾(Bay of Bengal)设有两个小基地。公司甚至计划接管尼科巴群岛(Nicobar Islands),仿佛要打造一个非常奇怪的平行宇宙,让孟加拉湾成为帮助哈布斯堡家族肆意掠夺的殖民地,

第七章

让维也纳充斥着在印度发了大财的富豪和咖喱。这样的想法未能成真,单纯因为英国坚持要关停这家公司,亚洲热带地区再没能响起弗拉芒之声。

查理六世对那不勒斯和意大利南部的统治同样糟糕。他用人口稀少、只出产一种鱼酱的撒丁岛(Sardinia)换得了看似更有价值的西西里。在意大利南部的扩张本该对帝国大有裨益——那不勒斯现在成了哈布斯堡家族治下最大的城市。意大利南部持续对中欧的文化生活产生影响,人们全身心地投入音乐和视觉艺术之中,但哈布斯堡家族对意大利南部的统治却成了一场噩梦。那里的人凶猛好斗,几乎无法防御,当地的大部分收入都要用来维持驻军的开支,几乎让一切努力都变成白费力气。查理六世遭受的诸多屈辱之一就是他无力加强当地的部队,只能向英国皇家海军求助。查理也打造了一支小规模的哈布斯堡海军,但不幸的是,这支小部队唯一的作用就是被大型海军击败,他们从未派上过用场,最终只能停泊在水上,慢慢衰亡。正因如此,波兰王位继承战争(War of the Polish Succession)期间,查理被迫交出了意大利南部,只换得了帕尔马公国这个小小的内陆国家,这或许让他松了口气。在查理看来,这次战争就是一场灾难,他四面受敌,英国和荷兰盟友却选择保持中立。或许是想挽回一些颜面,或许是继承了哈布斯堡家族"重新团结老伙伴"的精神,查理六世再一次发动了对奥斯曼帝国的战争。当时的土耳其人正与俄国人交战,因此做出战争决定并不困难。然而,这场战争带来了又一次失败,巴尼亚卢卡之战(Battle of Banja Luka)和格罗茨卡之战(Battle of Grocka)摧毁了哈布斯堡军队。幸运的是，欧根亲王在这场闹剧发酵前的一年就去世了，免得看到他一生的功业毁于一旦。贝尔格莱德、小瓦拉几亚和其他前代人得来不易的战果再次落入奥斯曼土耳其人手中。一批新的塞尔维亚难民和德意志殖民统治下愤怒的农民家庭被迫北上，重新充实匈牙利南部的人口。

彼时查理六世的宫廷坏消息不断，同样让人头疼的还有查理六世的哥哥、短命的皇帝约瑟夫一世——他的影响好像幽灵一样笼罩万物。约瑟夫一世的执政时间不长，本人却是个离经叛道的人物——他酗酒成性、行事鲁莽、崇尚战争，私生活也乱得一塌糊涂——整个哈布斯堡家族中当数他最与家族特质格格不入，甚至都没有遗传家族的大下巴。他不耐烦地等着父亲利奥波德一世给他腾地方，同时在头脑中形成了一套清晰的德意志思想意识，把帝国皇帝的身份看得最重。约瑟夫继位后，除了忙着霸占中意的贵妇人或是摆弄枪支，也开始破除旧宫廷令人沮丧的迷信氛围，开始改革僵化、冗长的宗教历法。约瑟夫甚至将重要职位给了一个新教徒，这可吓坏了一个耶稣会士，他选择装扮成鬼魂，偷偷溜进皇帝的卧室，妄图敦促他驱逐这个异教徒。然而，约瑟夫面对此情此景，只是叫仆人把这个耶稣会士从窗口丢了出去。这个离奇的故事恰恰反映了宫廷的新氛围，也反映了耶稣会的恐惧，这个曾经掌握知识界的强势集团现在却沦为披着床单、画着油彩的小丑。

约瑟夫一世在西班牙王位继承战争期间登基，却在战争结束前就已去世。他的执政时间虽短，却是充满活力、极具格调的成功统治。在指挥官欧根亲王的带领下，匈牙利的叛乱被扫平，更多大胜

第七章

的消息源源不断地传到约瑟夫一世的宫廷之中。与之相反，查理六世只能沉重地以失败者的身份重回维也纳，兄长约瑟夫六年的改革期间，他一直不在宫中。处在困惑和震惊中的宫廷从一开始就为查理选错了方向，而他也未曾想过尝试其他路径，所以这种别扭的风格在他执政期间从未发生改变。我们很难不为他感到遗憾。查理最主要、最持久的痛苦来源就是他身边一大群充满怨恨、私下里嘲讽他的女人们。其中包括他的妻子、两位皇太后（利奥波德一世的妻子即查理的母亲，还有约瑟夫一世的妻子）、众多姐妹和两位侄女。当然，这些女人并非一直待在宫中，但整个宫廷到处充斥着女性，查理是唯一的男性，却还遭人嫌弃。这本来不是什么问题，但哈布斯堡家族的头衔只能由男性继承，因此让这个问题凸显了出来。与此同时，帝国皇帝由选举产生，除非选帝侯们决定选择一个没有土地的女人继位，否则就不会造成什么混乱。这恰恰是哈布斯堡家族自己种下的恶果：他们在 14 世纪伪造了带有尤利乌斯·恺撒签名的文件，规定皇位只能传给男性。这让子嗣稀少的利奥波德一世大伤脑筋，他一开始做出过如此安排：一旦约瑟夫或是查理离世，就让约瑟夫的大女儿继承皇位。但人们是否同意这样的安排，我们就不得而知了。

在查理六世 29 年令人疲惫的统治里，哈布斯堡王朝最主要的目标就是让欧洲的统治者们签署允许女性继承王位的文件。这份名为《国事诏书》（Pragmatic Sanction）的文件或许是凭空想象出的最没用的东西。查理六世的代表们来到各个宫廷，妄图通过贿赂、威胁、让步、恳求来获得一些签名。但真正签名的人无一不摆出一副蜥蜴般的冷漠面孔，因为大家都知道，这份文件只在查理在世期间作数。他一旦去世，这些人便会立刻摩拳擦掌，随时准备从他留下的残骸里分一杯羹。其间也出现过两个激动人心的时刻，查理和他的妻子接连得了两个孩子，但都是女孩。他立刻做出了愚蠢的决定（这很符合他的性格），修改了《国事诏书》中的条款，将皇位继承权从约瑟夫的大女儿身上转到自己的女儿身上。皇室家族的氛围可以想见地降到了冰点。无论请愿者向查理提出什么请求，他只会语无伦次地给出一些含混而简短的回复，其中的原因显而易见。查理另一项令人迷惑的失败在于，他的女儿玛丽亚·特蕾莎日渐长大，在有关如何胜任未来的角色方面，却不曾受到父亲的任何辅导——他甚至不怎么和玛丽亚说话，也不让她参与宫廷事务，这让玛丽亚没有做好任何在未来继承皇位的准备。查理六世执着于《国事诏书》，因为这份文件成了他自己的无罪宣言，为他可怜的执政生涯辩护。但从他对玛丽亚·特蕾莎的态度来看，似乎他也不是真的相信玛丽亚有资格继承皇位。

所有这些笨拙无礼的举动让查理六世成了整个哈布斯堡家族统治期间最不成功的君主。他甚至不顾帝国事务，一心扑在家事上，和所有前辈形成了惊人的对比。其结果就是使约瑟夫一世成了最后一任让帝国保持正常运转的皇帝。在18世纪剩余的日子里到最终解体前，帝国始终保持了活力，文化界令人钦佩地百花齐放，但这与最后的几位皇帝毫无关系。如果约瑟夫一世没有罹患天花，欧洲的形势一定会大为不同——当然，也不一定会更好。只可惜在哈布斯堡王朝最后一位男性皇帝的统治下，欧洲大片地区只能苦苦挣

第七章

扎,没人会为失去了一位大口吞咽油浸蘑菇的君主感到惋惜。

通常情况下,政治和朝代的氛围很少影响艺术氛围。这一时期也成了名家辈出的时代,包括杰出的建筑师普兰陶尔(Prandtauer)、希尔德布兰特(Hildebrandt)、菲舍尔·冯·埃尔拉赫(Fischer von Erlach)父子;伟大的画家罗特迈尔(Rottmayr)、格兰(Gran)和特罗格(Troger),他们在奥地利创作了宛如仙境般的穹顶壁画;还有英雄般的雕塑家马蒂里(Matielli)和巴尔塔萨·莫尔(Balthasar Moll)。莫尔最初受雇制作公共娱乐设施,比如花车、小丑雪橇等等,后来利用自己如迪士尼一般的奇思妙想,让查理六世和妻子伊丽莎白·克里斯蒂娜成了皇家墓穴中绝对的明星。死后出名或许不是最理想的结果,但两人精美的铜制棺材足以让人忘却查理六世令人沮丧的失败统治。伊丽莎白·克里斯蒂娜的铜棺上装饰有致哀妇人的头像,脸上蒙着面纱,但沉重的铜制原料让这些妇人看起来好像遭受了暴力,甚至有点色情意味,这是墓穴的来访者们不曾期待的体验。但这些精美的装饰和查理六世的铜棺相比,仍略显逊色:他的棺材上装饰有戴着神圣罗马帝国皇冠的铜制骷髅头。在这些铜制雕塑身上可以看到不同材料的质感,比如金子、珍珠、骨头、毛发、锦缎和兽皮,在今天它们通通变得黯淡无光,反倒成就了雕像的特别之处。它们仿佛体现甚至激发了一种晚期巴洛克的氛围。

在格特维格修道院壮观的帝国阶梯上方,装饰有特罗格在查理六世统治结束之时创作的最后一幅绘有查理形象的巨型壁画。上帝、小天使和艺术女神悠闲地在云端漫步,身后是明亮的天空,错误之神照例被驱赶。好似用棉花糖刻成的嘶鸣白马拉着一辆金色的大战车,载着化身为阿波罗(Apollo)的查理穿越天空,他的脑后散发出太阳般的光晕。这真是一幅伟大的作品,但也同样令人遗憾。圣弗洛里安修道院穹顶上愤懑的土耳其俘虏巧妙地在画面中消失了,证明了这种招数不再奏效,查理本人也呈现出一种可笑的形象——半裸的身体上裹着一条罗马式的长袍,头戴假发,憔悴的脸孔好像憋成了紫褐色。他看起来像是生活在一所收费昂贵却管理混乱的养老院里,或许我们就应该把他留在这样的地方。

齐普斯和皮亚斯特家族

在哈布斯堡领土北缘出现过一系列地缘政治怪象,足以用整本书来讲述,但我得自律一点,把相关的故事都凑到这一章来讲一讲。和神圣罗马帝国大部分领土相比,哈布斯堡家族自有的土地大多相当紧凑,根本无法如小小的韦廷(Wettin)家族以及图林根的罗伊斯公国(Reuss)那般快活,在那里,每片河谷都有各自的统治者。最为类似的地方可能在帝国北缘。齐普斯(Zips)地区——匈牙利语称"斯皮什"(Szeps)——是一个非常特别的地方。这个今天属于斯洛伐克的地区在过去的几个世纪里,一直是德意志矿工的定居地,但由匈牙利人管辖。我一直想去齐普斯看看,但都因为一些小事耽误了。后来我终于意识到,这样的小镇之旅一定会无聊透顶,甚至引人伤感,因为现实一定比不上我的想象。我想象中的

第七章

齐普斯应该住满了乐呵呵的铁匠，鸟儿在林间歌唱，颇有点像《白雪公主》中营造的氛围。帝国皇帝西吉斯蒙德曾滥用自己匈牙利国王的身份，为了一些短期利益，在1412年以齐普斯作为抵押，向波兰国王借款七吨白银（刚好让我们了解了当时波兰的资源情况），投入他与威尼斯人的无谓战争之中。这些钱早就花完了，但还清如此巨额的借款根本毫无希望。就这样，在不经意间，齐普斯人被波兰人统治了差不多360年之久，所有居民就像当铺里放在高架上的老旧时钟，根本无人赎回。最终，玛丽亚·特蕾莎来到了齐普斯地区，却根本没提还钱的事。三年后，第一次瓜分波兰条约签署后，特蕾莎的统治得以确立，齐普斯的城镇再次成为匈牙利王国的一部分。面对一系列的动荡，齐普斯人还保持着他们昏昏欲睡的古怪态度，直到1945年，这些"喀尔巴阡山的德意志人"才主动逃离或是被赶出了这片土地。

齐普斯西部和西北部领土的情况同样特殊，这里曾是西里西亚地区各路势力古老的混居地。尽管我对研究这种零碎的政治变迁有着无限热情，并以此为傲，但研究皮亚斯特王朝的各路公爵及其蕞尔之土的来龙去脉也让我望而却步。波兰国王卡齐米日大帝（Casimir the Great）将这片领土作为贿赂打包送给了波希米亚国王"瞎子"约翰（John the Blind），以精明的手段阻止他觊觎波兰王位。因此，1335年《特伦钦条约》（Treaty of Trentschin）签订后，这些散碎土地并入波希米亚，只有施韦德尼茨（Schweidnitz）的统治者小博尔克（Bolko the Small）表示反对——这位有着好名字的统治者直到1368年去世仍然坚持己见（由此你就能看到一个人会陷入怎样的信息泥沼）。对于卡齐米日大帝来说，这是个小决定（波兰国土广袤，有很多土地任其交换——他的继任者们也的确收回了齐普斯！），但这一决定让部分波兰领土流落在外长达六个世纪，直到1945年才回归故国。对于"瞎眼"约翰来说，和他小得多的土地相比，这片地区的大小相当可观——面积差不多赶上了波希米亚，当地人口还相当富裕。约翰虽然瞎了眼，但出于骑士精神，还是选择在英法战争中与法国结盟。克雷西（Crécy）战役中，英军获得了压倒性的胜利，约翰也在这场战争中丧生。后来，他的座右铭 Ich dien（意为我效力）被威尔士亲王（Prince of Wales）沿用直到今天。

无论如何，和其他波希米亚王室领地一样，西里西亚地区也在拉约什二世死后被哈布斯堡家族接管，在之后的两个多世纪里，这里一直是为君主做出贡献的丰饶地区。哈布斯堡家族在西里西亚的统治十分稳固，一是由于其合法性，二是因为西里西亚周边的统治者都十分虚弱。对手的虚弱是哈布斯堡王朝保持强势地位的关键因素，这种力量上的差异比王室自己想象的还要大。波兰的国王们忙于应对奥斯曼帝国和沙皇俄国日渐增长的威胁，根本无暇顾及西里西亚；北方的勃兰登堡统治者是财力最弱、领地最分散的选帝侯，是神圣罗马帝国中一群典型的丑角。17世纪下半叶，勃兰登堡的状况开始快速改变。选帝侯们虽然古怪，但他们的领土开始（通过欺骗、好运气和联姻）急速扩张，竟然和许多年前哈布斯堡家族积累财富的手法不谋而合。他们从上了年纪的利奥波德一世手中获得了"身在普鲁士的国王"头衔。就在查理六世四处向欧洲的统治者

第七章

们寻求支持，让他的女儿继位的时候，一场传统的讨论让服务于王权的知识分子自取其辱，不少奇怪的普鲁士旧文件浮出水面，让人们开始质疑哈布斯堡家族对西里西亚的统治可能并不合法。年轻的新任普鲁士国王腓特烈二世（Frederick II）刚刚听闻查理的死讯便动了心思，要把这一大片土地抢过来。这一决定塑造了一代人。

西里西亚在善于经略的统治者手中可谓价值连城——哈布斯堡家族用它来威胁勃兰登堡；勃兰登堡借此让哈布斯堡的土地变得脆弱不堪。但两者带来了同样的结果：萨克森脱离波兰，严重削弱了两国关系。西里西亚无疑是人口众多的富庶地区，但数千人曾在这里的争夺战中丧生，随着战争规模不断扩大，几乎所有欧洲国家都卷入其中，一想到这里，西里西亚就好像成了一个抽象的概念。19世纪，这里是重要的工业区，但很快就被鲁尔（Ruhr）替代了。西里西亚最终在1945年重新回归波兰，随之而来的是痛苦，却丝毫未能引起国际社会的半点兴趣。只要看看地图就会明白，为什么没有任何一位统治者能决定西里西亚的归属：这里是一片国与国之间的中间地带，也因此饱受折磨。但在1740年，西里西亚是欧洲真正的中心，对年轻的腓特烈二世和更年轻的玛丽亚·特蕾莎来说，他们愿意为了这里决一死战。

第八章

《波兰李子蛋糕》(The Polish Plumb Cake),约翰·洛奇(John Lodge)约1772年创作的英国卡通漫画。画面中,俄国、法国、奥地利①和普鲁士正准备大快朵颐,桌子下面藏着魔鬼,而在他们身后,波兰垂泪,土耳其愤愤不平。

资料来源:The Bridgeman Art Library.

① 画中文字"Germany"实指奥地利。——译者注

大危机

我曾读到过一篇海洋科学家撰写的可怕文章,讲述了逆戟鲸围攻蓝鲸时的场景。这一小群逆戟鲸反复撞击蓝鲸的身体两侧,让大块鲸脂脱落,好撕咬它的内脏。倒霉的蓝鲸只能继续向前游,慢慢地,它的身体会像自家组装的廉价沙发床一样四分五裂,鲸脂碎块散得到处都是,时不时还能看到肋骨的弯角。读到这,我不禁产生了一种强烈的感受:除了放弃捕鲸,人们还应该更积极地拿出点行动,让海洋生活不再那么血腥——或许我们可以投放一些富含营养、能浮在水上的大型豆腐块,丰富逆戟鲸的饮食选择。你一定在想,哦不,这人竟开始胡乱说起豆腐了,他一定是在逃避一个可怕的真相:他要把令人恐惧的哈布斯堡君主国比作海洋哺乳动物了,还要把这种想法强加给我们——玛丽亚·特蕾莎的领土就是那头喜欢吃磷虾但身体愈发支离破碎的巨兽,而腓特烈大帝(Frederick the Great)和巴伐利亚选帝侯卡尔·阿尔布雷希特(Karl Albrecht)等人则是有着锋利锯齿的逆戟鲸。这样的假设有失公平,我想到了另外一个更为贴切的地缘政治类比。在我看来,蓝鲸困境中最为可怕的一点在于它无处可逃,因为它和攻击者生活在同一片水域中。蓝鲸一旦受伤便无法下潜,无法躲藏,只能硬向前闯出一条路,希望这些攻击者能赶快吃饱,停下对它的攻击。用海洋哺乳动物做类比似乎是有价值的,因为这恰好说明为什么哈布斯堡王朝的战略注定与许多其他国家截然不同。纵观英国和美国的历史，两国都能自主选择加入或退出战争，相对独立的地理位置让它们几乎无懈可击。复杂的海岸线和山地让法国和西班牙变得易守难攻：从中世纪早期到拿破仑帝国解体，没有人曾成功入侵过法国。然而，反观哈布斯堡王朝，它就像蓝鲸一样（我现在要开始类比了），家族唯一能用来经营的优势就是土地。他们通过好运气和一系列兼并活动，掌握了一连串横跨欧洲的世袭土地。面积大、邻国多成了家族无法避免的现实，也注定增加了防御的难度。一直以来，英国唯一关心的问题就是如何压制与肯特郡和埃塞克斯郡（Essex）隔海相对的欧洲沿海地区，让它们保持对英国的友善，确保爱尔兰不受入侵——除此之外，英国只会按照自己的意愿偶尔插手大陆事务，而哈布斯堡家族从未拥有过这样的选项。

对于哈布斯堡家族来说，1740年是极具挑战的一年，但他们早已习惯了这样的挑战。在我们看来，被一群为数众多、变化无常的国王和公爵团团围住就像一场让人头昏脑涨却又无法停下的噩梦，而这偏偏正是哈布斯堡家族的日常。我一直在提醒自己，不要在书里加入太多战争（读者们大概还没有意识到我对他们的保护），更何况18世纪的战争相当乏味，很难吸引人。同样的叙事在英国人笔下就很有生气，因为除了一些小小的失利，英国人在这一时期成了常胜将军。但英国人取胜的方式在欧洲大陆并不适用，外加他们的普鲁士和沙俄盟友也并不在意由谁来控制孟加拉或是一些加勒比小岛。法国人和荷兰人也是如此，事态一旦紧张，两国都势必要力保本国的安全，无暇顾及域外的土地。在殖民地的问题上，只有

第八章

西班牙人保持着如英国人一般的热情,那是因为殖民地为西班牙创造了大部分收益,让他们有能力在欧洲继续推行耗资巨大的各项政策,正是这些政策让西班牙在 18 世纪末成了一具燃烧殆尽的空壳。

仅仅通过英国的视角,想要理解欧洲面临的不同困境,着实需要费一番功夫。哈布斯堡帝国几乎在各个方向上都可能受到攻击。即便他们铲除了一个敌人,也会看见下一个虎视眈眈的劲敌:他们越是削弱波兰人和土耳其人,俄国人就离得越近,这当数最有名的例子了。

英国是哈布斯堡的重要盟友和资金来源,但也是个充满恶意的外来者,热衷于维持欧洲的"大陆均势"。他们通过短期结盟,让欧洲各国彼此削弱,确保大英帝国的计划不会被某些潜在的欧洲霸主干扰。因此,在 18 世纪,英国的发展势头正盛,欧洲却陷入了极为乏味的战争——这些战争难分胜负,让人厌烦,但正是英国人所乐见的。哈布斯堡家族深深意识到了这一点,也痛恨自己对英国的依赖,他们知道英国人在大部分时候只是在利用自己——如果玛丽亚·特蕾莎的战争计划失败了,英国人很快就会去拉拢下一个帮助他们抗衡法国的盟友。事实也的确如此,在经历了八年痛苦的奥地利帝位继承战争(War of the Austrian Succession)之后,英国人甚至都没有告知玛丽亚·特蕾莎他们已经和普鲁士达成了协议。与此同时,哈布斯堡家族仍处在十分特别的地缘环境之中,身边是时刻变化的敌人、朋友、威胁和机遇;不变的则是那些隘口、城堡、冬夏、财产、供给,还有部队每日行军的距离。

奥地利帝位继承战争期间的军事行动是出了名的无聊。根本无须埋头读上几百页书，只要快速看一眼在18世纪广受欢迎的纪念碑就足够了。纪念碑上无心名利的人物面对累累战功表情鄙夷，书里却只有戴假发的士兵列队围城的沉闷记录。然而，单是写下这几行字就让我愧疚不已，因为我对这些围城故事很是着迷，内心的阴暗面在质问我：有什么能比看上一篇事无巨细地记录贝亨奥普佐姆（Bergen-Op-Zoom）战役的文章更有意思呢？当时的欧洲城市仍由大量防御工事组成，工作和购物的区域都挤在防御墙内，塔楼的维修和升级一直是耗资巨大的重点工程，但几乎完全无效。特别是在天才的法国大元帅莫里斯·德·萨克斯（Maurice de Saxe）——他的名字暗示他来自萨克森，实际上他是"强力王"奥古斯特（Augustus the Strong）①的私生子——的指挥下，一座又一座城市中复杂的防御系统被炮火和壕沟摧毁。正是战场上这种具体而直接的恐慌感才真正扣人心弦。以布拉格为例，这座拥有诸多伟大建筑的城市逐渐被人抛弃，沦为落后的边缘地区，先是被法国和巴伐利亚联军占领，后来又被普鲁士人占据。恐慌情绪开始在城市居民中蔓延——他们面对的不仅仅是暴力、强奸和劫掠，还有是否要配合侵略者这一更为深层的问题。巴伐利亚的统治者夺取了波希米亚王位，法国人和巴伐利亚人因此占据了布拉格，那么布拉格的居民是该效忠于维也纳还是慕尼黑呢？玛丽亚·特蕾莎对此的反应相当残暴——在赶跑了所有侵略者之后，她驱逐了整个古老的犹太社区，没收了他们的财产，羞辱并毁灭了所有她认为有半点不忠表现的居

---

① 这里指的是"强力王"奥古斯特二世，他是波兰国王，波兰韦廷王朝开创者，世袭萨克森选帝侯。——译者注

第八章

民。回看 18 世纪的战争，这种可怕而特别的痛苦和动荡应该是我们思考的核心，但很显然，考虑到欧洲的大局，这一点不可避免地要让位于战略的复杂性——战争的重点变成无聊的进军和退军，以及交战各方此消彼长的战力。

查理六世为《国事诏书》征集签名的不懈努力很快被证明是白费功夫，这也导致了 1740 年戏剧般的局势变化。全欧洲的统治者都开始筹谋从玛丽亚·特蕾莎的手中骗得继承权。同样在 1740 年，普鲁士国王腓特烈·威廉一世和俄国女皇安娜一世（Empress Anna）先后离世，欧洲的权力结构发生了重大转变。当时的法国似乎也短暂地放弃了称霸的念头，进一步让欧洲局势暗流汹涌，各方都看到了权力易主的可能。

玛丽亚·特蕾莎几乎陷入了四面受敌的困境，奥斯曼土耳其人的毫无动作成了当时唯一的好消息。在意大利，她要面对尤为固执而愚钝的西班牙王后伊丽莎白·法尔内塞（Elizabeth Farnese），后者执意要为自己的儿子们谋求意大利的统治权。伊丽莎白已经成功地让一个儿子拥有了那不勒斯（这是她用帕尔马和查理六世换来的），现在又想帮另一个儿子夺回帕尔马。伊丽莎白的执念，还有将玛丽亚·特蕾莎彻底赶出意大利北部的暗喜，导致了一连串匪夷所思但又艰苦异常的战争。所幸特蕾莎获得了萨伏依公国（Duchy of Savoy）的宝贵支持（虽然今天的我们很难想象，但该公国在当时十分顽强），保住了萨伏依和威尼斯之间的部分意大利领土，将帕尔马给了伊丽莎白·法尔内塞的儿子费利佩（Felipe）。在战争的大部分时间里，费利佩一直不光彩地辗转于各支部队之间，最终得到了他小小的战利品。

可以说玛丽亚·特蕾莎在执政之初对自己的境况知之甚少,围绕在她身边的软弱狡诈之徒更是辜负了她的信任。但她很快站定起跑,以惊人的速度开始成长,从1740年优柔寡断的小角色快速成长为令人敬畏的大人物。在后来的画像中,玛丽亚·特蕾莎经常以高贵而温和(mouton sublime)的形象出现,这完全是误导性的。在保卫家族遗产的战争中特蕾莎也曾多次感到绝望,但她更擅长将满腔怒火再次转化为动力,她痛恨那些凭借伪造的法律文件就来抢夺土地的无赖。然而,新任普鲁士国王腓特烈二世甚至都不屑使用这些律师炮制出来以证明其对西里西亚"自古以来拥有控制权"的文件,便发动了闪电战,占领了几乎整个西里西亚省。此后,他又与玛丽亚·特蕾莎交战三次,以巩固对该地的控制权,特蕾莎只能趁着短暂的停战期清理其他的敌人。腓特烈二世对奥地利军队的羞辱很快让他成了传奇人物,他敢于冒险的大胆作风更是让维也纳视其为魔鬼。所有收复西里西亚的努力最终一无所获(包括1756—1763年的第三次西里西亚战争,它发生在影响更为广泛的七年战争期间),双方最终签订条约,将西里西亚绝大部分地区划给普鲁士,仅剩南部一小块名为奥地利西里西亚(Austrian Silesia)的地区归玛丽亚·特蕾莎管辖。1772年,玛丽亚·特蕾莎从波兰国王手中夺取了位于泰申以北的奥斯威辛公国(Duchy of Auschwitz),也算扳回一城。我们很难判断失去西里西亚为哈布斯堡家族带来了怎样的影响,但不妨做一个奇怪的反向假设:如果玛丽亚·特蕾莎在战争中取胜(当然只是因为腓特烈出众的指挥才能才避免了如此

第八章

情况的出现,一颗幸运的子弹或是一次坠马都可能改变一切),情况会如何变化?这一点对于 1918 年至关重要。一战后,神圣罗马帝国解体,如果这时在西里西亚-摩拉维亚-奥地利地区(摩拉维亚的布尔诺和奥洛穆茨仍是以德语为主的城市)出现了一个面积广阔的德语国家,人类的历史可能就此改写。但如此一来,势必会导致更多变化,再这么继续想下去就太让人疲惫了。

失去西里西亚和小片意大利领土并不会对哈布斯堡家族造成致命打击(实际上,丧失意大利的领土对家族来说像圣诞节一样平常),巴伐利亚选帝侯卡尔·阿尔布雷希特才是真正致命的威胁。玛丽亚·特蕾莎因为性别问题无法成为帝国皇帝。她不情愿地接受了这一点,并寄希望于丈夫弗朗茨(Franz)可以担此大任。遗憾的是,通过联姻成为哈布斯堡家族一员的弗朗茨并没有任何继承帝位的资质,他只能作为一个小诸侯在欧洲四处游荡,尝试管理一些小片的土地。现在,皇位之争完全成了平庸者的比拼,真叫人失望。卡尔·阿尔布雷希特似乎无法让任何人满意,弗朗茨倒是有点魅力(他的画像总是散发出一种傻瓜般的同情心),但他最大的价值在于收藏矿石和其他令人愉悦的*物件*,还有和玛丽亚·特蕾莎生下许多孩子,而非扮演好自己的政治角色。

卡尔·阿尔布雷希特来自历史悠久的维特尔斯巴赫家族,在他看来,哈布斯堡家族不过是中世纪晚期才发迹的外来户。在法国人别有用心的大力支持下,卡尔·阿尔布雷希特当选神圣罗马帝国皇帝,也就是后来的查理七世(Charles VII),他的当选打破了哈布斯堡家族自腓特烈三世以来对帝位的垄断。更可怕的是,他入侵了玛丽亚·特蕾莎的领地,并将之据为己有。这正是查理六世种下的恶果——他通过《国事诏书》剥夺了兄长约瑟夫一世女儿们的继承权,执意将帝位留给自己的女儿玛丽亚·特蕾莎。卡尔·阿尔布雷希特迎娶了约瑟夫一世的一个女儿,让他有资格声称自己的妻子玛丽亚·阿玛莉亚(Maria Amaria)才更应该拥有继承权。查理六世宫廷中的纷争和冷漠终于有了结果(如果冷漠也能带来后果的话),玛丽亚·阿玛莉亚开始为她的姐妹们复仇了。

在法军的支持下,卡尔·阿尔布雷希特一路东进,似乎要改变欧洲未来的命运。如果他成功了,慕尼黑、布拉格、维也纳和布达将在权力分配中失去位置,他与法国人的盟友关系会更为紧密,甚至足以改变未来战争的局势和文化发展的方向。他的部队穿过上奥地利,占领了林茨,继续向圣珀尔滕(St. Pölten)进军——直到今天,圣珀尔滕也是中欧最无趣的小镇之一——他却在这里停下了脚步,还慌了手脚。如果他的部队能直抵维也纳,或许可以废掉玛丽亚·特蕾莎的继承权,促使不少重要人物倒戈,转而支持家族中(事实上的)另一支女性支系。然而,查理七世担心无法攻克维也纳的铜墙铁壁,且进军期临近尾声,自己离大本营太远,遂决定撤军,返回波希米亚,夺下布拉格,并在那里登基称王。波希米亚国王的身份能确保他在帝国皇帝选举中多拿下一张选票,但这还不足以让他实现将中欧纳入巴伐利亚版图的雄心壮志。之后的局面急转直下——玛丽亚·特蕾莎发动反击,将他逐出了布拉格,接着又进军巴伐利亚并占领了慕尼黑。卡尔·阿尔布雷希特在法兰克福度过了短暂的余生,这成了他屈辱的噩梦,头上的皇帝称号也只剩下象

第八章

征意味。多年来，哈布斯堡家族依靠自己的军事实力和财富把持了帝国的皇位，选帝侯们尽管不情愿，但也不得不承认事实就是如此。利奥波德一世和约瑟夫一世执政时期成了哈布斯堡皇帝们最后的荣耀之日，也正是在这一时期，帝国皇帝和哈布斯堡统治者的身份完美地融为一体，因此要求选帝侯们必须不时展示真正的忠诚。卡尔·阿尔布雷希特既没有资源也没有名望，他的登基称帝给人们留下了可怕的印象（特别是对他自己来说），好像成为皇帝是件毫无意义的事情。他铸造了一些漂亮的钱币，短暂地回到了慕尼黑，接着便一命呜呼了。受到了教训的选帝侯们选择玛丽亚·特蕾莎的丈夫成为下一任皇帝，即弗朗茨一世。他欣然接受了这一尊贵的职位，坐在美泉宫（Schönbrunn，又译作申布伦宫）的凉亭里品尝热巧克力，欣赏他的长颈鹿。自此，神圣罗马帝国皇帝这一欧洲最高贵的头衔也黯然失色了。

最后的战斗在欧洲西北部爆发，这里一直是英国人的忧虑所在。多个承认《国事诏书》的国家共同组成"国事遗诏军"（Pragmatic Army）保卫汉诺威和奥属尼德兰，也因此和法国人发生了正面对抗。在德廷根战役（Battle of Dettingen）中，乔治二世（George Ⅱ）以汉诺威选帝侯的身份参战，这也是英王的最后一次御驾亲征。莫里斯·德·萨克斯在这场战争中大放异彩，但战争的成果十分有限，只是再一次彰显了尼德兰联省共和国（United Provinces）自17世纪以来在军事和文化方面的活力和重要性。这场战争也同时开启了奥属尼德兰居民的屈辱历史，他们终于认识到这个地区对于玛丽亚·特蕾莎（以及她的儿子约瑟夫二世）来说根本一文不值，随时可以被交换出去。生活在布鲁塞尔或是根特（Ghent）大概不会是件快乐的事，因为当地的统治者随时会牺牲掉这里的利益。在忍辱负重了几代人之后，当地人最终揭竿而起，比利时独立革命（Belgian Revolution）就此爆发。奥地利人对这里的统治既不稳定也不友善，只是耗光了当地的财富。但这也让奥地利成了唯一一个真正的泛欧洲大国，他们和英国的天然盟友关系却因此起了变化。

奥地利帝位继承战争中充满了奇怪的变数。玛丽亚·特蕾莎的开局并不顺利，她面对着巨大的威胁，但最终保全了大部分领地，成为一代雄主。当时的哈布斯堡王朝面临着 1914—1918 年之前最为严峻的局势，但在特蕾莎的带领下，哈布斯堡的土地完好无损，这绝对算得上是非凡的成就。但我还想提出一个设想：如果在 1744 年，玛丽亚·特蕾莎和杏仁糖（marzipan）一般的萨克森选帝侯奥古斯特三世（Augustus Ⅲ）达成协议，让撒克逊人承认玛丽亚·特蕾莎对奥地利领土的掌控，并在她死后，将王位传给奥古斯特三世一直饱受痛苦的妻子、约瑟夫一世的另一个女儿玛丽亚·约瑟法（Maria Josepha）作为回报，历史会有怎样的不同？奥古斯特同时担任波兰国王，因此这样的协议很有可能助力一个新国家的诞生，将哈布斯堡君主国、波兰王国（在当时也是一个国土广袤的国家）和萨克森选侯国永久性地结合在一起——如果这一切成真，欧洲的历史一定会再一次被彻底改写。但这一切终究没有发生，玛丽亚·特蕾莎实现了 40 年的成功统治，还生下了 16 个孩子。

第八章

奥地利称霸

几年前，我曾来到匈牙利的小镇塞克萨德（Szekszárd）参加一年一度的红酒节，镇上有一个小小的以小矮马为动力的旋转木马，还有很多心瓣膜形状的镶边小点心。在卖工艺品的小摊上，这种怪异的心形图案更是十分常见，有点像墨水斑点，又有点像特意切下来的一块肉排，让人无法忽视它的存在。书包上、保险杠贴纸上、牛仔裤的布章上、杯垫上——真可谓无处不在，哪怕是不那么适合的地方［比如拉斯特法里教（Rastafarianism）① 信徒的羊毛帽子上］——到处都是这个令人心烦意乱的图案。我很快意识到了它的无处不在，直到今天（2013 年）也是如此。这个图案是"圣斯蒂芬王冠领地"（Crown Lands of St. Stephen）地图的形状，它代表了匈牙利人对一战后分裂匈牙利领土的愤怒和民族主义的无力怒吼。布达佩斯治下曾拥有远超亚利桑那州（Arizona）大小的广袤领土，在饱经战火的摧残后，只剩下比南卡罗来纳州（South Carolina）还要小的一片土地。民众的怒火高涨，虽然在匈牙利政府的强力镇压下有所缓和（原因不言自明），但这种情绪从未消失。许多被并入他国的匈牙利人在新统治者治下饱受歧视、暴力和鄙夷，

---

① 拉斯特法里教根源于非洲，是 20 世纪 30 年代起自牙买加兴起的一个黑人基督教宗教运动。雷鬼音乐深受拉斯特法里运动影响，随着雷鬼音乐风靡全球，拉斯特法里运动也得到了广泛传播。——译者注

你甚至不用成为一个极端的右翼分子都能意识到,一些小规模的领土调整是非常有必要的。20世纪30年代,人们在德布勒森北郊立起了一座可怕的雕像,来发泄对背叛的控诉:那是一尊漂亮的裸女像(代表匈牙利),但她的一条胳膊和一条腿上却血流如注。

我们能从牛仔裤布章上了解到的信息有限,但无论这个图案出现在哪里,都有着沉重的象征意义——匈牙利人渴望拥有一个边界清晰、民族完整的国家。但"圣斯蒂芬王冠领地"只是一个幻想,在政治权力的舞台上赋予布达佩斯一种古老的使命感。然而实际上,布达佩斯政权只存在于1867—1918年间,在其他时候,这种源自上帝的执政合法性并不存在。这或许是堂古怪的历史课,但只要手里有剪刀,人们就可以把布章剪成任何一种形状,来代表匈牙利真实存在过的边界,正是这种可悲的不确定性决定了地区的命运。

1740年,玛丽亚·特蕾莎开始掌权,这给了匈牙利人改变自己命运的机会,但随之而来的还有哈布斯堡人对匈牙利超过一个世纪的可怕统治。在哈布斯堡王朝的叙事里,匈牙利人是叛徒、骗子,鼓吹宗教分裂还不知感恩。神圣同盟终结了土耳其人对匈牙利大部分地区的长期占领,当地居民重新回到基督教(和天主教)的怀抱,接受皇帝利奥波德一世(匈牙利语称 I. Lipót)的统治。没有多少匈牙利人认为这是一件好事。在特兰西瓦尼亚自治公国(Principality of Transylvania),匈牙利人燃起了拥有独立政治身份的微弱火种,这种身份与新教信仰紧密相连。当哈布斯堡的军队甫一来到锡比乌,便在大广场上大兴土木,建造漂亮但千篇一律的天

第八章

主堂时,匈牙利人围绕新教建立的身份认同立刻危在旦夕。皇家匈牙利就是可怕的前车之鉴,其西部地区(主要包括今天的斯洛伐克和匈牙利的外多瑙地区)一直处在哈布斯堡家族的控制之下。自17世纪70年代起,皇家匈牙利就和50年前的波希米亚一样,在哈布斯堡家族的铁腕统治下,再次开始推行天主教。由此引发的民族战争时有发生,但一代又一代的士兵和耶稣会士最终锻造了皇家匈牙利,形成了一群忠诚的、信仰天主教的、支持哈布斯堡家族的匈牙利人。与此同时,和捷克人一样,匈牙利人的民族认同受到了严重威胁,甚至遭到了永久性的破坏。如果忠诚的代价是让匈牙利人变成德国人,那么匈牙利人很难做到忠诚。

17世纪90年代,哈布斯堡家族开始统治特兰西瓦尼亚,拜特伦·加博尔亲王的故事似乎成了遥远的回忆:统治者的糟糕决策让特兰西瓦尼亚饱受奥斯曼土耳其人的摧残(他们受够了这一小小附庸国的无理要求),神圣同盟的反击再次荡平了这片土地。在对维也纳的围攻中,特兰西瓦尼亚士兵和土耳其人并肩作战,注定让利奥波德一世不会对这里心慈手软。新的统治者将统治中心定在锡比乌,曾经辉煌的旧都阿尔巴尤利亚(Alba Iulia)沦为一个不起眼的小镇。

匈牙利领土三分后的第三个,也是最后一个部分,大致和现代匈牙利的领土相当。该地区在土耳其人撤退后,归属哈布斯堡家族管辖。在家族眼中,这里更像一块殖民地,而非令人骄傲的匈牙利遗产。战争将这一地区夷为平地,埃斯泰尔戈姆(Esztergom)和布达等地不得不在战后重建。双方的非正规军几乎摧毁了所有人类存在的痕迹,许多古老的村庄都消失了。实际上,在战争结束之后,人们既不知道新移民来自哪里,也不知道他们能去往何处,因为太多地方在战火中毁于一旦。

匈牙利人在17世纪策划并发动了一系列起义,反对哈布斯堡家族的统治,但他们提出的大部分诉求直到一战结束也未能得到解决。即便是信仰天主教的匈牙利人也面临着可怕的问题。维也纳位于帝国权力的中心,哈布斯堡家族在维也纳对这个以德语为绝对主导语言的帝国发号施令。1683年维也纳之围结束后,利奥波德一世决定重建维也纳,许多恢宏的贵族王宫留存至今——维也纳第一次成为一个伟大的国都。一大批德意志人①涌入维也纳,有的来自哈布斯堡家族的世袭领地,有的来自帝国其他地区,还有意大利的手工匠人、军事顾问和雇佣兵。哈布斯堡王朝的需求和德意志贵族的需求完美吻合,贵族们承担了几乎所有军队和政府的工作,发布了一大批政令、公告和指示,也主宰了科学和宗教领域。其中一些内容被译成了匈牙利语,但大部分仍是德语。匈牙利人别无选择,为了弄清楚哈布斯堡的土地上到底发生了什么,他们不得不学习德语,进而也开始思考,是否全盘"德意志化"能让他们过上更好的日子。

摩哈赤战役的失利造成了巨大灾难,匈牙利领土成了一片缓冲

---

① 澄清一点,这里的"德意志人"和"匈牙利人"是指"讲德语的人"和"讲匈牙利语的人",这样写是为了避免太多后缀使行文变得冗长。这里的"德意志"和"匈牙利"并非现代语境下的含义,这一点要特别提醒大家注意。在卡林西亚人和特兰西瓦尼亚人中间,存在多个效忠对象,但这些都不针对后世的民族主义历史学家的观点。

第八章

区，当地居民沦为牺牲品。现在，在取得了一连串的胜利后，哈布斯堡王朝第一次将全体匈牙利人纳入管辖范围。利奥波德一世将匈牙利视为天然的战利品，但不少人并不认同他的看法。1703—1711年间，在费伦茨二世·拉科奇的领导下，匈牙利爆发了可怕的武装起义，对这片土地造成了进一步的破坏：约 8.5 万名库鲁克起义军在战斗中丧生，差不多 40 万平民死于瘟疫和饥荒。当时的西欧战场是正规军的天下，很难想象在同一时期还爆发了如此残酷的屠杀（哈布斯堡派出的军队在大部分时候也是同样的正规军）。导致拉科奇未能独立建国的原因并没有什么特别：其他的大国（不论是沙皇俄国、法国、波兰还是瑞典）都在利用匈牙利人的不满给维也纳找麻烦，一旦达成了自己的目标，他们便不再理会匈牙利人的不满情绪。因为人口稀少加之地理位置偏远，匈牙利人的抗争很难引发广泛同情，因此不得不承受痛苦的命运。与此同时，同在"圣斯蒂芬王冠领地"的其他语族人群也拒绝接受匈牙利人的统治——在土耳其人离开后，匈牙利的领主们也不一定会更好。此刻的拉科奇面对着重重困难：特兰西瓦尼亚的撒克逊人普遍态度冷漠，塞尔维亚人和克罗地亚人则充满敌意，甚至在匈牙利人内部都很难达成共识。等到约瑟夫一世领导下的哈布斯堡军队得以全力对付拉科奇的时候，他的反叛军立刻败下阵来。拉科奇还有什么选择呢？如果匈牙利的贵族们不是一群毫无政治抱负，只喜欢华美服饰的乡巴佬，他们或许还能拿出更强硬的手段抗击德意志哈布斯堡王朝的霸权。匈牙利人只能徘徊在政治权力的边缘地带，傲慢、宗教和语言障碍让他们即将成为"非人"，就像生活在匈牙利人镇压下的罗马尼亚人一样。匈牙利政治生活中疯狂的一面，包括繁复的服装和蒙昧主义，都根植于这种危机感。就这样，直到19世纪晚期，每一位匈牙利"叛军"领导人最终都要么被流放，要么战死沙场，甚至惨遭处决。拉科奇在马尔马拉海边的小镇上过完了余生。尽管匈牙利人经历了一连串可怕的失败，但他们并没有遭遇如捷克人一般的重创。随着更多起义的爆发，拉科奇的抗争成了传奇，拉科奇本人也被后世的匈牙利民族主义者奉为宗教领袖般的人物。

叛乱被扫平后，数千人涌入了这片荒芜的土地。一批又一批德意志人、匈牙利人、斯洛伐克人、塞尔维亚人、保加利亚人，甚至是哥萨克人来到这片新的领地，谱写了一部鲜为人知的史诗：数代定居者白手起家，平整了土地，建成了堤坝和一座又一座城镇。大批塞尔维亚人从奥斯曼帝国的领土上迁出，来到布达以北的圣安德烈（Szentendre）定居。在那里，他们获得了特权，并在20世纪南迁后，为岛上留下了布满圣像屏风的美丽小镇。不少犹太人、希腊人和亚美尼亚人开始到此地经商，匈牙利人逐渐开始对非农业相关的经济活动丧失了兴趣。

父亲的去世几乎让玛丽亚·特蕾莎陷入无法承受的灾难，这给了匈牙利人自我救赎的良机。玛丽亚·特蕾莎四面楚歌，但她机智地将自己打造成一个虚弱、贫困的妇人形象，以博取匈牙利议会的同情。1741年，她两次到访布拉迪斯拉发，化解了德意志人和匈牙利人之间长达几十年的仇恨。她身着丧服，手持让三十年战争初期的斐迪南二世倍感欣慰的十字架（真是位可怜的先祖），在谈判中寸步不让。最终，匈牙利人承诺为她提供资金、人员和补给，她

第八章

也确保了哈布斯堡领土一隅的效忠。玛丽亚·特蕾莎趁势推进,搭乘装饰有匈牙利风格配色的驳船沿多瑙河一路南下,加冕匈牙利女王。她策马奔驰(这是匈牙利君主登基时的必要环节!),面对国民发表激情澎湃的演说。同年晚些时候,玛丽亚·特蕾莎踏上了更为疯狂的旅程,她在匈牙利议会上拿出了撒手锏——她的儿子!年幼的约瑟夫是哈布斯堡家族血脉延续的象征(尽管他来自母系一支,也因此引发了一些争议)。就像哈布斯堡的效忠者们常说的:"敌人已经丧失了机会,现在轮到奥地利称霸"——即便不算成就霸业,但至少王业已成。面对一片大好的形势,君王选择背信弃义也是常有的事。但出乎每个人的意料,玛丽亚·特蕾莎虽然有个暴饮暴食、不知节制的父亲,但她本人却崇尚道德,也赢得了人们的信任和尊重。然而,匈牙利人却食言了,他们没能履行大部分承诺,只提供了部分援助,这反倒激发了对于哈布斯堡王朝新的效忠模式。匈牙利的部队被第一次派往西欧,有时还能给对手带来毁灭性的打击。

仅凭牛仔裤的布章来讨论历史注定会失败,但也不是全无意义。18世纪的匈牙利地图一定与布章的形状大不相同:当时的特兰西瓦尼亚受维也纳统治,南方的大片区域组成了新的军事边疆区,以应对土耳其人的威胁,但这片区域也不在匈牙利人的控制范围之内。匈牙利以北的齐普斯小城属波兰管辖,只有今天克罗地亚境内的一小片地区曾是匈牙利人的管辖区。玛丽亚·特蕾莎为了向匈牙利示好,将旧称阜姆(Fiume)的里耶卡港移交匈牙利人管辖,这是自中世纪以来,匈牙利首次拥有入海口,也给牛仔裤的布章上添上了小小的钩子形轮廓。

　　德意志人和匈牙利人（其他民族由于法律上的弱势、宗教隔离和高文盲率，而鲜少被人在意，但这样的情况很快会得到改善）通过策略和操纵带动了哈布斯堡家族领土的现代化改革。从各个角度来看，直到19世纪，匈牙利地区才算重新稳定下来，这种巨大的变化通过日积月累的改变而实现。渐渐地，匈牙利从过去两个世纪以来欧洲最不宜居的地区变成如今这个风景宜人、充满魅力的所在。匈牙利人在历史进程中存活了下来，但这是否要归功于哈布斯堡家族，或是在多大程度上要归功于他们，成了此后一个极具争议性的话题。

凯旋门

　　维也纳的美泉宫之旅从各个角度来看都是令人失望而困惑的体验。美泉宫是哈布斯堡王朝的核心所在，这座奢华的夏季行宫既彰显了王朝的庄严，又让我们得以一瞥宫廷生活的闲适。但即便是像我这样的打卡迷，也很难对这里的建筑提起兴致。弗朗茨·约瑟夫在这里住得太久了，让宫中的大部分地方都听命于他乏味如铁路候车室一般的审美。即便是玛丽亚·特蕾莎选定的艳丽装饰，也散发着冰冷、沉闷的气息。宫中的亮点或许要数为齐塔皇后（Empress Zita）准备的时髦浴室，浴室完工于一战接近尾声的时期，很好地体现了夫妇俩在短暂的执政时期对于琐碎事务的沉迷。美泉宫的管

第八章

理方大概也意识到了展览的无趣，便放了些旧马车之类的展品，以期能提升参观体验。但最奇怪的展览当数伊丽莎白皇后（Empress Elisabeth）手作马鞍的特展。仔细看着这些马鞍，参观者仿佛和这位已故的皇后产生了某种直接联系，好像在欣赏某种古怪的恋物癖，这种感觉实在让人一时语塞。

漫步在玛丽亚·特蕾莎曾住过的房间里，人们难免会产生这样的感觉：哈布斯堡家族在雇用艺术家和装潢师的时候，是不是犯了音盲症？哪怕再多花一点钱，或是多提升点品味，也不至于让宫殿的装饰变得如此糟糕。但走到室外，这种失望的感觉一下子烟消云散了，目之所及只有壮美的宫殿和漂亮的园林。在上一本书中，我曾连篇累牍地描绘过美泉宫中不可思议的动物园、早餐室，还有装满洛可可风格奇珍的耀眼凉亭，但整片园林中最精彩的建筑当数凯旋门（Gloriette）。凯旋门坐落在宫殿上方一座陡峭的小山上，既可用来休闲，也可用来观景，但它最主要的作用是通过成吨的石雕，表达哈布斯堡家族躲过普鲁士一劫的庆幸心情。1757 年，第三次西里西亚战争期间，腓特烈大帝在科林战役（Battle of Kolín）中惨败，被迫放弃了入侵波希米亚的计划。奥地利人修建了凯旋门来纪念科林的大胜，这是奥军为数不多的几场胜仗之一。当然，如果腓特烈大帝愿意，他完全可以在柏林建造一座和凯旋门一样的购物中心。但他除了对奥洛穆茨发动过一场短暂的围城战（今天我们还能在这里看到依峭壁而建的防御工事，以及腓特烈大帝留在黑死病纪念柱上的弹孔）之外，基本没有对哈布斯堡家族的领土再构成任何威胁。此后，普鲁士人也曾多次在战场上让奥军体会战败的耻辱,但那大多发生在西里西亚或萨克森地区。

从各个方面来看,凯旋门都完美展现了哈布斯堡家族喜欢东拼西凑的悭吝风格,很多建筑细节包括引人注目的牛头雕刻,都直接取自马克西米利安二世位于西梅林(Simmering)郊区古老的新格鲍德宫(Neugebäude Palace)。然而,凯旋门毫无意义的浮夸与奢华,和动物园里的早餐室一样,都是用来彰显玛丽亚·特蕾莎执政成绩的纪念碑,也与她平庸、守旧的室内装饰形成了有趣的对比。二战期间,盟军轰炸维也纳,凯旋门因此严重受损,动物园里的犀牛也在轰炸中殒命。在一张悲惨的照片中,犀牛的饲养员呆立在它身披铠甲的尸体旁;而在另一张照片中,一队红军士兵正快活地在围场里逗弄长颈鹿——大概已经没人告诉他们围栏禁止翻越了吧。凯旋门在二战后重建,大量古罗马武器和雄鹰的石雕得以复原,现在这里莫名其妙地成了一个咖啡馆。凯旋门代表了奥地利人永恒而坚定的信念和信心,面对真实的灾难和失败,他们相信自己一定能取得最后的胜利。苏联军队在逗弄完长颈鹿之后,一定会志得意满地过来看看凯旋门的残垣断壁。虽然奥地利人再也没能收复西里西亚,但玛丽亚·特蕾莎留下的遗产却在敌人们猛烈的联合进攻下得以保全。

圣诞马槽之战

内部装潢迷幻又浮夸的梅尔克修道院中隐藏着两位早期访客:

第八章

地下墓穴圣徒克雷芒（Clement）和威德廉（Frederick）。1578年，天主教的成功反击带来了好运气，在罗马发现了大量地道，里面堆满了早期基督徒的遗骸。人们相信埋骨于此的基督徒死于宗教迫害，这些"地下墓穴圣徒"也被耶稣会士们当作早期"真教会"（True Church）遭遇苦难的绝佳证据运往天主教世界各处。实际上，这些骨架的主人生前只是虔诚的普通罗马民众，他们在黑暗中安安静静地度过了千年，突然发现自己被随便冠上一个教名，接着被封圣，又上了一辆驴车。修道院翻修期间，克雷芒被送了过来，威德廉来得稍晚，在1762年由玛丽亚·特蕾莎捐赠至此。考虑到地下墓穴中遗骸数量之多，这些圣人恐怕会像小饼干一样被派发出去。哪怕是在今天，只要找对人私下交谈几句，或许就能得到一副遗骸。耶稣会士们有点失控了，因为他们还要处理殉教的圣乌尔苏拉（St. Ursula）和她一万一千名贞女的遗存［在科隆曾发掘出一个壮观的埋骨坑，后被证明是伪造的，其规模相当于美国得克萨斯石油业的纺锤顶（Spindletop）① 天主堂了］。无论如何，这两副骨架现在躺进了梅尔克大厅的玻璃棺材里，穿着怪异的连体衣，装饰有珠宝，头下垫着华丽的枕头，竟和《恶人牧场》（*Rancho Notorious*）里的女影星玛琳·黛德丽（Marlene Dietrich）有几分相似。

到了18世纪60年代，玛丽亚·特蕾莎捐赠圣威德廉遗骸的行为已经堪称复古，因为天主教在智识和情感上都已经向前迈进了。在接下来的十年里，耶稣会在欧洲各地都受到教皇的打压，除了普

---

① 纺锤顶油田于1901年发现于美国得克萨斯州，是世界上第一个日产万吨的高产油田，后引发石油开发的狂潮，但很快就因为过度开采而衰落。——译者注

鲁士和沙皇俄国（这是个反常的结果）。俄国沙皇叶卡捷琳娜大帝（Catherine the Great，即叶卡捷琳娜二世）或许曾反对天主教，但让她听命于一个住在意大利的家伙无疑是不可能的。一种全新的朴素风格和私人祷告风潮开始盛行。奇怪的是，这种新风格的转变竟和公共音乐剧的兴起同时出现，好像天主堂里无事可做的乐团演员们在歌剧和宗教剧中找到了新工作一样。在莫扎特的作品《唐·乔万尼》（*Don Giovanni*）或是海顿的作品《创世纪》（*The Creation*）中，歇斯底里的情感竟和几十年前在梅尔克等地盛行的极端氛围别无二致，只是换了新的形式。我不知道这两者间是否存在真正的联系，但从表面上看，这种失控的狂热似乎只是单纯地换了个地方。

约瑟夫二世本人就是推动教会智识转型的好例子。他常常被人误认为是反对天主教的君主，但他只是想清除教会里的迷信陋习以及剥落的镀金装饰。到了玛丽亚·特蕾莎去世的 1780 年，这些乱七八糟的东西已经让梅尔克等地显得陈腐不堪。玛丽亚·特蕾莎本人也曾对许多所谓传统表示怀疑，但约瑟夫的举动将这种怀疑上升到古怪的程度。从某些标准来看，约瑟夫算得上哈布斯堡家族的统治者中最有才干的一位，但他在处理所有事情上的做法似乎都有些操之过急且自不量力。他的执政期堪称反常。1765 年，弗朗茨一世去世，约瑟夫二世继位成为神圣罗马帝国皇帝，皇位似乎再次稳稳地回到哈布斯堡家族的掌握之中。接下来的 15 年里，他一直听从母亲的教导，此时的玛丽亚·特蕾莎已经成了一个动动手指就能运筹帷幄的统治者了。更糟糕的是，他还要面对母亲的同辈人腓特烈大帝。在约瑟夫眼中，腓特烈是一个可怕的恶灵，笼罩着他的生

第八章

活,羞辱着他的家族。同时,他也是一位值得尊敬的君主,他的理智和简朴让这个年轻又奇怪的小伙子不情愿地视他为楷模。如果约瑟夫像他的父亲一样,整天只是悠然闲逛,吃吃甜点,用放大镜欣赏珠宝做成的花束,未来会有多大不同?然而,约瑟夫一心只想赶快推进现代化,对国土进行彻底改革,因为在他看来,这些地方辜负了他的王朝。

天主教会是君主在控制意识形态方面的好帮手,但约瑟夫发出的成堆法令让这个组织陷入了混乱。从禁止蒂罗尔制造圣诞马槽到强迫神职人员换上更实用、更耐磨的皮质法衣(在梅尔克修道院就发生了这样让人哭笑不得的事情),约瑟夫对所有事情都有意见。没有直接服务于社区的修道院皆被关停,历史可以追溯到基督教诞生初期的私人冥想传统几乎被铲除。耶稣会被压制,大量建筑被改作学校、营房和办公室,进入了由文件和人才驱动的现代国家状态。这样的影响散见于中欧各地,许多看似服务于宗教目的的建筑实际上在承担世俗功能。在奥洛穆茨,今天的地区博物馆旁边还能看到一块石刻,宣布贫苦克莱尔修女会(Convent of the Poor Clares)已被约瑟夫二世关停,改为小镇学校。耶稣会的教堂被重新分配——多年来一直守卫腓特烈三世内脏的林茨耶稣会教堂现在成了小城的主教座堂。天主教会拥有大量土地,包括卡尔尼奥拉的一半土地和摩拉维亚至少三分之一的土地:约瑟夫要被气疯了,他认为这些教会的土地都被闲置了,因此开始全力回收这些土地。这是一个真正革命性的壮举,也给神圣罗马帝国其他地区造成了难以预料的灾难性后果。

对于约瑟夫二世来说，把时间浪费在毫无意义的宗教游行和朝圣活动上是同样糟糕的选择，人们本可以用这些时间来发展经济。哈布斯堡家族内部错综复杂的宗教历大多被废止，游行和朝圣被明令禁止或是只能在严格的管控下进行。许多天主教徒对他的大部分做法表示认同。无神论者在当时仍是一个不起眼的小群体，在他们看来，约瑟夫的复兴运动完全沿袭了备受尊崇的天主教谱系。实际上，这一复兴进程始于玛丽亚·特蕾莎。在她统治奥属尼德兰期间，发源于当地的詹森主义（Jansenism）天主教复兴运动很快传入了维也纳。詹森主义以严苛的苦行和对教区牧师的狂热崇拜著称，这让沉迷于金法衣和飞翔婴孩的人们大为不解，也引发了很多质疑。早年间曾有笑话将詹森主义比作多瑙河——始于天主教地区，流经新教地区，最终汇于不信神的地区。但玛丽亚·特蕾莎坚信，这是对教派合法性的合理考验。天主教会经历了彻底的革新，但共济会（Freemasonry）的兴起通常被看作世俗社会对天主教的挑战，尽管事实可能并非如此——莫扎特创作过许多天主教音乐杰作，梅尔克修道院的两任院长都把共济会的衣服带进了棺材。然而，约瑟夫的大部分支持者最终都离他而去，因为他行事粗暴鲁莽，缺乏耐心，也分不清轻重缓急。废止教会侵吞土地成了他最大的功绩，但他也在盛怒下做出了很多愚蠢的举动，比如禁止生产圣诞马槽，强迫神职人员换上皮衣。这些举动非但没能带来开明的改革，反而让国民徒劳地陷入混乱和痛苦。

除了教堂，约瑟夫二世也对各种特权和僵化保守的传统进行了大刀阔斧的改革，好像他仅凭意志力就能将国家从崇尚排他主义的

第八章

多语言集合体变成具有凝聚力的单一制实体，一个像英国或法国那样真正意义上的国家。这是个可笑的目标：在哈布斯堡家族的土地上，受制于哈布斯堡家族是各地唯一的共同点。约瑟夫无法意识到这一点倒也不奇怪，他似乎从未想过，在现实中理性是否是哈布斯堡家族最可怕的噩梦。一群受过良好教育、有抱负、不迷信的国民自然会发展其他兴趣，而不是一心支持约瑟夫的突发奇想。这片领土积弊已久，让他无力应对，但至少他是除了倒霉的弗朗茨·斐迪南之外，最后一个想要做出改变的哈布斯堡家族成员，他想在自己传承下来的土地上建立一个真正的国家。因此，他象征性地拒绝加冕匈牙利国王，将许多公国的管辖权集中于维也纳，坚持将神圣罗马帝国看作统一的单一制国家。德语成了帝国的官方语言，匈牙利人被迫在所有公事往来中使用德语。农奴制被废止，神职人员开始纳税，贵族们失去了法定的特权，女性束腰因为影响生育而被禁止，非天主教徒可以修建教堂，宫廷里那套顽固的"西班牙习俗"，比如鞠躬屈膝的守旧礼节皆被废止。

法国大革命（French Revolution）的兴起以及约瑟夫的英年早逝让这些改革措施蒙上了阴影，他的许多法令随即被推翻，尽管这些法令在当时造成了极大影响。如果你是个讲匈牙利语的贵族，拥有大量农奴，喜欢束腰和蒂罗尔生产的圣诞马槽，那你一定会在恐惧中永久噤声。好像约瑟夫可以仅凭意志力就能管控国内的各路利益群体。1790年，过度劳累、个人苦闷和肺结核夺去了约瑟夫二世的性命，一定有不少看似悲痛的臣民会选择喝点什么来纪念这个时刻。

约瑟夫二世废除了法律中大量限制犹太人的规定，这是他诸多改革措施中最受推崇的一项，加利西亚的犹太人（Galician Jews）更是世代将约瑟夫视为本族历史中最伟大的人物之一。19世纪中期，布拉格的犹太区更名为"约瑟夫城"，以纪念他的贡献。这些被废除的规定中有一些实在过于奇怪，让人很难相信它们是真实存在过的法条。犹太人现在可以将衣服上的黄色星星摘下来了，可以在帝国的土地上自由迁移，可以开工厂，雇用信奉天主教的仆人，可以上大学、上剧院。他们终于可以在周日和天主教节日期间走出家门了，此前这一行为被明令禁止，因为他们是谋害耶稣的罪人，信仰基督教的众人看到他们会感到不快。这些革新让哈布斯堡家族和犹太人之间建起了强有力的全新关系，也让中欧在19世纪晚期实现了文化的伟大振兴。约瑟夫改革的动机依旧是提高效率——他想让犹太人成为高产的国民，还想用他们来扩充军队。然而，每每想到犹太人，哈布斯堡家族还是会心生反感。作为一个天主教徒，约瑟夫相信低下的法律地位是犹太人坚守犹太教信仰的原因，他们一旦融入主流群体，换上德语名字，在学校学习德语，就会立刻抛弃犹太人的身份认同。匈牙利在处理"他们的"犹太人口时也得出了同样的结论——给予犹太人公民权最终会让他们改宗。在接下来的一个世纪里，这样的变化的确在小范围人群中出现了，但主要是捷克人、克罗地亚人和斯洛文尼亚人等，他们实现了德意志化或匈牙利化。这样的欺诈行为成了改革的核心，也让犹太人陷入了一段漫长而痛苦的历史——犹太人被纳入了某种构想中的社会主流，但唯一的目的是要让这一群体不复存在。犹太人当然知道正在发生什

第八章

么，因此展开了激烈的讨论，到底应该如何应对约瑟夫的改革，以及要妥协到怎样的程度才不至于损害犹太教信仰。德意志化的理念认为其他语言应让位于德语，并最终被消灭，这就导致了灾难性的后果。然而，在18世纪80年代，约瑟夫的改革政令以惊人的频次从霍夫堡宫中喷涌而出，犹太人问题只是这场改革乱局中的一小部分——彼时的美泉宫因为低效陈旧已经被约瑟夫弃用了。

英年早逝对约瑟夫二世来说或许算得上一大幸事，因为即便没有法国大革命，他的改革显然也已经失控了。街上挤满了无家可归的修女、倒卖圣诞马槽的走私犯，还有愤怒的贵族，约瑟夫的行为恐怕已经要激起民间对他本人的革命了。举个例子，约瑟夫下令废除农奴制，却让不同语族人群间的矛盾凸显了出来。特兰西瓦尼亚的匈牙利人每天都要和罗马尼亚人打交道，因为他们的大部分农奴都是罗马尼亚人（在当时被称为瓦拉几亚人）。实际上，在民族混居的特兰西瓦尼亚地区，罗马尼亚人是人数最多的群体。然而，匈牙利人内部几乎没有形成任何凝聚力，他们和其他复杂的社会一样，分裂为多个相互竞争的阶层，比如贵族地主阶层、贫穷的士绅阶层和为数众多的小农阶层。同时，这里还存在着一个名为塞凯伊人（Székelys）的群体，他们相对独立，历史上一直驻守东部边疆。这一大群人虽然也讲匈牙利语，但和克卢日的贵族们几乎没什么共同点。从意识层面来看，匈牙利人普遍装作罗马尼亚人并不存在，特兰西瓦尼亚完全是马扎尔人的地盘。这样的对峙局面（或幻想）一直延续到了1918年，和20世纪的南非有些相似。1784年，爆发了由霍里亚（Horea）、克洛什克（Cloşca）和克里山（Crişan）领导的可怕的农民起义。三人带领来自特兰西瓦尼亚西部的 36 000 多名瓦拉几亚追随者奋起反抗匈牙利人的暴行，约瑟夫的改革更是助力了他们的反抗。数千名匈牙利人被起义军杀害，军队被派往镇压，自然引发了屠杀。霍里亚和克洛什克被处以车磔之刑，破碎的尸块被挂在路边的柱子上示众。克里山最终在狱中自尽，避免了这样悲惨的命运。所有的事件都在表明，约瑟夫二世可能正在引领国家走向完全的混乱。当然，这样的结论来自他的后继者，他们放弃了过激的政治立场，取缔了约瑟夫二世的政令，并以法国大革命为借口彻底放弃了改革。然而，霍里亚、克洛什克和克里山起义的影响还将持续很长时间。

著名的尸体

约瑟夫二世的改革一直是好意和怪异的奇妙结合体。一个很好的（或者是很可怕的）例子现在正完好地保存在位于布尔诺的斯皮尔博城堡中，这座阴郁的建筑颇有 18 世纪意大利画家皮拉内西（Piranesi）作品的风格。城堡的恶名由来已久，虽然当地商家将城堡定义为"家庭出游的好去处"，但也无法改变这里曾被哈布斯堡家族和纳粹用作军营及监狱的事实。其中一间条件最为恶劣的房间充分显示了约瑟夫废除死刑（这本该是改革中的高光时刻）导致的可怕后果。

死刑的设立通常与当局不愿为长期监禁提供资金有关，大部分

第八章

犯人被处以罚金、没收财产、驱逐出城甚至驱逐出境的惩罚。也有些犯人被残忍地断去手足或其他身体部位,被当众羞辱,被迫戴上镣铐或是吓人的金属面具。有一些例子让人毛骨悚然:在萨尔茨堡城堡中活下来的囚犯都会被迫游街一星期,在近乎窒息的状态中受尽羞辱,好像是让亲戚避之唯恐不及的铁皮人(Tin Man),这一定是种可怕的折磨。一些宗教犯会被活活烧死,危害国家安全的犯人会被判处苦役或是像罗马尼亚起义军的领导人一样,遭受极端酷刑以儆效尤。国家的惩罚手段不可谓不多,但长期监禁不在其中,除非你是债务人,有利用价值的政治犯,或是犯了错的贵族。长期监禁意味着国家要利用公共开支为这些犯人提供食物和照顾长达几十年,因此根本不在考虑范围之内。

然而,还有一种看法甚嚣尘上,认为死刑有辱人格尊严,是愚昧落后的刑罚。在他们看来,公开行刑不过是将廉价传单、图书和布道中有关责任、顺从和谦卑的道德故事以一种真人舞台剧的方式表演出来,还经常让局面变得不可控。我们无从得知围观克洛什克和霍里亚被酷刑折磨的民众到底作何感想,但他们之所以成为罗马尼亚的民族英雄,被公开处刑是原因之一,它一点也不逊于领导起义。但又有什么能替代这些可怕的"嘉年华"呢?约瑟夫二世废除死刑的决定就引发了这样的问题,人们必须要找到一个替代方案,长期监禁或许是答案。

1858年,斯皮尔博城堡中部分设施被弃用,军方的管理者将这些部分改造为旅游景点,让铁匠们伪造了一批刑具,编造了一个索然无味的传说,声称不忠的妻子们被砌进了某个房间的墙壁里,还配了标准化的装饰品——一个被处以吊刑的商店假人。军方还花大手笔重建了约瑟夫二世时期关押杀人犯的"暗监"。这一更"开明"的新式刑罚虽然让杀人犯免于死刑,但他们要终生被锁在一个没有半点亮光和声音的木头牢笼里(只有远处传来的教堂钟声),每天会有一个沉默的狱卒将面包和水从门缝里塞进来。不出几个星期,犯人一定会彻底疯掉,或是请求被判处死刑。

约瑟夫用来替代死刑的方法之一是让犯人参与劳动,1 000 多名罪犯被派到多瑙河上拉船。下苦力比关进暗监好不到哪去,犯人们有时要在齐胸深的河水中,用绳索和铁链费力地拉动驳船,三分之二的囚徒死于疟疾、营养不良和过度劳累。所有人都认为这些刑罚代表了一种古怪的改良主义,但它们也初步描绘出一种令人不寒而栗的、假装理性的狂热,这种狂热从此刻起将撼动欧洲。

最能代表 18 世纪智识改变速度的好例子恐怕还要数墓穴圣徒克雷芒和威德廉,两人远离温暖的罗马故土,在遥远的北方多瑙河谷地瑟瑟发抖。玛丽亚·特蕾莎将威德廉的遗骸捐给梅尔克修道院 16 年后,她的两个儿子约瑟夫和托斯卡纳大公(Grand Duke of Tuscany)利奥波德仍住在佛罗伦萨。约瑟夫在佛罗伦萨见到了一些特别的蜡制人体解剖模型,便雇用制作这些模型的工匠保罗·马斯卡尼(Paolo Mascagni)和费利切·丰塔纳(Felice Fontana)为维也纳新落成的军事医学院制作一批尺寸更大、工艺更复杂、细节更清晰的蜡像。18 世纪 80 年代,1 000 多尊蜡像被驴车拉着,翻越布伦纳山口,沿着运送威德廉的路线来到维也纳。这批驴子或许就是当初运送圣徒遗骸的驴子的子孙。今天,这些令人惊叹的蜡像

第八章

陈列在著名的医学博物馆约瑟夫馆（Josephinum），它们真可谓是18世纪晚期的艺术珍品，既重现了意大利宗教雕塑的精髓，又展现了对人体革命性的新态度。

当然，作为手术室的成员，这些模型获得了精彩的呈现。房间里弥漫着一股淡淡的乙醚味，我不知道在医学院里闻到这种气味是否合理，又或者是策展人的故意为之，但这股味道让展厅里充满了一种弗兰肯斯坦般的气息，把艺术和科学强行扭到了一起。在因戈尔施塔特医学博物馆和伦敦亨特博物馆（Hunterian），都能看到神经系统或动脉的标本，它们更为简单粗糙，却足以吓到观众。在约瑟夫馆，人们看到的都是反映"人生无常"的各种搭配组合。馆里的蜡制模型侧躺着，有些和墓穴圣徒一个姿势，它们的蜡制尸身被切开，内脏都被拉了出来。模型的颜色鲜艳如初，有些甚至和真人别无二致。一个房间里陈列着若干站立的男性模型，身上的大部分皮肤都被揭掉了，内脏暴露在外，直勾勾地盯着来访者，眼睛在没有皮肤的脸上显得格外大，全都一脸挑衅，甚至还有些高贵的气息。它们的存在让同时期的普通雕像显得黯然失色，哪怕雕塑技法再娴熟，也跳不出模式化的窠臼。展馆里还有一系列可怕的人体躯干蜡像，让军医们能够分辨不同伤口的切入点。模型让人体成了运转中的（或是运转不良的）机器，而不再是承载神谕的容器。雕刻家们准确地刻画了大腿表皮被揭开时肌肉的牵拉，还制作了巨型蜡制前列腺，看到这样的作品，你很难不对他们肃然起敬。在这里，参观者能同时感受到宗教和科学的双重冲击：很快，这些破碎却伟大的人体模型就会组成属于它们自己的完整世界，让你深陷其中；

当你重新回到维也纳冰冷的大街上，看着日常的繁忙街景，还有裹在羽绒服里乐呵呵的学生们，就会感到被一种强大的力量抛弃了。

瓜分世界

通常来说，担任一国之君并不总是快乐的。但如果要指出一位皇帝在掌权过程中最为快乐的一刻，无疑发生在1787年的第聂伯河（River Dnieper）畔。那一年，叶卡捷琳娜二世沿第聂伯河南下，迫不及待地去巡视她的新领土克里米亚（Crimea）。

真正热爱帝王身份的精英统治者并不多，凯瑟琳（Catherine）却是其中之一。她是德意志人，来自不起眼的安哈尔特-采尔勃斯特公国（Anhalt-Zerbst）。她通过联姻来到俄国，丈夫彼得是沙俄皇位的继承人，也是个日耳曼人，来自同样不起眼的荷尔斯泰因-戈托普公国（Holstein-Gottorp），但彼得大帝（Peter the Great）外孙的身份显然更为重要。或许因为是外来者的缘故，凯瑟琳似乎很乐得变成俄国人。她沉迷于这个恢宏而陌生的国度，改信东正教，把名字从索菲亚（Sophie）改成凯瑟琳，还设计让丈夫死于谋杀。在人们的想象中，她总是站在一辆金色的巨型车驾上，由不同民族的臣民合力拉着这辆大车前进，少女们将花瓣抛撒向队伍，头上有一群经过特殊训练的鸽子列队飞过，嘴里还衔着丝质的横幅，上面绣着用拉丁文写成的赞美之词。1787年，这出寓言幻想剧达到了高潮。凯瑟琳身穿挂满珠宝的皮草大衣，看着河两岸欢呼的人群,盛大的焰火表演在空中绽放,数千名哥萨克人为她重现着战争场面,这一切都是她曾经的情人波将金(Potemkin)公爵一手操办的。虽然在今人看来,一提到第聂伯河,只能想到陈旧的水电站,但在当时,这条大河展现了无尽魅力。凯瑟琳和她的宾客们热情地讨论着凯旋门的设计,欣赏着波将金麾下活泼而骁勇的"亚马孙"女轻骑兵的风姿,随便聊着下一步要进军哪个邻国,一位来自哈布斯堡王朝的阴郁客人成了唯一让人扫兴的家伙。

低调出行的约瑟夫二世服饰简单,成了众人眼中的"无聊先生",让船上嬉闹的人们很是不满。他傲慢地抱怨着这位"改名叫凯瑟琳的采尔勃斯特公主",口不择言的劲儿让火热的气氛一下子冷了下来。但即便有约瑟夫品评着一切,不停地盘问数据,想要找点错误出来,这次巡游或许仍是世界上最棒的一次旅行。为了讨女沙皇欢心而伪装出来的"波将金村"一定刻进了每个人的头脑里,即便它已经成了恶意捏造的代名词。但波将金的确建造过真正的宫殿、农场和城市,尽管有些只能算是雏形。来到克里米亚,让约瑟夫二世感到震撼的一点在于,这片广阔的新领土是俄国人刚刚从土耳其人手中抢来的,却已经充满了勃勃生机和迷人的魅力,这是哈布斯堡王朝力有不逮的。距离塞瓦斯托波尔(Sevastopol)建城仅仅过了四年,防御工事已经建好,甚至还有了一支舰队。客人们在旅途中享受着美味的新型饮料,在曾经属于克里米亚可汗的宫殿里胡闹,约瑟夫还在那买了一个切尔克斯(Circassian)女奴——这种罕见的举动让他显得道貌岸然,但他似乎泰然处之——但除此之外,这些人还有正经事要谈。

自 1765 年约瑟夫二世加冕神圣罗马帝国皇帝以来，维也纳以东的世界发生了令人不安的巨变：过去几百年来一直推动欧洲历史发展的两大重要实体——波兰和奥斯曼帝国——突然变得脆弱不堪。裂痕首先在波兰出现。在 18 世纪的欧洲，分裂国家的阴谋此消彼长。凯瑟琳的前任女沙皇伊丽莎白一世就曾意图和邻国共同瓜分掉普鲁士：伊丽莎白的离世让腓特烈大帝侥幸逃过一劫，即便在拿破仑入侵后，普鲁士王国也幸运地躲过了被瓜分的命运。意大利的部分领土总是被分割或是成为交换的筹码，瑞典帝国在 18 世纪初就已衰落。波兰则有所不同：这是一个面积广袤的古老国家，统治者曾在东线抗击鞑靼人的入侵。1683 年，波兰人拯救哈布斯堡王朝于维也纳之围。但自此以后，这个国家便从巅峰滑落，一个重要的原因就是自负而无能的萨克森选帝侯长达 70 年的糟糕统治。

波兰的撒克逊国王在俄国人眼中就是纯粹的傀儡。波兰人竭尽全力想要摆脱这种糟糕地位，但无论是西北方的普鲁士人，还是东方的俄国人，都没有兴趣伸出援手。波兰人想要建立海关，腓特烈大帝便在维斯图拉河（Vistula）上修建要塞，直接对着海关的舰船开火。同时，腓特烈向波兰输出了大量劣质假币，用技术手段摧毁了该国的经济，也娱乐了自己。18 世纪中叶，各国激战正酣，俄国和普鲁士的军队根本无视波兰的主权，在波兰的国土上长驱直入，未经当局允许，就开始征用甚至劫掠波兰人的财产。

1773 年，波兰经历的混乱、苦涩和背信弃义达到顶峰。彼时，欧洲大部分地区迎来了飞速发展，但强国包围下的波兰腹背受敌，经济崩溃，城镇数量锐减，最终被普鲁士、俄国和奥地利瓜分。

第八章

"第一次瓜分波兰"（the First Partition）的表述听起来如外科手术般合理而精准，但它的背后是穷凶极恶的暴力和波兰人民的激烈反抗。瓜分波兰的行动主要由腓特烈大帝主导，波兰西北部的大块土地被普鲁士吞并，俄国人则得到了东部更大一块人口稀少的土地。玛丽亚·特蕾莎起初对这一结果很是不满（这一点情有可原，她认为三国应该受到道义上的谴责），但最终，她和约瑟夫，特别是她的主要顾问考尼茨（Kaunitz）实在无法拒绝这份厚礼，拿走了波兰东南部喀尔巴阡山沿线的大片土地。在三国的操纵下，波兰失去了近三分之一的领土，剩下的领土在经济上难以为继，成了俄国事实上的保护国。

我们不知道约瑟夫和凯瑟琳在克里米亚到底谈了哪些细节，但第一次瓜分波兰的行动没有引发任何冲突（也没有任何欧洲国家反对），各方就没有理由不去瓜分剩下的领土。凯瑟琳和约瑟夫都看到了继续从波兰获利的可能。但现在的问题在于，双方是否能顺利合作，是否会反目成仇。从中短期来看，双方都认为波兰这块蛋糕足够大，让每个人都能分一杯羹。同时，法国大革命及其余波成了席卷整个欧洲的重大事件，波兰剩下的领土经过两次瓜分后，便悄无声息地不复存在了——哈布斯堡家族没有参与第二次瓜分波兰，但第三次瓜分波兰后，其新领地几乎直抵华沙（Warsaw）。

真正让凯瑟琳着迷的是如何处理奥斯曼帝国的问题，现在她开始制订一个庞大的计划。1774年，俄土两国签署了《库楚克-开纳吉条约》（Treaty of Küçük Kaynarca），条约内容让凯瑟琳十分满意，因为她可以趁机夺取克里米亚。此刻，她开始向约瑟夫介绍自己的新计划:在巴尔干东部建立一个达契亚王国,在君士坦丁堡建立一个拜占庭王国,由她即将出世的皇孙统治,她还计划将这位皇孙起名为君士坦丁(Constantine)。俄国人声称自己继承了希腊传统,凯瑟琳和波将金对此尤为推崇,特意将克里米亚汗国更名为塔夫利达省(Taurida Governate),还新建或用希腊名字重新命名了一批城镇,包括塞瓦斯托波尔(庄严之城)、辛菲罗波尔(Simferopol,有用之城)、叶夫帕托里亚[Yevpatoria,是密特里达提六世(Mithradates Ⅵ)①的一个称号]等等。这是一个疯狂的计划,执行过程中似乎没有遇到任何阻碍,俄国人侵吞的每一块新领土都让下一步扩张显得合情合理。这样的计划让约瑟夫折服,也让他感到恐惧,回到维也纳的他也开始为领土问题忧心,这是哈布斯堡家族最大的噩梦,直到家族的领土在1918年惨遭瓜分。他当然已经意识到,普鲁士已经肆意发展了几十年,在这样的情况下,腓特烈大帝在波兰的扩张更是让人沮丧。但真正让约瑟夫感到恐惧的是,他意识到即便波兰做出再多妥协,但它只要还是一个独立国家,就能成为哈布斯堡家族珍贵的屏障。瓜分波兰,让俄国大举西进是一个严重的错误。建立达契亚王国也绝非好主意。多瑙河本可以在驱逐了碍事的土耳其人后,成为哈布斯堡家族关键的贸易通道,但一旦多瑙河河口落入达契亚王国的控制之中,哈布斯堡王朝是否会被把守河口的怪物永久地困在内陆?

---

① 密特里达提六世为古代小亚细亚本都王国国王,是罗马共和国末期地中海地区的重要政治人物,也是罗马最著名的敌人之一。他与罗马之间为争夺安纳托利亚而进行的三次战争,历史上称为"密特里达提战争"。——译者注

第八章

约瑟夫二世与俄国结盟,在他回到维也纳后,俄土战争进入了新阶段。君士坦丁堡做出了明智的决策,选择主动出击,以防再次被俄国人吞并。约瑟夫亲率约 25 万大军挺进巴尔干半岛,希望能打破凯瑟琳的构想,实现千年福至的宏愿。遗憾的是,部队很快病饿交加,第一年就有至少 3 万人病死,成果却寥寥无几。约瑟夫本人也病情沉重,不得不返回维也纳,1790 年在维也纳病逝。他在死前,听到了俄方一连串激动人心的捷报,接着是哈布斯堡部队成功拿下了贝尔格莱德的一条捷报。莫扎特为这些大胜写了不下五首庆功曲,接着在圣斯特凡大教堂上演了《感恩赞》(*Te Deum*),饱受病痛和懊恼折磨的约瑟夫二世亲临现场。他曾想用毕生时间带领伟大的王朝军队走向辉煌,却只能在维也纳不停地咳嗽。

奥斯曼帝国崩溃了,近 300 年来,它一直是奥地利的心腹之患,也让哈布斯堡君主国成为保护欧洲、抵御奥斯曼帝国入侵的盾牌,但现在一切都结束了。通常来说,许愿也是要小心的事,贫困难守的巴尔干半岛如今成了哈布斯堡家族的新领土。和惨遭瓜分的波兰一样,家族需要俄国的善意,同时还要想方设法地让俄国人远离多瑙河。奥斯曼帝国的覆灭为神圣罗马帝国带来了不同寻常的影响。哈布斯堡家族对德意志地区资源的开发让这里成了基督教世界的最前线,无数德意志人开始守卫东部边疆。旧边疆消亡后的十年中,神圣罗马帝国也分崩离析了,个中原因众多,但即便如此,人们仍惊讶于帝国衰落的速度之快。1914 年,类似的趋势再次出现。直到第一次世界大战爆发前一年,土耳其人才将最后的部队从巴尔干南部大部分地区撤走,短短一年后就爆发了第一次世界大战。好像君士坦丁堡为中欧留下了一条铁律，一旦打破，就会带来愚蠢的混战，而非和平的果实。

弥留之际的约瑟夫得知他的妹妹玛丽·安托瓦内特（Marie Antoinette）被软禁在巴黎宫中，不禁大为惶恐，但也无能为力——这项重任只能留给他的后世子孙了。

第九章

一幅19世纪30年代的版画,画面描绘了卡尔大公在阿斯佩恩-艾斯林战役中的情景。

资料来源:Universal History Archive/UIG/The Bridgeman Art Library.

"日出"

约瑟夫二世的整个执政时期好似在操纵一台华而不实的自制机器，必须要拉动每一根操纵杆和曲柄，让人筋疲力尽。他似乎是在为所有的前任赎罪，这些人对于行政改革根本漠不关心。繁重的工作压垮了他，他在整个任期中的表现让人感觉疯狂而沮丧。他把自己看作"第一平民"，作为平民，他必须无条件地遵守一切法令，甚至还闹出了不少笑话。最有趣的要数这一条：约瑟夫坚持穿着简单的军服，当他在圣斯特凡大教堂外漫步的时候，一个神职人员竟悄悄凑上来，向他兜售色情图片，这一下子让神职人员成了约瑟夫眼中最亟待解决的问题。

除了一些虚张声势的古怪举动，反复无常的想法也带来了令人满意的结果。约瑟夫钟情于推广新德语歌剧，莫扎特因此创作了《后宫诱逃》（*The Escape form the Seraglio*），歌剧中滑稽的土耳其风格反映了奥斯曼帝国日益下降的威胁性。接着莫扎特又改变了心意，重新回归传统的意大利风格，并亲自支持了歌剧《费加罗的婚礼》（*The Marriage of Figaro*）的创作。故事的颠覆性今天看来已荡然无存，但在当时这部作品无疑是对贵族们的当头一击，迎合了约瑟夫对他们的疯狂敌视。歌剧的创作者是威尼斯人洛伦佐·达·彭特（Lorenzo da Ponte）和萨尔茨堡人莫扎特，他们是一对外来户，聪明绝顶，熟悉鲁道夫二世的风格，完全符合哈布斯堡家族一贯的喜好。这部杰出的作品仍是约瑟夫二世留给世人的伟大礼物——作品改编自一出风格犀利的法国戏剧，故事背景设定在西班牙（而不是法国），改编后的作品成了一部用意大利语演唱、故事背景仍在西班牙（而不是哈布斯堡君主国）的歌剧，但演出中营造的氛围又带有明显的维也纳风格。剧中的音乐十分丰富多元，动听得令人心碎，优美的唱腔与之交相辉映。约瑟夫推广的短假发和带扣的鞋子，以及革命前盛行的恭维话都在这些乐曲中被意外地永久保留了下来。

　　维也纳对于作曲家的巨大吸引力令人惊叹，在过去的几个世纪里，这里涌现出十位伟大的作曲家。特定时期的特殊文化氛围让维也纳成了音乐圣地——出众的鉴赏力，数量庞大的乐师、歌手、抄写员、演出场地、乐器制造商汇聚于此，当然还有观众。这一切让我们感到陌生，因为我们现在接触音乐的途径十分广泛，很难意识到音乐初兴时的社会氛围有多么不同。那时的音乐大多仅为贵族听众所独有，甚至在很多时候，连一个听众都没有。有时，创作弦乐四重奏只为满足某个赞助人的个人需要，或是为了某个特别的演奏者量身打造，以满足某个小团体的欣赏需求。

　　这一点在海顿身上展现得淋漓尽致，他职业生涯中的大部分时间都服务于显赫一时的埃斯特哈齐家族（Esterházy family），隐居在维也纳东南的家族豪宅里创作音乐。海顿受雇创作的音乐数量之多令人咋舌。一位朋友曾送给我一套海顿交响曲的合集，光是交响曲就已经让人吃不消了——听完这些作品成了我的噩梦，就像让人一口吞下餐桌大小的三明治一样。我已经花了几年时间，试图消化

第九章

掉这 400 多段乐章，但实在是心有余而力不足。人们给这些作品编了号，甚至还起了有趣的外号（比如"钟""母鸡""号角""狩猎"），但这些好心的助人之举在作品庞大的规模面前也只是杯水车薪。有些作品着实有些无聊，洋溢着昔日贵族晚会中冷漠的恶臭——久未沐浴的人们穿着锦缎华服，互相亲吻手背，摇着扇子，举着带柄的单片眼镜互相审视。到处都是薰衣草味的糖果蜜饯，让人感到不适。但坚持是值得的，很快就会有特别的段落出现——好似远方忧郁田野之歌的三重奏（67 号交响曲），突然迸发的恢宏之声（75 号交响曲），怪异似西贝柳斯（Sibelius）的嗡鸣（88 号交响曲）。乐曲接连不断，有的让人想起《女武神》（*The Valkyries*）的开场，有的让人想起 19 世纪的法国沙龙音乐，但大部分作品都带有鲜明的海顿风格。

海顿十分高产，他的作品涵盖了各种音乐类型——精彩的钢琴三重奏、一系列弦乐四重奏、175 首低音提琴作品（这种古提琴在埃斯特哈齐家族的社交圈里很受欢迎，如今已不复存在）、歌剧、弥撒曲、一大堆协奏曲、钢琴奏鸣曲、木偶戏配乐——只有疯狂的人才能创作出如此丰富的音乐。我热爱海顿的音乐，但一想到即便到了寿终正寝的年纪，也只有区区几首低音提琴三重奏的作品能算得上熟悉，就不免有些难受。从这个角度来看，海顿的作品正是对人类脆弱性的深刻反思，甚至超越了他对天主教的虔诚。

海顿十分长寿，甚至活到了拿破仑执政时期，这一时期和他扎根的传统奥地利相去甚远。在奥地利，海顿积累了无上的名望和财富，这跟他罕见的长寿有关。一个特例是他非凡的作品《十字架上基督的临终七言》（*The Seven Last Words of Christ on the Cross*），这部作品最初是为管弦乐团所作，但还有弦乐四重奏、清唱剧和钢琴改编版。海顿受雇为加的斯主教座堂（Cadiz Cathedral）耶稣受难日的典礼创作了这部作品，用戏剧化的音乐编排再现了耶稣临终前的呼喊（"父啊，宽恕他们吧，因为他们不知道他们做的是什么"，等等），作品中洋溢着为宗教献身的传统氛围，这正是约瑟夫二世所厌恶的。和喜剧相比，这部作品仍显严肃，但它或许是最后一部和比贝尔（Biber）的《玫瑰经奏鸣曲》（Rosary Sonatas）有相似之处的作品。《玫瑰经奏鸣曲》是一部几乎为私人定制的宗教性作品，100多年前，这首曲子曾陪伴萨尔茨堡主教进行冥想。但贝多芬的一位老师对此持怀疑态度，他大胆地指出海顿作品中对"我渴"的处理并没有真正传达出基督想要喝水的意思。后来，人们开始相信类似的评论恰恰反映了哈布斯堡家族对天主教虔诚的终结——布鲁克纳、韦伯恩（Webern）等新一代的音乐家开始涌现。

毫无疑问，在海顿的时代，一些事物正在消失。比如他曾独自坚持的巴洛克风格，早已被约瑟夫二世打压殆尽。如果对这一点感兴趣，不妨去看看海顿长居过的艾森施塔特（Eisenstadt）。这是一座沉寂的小镇，过去曾是一片沼泽地（如今已干涸），围绕着面积广阔但景致并不宜人的新锡德尔湖。这里也是德语区与匈牙利语区的意外交汇之处（就像出生于湖区以南小镇的弗朗茨·李斯特/李斯特·费伦茨①所说的那样）。这里纷争不断，万物都在消失——退

---

① 此处原文为弗朗茨·李斯特（Franz Liszt）和李斯特·费伦茨（Liszt Ferenc），为匈牙利音乐家李斯特姓名的德语和匈牙利语写法。——译者注

第九章

入森林，退入肮脏的湖泊，退入荒凉的小村。冷战期间，反法西斯防卫墙（Anti-Fascist Protection Barrier）[1]的存在让当地情况变得更为糟糕。很多年后，这里才重新恢复了人口流动，但被强加于此的倦怠之感或许将永远存在。

艾森施塔特的山顶教堂是海顿的长眠地。该教堂是严格遵循耶稣会教义的典范，设有"神圣阶梯"，信徒们在大量凝灰岩间拾级而上，旁边是反映耶稣受难故事的雕像群。1701年，这些雕像被置于一处，后来经历了不少修补和重绘。随着时代的发展，这些雕塑变得愈发过时，不得不开始大修。静止的雕像和现实中的礼拜仪式相差甚远，但它们营造的宗教氛围显然和《十字架上基督的临终七言》有异曲同工之妙。在我看来，雕像群最大的亮点是士兵扯破耶稣衣服的场景，士兵手指上的蜘蛛网让整个场景都生动了起来。

教堂为埃斯特哈齐家族所有，似乎是埋葬海顿的好地方，但他的尸身却经历了万般屈辱才来到这里。海顿死后，几个怪人为了证明某些颅相学理论[2]盗走了他的头颅，让人们不得不找了一个替代品下葬，以保持音乐家的尊严。海顿失窃的颅骨后来被找到了，于1895年被捐赠给维也纳金色大厅（Musikverein）。20世纪30年代，保罗·埃斯特哈齐亲王找到了一个审美异常复古且落后的雕刻家奥斯卡·蒂德（Oskar Thiede），为海顿修建了一座19世纪早期

---

[1] 反法西斯防卫墙即柏林墙，冷战期间，匈牙利和奥地利分属两个阵营。——译者注

[2] 他的头骨对应大脑负责音乐的部分的确存有明显的突起——我们今天总会对一些说不清道不明的东西不假思索地信以为真，因此愚昧的颅相学理论一定会加剧我们的焦虑。

风格的坟墓。1932 年，海顿的尸身被重新安葬，但他真正的头颅仍漂泊在外。二战后，埃斯特哈齐在布达佩斯接受了噩梦般的审判秀并被判处监禁，直到匈牙利革命爆发才得以逃往国外。与此同时，海顿的头颅得到了完好的保存，终于在 1954 年，人们重新打开了他的坟墓，将颅骨放了进去。这也是海顿死后第一次尸首合一。最后还出现了一个诡异的小插曲，人们决定将"最初"下葬的头颅也留在墓中，因为它经历了第一次的葬礼，沾染了足够多的神圣气息，因此不应该被取出。就这样，海顿如今安眠在艾森施塔特，周围的政治结构和他生活的时代相比，已经发生了翻天覆地的变化，但熟悉的神圣阶梯仍在他的头上盘旋。不要再喋喋不休地讨论一个作曲家的尸体了，这真是令人羞耻的消遣，我们该做的是播放"日出"四重奏的序曲，或是播放名字很抓人的"G 大调第 64 号弦乐四重奏第四首的第二乐章（霍伯肯编号Ⅲ：66）"并沉醉在喜悦之中。

理性思维的时代插曲

约瑟夫死后，他的弟弟利奥波德二世继位。利奥波德二世在位不过两年，但他是个能力强、手腕灵活，还善于思考的君主，这样的执政表现在哈布斯堡家族中几乎是前所未有的。毫不夸张地说，他可以算得上哈布斯堡家族自 200 多年前的斐迪南一世以来，第一位真正意义上精明决断、足智多谋（但不惹人讨厌）的统治者。他

第九章

莫名其妙的死亡（因为医生胡乱地不洁操作，引发了感染，并最终丧命）更是让他成了家族最后一位真正精明决断、足智多谋（但不惹人讨厌）的统治者。他的后继者们包括一个心胸狭隘的傻子、一个呆瓜、另一个心胸狭隘的傻子，还有一个无足轻重的家伙，他们是帝国在1918年解体前最后的四位君主。幸好我们研究的兴趣不在他们身上，否则本书就会变成毫无意义的浪费笔墨之作。

人们通常将18世纪90年代的乱局归咎于法国大革命，但与此同时，一派强有力的观点认为欧洲范围内普遍出现的统治失灵进一步导致了不负责任的混战。帮助美国获得独立后不久，法国就已风光不再，强国形象倏然崩塌。此时的法国萎靡不振、饱受羞辱、财政破产，让奥地利和普鲁士获得了罕见的发展空间，他们不再惧怕法国的报复，开始大展拳脚。实际上，法国大革命并非简单的改朝换代，而是新型民族意识产生驱动的结果：曾被各国尊重的所谓大国（Grand Nation）边界，如今已沦为笑柄——最可怕的例子当数1787年普鲁士入侵尼德兰联省共和国，以及1790年哈布斯堡王朝对奥属尼德兰革命的镇压。

神圣罗马帝国仿佛成了约瑟夫二世的礼品袋，他不断用小块领土交换其他土地，严重扰乱了莱茵河流域及其以东的政治系统，也羞辱和扰乱了法国。在他的指挥下，保护着脆弱的宗教邦国及其弱小盟友的"魔法圈"被破坏殆尽。如果说在东方，神圣罗马帝国的目标是扫除封建特权，打击僧侣对社会腐朽的寄生关系，西方的法国大革命就是在用更极端的手段达到同样的目的。如今，巴黎和维也纳之间失去了盟友的小邦国们成了掠食者垂涎的猎物，随时可以被拿去交换。过去，小领主们可以凭借展示得当的圣人遗骨，或是在加冕礼上依照传统举起一面引以为傲的旧旗帜而获得保护，这样的做法已经过时了。

普鲁士和哈布斯堡王朝参与对波兰的第一次瓜分可以被视为对一个主权国家的攻击，这样的行动一定能让路易十四的鬼魂嫉妒到面孔发绿。他经过浴血奋战才艰难拿下加来海峡附近的零星土地，维也纳却几乎不费吹灰之力就收获了和葡萄牙面积相当的新领土。所有这些变化（大部分起源于维也纳）意味着早在大革命后的法国实现崛起前，大规模领土吞并的禁忌就已不复存在。在英国人看来，那些在后来的混战中支持法兰西第一共和国以及法兰西第一帝国的邦国，无非就是些堕落贪婪的卖国贼。导致神圣罗马帝国最终解体的领土混战，其逻辑也可以回溯至此。

约瑟夫离世后，烂摊子都留给了利奥波德，后者的统治一直被兄长的举措深深掣肘。作为哈布斯堡家族领地的统治者（1790年2月起）和神圣罗马帝国皇帝（1790年9月起），利奥波德二世的道德权威饱受质疑，面临着来自各方的威胁，让他不得不想方设法巩固自己的执政地位。法国大革命爆发之初，不少欧洲君主都持欢迎态度，在他们看来，这场革命的目的并非推翻君主制，只是昔日霸主法国的内部暴动，甚至算是令人振奋的好消息。但后来，君主们愈发清晰地意识到自己不幸的误判，利奥波德二世开始为妹妹玛丽·安托瓦内特的安危担忧，但并没有意愿镇压这场革命。实际上，反法同盟中的每一个成员即便到了革命尾声，都对一个基本问题语焉不详，即他们想在法国取得怎样的成果。没人想要再造一个

第九章

如记忆中的法国一般,全新的、讲法语的超级大国。但如果反法同盟无法直接控制巴黎,他们就无法对这个国家进行改造,让它既一脉相承又奇迹般地不造成任何威胁。直到1814年,反法同盟才最终占领了巴黎。就这样,脱胎于法国大革命的混乱政体终于在拿破仑的统治下逐渐成形,结束了充满不确定性的无政府状态。然而,这样的变化与哈布斯堡家族的设想并不相同。

利奥波德二世在盛年离世前重新调整了维也纳的立场,他买通了许多敌人,为战争做好了准备,却没能预知接下来令人尴尬的事态发展。他最重要的成绩或许是在1791年8月和土耳其人签订了《锡斯托夫条约》(Treaty of Sistovo),终结了漫长的奥土战争。奥土战争几乎塑造了哈布斯堡王朝自斐迪南一世在军事边疆区的疯狂行动以来全部的发展脉络,但利奥波德当时并没有意识到,这份条约的签订标志着战争进入了收尾阶段。然而,短短几个月后,哈布斯堡家族最后一位杰出的君主竟出人意料地撒手人寰。在锡斯托夫,即位于多瑙河畔今天被称为斯维什托夫(Svishtov)的保加利亚小镇,奥地利人决定将贝尔格莱德送还给土耳其人。这一关键的慷慨之举本意是为了确保双方停战,让部队能去往法国,最终却导致了意外的乱局。如果当时的贝尔格莱德和未来十年一样,属于新哈布斯堡帝国管辖,不仅维也纳将控制巴尔干半岛北部唯一的重要枢纽,而且塞尔维亚人会和捷克人一样成为帝国中重要的民族,而不是分散在匈牙利部分领土上的小族群。到了19世纪,历史发生了令人眼花缭乱的转向,塞尔维亚人揭竿而起,靠自己的力量将土耳其人赶出了贝尔格莱德。这为塞尔维亚的独立打下了基础,但如果塞尔维亚人一直处在哈布斯堡王朝的统治之下，则他们根本不会获得独立建国的机会。这也体现了反事实史学的局限性：1791 年，奥地利人将一处破败不堪的要塞还给了土耳其人。这个颇有争议但并非惊天动地的决定却导致弗朗茨·斐迪南在 1914 年被一个塞尔维亚人刺杀，并引发了四个帝国的毁灭。然而，哈布斯堡王朝治下的塞尔维亚饱经苦难，只在 1915—1918 年间取得了艰难的胜利。我们无从知晓塞尔维亚人将何去何从，线索太模糊也太复杂，实在不是什么有意思的话题。

利奥波德离世后，他能力平平的儿子继位成为弗朗茨二世（Franz II）。尽管我们不该把接下来雪崩般的挫败全部算到他的头上，但这位令人失望的君主确实没有发挥什么作用。利奥波德二世曾凭借机智灵活的政治手腕，巧妙化解了普鲁士的敌意，这是令弗朗茨二世望尘莫及的。在一个君主制国家，皇帝扮演着重要角色，弗朗茨二世的无能无疑是导致帝国遭遇一连串惨败的重要原因。这些颗粒无收的一边倒败局成了许多法国战争画的题材，还有我手边这本由西点军校出版的全彩《西点拿破仑战争地图集》（*The West Point Atlas of the Wars of Napoleon*）。

败于拿破仑（一）

若要继续记录反法同盟战争的进程，本书的体量可能会装不下。实际上，我正在翻阅旅行指南类目中的王者贝德克尔（Baede-

第九章

ker）出版于 1911 年的《奥匈》分册（或许它可以起个副标题："终版——永不再版！"）。这本书看得我直摇头，怎么有人能把这么多内容塞进一本书里，这根本就是徒劳之举。但突然间，我仿佛感到胡布里斯（Hubris）① 冰冷的手指在意味深长地触碰着我。我鼓足勇气笑了笑，不去理会它的手指，因为我得继续写下去了。

反法同盟多年的努力注定以失败告终，不仅因为法国的强大，更像我此前提到的，*即便同盟足够幸运，能够打败法国，他们也没有新的政治主张可以推行*。正因如此，拿破仑才能在 1805 年攻占维也纳的途中，悠闲地来到哈布斯堡的格特维格修道院，沿着帝国阶梯策马而上，而郁郁寡欢、束手束脚的弗朗茨二世根本不可能在卢浮宫（the Louvre）做出类似的事情。为了躲开这一政治问题，英国开始大力发展海军和殖民地，对法国根深蒂固的敌意成了国家发展的动力。与此同时，哈布斯堡家族和倒霉的盟友们则在战争中遭遇惨败，无法享有英国般的好运气。几个世纪以来，法国都未曾被攻破，这一伟大的纪录在 1792 年 9 月 20 日得以延续。这一天，法军在瓦尔密战役（Battle of Valmy）中成功击退奥普联军。整场战役好似一场巨蟒剧团风格的闹剧，无论在学习战略的学生眼中有多么糟糕，瓦尔密战役及其导致的联军撤兵决定了后续的态势发展。这是反法同盟推翻法国大革命的唯一机会，但同盟的软弱为后来 22 年的战争拉开了序幕。瓦尔密战役夺去了成千上万人的生命，

---

① 胡布里斯是古希腊的宗教伦理观念。该词源于希腊文，意为"自持"或"自以为是"。古希腊宗教认为，胡布里斯是最大的罪恶，如果自感满足，必定招致神祇嫉妒，会遭到神灵降灾祸。——译者注

也重塑了欧洲大部分地区的格局。直到这时，同盟部队才姗姗来迟，从巴黎磨蹭到几百英里外的瓦尔密。

在瓦尔密大获全胜后，法军几乎可以随意出入神圣罗马帝国的领土，并由此引发了一系列足以让思虑深重的哈布斯堡历史学家和军事领袖们悲愤垂泪的政治变革。自奥格斯堡同盟战争（War of the League of Augsburg）以来，大规模战争塑造了西欧的格局，然而，法军（在遭遇了个别挫败后）以极快的速度向低地国家和莱茵河进兵，仿佛是在嘲弄这些战争的成果。欧根亲王和马尔堡公爵（Duke of Marlborough）如今又在哪里呢？英国曾妄图将敦刻尔克（Dunkirk）收入囊中，还和奥地利形成了罕见的直接合作。然而，1793年秋天，两国联军被法军击溃。英国人对敦刻尔克的觊觎几乎完全出于滑稽的政治企图，对击败法国没有做出半点贡献。敌人包围了法国，虽然实际效果有限，但此举进一步激化了巴黎的矛盾。在敦刻尔克大胜后不久，玛丽•安托瓦内特就被法国人送上了断头台，再也无须担忧她的安危了。第二年夏天，反法同盟在弗勒吕斯战役（Battle of Fleurus）中失利，被赶出了奥属尼德兰（将这块区域称为奥属尼德兰在今天看来并不准确）。来自神圣罗马帝国、荷兰、英国的七万多名联军在战场上被法国人击溃，竟选择在滑铁卢（Waterloo）撤军。现在，法国人入侵了荷兰共和国，并于1795年4月与普鲁士签订了《巴塞尔和约》（Peace of Basel），和约规定莱茵河西岸归法国所有——成就了波旁王朝（Bourbon Monarchy）另一个难以实现的美梦。当然，一些波旁王朝的遗老肯定至少享受到了一点胜利的喜悦。

第九章

此刻，反法同盟犹豫、不忠和无能的影响真正开始浮现——这一点对局势的影响和法国的大获全胜几乎同等重要。弗朗茨二世被情势吓破了胆：法国人收买了普鲁士人，并允许后者在德意志北部建立中立的保护国，与此同时，普鲁士还得到了波兰的另一块领土。法国大革命大大提升了普鲁士的重要性。《巴塞尔和约》签订不过几个月，普鲁士、奥地利、沙皇俄国就联手瓜分了波兰最后的领土。抛开道德问题不谈，有一种观点认为，俄国对波兰的影响深远，因此，波兰要么被三国瓜分，要么被俄国独吞。这也恰好说明在当时那个荒唐的世界里，无论法国采取怎样的行动，哪怕是再令人发指的行动，也会让人感觉见怪不怪。弗勒吕斯战役标志着神圣罗马帝国部队最后一次可悲的出击，尽管名义上帝国国祚尚存，但各方早已虎视眈眈，帝国皇权摇摇欲坠，皇帝几乎成了多余的存在。

弗朗茨二世的战斗仍在继续。1795年5月与英国的新合约曾为奥地利带来大量资金，但现在，年纪轻轻的拿破仑一路高歌猛进，维也纳的居民开始害怕每天醒来读早报的时刻。阿尔卑斯山区一直是奥地利人的心腹大患——他们必须同时派部队穿越德意志南部驻扎山北，再通过意大利驻守山南，才能保证在进攻法国时，通向维也纳的道路不会门户大开，无人驻守。但这也意味着部队必须分头行动，让互相驰援成为泡影。遗憾的是，这一问题似乎没给法国人造成任何困扰，他们也同时两路进军，击溃了防守的奥地利人。1797—1798年间，这一地区陷入了完全的混乱，可怕事件接连发生：法国人在意大利建立了全新的共和国，教皇被他们关进监狱，威尼斯则毁于一旦。

《坎波福尔米奥条约》(Treaty of Campo Formio) 的签订意味着奥地利被逐出西欧，其在利益的诱惑下与法国结成了同盟。拿破仑消灭了威尼斯共和国，也打破了哈布斯堡家族早已习惯的历史常态——这一庞大的政体将维也纳与亚得里亚海隔开，在阿尔卑斯山和海洋间有效形成了一块中立却腐朽的缓冲地带。哈布斯堡家族彻底失去了尼德兰南部和在黑森林地区的小片家族领地，但也获得了法国利益范围之外的全新领土：伊斯特里亚半岛、达尔马提亚，还有威尼斯本身。从文化角度来看，这样的安排合情合理：威尼斯一直是哈布斯堡家族在思想、艺术、财富和贸易方面的一个重要来源，沿海领地让此前笑话般的的里雅斯特港发挥了应有的作用，也和斯拉沃尼亚以及军事边疆区的其他民族建立了联系。哈布斯堡家族开始与法国和平共处，仍然统治着一个疆域辽阔的欧洲大国，然而，他们的统治已经扭曲变形，不得不通过一种羞耻而屈辱的方式进行重塑。

败于拿破仑（二）

维也纳军事历史博物馆[①]的展品总能给人带来无尽的快乐，其中包括不少拿破仑战争时期的绝佳珍品。巨型石膏像、旗帜和战争绘画在幽暗的展厅里若隐若现，墙面上雕刻着为皇帝弗朗茨欢呼的

---

① 从现在开始，这个杰出的机构将不时在书中出现，人们大多喜欢用它的德语名字 Heeresgeschichtliches Museum，这个复杂的名字实在让人别扭到汗毛直立。

第九章

人群，脸上挂着虚假的激动表情。但即便在如此谄媚的宣传画里，弗朗茨冰冷的神情仍然让人感到不适。1799 年底，拉施塔特会议（Congress of Rastatt）宣告失败，当时的一幅小型法语招贴画留存至今，作品用大革命时期的典型语言控诉了奥地利政府对法国代表博尼耶（Bonnier）、罗贝若（Roberjot）和德比（Derby）的刺杀："他们的鲜血泛着臭气……必须要……也一定会成功……复仇！"这和过去美好时代里客气的寒暄相去甚远。几位代表的丧命从未得到合理的解释，第二次反法同盟战争的爆发让这些问题很快被抛到了脑后，奥地利开始和俄国联合，试图摧毁法国。拉施塔特会议开启了长达数年的讨论，神圣罗马帝国日薄西山的命运愈发清晰，哈布斯堡家族的统治开始瓦解。德意志的统治者们（包括哈布斯堡家族在内）未能形成抗击法国的统一阵线，反倒开始像抛撒彩纸一样放弃他们古老的领地，巴伐利亚和符腾堡的统治者们更像是吃了太多糖果的孩童一样，做出了不少疯狂行径。没有任何政治边界是可靠的，如果不想彻底消亡，狡诈的进攻就成了唯一的选择。全欧洲的统治者要么忙着把珠宝藏到奇怪的地方，要么忙着把家人装扮成仆人，哪怕柔软的手掌早已将他们出卖，还有一些统治者在审时度势之后，开始忙着设计宫殿和加冕礼袍。

法国人坐拥无数领土可供挑选，在接下来的几年里，大革命时期的把戏在拿破仑执政时期继续——他喜欢摆弄地图、制定宪章，凭空创造出帕登诺帕共和国（Parthenopean Republic）这样的实体，再漫不经心地丢弃它们。法国人就像《匹克威克外传》（*Pickwick Papers*）中的胖男孩一样，总是小心护着口里的食物，好让他们一醒过来就能开始咀嚼。1798年，法国人不费吹灰之力便攻下了瑞士，这让弗朗茨二世感到痛苦，也感到恐惧。经过了几次来势汹汹的军事行动和巧妙的贿赂后，曾狠狠羞辱了马克西米利安一世的瑞士被纳入巴黎的势力范围。更糟糕的是，法国人加强了对"巴达维亚共和国"（Batavian Republic）的统治，让西班牙哈布斯堡王朝的宿敌尼德兰成了几代人斗争的中心，这些斗争耗尽了家族从美洲攫取的财富，现在却让尼德兰悄无声息地落入了法国人手中。

1799年夏天，哈布斯堡人和俄罗斯人感受到了片刻振奋，他们摧毁了北意大利和南德意志，似乎对法国造成了严重威胁。从这一时期开始，人们开始狂热崇拜卡尔大公。卡尔是弗朗茨二世的弟弟，他的巨型雕像和欧根亲王像一道，矗立在维也纳的英雄广场（这座广场并未完工，只具有俗气的象征意味）上，这是广场上仅有的两尊雕像。他的形象出现在上千幅雕刻作品中，是帝国中极受尊敬的人物，当然了，与他同时期的人物一个比一个糟糕，并没有出现任何一位值得尊敬的智者。和他的一些对手相比，比如在乌尔姆（Ulm）惨遭拿破仑羞辱的蠢蛋马克将军（General Mack），卡尔算得上是亚历山大大帝般的人物，但和其他军事奇才，比如巴克莱·德·托利（Barclay de Tolly）、马塞纳（Masséna）、惠灵顿（Wellington），当然还有更为杰出的拿破仑相比，他只是战争中一个不起眼的注脚。在战场上，他只能偶然取胜，但这些胜利不过是引发下一轮闹剧的序曲。或许英雄广场上体量巨大、神情激动的卡尔大公像正是对人类局限性的深入思考，也是给后继者敲响的苦涩

第九章

警钟——哈布斯堡王朝的力量愈发虚弱——但效果似乎并不能让人满意。

尽管在1799年夏天获得了暂时的胜利，维也纳仍然要面对让人头疼的盟友问题。欧洲地理的特别之处或许值得用整本书的篇幅来大书特书，正是因为这样的特性，一个小国就能让整片大陆失去成为中国或奥斯曼帝国的机会。然而，毫无疑问的是，山脉、海洋等遍布欧洲各地的天然屏障对于这片大陆的历史进程影响深远，远甚于宗教、意识形态、特殊的民族美德等等。1800年的法国和以往一样，给各路来犯者制造了很大的麻烦。法国的大部分国境线都被山海包围，处于阿尔卑斯山口和莱茵河要塞的保护之下，在面对来犯的小国时，法国都能保持主动地位。任何来自奥地利或是俄国的入侵者必须要通过这些天然屏障，才能和这一年的全国动员军（levée en masse）遭遇，迎战40来万气势昂扬、训练有素的法国士兵。

同时，法国的两大敌人英国和俄国同样难于攻破。英国的地理位置和雄厚的财力让他们可以无限扩充海军，而俄国坐拥大片领土，足以让任何入侵者无处遁形。法国总想试探两国防御系统的极限，却一无所获。哈布斯堡领土的情况正相反——普鲁士偶尔也会面临同样的困境——他们四面受敌，几乎到处都是软肋。多年来，法国人最常做的一件事就是肆意挺进奥地利领土，为所欲为地进行一番劫掠。几乎每一次同盟作战都遵循了同样的模式：有时是英国，有时是俄国，有时是两国联手敦促奥地利人发起军事进攻，自己却无须承担任何风险。漫长的战争和日益浓厚的摩尼教氛围让奥地利人对这样的联盟感到不堪其扰。英国人和俄国人似乎总是在与奥地利无关的事项上自得其乐，奥地利却饱受折磨。比如，英国人始终拒绝出兵进攻拿破仑，却总喜欢集中资源入侵布宜诺斯艾利斯（Buenos Aires），接管好望角（Cape of Good Hope），或是和美国人打一架。与此同时，俄国人正兴高采烈地在高加索（Caucasus）或波斯扩大自己的势力范围。

如何处理与俄国盟友的关系是奥地利人需要思考的另一个问题，俄国一旦开始插手西欧事务，就会对哈布斯堡王朝造成重大威胁，这不免让家族感到惴惴不安。举例来说，俄国士兵现在已经进入了瑞士这样非俄国势力范围的欧洲领土，到底是好是坏？在英国人看来，最重要的问题始终是如何在全球范围内削弱法国，俄国的介入可以终结英法两国历时百年的全球竞争，这对英国十分有利。因此，如果获得俄国人支持的代价是让他们占据中欧（这仿佛成了1944—1945年历史的可怕预演），英国人是欣然接受的。但维也纳却要承担实在的后果，这可不是什么好事。因此，每当新的"生死兄弟"同盟成形，参与的各方都有理由畏缩不前，或是选择交易。

俄国沙皇保罗一世（Tsar Paul I）十分古怪（不久就被人掐死了），他把大部分精力都花在了法国如何处理小岛国马耳他（Malta）的问题上。拿破仑对圣约翰骑士团（Knights of St. John）的驱逐让保罗一世震怒，他亲自出任骑士团的大团长。然而，英国人在赶走法国人之后，却拒绝将小岛归还骑士团，保罗一世随即不再与英国结盟，虽然两国的盟友关系早已摇摇欲坠。如此愚蠢而孩子气的举动让维也纳抓狂。但看到俄国打着同盟的幌子，意图偷偷

第九章

染指奥地利的根本利益时，维也纳不寒而栗。俄国占领了伊奥尼亚群岛（Ionian Islands）和科托尔［Kotor，意大利语称卡塔罗（Cattaro）］，让奥地利接管威尼斯、占领当地领土的喜悦瞬间荡然无存。俄国自此获得了完全控制亚得里亚海的机会，这绝对算得上一个飞跃，连叶卡捷琳娜大帝也要感到惊喜。现在，如何对付俄国成了亟待解决的难题，这也成了帝国得以存续最后一百年的原因，在此之前，维也纳早已对法国的未来丧失了全部兴趣。

只过了一年多，局势就开始急转直下。第二次苏黎世会战（the Second Battle of Zurich）让俄国人在瑞士折戟；英俄联军在荷兰的攻势完全失败；雾月政变（Brumaire Coup）后，拿破仑和执政府（the Consulate）控制了法国；马伦哥战役（Battle of Marengo）和霍恩林登战役（Battle of Hohenlinden）摧毁了哈布斯堡家族在意大利和德意志南部的统治。第二次反法同盟屈服了，穿着漂亮制服的法国骑兵距离维也纳只剩 40 英里。随之签订的《吕内维尔条约》（Treaty of Lunéville）至少让维也纳保住了对蒂罗尔南部领土布雷萨诺内和特伦托的全面控制，但这无非是哈布斯堡王朝在意大利 19 世纪灾难性的遭遇中另一个地缘政治鬼火。阿尔卑斯山区如画的风景无法掩盖灾难的事实：莱茵河以西的土地如今已完全被纳入法国版图，《吕内维尔条约》成了法国获得霸主地位的入场券。从现在起，欧洲的治理将取决于拿破仑的决定，根本没人理会弗朗茨二世这位"资深统治者"。

弗朗茨二世无疑是个软弱的君主，但即便是他最强硬的先辈恐怕也未必能巧妙地处理好如此乱局。1804 年 5 月，拿破仑决定加冕称帝，让这位"资深统治者"蒙受奇耻大辱，更让哈布斯堡家族全体成员绷紧了神经。弗朗茨二世当时的确切想法，现在已经不得而知，但可以说拿破仑的"自我提升"着实让弗朗茨备受威胁，感觉自己可能成为家族的最后一位君主。神圣罗马帝国内部的乱局破坏了传统的帝国结构，国家成了一盘散沙。一些选帝侯消失了（让我们对科隆总主教和特里尔总主教说再见吧），又在新的地区重现（比如美因茨总主教早已离开美因茨，帝国后来在萨尔茨堡、符腾堡、黑森-卡塞尔①和巴登创设了选侯权）。传统的天主教会结构分崩离析，当然，哈布斯堡家族也因此获得了好处，萨尔茨堡成了他们的囊中之物。这片领土如今被视为现代奥地利的中心，但在当时，对萨尔茨堡的占领和当初他们占领波兰一样，是不合法的行为。同时，萨尔茨堡也给家族带来了沉重负担。吞并了这个古老的基督教邦国，让维也纳后续保护神圣罗马帝国剩余领土的举动饱受羞辱和嘲笑（这正如法国人所愿）。弗朗茨二世对这一问题再清楚不过了，因此他试图将对萨尔茨堡的吞并以"秘密条款"的方式写进条约，但这样的行为只能引发哄堂大笑——弗朗茨二世的天主教朋友们，或者说是"曾经的"朋友们，怎么会对此一无所知呢？

萨尔茨堡问题和其他若干问题表明，家族利益和帝国利益之间已经出现了可怕的鸿沟。如果皇帝的职责是保护依附于他的数百座城市和骑士们，那弗朗茨二世可谓尸位素餐，因为这些城市和骑士在经历了疯狂的几周之后，就被拿破仑新的德意志盟友们吞并了。

---

① 此处原文为 Hesse-Kassel。——译者注

第九章

这就引发了另一个令人恐惧的问题：弗朗茨死后，下一次帝国皇帝的选举会是怎样一番景象。如今，在选帝侯中，天主教徒只占少数，而拿破仑个人的影响力之高世所未见，人们实在没有理由再把哈布斯堡家族成员看作重要的候选人。弗朗茨二世萌生了一个绝妙点子，一个完全违法、毫无先例的主意：在拿破仑加冕法兰西国王同年夏天的晚些时候，弗朗茨二世擅自宣布自己加冕奥地利皇帝。在接下来更为难熬的两年里，他同时出任神圣罗马帝国皇帝，但帝国皇帝的头衔很快就成了一个名存实亡的空壳，随时都能被甩掉。在一阵惊叹和尴尬的沉默之后，欧洲的统治者们接连开始承认他的新头衔。在德意志各处，哈布斯堡家族的荫户们开始变卖土地，他们的特权被剥夺，旧帝国的标志被从市政厅和城墙上移除。现在，奥地利皇帝的新头衔让弗朗茨既能被称为弗朗茨一世，又能被称为弗朗茨二世——这种叫法让人迷糊，因此后世给了他一个特别的称谓：弗朗茨一（二）世。他打着守护旧帝国的幌子，将土地换成现金，哈布斯堡家族向东撤离的行动正式开始。弗朗茨不再是私人领土上那个虚弱的大公了，现在，他凭借自己的努力加冕称帝，让帝位可世袭，再也不用忍受选帝侯们的废话了。这样的政治主张让权力在哈布斯堡家族手中又延续了110多年。

事情怎么更糟糕了

在我的孩子们到了开始对一切感兴趣，但还相对听话、好带的年纪时,我们曾多次到访巴黎,我希望这些旅行能让他们喜欢上法国,将来能更好地熟悉这座城市及其语言。但实际上,效果相当有限。在我的二儿子看来,巴黎人讲不好英语,还特别容易"生气"——他说得倒也没错——而我则喜欢一时兴起,带着大家走上误导性的"近路",将众人对巴黎的好感消磨殆尽。这些"近路"总会把家人引到一些散发着恶臭又毫无特色的肮脏小巷里,偶尔几个面色黑红的醉汉会像玩偶盒(Jack-in-a-box)里的吓人小丑一般,突然从门里向我们冲过来。终于,孩子们看到了一家英国连锁品牌的比萨店,这成了一整天的高光时刻。我们兴高采烈地在餐厅吃了晚餐,把法式什锦锅抛在脑后。孩子们表现得好像一个永恒的荒诞主义者,几个小号的"约翰牛"(John Bull)① 互为唱和——从圣礼拜堂(Sainte-Chapelle)到毕加索(Picasso),他们把英国岛上所谓的"常识"套用到一切事物身上,后者的一幅作品曾引发了一阵低沉的口哨声,那是他们在向作者"侥幸逃脱惩罚"的举动表达敬意。我和妻子曾以为自己是贝尔蒙多和茜宝(Belmondo-Seberg)② 一般的组合,在这座充斥着酒精和危险的城市里疯狂游荡,但旅途

---

① 约翰牛,英国的拟人化形象,源于 1727 年由苏格兰作家约翰·阿布斯诺特(John Arbuthnot)所出版的讽刺小说《约翰牛的生平》(*The History of John Bull*)。主人公约翰牛是一个头戴高帽、足蹬长靴、手持雨伞的矮胖绅士,为人愚笨而且粗暴冷酷、桀骜不驯、欺凌弱小。这个形象原是为了讽刺辉格党内阁在西班牙王位继承战争中的政策所作,随着小说的风靡一时,逐渐成为英国人自嘲的形象。——译者注

② 让-保罗·贝尔蒙多(Jean-Paul Belmondo)和珍·茜宝(Jean Seberg)是让-吕克·戈达尔(Jean-Luc Godard)1960 年执导的电影《筋疲力尽》(*A bout de souffle*)中的男女主演。该片讲述的是年轻的男主人公米歇尔一再想要逃离荒诞不经的游戏人生,在与社会的抗衡中终于筋疲力尽,以生命的结束换得真正的自由的故事。——译者注

第九章

中发生的一切，彻底将我们虚弱的幻想撕得粉碎。

吃早饭时，我们总会轻松愉快地提到一些人文景点，比如卢浮宫和巴黎历史博物馆（the Musée Carnavalet），孩子们便会立起耳朵，像受惊的小猫一样，手里紧抓着可颂面包，时刻对危险保持警惕。每一天我们都要做出各种妥协，从当天吃什么东西到买什么纪念品，再到保证上午晚些时候才会离开酒店——才让原计划中的部分精华项目得以保存，但作为家长，我们面临着相同的育儿问题：我们想要获得像联合国一样的更高权威，让孩子们都能乖乖听话。

荣军院（Les Invalides）成了我们的目的地之一，儿子们一听说博物馆里都是火枪便欣然前往了，女儿们则因为太小，什么都听不懂，没有提出任何异议。哈布斯堡家族因为死对头拿破仑埋骨于此，而与荣军院产生了关联。1840年，法国国王路易·菲利普（Louis Philippe）为了挽救式微的政权，做出了一个大胆的决定，将拿破仑的遗骸从原葬地圣赫勒拿岛（St. Helena）上运回，重新在荣军院安葬。这一举动引发了前所未有的民族主义狂潮，绝大部分巴黎人都走上了街头，为精心安排的安葬队伍欢呼喝彩。我一直不太清楚自己到底如何评价拿破仑，但领着儿子们来到他宏伟的石英岩墓前时，我意识到自己对这一时刻的准备不够充分——至少应该为孩子们准备好特制的小斗篷和小靴子，等他们大字形贴到大理石上时，自己便像一个意大利的勋位骑士一样，声音低沉地缓缓吟诵："主人啊，我为你带来了全新的一代人。"就在这个时候，我们却被迫落荒而逃了，因为我的女儿刚好走到了一个巨大的金色花瓶面前——那是沙皇亚历山大一世（Tsar Alexander Ⅰ）送给盟友们的礼物——弄响了报警器。女儿的眼泪和看守的训诫——或许她当时真想把花瓶推倒，这一对所有独裁者宣判死刑的意外举动很可能会影响她的一生——让离开成了明智的选择。但这也意味着我必须放弃其他的念头，虽然这些念头中很可能包括点燃火把、敲响沉闷的鼓点等等。后来，我们又在纪念品商店里吵了起来，整个下午就在这样不快的氛围中结束了。我们在争论古董匕首形状的裁纸刀能否当作合法的纪念品，又或者——当然，这一点存在争议——考虑到它的用途，这东西是否和真正的匕首根本别无二致。

路易·菲利普一世迎回拿破仑遗骸的行为简直算是史诗级的错误，这只会进一步凸显拿破仑统治时期的丰功伟绩，让当前的政权更显衰微——这恰好为拿破仑的侄子在十年后掌权铺平了道路，他给哈布斯堡家族带来的打击基本不亚于他的叔叔。

从某种意义上来说，拿破仑的一生是个相当无聊的谜题。在他的同代人眼中，拿破仑身上最突出的优点就是他非凡的即兴爆发力。但了解历史进程的我们都知道，这种突然爆发的能量让他不可避免地成了一颗自视甚高、狂妄自大、徒劳无功却燃烧殆尽的流星。这也成就了胜利者书写的历史——坚决反对拿破仑的哈布斯堡家族和英国成了顽强的英雄，他们不再是进步的阻碍，不再是甘愿牺牲成千上万的士兵来拒绝历史前进的顽固分子。

从各个角度来看，英国人的立场最成问题：英国领导人追求的"均势"是指"对英国有利的均势"，就像"自由贸易"实际上是指"让英国的船只进行自由贸易"一样。因此，尽管英国和奥地利维持了盟友关系，但拿破仑带来的冲击让地缘政治关系发生了深刻变化，也让两国的利益关系渐行渐远。自威廉三世（William Ⅲ）和利奥波德一世起，持续推动伦敦-维也纳联盟在欧洲发展的重要引擎，现在终于熄火了。除了苦涩的对俄关系，两国利益不再产生交集，双方争执不断，直到一战爆发，两国彻底分道扬镳。

有一年夏天，我曾无意中多次来到拿破仑大获全胜的战场。我在奥洛穆茨待了好几天，但真正让我心心念念的城市却是布尔诺。因此，我花了不少时间在大巴上。或许是纯粹的运气使然，大巴的路线竟和俄奥联军在 1805 年 12 月的进军路线完全相同，这支联军在奥斯特里茨战役（Battle of Austerlitz）中被拿破仑全歼。当然，和所有古战场一样，这里也没有留下任何战争遗迹。奥斯特里茨战役爆发的几周前，英军在特拉法尔加（Trafalgar）海战中取得了决定性的大胜，但战争爆发的海域和眼前这片土地一样，根本没有留下任何线索。奥斯特里茨超乎想象的神秘感，让我放弃了自驾前往布赖滕费尔德（Breitenfeld）、布莱尼姆和克尼格雷茨（Königgrötz）的计划，一种荒诞感突然击中了我：我为什么要沿着山坡爬上爬下，只为确定哪一队倒霉的雇佣兵驻扎在什么地方？幸运的是，现代捷克是一个轻松的自由市场国家，当地广告商已经充分利用了古战场的优势，小小的纪念碑在一堆矿泉水广告面前显得不值一提。这个矿泉水品牌刚好将拿破仑风格的鹰标当作品牌标识，更妙的是，一个电池品牌的广告里甚至还出现了一门用电池模型拼凑的巨型火炮。这些广告确实让这块命定之地重获生机，但继续游览古战场似乎也不是什么好主意。总不能指望着通过这些胡闹的广告商就能完成对古战场的想象，他们可承担不起这样的重任。

奥斯特里茨战役是一场可耻的灾难,第三次反法同盟就此终结,哈布斯堡家族亦无力还击。弗朗茨二世憎恨的巴伐利亚人夺走了西奥地利一大片古老的领土,家族轻松占领的意大利东北部领土和亚得里亚海沿岸地区也被法国抢了去。最为关键的是,战后签订的《普雷斯堡条约》(Treaty of Pressburg)成了神圣罗马帝国最后的苟延残喘。弗朗茨二世同意放弃对德意志其他地区的统治,但实际上,这不过是最后的确认。1803年,在一场名为"皇室休会"(Imperial Recess)的可耻茶会上,差不多120个独立的小邦国、66块宗教领地和41座自由城市被周边支持拿破仑的大邦国吞并,在地图上消失了。1806年8月6日,神圣罗马帝国皇帝弗朗茨二世退位,讲德语的人们自此进入了一个全新的世界。

从多个角度来看,哈布斯堡家族一直在滥用权力,也并不称职。自约瑟夫二世起,帝国就陷入了一片混乱,直至分崩离析。然而,即便将帝国的守护者从维也纳人换成巴黎人,德意志衰落这一根本问题也很难得到改变。数代哈布斯堡人曾为德意志的子民提供保护,抗击西方的法国人和东方的土耳其人,但这也给德意志带来了一种令人困惑的"福气":在地图上都找不到的德意志小镇成了不少欧洲大战的战场。面对如此宿命,居住在类似埃森或是班贝格(Bamberg)这样的小镇的居民只能继续深陷于绝对的无助之中。许多年轻人虽然躲过了成为法军手下败将的命运,但现在却要开始代表法国作战,成为对俄入侵的替死鬼。直到1870年,有关这些人到底应该拥有怎样命运的讨论一直是贯穿欧洲历史发展的主要话题——到了1945年也同样如此,虽然奥地利在当时只能短暂起到

第九章

有限的作用。

随之而来的是充满杀戮的"抢椅子"游戏,数百个古老的邦国几乎在一夜之间消失了。许多主教、骑士、公爵、女修道院院长和小寡头们出局了,其他人则巧妙地适应了新环境。年轻的巴伐利亚选帝侯马克西米利安四世·约瑟夫(Maximilian Ⅳ Joseph)曾有一张可笑的肖像画,画面中花枝招展的君主头戴假发、身披珠宝,将洛可可式的伪饰展现得淋漓尽致。1806年,马克西米利安登基,出任巴伐利亚王国的首任国王,即马克西米利安一世,此时的肖像画与之前的风格形成了鲜明对比。幸亏有了拿破仑,画面中的国王剪着一头朴素的短发,没有佩戴假发,深蓝色的制服上几乎没有任何装饰,装出普通士兵一般的严厉表情。当时,这种朴素化的换装风气在各地都十分流行。

弗朗茨二世茫然地呆坐在维也纳。哈布斯堡家族的土地如今被称为哈布斯堡帝国(或者也可以使用普遍为世人所接受的简称"奥地利"),帝国虽仍是个体量巨大的国家,但存续与否完全取决于拿破仑的意愿。普鲁士的悲惨命运也是个好例子。普鲁士在1806年10月的耶拿-奥尔施泰特战役(Battle of Jena-Auerstädt)中惨败,沦为法国一个破败不堪的小殖民地。普鲁士给各个国家都上了可怕的一课,让人们见识到拿破仑的威力——就像猎场看守将乌鸦的尸体钉到篱笆上,吓走其他乌鸦一样。当然,从历史的角度来看,这场惨败也相当令人恼火:1740年,普鲁士终于摆脱了奥地利的控制,却在短短几周内被法国人击垮了。与此同时,弗朗茨二世怯懦的谨慎态度也一直遭遇霸权问题的冲击:维也纳妄图与巴黎平起平坐，但所有这些努力都被巴黎断然回绝或是干脆视而不见。其原因十分简单：在拿破仑的头脑里，根本未曾有过"两国一度平等"的意识。新帝国的尊严在年复一年的威胁中逐渐土崩瓦解，最后一搏势在必行。1809 年，奥地利和英国结成第五次反法同盟，对抗拿破仑治下的欧洲。战争持续了几个月，带来了灾难性的后果。当时的奥地利近乎瘫痪，一片愁云惨雾，国家衰落的论调甚嚣尘上。在如此情况下，维也纳仍然试图与拿破仑抗衡。虽然奥军在阿斯佩恩-艾斯林（Aspern-Essling）战役中短暂地牵制住了拿破仑，但在随后的瓦格拉姆（Wagram）战役中，奥军再次遭遇惨败——不仅败给了法军，还败给了诸如巴伐利亚、萨克森和莱茵邦联（Confederation of the Rhine）这样的法国新盟友。这一系列战争成了迄今为止规模最大的战争，也预示了战场上令人忧心的发展前景。拿破仑早年间的优雅胜利被瓦格拉姆战役及其后续战役代替——战争规模急速扩张，大量难以控制、训练不足的士兵涌入战场，引发了可怕的无差别伤亡。瓦格拉姆战役以来，战争进入残酷的屠宰场时代，这让 19 世纪的战争（在普鲁士人于 19 世纪 60 年代开创战争的新风尚之前）变得十分压抑，根本不值一提。

　　阿斯佩恩-艾斯林战役成了卡尔大公的个人大胜。这场战争满足了他对奥地利军队的所有期望，也让帝国在即将到来的灰暗时代中有了可以依靠的支点。补充一点：人们一定会羡慕那些在奥地利军队里真正获得了成就的人，这样的人虽然少之又少，但成功阻止部分拿破仑军队穿越多瑙河一定算得上成就之一了。阻止敌军渡河的过程十分有趣，奥军将许多体积巨大的物块丢进多瑙河上游，这些物块顺流而下,一路撞击法军的浮桥。对于拿破仑的工程师来说,看着驳船被点燃、炸药桶、粗糙又锋利的手工漂浮物被丢进河里,一定高兴不起来,但奥地利人定会心生狂喜,甚至发展到癫狂的地步。他们甚至将多瑙河上的木制水上磨坊都付之一炬,烧着的磨坊从停泊处剥离,跌入水中,奥地利人一定认为这是他们最为出色的成功之作。今天,在特兰西瓦尼亚南部墩布拉瓦森林(Dumbrava Forest)的阿斯特拉传统民俗文明博物馆(ASTRA Museum of Traditional Folk Civilization)就存有几件这一时期的神奇藏品。另外古怪的一点在于,由于回到河流上游的道路受阻,拿破仑的军队不得不在许多与世隔绝的水边小村落中进行贸易,再逐渐东移。直到1809年5月22日早上,一件燃烧的庞然大物疯狂撞向法军最新建成的一座浮桥,一路势不可当,将浮桥撞破了一个大口子,浮桥的残件、一位法国将军和不少架桥士兵都在水流的裹挟下,被冲到了几千米外的河流下游。

一场亲密的家族婚礼

奥地利人虽然将水上磨坊付之一炬,但这场战役再次以他们灾难性的失败告终,签订了惩罚性的《申布伦和约》(Treaty of Schönbrunn)。对于玛丽亚·特蕾莎的继承人们来说,被迫在申布伦宫签约是尤为屈辱的举动。帝国近五分之一的人口被拱手相让,加利西亚被划入新兴的波兰附庸国,萨尔茨堡被愈发自大的巴伐利亚吞并，古老的奥地利南部、意大利和斯洛文尼亚的领土则被纳入拿破仑新设立的伊利里亚省（Illyrian Provinces）。帝国从此一蹶不振，弗朗茨的谋臣们都认为他们别无选择，只能答应拿破仑的全部要求，尽量避免重蹈普鲁士的覆辙。和过去很多时候一样，奥地利人最擅长的是不惜花费一切代价，保证王朝的延续，现在——在这个充满屈辱的时代中最为屈辱的时刻——王室将目光投向了弗朗茨的漂亮女儿，十几岁的玛丽亚·卢多维卡（Maria Ludovica）身上。

维也纳奥古斯丁教堂是天主教会圣统制压力下的典型产物，其美学价值令人高度存疑。教堂仍在运转，但多年的风雨让它变得破败不堪，内部异味刺鼻。这里是僧侣和教众与造物主取得联系的地方，因此整座建筑风格朴素，只有屈指可数的几处漂亮纪念碑装点其中。教堂并不拒绝直接祷告，也乐于支持严肃议题，几乎有了一种卫理公会（Methodist）的氛围。这里是哈布斯堡家族宗教崇拜的中心之一，皇帝们的心脏皆埋葬于此（仔细想来，这样的行为似乎并不符合卫理公会的风格）。2004 年，教皇若望·保禄二世（John Paul Ⅱ）在此举办宣福礼，让教堂成了祭拜末代皇帝卡尔一世的主要场所。然而，在 1810 年 3 月 11 日这一天，弗朗茨一世最喜爱的女儿玛丽亚·卢多维卡就是在这里嫁给了法兰西第一帝国皇帝拿破仑一世。在这场婚礼上，发生了令人惊异的一幕：拿破仑并未出现在典礼现场，而是由弗朗茨的弟弟，新近在阿斯佩恩-艾斯林战役中大败法军的卡尔大公代为完婚。这场盛大的龌龊勾当影响深远，用一整本书恐怕都写不完。拿破仑是法国大革命的继承人，但卡尔的姑姑玛丽·安托瓦内特却在革命中丧命，砍下的首级被插

第九章

在棍子上,任由人们欢呼嘲讽。然而,玛丽·安托瓦内特被送往巴黎一直被看作是个可耻的错误,这和哈布斯堡家族在 18 世纪早期对法国的支持不无关系,虽然人们早已忘记了这段外交史。如今,玛丽亚·卢多维卡被迫走上了同样的道路。差不多同样糟糕的是,当时的奥古斯丁教堂名声大噪,因为雕塑家卡诺瓦(Canova)刚刚为教堂完成了一座新的纪念碑,来纪念卡尔大公的另一位姑姑玛丽亚·克里斯蒂娜(Maria Christina)。玛丽亚·克里斯蒂娜的纪念碑可能是维也纳最伟大的新古典主义杰作,这件精美的金字塔形作品上雕刻着神情悲伤的送葬者,还有一头忧郁的雄狮。卡尔大公由玛丽亚·克里斯蒂娜和丈夫萨克森的阿尔贝特(Albert of Saxony)亲王抚养长大(克里斯蒂娜终身无子),后者建立了阿尔贝蒂纳艺术博物馆(Albertina art museum)。

因此,卡尔大公不得不神情庄严地与侄女共同站上圣坛,在这个众多哈布斯堡家族成员曾经喜结连理的地方,代表拿破仑——这个人在法国大革命中崛起,自己的姑姑却在大革命中殒命。这个人废除了哈布斯堡家族成员在意大利的权力,在十年间杀害了成千上万名奥地利士兵,并让整个帝国蒙羞。近来,他还夺去了卡尔家族传承了四百多年的好几块领土——在卡尔养母的纪念碑前完成这场盛大的婚礼。旧日皇帝们深埋在地下的心脏,即便已经发黑干裂,此刻也一定会在棺材中颤动不已。

历史已经证明,玛丽亚·卢多维卡并没有像姑祖母一样,首级被插上木棍。与此相反,在法式宫廷长裙、斗篷和王冠的装饰下,玛丽亚美得不可方物。拿破仑(在与约瑟芬离婚后)选择迎娶玛丽亚就是看中了她的时髦漂亮，也因为他想赶快有个孩子。现在，玛丽亚·卢多维卡成了玛丽·路易丝皇后（Empress Marie Louise），并为拿破仑生下了一个儿子。这个儿子经过一系列（按照哈布斯堡家族的标准看来）十分可笑的古制，被授予罗马国王的头衔。从某种程度上来说，这样的安排也并非毫无益处。弗朗茨一世实在令人厌烦，但让一个此前名不见经传的科西嘉怪人自封为皇帝，甚至想绕开哈布斯堡家族，重建一套继承系统的想法足以让任何更有想象力的人抓狂。从此，玛丽·路易丝过上了奇特的生活，一方面舒适惬意，另一方面，她也成了更多势力手中的棋子。在拿破仑之后，她又经历了两段婚姻（其中一任丈夫是个有着奇怪名字的御马官），并接管了帕尔马公国。同时应付两个家族间的拉扯绝非易事，任何行动都可能是对其中一个家族的背叛。遗憾的是，她钟爱的儿子（曾短暂地被称为拿破仑二世）成了皇室历史的可悲注脚——直到21岁死于肺结核之前，他一直是令人尴尬的存在，也对哈布斯堡家族造成了潜在威胁。现藏于皇家珍宝馆的纯金婴儿床仿佛成了一个古怪的提醒，让人们时刻想起从未实现的未来：拿破仑未能缔造一个强盛的王朝来一统欧洲，掌管一个超级大国。希特勒在二战中击败法国后，曾做出一个奇怪的举动，将拿破仑二世的遗体从维也纳运到了荣军院，埋葬在他父亲的身边，然而却没人带走他的心脏。因此，拿破仑二世的心脏至今仍埋在奥古斯丁教堂，让奥地利的历代君主们永远蒙羞。

《申布伦和约》签订后，弗朗茨和谋臣们想尽办法避免帝国分崩离析。这种病态的焦虑将玛丽亚·卢多维卡推上圣坛，成了政治

第九章

的牺牲品。巨大的羞辱当前,他们将所有对拿破仑的仇恨都死死压住,这一招非常有效。因为面对拿破仑的霸权,英国根本做不出什么像样的威胁,在不确定的未来中保持有限的警觉似乎成了哈布斯堡家族唯一的出路。想象一个拿破仑治下稳定的欧洲虽然令人着迷,但在某种程度上来说,这也是完全违反事实的空想。无论法国在欧洲大陆上拥有多少真正的盟友,拿破仑习以为常的战争模式都会让整个系统陷入深层次的动荡。1812 年,拿破仑下令入侵俄国,这一决定虽然是毁灭性的,却也完全合乎逻辑,因为他无法与英国达成协议。巴黎、伦敦和圣彼得堡几乎都有着蒙古人一般的优越感,彼此无法相容。直到 20 世纪 40 年代,世界历史中大部分事件的发生正是源自这种优越感(柏林随后也加入其中)。帝国首领们生来便会相互嘲讽、相互攻伐,破坏彼此的统治,根本无法共存。

种种迹象曾一度表明,拿破仑会在法俄战争中取胜,这场胜利将再次彰显他的伟大,并可能终结长达一代人的战争——击溃俄国可以让法国轻松摧毁英属印度,迫使英国求和。这场战争中,哈布斯堡家族参与程度有限,仅派出约三万人加入拿破仑的大军团(Grande Armée),在南部威慑俄国。然而,随着战势日趋明朗,入侵的法军受到了灾难性的打击,结成新的联盟势在必行,奥地利开始小心翼翼地站到了普鲁士和俄国一边。命运非凡的改变让奥地利成了第六次反法同盟的盟主——普鲁士虽然重要,但国土相对狭小,俄国则远离大本营,英国又经常有自己的小算盘。弗朗茨和首相梅特涅(Metternich)惊讶地发现,虽然自己的努力有限,但欧洲的未来将由奥地利决定。数年的和平让奥地利组建起一支50多万人的大军,尽管算不上精良,但胜在数量庞大,成了反法同盟中规模最大的一支分遣队。大军涌向法国,拿破仑的阵法哪怕再精妙,也敌不过兵力上的悬殊。1813年10月,莱比锡会战(Battle of Leipzig)爆发,约60万大军在战场上厮杀,这是1914年前欧洲历史上最大规模的一场会战。随后的数月中,一连串可怕的战争接连爆发,双方都损失惨重,法国已无力支撑。拿破仑被放逐到厄尔巴岛(Elba)上——这个小岛曾是托斯卡纳哈布斯堡家族的祖产之一。他希望通过"百日政变"重新夺回法国控制权的努力最终以滑铁卢战役(Battle of Waterloo)的失败告终。即便拿破仑在滑铁卢战役中取胜,面对无数西进的奥地利、普鲁士和俄国军队,他夺权的最后一搏终究也会竹篮打水一场空。

在这里我要向读者道歉,我花了太多篇幅在战争和外交上,是时候让大家休息一下了。经历过这一切的哈布斯堡帝国与从前大不相同,帝国的面积更大了,但也更为紧凑,拥有了一群强大的盟友。大家都倾向保守,都想忘掉最近发生的一切可怕事件。帝国在大部分战事中饱受羞辱,因此,如何看待拿破仑战争成了当权者自我认知的难题。为重要人物竖起的大型纪念碑分散在帝国各处,但对弗朗茨一世来说,最重要的任务是继续他的统治,假装这一切从未发生。海顿创作于1797年的《皇帝颂》(Emperor's Hymn)成了一座永恒的丰碑,这个作品在一次危机(后来证明类似的危机常有发生)中被选用,成了一首异常优美又提振士气的希望之歌:

天佑吾皇弗朗茨,我们伟大的皇帝弗朗茨!

> 我们乞求皇统久长,我们祝愿好运常伴!
> 让月桂枝为他盛放,让荣耀的花环随他前行。
> 天佑吾皇弗朗茨,我们伟大的皇帝弗朗茨!

或许忧郁的警察皇帝弗朗茨配不上这样的作品,但这首曲子(在海顿的《皇帝四重奏》中再次神奇现身)本身就带有强大的生命力,著名的英语圣歌《郇城歌》(Glorious things of thee are spoken)便脱胎于此。在经历了一连串的精神崩溃之后,这首歌曲被逐字翻译为哈布斯堡帝国境内的每一种语言,最后成了德意志的国歌。被定为国歌后,歌词经过了改写,第一句变成令人毛骨悚然的宣言:

> 德意志,德意志高于一切
> 高于世间所有万物

二战后,歌词再次改写,这次听起来好了不少:

> 统一、正义与自由,
> 为了德意志祖国!

复得返自然

1801年5月24日,哈布斯堡家族从拿破仑的围攻中短暂脱身,欣赏了海顿的清唱剧《四季》(*The Seasons*)在维也纳施瓦岑贝格宫(Schwarzenberg Palace)的首次全长表演,这是新世纪最伟大的文化盛事之一。皇后本人亲自担任了女高音的角色，虽然效果不佳，但也没人有胆量提议更换其他人选。《四季》轰动了整个欧洲，在各种可以想象的场地里，无数演出接连上演，有些表演效果堪称19世纪早期的宽银幕或是3D电影：歌手和乐手的人数被毫无意义地扩充了一倍甚至两倍，这恐怕让清唱剧的结尾，在狂喜中赞美上帝的唱段成了除战场之外人类声音最为响亮的地方。

《四季》是海顿《创世纪》的续作，这个愚蠢的理由进一步推高了人们对《四季》歇斯底里的狂热。《创世纪》在维也纳一群空谈家的推动下，获得了空前成功。这些人希望重振服务于公共宗教信仰的"旧音乐"，即巴赫，特别是亨德尔（Händel）式的音乐。这些作品和后期的交响乐作品一道，让海顿先于贝多芬成了家喻户晓的新式音乐家，他的职业生涯在人们的疯狂追捧中达到顶峰，尽管他把大部分时间都花在了为埃斯特哈齐家族创作私享音乐上。《创世纪》的主要幕后英雄当数天才的戈特弗里德·范·斯威顿（Gottfried van Swieten），他多才多艺，曾做过公务员，还是个作曲家、图书管理员，是当地文化生活的主要推动者之一，但他为人低调，远离大众的认知。

范·斯威顿和他的富家朋友们曾绞尽脑汁，思考如何让海顿创作出超越《创世纪》的作品，从任何标准来看，这都是相当有难度的课题。最终，他们选定了詹姆斯·汤姆逊（James Thomson）的泛神论长诗《四季》。范·斯威顿将原诗切割重组，将诗文调整为适合海顿谱曲的顺序。《四季》这部两小时长的作品编排精巧、音乐极富变化，是海顿的最后一部杰作。作品完成时，作曲家早已疲

第九章

惫不堪、心力交瘁。在经历了漫长、丰富而精彩的职业生涯之后,这个完全有资格荣膺"哈布斯堡最佳臣民奖"的男人终于倒下了。

对于帝国来说,《创世纪》和《四季》成了常规宗教体验的延伸(就像亨德尔的清唱剧之于英国的意义一样),也成了人们日常宗教生活中堪比主要宗教节日的重要组成部分。《四季》和其他续作一样,都比原作逊色几分。海顿甚至曾直言,其中的一些部分不过是"法国化的垃圾",他尤其厌恶那段被迫模仿池塘中青蛙叫声的乐曲(当然,这也是一段迷人的旋律)。乐谱中描绘了很多精彩的场景,比如一场暴风雨、一次混乱的狩猎派对,但或许是编排过于程式化的缘故,让音乐丧失了真正向前的推动力(已经到了秋天吗?)——尽管《创世纪》拥有最为程式化的主题,却没受到任何抱怨。

尽管后来可能还有其他例子,但《四季》算得上是对哈布斯堡家族几个世纪以来的自然崇拜的怀旧总结,其中的关注点显得过时而保守。乡村生活中极具代表性的生活和劳作的场景——播种、收割、采摘水果、用亚麻纺纱——在经过仔细挑选后,出现在清唱剧中。和中世纪微缩画中描绘的场景一样,住在乡下的人们仿佛被卷入了巨型黄道之轮,永恒不变的是四季的流转和辛勤的劳作。实际上,《四季》的一大挑战在于,表演一旦开始,就有可能无休止地继续下去,每隔两个小时,春天就会再临("看吧,严酷的冬天远去了"),让人无处可逃。这样的基调从老彼得·勃鲁盖尔(Pieter Brueghel the Elder)描绘四季的伟大作品(其中最著名的当数《雪中猎人》)开始,几乎就未曾改变过。这些作品被鲁道夫二世的弟弟恩斯特于16世纪90年代纳入收藏，当时他是西属尼德兰的统治者。今天，仅为一睹这些杰作，就值得去维也纳游览一番。和大家猜想的一样，鲁道夫本人也十分喜爱盛装出现在以四季为主题的素描、油画和雕刻作品中，萨弗里（Savery）、萨德勒（Sadeler）、布里尔（Bril），还有杰出的彼得·史蒂文斯（Pieter Stevens）都曾创作过这样的作品。当天蝎座出现在空中，猪开始在林子里拱土时，你就知道十月到了。这些作品是最早的非宗教、非宫廷艺术之一，对于观众有着别样的吸引力，哪怕画面中只有一些简单的元素，像是几棵树，或是一条小溪，都能营造出一种极具魔力的氛围，让人想要融入其中。

将对四季的描绘看作社会统治的工具，未免有些过于简单化了。令人宽慰的是，和古代神祇一样，四季不过是给艺术家们带来了有趣的装饰挑战——从全套餐具到避暑别墅，与政治无关的四季图案成了用来装饰一切的主题，出现在哈布斯堡领土各处，乃至其他地方。从某个角度来看，这些图案代表了一个人们劳作无休的世界，每个季节的劳作都环环相扣，目的只是满足人们基本的生存需求，稍有疏忽或是操作不慎都会立刻招致一场灾难。当士兵来袭，瘟疫、洪水席卷大地，或是在六月感受到三月的天气时，所有的秩序便会荡然无存，憔悴的幸存者唱起《四季》中的选段，颇有些讽刺意味。因此，对于城市观众来说，他们能通过清唱剧感受到乡村生活的残酷（即便这些信息只是以背景形式出现），在当时的哈布斯堡帝国，大片领土都一直处在灾难的威胁之中。当然，许多维也纳的观众每年也会在乡下的田庄中住上不少时候，他们的大部分收

第九章

入也正是来源于此。因此,《四季》非常直接地触及了他们的神经。

到了冬季乐章,旋律变得有点起伏不定,因为在冬季,除了纺纱、避开贵族(这一段的旋律明显拖延了起来)和抱怨严寒之外,人们似乎无事可做,但这也为最终赞颂上帝的盛大章节留足了空间("主啊,愿你的手指引我们!赐予我们力量和勇气;我们会歌唱,进入你的荣耀之地"),让每个人都感受到了温暖。虽然《四季》中的泛神论元素直到 18 世纪晚期才被人们所感知,但这部作品仍给观众带来了宏大而特殊的天主教体验——辛劳而虔诚的男男女女根植于乡村,怀着对同一教会的忠诚而团结在一起。所有旋律都必须满足弗朗茨一世的喜好,每个人都要按照他的指令行事,因此,皇室成员在首演中出场可谓毫不意外。

在我准备撰写本书的过程中,最有意思的部分就是在一年中的不同时候来到乡下闲逛,这里的天气比英格兰东南部要极端得多,这反倒令我沉醉,让我能以一种可笑的方式亲自体验一把《四季》中的场景。在各个国家,我们都能看到赞美乡村生活的音乐、文学和绘画作品,这一点在中欧国家尤为突出。当我在清澈的小溪边漫步时,总会不自觉地哼起舒伯特《美丽的磨坊女》(*The Beautiful Mill-Girl*)中的片段,再加上点阿尔卑斯山的美景和英雄主义情结,马勒(Mahler)的《第三交响曲》就会断断续续地出现在我的口中。德沃夏克(Dvořák)的作品让原本平平无奇的波希米亚山谷显得格外高贵,利盖蒂(Ligeti)则为萧索的特兰西瓦尼亚增添了不少神秘韵味。

奥地利作家阿达尔贝特·施蒂弗特(Adalbert Stifter)是运用

哈布斯堡《四季》中泛神论元素的大师,其声誉在19世纪40年代达到顶峰。施蒂弗特的系列故事和小说里总是充斥着令人几近痛苦的光明和美感,主人公们在乡村世界(高山、草地、森林)里穿行,既感到激情澎湃,又有种被桎梏其中的感觉。想要读施蒂弗特的作品,必须要经过精挑细选——他后期的小说《晚来的夏日》(*Indian Summer*)实在太过沉闷,一个毫无特点的叙述者反复到访一处与上帝和自然完美共生的房舍,每个人都在搭棚子、晒果干,无聊得让人想要尖叫。一位当代德国评论家曾表示,如果有人能把这本书读完,他将拱手送上波兰的王冠。整本小说几乎没有什么情节,好像(如乔治·佩雷克的小说《人生拼图版》[①]一样)是作者设计的一场大型自控实验。整本书的结构布局都是在为最后一页做铺垫——当来自上帝的启示以一种古怪的方式出现在你面前时,不禁让人产生一种当头棒喝之感,之前500页的无聊内容一下子变得生动起来。但,还是算了吧。我曾两次试图读完这本书,但最多也只读到了300页,成功的希望实在太过渺茫,我应该再也不会尝试了。

但抛开《晚来的夏日》不谈,施蒂弗特的确是个值得反复品读的作者,不光是因为故事本身(这些作品确实很吸引人),更是因为他看待事物的奇特角度,读读《水晶》(*Rock Crystal*)、《石灰岩》(*Limestone*)、《布里吉塔》(*Brigitta*)(包括一场扣人心弦的恶狼袭击!)、《俄巴底亚》(*Abdias*)和《林间小路》(*The Forest

---

[①] 此处原文为 Perec's *Life: A User's Mannual*。——译者注

第九章

Path）吧。施蒂弗特既是作家，也是风景画家，他对细节把握的精准程度让人震撼。举个例子，在山涧湖面上有一块岩石倒映其中，他可以在小说中（神奇地）只用寥寥数语便将石块之美表现得淋漓尽致，比他的画作还要生动。短篇小说《单身汉们》（The Bachelors）或许是施蒂弗特最优秀的作品，主人公是一位充满活力的年轻小伙子，对人生充满期待。他满心欢喜地走过一连串山谷，来看望一位神秘的叔叔，这个人被世间的苦涩击垮了，独自住在湖边一所废弃的修道院里。如果你像阅读《晚来的夏日》一般，坚持读到了本书的这个章节，那我只能恳求你赶快放弃，去读《单身汉们》吧。

小说里有这样一个桥段：年轻的维克托（Victor）划船穿越湖面（湖边耸立着高山，好像照相写实主义幻觉中的场景一样），前往修道院所在的小岛。此时，教堂的钟声响起，维克托停下船桨，开始祈祷。或许施蒂弗特最令人震撼的一点在于，他在情感和精神上都追求上帝、人类和自然的完美融合状态，但他追求的愿景实在过于完美，让人难以达成（因为我们太懒了、太贪婪了，也太不专注了），随时都有四散崩塌的可能。我怀着朝圣的心情一路南下，来到波希米亚南部一个名叫贺尔尼普拉纳（Horní Planá）的偏远小镇上，这里是施蒂弗特成长的地方，几近空旷的群山将这里和奥地利分隔开来。镇上有座小小的施蒂弗特博物馆，让人产生了一种与世隔绝的真实感。尽管如此，20世纪的利爪也已经伸到了这里：一块破破烂烂的一战残碑，被驱逐的德意志人，还有取而代之的讲捷克语的新移民。施蒂弗特最初设想的美好社会已经完全消失了，但这种"上帝-人类-自然"一体的理念已经超越了艺术的范畴，成了让人难以忍受的存在。这种理念并没有顾及很多中欧人的想法，也让乡村生活本身成了一种道德力量（我在《晚来的夏日》中就感受到了这一点，虽然我一直在强打精神，磨磨蹭蹭地翻阅书页，但也愈发担心自己的精神健康）。和《四季》一样，这种理念更为狂热，它有着典型的德意志特征，非常符合天主教的教义，还带有一种等级感，即便是在写作中的施蒂弗特也能感受到这种严峻的威胁。施蒂弗特热爱自然，但他却在城市中度过了大部分时间，特别是林茨，在那里他还有一尊精彩的纪念雕像。《单身汉们》有一个狂乱的结尾，描绘了几代人在上帝监督下的乡村生活。但实际上，到了作者去世的19世纪60年代，朝气蓬勃的维克托一定想要偷偷溜走，在充满罪恶却更加令人向往的都市中生活。事实上，《四季》中的所有演员可能都在去往维也纳的第一班列车上，用歌声讲述着工厂的高兴事、巨型啤酒地窖和各种消费品，根本不会有人在意什么四季了。

哈布斯堡王朝的领土一直由众多几近空旷的土地（群山和沼泽）拼凑而来，绿树覆盖的乡间零星散落着如《四季》中描绘的农家，为高贵的主人们劳作。这里还有一些讲德语的小镇（按西欧的标准来看），充当货品交易和防御的场所。这些小镇的变迁史组成了19世纪最伟大的故事，成千上万人涌入这些小镇，以最快的速度将残酷的农村生活抛在身后。

第十章

一幅1849年的版画，画面是匈牙利爱国主义者被哈布斯堡军队处决。此类图像流传甚广，加之科苏特和加里波第这两位反对哈布斯堡的伟大演说家在各地的不懈努力，使得哈布斯堡帝国在许多欧洲人和美国人眼中，成了不可救药的残暴和落后的代表。

资料来源：Roger-Viollet/Topfoto.

给正统主义者的警告

在我成长的过程中,家里一直有一套名为"快乐家庭"的游戏卡牌。卡牌来自法国,上面画着法国的英雄人物,是某年假期时候购入的。别的孩子也会玩同样的卡牌游戏,但牌面上通常都是向来都很受欢迎的人物,比如"屠夫的妻子骨头夫人",或是"爱扫地的煤灰先生",我们却热衷于交换画着历史人物的小卡片。我们会用玛丽·德·美第奇(Marie de Médicis)交换"长着猪脸的天选战士"贝特朗·杜盖克兰(Bertrand Duguesclin),或是用衣着光鲜的亨利三世(Henri Ⅲ)交换克莱蒙梭(Clemenceau)。这么多年来,我们一定花了大把时间在这个游戏上。现在回想起来,有意思的是,我们当时并不知道卡片上的人物是谁(除了看起来异常像假小子,却又平易近人的圣女贞德),却又坚持不去了解他们的身份。我们手里握着克洛维斯国王,还有样貌滑稽的内伊元帅(Marshal Ney),却没学到半点历史知识,哪怕是黎塞留公爵(Duc de Richelieu)在我们眼中或许和"烘焙师的儿子小面包大师"也没什么分别。

我提到这一点是因为多亏有了这个游戏,让成年的我在读到后拿破仑时期的法国历史时,对查理十世(Charles Ⅹ)产生了别样的兴趣。查理十世可能是法国所有统治者中最执拗又最愚蠢的一个,但在"快乐家庭"卡牌中——这名字着实有些讽刺意味,毕竟他的不少亲人都惨遭处决,这样的家庭实在算不上快乐——他穿着蓝色的骑兵制服,看起来风度翩翩,十分机敏。正因如此,我被他迷得神魂颠倒,对他执政的时代产生了浓厚的兴趣。

对于同时代的人来说,查理十世的幽灵就像噩梦一样挥之不去。在经历了动荡的法国大革命和拿破仑战争之后,新的世界秩序得以在 1815 年后确立。这一新秩序的基础是回归正统,即恢复君权神授和王朝继承。查理十世成了真正的法国国王——他是路易十六(Louis XVI)的弟弟、早夭的路易十七(Louis XVII)的叔叔、路易十八(Louis XVIII)的弟弟,是毫无疑问的第一继承人。然而,在执政的短短六年中,他几乎疏远了其他所有人,表现得好像大革命从未发生过一样。他坚持身着齐膝短裤,在兰斯大教堂(Rheims Cathedral)举办香烟缭绕的加冕礼,还肆意通过了一项未经社会验证的疯狂法律:在教堂中盗窃圣杯和圣饼者将被处以死罪(在处死前还要将罪犯的右手砍掉)。这与欧仁·德拉克洛瓦(Eugène Delacroix)和巴尔扎克(Balzac)笔下的巴黎大相径庭。在一场精心安排却并未造成什么损害的"革命"之后,查理被迫开始流亡。

查理十世的担子并不轻松:经过了战争的社会民生凋敝,百废待兴;保守主义在欧洲各地盛行。在这样的时代背景下,查理十世糟糕的统治更是给其他王朝敲响了警钟。弗朗茨一世为查理提供了庇护,他最终安顿在了戈里齐亚。戈里齐亚位于威尼斯东北方,是个安静而美好的哈布斯堡小镇,查理十世也是在这里因霍乱去世的。此后,他的家人还留在戈里齐亚,一直在愤怒甚至疯狂地等待着法国

第十章

召唤他们回去的消息。然而，围绕在他们身边的只有贫困的谄媚者和家道中落的势利小人，法国的宫廷里早已没了他们的位置。

在戈里齐亚①闲逛了几日之后，我惊喜地发现"快乐家庭"里的一些老朋友就埋在这里，沉睡在斯洛文尼亚一侧的科斯塔涅维察（Kostanjeviča）方济各会修道院里。当天暴雨如注，我如同苦行僧一般翻越了一座小山来到修道院，好几次差点摔在地上。我小心翼翼地沿着冰冷的台阶走下墓穴，突然间，眼前出现了数个装饰花哨的石棺，里面躺着王朝的失败者们：查理十世，还有存在于疯狂平行宇宙中的儿子"路易十九"（Louis XIX）和孙子"亨利五世"（Henri V）。和亨利五世相比，他祖父的生活显得悠哉不少。当时，拿破仑三世（Napoleon III）在普法战争（Franco-Prussian War）中战败，他一手打造的法兰西第二帝国意外覆灭，让亨利五世真正有了复辟的机会。然而，谈判却失败了，亨利以一个离奇的理由放弃了对法国的统治权：他不能接受这个国家以血染的三色旗为标志，坚持要将旗帜换回查理十世时期的纯白色。就这样，一群人在戈里齐亚等待了近40年的机遇，因为一些荒唐的原因默默溜走了，亨利也只能和他的家人一样，长眠在科斯塔涅维察的冰冷墓穴里，而不是历史悠久的圣德尼（St. Denis）皇家修道院。

这些无助的棺椁散发出一种强烈的伤感气息，上面刻着教条般的宣言（法兰西及纳瓦拉国王，愿主恩赐②）和献给终生作为正统

---

① 戈里齐亚的旧地如今被一分为二，形成了位于今天意大利的戈里齐亚老城和位于斯洛文尼亚的新戈里察（Nova Gorica）两座城市。

② 此处原文为法语：Roi de France et Navarre, par le grâce de Dieu。——译者注

主义者的花环。那个我在年轻时分外仰慕，身穿浅蓝色骑士制服，骑在骏马上向人们致意的英雄去哪了？这个家庭后来的命运也相当多舛。修道院在一战中被毁，哈布斯堡政权到了卡尔一世时期也已经日薄西山，他们将棺椁和里面自大的尸身一并拖到了维也纳。1932年，修道院重建完毕，这些棺椁再次被送回科斯塔涅维察（意大利人曾短暂地统治这里）重新埋葬。从照片来看，当时有不少人参加了重葬仪式。二战结束后，这些棺椁流亡到了（差不多五百米外的）南斯拉夫社会主义联邦共和国，它们挺过了这段冷酷的历史时期，并在和善的斯洛文尼亚共和国的保护下留存了下来。波旁家族的代表一直在竭力劝说斯洛文尼亚政府和方济各会再次将这些不幸的棺椁换个地方，送到巴黎保存，但这种莫名其妙的要求被明智地拒绝了。

我必须得承认，我一直对这些正统主义者的坟墓有着浓厚的兴趣。我曾在德勒（Dreux）度过了一个快乐的下午，那里是奥尔良（Orléans）家族奢华墓室的所在地，装饰着白色的大理石，宗教奇观还有被挫败的骄傲感，真是无与伦比。当然，我也无法假装，这一点和本书的确没什么关系，但查理十世不同。他的命运成了其他正统主义统治者的心病——弗朗茨一世和梅特涅都为此担心不已。长达数十年的战争未能摧毁革命的民粹主义，效率反倒成了正统主义存在的唯一理由——尽管这听起来根本自相矛盾。人们得出了一个丧气的结论：如果没有秘密警察和无休止的警戒，子民们根本不会发自内心地臣服于君主。正是在这一时期，奥地利臭名昭著的审查系统得以蓬勃发展，这种拙劣的手段把民间钳制得喘不过气。查理十

第十章

世和他激进派的朋友们上下奔走，仿佛罗伯斯庇尔（Robespierre）和拿破仑都是从未出现过的人物，但这还远远不够。而戈里齐亚正在等待着这些失败者。

弗朗茨、梅特涅和其他志同道合的君主一道，紧盯着新一轮革命发起的信号。他们在中欧各地召开国会会议，确保形成统一阵线，以防革命派在任何地方实施复仇行动。今天，在卢布尔雅那[Ljubljana，德语称莱巴赫（Laibach）]市中心，我们仍能看到1820年会晤的大广场，尽管广场早已物是人非。这些人共聚一堂的场景一定会引人发笑：精心打扮的骑士们和身着华服的统治者们站成一排又一排，僵硬地拥抱彼此，勋章和马刺叮当作响，空气里飘浮着绅士们昂贵的香水味。弗朗茨一世虽然愚蠢而冷酷，但他是个相当高效的皇帝，他坚信是上帝赋予了他统治的权利，这一点从他的一举一动中都看得出来。如果保守的监察系统能一直存在——如果奥地利、普鲁士和俄国可以团结在一起——那么上帝势必会授权他去消灭所有威胁统治的势力。看吧，弗朗茨的灾难源于他自己，源于强大的合法性基因。哈布斯堡家族骨子里的愚蠢迎来了最后的繁荣期，弗朗茨迎娶了自己的双重表亲（在《四季》中登场表演的）玛丽亚·特蕾莎（Maria Theresa），她是两西西里王国（Two Sicilies）国王斐迪南一世（King Ferdinand Ⅰ）的女儿，斐迪南本人也是个可怕的正统主义者。其结果当然可想而知：他们的大儿子斐迪南身体多处残疾，体弱多病，根本无法生育，但正统主义者们绝不会因为这样的理由就打破惯例。查理十世也是一样，他虽然十分愚蠢、报复心切却能力不足，但他的确是名正言顺的法国国王。然而，对于弗朗茨一世来说，将王位传给一个有能力的继承人，而非儿子斐迪南的举动，和让共和党人执政一样危险。就这样，僵化而又虔诚的弗朗茨坚持将继承权交给了一个根本无力统治的后继者。

回顾历史我们就会发现，在1815年到1848年这段时期，社会氛围相当压抑而平静。后世的民族主义者总会不屑地认为，这个时期的人们只知道上钢琴课，或是收藏茶杯。但无论如何，这都是一段绝好的时期。正是因为这段时期的存在，今天的钢琴家们才得以演奏舒伯特和舒曼（Shumann）的作品，茶具也成了新兴资产阶级文化的代表。战争和革命是漫长而复杂的，我们无法确切得知它们对人类行为的改变有着怎样具体的影响。随着更为廉价的大规模生产的出现，以及非贵族职业的增加，泛欧洲的新兴资产阶级文化的兴起是必然的吗？当然，还有一点同样让人惊异——反拿破仑势力在战争中取胜，但全欧洲的男人们仍然不戴假发，继续穿着样式简单的深色服装，女人们也继续穿着后帝国时代的长裙。或许就是在这段时期，维也纳成了其他城市的楷模（巴黎暂时被扔到角落罚站去了），大众消费文化、糕点、礼仪、公共音乐会，还有由皇家猎场改建的普拉特游乐园（Prater，这是约瑟夫二世送给人民的礼物）都受到了大众的欢迎。

在帝国各处，毕德迈耶（Biedermeier）时期[①]的痕迹仍依稀可

[①] 毕德迈耶时期，多指1815年至1848年间的这一段历史时期。这个时期的文化和艺术风格介于新古典主义和浪漫主义之间，是新兴资产阶级文化的一种表现，其特点是追求家庭生活的温馨、个人幸福和对自然与历史的热爱。——译者注

第十章

见，但更有意思的是这一时期对个人生活的影响。这段时期，贵族的生活几乎没有受到任何威胁，但即便是享有再多特权的贵族都会发现，自己的形象至少在绘画中显得没有那么正式了，尽管在现实生活中，他们仍然在数百名仆人的簇拥下，流连于一个个家族豪宅。这段时期一个显著的特点是对孩子包括儿童玩具和家庭生活的关注。说到这，就不得不提到舒曼《童年情景》(Scenes of Childhood) 钢琴套曲中的《梦幻曲》(Dreaming)、《骑木马》(Knight of the Hobby-Horse) 和《摸瞎子》(Blind Man's Bluff)，它们俨然可以看作这个时期的主题曲。当然，还有舒伯特的《军队进行曲》(Marches militaires)，即便这首柔和的曲子里实在没有多少"军队"的感觉了。我永远都听不厌的一首作品当数舒伯特创作于1824年的钢琴曲《匈牙利旋律》(Hungarian Melody)。这首作品篇幅不长，是对当时欢快的"便装"民族主义风格的初步尝试。舒伯特出生在维也纳，他的父亲来自摩拉维亚，母亲来自西里西亚。他深受波希米亚作曲家瓦茨拉夫·托马谢克（Václav Tomášek）的影响，在这首约四分钟的作品中，将最优美的匈牙利音乐旋律巧妙地融入其中——从此，他的名气远播到帝国各处。

这种内向又缺乏野心的群体正是弗朗茨一世和梅特涅所需要的——他们需要中产阶级，这些顺从、虔诚又沉默的消费主义者，能听命于贵族精明的领导，底下还有一大批唯命是从的农民。弗朗茨和梅特涅做得太成功了——一个很重要的原因在于，他们的手上掌握着一整代被战争吓坏了的疲民——但他们的成功又太短暂了。令人眼花缭乱的社会变革以前所未有的速度蓬勃兴起，势不可当。

工厂开始在帝国的土地上接连出现，新建成的铁轨四通八达，这一切让哈布斯堡的毕德迈耶时期很快成了老皇历。

忠诚子民的问题

像父亲一样对待自己的子民一直是哈布斯堡皇帝们执政的重要技能。保持与普通子民的联系，帮助他们解决大事小情已经和花哨的王冠、貂皮，还有前呼后拥的贵族一道，成了国家执政思想的一部分。毕竟，专制主义让子民幼儿化，也让他们成了需要皇帝特别照顾的对象。约瑟夫二世通过一系列肆意妄为的改革认识到了这一点。他认为，权贵的存在影响了国家的执政效率，想要激发社会活力就必须废除行会、农奴制和其他制约因素。在大众眼中，弗朗茨一世是个"顾家男人"，没有什么比和家人在一起更让他开心了——这里的家人既包括他真正的妻子和孩子，也包括他的子民，即便是最刻薄的那批人。他的继任者斐迪南一世自然也要竭尽全力地讨民众欢心。到了弗朗茨·约瑟夫时期，这种习惯最终演变为狂热——皇帝仿佛成了一个纯粹的猎人，子民们再小的困难也逃不过他的法眼。数百万人的家中开始挂起廉价的"好皇帝"挂画，其数量堪比耶稣和圣母玛利亚的画像。

这种执政思想是帝国统治的强力武器，在礼仪队列、雕塑、效忠誓言、所有宗教的祈祷文和兵役中均有所体现。最为重要的一点在于，这种执政手段制服了原本难以对付的贵族阶级——在帝国各

第十章

处,皇帝可以通过当地的贵族代理人来进行治理,但他同时也能直接触及老百姓,即便这些人有可能做出最为凶残的暴行。皇帝或许可以表现得像个好父亲一样,祝福子民的善举,或是温柔地斥责不听话的子民。但在现实中,不服管教的民众都会引发皇帝的勃然大怒,此时皇帝就变成精神快要崩溃的坏父亲。

最明显的例子就是1784年由霍里亚、克洛什克和克里山领导的农民起义,这个故事我们在第八章里提到过。从表面上看,这次起义就是一次典型的暴动,庄园被付之一炬,人们挥舞着镰刀肆意作恶,参与这场原始主义的盛宴。约瑟夫二世在维也纳接见了霍里亚,但在整个起义过程中,在阿普塞尼山区(Apuseni Mountains)屠杀匈牙利地主的罗马尼亚农民却一直以为他们是在帮助约瑟夫。在早先一次出巡特兰西瓦尼亚的旅途中,约瑟夫曾明确表示落后而低效的农奴制度必须被废止。当时,他被一群罗马尼亚人(瓦拉几亚人)团团围住,他们争先送上请愿书,痛陈自己的悲惨命运(累计竟然多达14 000封)。回顾历史我们就会发现,在那个时候(甚至可能更早)匈牙利人对于东部地区的控制已经出现了严重问题。随着约瑟夫取消了诸如农民必须对地主行吻手礼等象征性的要求,社会管控的各个重要环节——教会、顺从、教育、劳务——开始土崩瓦解。这场重大的起义最终以失败告终,农民们惨遭帝国军队屠杀。整片地区人口锐减,整个社会结构从上到下均毁于一旦。事实证明,约瑟夫对子民们父亲般的关爱根本比不上他对不顺从的厌恶。

今天的罗马尼亚小镇奥拉迪亚旧称瑙吉瓦劳德(Nagyvárad),曾经属于匈牙利,那里有一座小巧而醒目的纪念碑来纪念这段时期。起义平定后，约瑟夫迅速解放了这片地区（主要出于幸存的匈牙利人的狂怒），允许罗马尼亚人在镇上修建东正教堂。这座漂亮的教堂因为墙体上的精巧装置而得名"月亮教堂"（Church of the Moon）：教堂正面的墙壁上嵌有一个巨大的球体，被漆成黑黄两色，每天球体都会发生小幅旋转，以显示从新月到满月的正确月相。这样的装置为欧洲所独有，理由不难理解——只要抬头看看月亮，你就能轻松得到类似（也更真实）的结果。但装置的愚蠢远不及教堂的魅力——这真是座漂亮的建筑——它也是 18 世纪末东正教堂的完美样本。彼时，哈布斯堡的当权者要求，东正教堂在外立面上必须和天主教堂保持一致，其内部的圣障（iconostasis）① 也像是出自天主教堂的古怪产物，两者虽然风格相同，但这些漂亮的小幅宗教画被莫名其妙地堆叠在一起，形成了一面墙。圣障正上方的屋顶上装饰着一处金色的圆形浮雕，里面藏着一幅小画像。画像的主角留着胡子，当权者或许把他当成了另一个烦人的先知。但实际上，那正是霍里亚的画像。霍里亚被施以车磔之刑，破碎的尸身挂在柱子上，在奥拉迪亚和其他地方示众。此后不久，这幅画像便完成了。

　　暴力和威胁成了匈牙利人控制罗马尼亚人的唯一手段，因此，特兰西瓦尼亚的动荡很难不被看作匈牙利人和罗马尼亚人之间仇恨累积的结果。回看历史我们会发现一个问题：从定义上看，"历史事件"总是发生在系统分崩离析之时，但即便是在一战爆发前，两个族群间仍存在着不少有关忠诚、友谊和公道的例子。不光是特兰

---

① 圣障为东正教用来分割教堂内殿的屏帷。——译者注

第十章

西瓦尼亚东部地区的塞凯伊人，很多匈牙利人都穷困潦倒，一些小贵族的生活条件和罗马尼亚人也没什么区别。后世匈牙利文学中备受喜爱的外省疯子形象就是以这些人为原型创作的。他们只想和自己的吉卜赛情人单独厮混在一起，连信件都懒得拆开，更别提收电报了，这似乎成了他们生活的准则。极端的地方主义通常与殖民阶层相伴相生，也终将带来致命的分裂——匈牙利人至少分成了哈布斯堡家族的支持者、反对者和沉默者三派，各个群体中间又分为自由派、保守派，甚至是革命派。

因为语言和宗教原因，匈牙利人成了与罗马尼亚人、斯洛伐克人、塞尔维亚人和克罗地亚人不同的殖民阶层，这是这段时期的新特点。各种各样的军事化、家长式的封建主义在约瑟夫二世改革和拿破仑价值观的冲击下破产了，霍里亚、克洛什克和克里山或许代表了未来的方向。每过十年，有关权利、语言和宗教的戏码就会上演。匈牙利的自由派们历经坎坷，希望通过民主化改革与贵族阶层共享权力，却不允许罗马尼亚人和斯拉夫人享有民主，成了19世纪最伟大的悲剧之一。

在帝国各处，存在着形形色色的殖民统治。在波希米亚，德意志贵族是捷克农民的主宰者；在东加利西亚，波兰人统辖着罗塞尼亚人。这一情况在学校中尤为突出。防止"下层阶级"接受教育的政策仿佛是对20世纪40年代纳粹政策的预演。然而，这样的企图随着下层阶级的抗议声浪和约瑟夫改革的持续影响而逐步瓦解。欧洲数百万半文盲的愚蠢子民大大拖垮了国家的管理效率，在当时，对于普通士兵的要求都不止于此。统治者在教育问题上让步了，紧接着就引发了对于授课语言的争论。1870年，诗人米哈伊·埃米内斯库（Mihai Eminescu）一针见血地指出："比起匈牙利人的议会、大臣和士兵，我们更害怕他们的学校。"如果一大批来自文盲家庭的罗马尼亚儿童接受了匈牙利语教育，他们就会变成匈牙利人。然而，随着越来越多的塞尔维亚人、捷克人、斯洛伐克人、克罗地亚人、罗塞尼亚人和罗马尼亚人开始以本族语言接受教育（一般通过教会出资的学校），随着农奴制的瓦解、铁路的发展和人口流动性的增加，以及报纸的兴起，人们有机会以各种语言进行交流，帝国中的"殖民"势力愈发戒备森严了。

在所有哈布斯堡行省中，这种有意识的父权统治在加利西亚及洛多梅里亚王国（Kingdom of Galicia and Lodomeria）最为突出——这个名字是加利奇-沃里尼亚地区（Halych and Volhynia）的拉丁化叫法。今天，回看这个王国的历史，不免有种犬儒之感。哈布斯堡家族掏空了这个伟大的欧洲邦国，为了避免使用"波兰"这个地名，特意给它起了个新名字。但在约瑟夫二世和他的继承者们看来，这是纯粹的启蒙项目——将这片陷入黑暗的土地从波兰贵族（这些人都是封建的乡巴佬）手中拯救出来。王国的首都伦贝格（即今天的乌克兰城市利沃夫）被特意建设为代表秩序和体面的灯塔，审美上带有几分特别的伪中世纪风格，这恰恰是哈布斯堡家族对帝国其他地区施行统治的根本原因。然而，同样的问题也开始出现。波兰分裂期间，几乎没有人注意到罗塞尼亚人的存在——和特兰西瓦尼亚一样，这里乡村人口的构成十分复杂。穷困的波兰人和同样穷困的罗塞尼亚人、犹太人混居一处，接受有钱有势的波兰人

第十章

统治。随着国家"启蒙"的开始，以及出于征兵的需要，子民们按照宗教、语言和阶层被划为不同类别。

长远来看，罗塞尼亚人的崛起以及他们创造的"乌克兰"意识形态，将他们和远在东北方、沙皇俄国境内的同伴联系起来。同时，特兰西瓦尼亚的罗马尼亚人对日趋独立的瓦拉几亚和摩尔达维亚的认同感逐步增加。这两点对于哈布斯堡家族（以及波兰人）来说是同样致命的。但从短期来看，子民的服从才是最棘手的问题，同时还有波兰统治阶层的存续问题。

中欧的保守政府在一个核心问题上达成了共识：必须压制波兰人。哈布斯堡家族精心制定了一套更为复杂的加利西亚思想来替代人们对波兰残存的感情，最终将罗塞尼亚人卷入政治旋涡，以确保波兰人的忠诚和恐惧。19世纪上半叶，反对波兰的大军中出现了一个最大的漏洞——占地500平方英里的城邦国家克拉科夫虽然号称自由、独立、严守中立，却惨遭三方瓜分，这纯粹是维也纳议会操纵下的奇怪产物。19世纪30年代，各方达成了一个秘密协议：该城一旦反叛，奥地利人便有权将之吞并。波兰人，包括很多流亡法国的波兰人都希望利用克拉科夫，挑起大规模的动荡，以摆脱周围的各方势力——今天回看历史，他们的努力根本不可能成功。1846年初，克拉科夫和西加利西亚爆发起义，但很快就被哈布斯堡军队以残暴的手段轻松镇压了。

加利西亚曾经爆发了一场可怕的暴动。暴动者在克拉科夫立起了波兰旗帜，号召所有加利西亚的波兰人参与反抗，一些哈布斯堡官员拿出了新的应对办法。随着启蒙精神在这一地区落地生根，官员们开始站出来谴责贵族的不忠，认为他们代表着腐朽而落后的过去。他们要求当地农民保持对王朝的效忠，反抗他们的主人。其结果是相当古怪的。当时有流言传出，声称把贵族尸体送到镇上是农民表忠心的最好办法。因此，地区重镇塔尔努夫（Tarnów）的中心广场上挤满了农用推车，上面满载着波兰贵族的尸体——至少有一千名贵族丧命，庄园也被付之一炬。加利西亚当局吓坏了，但对结果十分满意。即便农民起义最终被挫败，但农民领袖雅各布·谢拉（Jakub Szela）仍然受到了嘉奖，获得了一枚奖章和布科维纳（Bukovina）的一座农场。克拉科夫自此沦为哈布斯堡王朝的兵营，直到19世纪晚期才逐渐恢复。

1846年的一系列事件对波兰的贵族们造成了极大的冲击，他们已经意识到自己不仅要对付东部的罗塞尼亚人，更为糟糕的是，连波兰农民这样的"自己人"一旦有机会也会对他们痛下杀手，全然不顾所谓的波兰民族团结。在帝国剩下的年月里，波兰地主们始终生活在塔尔努夫起义的阴影之下，成为相当积极的忠诚群体。但对于哈布斯堡家族来说，获得加利西亚效忠的兴奋劲儿很快被启蒙计划的失败所取代，整个行省的发展毫无起色，仍然贫困不堪，大部分当地人，无论是波兰人、犹太人还是罗塞尼亚人，都把空闲时间用来盘算如何跑到美国去了。

本书之所以没有单纯地聚焦19世纪帝国领土上发生的种族或语言冲突，是因为这些冲突最终只会令人麻木。尽管几代人幸运地逃过了一劫，但我们也不能忘记极端暴力这一时代背景带来的影响。不妨看看创作于1918年之后，记录哈布斯堡治下匈牙利人生活的怀旧小说中，有多少角色都会带上一把左轮手枪或是自动手枪——这和小说情节无关，只是日常生活的写照。在这些故事中，除了对各群体间积极、正常关系的描述，还有对匈牙利贵族在特兰西瓦尼亚统治时期的过分渲染，包括对贵族宴会、猎兔子和舞会的可怕攻击。在特兰西瓦尼亚，霍里亚、克洛什克和克里山的阴影一直盘旋在贵族们的头脑之中——1848—1849年独立战争期间，大批罗马尼亚人倒向哈布斯堡一边，更是加剧了这种阴影，虽然后世鲜少提及独立战争期间凶残的种族战争。

在加利西亚，幸存的波兰贵族家庭也生活在塔尔努夫的阴影之中。匈牙利和波兰贵族们和在印度的英国人一样，都冷酷易怒，热衷运动——1861年之前的美国南方人也是如此。在这些社会中，人们可能借助任何程度的暴力来支持本种族的至上地位。事实的确如此，或许可以写一写世界历史中，在那些表面上看起来如此"文明"的时期里到底发生了多少残暴之事。比如，1831年，纳特·特纳（Nat Turner）领导下的黑奴起义爆发，美国南方的白人们最终将特纳剥皮枭首、大卸八块。可以与之媲美的当数1857年的英国人，他们对起义的印度人施行了炮决。在哈布斯堡帝国，间歇性的种族暴行应被独立看待，虽然这与英国或法国平静的乡村生活形成了鲜明反差——或许在欧洲，只有为数不多的同质化程度高的社会可以实现非暴力反抗（爱尔兰或许可以和特兰西瓦尼亚多交流一下）。这种仇恨、不平等、民族统一主义和互相蔑视最终会以一种无声的方式带来更为可怕的后果，今天也是如此。在极少数地方，民族间的仇恨之火至今仍在燃烧。

"真正的 48"

德布勒森是今天匈牙利最东部的城市之一。它曾位于国家的中部，见证了 20 世纪席卷匈牙利的灾难浪潮。匈牙利的局势每况愈下。到了 1919 年，罗马尼亚军队在匈牙利各地大肆烧杀抢掠。拜特伦·加博尔的根据地古老的帕蒂乌姆地区一度险些被布加勒斯特（Bucharest）整个吞并了去，饱受创伤的匈牙利共和国只剩下跟斯洛伐克大小相当的一片保留地。就这样，许多匈牙利人的城镇被攻占，但德布勒森逃过一劫。

因此，德布勒森大教堂在匈牙利人的宗教生活中占据了更为崇高的地位。加尔文宗的思想（通常强调民族主义并反对哈布斯堡家族的统治）从这里发轫并远播各地，但现在，这座城市却成了最后的前哨阵地——这种感觉就好像堪萨斯城（Kansas City）突然发现自己和墨西哥接壤了一样。今天的德布勒森大教堂可能会让大家失望。它的前身破旧阴森的安德鲁教堂（Andrew Church）一定和布拉索夫的黑教堂（Black Church of Brașov）一样充满别样的魅力。教堂设有独立的钟楼和极高的瞭望塔，将周围平坦的土地尽收眼底——每当尘雾四起，便是奥斯曼土耳其的军队拍马杀到了。遗憾的是，安德鲁教堂在 19 世纪初被烧毁，这可真是个糟糕的时机，因为当时的建筑都被死板的古典主义捆住了手脚。

加尔文宗的信徒一向以厌恶装饰性的宗教意象而著称，因此，

第十章

教堂内部只有几面毫无特点的大白墙，实在让人提不起兴致。我潜在的天主教基因开始作祟——只挂上一幅耶稣受难的小画像应该也无伤大雅吧？主教堂的简朴风格让人失望，但我在帝国的故土上旅行已久，第六感早已预知了这一切。还记得在上奥地利州的小镇施泰尔，我看到几个指向城堡公园的指示牌，立刻就想到，"那里一定有橘园改建的餐厅，可以在那吃午饭"，的确有这么一个餐厅。同样，当我看到写有"钟楼临展"的指示牌，便立刻想到"那里一定会展出一些疯狂的物件"，果然如我所料。

仿佛是为了弥补教堂的单调，临展中展出了一系列完全存在于幻想中的建筑模型，个个精美绝伦，引人入胜。这些模型由加尔文宗牧师、作家拉约什·奇奥（Lajos Csia）创作于 20 世纪上半叶，让人欣喜地见识到最为朴素的信仰会突然绽放出怎样奇特的花朵。展厅里尽是些奇景：想象中的所罗门圣殿、最为精美的巴别塔、圣殿山。创作者的制作手法普通而娴熟，但是从创作观念来看，又是极度浪漫的。其中最杰出的两件作品当数对以西结（Ezekiel）异象中的耶路撒冷圣殿的再现。以西结在一个"外表如铜像般的男人"的指点下，一点一点地建起了角楼和城垛。对古代建筑的幻想有着光荣而悠久的历史（比如之前提到过的阿塔纳修斯·基歇尔），这些模型无疑是最令人信服而赏心悦目的表达，后世科幻小说深刻而古老的根源或许可以回溯至此。

然而，在帝国历史中，德布勒森不仅仅是"匈牙利加尔文主义的菜园"，或是以西结异象模型的发源地，这里也是匈牙利共和国的惨淡收场之地。1849 年，拉约什·科苏特（Lajos Kossuth）在德布勒森大教堂宣布匈牙利独立，焦虑而短命的议会连忙在隔壁加尔文大学的礼拜堂里召开紧急会议。

1848—1849年间发生的一系列事件引发了欧洲的动荡。卷入其中的各方——无论立场——都不无痛苦地意识到自己必须达成什么，又必须避免什么。"自由主义"和"保守主义"势力（必须给这两个概念都加上引号，因为它们实在都被滥用了）似乎都拿到了自己的剧本，这个剧本当然可以追溯至法国大革命。粮食歉收和科技变革成了1848年的时代背景，但更为重要的是，正统的王朝主义已经开始衰败。弗朗茨一世坚信皇位将一直属于哈布斯堡家族，因此上了年纪的他丝毫不认为将皇位传给无能的儿子斐迪南一世会导致什么问题（和他的父亲一样，在神圣罗马帝国灭亡后，斐迪南的帝号也被重新编号，以彰显新兴的"奥地利帝国"，不然他将会成为斐迪南四世——在匈牙利则是匈牙利国王斐迪南五世）。在梅特涅的管理下，帝国政府基本没把斐迪南放在眼里，这就意味着为数不多的官员要承担众多职责，且没有任何法理依据。更为重要的是，彼时的梅特涅本人早已衰老，不复往日活力。

席卷欧洲的革命首先在巴黎兴起。18年前通过政变夺权法王的路易·菲利普如今年事已高，只能无助地东躲西藏。街垒越堆越高，恐慌情绪开始在欧洲各地蔓延。诸如梅特涅、路易·菲利普这样在年轻时经历过法国大革命的人物都深知革命的厉害，纷纷四散奔逃，唯恐自己的脑袋被挂在柱子上。从米兰到威尼斯，从布拉格到维也纳，哈布斯堡帝国的各大城市先后陷落。有那么一瞬间，似乎真的什么都有可能发生。

第十章

革命异乎寻常的走向开始清晰起来：王朝失去对某片领土的统治权后，这片土地自然转而为以语言为基础的民族国家所有。人们如果不再相信斐迪南一世有权统治米兰，就要另寻他法。哈布斯堡王朝在意大利的散碎领土尤为脆弱，比如摩德纳（Modena）公国和帕尔马公国就只能由单独的君主世袭统治。所有权问题影响着生活的方方面面。如果一个身穿怪异华服的人失去了对一片土地的所有权，那么当地人赖以生存的社会体系会随之坍塌——农奴制一下子就变得不合逻辑且无法接受了。

1848年是自由而兴奋的奇迹之年，但在最初的兴奋劲儿过去之后，人们就清楚地意识到尤为可怕的潘多拉魔盒已经在无意中被打开了。法国的民族构成问题相对简单，虽然该国并非单一语言国家，但存在一种主要语言，意大利也是如此。不过对于讲德语的国家来说，特别是对哈布斯堡帝国其他领土来说，"民族"概念成了无法解决的噩梦。位于法兰克福的新德意志议会当即表明了态度：拿走波希米亚的领土。对于讲捷克语的人来说，生活在这片本该使用德语的土地上究竟意味着什么？一些德意志人持鼓励态度，但在另一些德意志人眼中，捷克人和法国的布列塔尼人（Bretons）一样，就是一群衣着奇怪的农民，根本不该参与政治活动。一想到自己的未来可能和布列塔尼人一样，只能做做巧克力薄饼，或是编织条纹毛衣，就足以激发捷克人的民族主义，将他们动员起来——仅仅过了一个世纪，捷克人就把波希米亚的德意志人全部赶走或是杀光了。随着中央集权的溃散，帝国远方领土上的波兰人开始团结起来。然而罗塞尼亚人并未成为团结的对象，这些人已经摆脱了农奴的身份，有权和其他人一样自主决定接受谁的统治。但就像德意志人和捷克人的关系一样，波兰人眼中的罗塞尼亚人不过是民俗传说中的人物，都是些衣着花哨、没有文化的人形野兽。在快一个世纪之后，两者间的紧张关系才逐渐缓和下来，但在这之前已经有数百万人丧命。

这些变革产生了深远的影响。如果人们被视为国王的子民，那么他们在语言、文化和宗教上的差异在很多时候都会变得无关紧要。哈布斯堡帝国一直以来都有一个特别的传统，喜欢在罩衫、帽子、靴子和头巾上刻画"帝国的人们"。比如，在特兰西瓦尼亚的一小片地区可能会出现一座结实的小宫殿，里面住着匈牙利贵族，还有一大群雇用来的匈牙利人、罗马尼亚人、犹太人、德意志人，有时还有亚美尼亚人。德意志教师、英国饲马师或是法国家庭女教师这样的专业人才也会出现在宫殿中。当地贵族对特兰西瓦尼亚的奥地利统治者负责，后者的统治权来自斐迪南。这片地区的不同族群可能在暗地里并不喜欢彼此，他们极少通婚，去不同的教堂（匈牙利人和德意志人之间有时会有交集），庆祝不同的节日，喜欢不同的食物，每天要遵守一大堆杂乱无章的禁忌，忍受歧视，当心哪些行为可接受，哪些不可接受。1848年之前，大部分群体都在忍气吞声。但到了1848年之后，无论新政权再怎么装样子，矛盾的核心显然已经集中到民族身份上了。就以特兰西瓦尼亚这个小地方为例，所有族群都开始争取权力和自治，以及经济独立。其后果是灾难性的。从各个层面来看，1848年无疑是欧洲历史的分水岭——我想今天不会有人想要回到那个时代吧，毕竟大部分人都会

第十章

沦为劳工。然而,今天的我们也都清楚,1848年虽然是令人振奋的一年,但最终也像发令枪一样,引发了欧洲一系列最为可怕的历史事件,这种情感上的落差不免令人唏嘘。

1848年的激动情绪一旦平息,革命者缺乏广泛而统一目标的弊端就立刻显现出来,各地的革命者要么联合,要么被剿灭。意大利语中有一个绝妙的表述对这一时期做了总结——*un vero quarantotto*,直译为"'真正的'48",亦可用来形容彻底的乱局——真是恰如其分,一针见血。年老而狡诈的统治者们深知自己扮演的角色,纷纷藏在洗衣篮里或是乔装打扮成普通士兵出逃,军官们也知道该怎么做。经历了拿破仑战争全程的老将军拉德茨基(Radetzky)是哈布斯堡家族的忠诚拥趸,在他看来,意大利的革命者不过是一群自负的暴民。更北方的温迪施-格雷茨亲王(Prince of Windisch-Graetz)同样怀疑,这些布拉格和维也纳的小店主和底层废物到底能对社会事务有什么见解。这些人很快从革命最初的冲击中反应过来,开始组织军队,系统性地平定叛乱,同时趁机铲除异己,一些不幸的人惨遭波及。现在想来,1848年的图景不免有些滑稽——一大群人戴着高礼帽,系着夸张的领带,抽着方头雪茄烟,挎着来复枪倚在街垒上休息,旁边的小酒馆里还有人在弹奏肖邦的曲子。和法国大革命或是俄国革命相比,这里的革命显得有些轻飘飘的,但我们并不清楚,真正的镇压是否会来得更为猛烈。革命分子们陷入了绝望的争吵,他们欣喜于最初的胜利,却无法预知未来局势的复杂性——事实的确如此,或许有些革命者曾是社会主义者或是共产主义者(《共产党宣言》在2月问世,但在当时并未掀起多少波澜），但更多的革命者可能根本算不上是真正的革命者。大部分人都同意"被两西西里王国国王斐迪南二世统治是可耻的"，但他们却无法就下一步行动达成共识。

革命派无法就下一步行动达成共识给了军队机会，其结果是残酷的。皮埃蒙特国王（King of Piedmont）曾两次试图夺取意大利北部，解放哈布斯堡治下的土地，但都被无情镇压。奥地利人统治下的威尼西亚（Venetia）试图恢复自古以来的独立自治——他们仅仅在50年前的拿破仑战争中丧失了独立地位——却没能挺过围城和炮轰，最终缴械投降，真是令人心碎的时刻。威尼斯的革命从未被写入波澜壮阔的意大利解放史，因为威尼斯的革命领袖们对其他意大利人的命运毫不关心（除了在一些生死攸关的时刻），毕竟双方的政治历史从未有过交集。威尼斯仍是亚得里亚海边一座略带克罗地亚风格的小城，偏居意大利东北，距离米兰一百多英里。威尼斯的起义引发了不少伟大的评论，比如安东尼奥·莫兰迪（Antonio Morandi）曾这样说道：

> 崛起的威尼斯洗去了奥地利人的腐朽，高傲的精神让它拒绝接受任何新的奴役，文明的发展为它带来了无限美丽。

然而，即便是这些极富感染力的优美辞藻也无法掩盖城市的深层问题：新兴的中产阶级领袖对经过训练和武装的工人心存恐惧，好像他们和来犯的奥地利军队一样可怕。

未来的图景在摩拉维亚小镇奥洛穆茨徐徐展开。一群保皇派阴谋家策动了一场政变。斐迪南一世的政府惊慌失措，以皇帝之名答应了叛军的一切要求。如果斐迪南被废黜（或是说"逊位"），那么

第十章

他的继任者将无须遵守这些承诺。斐迪南膝下无子,按照顺序,他的弟弟弗朗茨·卡尔(Franz Karl)将继承皇位。但卡尔和妻子都无心治国,便宣布放弃继承权,将之传给长子,十几岁的弗朗茨·约瑟夫。各地的革命纷纷陷入困局,但在奥洛穆茨教会区,帝国已经迈出了关键性的一步:弗朗茨·约瑟夫成为新任皇帝,斐迪南开始在波希米亚乡间享受他漫长而快乐的退休生活。弗朗茨·约瑟夫执政时期的一大怪事就是他对哈布斯堡王朝尊贵地位的无限推崇,他坚持死板的传统礼节和军服领襟设计,强调等级制度和舞蹈编排——虽然他的统治基础完全就是一场不合法的骗局。在大多数情况下,弗朗茨·约瑟夫不比路易-拿破仑·波拿巴(Louis-Napoleon Bonaparte)"真实"到哪里去——后者于 1852 年自封拿破仑三世。但弗朗茨·约瑟夫仅仅因为长寿和迟钝就成了合法性的"来源",而拿破仑三世只能落得个狡猾而骇人的投机者形象。①

行文至此,我们就要再次提起德布勒森大教堂了。一些匈牙利人认为 1848 年的危机是摆脱哈布斯堡家族统治的好机会,但事实并非如此。不少人未能正确理解这一年的动荡,最终要么丧命,要么坐牢,要么在伦敦、纽约、君士坦丁堡流亡多年。卓越的领导者和高涨的爱国热情让匈牙利人想要建立属于自己的国家,但这一国家的存在还要依靠另外两个必要条件:帝国现役部队中讲马扎尔语的士兵和哈布斯堡家族暂时性的全面溃败。其他地方经历过的诅咒现在也无情地降临到了匈牙利人的土地上。如果宣布哈布斯堡的统

---

① 斐迪南一世偶尔还能保持清醒。在弗朗茨·约瑟夫 1866 年经历惨败之后,斐迪南曾评论道:"这个新人一直在吃败仗,保不住土地。如果是我,可能也会这样。"

治无效，又有一群讲匈牙利语的政客声称自己为真正的继任者，就会进一步激化民族问题，摧毁匈牙利人正在试图建立的国家。摆脱维也纳的统治让匈牙利境内众多不愿被匈牙利人支配的族群开始要求摆脱布达的控制，进而导致了血腥的种族战争，塞尔维亚人、克罗地亚人和罗马尼亚人开始屠杀他们中间的匈牙利人。哈布斯堡家族乐于支持这些反对暴乱的行动，但斯拉夫人和罗马尼亚人已经失去了控制，一系列暴行开始上演。与此同时，一支数量庞大的俄国军队挺进特兰西瓦尼亚以支持哈布斯堡家族，进一步加剧了地区的灾难，但即便如此，正统主义也不得不为暴行让路——不服从命令的人必须被屠杀或逮捕。俄国人选择出兵干涉，既是出于对叛乱的厌恶，也是因为他们看到了大批波兰人加入匈牙利大军：一个自由、独立的匈牙利共和国为波兰人提供庇护必定会成为沙皇的一大噩梦，个人自由带来的诸多威胁已经让沙皇焦头烂额了。暴乱让弗朗茨·约瑟夫保住了自己的位置，其深远的影响在他后来的漫长统治中逐渐体现了出来。

1849年4月14日，拉约什·科苏特在德布勒森大教堂正式发表独立宣言。这是匈牙利历史上最伟大的时刻之一，也是悲剧性的灾难一刻。这是一份精彩的文件，却充满了自相矛盾和回避的表述，注定了匈牙利人在1918年的命运。许多匈牙利人认为科苏特的宣言是危险而徒劳的，但宣言既出，人们出于爱国的责任也要对他表示支持，直到四个月后戈尔盖将军（General Görgey）向俄军投降。科苏特首先指出哈布斯堡家族"在上帝和众人面前撒了谎"（这一点倒是没说错），因此他们不再是匈牙利国王。匈牙利是一个

第十章

占地约 11 万平方英里的国家,拥有约 1 500 万人口,匈牙利人"血管里年轻的力量正在散发光芒"。这篇宣言有个漂亮的开头,但很快便丧失了所有威严,因为这约 1 500 万人口中,有一大部分人的"年轻的力量"都在反对科苏特和他的同僚。

早几年爆发的美墨战争(Mexican-American War)和 1849 年的匈牙利人相比,简直就是一场悲剧。美国人的敌人居于弱势,他们在加利福尼亚州和西南部的防守十分薄弱,也几乎没什么定居者,只有历史和法律站在墨西哥一边。匈牙利人想要跟随他们的脚步,宣布成立共和国,收回对克罗地亚和特兰西瓦尼亚全部领土的直接统治——这些领土已经离开他们太久了。匈牙利的敌人本可以少上几个,但科苏特并没有继续用洪亮的嗓音发表演说,反倒开始在宣言中批判克罗地亚的"党派首领",批评塞尔维亚人"手上还沾染着屠杀的恶臭",声称那些被"煽动起来"的罗马尼亚人是被误导了。这样的诊断完全是片面而一厢情愿的——"党派首领"耶拉契奇(Jelačić)效忠于哈布斯堡家族,是克罗地亚的合法总督。在这一地区,反对匈牙利的势力遍地开花。一个月前,弗朗茨·约瑟夫实际上分割了匈牙利,宣布在克罗地亚、斯拉沃尼亚、阜姆、伏伊伏丁那和特兰西瓦尼亚成立新省份,这就是在巧妙地奖励所有非匈牙利民族的效忠,也是匈牙利贵族走向毁灭的预演。

1849 年发生的战争大部分都没有被载入史册,包括无数场屠杀、暴行和快速枪决,幸存的匈牙利部队被赶到了一个更小的地方。许多领袖逃到了邻国奥斯曼帝国,与此前匈牙利的历史正相反,很多人为了避免被引渡回国,都开始改用土耳其语名字,象征性地接受伊斯兰教。还有许多人被处决。其中最有代表性也最为知名的报复行动发生在阿拉德要塞之外，该要塞今天受罗马尼亚军队管辖，过去的城墙和通道被茂盛的植被覆盖，让人想起《睡美人》中的景象。这片地区现在是尼普顿水上公园（Neptune Water-Park）的所在地。就是在这里，13 名匈牙利将军被处以绞刑。和处决士兵的枪决不同，绞刑是用来对付反叛者的——弗朗茨·约瑟夫决定以此来羞辱他们，并通过他们，羞辱全体匈牙利人。科苏特踏上了流亡之旅，在全球各地为自由主义奔走呼号，虽然他的决定在各处都引发了灾难。当时还只有 19 岁的弗朗茨·约瑟夫已经表现出了他的冷酷无情，很难让人将他和后来的国父形象联系在一起——虽然这一形象的建立完全是因为他白色的络腮胡子，而非他任何实际的行动或思想。

德布勒森大教堂的另一个塔楼里没有以西结异象，却因一口大钟而出名。这口大钟完成于 1636 年，最初是为特兰西瓦尼亚王子久尔吉一世·拉科奇（György I Rákóczi）所造。他是匈牙利一名早期的反叛者，也激励了后世的匈牙利民族主义者与斐迪南二世和斐迪南三世的抗争。这口大钟正是他用缴获的皇家大炮熔化后再造的。大钟和大教堂一样，都没能逃过 1802 年的大火，它撞到地上裂开了。1873 年，当局决定彻底重铸大钟，再次将它挂上钟楼。这真是让人难以置信的举动，但当拉科奇华丽的盾徽被从钟上敲下来，并被重新熔铸成一口独立的小钟之后，大教堂这口新钟的金属材料里就不再有任何反抗的痕迹了。有时我们很难对匈牙利的沙文主义表示同情，但通过处理拉科奇大钟的方式，以及大钟对哈布斯

第十章

堡王朝令人费解的疯狂的背叛，大概就能理解沙文主义的思维模式了。

山民

我满心欢喜地坐在利沃夫的七只小猪（Seven Piglets）餐厅，品味着胡楚尔人（Hutsul）① 风格的蘑菇汤，浓郁的民俗风情让我沉醉其中。粗糙的原木长凳上随意地铺着几块羊皮，深深的刻痕爬满了低矮的木梁，每面墙上都画有乌克兰风格的装饰图案，现场还有乐队在小提琴和手风琴的伴奏下表演，即便唱的是墨西哥老歌《深吻我》（Bésame Mucho），我也欣赏无妨。穿着宽松刺绣白衬衫的侍者们在餐厅里穿梭，忙不迭地给我送上核桃嫩猪肉和德式泡菜，这些东西早晚会让我得上胃溃疡。餐厅里的民俗风情扑面而来，让我差点有种在接受厌恶疗法的感觉——被送到这里的患者都听了太多民歌，或是在房间里塞满了手绘的复活节彩蛋。但无论如何，厌恶疗法对我来说毫无作用，因为我的眼里只有一大盘堆满了浆果的烤薄饼。

对当地民俗的沉迷有多种表现形式，比如暗自钟情于当地的某种面料，或是像在一时恶名昭著的母鸡山"姑娘节"（Girl Fair at Muntele Găina）上一样，大声呼喊出自己的爱意。铁路发明以来，

---

① 胡楚尔人是乌克兰的一个族群，主要居住在喀尔巴阡山一带。——译者注

民俗旅游成了重要产业，但地理位置的"偏远"和便利、独特的生活方式和污染之间的矛盾永远无法解决。位于乌克兰西部亚列姆切（Yaremche）的胡楚尔人村庄就是个好例子。那可真是个奇妙的地方。颜色如蛇纹岩般的普鲁特河（River Prut）在桥下咆哮奔腾，雄伟的（注定棕熊密布的）喀尔巴阡山在怒气腾腾地紧盯着这个小镇。骏马的背上挂着绣花马鞍，两个十几岁少年的肩头站着令人胆寒的金雕，庞大的身躯上覆盖着一层蓬松的鸟羽。那里还有乌克兰人最喜欢的摊位，让他们能换上红军制服，和各种各样的重型自动武器拍照。

当然了，这一切都是为了游客精心准备的，许多年来一直如此，否则我也不会到这里来。货摊接连不断，兜售着批量生产的羊皮外套、传统花样的刺绣制品，还有木雕杯垫。在短暂的夏季，一车又一车游客会被送到这里，买走这些货品。自从这里通了车——在没有政治和军事动荡的和平日子里——亚列姆切成了人们一日游的目的地，不少人来自伊万诺-弗兰科夫斯克，甚至利沃夫。

民俗在哈布斯堡帝国中扮演着异常重要的角色。一些原因显而易见——帝国版图中很大一部分都是令人厌烦的山地，虽然在这些地方，有时会发现珍贵的矿产，但也都是贫瘠的不毛之地。越过阿尔卑斯山区、沿着巴尔干山的山嘴，直到喀尔巴阡山的这片地区恰恰最能代表帝国的环境特点。这里的山民更是野性难驯，他们居于高山深谷之中，散乱的房舍常常被大雪覆盖。和漂亮整齐、筑有城墙的小镇相比，管理这些地方一定会让当权者抓狂。在这片地区，人口稀少的山谷多达数千个，连是否有必要管理都不得而知。不如

第十章

搭火车北上到蒂罗尔山口那边看看吧，很显然，那里到现在也不会产生多少税收。一年中的大部分时间里，整片地区都与世隔绝（阿达尔贝特·施蒂弗特伟大的短篇小说《水晶》中的故事正是发生在这样的背景中），经济上很少能产生盈余。当地人会把有限的自制产品（火腿、刺绣、羊毛制品）拿到夏日市集上兜售，以换取自己无法制作或维修的东西。在这种情况下，吉卜赛人的角色异常重要——一群居无定所的人和另一群安土重迁的人形成了奇妙的共生关系。

山谷里的生活异常艰苦。没有游客会在冬天来到亚列姆切。从某种角度来说，山民们是幸运的，偏远和贫穷保护了他们，让他们躲开了平原上的历史事件——当然，寒冬、洪水和山火的破坏力堪比土耳其大军，一旦山谷里发生瘟疫，所有山民都可能一朝殒命。在历史上，我们很少看到这样的记录，但这些社群难免经历过频繁的重建，很有可能在邻近的山谷中迁徙。但无论如何，绝大多数人都感受不到这些高山草甸对牧民的吸引力，在他们眼中，这里的生活实在糟糕透了。1918 年，意大利人接管了南蒂罗尔，他们本想将德意志人都赶走，让讲意大利语的山区农民迁居至此，但即便是最为穷困潦倒的意大利贫农也无法接受这种疯狂的安排，他们可不想将自己短暂的一生都花在抵御风雪和缠斗盘羊上。这个计划最终破产了，除了生于斯、长于斯的原住民之外，没人能忍受这样的生活。

山民之间也会互相联合，最好的例子就是瑞士邦联。通常在一个松散的政治组织中，成员间总会出现沟通问题，但这正好有助于保持真正的"联邦制"特质。瑞士阿尔卑斯山区如迷宫般的山口为盗贼和短视的商人大开绿灯，当然也可以成为和平贸易和商贸繁盛的平台，邦联对这一地区加强管理既可以让所有人获利，也能阻挡外来者的入侵。邦联对哈布斯堡家族（他们本身就有瑞士血统）的仇视在1499年的士瓦本战争中达到了顶峰。在经历了一系列灾难之后，马克西米利安一世被迫离开了瑞士。这个小国在15世纪末16世纪初掀起的波澜之大让人难以想象——事实也的确如此，尽管瑞士邦联建立的原则是反对哈布斯堡家族，但他们击杀了大胆查理，反而巩固了哈布斯堡家族的霸权地位，仅凭这一点，皇帝都该给瑞士人寄张圣诞贺卡。

瑞士邦联对于欧洲的影响力忽高忽低，他们的雇佣兵在意大利战争（the Italian Wars）中损失惨重，但在17世纪，他们与邦联以东的"三同盟"（The Three Leagues）① 联手，不时挑起暴力争端，冷酷执拗的性格和浓郁的地方主义色彩让参战的各路指挥官陷入绝望。直到拿破仑的到来才终结了各路联邦的独立地位，并把这片地区划入了瑞士的版图。

山区难攻，却又并不易守，这一直是哈布斯堡家族的困惑所在。进入20世纪，在经历了一场又一场战争的洗礼后，喀尔巴阡山的防守难题愈发清晰：在地图上看，这里是绝佳的天然堡垒，但山口之间相去甚远，极难加强防守。因此，这里成了最糟糕的静态堡垒，防守耗费了大量兵力和物资，敌人却可以轻松绕开这些地

---

① 三同盟是指十辖区同盟（League of the Ten Jurisdictions）、灰色同盟（Grey League）和神所同盟（League of God's House）——这名字可真气派。

第十章

方，打别处的主意。1915—1916 年间，奥匈帝国部队驻守喀尔巴阡山的行动算得上是第一次世界大战期间最令人沮丧的体验之一（类似的挫败还有很多）。这一安排看似高明，却被证明是不可能完成的任务，原因再简单不过了：山中的居民太少了，物资严重不足，一年中还有半年时间大雪封山。其结果就是数千人在严寒中丧命，侥幸活下来的人也都士气全无。

哈布斯堡家族对于山区和山地民俗的推崇有其军事根源。能在山区存活下来的人数量极少（如果他们挺过了山火、洪水，又没有被抢去做奴隶的话），每年都会产生过剩的人口，这些人按照性别会产生典型的选择差异——女性去做仆人，男性则会去参军。斯蒂芬·茨威格（Stefan Zweig）的小说《女仆勒波雷拉》（*Leporella*）就讲述了这样一位女性的命运：一个来自蒂罗尔的女孩来到维也纳，为一个一无是处的浪荡贵族服务，最终只落得个悲惨的结果。哈布斯堡的军事文学史里充斥着各种强悍的斯洛伐克、罗塞尼亚或塞尔维亚士兵形象，被他们的德意志或马扎尔军官灌输以某种"尚武的美德"，英国人也曾将这种"美德"投射到高地苏格兰人（Highland Scots）、锡克人（Sikhs）和贾特人（Jats）身上。哈布斯堡王朝总喜欢组织大规模的非正规军，士兵大多来自狄那里克阿尔卑斯山脉（Dinaric Alps）。他们戴着古怪的帽子，穿着奇怪的靴子和制服。这就让哈布斯堡军队形成了一种迥异于西欧军队的形象。军事边疆区是帝国抵御奥斯曼土耳其人的第一线，那里驻扎着大量正规军，但真正出名的却是来自克罗地亚的潘杜尔军团（Croat Pandurs）。这支非正规部队崇尚浪漫，和边疆区残酷的战争现实形成了极大的反差。在很多关键性的历史事件中，比如1683年的维也纳之战，我们都能看到这些衣着花哨的非正规军。波兰轻骑兵也是联军中的重要力量，他们的盔甲上装饰着高高竖起的羽毛翅膀，和头戴各色头巾的奥斯曼骆驼部队决一死战——这场景看起来一定像是化装舞会，或是出了大乱子的马戏团游行。

后来，军服变得愈发正规而平庸，人们对于异域民俗服装的兴趣逐渐转移到帝国中仍然保留了民族服饰的地区。19世纪中叶，铁路、远程精准步枪和大规模彩印的发明同时带动了民族主义和民间对民族服饰的狂热：数百万农民涌进哈布斯堡的城市，扎眼的彩色制服被束之高阁。随着大众文化水平的提升，真正的民族服饰在大多数人的生活中消失了，却以另外的方式被人们尊奉起来。

民间传说对于民族主义的兴起有着至关重要的作用。想要寻找真正的新式英雄，人们可以追随部队的线索，也可以在盗贼和其他不法之徒中找到答案。形形色色不畏强权的人物通过无数诗篇、歌曲、传说和肖像广为人知，他们通常身着民族服饰（当然，基本都是胡乱猜的——历史中是否真的存在过这么一号人物都有待商榷，更何况是他的服饰），因为这是正直无畏的象征，特别是在面对衣冠楚楚的德意志或匈牙利压迫者的时候。各地都流传着土匪王的传说，比如斯洛伐克人和格拉尔人（Gorals）的老朋友尤拉伊·亚诺希克（Juraj Jánošik），或是罗塞尼亚人和胡楚尔人的好帮手、波兰人的痛苦之源奥列克萨·多夫布什（Oleksa Dovbush）。如今，他成了乌克兰人的英雄，我最近还徒步去了他在喀尔巴阡山中的藏身之处，真是个有意思的地方。

第十章

匈牙利人在这一问题上左右为难——他们既想远离德意志化的灰暗，又想凸显自己的进步和现代化。事实的确如此，民族主义团体都会在这一点上不可避免地陷入纠结，永远无法决定应该走上哪条道路：是选择挥舞着花环的少女还是戴着钢盔、打着绑腿的男人？最终，他们选择把两条道路都走上一遭。斯洛文尼亚艺术家欣科·斯姆雷卡尔（Hinko Smrekar）创作的一部讽刺漫画将民族服饰的问题推上了风口浪尖。在这部1918年的作品中，美国总统伍德罗·威尔逊（Woodrow Wilson）站在绞肉机旁，用力将一个干瘪而丑陋的老太婆塞进绞肉机里，这个挂着"旧欧洲"标签的老女人瘦骨嶙峋，长着吸血鬼般的尖牙，头戴一顶肮脏的假发，脖子上挂着十字架，手里挥舞着绞刑架和鞭子。老太婆消失在绞肉机里，机器的底部吐出了一群身材匀称的年轻女人，各个穿着民族风格的长裙，跳着舞离开了。她们的身上挂着南斯拉夫、捷克斯洛伐克还有波兰的标签。同时出现的还有一个戴着耳环、秀发乌黑卷曲的女子，作者并没有标注她的身份——我猜这就是所谓"被罗马尼亚人抢占的有争议的新增领土"吧。

第十一章

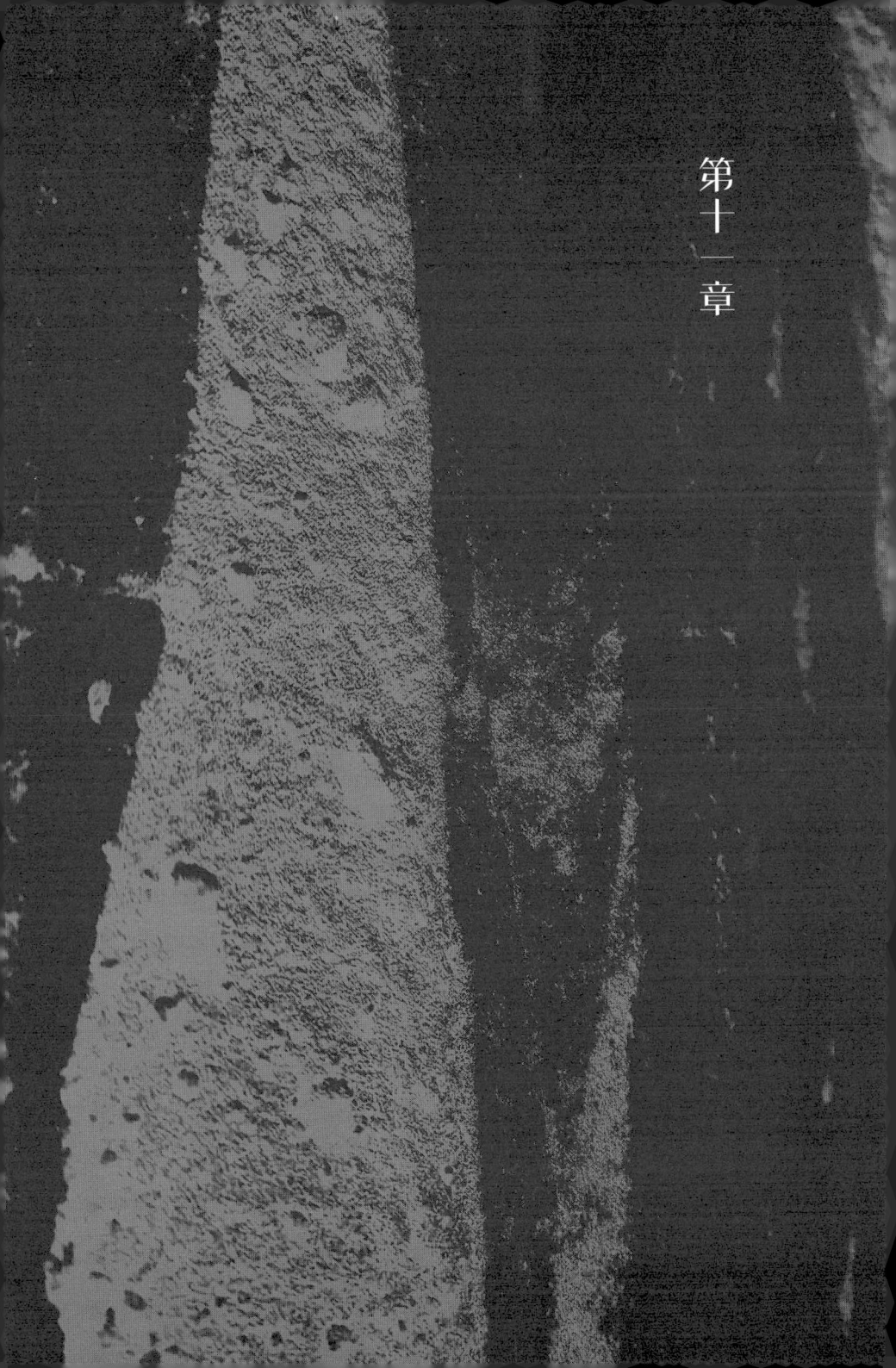

这是一张19世纪60年代初的著名照片，上面的哈布斯堡四兄弟散发着被证明不合时宜的王朝自信。左起：卡尔·路德维希，弗朗茨·斐迪南的父亲和卡尔一世的祖父；弗朗茨·约瑟夫一世，他的儿子和接班人将在1889年自杀；马克西米利安，他很快就要做出灾难性的决定，接受墨西哥的皇位，最终导致他在1867年被处决；还有路德维希·维克托（Ludwig Viktor），他是个喜欢同性的异装癖，最终被弗朗茨·约瑟夫逐出了维也纳，在哈布斯堡特工的严密监视下，在萨尔茨堡度过了一生中大部分时间。路德维希·维克托比王朝多坚持了几天，于1919年1月去世。

光荣灾难的殿堂

维也纳军事历史博物馆装满了弗朗茨·约瑟夫的骄傲和喜悦。从各个角度来看，博物馆完美地展现了哈布斯堡家族的全部历程，这些故事可以浓缩进两件大型金属展品之中：一件是来自15世纪施蒂里亚的一门"超级大炮"，体积巨大却没什么实际作用[①]。另一件是曾装置于比利时某要塞的一座装甲圆屋顶，该要塞于1914年被炸毁，罪魁祸首是一门20世纪的"超级大炮"——斯柯达重型攻城炮。圆屋顶从数百英里外运到博物馆，以展示奥匈帝国先进的工程技术，也体现了帝国对其德意志盟友的忠诚和价值，但很快，这些事情就变得毫无意义了。

在维也纳东南曾建有一座兵工厂，博物馆就是其中的一部分。兵工厂是帝国城市中的要冲，存放了大量武器，本可以用来镇压1848年的动荡，但最终并没有派上用场。整座建筑被任性地设计成摩尔人风格，更容易让人联想起住满女眷的后宫，而非兵营。这是最早的（也是相对漂亮的）折中主义建筑之一，这种让人头疼的风格刺激着一代又一代哈布斯堡学者和设计师，最终催生了现代主义。这座建筑被视作彰显哈布斯堡军事传统的圣殿，弗朗茨·约瑟

[①] 对这种武器的狂热只维持了很短的时间，因为人们发现，在撤退时很难带上这些体积庞大、造价不菲的武器——马克西米利安一世经常突然从战场撤军，给他的瑞士雇佣军团造成了很大的灾难，让他们不得不拖着这些没用的"巨兽"艰难地撤离。

夫深度参与了设计的方方面面。入口两侧摆满了真人大小的将军雕塑，皆用白色大理石制成——在哈布斯堡的军事战争史中，胜利之后往往紧跟着惨败，大部分将军都是其中的关键人物，这也让整个大厅看起来更像是献给光荣灾难的殿堂。每座雕像的胡子长短不同，服装的花边和帽子各异，各拿各的武器，但风格是大体相同的。主楼梯的尽头放着弗朗茨·约瑟夫年轻时的半身像，下方刻有"向皇帝效忠"（Kaisertreu）字样——士兵通常对至高无上的指挥官怀有不容置疑的忠诚和崇拜。然而，这些设计无趣的雕像大多完成于19世纪五六十年代，也在同期被拖到这里，所谓忠诚的情感在当时一定承受了巨大的压力。一众高级官员走过"向皇帝效忠"胸像时，势必会付之以嘲讽一笑。

对于英国人来说，19世纪是相对和平的时期：拿破仑彻底出局，只爆发了克里米亚战争（Crimean War）和几场"内阁战争"。在19世纪大部分时候，欧洲的氛围都略显沉闷，但实际上，这一时期和20世纪一样动荡，只是死亡人数尚未高企。英国人对于局势的认知产生了惊人的偏差，他们被卷入殖民战争，却假装这些战争不曾发生，因此形成了维多利亚时期太平盛世的幻觉。遗憾的是，当时的人们普遍认为欧洲与殖民战争并无关联，但实际上，一个想要摧毁印度或非洲的统治者和想要摧毁欧洲的统治者一样危险。如果有机会，汉诺威国王、莫卧儿（Mughal）王朝的末代皇帝、摩德纳公爵、阿瓦德总督（Nawab of Oudh）注定会凑到一起大倒苦水，感叹19世纪中叶的变幻无常。

奥地利的政策异常复杂。在平定了匈牙利人的叛乱之后，帝国

第十一章

似乎有望东山再起。事实也的确如此，在一段时间里，帝国和德意志邦联（German Confederation）的势力大增——德意志邦联是各德意志邦国间的松散联盟，奥地利是其中的头号成员。19世纪60年代石勒苏益格-荷尔斯泰因（Schleswig-Holstein）危机期间，哈布斯堡海军曾一度在北海与丹麦海军交战，史称"黑尔戈兰湾海战"（Battle of Heligoland）。哈布斯堡海军在战败后曾在黑尔戈兰湾水域中的英国海军基地避难。这样的场景根本难以想象——英国海军基地毗邻德意志海岸［实际上，英国人很快就用该地区和德国人换得了桑给巴尔（Zanzibar）①］，哈布斯堡战舰出现在北海，甚至与丹麦人交战，但这正是欧洲所面临的危机。另一个类似的荣耀时刻发生在克里米亚战争爆发之初，哈布斯堡军队占据了多瑙河河口，在俄国和奥斯曼帝国之间形成了一块缓冲区。在那几年里，维也纳控制了整个多瑙河流域，哈布斯堡家族持续了至少两个世纪的幻想似乎就要成真了，但这也惹恼了其他势力。等到战争结束，哈布斯堡的士兵不得不灰溜溜地撤兵，让罗马尼亚人有机会在这个十年的尾声建立起统一的国家。对于维也纳来说，这是比昏昏欲睡的土耳其统治者可怕得多的噩梦。

最终，所有的机会都破灭了，从1849年到1866年，哈布斯堡家族历经羞辱和灾难——大部分问题都源自弗朗茨·约瑟夫和他的谋臣们，这些人的固执己见导致了帝国的接连失败，这样的失败是尤其让人恼怒的。国会、条约、君主会议和休战协议在这段时期频

---

① 桑给巴尔位于今天的坦桑尼亚，曾为英国殖民地。——译者注

繁出现，为了不让本书过于复杂而无聊，就不一一陈述这些细节了。一些默默无闻的地方突然开始在世界史中扮演起重要角色。我有一个朋友因为家庭原因不得不前往石勒苏益格西岸过圣诞节，但他不会讲德语，更别提那些方言了。在当地的几天，狂风吹过沙丘，农舍厨房屋顶上的瓦片在大风中啪啪作响，这位朋友只能默默地大口吞咽着烤焦了的猪肉配土豆，任由妻子和她的亲戚们在餐桌上笑作一团——他虽然听不懂，但也能清楚地感受到他们正在用刻薄的言辞形容自己。在 19 世纪 60 年代之前和之后，人们都很少提起石勒苏益格，但就在那个特殊的时期，全欧洲的目光都突然投向了这里。政治家们会眯起眼睛，望向远方想象中的地平线，挺起胸膛，煞有介事地声称这片人口稀薄，连动物都没有几只的不毛之地对国家利益的意义重大。

1848 年革命后，欧洲统治者之间微弱的团结关系荡然无存，让这一时期的欧洲陷入了极端动荡的局面。皇帝拿破仑三世在法国登基，让保守政策突然难以为继。拿破仑三世施行暴政，对社会造成了极大破坏，其影响和后世的俾斯麦相当。在不同时期、不同地点，总会存在一些落后而无益的因素阻碍欧洲的发展，这成了哈布斯堡家族的灾难。这一点在克里米亚战争中表现得淋漓尽致。在这场战争中，英国和法国不安地结成同盟来对抗俄国，同时避免奥斯曼帝国的趁火打劫。俄国人曾在平定匈牙利人叛乱的过程中给了奥地利人至关重要的帮助，但短短四年后，奥地利人却和盟军站在了一起，因为他们惧怕俄国的野心：俄国人想要从土耳其人手中夺走摩尔达维亚和瓦拉几亚，从而截断多瑙河。弗朗茨·约瑟夫陷入了

第十一章

极端困难的境地——他在特兰西瓦尼亚集结部队以威慑俄军,迫使俄国将一支本应派往其他地方的部队留在了国境线上。然而,他却迟迟没有下定进攻的决心。奥地利人的背叛让俄国人怒不可遏,两国间的联盟彻底瓦解了。在两国关系融洽的时候,心怀感恩的弗朗茨·约瑟夫曾将一尊自己的小雕像送给挚友沙皇尼古拉(Tsar Nicholas)。现在,尼古拉肯定把小雕像从桌子上拿下来,顺手丢给贴身男仆了。

但弗朗茨·约瑟夫明白,从某种程度上来说,英国和法国之所以乐于进攻俄国,是因为俄国根本无力回击。英法海军军力强大,俄国的反击战无异于让哥萨克烧毁坦布里奇韦尔斯(Tunbridge Wells),根本是不可能完成的任务。奥地利一旦宣战,注定会让其国土沦为所有恶战爆发的战场。首当其冲的就是特兰西瓦尼亚,俄军才离开不久,对这里的地形了如指掌。克里米亚战争(因其焦灼的战况和无定论的结果著称)很可能导致维也纳落入俄国人手中,形成如1945年般的局面。普鲁士保持了中立,没有惹恼任何一方,奥地利则与各方保持绝对疏远(包括英国和法国)。然而,只要对哈布斯堡的历史稍作了解就会发现,在这样的时代背景中,联盟对于生存至关重要。

弗朗茨·约瑟夫的政府反复无常又优柔寡断,对新联盟的态度暧昧,但最终都是徒劳。克里米亚战争的一个意外结果是让俄国在欧洲短暂失势,但新沙皇将目光投向了远东,甚至引领国家走上了相当自由化的道路。两者相结合,扫除了一直以来虎视眈眈的保守力量。即便奥地利与前保护国重修旧好,俄国也无力提供任何保护了。普鲁士或许能给奥地利带来一丝安慰——精神失常的普鲁士国王腓特烈·威廉四世（Friedrich Wilhelm Ⅳ）沉迷于等级制度，将哈布斯堡家族视作至高无上的统治者，对他们言听计从。但即便如此，威廉四世仍受制于德意志民族主义，任何军事条约的签订都必须保证普鲁士人对军队的控制，这一点是弗朗茨·约瑟夫所不能接受的。法国远离奥地利，统治者是个危险的革命狂人，更是哈布斯堡家族宿敌的侄子。英国也差不多放弃了奥地利，因为奥地利人在克里米亚战争中长期举棋不定，这也标志着中欧的某种稳定态被打破了：英国利用奥地利军队来牵制法国，大量奥地利士兵因此丧生，而英国人则在世界各地广开殖民地。

神圣同盟不复存在，天然友善的德意志邦联也消失了，奥地利突然变得孤立无援。1854 年，英国首相帕麦斯顿勋爵（Lord Palmerston）曾颇有远见地指出欧洲重组的可能：普鲁士拿走石勒苏益格-荷尔斯泰因，作为回报，将普鲁士东部的波森（Posen）送给新近重建的波兰王国；奥地利放弃在意大利的领土以换取多瑙河沿岸的公国。如果这一重组计划真能以和平的方式落地，那么整个欧洲的历史都将被改写。然而，和其他反事实的假想一样，不同并不意味着更好。比如，人们一说起普鲁士一步步接管德意志并因此酿成恶果时，总会设想如果奥地利击败了普鲁士，维也纳成为德国——统一但与此前不同的国度——的首都，结果可能会更好，但没有证据能支持这样的假设。

再看看意大利，一系列入侵和革命让这个国家快速走向统一。1859 年春天，哈布斯堡家族牢牢掌握着意大利北部的大部分地区，

第十一章

他们的荫户在中部地区（摩德纳、帕尔马、托斯卡纳）占据绝对优势。1848 年革命以来，哈布斯堡家族派遣了大批军队驻扎在伦巴第（Lombardy）和威尼西亚，明显加强了对两地的控制，让任何实现意大利独立的想法都成了无稽之谈。但到了 1861 年春天，威尼西亚和拉齐奥（Lazio）的代表没有出席议会会议。1914 年，在崇尚民族统一的小国皮埃蒙特王国的刺激下，奥地利彻底失去了耐心。皮埃蒙特王国位于意大利西北部，领土面积狭小但军事上强硬，多次挑衅哈布斯堡家族控制下的伦巴第王国，奥地利人因此强迫皮埃蒙特王国解除武装。普鲁士和英国都曾表示过对皮埃蒙特王国的不满，奥地利错误地将之理解为两国会提供军事支持的信号。皮埃蒙特人无视奥地利人的最后通牒，遭到了奥地利人的进攻，但在一份秘密军事协议的支持下，拿破仑三世欣然派出数千名法国士兵支持皮埃蒙特人。奥地利人先是在马真塔战役（Battle of Magenta）中败北，随后又在苏法利诺战役（Battle of Solferino）中惨败。约 30 万奥地利士兵被派上前线，却因为指挥混乱而自相残杀，不少人命丧自己人之手。在拿破仑的哄骗下，弗朗茨·约瑟夫同意当面与他进行停战谈判，但迟钝而呆板的他显然不是拿破仑的对手。此前，约瑟夫的亲戚们被赶出了摩德纳、帕尔马和托斯卡纳，拿破仑含糊其词地表示会提供帮助。他随之建议约瑟夫从伦巴第撤兵，留下威尼西亚，声称这样对奥地利更有利，可以避免在国际会议上惨遭肢解的危险。意大利最终摆脱了拿破仑的控制，实现了统一。欧洲大部分地方都吓坏了，没有做出什么像样的行动——无数古老的城市突然被新兴的意大利国家包围了，古老的王廷曾孕育了欧洲历史上最伟大的艺术和文化，也引发了长达几个世纪的战争，如今却沦为一个小小的市级议会。

弗朗茨·约瑟夫想要尽快结束苏法利诺战役（这场战争的惨烈程度之深催生了红十字会）。这是他的老套路了，在1866年还会再次上演。今天的研究表明，普法战争以降，战争需要动员全社会的力量，也拉动了整体需求。如此情况下，只有一方在战争中彻底土崩瓦解时战争才会结束，因此约瑟夫的态度不可谓不奇怪。奥地利人虽然在几周时间里损失了约3.5万人，但兵力依然雄厚，具有强大的防御能力，还有望获得普鲁士的调停（这让拿破仑感到忐忑）。然而，约瑟夫却决定放弃。在我们看来，这样的做法让奥地利此前的损失显得毫无意义。哈布斯堡的军队就是用来作战的，如果这是场孤注一掷的战争，那为什么要轻易放弃伦巴第？弗朗茨·约瑟夫似乎是陷入了某种宿命论，相信光荣地战败总好过将家族领土拱手相让，虽然后者有可能安抚某些虎视眈眈的入侵者。在这一点上，他和他的先祖们有很多相似之处。在弗朗茨·约瑟夫看来，人们会说是哈布斯堡帝国愈发落后，在欧洲的地位日益下降，而不会将批评的矛头引到他个人身上。

虽然对许多意大利人来说，意大利的统一让他们喜忧参半，但在今天看来，他们的统一和德意志与罗马尼亚的统一一样，是不可避免的。虽然弗朗茨·约瑟夫迟钝，但他的决定是正确的——即便这让"向皇帝效忠"听起来有些可笑——和灾难性的政策相比，约瑟夫的政策让更多人活了下来。越来越多的白色大理石雕像出现在军事历史博物馆的门厅里，官员们一定会苦涩地谈起哈布斯堡家族

第十一章

被逐出伦巴第这一惊人的消息，毕竟家族至少自 15 世纪起就与此地产生了千丝万缕的联系。弗朗茨·约瑟夫的姓名缩写"FJ"还刻在博物馆厕所的门上，这所博物馆也将继续展出家族受到的更多屈辱，直到一切尘埃落定。

新哈布斯堡帝国

从格拉茨往南，就能来到另一个语言区，真是件令人兴奋的事情。德意志和匈牙利的定居者在欧洲中部形成了一个东西向的三角区，到了这里，三角区的边界被突然打破，凯因多夫（Kaindorf an der Sulm）这样的地名不复存在，由申蒂利（Šentilj）这样的名字取而代之。现代的施蒂里亚州和斯洛文尼亚的乡村小镇成了竞争对手，各自推广无害的户外活动。在当地网站上，你能看到一大堆蘑菇节的信息，还有特色刺绣服装和徒步活动。然而，在所有这些令人称赞的中立主义出现之前，德意志人和斯洛文尼亚人之间的仇恨是这个地区的主旋律，彼得·汉德克（Peter Handke）在他伟大的小说《去往第九王国》（*Repetition*）中精彩地描绘了当地的图景——充满敌意的歧视，通过截然不同的两种视角看待同一片土地。

现代斯洛文尼亚是由帝国昔日的散碎领土拼凑而成的，其主体部分曾是卡尔尼奥拉公国（Duchy of Carniola），部分领土来自过去的施蒂里亚、戈里齐亚、伊斯特里亚，还有一小块曾属于匈牙利旧镇沃什（Vas）。马里博尔（Maribor）位于斯洛文尼亚北部，1918年，这里曾爆发了一场恶战，该城落入南斯拉夫王国手中。马里博尔是一座以德语为主的城市（德语名为 Marburg an der Drau），周围都是讲斯洛文尼亚语的乡村。很快，到了 1941 年，希特勒就以哈布斯堡家族的方式将马里博尔小心翼翼地并入了施蒂里亚的版图，长期定居于此的犹太人因此被驱逐，送到了集中营。现在我们还能看到一些令人不快的照片，照片上希特勒、鲍曼（Bormann）和其他纳粹分子洋洋自得地站在漂亮的老桥（Old Bridge）上欣赏这处日耳曼根据地，德拉瓦河（River Drava）在桥下缓缓流过。1945 年，所有德国人遭到驱逐，马里博尔在经历无数苦难之后，终于成了一座真正的斯洛文尼亚城镇。在格拉茨的城堡山上还能看到纪念这段历史的牌匾。

在马里博尔，你很难忘记这座城市的苦难命运，以及历史上它和哈布斯堡之间断断续续的联系——也许这座小城的忧郁之感不过是自我意识的过度投射。在逝去的帝国中，这里是一个无伤大雅的中继小站，通往匈牙利治下的克罗地亚-斯拉沃尼亚和奥地利滨海地区（Austrian Littoral）的杂居地带——这里虽然语言混杂，但政治上的界限分明。每一列缓缓驶向卢布尔雅那和的里雅斯特的列车都传递着同样的主题：哈布斯堡家族在南部的惨淡命运。

来到一个不同的文化和语言世界，难免会让人兴奋过头，特别是当眼前出现成堆海鲜的时候。马里博尔最棒的餐厅好似一部亚得里亚海的幻想曲，是一曲丰饶的礼赞——成堆的地中海香草中间藏着章鱼、柠檬和带鳍的小生物。到了卢布尔雅那，人人都为鱼痴

第十一章

狂,海鲜迷们钟爱的餐厅就藏在约热·普列赤涅克(Jože Plečnik)设计的伟大作品三桥(Triple Bridge)的拱廊下面。马里博尔本身是个深入内陆的城市,却和伯明翰(Birmingham)一样成了海鲜爱好者的圣城麦加(Mecca),很显然,这是斯洛文尼亚人渴望增加地中海风情的结果。在这里,斯洛文尼亚人打出了决定性的一张牌,让他们不再是*德意志人*——用鱿鱼、牛至、五颜六色的饮料,将格拉茨的悲惨世界抛在脑后,那里的人们必须要假装尝不出河鱼的土腥味。

对于哈布斯堡家族来说,抛弃德国泡菜,拥抱一丝阳光的想法纯粹就是奢望。威尼西亚是拿破仑战争送给家族的一份全新奖励,但事实证明,拥有这里完全是一个诅咒。和所有衰落国家的子民一样,威尼斯人也因为自己的命运而备受责难——他们太懒惰了,贪图肉欲又腐化不堪,根本不配活着。但如果认为这是威尼斯的问题,而非威尼斯人的问题,因为亚得里亚海上游贸易的停顿逐渐让整片地区沦为一潭死水,这样的观点也是没有意义的。威尼斯曾在海洋史上占据重要地位,但随着全球航行的发展,以及欧洲人口的迁徙,这里成了一条无足轻重的阑尾。无论威尼斯被谁接管,统治者都会面临同样的问题。但对于维也纳的统治者来说,将哈布斯堡的两个小港口的里雅斯特和波拉(Pola)并入威尼斯有助于帝国成长为一个重要的海上贸易大国。

很遗憾,威尼斯人对哈布斯堡家族的宏图大志毫无兴趣。威尼斯的政治发展与意大利其他地区截然不同,这让威尼斯人对意大利的民族主义产生了抵触情绪,但这并不意味着他们不痛恨奥地利人。尽管存在着种种反对迹象（比如在1849年做出自我牺牲的威尼斯共和国），家族的计划如常：威尼斯的旧地将成为帝国不可分割的一部分，由一支新成立的海军和坚不可摧的四边形堡垒保卫。后者是号称"不可攻陷"的堡垒系统之一，内有部队镇守，即便这些部队本可以保持机动，派上更大用场。

弗朗茨·约瑟夫的弟弟马克西米利安是哈布斯堡愿景的主要制定者，他负责制定南部战略。他才22岁就已官至奥地利海军司令，甚至一时兴起，组建了一支像模像样的小型舰队，还效仿其他拥有海军的国家，派出了一支环球科学考察队。他的纪念碑如今仍矗立在米拉马雷（Miramare）的城堡，位于的里雅斯特以西荒无人烟的海边。这座城堡建成于19世纪50年代，对马克西米利安和妻子来说，这就是他们迪士尼乐园一般的梦想之家。城堡尚未完工，马克西米利安就已经执着于哈布斯堡家族在全球的命运了。他经人劝说前往墨西哥，并在那里自立为帝。但他的春秋大梦很快就被更为强大的政治势力粉碎了：马克西米利安惨遭羞辱、锒铛入狱，最后被处以极刑，只能在马奈（Manet）的画作中永生。米拉马雷城堡见证了所有政治斗争的徒劳，接待着一批又一批短暂来此的访客——他们在走廊上匆匆驻足，看看城堡中令人厌倦的后司各特时期的中世纪复古装潢，还有热的自来水，一脸惊叹的表情。哈布斯堡人、民族主义者、法西斯分子、保皇派都曾在这里流连。城堡里甚至还有一套保存完好的"理性主义"风格的碗柜和座椅，这是20世纪30年代意属东非总督阿奥斯塔公爵（Duke of Aosta）在这里居住时留下的。同时留下的还有两幅由意大利法西斯主义者绘制的地

第十一章

图，其中的利比亚（Libya）地图上画满了骆驼骑兵，还有一面巨大的罗马鹰旗（SPQR）。另外一幅地图描绘了意属索马里兰（Somaliland），上面绘有一只巨型鳄鱼及众多珊瑚和海葵，让沿岸水域看起来熠熠生辉。马克西米利安最终死在了墨西哥城，阿奥斯塔公爵也因为疟疾在英国位于肯尼亚的战俘营中去世。城堡的两任主人都受到了诅咒，这也不难理解为什么城堡再无人接手了。

城堡里堆满了精美的物件和画作，不少是在马克西米利安去世之后才放进去的，但都像是对他命运的嘲讽。其中有一幅古怪的肖像画，画面中少年马克西米利安和弟弟卡尔·路德维希（Karl Ludwig）——他日后将成为弗朗茨·斐迪南的父亲——在士麦那（Smyrna）的市场上检查女奴的胸部和屁股。我一直大惑不解，想研究都无从下手，究竟是谁认为这样的场景是个作画的好主题——或许这不过是对私人回忆的记录吧。为了纪念自己指挥海军的日子，马克西米利安在城堡中依照旗舰上办公室的样子，完整复制了一间私人办公室，还安装了不少航海风格的撑竿——等到工程完工的时候，他的做法就成了一个会心的玩笑。有一幅画记录了他被任命为伦巴第-威尼西亚总督的时刻，在威尼斯举办的庆祝典礼上，人们好像都没什么热情〔只有一堆小篝火和几条小船——和卡纳莱托（Canaletto）① 笔下的威尼斯大相径庭〕。也就是在这里的桌子上，他签署文件同意成为墨西哥皇帝。这里还有很多他见所未见的漂亮礼物，赠予者包括教皇这样位高权重的人物，还有一间未曾使

---

① 卡纳莱托，意大利风景画家，以描绘威尼斯的风光而闻名。——译者注

用过的日本风格的吸烟室和一个无谓地装饰有墨西哥雄鹰的小礼拜堂。其中最好的作品当数切萨雷·戴尔阿夸（Cesare dell'Acqua）的一幅油画（19世纪的美术界竞争十分激烈，切萨雷·戴尔阿夸或许是这个世纪最差的画家），画面中古代的阿耳戈英雄们（Argonauts）划着船进入米拉马雷港，一大群半裸的当地人向他们挥手。

但最让人心生苦涩的房间莫过于墨西哥皇座室了，那里挂着哈布斯堡先祖们的画像，还有一幅巨大的世界地图，上面用不同颜色标记着家族曾经统治过的疆土。这幅地图仿佛是在表示，马克西米利安在墨西哥称帝是对查理五世霸业的复兴，画面中征服者和感恩的原住民形象都让人感到不安。这是人类虚荣心的完美例证，面对这样的作品，我们难免会陷入狂喜或是深切的忧郁。1945年，新西兰的部队曾作为的里雅斯特的防卫军而临时驻扎在米拉马雷，不知道他们在面对皇座室时会有怎样的感受。毕竟这座城堡已经将帝国的衰败和幻想展现得淋漓尽致。

马克西米利安终于在有生之年得到了一条好消息（或许他当时正戴着为皇帝特别设计的墨西哥宽边帽，今天这顶帽子藏于军事历史博物馆中）以验证他对海军的远见卓识：奥地利海军竟在利萨（Lissa）打了胜仗。他新组建的舰队在威廉·冯·特格特霍夫（Wilhelm von Tegetthoff）上将的指挥下以少胜多，成功阻击了意大利人登陆达尔马提亚岛屿利萨［现为克罗地亚的维斯岛（Vis）］，这是1866年的大事件之一。特格特霍夫出其不意地依照罗马帝国时代的武器设计，在舰船上装上了金属装甲撞角，以此痛击意大利海军。特格特霍夫因此成了哈布斯堡帝国的英雄。但他也误导了欧

第十一章

洲整整一代海军工程师,他们花费多年时间,想方设法给所有东西都装上撞角,但并没派上多少用场。和陆军无意义的英雄主义相比,特格特霍夫改变了地缘政治的历史。意大利人出征维斯岛是为了让意大利接管整个威尼西亚,包括旧日的达尔马提亚领土,这次挫败让意大利人的计划破产。尽管意大利人曾在20世纪短暂控制过这一地区,但亚得里亚海东岸的控制权(在将大量讲意大利语的人口驱逐之后)牢牢地掌握在克罗地亚手里。特格特霍夫上将和马克西米利安一样都留着怪异的胡子,脸颊好像被两只田鼠咬过一样。他是马里博尔本地人,人们在中心广场上竖起了一尊体量巨大但表情忧伤的半身像来纪念他的胜利。很遗憾,尽管他在无意中为南部斯拉夫人的解放事业做出了贡献,但他的塑像还是在后来反哈布斯堡的浪潮中被拆毁了。

哈布斯堡海军再没能取得什么成果。一个长期存在的问题在于,哈布斯堡帝国是一个陆上强国,任何对于亚得里亚海的投入都意味着让部队浪费一大批钢材,因此,海军规模一直无法扩充,也就成不了什么气候。一战期间,英国和意大利海军利用船只、绳索和渔网就轻松封锁了奥特朗托海峡,将亚得里亚海变成一座巨大的水上监狱,困住了维也纳和布达佩斯造价不菲的战船。哈布斯堡海军对世界做出的唯一贡献就是意志坚定的海军上将霍尔蒂·米克洛什(Horthy Miklós),他试图冲破联军的封锁但失败了。他的勇气引起了世人的注意,也让他成为哈布斯堡的"摄政王",长期执掌身处内陆的匈牙利。特格特霍夫英年早逝,他的名字被用来为一艘派往北极的船只命名,最后一次彰显了帝国称霸全球的野心。在冰天雪地里无谓地航行了很久之后，船员们发现了一连串真正毫无意义的岛屿，这些岛屿现在被骄傲地称为弗朗茨·约瑟夫群岛。

哈布斯堡帝国覆灭后的一个世纪里，中欧的工人们都忙着在帝国各地铲除弗朗茨·约瑟夫的字样，无数雕像、牌匾和街名都是他们处理的对象。他的名字出现得实在太过广泛，因此在一些极为偏远的地区被保留下来也并不稀奇，连后来的苏联人都懒得去改了。正因如此，哈布斯堡帝国皇家海军的无畏和未来并没有落在威尼斯人身上，更不会落在墨西哥人身上，而是落在几只或许会默默地依照季节前来表忠心的迷茫海象身上。

愚蠢的巨人

19世纪40年代至70年代之间，爆发了一系列短暂但残酷的战争，在这期间，理查德·瓦格纳（Richard Wagner）先是创作出《齐格弗里德》（Siegfried）的剧本，后又为其配乐，最终在1876年实现了这部歌剧的首演。我不清楚自己为什么如此钟爱这部作品，而对瓦格纳其他的作品感觉寥寥。或许是因为作者大费周章，仔细打磨了作品的长度、管弦乐配置和舞台设计，只为用来烘托极为简单的表演：舞台上几乎空无一人，没有合唱，只有持续几个小时的男声，这是我从未见过的设计。所以当林中鸟（Woodbird）的角色出场时，一下子让我有了打破咒语的感觉。《齐格弗里德》是《尼伯龙根的指环》（The Ring of the Nibelung）的第三部分，其

第十一章

中包括了最为黑暗的段落:想要击杀巨蛇法夫纳(Fafner)的各方散布在密林之中,准备伺机而动。此时的音乐仿佛是来自地球之外的声响,由此不难理解为什么19世纪末至今人们始终痴迷于瓦格纳——和他的音乐相比,其他作品都只是短命的靡靡之音。法夫纳是最后的巨人,他利用一个名为"塔因头盔"(Tarnhelm)的神奇变形头盔将自己变为巨蛇,藏进密林深处,守护自己的财宝,其中就包括一枚神奇的指环,拥有它的人就可以统治世界。对于法夫纳来说,拥有这些财宝是没有意义的——他虽然坐拥无尽的金山,但在这样的森林里,金子根本毫无价值。法夫纳生存的唯一目的就是去看守一些他根本用不到的东西。

我猜你已经知道我想说什么了吧。在我看来——现在需要一些精神分析的方法来看待哈布斯堡的问题了——法夫纳象征着民族主义者对哈布斯堡君主政体的批判。从社会学角度来看,法夫纳洞穴周围的旁观者都是异乎寻常的。这些人中有一位神祇、两个气愤的矮人和一个金发的傻子——你可以把沃坦(Wotan)看作贵族,把黑之阿尔贝利希(Black Alberich)看成政治煽动家,把米梅(Mime)看作工人阶级,把齐格弗里德看作曙光破晓时代的英雄,他会通过自己伟大的行动创造一个新的现实。用齐格弗里德的故事解释这个时代只适用于某些方面,但也很有意思。塔因头盔代表着这个时代波谲云诡的政治环境:1848年到1871年间,欧洲各地都在进行大胆的实验——从罗马到威尼斯,再到巴黎,建立共和政体的努力都失败了,德意志帝国和意大利成为前代人眼中宛若幻想的超级大国,科苏特、俾斯麦、马志尼(Mazzini)、加里波第(Garibaldi）这样的政治强人接连涌现，带领各国进入一个纷争不断的新时代。

哈布斯堡家族被普遍视为愚蠢的巨人，他们的统治在德国和意大利承受了巨大的压力。平心而论，弗朗茨·约瑟夫的确试图使用塔因头盔来改善他的处境，从君主专制转向部分民主，从激进主义转向缓和，从中央集权转向联邦制，但几乎都为时已晚，他的行动遭遇了冷嘲热讽，根本不足以改变局面。他在神奇的头盔下不停地变换着形态，但你还能看到他翘起来的络腮胡。奇怪的是，哈布斯堡人并非没有盟友，但到了关键时刻，他们就会变得软弱又举棋不定，和真正重要的盟友变得疏远。这就像在那精彩的一幕中，沃坦想要告诉法夫纳他已经面临生命的危险，法夫纳却充耳不闻。周围明明还有很多人（甚至包括俾斯麦）可以给奥地利人一些建议，帮他们保全自己，奥地利人却和法夫纳一样，一脸迷茫地等待命运的到来。巨蛇被轻松击杀，全欧洲的旁观者都迫不及待地想要知道，这些神奇的珍宝最终将花落谁家（很遗憾，是那个金发的傻子）。

在1866年的泛欧洲危机中，奥地利人仍把自己看作守卫温和而连贯统治的中坚力量，不明白为什么所有人都不再信任他们了。哈布斯堡军队自1848年起开始统治威尼西亚，面对当地人的熊熊怒火，他们只做出过最无关紧要的让步。他们希望通过花环、焰火和快活的铜管乐队就能压制住当地人的反抗，但这根本与现实背道而驰。维也纳妄图将他们的统治想象成一幅生动的场面——作为皇帝，当然也是作为父亲的弗朗茨·约瑟夫仁慈地望向他忠心耿耿、喜笑颜开的农民。但如果把镜头拉远一点，你就能看到在这个生动

第十一章

的场面中,淳朴的农民身后还站着一圈荷枪实弹的守卫、日程繁忙的审查员,还有关在牢里的中产阶级领袖。维也纳(身处不断重复的困境之中)不会对意大利人做出真正的让步,除非认识到这些人的特殊性。换句话说,意大利的民族主义是真实存在的,绝非由一些面色蜡黄的知识分子妄想出来的。这就意味着,即便很多威尼斯人并不喜欢被外来的皮埃蒙特人统治,但现状不得不让他们开始思考,这是否也好过受困于一个毫无生气的奥地利帝国。

加里波第在欧洲的胜利之旅让哈布斯堡帝国在信奉自由主义的大众眼中固化成落后的战俘集中营形象(帝国的形象并没有什么改观),最重要的是,让英国产生了疏离之感。但即便从看起来可靠的保守派观点来看,弗朗茨·约瑟夫也陷入了大麻烦。俄国人永远不会忘记奥地利人在克里米亚战争中的背叛,因此不会再帮助他们威吓匈牙利人。1866年初,罗马尼亚陷入动荡,这让人们开始相信哈布斯堡家族想要抛弃威尼西亚,并接管罗马尼亚以弥补自己的损失。这一点惹恼了俄国首相戈尔恰科夫(Gorchakov),他愤怒地回应道:"哪怕我是只羔羊,也会奋起反抗。"可以说这样的想法根本行不通。早先一年,意大利人曾经提出过要购买威尼西亚,甚至还要用现金结算(这笔钱本可以为哈布斯堡家族所用),但弗朗茨·约瑟夫却坚持认为,这样的做法太过粗鄙。不仅如此,维也纳还拒绝承认意大利王国的存在,这让谈判根本无法进行,只能依靠拿破仑三世这样狡猾的第三方势力从中斡旋。拿破仑也一度在威尼西亚问题上摇摆不定。最终,他决定支持民族主义,还把建成意大利王国看作毕生事业。然而,普鲁士日益壮大,自己却势单力薄,这不免让拿破仑感到紧张。或许他现在该和奥地利交朋友了？

弗朗茨·约瑟夫遭遇的最后一击来自北方，在那里，拿破仑所担心的事情正在变本加厉地上演。让弗朗茨·约瑟夫这样能力有限的君主迎战俾斯麦，实在是件残忍的事。他再一次搬起石头砸了自己的脚。在北方，德意志小君主的残余势力倾向于支持奥地利，他们还对哈布斯堡家族对该地区的掌控力抱有不切实际的幻想，这一点要归功于普鲁士国王们的卑微态度，特别是国王腓特烈·威廉四世。他仍将皇帝视作古时候的日耳曼统治者，为普鲁士的不堪一击感到惊慌失措，无法忘怀在拿破仑战争中近乎亡国的惨剧。俾斯麦完全没有这样的顾虑，他认为普鲁士的经济地位迅猛提升，却还要在德意志邦联中对奥地利卑躬屈膝，这是相互矛盾的。作为一个特别的保守主义者，俾斯麦并不想摧毁哈布斯堡帝国，但他认为这个多民族的烂摊子与德意志民族国家是不相容的。如果哈布斯堡人离开邦联，将眼光投向别处——巴尔干半岛就是个不错的选择——就没有必要发动战争。但和对阵意大利时的情况一样，弗朗茨·约瑟夫的荣誉感驱使着他，让他无法做出任何让步。这也就不难理解为什么弗朗茨·约瑟夫会像看图画书一样看待哈布斯堡的历史，他的关注点不在于政治事件，而在于养马、纹章这样的事上。不过，你如果每天醒来后，都要面对拿破仑三世和俾斯麦这两位杀人鳄般的人物，自然就会想沉溺在过去的好日子里不愿醒来。

对地理敏感的读者可能已经注意到了，在前面几个段落里，我们已经遍访欧洲，想为弗朗茨·约瑟夫找到可能的盟友，结果却一无所获。剩下的只有几个流亡中的统治者，比如前摩德纳公爵，他

第十一章

做出的最后一个决定是将自己的巨额财产留给年轻的弗朗茨·斐迪南,让后者在成为弗朗茨·约瑟夫的继承人之前,就成了富甲一方的人物。这些人没有多少政治价值,却热衷于回归旧地,或是找寻新领地。那些非普鲁士人的德意志君主似乎更有可能成为盟友,但多年来,普鲁士在经济上对他们施加的影响日益深重,他们自身也麻烦不断。我们要感谢巴伐利亚的路德维希二世(Ludwig Ⅱ)资助瓦格纳完成《齐格弗里德》,还帮助他在拜罗伊特(Bayreuth)建成了梦想中的剧院,但路德维希二世似乎更喜欢扮演古时候的德意志英雄,而不是当一个真正的国王。汉诺威的乔治五世〔他继承了领土,因为依照《萨利克法》(Salic Law),维多利亚女王无权继承土地〕是个不可救药的极端保守主义者,连其他的保守主义者都会在酒会上对他敬而远之。巴登大公(Grand Duke of Baden)本质上也是支持普鲁士的。总而言之,各方都打着自己的小算盘,他们对1866年一系列事件的反应让维也纳的希望落了空。

1866年,骚乱突然在欧洲各地爆发。盟军、中立者、半中立者相互掺杂,真正的战争只持续了六个星期。这和1914年的局势形成了鲜明对比:两次突然爆发的大战都让各方卷入其中,但1866年的战事很快就归于平静,而到了1914年令人痛恨的战争却迟迟无法结束。这也让我们看到了重大危机的偶然性和特殊性。普鲁士没什么作战经验,奥地利则身经百战。但那时,没人知道奥地利的德意志盟友们是如此不堪一击。法国的态度模棱两可。奥地利因为和普鲁士在邦联和石勒苏益格-荷尔斯泰因问题上的分歧而对后者发起了进攻。奥地利已经习惯了凭借普鲁士的沉默在邦联里作威作福,殊不知俾斯麦早已想好了对付他们的新策略。

弗朗茨·约瑟夫宣战的目的是复杂的,但还是过时的老一套:击溃意大利人,羞辱普鲁士人,夺回西里西亚(拼命向玛丽亚·特蕾莎致意),给他一位流放中的亲戚在莱茵兰找一块新的公爵领地。与拿破仑的秘密交易对这一计划的实现至关重要,法国将保持中立,并因此获得威尼西亚,之后再转交意大利人接管。这听起来太荒谬了,大批哈布斯堡士兵投身战场,保卫注定将会失去的威尼西亚。他们就这样任性地与意大利军队对阵了几个星期,但这也意味着北方抵御普鲁士的军力空虚,那里或许才是真正重要的地方。

弗朗茨·约瑟夫原本计划操纵德意志邦联取消普鲁士的成员资格,并由此授权其他德意志邦国进攻普鲁士,但俾斯麦竟干脆宣布邦联解散。普鲁士大军轻松拿下了若干小国,用了不到48小时就攻破了萨克森、汉诺威和黑森-卡塞尔。汉诺威的士兵投降后,普鲁士人解除了他们的武装,给了他们火车票回家,顺便终结了他们的王国,尽管这个王国在过去一个半世纪里的欧洲和英国政治史中扮演着重要的角色。

奥地利在北方的战事完全由路德维希·冯·贝内德克(Ludwig von Benedek)指挥,这是个令人分外遗憾的决策,因为在他身上我们能看到一个无能的哈布斯堡指挥官在战场上的表现会有多糟糕。他一开始似乎很兴奋,后来就变得紧张兮兮,呆若木鸡地等待着普鲁士大军浩浩荡荡地翻越波希米亚的各个山口汇集而来(他本可以在这些部队会合前将他们逐个击破)并一举将他击溃。双方约42万大军在克尼格雷茨相遇了,但这场战役却是欧洲历史上规模

第十一章

最大也最无趣的交锋之一。贝内德克无依无靠,战事简直惨不忍睹——我们同情哈布斯堡人,但更让人揪心的是,有这么多人在战场上丧命,还造成了这么多麻烦,他们的牺牲却只换来了可悲的结果。在普鲁士看来,这场战争考验的不过是交通管理能力,因为他们后来惊讶地发现,奥地利军队根本只会按兵不动,静等敌方派出更多军队,在数量上超过他们,再乖乖地被动挨打。

说来奇怪,哈布斯堡帝国是除了俄国之外最为标榜自己军事实力的国家,结果却如此不堪一击。夺回西里西亚、成立莱茵兰大公国的梦想瞬间破灭。德意志邦联消失了,取而代之的是普鲁士对德意志大部分地区的统治,这也终结了维也纳在西欧的统治地位,只有一小撮南方的德意志君主国还保持了独立。意大利虽然战败,但仍然在法国的斡旋下,以一种让哈布斯堡帝国蒙羞的方式接管了威尼西亚,在统一的道路上迈出了一大步。拿破仑后知后觉地意识到,法国陷入了孤立无援的境地,凶神恶煞般的普鲁士人已经迫近了他的国界。四年后,这个问题得以解决——拿破仑的政权倒台了,法国的地位一落千丈。奥地利在西欧的失势成了欧洲历史上一个重要的转折点。多年前,奥地利就差点从旧日奥属尼德兰(即今天独立的比利时)的版图上消失,但在1866年前,在北方的荷尔斯泰因和莱茵河沿岸的邦联堡垒中还有奥地利军队驻守。所有这些都已如青烟般消散,所有认为弗朗茨·约瑟夫振兴马克西米利安一世和查理五世霸业的幻想也都不复存在。虽然这一切并不值得惋惜,但结果仍然是令人震撼的:哈布斯堡帝国如今已沦为区区一个地方政权,随时会受到威胁。

与此同时，军事历史博物馆的装潢工程仍在继续，大厅里增加了更多哈布斯堡军事英雄的大理石像，博物馆里也增设了不少奢华展柜，里面装满了耀眼夺目的旧式制服，还有勋章、绶带、战争画作、精美的武器和缴获的土耳其帐篷。1866年夏末时分，人们一定会在售票处附近异常尴尬地讨论着这些展品，因为整个博物馆现在就像是一个巨大的讽刺。上次我在博物馆闲逛时正好赶上了一个临时展览，其展出内容的古怪让我不禁怀疑自己是否在做梦。展厅里播放的视频记录了2006年在大厅中举办的奥地利军服时装秀。在那场时装秀上，迷彩装饰的舞台上方有一幅壁画，画面中经历了三十年战争的将军们眉头紧锁，拿着刻有旧帝国领土纹章的盾牌。在欧陆风格电子舞曲的伴奏下，新兵们别扭地迈着大步，在舞台上来回展示奥地利军队的最新服装：勤务兵军服、战斗装备、滑雪服、军用内衣、特种空勤团风格的军装，还有为特殊场合准备的正装。这场时装秀的效果惊人——但片刻间，又让人难以压抑住自己的愤怒：这简直是最为愚蠢的场面，男孩女孩们撅着嘴唇、扭着屁股，让整个军事历史博物馆变成一个猩猩笼子。千万不要惊扰了欧根亲王的灵魂！他们缓缓步下舞台时，我想到了一个完美的评语，这不正是克尼格雷茨战役精神的体现吗？那支部队最主要的用途就是汇集一大批士兵，展示漂亮的配套制服，而不是打仗。当然，一个好战的国家，在克尼格雷茨迅速败退并主动投降以避免更多战争和人员伤亡，这本身是令人钦佩的选择。而这场时装秀也以一种令人愉悦的方式同时展示了现代奥地利的中立主义和过去的乐观与无能。

第十一章

各民族的快乐时光

　　民族音乐的崛起是哈布斯堡帝国送给世界最伟大的礼物之一。多彩的音乐生活、音乐厅、音乐学校在帝国广袤的土地上全面开花，只为吸引最杰出的乐手和最投入的听众，人们因为音乐而聚集，最终也将摧毁音乐。对于今天的我们来说，音乐比其他民族主义文化的表现形式更为重要，因为报纸、期刊、讨论小组、史诗等表现方式在今天已经看不到了，音乐、绘画、雕塑和民族服饰却保存了下来。和帝国生活中的诸多方面一样，民族音乐的兴起也可以回溯到民间对于德意志语言又爱又恨的情感上——和德意志官僚主义一样，德意志音乐也成了势不可当的主流。非德意志人创作的音乐最初只是为留住民族传统而进行的尝试，甚至带有发泄意味，最终却成了伟大的作品。19世纪初，德语距离胜利只差一步之遥：像斯美塔那（Smetana）这样的艺术家必须通过抗争才能学习捷克语，无数民族主义者私下里都更想使用本族语言。然而，德语霸权不仅仅从奥地利，而且从欧洲北部的广袤地区涌入帝国，让民族音乐的创作成了关乎生死存亡的问题。

　　冷战结束后不久，我在布拉格城堡欣赏了一场室内音乐会。那地方实在太冷了，让静坐着听音乐成了一种异常刺激的体验。透过房间的窗户可以俯瞰老城，耳边回荡着德沃夏克美妙而激昂的钢琴五重奏，一瞬间，音乐仿佛真的成了可以摧毁一切入侵者的秘密武器——这当然只是个不切实际的幻想，却也相当可信。

从某种程度上来说，民族主义的爆发恰好应和了哈布斯堡家族最为看重的事项。体察民俗一直是皇帝的职责之一，弗朗茨·约瑟夫又十分擅长根据到访地区的不同而更换制服、勋章、帽子和王冠。匈牙利的贵族们也十分乐于参加这些活动，他们钟情于夸张的礼服，搭配皮草、羽毛、金链子和纺锤形的纽扣，这种糅杂的风格荒诞离奇，和历史上的任何时间和地点都没有半点关联。民族主义思潮不费吹灰之力就让人们跳出了旧时版画的圭臬，不再遵从帝国对各地服装样式的限制。每个人都在努力找寻真正最能代表本地区的元素，即那些受德意志主义影响最小的东西。这就让"真实性"和乡村或山区画上了等号。比如德沃夏克这样的作曲家付出了大量心血，用音乐为波希米亚乡村绘制了一幅又一幅风景画。这些都是优雅而伟大的艺术杰作，但从语言和文化的纯净性来看，这些作品的意义令人胆寒。实际上，最能代表波希米亚的不是布拉格这座混合了捷克、犹太、德意志文化的繁华都市吗？民族混杂正是帝国最重要的特征，帝国兴盛的希望恰恰就在于各民族在（哈布斯堡家族提出的）思想意识上的合作，最差也要勉强保持审慎。中欧的灾难实为语言战争，它将每个人都卷入其中，虽然表象都是些无伤大雅的问题，比如你听什么音乐，或是在衬衫上打怎样的结，但后来就演化成更为暴力的排外主义。

本书剩下的内容里，大部分都和这一主题有关。我们都知道，最终的结果就是一场灾难，但在当时，一切都是崭新的，让人兴奋又富于创意。但从更为悲观的视角来看，19世纪的自由主义一般

第十一章

注定会落入民族主义的陷阱。就像约瑟夫二世的统治引发了广泛的叛乱和仇恨一样，坚持寻求统一、理性和言论自由的努力最终会导致民族间的相互仇恨。如果人们无法接受在帝国中统一使用德语的要求，那么任何一种反对意见都会在无形中将其他语言排除在外。在匈牙利，克罗地亚人要求保留拉丁语作为官方语言，因为他们知道，选择其他语言只会让他们被迫学习匈牙利语。和欧洲其他地区一样，拉丁语自中世纪以来就在匈牙利扮演着特殊的角色，但意外的是，这门语言竟然成了该国的通用语，让斯洛伐克人得以和罗马尼亚人交流。或许强制每个人都讲拉丁语是让历史回到了蒙昧主义的怪圈，但这样做确实能解决各族间语言不通的难题，效果也比沃拉普克语（Volapük）或是世界语（Esperanto）这样人为建构的语言要好得多（维也纳一家伟大的博物馆展示了世界语的发展）。但在欧洲这样语言混杂的地区，在学校和官僚机构中使用某种特定语言，会大大增加管理难度，远比找到真正的民族舞蹈和胡楚尔人要难得多。

19世纪后半叶，抵制、谩骂、游行、更具攻击性的沙文主义活动在帝国上下全面开花。和50年后出现的种族主义刑讯室相比，这些活动竟还保有一丝魅力。但也正是这一波的爆发为后世的发展埋下了伏笔。

经历了1866年的灾难之后，维也纳变得虚弱不堪，让各方有了可乘之机：第一次斯洛文尼亚国会会议在戈里齐亚召开，讲意大利语的南蒂罗尔要求和讲德语的北蒂罗尔南北分治。捷克的例子尤为严峻。波希米亚一直是捷克人、德意志人和犹太人的混居地区，但商政两界的主要语言却是德语，这让捷克人感到别无他法，只能坚持自己的主张。1848年，捷克和德意志的自由主义者都面临着困难的抉择。德意志人自然地认为这里在未来也将由维也纳或是法兰克福的德意志人统治——捷克人自然不会同意，无论统治者来自哪里，接受德意志人统治本身就没有任何吸引力。随着时间的推移，双方的对立变得愈发难以调和，商铺间的抵制运动愈演愈烈，甚至连犹太人都不得不在重压面前低头，只为讲某种语言的顾客服务。直到20世纪40年代，这里如阿尔斯特（Ulster）①般的凄惨氛围才以一种灾难性的方式终结。

博胡米尔·赫拉巴尔（Bohumil Hrabal）在他1976年的优秀小说《过于喧嚣的孤独》（*Too Loud a Solitude*）中就为我们描述了这一切将如何终结。主人公在舞会上遇到了一位名叫曼卡（Manča）的可爱姑娘并爱上了她。曼卡身穿民族服装，绑着麻花辫，漂亮的丝带在发丝间缠绕。她在舞会开始前，急匆匆地去了一趟厕所，头上的丝带沾到了木板下面的"粪堆"，她却浑然不知。当她开始跳动旋转时，丝带随着她起舞，上面的粪便就一股脑地甩到了其他舞者的脸上。

交易

1866年最重要的政治突袭无疑来自匈牙利人。弗朗茨·约瑟

---

① 阿尔斯特是爱尔兰古代四个省份之一。传统上共九郡，包括今爱尔兰共和国阿尔斯特省的三个郡和英国北爱尔兰的六个郡。——译者注

第十一章

夫的统治乱作一团——他的军队惨遭羞辱,他的盟友黯然下台,连他的大臣们都开始摇摆不定。维也纳人被赶出了德意志,是否意味着他们在匈牙利的统治也将不保?但当时也有不少人反对双方彻底决裂。1848—1849年的战争表明,奥地利虽然被严重削弱,但仍然是个难缠的对手。受压迫的民族听任奥地利人指挥,后者还有望获得外援相助——哪怕没有彻底疏远的俄国人,冰释前嫌的普鲁士人也许还能帮忙。科苏特相信匈牙利有能力成为独立国家,但他不合时宜的盲目自信反倒引发了更为普遍的担忧:独立后的匈牙利真能在如此恶劣的环境中生存下来吗?对于匈牙利人来说,奥地利虽然既令人恐惧又为人所不齿,但远远好过另一个"保护国"俄国。罗马尼亚争取独立的态度愈发坚定,如果未来匈牙利需要独自面对入侵特兰西瓦尼亚的俄国-罗马尼亚联军,情况该有多糟糕?上述种种让匈牙利紧紧依附在维也纳身边,随之而来的噩梦在未来几十年里给匈牙利人带来了无数不眠之夜。

谈判的核心人物费伦茨·戴阿克(Ferenc Deák)反对科苏特的极端主义思想,他认为依附于帝国可以给匈牙利带来经济和军事上的好处。维也纳和布达的谈判已经持续了数年,双方现在突然一拍即合。弗朗茨·约瑟夫的政府正在疯狂谋划对普鲁士的报复作战,但他们想要取胜,就必须和1740年的玛丽亚·特蕾莎一样,获得匈牙利人的支持。这就引发了激进的改革(虽然复仇之战最终被搁置了):一个新的国家成立了,这个国家接受皇帝统治,帝国的中央政府负责共同的国防、外交和财政(问题)事务。然而,在谈判过程中,双方都心怀鬼胎。奥地利强大的秘密顾问团认为,这次联合不过是场短期交易，等到时机成熟，再去收拾匈牙利人。到了19世纪末，弗朗茨·斐迪南甚至想派军队迅速拿下布达佩斯，以扩大自己的统治。双方的仇恨暗潮汹涌，几乎要打破表面的平静。但让每个人都感到意外的是，新成立的奥匈帝国竟然存活了下来。匈牙利人获得了足够的自治权，让他们几乎可以在自己的领土上为所欲为，甚至要登上更具吸引力的欧洲大舞台了。

将奥匈帝国领土东西两分，西侧的领土今天被称为内莱塔尼亚（Cisleithania），东侧为外莱塔尼亚（Transleithania），以莱塔河（River Leitha）为界。除了今天所谓的"圣斯蒂芬王冠领地"之外，维也纳掌管一切。布达佩斯最终拿到了特兰西瓦尼亚的管辖权，在接下来的几年中，古老的军事边疆区被废除，斯雷姆地区（包括壮观的彼得罗瓦拉丁要塞以及塞尔维亚文化中心斯雷姆斯基卡尔洛夫齐）、以蒂米什瓦拉（Timișoara）为中心的巴纳特，还有斯拉沃尼亚和克罗地亚军事边疆区都移交匈牙利管辖。这些地区地域辽阔，形势复杂，讲着各自语言的诸多民族杂居于此，他们或许并不想成为匈牙利的一部分。但有了斯拉沃尼亚和克罗地亚军事边疆区，匈牙利治下的克罗地亚领土面积大为扩张。此前，克罗地亚不过是围绕着萨格勒布（Zagreb）发展起来的蕞尔小邦，萨格勒布这个不起眼的军事小城直到1850年才迎来了首位市长。就是在这一时期，克罗地亚的领土逐步发展为今天我们看到的古怪形状——好像灌浆的水泥一样，插在奥斯曼帝国治下的波斯尼亚和其他哈布斯堡家族领土之间。临海的达尔马提亚超出了匈牙利的管辖范围，作为古老的威尼西亚行省幸存的部分，仍归奥地利管辖。1868年，

第十一章

克罗地亚与布达佩斯就某项附带权利进行协商后,建立了克罗地亚-斯拉沃尼亚王国(Kingdom of Croatia-Slavonia),这一过程和匈牙利脱离奥地利的过程十分类似。但事实上,克罗地亚-斯拉沃尼亚王国四面受限,并没有多少自主空间。

奥匈两国在帝国的框架内齐头并进,共同接受弗朗茨·约瑟夫惊人的漫长统治。两国都实现了蓬勃发展,到了20世纪初,都积累了数不清的财富。被普鲁士击败后,奥地利简直退化成了软弱的婴孩——在1871年德意志完成统一后,"始终跟紧柏林"成了弗朗茨·约瑟夫的人生目标,因为很显然,只有紧紧依附于俾斯麦才能保证皇室的安全。匈牙利在政治上被进一步削弱,他们处在维也纳的庇护之下,由维也纳提供安全保障,匈牙利军队的费用因此捉襟见肘。至此,柏林-维也纳-布达佩斯的轴心已然形成,当然,没人能想到这一轴心会给后人带来多么苦涩的未来。

昂贵之水

可以说波希米亚对欧洲的两大贡献都和水有关——啤酒和温泉。虽然在欧洲很多令人意想不到的地方都有温泉分布,但波希米亚西部的温泉浴场规模最大,也最为人所熟知,如(以皇帝弗朗茨一世命名的)费兰兹贝德(Franzensbad)、(以圣母玛利亚命名的)马林巴德(Marienbad),以及(以皇帝查理四世命名的)卡尔斯巴德(Karlsbad)。当然还有特普利茨(Teplitz),这里也曾分布有大型温泉，却在 19 世纪末遭遇了毁灭性的灾难。当时，煤矿工人意外挖到了当地最主要的地下温泉——在一次惊人的地下喷发之后，里面留下了大量砷、尸体和坑木，一夜之间让想要过来养生的人不得不另觅他所。

马林巴德（捷克语称 Mariánské Lázně，译为玛丽亚温泉镇）的山谷里建满了豪华酒店、商铺和疗养院。在一条看似永无尽头的白灰步道旁边是一座小公园，里面泉水飞溅，参天古树掩映着流水小桥，整座公园被冷杉覆盖的小山包围着。1914 年之前，马林巴德的发展如日中天，从果戈理到马克·吐温，从马勒到帕德雷夫斯基（Paderewski），不少名人蜂拥而至。更早些时候，肖邦曾在此疗养，歌德则在这里体验了他最后的浪漫哀歌。最出名的一幕当数爱德华七世（Edward Ⅶ）——他是最后一个享受执政的英王——在他下榻的魏玛酒店（Hotel Weimar）里和弗朗茨·约瑟夫交谈。

1914 年后，马林巴德的命运开始变得坎坷——全欧洲的贵族客户人数锐减，二战期间，这里被征用为纳粹部队医院〔君特·格拉斯（Günter Grass）① 曾在此休养〕。二战结束后，（讲德语的）人口几乎被尽数驱逐，这里又在共产党人的领导下磕磕绊绊地重生为"人民温泉"。今天，为了重现 1914 年前欧洲乐园的氛围，"人民温泉"的往事鲜少被提及了。人们再次涌上古老的恺撒大街（Kaiserstrasse），欣赏漂亮的酒店，选购珠宝和琥珀，还会停下来吃块蛋糕、买个冰激凌。就这样，真正的垂死之人和纯粹装病的人

---

① 君特·格拉斯，德国作家，代表作为《铁皮鼓》。——译者注

第十一章

相互嫌弃地坐进同一家餐厅,有人在轮盘赌上输光了钱,公园里挤满了保姆和情妇。温泉浴场附近总能看到些滑稽的场面:温泉水通过龙头喷涌而出,人们拿着特别的小瓷杯,四处品尝泉水的不同风味。我自小生长在温泉小镇,早就习惯了人们对温泉水药用价值的吹捧,但十字温泉(Cross Spring)浓重的金属和硫黄味还是吓了我一跳。在这里喝上一口水,或许能体验到被人下毒的滋味。

马林巴德温泉的疗愈功能大多是毫无意义的骗局,在它的黄金时期也是如此,但人们仍然对此地趋之若鹜。酒店的幕墙紧盯着心存疑虑的游客,让他们招架不住,只能乖乖地掏出信用卡。马林巴德的医生有着吸血鬼的名号,最擅长从那些脾气暴躁、以为自己健康出了问题的富商身上榨油水,随便弄些泥浆、热水就能开出一大沓账单。马林巴德的幸运之处在于,虽然20世纪真正的医学发展绕过了这里,但大部分人都没有发现,中欧人仍对这些缺乏实效的疗法深信不疑。

品味和骗术的斗争与温泉浴场的概念一样古老,在这里,你总能看到各路游客以非常有趣的方式交织在一起。漫步在公园中,我注意到一对年轻的俄罗斯夫妇,他们穿着昂贵的休闲装,丈夫穿着凉鞋,脚踝上却文着巨大的蝎子图案,真是让人扫兴。或许这也是在提醒我,如果让这里的游客都脱去衣裳,满眼看到的没准都是俄罗斯监狱特有的文身图样。也许大家都曾活跃在所谓"自由市场"边缘的刺激活动中吧。

当然,马林巴德也是个非常无聊的地方。一天中你总要拿出点时间品尝气味古怪的泉水,大啖巧克力蛋糕,买些琥珀手链。在泥浴池里用一把装了消音器的全自动手枪干掉一个地下大佬——子弹打进瓷砖会噼啪作响，打进泥浆的声音却沉闷短促——倒也占用不了多少时间。即便是为沙皇家庭成员建造的东正教堂也显得无精打采，和周围的环境格格不入。我决定到周边的山里转转，好甩掉这种无聊之感。这里的山景很是迷人，却不见什么"温泉病人"，好像他们都已经无力与疾病斗争，虽然他们的健康状况有可能只是臆想出来的。和往常一样，四处闲逛总能得到意外收获。这一次，我发现了一大片墓地，里面破旧残损的墓碑纪念着旧时的德意志居民，被后世数百个捷克人的新墓碑挤到了一边。民族变迁的历史可以通过死亡被永远铭记，这片公墓恰恰就是最完美的证明。

真正令我失望的唯一一点在于，影片《去年在马林巴德》（Last Year in Marienbad）竟然不是在这里拍摄的。这部风格独特的影史杰作在我的头脑中萦绕多年，因此，当我发现心心念念想要到访的马林巴德实际上是其他地方的时候，真让我备受打击：这部影片拍摄于慕尼黑周边的城堡，拍摄时间正处于冷战双方最为剑拔弩张的阶段，当然不可能在捷克斯洛伐克取景——我可真傻！

然而，影片营造的氛围和真实的马林巴德十分接近——时间好像静止了，一种死气沉沉的感觉包围着这座小城。如果城镇是我们日常生活的中心，温泉浴场则大为不同：在那里，病人们将恢复健康，健康的人们则希望通过一种有品味的方式来享受生活，即便有些规矩会让人很不自在。浴场时刻要保持安静，因为大声喧哗是粗俗的行为，也是对病人的不尊重。阿哈龙·阿佩菲尔德（Aharon Appelfeld）的短篇小说《巴登海姆 1939》（Badenheim 1939）也营

第十一章

造了同样的氛围。阿佩菲尔德在喀尔巴阡山中的布科维纳长大,母亲被纳粹杀害,他本人被送进了劳改营。他后来逃进了森林,在林子里生活了三年才被红军救出,那时他才不过十几岁。1946年,他辗转来到巴勒斯坦(Palestine),成为以色列公民。这样的背景有助于我们理解《巴登海姆1939》中纯粹的愤怒:到了旺季,一个马林巴德式的温泉浴场逐渐开始复苏,管弦乐团来到这里,蛋糕店开张了,酒店里开始上演不同的表演,宾客们开始涌入。日子一天天过去,浴场的经营开始步入正轨,然而表面上的优雅宁静不过是一场幻觉,因为当局急于找出宾客中哪些是犹太人。

《巴登海姆1939》的精妙之处在于,它迎合了温泉浴场在人们心中的认知:浴场是个有益无害的地方,有着独特的魅力,也让恐怖的视线得以混杂其中,但直到最后,也没有人愿意去注意到这一点。这是一部构思精巧的小说,绝非对犹太人放弃抵抗的简单攻击——在阿佩菲尔德眼中,中欧恢宏的温泉浴场就是人们自我逃避的场所,实际上更是个残酷的陷阱。浴场成了为某些特定人群设置的封闭环境,让他们接受管制。人们是彬彬有礼的,但他们的交流却又如此空洞。在今天看来,这似乎是在描绘1914年之前那个令人失落又令人羡慕的世界,但实际上,这样的环境毒性极高,绝非正常。

第十二章

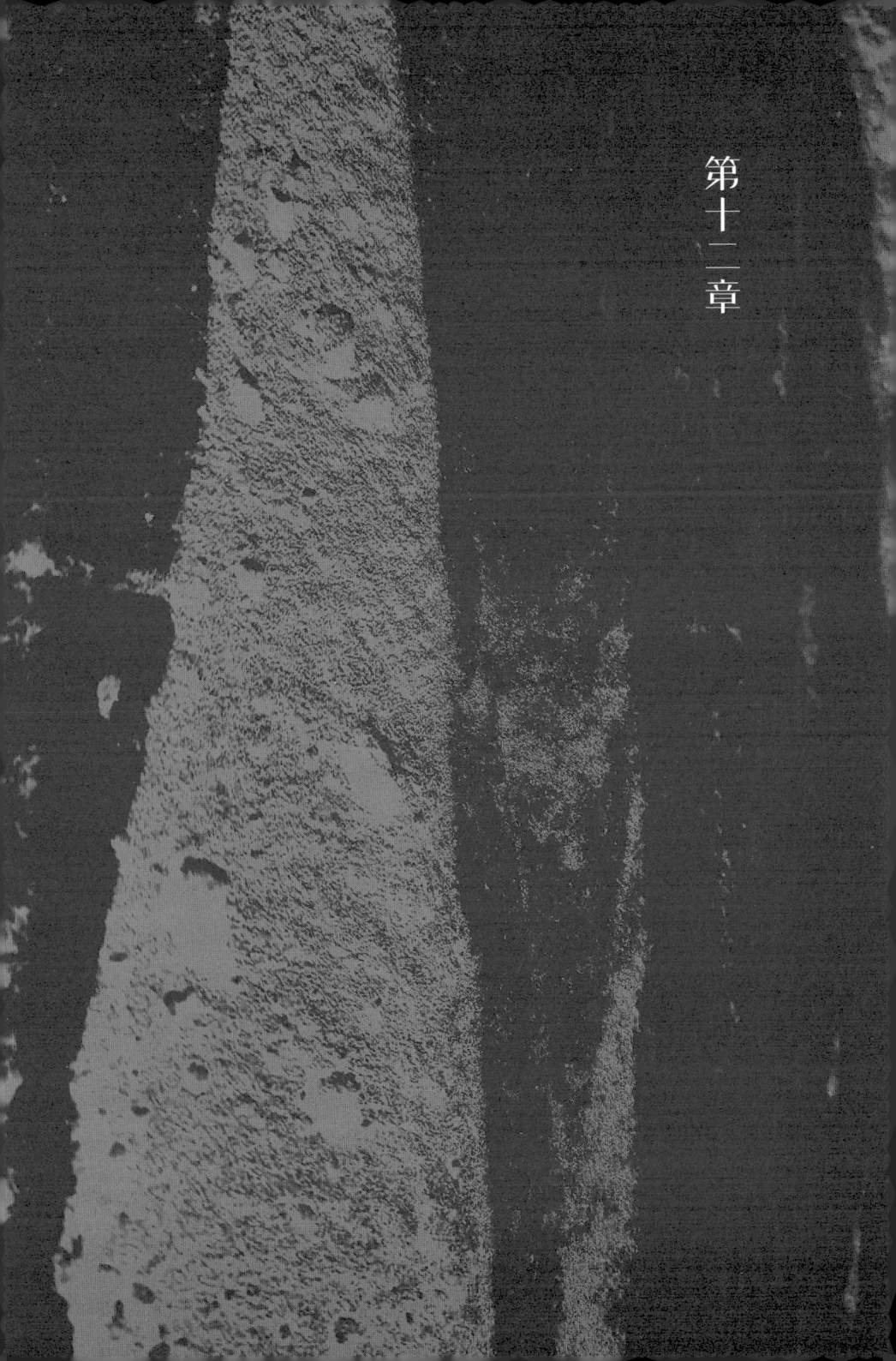

在1890年斯柯达的机械车间，一些工人隐约可见。
资料来源：State Regional Archives, Plzeň.

规划未来

弗朗茨·约瑟夫治下的帝国，保守主义浪潮高涨，其原因众多，巴尔干问题或许是最主要的一个。约瑟夫二世统治时期的最后一次大规模土地争夺战终于（在俄国的协助下）打垮了奥斯曼土耳其人。在维也纳看来，未来的巴尔干将沦为风景秀丽的衰落之地，不再构成任何威胁——土耳其人懒洋洋地躺在旅舍中，小口啜饮着咖啡，缅怀过去的光辉。而其他结果都会被视为威胁。匈牙利人清楚地认识到，帝国的进一步扩张只会带来灾难——土地吞并会带来更多斯拉夫人或是罗马尼亚人，进一步削弱匈牙利人本已相当弱势的地位。与此同时，反对的观点也甚嚣尘上：生活在帝国边境以南、奥斯曼帝国统治区的人们大多持有两大明确目标——首先要赶走奥斯曼土耳其人，接着要解放被困在哈布斯堡帝国中的同胞。哈布斯堡家族同样清楚地认识到，俄国人在这一地区的存在是不可接受的。从逻辑上看，奥斯曼帝国衰落后，哈布斯堡人和俄国人注定会共同填补奥斯曼土耳其人留下的真空，就像他们对波兰的瓜分一样。然而，哈布斯堡家族既不想瓜分更多领土，又不想让俄国人有机可乘控制多瑙河河口，就导致了一个奇怪的结果。在与奥斯曼土耳其人交战了几个世纪之后，哈布斯堡家族突然开始关注这位宿敌的命运，甚至和英国人合谋，再次扶植奥斯曼的势力，以抵御俄国。如果说维也纳在历史上经常因为伦敦的懦弱而受辱，那么大家可以想象他们在君士坦丁堡遭遇了多大的羞辱。当时的君士坦丁堡遍布来自欧洲的虚假盟友，这些狡猾的家伙发誓要与奥斯曼高门（Sublime Porte）① 结下永恒的友情，目的只是扰乱圣彼得堡。这样的僵局让巴尔干地区形成了一个奇怪的力场，使本可能被挫败的民族主义再次迎来发展高潮。这将帝国一点一点地推向了灾难，在差不多一个世纪的时间里，民族主义威胁着帝国（如果蓬勃发展也能带来威胁的话），随后摧毁了帝国。

奥斯曼帝国对巴尔干地区的统治延续了400多年，造就了一个别样的社会。统治阶层和大部分民众在语言、宗教和文化上截然不同。在与哈布斯堡领土接壤的地区，居住着被穆斯林统治的塞尔维亚人，以及由代表君士坦丁堡的希腊人［法纳尔人（Phanariots）］统治的罗马尼亚人（他们的统治一直持续到19世纪20年代）。在斯拉夫地区（即塞尔维亚及其以南地区——罗马尼亚的瓦拉几亚公国和从未被穆斯林染指的摩尔达维亚），基督徒们生活在重重管制之下。他们的居住地、服装和职业都受到了严格的管控。基督徒在穆斯林面前必须下马，不能穿绿色的服装，不能新建教堂（进一步加深了自早期侵略以来的宗教崇拜）。到了18世纪，随着奥斯曼土耳其人的离开，这些管控逐渐瓦解。战败、疾病、经济衰败和猖獗的强盗活动（盗匪中既有叛变的土耳其人，也有不服管的塞尔维亚人）让这里的人口锐减，给了穆斯林们充分的理由从这里迁居到离首都更近的地方，也因此让这里的经济生活几乎陷入了停滞。

---

① 即奥斯曼帝国中央政府。——译者注

第十二章

塞尔维亚人开始在本土抵抗奥斯曼土耳其人的统治，他们在19世纪初建立了自治区，接着又快速扩张土地并宣布独立。西欧一贯将巴尔干地区视为异类，那里的氛围也的确与西欧大相径庭，音乐和食物就是个好例子。从西欧到东南边陲，帝国的宫廷文化中充斥着雅乐和佳肴。音乐在帝国中扮演着重要角色，无论是波希米亚的斯美塔那和德沃夏克，还是奥地利的海顿和舒伯特，抑或是匈牙利的贝拉·巴托克（Béla Bartók）和柯达伊（Kodály），作曲家们用音乐记录着帝国各处的美景。然而，从匈牙利或是喀尔巴阡山往南，音乐便戛然而止了。食物也是一样。在哈布斯堡的美食世界中，各式各样的千层蛋糕、巧克力、美味的汤点和美酒组成了一派奢侈而浮华的景观，但到了国境以南，这样的景象瞬间不复存在。这显然是个宏大的话题，在这里只能简述一下。西欧的皇室宫廷带来了繁复的佳肴美馔，与此同时，法国大革命的结束也催生了"法式餐厅"的概念。实际上，我们都对这些宫廷美食兴味盎然——在西方许多印度餐厅和中餐厅，食客们还能尝到莫卧儿王朝或是清朝的宫廷菜式，尽管在形制上已经大为简化。在巴尔干，古老的穆斯林统治阶层与他们统治的民众相距遥远，因此在遭遇了驱逐和屠杀后，他们与当地的联系被完全切断了。一度在佩奇或贝尔格莱德盛行的肉菜蒸饭、冰冻果子露、果仁蜜饼都与美妙的奥斯曼音乐、服饰和宗教仪式一道，退回君士坦丁堡去了。

奥斯曼帝国的崩溃留下了一个极度贫困的农民社会，人们没受过多少教育，只有一些当地出产的简单食材，就着水果白兰地吞下去。从阿尔巴尼亚到希腊、马其顿、保加利亚，整片地区皆是如此。十分扁平的社会结构让当地氛围迥异于汉普郡（Hampshire）和萨克森。在瓦拉几亚（位于特兰西瓦尼亚以南）和摩尔达维亚（位于特兰西瓦尼亚以东）这两个讲罗马尼亚语的公国，情况略有不同。两个公国的独立性更高，因此产生了由罗马尼亚人组成的地主阶级，尽管他们仍然要受希腊人统治。但即便在罗马尼亚，人们的受教育程度仍然很低，同样要臣服于异族统治。更大的问题在于，罗马尼亚位于俄国和奥斯曼土耳其之间，因此两国一旦交战，罗马尼亚就会受到波及。

19世纪上演了一场争取独立和控制权的复杂战争，让哈布斯堡家族寝食难安。简单说来，哈布斯堡家族为塞尔维亚人提供最简单的支持和保护，俄国则为罗马尼亚的保护国。但随着两个民族受教育水平的提升和经济的发展（从当地的以货易货转为现金贸易），国家间的关系变得紧张起来。哈布斯堡家族治下的匈牙利南部（即今天的诺维萨德）有很多塞尔维亚人聚居，大多是17、18世纪为了逃离奥斯曼土耳其人的统治才迁居至此的。在这些塞尔维亚人中间，产生了很多官僚、思想家和士兵，为南方新成立的塞尔维亚自治邦国服务，他们的居住地本身也是塞尔维亚人潜在的控制地区。1867年，最后一批土耳其士兵撤离塞尔维亚，此地终于获得了真正的独立。哈布斯堡家族通过对塞尔维亚经济的控制（买下所有当地出产的猪和李子），扶植起对家族友好的政权，却无法抑制塞尔维亚人的仇恨情绪，帝国一贯奉行的天主教思想尤其让他们感到不满。1878年，哈布斯堡军队"临时"占领了奥斯曼治下的波斯尼亚，破坏了塞尔维亚人通过该地获得入海口的企图。1913年，哈

第十二章

布斯堡家族又在该地成立了阿尔巴尼亚——也许这是唯一一个因为仇恨而建立的国家。

罗马尼亚也经历了相似的历史轨迹。哈布斯堡帝国中的罗马尼亚人（大多分布在特兰西瓦尼亚、巴纳特和帕蒂乌姆）带动了罗马尼亚民族主义的兴起，尽管喀尔巴阡山横亘在他们和其他罗马尼亚同胞之间，但渐渐地，他们都认为应该建立一个以单一语言为基础的政治实体。自19世纪40年代起，摩尔达维亚和瓦拉几亚这两个讲罗马尼亚语的公国就在俄国的影响下，开始走向某种形式的联合。随着奥斯曼土耳其残存政权的瓦解，成立统一国家的目标似乎变得指日可待。和哈布斯堡家族不同，俄国作为保护国，没有侵吞新领土的顾虑。在拿破仑战争期间，俄国就假惺惺地"意外"吞并了摩尔达维亚东部，并将这一地区命名为比萨拉比亚（Bessarabia）——今天的阴郁小国摩尔多瓦（Moldova）就位于其中心地区。从表面上看，没有任何力量可以阻止俄国吞并整个摩尔达维亚并继续扩张。俄国人计划将保加利亚变成一个大型卫星国，下一个目标就是君士坦丁堡。虽然这一计划并未实现，但这片地区的国境线一直处在动荡之中。这一地区的三大帝国各有各的打算，也对彼此有所忌惮，被迫形成了一种古怪的制衡局面，也让较小的民族有机会掌握自己的命运。从地中海到喜马拉雅山区，英国和俄国之间的仇恨和猜疑不断，让英国成了哈布斯堡家族的天然盟友。但一个不容忽视的问题在于，英国海军对于俄国的影响有限，而哈布斯堡军队在任何陆上战争中都要担当主力。克里米亚战争是双方合作的高潮，但英国的舰队只对黑海沿岸的一小块地区造成了严重破坏，哈布斯堡家族也意识到单凭自己的力量与俄国在陆战中抗争根本毫无胜算。因此，尽管黑海已经成为战争前线，两国却仍然对俄国保持中立。莫斯科和维也纳君主名义上的团结已经终结，但后者的怯懦至少将双方战争的爆发推迟到了1914年。

19世纪后期，贝尔格莱德和布加勒斯特逐渐发展为设施完备的首都，精英阶层愈发清楚地意识到民族革命尚未结束，受困于哈布斯堡帝国的同胞们还在急切地等待救赎。这些小国在军事上的实力与帝国相去甚远，让他们的雄心显得有些滑稽，然而两个民族深受各自传奇故事的鼓舞——这些故事来自匈牙利南部的塞尔维亚人小镇斯雷姆斯基卡尔洛夫齐以及特兰西瓦尼亚的罗马尼亚人小镇锡比乌——让拯救同胞的想法不再是可有可无的妄想，而是强有力的目标。1903年的塞尔维亚革命切断了他们与哈布斯堡帝国的一切合作，最终导致了瓜分奥斯曼帝国欧洲剩余领土的战争。哈布斯堡帝国用尽外交手段，企图将塞尔维亚人困住，把他们从阿尔巴尼亚赶出去，后者也意识到自己被永久性地困在内陆了。面对如此高压，塞尔维亚的民族主义直接演变成了南斯拉夫主义（Yugoslavism）：如果塞尔维亚人的力量无法与帝国对抗，或许他们可以和其他斯拉夫人结成同盟？这样，他们就有理由将哈布斯堡治下相对平静的伊斯兰国家波斯尼亚（临时占领已经在1908年转变为长期占领）、克罗地亚和斯洛文尼亚一齐吞并，即便这些国家在历史上与贝尔格莱德从未建立过真正的联系，当然除了中世纪的胡闹之外。和发生在巴尔干地区的其他所有问题一样，想要解决这里的问题就必须对帝国做出致命一击。这一看似不可能完成的任务却在1914年成真了。

第十二章

这一年,在塞尔维亚人的策划下,弗朗茨·斐迪南在波斯尼亚遇刺身亡,这可能是现代历史上最成功的一次恐怖主义活动——在经历了可怕的煎熬后——满足了塞尔维亚人最遥不可及的幻想,对罗马尼亚人来说也是如此。

在这里,我只能做一些简单的概述——这个迷人的话题值得花上更多篇幅——但有意思的是,哈布斯堡家族19世纪50年代在意大利败北,1866年又在德国战败,却没有引发多少对家族未来的担忧,反倒是那些经济凋敝、人口稀少的帝国"后院"成了宿敌们的目标,引得他们纷纷伺机而动。

东方的诱惑

此刻我的心情大好,因为纪念遗传学奠基人格雷戈尔·孟德尔的博物馆意外闭馆了,让我能在布尔诺悠闲地度过一个下午。我满面春风地走进一个小院子,登上几级台阶,再穿过一道小门,就来到了世界上最可爱的地方之一:美好茶室(the Good Teahouse,捷克语写作 Dobrá čajovna)。布尔诺是个文明而美丽的城市,美好茶室就是最好的证明。一排房间里都装饰着壁挂,铺着波斯地毯,垫子堆成小山,再配上精巧的小茶桌——茶室看起来虽然有点像一场拙劣的模仿秀,但完全能满足一个东方学者的全部幻想。想象摩拉维亚的学生们抽一口水烟再品一口茶,摇摇桌子上的小铃铛,就有新的茶饮送过来。在中欧,人们没有多少机会能享受闲适的生活,茶室终于成了一个能让人放松的地方。

　　东方主义以及随之而来的怠惰、肉欲和残酷成了西方生活中最重要的组织原则之一。然而,东方主义并非来自世界上任何一个真实存在的地区,它是一种通过文字、物品和绘画,以对奥斯曼土耳其、阿拉伯、波斯、中国等地(实际上就是世界上大部分地区)人们生活的模糊想象为基础构建出来的一个概念。东方主义之美在于它的广泛性——在每个国家,甚至在每个人身上,都存在一种私人的东方主义,(以略带男性偏见的视角)想象自己躺在一大群少女中间大嚼开心果或是以极端残忍的手段征服所有种族——这些想法只需坐上一辆巴士,任由想象力肆意驰骋就能实现。我自己的东方主义想法更多来自真实的体验。我曾在真实存在的中东卖过几个月书,最开心的回忆就是在吉达(Jeddah)和利雅得(Riyadh)坐在一大群卖书人中间(甚至可以说是懒洋洋地靠在那儿),小口喝着最美妙的薄荷茶,和最优雅的东道主(他们的背后还有苏丹仆人和印度会计师躲躲闪闪的身影)相互致敬,分享各自有趣的故事,然后坐下来谈生意。说实在的,我不知道我的故事是否有趣,但这些经历深深地影响了我,也激发了我一系列的兴趣,包括玛丽·沃特丽·蒙塔古夫人的《东方来信》(*Turkish Letters*)、约翰·弗雷德里克·刘易斯(John Frederick Lewis)和欧仁·德拉克洛瓦的绘画,以及对《一千零一夜》(*The Arabian Nights*)的无限包容——这些构成了我的东方主义工具包。

　　中欧对东方的迷恋有其特殊之处——这里我要再次强调,东方主义的表现形式各异,简单以奥匈帝国的表现来定义东方主义是可

第十二章

怕的,也是令人沮丧的。最明显的一点在于,奥匈帝国的东方主义直接来自对奥斯曼帝国的恐惧。在一件完成于17世纪的精美版画上,匈牙利南部的小城佩奇被完全刻画成了一座土耳其小城——小小的城镇四周耸立着城墙,城里遍布圆屋顶和宣礼塔,画面里装饰着骆驼(巴尔干地区当时最常见的驮兽),还有穿着拖鞋的土耳其人在做咖啡。基督徒和奥斯曼土耳其人在中欧的"文化交流"生机勃勃(主要表现为令人绝望的狂热战斗加上大规模的奴隶掠夺)。特兰西瓦尼亚东南喀尔巴阡山的拐弯处是两国旧日的边境线,在那里的教堂中还能看到双方交流时的一些怪现象。所有人文景观都是为了抵御土耳其人突袭而设计的。同时,在特兰西瓦尼亚,很多人严格遵守新教教义,强烈反对偶像崇拜(当然,绝大部分穆斯林也持同样的态度),因此在这一地区,不少教堂的内饰风格相当特别。最有名的当数布拉索夫的黑教堂,这是边境山口前最后一座建于悬崖峭壁间的大型西式基督教堂,过了山口就是属于东正教和伊斯兰教的东方世界了。黑教堂是一处基督教的标志性建筑,极具压迫之感,但内部墙面上却装饰着土耳其挂毯——尽管这些挂毯上有着明显的伊斯兰教符号,但漂亮的抽象图案很适合用于装饰。

战争和贸易是中欧与东方关系的基础,因此形成了一条(除威尼斯外)重要的贸易路线,精美的纺织品、咖啡、土耳其烟草、珠宝,还有其他令人忧心的、彰显了奥斯曼帝国伟大文明(还有多年来的无敌战绩)的货品都在这条路线上运输往来。此前我已经介绍过两方频繁的交战史,但到了19世纪,双方的战争几乎完全停止了。对维也纳来说,他们既想扶植奥斯曼帝国以威胁俄国,又想吞并它的土地（这一计划一直遭到匈牙利人的反对）：这种两难的局面始终未能得到解决，直到哈布斯堡帝国、沙皇俄国和奥斯曼帝国在几个月内接连解体才得以告终。

匈牙利人和东方的关系尤为奇特，因为他们在19世纪40年代感受到了来自各方的太多压力。德国学者间形成了一种影响力极高的观点，认为从各个角度来看，匈牙利很快就会消亡，注定会作为一个语言的异类被德意志和斯拉夫的洪流吞没。这样的观点自然引起了匈牙利民族主义者的警觉。奥斯曼土耳其人也部分认同匈牙利即将消亡的观点，1849年的俄国入侵更是击碎了匈牙利人谋求独立的最后一丝希望。因此在君士坦丁堡和多瑙河东端庞大的穆斯林社群中，人们相信对于匈牙利人来说，集体皈依伊斯兰教才是最合理的做法。

每当中欧的人们开始搜寻有关民族起源的虚假故事时，都会面临同样的窘境：和东方帝国悠久而复杂的历史相比，中欧民族的根源过于薄弱。匈牙利人在这一点上的兴趣尤其高，他们认为匈牙利人起源于中欧的假设可以让他们胜过斯拉夫人。这样的想法带来了很多有趣的延展——实际上，这个话题本身就足以写成一部鸿篇巨制——而我自己虽然对所有东方事务都很感兴趣，但在这个话题上却没有多少建树。

桑德尔·乔玛·葛拉斯（Sándor Csoma de Kőrös）是个会讲多种语言的特兰西瓦尼亚人，生于1784年。一种由来已久的观点认为马扎尔人是匈人的后代，乔玛对此深信不疑，并决定前往中亚搜寻线索。然而，他最终却被自己发明的知识机器困住了，这是一个令人沮丧且完全无法掌控的领域，让他只能栖身在偏远的寺院之中和藏文搏斗，勉强靠升斗大米存活。他身裹羊毛衣，探索神秘的藏传佛教，却未能证明马扎尔人来自帕米尔高原（Pamirs）。在加尔各答（Calcutta）亚洲学会断断续续的支持下，乔玛在藏学研究方面取得了革命性的进展。他整理了藏文语法，编写了藏英词典，还翻译了有关藏传佛教仪轨的大量文献。这都是些吃力不讨好的工作，法国旅行家维克多·雅克蒙（Victor Jacquemont）认为乔玛的工作"难以言喻的无聊……连喇嘛穿什么鞋子都要写上20章"。这个投入而谦逊的男人背井离乡，生活在一个方圆数千里内都找不到另一个马扎尔同胞的地方，但他也是东方学研究领域伟大的英雄之一。我猜美好茶室里应该给乔玛准备个小神龛，嬉皮士们对加德满都（Kathmandu）的向往或许可以回溯到这位关键发起人的身上。在最后一次令人忧心的探险途中，乔玛在德赖（Terai）雨林中因高烧病逝。

阿米纽斯·范贝里（Arminius Vámbéry）同样是个谦逊的人，他成长于匈牙利北部极端贫困的环境中，却有着惊人的语言天赋。他对匈牙利人模糊的故土充满好奇，在《一千零一夜》的启发下，做出了一个惊人之举：在伊斯坦布尔做家庭教师期间，伪装成一个逊尼派的托钵僧，充分利用自己的语言天赋，学会了多门外语，几乎走遍了中亚所有不为人知的酋长国和汗国。1861年，范贝里踏上了这段惊人的旅途，并以此为基础写就了19世纪最为伟大的旅行著作之一《生活与冒险》（*The Life and Adventures*）。这部精彩绝伦、生动有趣的作品简直是东方主义的集大成之作，在书里你能看到地震、毒蝎、致命的雾盐、凶残的可汗还有绿松石矿。他在希瓦（Khiva）遇到了一群土库曼（Turkmen）劫匪，身上带着一袋袋人头，他们把人头交给可汗的随从，以此来换取精美的丝绸长袍（"八头之袍""十二头之袍"等等），这样的场景实在让人难以忍受。范贝里骑着骆驼来到猛虎高原（Tigerland Plateau），高原上无数野驴奔驰，扬起的尘土遮天蔽日。在沙漠深处，旅行者只能依靠北极星辨别方向，这颗星星就成了这片地区的"铁飞马"（Iron Peg）。

此后，范贝里再没能回到中亚，他在布达佩斯度过了漫长的余生。他认为匈牙利语和突厥语同根同源，虽然大部分语言学家都不认同这一观点，但其却有助于匈牙利人和中亚建立自我认同，让布达佩斯先是和奥斯曼，后来又和凯末尔治下的现代土耳其（Kemalist Turkey）保持了良好的关系。双方放下了延续几个世纪的仇恨，将仇恨的矛头共同指向了俄国。这种对中亚的狂热，或所谓"图兰主义"（Turanism）的回潮和罗马尼亚人不无关系，他们笑话匈牙利人是"被亚洲开除的巨头"，罗马尼亚人才是图拉真（Trajan）的百夫长们血统最为纯正的后人，是欧洲文明真正的守卫者。但这场毫无意义的论战始终未有定论。

范贝里笔下的汗国有一种独特的匈牙利风味——他将阿姆河（Oxus）比作多瑙河，将伊斯法罕（Isfahan）附近如海市蜃楼般的平坦地带比作匈牙利大平原，他见到大海时的新奇感比英国作家要强烈得多。总而言之，在他的书里我们能看到一个无论在中欧还是中亚，都在迅速消失的世界：人们的生活受限于牲畜的体能——一

第十二章

头驮兽在没吃没喝的情况下能走多远——这个世界和其中偏远的小旅舍、强盗、长期的物资短缺以及闭塞的环境都一并消失了。电报、铁路、地图和旅行指南在世界各地广泛传播，无论是在加利西亚及洛多梅里亚王国还是布哈拉酋长国（Emirate of Bokhara），这种封闭而受限于交通的生活方式不复存在了。因此，范贝里的中亚之旅恰逢其时。仅仅过了十年，希瓦就落入了俄国军队手中，开始遭受长久的折磨，给这片地区带来了可怕的生态灾难。

书中有一个精彩的段落：在波斯北部的一个小村子里，范贝里照例扮成托钵僧的样子，身穿破旧的衣服，口中喃喃念着《古兰经》的经文。他发现有两个当地人在私下议论他，说他一看就是个乔装打扮的外国人。后来，在赫拉特（Herat），他见到了年仅16岁的阿富汗统治者，后者在他身边走了几圈，便断定他是个英国人。范贝里是幸运的，他来得早又擅长装糊涂，才能当着王子的面用伊斯兰谚语糊弄过去。一代人之后，整片地区成了英国间谍的老巢，场面堪比沙漠版的《代号星期四》（*The Man Who Was Thursday*）。旅舍里的住客都是英国人假扮的托钵僧，他们用核桃汁涂脸，假意为对方送上虔诚的祝福，轮番参加斋戒沐浴，但实际上大多来自军方或是情报机构，都是住在萨里郡（Surrey）的近邻。

冷战期间，像赫拉特这样的地方成了英俄对抗的前线，而不是那些极具匈牙利特色的地方。这就让范贝里的东方主义少了几分政治色彩，多了一些文化的纯净性（尽管英国人花钱买通了他来支持自己，但这一事实直到2005年才公之于众），这也挑战了人们对东方主义的一贯看法，不能简单地将其看成帝国主义操控东方的一种手段。对于奥匈帝国来说，阿姆河带来的风险越来越低，但文化上的东方性对于中欧的意义重大。当然，这种东方性可能不过是个小小的花音点缀，比如弗朗茨·斐迪南在科诺皮什泰城堡中土耳其风格的"后宫房间"。在那里，他常与海军元帅冯·提尔皮茨（Alfred von Tirpitz）和德皇威廉二世等好友一起抽烟，而不是像房间的名字一样，当作"后宫"使用（他虔诚的宗教信仰让他对妻子宠爱有加，因此不太可能这么做）。但东方主义对于哈布斯堡晚期的作曲家来说就像一场暴风雪，给他们带来了强烈的感官享受和宿命感。波斯语和中文诗篇经过德国诗人汉斯·贝特格（Hans Bethge）的翻译，成为不少艺术歌曲的歌词，比如马勒的《大地之歌》（*Song of the Earth*）、希曼诺夫斯基的《第三交响曲》（*Symphony No. 3*）和《哈菲兹情歌集》（*Love Songs of Hafiz*）①、勋伯格（Schoenberg）的《四首混声合唱》（*Four Pieces for Mixed Chorus*）、韦伯恩的《在异乡》（In der Fremde）——这样的例子不胜枚举。当然还有贝拉·巴拉兹（Béla Balázs）令人着迷的作品《梦之斗篷》（*The Cloak of Dreams*），里面收集了一系列编造的中国神话故事，既有神奇的遮阳伞，又有尖叫的头颅和银质的小鱼，这些小鱼在池塘里碰撞时会发出小银铃般的响声。这些就足够了。

---

① 严格说来，希曼诺夫斯基是一个俄裔波兰人，但他的作品风格和价值取向都偏向哈布斯堡，因此也把他列在此处。我本人也十分喜爱他的作品，断然不能漏掉他。

第十二章

拒绝

哈布斯堡家族通常还要应付帝国中另一个老大难的问题：人们虽然谈不上厌恶他们的统治，却又表现出决然的冷漠。每一天，为数众多的农民都将帝国官员视作危险人物。在他们看来，外来者只会带来坏消息，直到今天也是一样。一个特兰西瓦尼亚的塞凯伊人在闲聊时告诉我，在他们那个人人讲匈牙利语的小镇子上，一旦听到有人说罗马尼亚语，便会将他看成来这里行骗的家伙，他会用不知什么手段让大家的生活变得更糟。这种情况在帝国比比皆是：讲德语或是匈牙利语的官员分散各地，视察征兵、税收或是农耕情况，他们走后只留给当地人一连串的苦难。

最想独处的群体当数苦修的修士们，比如特拉普会（Trappists）和卡玛尔迪斯会（Camaldolese）。我对于前者有着别样的感情，因为我在美国密歇根州的中世纪研究会上卖书的时候，连续几年都和几个来自美国肯塔基州客西马尼修道院（Abbey of Gethsemani）的工作人员做邻居，几个人有说有笑地在摊位上贩卖一种波旁威士忌软糖——这是特拉普会修士们特制的美味，完美融合了本州的特色（波旁威士忌酒），以及特拉普会崇尚缄默的美德［软糖（fudge）①］。这样的祷告习俗绵延数个世纪而不绝，修士们亦独立

---

① 这里的"软糖"一词还有废话、谎话之意。——译者注

于凡俗之外，对于任何统治者来说，这些人都构成了莫大的挑战。正因如此，约瑟夫二世以"毫无价值"为由开始打压这些宗教团体：如果生活在某个特定的地理范围内，唯一的目的就是向中央贡献资源，以确保国家获得更大的荣耀和安全，那么特拉普主义的确就没有存在的必要了。今天，克拉科夫城外宏伟的卡玛尔迪斯会修道院得以幸存，唯一的原因是这片地区于 1846 年才并入哈布斯堡的版图，约瑟夫二世强硬的态度已经成为过去时了。

胡特尔派（Hutterites）的规模更大，这一教派起源于宗教改革时期的蒂罗尔。1536 年，其创始人雅各布·胡特尔（Jakob Hutter）在因斯布鲁克被施以火刑。这一教派的信仰被视为异端，信众完全不接受任何形式的权威统治——他们不服从命令，拒绝穿统一的制服，甚至拒绝持有武器。胡特尔派对哈布斯堡家族的权威无动于衷，因此他们先是被赶到了摩拉维亚，后来又迁移至特兰西瓦尼亚，其间偶尔受到保护，但大部分时候都处于被追捕的状态。19 世纪中叶，他们在诺盖草原（Nogai Steppe）落脚，后来几经深思熟虑，决定前往美国和加拿大的草原。在那里，胡特尔派日益发展壮大，却仍然使用蒂罗尔口音的古德语交流。

对哈布斯堡家族更强势的挑衅来自匈牙利的小贵族们，他们要求在广阔的领土上获得肆意狩猎、畅饮和繁衍的权利，却不想承担更多的义务。当地的土地主们思想高度统一，都反对哈布斯堡家族的统治，这样的想法有着相当的吸引力。他们以早期的伟大抗争为荣，认为弗朗茨·约瑟夫根本没有执政的合法性（弗朗茨·约瑟夫通常被称为"刽子手"，因为在 1849 年，他就是以这样的手段在阿拉德处决了匈牙利的反叛将领们)。这些小贵族脾气恶劣、行为懒散,却受到人们的仰慕。这样的例子有不少,比如久尔吉·法鲁迪(György Faludy)在他的回忆录《地狱的快乐日子》(*My Happy Days in Hell*)里记录了一个匈牙利小庄园主的故事:战前,每当初雪飘落,他便会派马车到村子里接上最喜欢的三位牌友,直到春风融化冰雪之时再把他们送回去。这些人对广阔的世界毫不关心,因此也不难想象,中央政府为此会有多抓狂。当然,我们无须共担这种烦恼,或是为了哈布斯堡家族薄弱的税基感到沮丧。

对哈布斯堡家族最强力的批判来自犹太人。在帝国历史的大部分时间里,哈布斯堡家族对于犹太人的态度以及犹太人对于家园的态度组成了一条莫比乌斯环(Möbius strip),彼此都以对方的观点和理念为基础,形成了自己的世界观。19世纪初,布拉迪斯拉发的犹太教拉比哈塔姆·索弗尔(Hatam Sofer)一针见血地指明了犹太人的立场:犹太人被"土地的憎恶"所控制,是"毁灭之战的俘虏",任何创新行为都被禁止,任何迷失的犹太人都不再是犹太人,而是一个无神论者。虔诚的哈西德派(Hasidim)教徒仍持有这样的观点——痛苦可以清洗罪恶,哪怕是改变服装款式这样的小事也能解决一切。

在哈布斯堡的法律中,任何与犹太人相关的内容都在有效地执行,却丝毫没有考虑他们的需求,也没有真正了解他们的想法。玛丽亚·特蕾莎很可能是个反犹分子,她尽管取消了一些不合理的法条,但仍然十分在意犹太人在街上遇到圣体队伍时应该做出怎样的举动。约瑟夫二世对这些问题毫无耐心,但在他匆忙推行的法律中，与犹太人相关的部分并非旨在提高这一群体的福利，而是着重考虑如何将他们变成"好公民"。犹太解放运动各个阶段的推进都得益于官僚系统效率的提升，而非自由主义。

传统的犹太观点认为，犹太人之所以被上帝放逐到野蛮、自负又虚伪的中欧，是因为他们要为过去的罪行赎罪。的确有一些统治者保护过他们，但这并不意味着这些统治者认同他们可笑的价值观。因此，约瑟夫二世的一些举措严重威胁到了他们。如果犹太人得以存在的根本在于一代一代人对于某些行为范式的严格遵守，约瑟夫二世"出于理性"坚持要求他们使用德语而非意第绪语或希伯来语记账和开发票就会引发严重的问题。因此，任何移除犹太人活动障碍的行为都会成为一个圈套——允许犹太儿童上学从表面上看是一个进步，但这些学校都在大肆宣扬基督教思想，因此，上学不过是瓦解犹太人团结精神的手段。

波兰被瓜分后，欧洲大部分犹太人口都从波兰被划入普鲁士、哈布斯堡和俄国的版图。绝大部分犹太人来到了俄国，但该国并没有和犹太人打交道的传统，因此导致了"栅栏区"（the Pale）的噩梦。维也纳在处理犹太人的问题上经验丰富，现在也只是延续了他们以往多少有些不太光彩的手段。普鲁士的犹太人就没那么幸运了，他们赶上了荒唐的弗里德里希·威廉三世（Friedrich Wilhelm Ⅲ），这个信奉神秘主义的幼稚基督徒曾下令关停柏林的一座新式犹太教堂（这一教堂颇具实验性质，允许男女教徒坐在一起），理由是如果犹太教失去了非理性的蒙昧主义光环，其就会变得和真正的信仰一样具有感召力。这两种氛围的存在——要么强迫普鲁士的

第十二章

犹太人成为讲德语的普鲁士人,要么像俄国人一样将犹太人视为不可挽救的外来者——让哈布斯堡家族的做法显得明智多了。

19世纪的车轮继续前行,对于帝国中的大部分犹太人来说,哈塔姆·索弗尔的陈旧观点愈发站不住脚了。犹太人的城镇大多分布在喀尔巴阡山以东,极端的贫困和偏远的位置让他们相对传统,但随着最后的障碍被移除,主流世界的吸引力愈发让人难以抵抗。到了19世纪80年代,维也纳治下的犹太人中有四分之一会讲德语,而布达佩斯治下的犹太人中超过一半的人口会讲匈牙利语。在这个世纪的最后十年,犹太人也经历了人口爆炸,大批人涌入城市。当然,大批涌入维也纳和布达佩斯的人口并非全是犹太人,但他们从偏远地带突然涌入城市,并得益于这一时期的大繁荣,开始从事此前只属于小部分人的行业(比如医药业、新闻业和银行业),因此受到了广泛的关注。哈塔姆·索弗尔的后人们认为这些男女已经不再是犹太人:有些人欣然接受了这一观点,特别是那些偏向社会主义的团体,但大部分犹太人认为自己和那些困在犹太学校的同胞并没有什么两样。

作为多民族国家的一分子,犹太人在哈布斯堡帝国理论上可以比在德国和俄国受到更多保护,因为帝国中并没有统一的国家意识形态,不致让犹太人相比其他族群受到更多歧视。在其他帝国,犹太人根本不可能成为军官,但在哈布斯堡的军队中有数千名犹太人军官。在哈布斯堡帝国最后的年月里,犹太子民做出了巨大贡献——再把大家熟悉的成果拿出来讲一遍是乏味的,但我们也无法想象,非同凡响的欧洲文明史没有了犹太人会怎样发展。西格蒙德·弗洛伊德（Sigmund Freud）的父母从加利西亚迁居到摩拉维亚，接着又来到莱比锡和维也纳，这样的迁居轨迹是无数人生活的缩影。在现代主义历史上，我尤其喜欢詹姆斯·乔伊斯（James Joyce）的做法，将《尤利西斯》的主人公利奥波德·布卢姆（Leopold Bloom）的父亲塑造为来自松博特海伊（Szombathely）的"诈骗犯"形象。

然而，即便是在*相对*友善的哈布斯堡帝国，犹太人也不可能获得稳定，玛丽亚·特蕾莎的幽灵仍然坚持让他们不得在周日外出，因为谋杀基督的耻辱永远不会消散。在帝国的故土上，有不少19世纪晚期的犹太教堂得以幸免，最有名的当数比尔森的犹太教大会堂（Great Synagogue）和布达佩斯的烟草街会堂（Dohány Street Synagogue）。在这些地方，混杂的装饰风格让人头疼，因此到访这些教堂并不能带来多少美学体验。但显而易见的是，这些教堂与帝国各处建于同时代的博物馆和歌剧院一样，都是大规模工业化折中主义的受害者。在教堂设计上，比尔森的约2 000名犹太人持续受到无礼干涉，要求他们把教堂建得尽可能"东方化"，以凸显犹太会堂和基督教礼拜圣地的区别——早期的设计因为"异域塔楼数量不足"而被否决。

这种坚持凸显不同的行为愈演愈烈，形式上也愈发可怕。一个臭名昭著的例子发生在1882年的蒂绍艾斯拉尔（Tiszaeszlár）。在这个匈牙利小村中发生了一场可怕的血祭诽谤案，当地的犹太人被指控绑架了一位名叫埃斯特·绍伊莫希（Eszter Solymosi）的少女基督徒，并让一名信仰犹太教的屠夫杀害了她，将她的血混进碗里，做成了逾越节的无酵饼。最终，被告因为证据不足被释放（女

第十二章

孩最终被发现溺死在河里),但在媒体还有不少天主教神父的影响下,匈牙利掀起了一波反犹浪潮,全国各地都有犹太人遭到袭击。难以想象的是,在我撰写这部书的时候,极右翼的尤比克党(Jobbik party)竟在持续宣扬对埃斯特·绍伊莫希的狂热祭祀,甚至在匈牙利议会上发问,当时这个女孩子究竟遭遇了什么。我们越是以自己的智慧和深入思考为荣,就越像莫洛克怪兽(Morlocks)。

蒂绍艾斯拉尔的丑闻加剧了犹太人在帝国中的不安之感,但至少在官方层面上,还是普遍拒绝了这种令人作呕的愚蠢做法。但这并不意味着犹太人可以高枕无忧了。犹太人正在被同化,讲德语或匈牙利语这种"主要语言"就是同化的方式,这也意味着在这个民族主义盛行的混乱世界里,当政客和煽动者全力推进斯洛伐克和罗马尼亚等国的议题时,犹太人很容易沦为仇恨的靶子。同时,在德意志或匈牙利的基督徒中间,反犹情绪也未能得到缓解。帝国之外,可怕的事件屡见报端。其中最骇人的故事发生在罗马尼亚,当地政府认定犹太人和吉卜赛人一样,不得被视为罗马尼亚人。1878年,国际监管结束后,罗马尼亚人对犹太人的暴力、欺诈和恐吓行为持续进行,其规模之大迫使约 37 000 名犹太人(占全部人口的四分之一)离开罗马尼亚,去了美国。在俄国,规模更大的犹太人口也在遭遇持续不断的残忍暴行,导致数千人丧生。帝国成了相对体面的孤岛,但贫困和反犹主义一样,迫使大量犹太人离开加利西亚,移居美国或其他地方。对于大部分人来说,同化政策是相当成功的,但在每一个十年里,这一政策都会给帝国各地的犹太人带来新的恐惧和挑战,他们中没有人能奢望拥有真正长久的稳定。

被诅咒的村庄

我的脑子里一直有个挥之不去的想法,要写一本有关动物园建筑的书。这类建筑的种类丰富、造型奇特,却总被人们忽视,未能得到应有的重视。这种将橱窗展示、贮藏存储以及监狱功能融为一体的设施通常不为其直接客户(动物们)所注意,散客们(游客)亦将其视为隐形的画框。动物园建筑通常十分牢固,让里面的居民无法越狱出逃,大杀四方。这种牢固性恰好保证了动物园的活力,而不像马戏团或是露天市场那样,沦为娱乐陷阱。动物园的长寿让今天的参观者意外有机会体验到过去的氛围——从19世纪末到20世纪20年代,动物园都是"一日游"的最佳去处,是属于平民的珍奇柜。

布达佩斯动物园是历史最为悠久、建筑最为精彩的动物园之一。其他更为高级的文化胜地固然诱人,但我总是不自觉地转道来动物园逛逛,欣赏它风格独特的大门,上面还有新艺术风格的山魈、熊和大象装饰,或许这是最有意思的雕塑招标项目了。大部分动物园的形制确立于1914年前城市游乐风潮盛行的年代,一大批匈牙利的折中主义建筑师按照自己的喜好为首都建筑增加了胆大妄为的装饰。最重要的一位英雄设计师当数科内尔·诺伊施洛斯-克努斯利(Kornél Neuschloss-Knüsli),他不仅为动物园设计了风格独特的大门,还建成了令人难以置信的大象馆——这处场馆满足了

第十二章

人们对中亚清真寺的幻想,用蓝色的花砖铺顶,建有尖顶的宣礼塔,虽然看起来不太符合《古兰经》的要求,但在排水沟周围,间隔排列着河马和犀牛头装饰。大象们自顾自地大声咀嚼着食物,对周遭环境的两次变迁根本毫不在意——首先,它们来到了匈牙利,接着又搬进一个仿帖木儿时期风格的建筑里,和它们真正的家乡相去甚远。大象馆或许是匈牙利人所有"图兰主义"幻想中最为疯狂的一个例子,在他们模糊的想象中,这个民族来自中亚的沃野,几经迁徙之后,生活在这个国家的大象也拥有了同样的匈牙利祖先。一战期间,匈牙利人意外和奥斯曼人成了盟友,这座新建起来的大象馆让土耳其人感到冒犯——清真寺竟成了怪兽的栖息地,因此大象馆的宣礼塔不得不被暂时移除了。

布达佩斯动物园里的奇观数不胜数。比如,在热带植物温室的下面建造了一个水族馆。这里的鱼似乎都经过了特别挑选,鹦鹉鱼、狮子鱼、成群的刺尾鱼组成了一幅漂亮的拼贴画,连海鳗这样邪恶的生物看起来都高贵了不少,它们闪着金光的侧身总让人想起克林姆特(Klimt)的画作。实际上,在全世界众多水族馆(我真是去过不少水族馆)中,这里最能让你沉醉于圣桑(Saint-Saëns)在作品《水族馆》(*Aquarium*)中描绘的玻璃琴世界。当你被流光溢彩包围,和世纪末的狂欢风潮融为一体时,现实世界只会让你感到厌倦,耀眼的光线、远去的汽车和嘈杂的喧闹声都恍如隔世。

主导者的激进、风格的变化和突然涌入的资金让所有动物园都焕然一新,但布达佩斯动物园经历了一段恐怖的插曲。1944 年到

1945年间，布达佩斯遭遇围城战，动物园在战争中受到了严重损毁。大部分动物在战火中丧生，建筑被夷为平地——在今天的布达佩斯，包括动物园在内，多数城市建筑都是多年精心重建的成果。在噩梦般的几个月里，人们根本没有心思去想动物园的事。有一次，一头狮子逃入了地下设施，靠吃死马肉活了好一阵子，直到一队苏联士兵被派来完成一项特殊的作战任务——结果这头狮子的性命。河马成了动物园里唯一幸存的动物，电力系统崩溃后，绝大多数动物都冻死了，只有河马在布达佩斯各处温暖的自流水池里畅快地打滚。1866年奥普战争期间，两只河马被困在了的里雅斯特港——把两只河马从运输用的特制水缸里卸载下来需要一整套精细的流程，但当时一切都以烦人的军事为先，河马的事情不得不被搁置了——让我沮丧的一点在于，我无法推断出这两只河马和1945年布达佩斯的河马之间是否存在某种联系。或许这些历经磨难却依旧保持勇敢的非洲偶蹄类动物可以为我们创造另一段平行的中欧历史。

从某种程度来说，整座动物园都是对园子中心天才之作的嘲弄。每次来到动物园，我都特别要避开一处地方，那就是儿童互动区。在那里，几只恶魔般的白山羊一脸麻木地咀嚼着草料，一只不幸的绵羊却屡遭小孩子们的抚摸，羊毛脱落得只剩一块一块的了。布达佩斯动物园却大为不同。动物园的中心有一处充满讽刺般野性风情的地方：豚鼠村。这个令人恐惧又相当精彩的围场里面摆满了简单小巧的木制模型，组成了一个典型的中欧小镇，有市政厅、学校、华而不实的资产阶级房舍（居住者多为医生和律师）、一座教

第十二章

堂,还有成排的廉价房屋。当然,城里的居民不是人类,而是豚鼠。我的手机里到现在还存着一小段拍摄于四年前的豚鼠村视频,而我一直不愿意升级手机系统的主要原因就是怕丢掉这段视频。背景中意外响起的警笛声给这段视频增加了不少火热的氛围,幸运的参观者们见证了几十只豚鼠迅速穿过中央广场,趁着一桶胡萝卜刚放入村子的当口,便一哄而上、狼吞虎咽的盛景。豚鼠村好像一个观念艺术品,是对暴行的真实讽刺,永远不会丧失震撼人心的力量。当动物们从围场的各个角落里蹿出来,聚集到一处的时候,看起来真的像是一个个地方议员、小店主和当地的专业人士——它们是如此渺小,有着方盒子般的身体和粗糙的毛发——毫无意义地追赶着一桶胡萝卜。其他的小生物可能不会带来这般感受,但豚鼠古板而自给自足的特性让它们看起来仿佛是在奔赴一场爱国主义的庄重晚宴,哪怕没有木制的市政厅也能得到同样的效果。小镇上甚至还有木制的小汽车,一辆车上还坐着一只小豚鼠,它似乎对胡萝卜毫无兴趣,因为它显然命不久矣——却没有得到任何伙伴的注意或是关心。幸好我们无须选择,只需把它放到艺术的天平上:究竟需要多少卡夫卡(Kafka)的小说或是克劳斯(Kraus)的散文才能平衡豚鼠村的重量呢?

迁徙

大城市对小镇生活的鄙夷态度在布达佩斯动物园的儿童互动区

展现得淋漓尽致,但也只能将我们的讨论引向帝国最后几十年里遭遇的剧烈变革和动荡。在帝国各处,人们如潮水般离开各自的豚鼠村,涌向大都市。推力和拉力共同造就了如此局面。19世纪初,在帝国的许多地区,人们并没有使用货币的习惯。各个社区通常自给自足,以物易物,流动的行商(尤其是吉卜赛人)会定期到访这些社区,从外面带来本地人无法自产的商品。然而,铁路的发展带动了现金经济的兴起,铁路每修到一处,当地便会成为现金经济最新的桥头堡。只消短短一天,鲁尔区的一家工厂便能生产出品质更好、价格更低的小型金属制品,满足整片地区的需求。糖和烟草成了新的必需品,各式各样的酒水疯狂涌进这片大陆。除了季节原因,没有哪个地方是完全与世隔绝的,但过去仅靠马匹运输,从外面运进来的物品相对稀缺,因而价格高企。如今,好东西层出不穷——发夹、镜子、螺丝、缝衣针、化妆品、食用油——虽然都是些不起眼的小玩意儿,但既廉价又方便处理,对人们的生活产生了深远影响。同时,机器制衣的普及不仅改变了印度人的生活,也彻底改变了中欧人的生活。

有了火车,那些偏远、气候恶劣,或是隐藏在崇山峻岭间的地区也可以得到这些新奇玩意儿了,也有能力养活更多的人口。城市规模扩张之巨更是前所未见。1870年到1910年间,利沃夫、格拉茨、布尔诺和的里雅斯特等城市的规模扩大了一倍,布拉格新增了约40万人口,布达佩斯的人口增长多达约50万,维也纳更是进一步吸引了约120万名定居者。如此规模的人口流动史无前例,移民改变了现有的社会结构,改变了城市景观,形成了一种全新的兴奋

第十二章

感,当然,也有人会因此感到恐惧。

顺便提一下,哈布斯堡帝国的故事讲到这里,一般都要完成任务似的讲一讲像伊丽莎白皇后(即茜茜公主)和她的儿子皇储鲁道夫(Crown Prince Rudolf)这样的人物。但说真的,你如果对他们感兴趣,不妨去看看维基百科(Wikipedia)的页面,上面的介绍已经很详细了。英国有着相当残酷但也挺有意思的电影分级制度,每部电影都设有允许观看的年龄,还有短短一句相当有帮助的介绍语,比如:本片包含大量性爱和粗口镜头。我还记得一部法国影片的海报,上面一对戴着帽子的男女,在乡村的背景下隔桌微笑,显然无聊透了的电影审查员给出了这么一条评价:本片含有略微涉及情感的镜头。每当想起伊丽莎白和鲁道夫,这句话总会出现在我的脑海里。伊丽莎白郁郁寡欢地骑在马上,在欧洲各地游荡,这位性情忧郁的皇后与同样绝望的路德维希二世心意相通。路德维希二世大概是个自由主义者,终日沉溺于酒精和痛苦中不能自拔。最终,皇后被一个无政府主义者刺杀身亡,这人原本想要刺杀的对象没有出现,转而将怒气发泄在伊丽莎白身上。鲁道夫最后和一个样貌奇怪的少女双双自杀——或许他们也是被谋杀的?当然也不一定。这些过去的丑闻势必会包含"略微涉及情感的镜头"。伊丽莎白和鲁道夫最终成了维也纳皇家家具博物馆(Imperial Furnishings Warehouse Museum)的明星,那里展出有鲁道夫的书桌,还有宫廷中的大小家什。这些物件在 20 世纪 50 年代,罗密·施耐德(Romy Schneider)主演的系列电影中被用作了道具(参见影片第三部:

《茜茜公主：皇后的命运》[①]——包含相当无趣的破坏性镜头）。两人的生活在博物馆的各个展厅里得到了完美的呈现：旧式的帽架、时髦但不结实的椅子、火炉栏等等。实际上，我经常感觉弗朗茨·约瑟夫本人的做派和这些物件不无关系，几十年里，他经常辗转于各处，并不在意为什么他的帝国变成这副模样，只会不停地签署文件、打猎、前往巴特伊施尔（Bad Ischl）的皇帝别墅（Imperial Villa），在那里有专门的通道通向情妇的住所。我猜不光是政治上的左派分子，所有人都能感觉到，这段时期里真正有趣味的生活永远在别处。

弗朗茨·约瑟夫的帝国深陷在动荡之中，皇帝对于民族主义近乎失明般的无视是他为帝国做出的最大贡献之一。帝国如果想要做出正确的选择，就必须与甚嚣尘上的民族主义作斗争。这个由多个家族领地意外汇聚而成的政治实体已经变成一台战争机器，是捍卫天主教的堡垒。在帝国的最后几十年里，包容的精神不复存在，这里成了严格管制的孤岛，让民众的愤怒情绪日益高涨。

无数村民涌入城市变成新移民，在传统和宗教的双重影响下，他们形成了自己的身份认同。举例来说，加利西亚的村民会简单地将自己定义为犹太教徒、天主教徒、东仪天主教徒，或是东正教徒。许多人并不知道自己讲的是什么语言，认为自己说的不过是村里的方言罢了。但火车、教育、书本和报纸的普及改变了这种状况，让人们开始重新定义自己的身份，甚至在移居城市之前，就必

[①] 此处原文为 Sissi: Fateful Years of an Empress。——译者注

第十二章

须做出身份的"选择"。这样的选择（和美国的情况一样）可以在两代人之间造成巨大的差异，比如在帝国中，一个斯洛伐克人、罗马尼亚人，或是犹太人可以通过改变自己的语言、服饰、饮食和职业，变成一个匈牙利人。因此，如果有一对来自巴纳特乡下的夫妻在19世纪70年代移居布达佩斯，到了19世纪90年代，他们的孩子就会成长为一个彻头彻尾的匈牙利人，有着和故乡完全不同的口味和习惯。这些人的灵活度很高，在最终选择穿上某种民族服饰之前，民众大会、宗教信仰和职业都能塑造他们的民族认同。

以一些知名的犹太人为例：马勒的父亲是一位来自波希米亚中部的旅店老板，他的祖母是个小商贩；卡夫卡的祖父来自波希米亚南部，曾在宗教仪式上以屠宰动物为生。但哈布斯堡并非所有伟大迁徙的终点。比如我心中的几位英雄，我在写下他们的名字时，很难不感到一种深切的动容——我的耳边似乎响起了马勒《第二交响曲》（*Second Symphony*）的开篇（事实上，我的确在放这首曲子），头脑里出现了这两人的形象：比利·怀尔德（Billy Wilder）从加利西亚移居德国，后来又到了美国，这段史诗之旅（虽然这样的迁徙路线十分常见）成就了他的人生，让他拍出了好莱坞历史上最伟大的几部影片；菲利普·罗斯（Philip Roth）的祖辈离开了加利西亚，让我最喜欢的作家有机会将中欧的故事讲述给英语世界的读者。

犹太人的故事清晰地表明，依照早期传统的犹太教标准，这样的迁徙是不被接受的，他们认为离开犹太社区只会让犹太人踏入"憎恶之地"，导致灾难般的行为。从各个角度来看，这一点对于大量非犹太人来说同样适用——他们必须抛弃一大堆杂乱无章的传统习俗，学会如何在大城市中生存，这些都是完全陌生的概念。在布拉格，登上佩特任山（Petřín Hill）的山顶，就能看到河两岸的老城区及其蜿蜒曲折的轮廓。同时，你还能看到重建于19世纪晚期的犹太区（Josefov），还有那里浮夸而古怪的公寓楼。新城区里还矗立着许多雄伟的纪念碑，那是为了纪念同时期的捷克民族主义运动而建——再向远处眺望，在各个方向上都是一片住宅的海洋，无数从乡村涌入城市的工人就曾住在那些房子里。

来到城市的乡下人不知道谁才是他们新的主人。为了兴建房屋而进行的土地交易让贵族们赚得盆满钵满，但这和大部分新住户毫无关系。漫长的迁徙动摇了他们的顺从之心。面对电车、报纸、布道、政党、学校，这些新移民必须做出重要的决定，想清楚要如何融入城市，以及要培养怎样的饮食和行为习惯。波希米亚小镇比尔森就是个好例子。直到19世纪晚期，这里还是个典型的德意志城镇，名字还保留了德语拼法Pilsen。和德语区的大部分地方一样，这里的居民认为只有乡下人和仆人才讲捷克语。当地知名的比尔森啤酒最先由一个名为约瑟夫·格罗尔（Joseph Groll）的巴伐利亚人酿造，而啤酒本身就是一种地道的德意志饮料［主要讲德语的小镇百威（Budweis），也就是今天的捷克布杰约维采同样如此］。如今，小镇仍在酿造比尔森啤酒，只不过现在的大型酿酒设备都是靠电脑操控，绿色的啤酒瓶挂在架子上，生产线边上只有为数不多的几个工人，他们的主要工作是把个别裂开的玻璃瓶子清理出去。整个地方弥漫着奇怪的肥皂味，早已没了挤着眼睛、穿着皮围裙、留着奇怪小胡子的酿酒师傅，虽然每个参观者都期待能看到这些老师傅。今天，比尔森啤酒品牌博世纳（Pilsner Urquell）只是日益萧条的英国南非酿酒公司（SABMiller）旗下全球产品线中的一个，模模糊糊地传递着中欧酒馆里的友好氛围——这样的友好情谊被大工厂和品牌所有者无情嘲笑，更是和"天鹅绒革命"的旧日理想相去甚远。

火车出现后的几年里，长期掌管比尔森啤酒的德意志寡头们发现自己与时代完全脱节了。比尔森成了一个重要的枢纽，兴建了大型修理厂，雇用了数千名捷克工人。更糟糕的是，1866 年，埃米尔·斯柯达（Emil Škoda）被任命为当地瓦尔德施泰因伯爵（Count Waldstein）兵工厂的总工程师。过了不到三年，斯柯达就买下了兵工厂，他也因此迈入了资本主义杰出发明家的阵营，带来了金属和电力制品的井喷。幸好本书还算得上是内敛之作，不然我就该兴奋地跳出来，向大家展示我最喜欢的藏品《斯柯达 150 年影像与文件集》(*150 Years of Škoda in Photographs and Documents*)了。这本影像与文件集以一种独特的方式，生动而传神地记录了哈布斯堡家族统治末期的场景，其中不乏令人毛骨悚然的片段：和金属巨物相比，工人们都成了小矮人，他们的身边是船舶轮机、舰炮和巨型钢制转向盘，上面标注着 30 000 千克的字样（很有帮助的信息）。这里是精准操控巨型金属制品的圣殿，地板上杂乱地堆放着组装到一半的武器、成箱的铆钉、一桶桶润滑油，吊架上还缠着来回摆动的链条。面对如此革命性的"万魔殿"，考虑到工厂的所有者、曾经还是农民的捷克工人，还有工厂的产品，政治上到底该形成怎样的体制才是正确的呢？奥匈帝国的工业实力远逊于德国和英国，但他们仍然取得了不少惊人的成果，在上一代人眼中，或许这是施了黑魔法才能获得的惊人之作。在时代精神的感召下，布鲁克纳、马勒这样的音乐家开始创作与斯柯达工厂相匹配的音乐，海顿的《日出》四重奏似乎成了老皇历。

短短几年后，比尔森这个地名就从德语 Pilsen 变成了捷克语 Plzeň。捷克人从乡下蜂拥至此，向谁效忠以及为什么效忠成了首要问题。大量政党的成立、民众教育和货币的普及共同塑造了全新的公共领域，但这一领域很快就失控了。各种形式的民族主义很容易遭到外来者的嘲笑——它们是有毒的、令人沮丧的，最终会变成每个人的灾难。哈布斯堡帝国中一直存在着一个争议，即民族主义是否能被限制在外在层面（比如服饰、食物、游行——就像美国那样）。一些社会主义者认为，民族主义不过是场蛊惑人心的骗局，是坑害工人的陷阱。同时，自由派的观点认为，如果仅仅因为语言和教会的不同就对一个人怀恨在心是件非常危险的事情。

但很显然，对于民族主义的种种争论并没有什么共通之处，人们也很难躲开这些观点的影响。究竟该怎么做才能让一个匈牙利的自由主义者认同，应该将罗马尼亚人占多数的特兰西瓦尼亚地区移交给罗马尼亚，或是将匈牙利南部划给塞尔维亚人呢？这样的想法实在是太奇怪了。我对本书的构思时间越长，就愈发厌恶民族主义，甚至感到恐惧。民族主义就像黑死病一样致命，但很显然，这样的观点尚未得到其他所有人的认同。即便是欧洲最精明、最能说会道的人物都欣然接受了某种形式的民族主义，从此，民族主义就

第十二章

变得像他们的皮肤一样，再也无法剥离。一旦你使用的语言（还有你阅读的报纸、书籍），你从小开始信仰的宗教不再是一个简单的地区事务，转而成为公共领域的一部分，就再也没有回头路了。比尔森就是个好例子。人们对使用捷克语的要求愈发强烈，在多年抗争后，《巴德尼法令》（Badeni Decrees）终于在1897年出台。法令规定在波希米亚地区，所有处理政府事务的官员必须同时会讲捷克语和德语。这一法令让该地区巧妙地摆脱了完全由德语主导的环境，但也让德意志人（他们基本都没在学校学过捷克语）一夜之间沦为二等公民，而捷克人（他们过去被迫学过德语）则成了新的统治者。由此引发的暴动和抵制让波希米亚分崩离析，法令最终被迫撤回。但如果比尔森规模最大又最富有的雇主以及他的员工都是捷克人，又能有什么解决办法呢？这对于波希米亚的德意志人来说意味着什么呢？屈辱和迷惑折磨着这些德意志人，他们会拿自己的命运和几千米外第二帝国（the Second Reich）讲德语的同胞们作比较吗？

人们愈发意识到，一旦失去哈布斯堡这个统一的保护伞，很可能导致各族相残的乱局，这一点反倒成了帝国秩序尚存的原因。不少人梦想建立单一民族的独立国家，但当地纷乱的民族纠葛也让很多人认识到，这样的想法相当危险。即便像托马斯·马萨里克（Tomáš Masaryk）这样的关键人物也明白捷克人独立建国是不现实的。19世纪90年代，马萨里克在维也纳议会任职。在当时的布拉格，捷克人口虽然占绝对多数，但仍然存在像捷克布杰约维采、布尔诺和捷克克鲁姆洛夫这样讲德语的地方。这就意味着，即便波希米亚同意让出西部和北部国境附近的德语区（苏台德地区），也必须向剩下的德意志人做出某种妥协。直到第一次世界大战的爆发才改变了马萨里克的想法。

奥匈帝国中的一些群体给占据优势地位的德意志人和匈牙利人制造了不少"麻烦"，也得到了外部势力的支持，他们构成了民族主义运动的主体。在帝国内部，塞尔维亚和罗马尼亚发展了很多"民族盟友"，这些群体的历史虽然并无关联，但他们相信在当下这一时刻，说同样语言的人们有必要联合在一起。哈布斯堡治下的大部分塞尔维亚人和罗马尼亚人最终接受了这样的观点，但在1917—1918年的大灾难爆发前，他们并不认同这样的想法。无论是贝尔格莱德还是布加勒斯特，残酷的统治手段都无法让他们成为理想的统治者。举例来说，爆发于1907年的罗马尼亚农民起义最终以血腥的屠杀告终，有约10 000人死于这场暴动。这场悲剧引发了人们的思考，让人们（包括很多哈布斯堡治下的塞尔维亚人）更加深刻地认识到即便存在种种羞辱，国家的火种也应该交于真正有能力的统治者手中，而非残暴的民族国家。

人们经常认为维也纳十分善于挑拨民族间的矛盾，利用恩威并施的手段，像对待马戏团的动物一般，将各民族玩弄于股掌之间。但实际上，维也纳在大部分时候都是无计可施的，只能疲于应对频繁的社会经济变革，有时会盲目地制定一些解决方案（比如《巴德尼法令》），反而引发更大的动荡。然而，波希米亚的困局反倒帮助了维也纳。在这里，并没有爆发基于语言的内战（直到1938—1945年间）来"清理"这一省份，不免让当地的困局陷入了无解的局面。但在加利西亚,对罗塞尼亚人文化表达的支持让波兰人忧心忡忡,唯一的"出路"竟是发动一场针对民族和阶级的全面战争——当然,这样的战争确实在恰当的时候发生了。思考这些战争是否可以避免是令人伤神的,还需要进行一系列反事实的假设,因此也是毫无意义的。匈牙利人和奥地利人都花了大量时间来盘算各自能获得多少民族的支持。维也纳的第一批德意志民族政党提出了一个极具创意的想法,认为应该将达尔马提亚划给匈牙利人,让加利西亚成为治下一个独立的王国。这样,斯拉夫人离开之后,人口占多数的德意志人就能压制捷克人和斯洛文尼亚人。匈牙利人也有自己的打算,他们并不想得到达尔马提亚,这也是可以理解的。因此,弗朗茨·约瑟夫就能看清楚到底有多少斯拉夫族群真正愿意向他效忠,这些人担心一旦失去了霍夫堡在超民族层面的统一管理,他们的德意志和匈牙利主人就能为所欲为了。但即便如此,这样的忠心也是岌岌可危的。波兰人虽然受到局势所迫,但如果其他千百万的斯拉夫人——捷克人、斯洛伐克人、罗塞尼亚人、斯洛文尼亚人、克罗地亚人、塞尔维亚人——相信他们可以借助像俄国这样的外部势力来终结"统治民族"的压迫,情况又会发生怎样的变化呢?

元首

当然,德意志人也开始迁入更大的城镇,和维也纳一样,林茨、格拉茨、维也纳新城和施泰尔这样的地方也得到了进一步的发展。实际上,施泰尔和捷克的比尔森有很高的相似性,两地都形成了军工复合体,只不过施泰尔是属于德意志民族的城市。庞大的枪械制造业成了施泰尔发展的基础。丰富的铁器供应让施泰尔自中世纪起就开始制造武器,到了19世纪,这一产业迅猛发展,当地数千名工人生产了大量由斐迪南·里特尔·冯·曼利夏(Ferdinand Ritter von Mannlicher)设计的来复枪和自动手枪。在当地博物馆里,除了曼利夏及其后继者设计的无数枪械之外,还有一件相当吸引人的展品。那是一张照片,记录了1910年左右一队阿比西尼亚人(Abysinian)参观施泰尔曼利夏武器工厂的场景。照片里的阿比西尼亚人正在欣赏机关枪展示:子弹即将出膛,身穿燕尾服、头戴大礼帽、架着夹鼻眼镜、留着精致胡须的参观者们都用手指堵住了耳朵。代表团的成员们个个服饰精美,给人一种奇特的疏离感,但其中的一个阿比西尼亚人成了照片中的明星,这个年轻人身背子弹带,留着奇短的头发,给人一种完全不同的感觉:平视镜头的冷酷眼神让他好似一个来自未来的访客,是隐藏在一群古板而腐朽的愚人中,来自20世纪60年代的非洲马克思主义者。这张照片简直应该挂在所有历史教室的墙上。这并不是出于反对殖民主义的目的,因为照片本身就暗流涌动:可怕的武器成了交易的货品;照片里的奥地利工人比阿比西尼亚人看起来更有"异域风情";人们认为阿比西尼亚人是被主人鄙夷嘲弄的对象,但短短十年中,《凡尔赛条约》(Treaty of Versailles)签订,施泰尔曼利夏工厂被迫关闭,阿比西尼亚人的主人们反倒先走向了灭亡。其实,光是想想这张照片为什么被拍下来就是件挺有意思的事情。

讲德语的族群与哈布斯堡家族在政治上日渐疏远,既是出于对其他少数群体的猛烈抨击(比如波希米亚问题),又是身处奥地利工业中心的新兴工人阶级一意孤行的结果。自19世纪70年代起,德意志人就开始表现出强烈的不满情绪。讲德语的人群在无数欧洲小国都有分布,在哈布斯堡帝国中拥有德意志人的身份成了骄傲的象征。但普鲁士的崛起打击了这些人的自豪感,德意志帝国(German Reich)的建立更是让这份荣誉感沦为笑话。这些奥地利的德意志人是否和瑞士人一样,成了阿尔卑斯山区的边缘人物?① 即便在波希米亚,这一自古以来便属于神圣罗马帝国的地区,德意志人的城镇里也挤满了强调权利诉求的捷克人;卡林西亚的情况也是一样,在那里,斯洛文尼亚人在争取着他们的权利。帝国中属于匈牙利的部分成了德意志人敌视的对象,他们认为这些匈牙利人都是些寄生虫,完全要靠讲德语的纳税人养活;他们也敌视犹太人,因为这些人在德意志人不擅长的领域志得意满。弗朗茨·约瑟夫的政府加足马力,希望在民族间取得平衡,但遗憾的是,这些手段只会动摇国家的德意志内核。

德意志人新兴的偏执情绪日益高涨,格奥尔格·里特尔·冯·舒纳勒(Georg Ritter von Schönerer)就是个令人脊背发凉的好例子。和许多德意志人一样,克尼格雷茨战役让这个来自奥地利的地主大为受创。他开始崇拜俾斯麦,认为受困于哈布斯堡帝国的德意

---

① 在经历了恐惧和屠杀之后,这一答案是肯定的。

志人都应该挣脱弗朗茨·约瑟夫的无能统治，和同胞们联合在一起。舒纳勒是个可怕的人物，他痛恨哈布斯堡家族，痛恨作为家族支柱的天主教信仰，痛恨不知天高地厚的捷克人，痛恨自由派、社会主义者，还有他最为痛恨的对象——犹太人。作为泛日耳曼民族党（Pan-German Party）的党魁和国会议员，他全力煽动暴力仇恨，让维也纳议会陷入瘫痪，无法做出任何理智的辩论或妥协。他发明了高呼"万岁"（Heil）的致敬方式，他的追随者将其奉为"元首"（Führer）。他将自己视为全体德意志人的守护神，成功罢免了一位首相，为讲德语的人创造了属于自己的"尖牙"和妄想，其糟糕程度和其他语言族群的作为不相上下。

舒纳勒身上有着贵族阶层的傲慢，让他无法成为一个受大众欢迎的人物，但他也无须成为这样的人物，因为他已经被名为"英俊卡尔"的维也纳市长卡尔·卢埃格尔（Karl Lueger）比下去了。卢埃格尔不似舒纳勒般古怪，他大张旗鼓地支持哈布斯堡家族的统治，是个信奉平民主义的天才。在战前的世界里，他比其他任何人都更好地把握了大城市发展带来的机遇，大力兴建水厂和有轨电车系统，让维也纳成为可以容纳数十万新移民的城市。仍在维持维也纳正常运转的市政系统大多要归功于卢埃格尔。从1897年到他去世的1910年，卢埃格尔一直统治着这座城市。他是一个伟大而虔诚的城市管理者，深受德意志人的喜爱，但他也和舒纳勒一样，对犹太人充满敌意——19世纪80年代，舒纳勒发起了禁止犹太人进入维也纳的运动，受到了卢埃格尔的支持。

就在我写下这些内容的时候，维也纳正在发起为今天被称为

第十二章

"卡尔·卢埃格尔博士环路"(Doktor-Karl-Leuger-Ring)的道路重新命名的活动。卢埃格尔曾将犹太人视为"人形猛兽",认为豺狼虎豹都比犹太人更亲近人类,解决"犹太人问题"的好办法就是把他们都赶到一条大船上,然后沉船入海。我想这些言论的邪恶程度早已超过了他对维也纳市政系统的贡献,这应该是没什么争议的。但不难想象,当你走在"属于"他的环路上,或是看向他面对城市公园(Stadtpark)的巨型雕像时,还是会情不自禁地赞美他吧。

舒纳勒和卢埃格尔在很多问题上都意见相左,但他们发展出了奥地利德意志人的特殊政治模式以及前所未有的民族意识。在此之前,并不存在"帝国德意志居民"这样的标签,因为人们生来如此,根本无须定义。在帝国各处,德意志人似乎拥有天然的特权,隐形的特殊组织形式也保护了这些特权。其他"种族"则因为宗教信仰、文盲和贫困而一直处于低下的地位,并彼此分散。随着19世纪的发展,这样的情况不复存在。过去只能当苦力、农奴,或是被大部分职业拒之门外的人们突然意识到,他们也可以拥有同样的权利和话语权,像他们从前的主人一样衣着考究,掌握知识。1908年,十几岁的阿道夫·希特勒(Adolf Hitler)来到维也纳,和成千上万来自上奥地利的贫困德意志人一样,到大城市找寻属于自己的机遇。

第十三章

《埃尔德迪的一跳》(*Erdődy's Jump*) 由卡尔洛·德拉什科维奇 (Karlo Drašković) 拍摄于 1895 年。我选择这张照片,仅仅是因为我一直都很喜欢它。德拉什科维奇出身克罗地亚贵族家庭,在他短暂的一生中拍摄了许多实验性质的照片,想要捕捉运动的瞬间。伊什特万·埃尔德迪 (István Erdődy) 的运动才能在这张照片中被永久地保存了下来。埃尔德迪来自一个匈牙利地主家庭,居住在今天的克罗地亚北部地区。

资料来源:Museum of Arts and Crafts, Zagreb.

绵羊和甜瓜

在写作本书的过程中，我无数次感慨自己的好运气。尽管也经历了荒唐的挫败、羞辱和自身语言能力不足导致的麻烦，但我仍然以写书为借口，兴致勃勃地造访了不少神奇的地方。来到罗马尼亚中部城市锡比乌之后，这种兴奋之感达到了顶点。

锡比乌是个典型的"撒克逊"城市，受到历任匈牙利国王的保护，施行德意志法典《伊格劳法》(Iglau law)，其中规定了定居者的责任和义务。锡比乌旧称赫曼施塔特，居民以德意志人为主，只有布拉索夫比这里更靠东边。没有多少地方像锡比乌一样，保留了强烈的旧日风情：城里还耸立着雄伟而阴森的撒克逊教堂，上城区依山势而建，下城区则遍布阳光照不到的弯曲小街［我就住在这样的小街上，每天清晨都像一份全新的礼物。每当走出旅店，我都会感觉自己迈入了保罗·威格纳（Paul Wegener）《泥人哥连》(*The Golem*)①的电影片场，有很强的表现主义风格］。破败的瞭望塔好像影片《世界大战》(*The War of the Worlds*) 中火星人三脚战机（Martian Tripods）的砖木原型，还在站岗放哨，警惕地望向山间，以防早已消失的瓦拉几亚人和土耳其人再度来犯。一条条街道上，鳞次栉比地排列着风格杂乱但让人灵感迸发的各式建筑。

---

① 《泥人哥连》是波兰导演保罗·威格纳上映于1915年的作品。——译者注

20世纪上半叶,锡比乌从一个匈牙利东南部的边境小城变成罗马尼亚中部的城市,这种变化正是帝国子民悲惨经历的一个小小缩影。撒克逊人是锡比乌的主导力量,和其他占据优势的族群一样,自15世纪甚至更早的时候起,撒克逊人就在维持社会的稳定和秩序,更因为自身的历史,拥有了小城独一无二的所有权。但事实并非全然如此。考虑到锡比乌的地理位置,任何人都不难想象这里过去的遭遇——一连串可怕的暴动、战争、动荡、瘟疫还有宗教冲突。直到19世纪中期,锡比乌仍然大致可以被看作一个德意志小城,还在履行它过去的使命。这里曾是行会云集的商贸中心,商品和服务在这里制造、流通,也是防御瓦拉几亚人的据点。后来,锡比乌先后受到土耳其人和俄国人的统治。因此,1853年克里米亚战争的爆发很可能让这里再次成为战争前线。

19世纪后期的锡比乌和帝国其他地方一样,也经历了一场人口革命。不知道为什么,欧洲人总喜欢将自己看作情感内敛、高度稳定的一群人,但事实上,几乎所有人都在移动。只有一点例外:欧洲人一般会羞怯地承认曾有数百万乡下人急匆匆地涌入港口城市,从那里去往殖民地,但发生在欧洲大陆内部的迁徙活动却是一片空白。1850年到1950年的欧洲历史精彩纷呈(同样波澜壮阔),国王和王后们不再是历史的焦点,主角变成了建设伦敦的爱尔兰人、前往伦巴第工厂的那不勒斯人与移居到哈布斯堡城镇的斯拉夫和罗马尼亚农民。让数百万人背井离乡前往美洲或太平洋地区的推拉之力同样造就了欧洲内部的大规模人口流动。一直是个小城镇的锡比乌急速扩张,人口从1850年的约13 000人激增到1900年的将

第十三章

近 30 000 人。人口的民族构成随之发生了改变，撒克逊人的数量几近翻番，罗马尼亚人的数量变成过去的三倍多。与此同时，匈牙利人的数量从不足 1 000 人增长到差不多 6 000 人。因此，在锡比乌这个小地方，你同样能看到帝国治理中几乎无法解决的难题。幸运的是，作为特兰西瓦尼亚的一部分，在 19 世纪 60 年代之前，锡比乌一直受到维也纳的直接统治。1861 年，当地宣布将实行民主选举（至少是适度的民主），并于 1863 年正式举办了选举。

1861 年成了罗马尼亚人的关键之年。奥匈帝国即将于 1867 年成立，特兰西瓦尼亚将被划给匈牙利人管辖。然而到了 1867 年，这样的安排显然太迟了——罗马尼亚人开始发出政治呼声，以暴力手段反对匈牙利君主的统治。1861 年，引人注目的特兰西瓦尼亚罗马尼亚文学及罗马尼亚民族文化协会［Transylvanian Association for Romanian Literature and the Culture of the Romanian People，ASTRA（简称"阿斯特拉"）］在锡比乌成立。协会从特兰西瓦尼亚的最底层起步，一开始只做最简单（也最令人兴奋）的工作——在罗马尼亚兴办教育，为罗马尼亚文学打基础，建设罗马尼亚经济，使之独立于德意志或匈牙利的影响。伟大的博学家乔治·巴里特（George Barit）就是这一代罗马尼亚人的杰出代表，他编写了罗马尼亚的第一部百科全书，是个精力充沛的教师和作家。在 1867 年之前，他一直代表当地在维也纳奔走——最初担任阿斯特拉秘书，后来成为会长。

巴里特反对将特兰西瓦尼亚划归匈牙利管辖，是向维也纳请愿的关键人物。因此，他成了布达佩斯的眼中钉。然而，巴里特这样的人物越来越多。1892年，请愿者向弗朗茨·约瑟夫提交了《特兰西瓦尼亚备忘录》（Transylvanian Memorandum），要求给予罗马尼亚人平等的权利。然而，这次活动以彻底失败告终（弗朗茨·约瑟夫甚至都不肯看一眼文件），大部分签了名字的请愿者都被愤怒的匈牙利人关进了监狱，无法解决的民族噩梦开始蔓延。虽说有点马后炮的嫌疑，但1867年的土地争夺战显然是匈牙利犯下的一个严重错误。匈牙利人既沉迷于建立中世纪国家的幻想，又害怕自己的民族消亡，因此想要建立一个比意大利还要大的国家，但失败了。特兰西瓦尼亚的大部分匈牙利人都分散各处，无法形成有效的防御机制。更糟糕的是，他们曾经生活在不同的政体下，各自有着奇怪的邻居，实际上，哪怕是匈牙利人自己，也不认为布达佩斯的统治是个加分项。

后见之明毫无意义，即便在1867年，人们也不知道快速变革会给每个人带来怎样的冲击。现在我们可以说阿斯特拉及其会员即将扮演重要的角色，但在当时想要认清这一点就需要点特别的智慧——学校和罗马尼亚人开办的小型造纸厂怎么会让欧洲的大臣们心生警惕呢？事态还在进一步发展。到了1900年，毗邻的罗马尼亚王国（Kingdom of Romania）已经发展为一个完全独立的国家，欢迎身在特兰西瓦尼亚、想要摆脱匈牙利人统治的罗马尼亚人到来。仅仅在锡比乌，经历了漫长抗争的罗马尼亚人不再是那个没有文化、穷困潦倒，可以任由撒克逊人和匈牙利人唾弃、支配的群体了。阿斯特拉实实在在地鼓舞了帝国内外数百万的罗马尼亚人，这不仅仅是巴里特积极行动的结果，也要归功于同时期的阿斯特拉会

第十三章

员安德烈·萨古纳（Andrei Şaguna）。萨古纳是一名修道士，后被任命为主教，他通过不懈的请愿和策划（部分出于对匈牙利人的仇恨，当然这种仇恨是对等的），终于在 1864 年（短短三年后，这里就要划归布达佩斯统治了）让官方承认了罗马尼亚东正教会（Romanian Orthodox Church）的独立地位。到了 1900 年，锡比乌的形势一片明朗，相继修建了阿斯特拉博物馆和一座惊艳的罗马尼亚东正教大教堂。今天，教堂所在地俨然成了一条宗教"美食街"（Restaurant Row），几乎所有你能想到的教派都在这里建了教堂，彼此相距不过 5 分钟脚程。

"罗马尼亚主义"（Romanianism）的胜利是帝国一件至关重要的大事——它意味着一旦匈牙利在政治或军事上失势，整个东部地区都可能惨遭布加勒斯特的颠覆。虽然在两次世界大战中，罗马尼亚政府都惊人地无能，总是无法把握时机，但罗马尼亚还是夺取了特兰西瓦尼亚并将其牢牢抓在手中（除了在二战中被短暂割让的时期）。此后，撒克逊人和匈牙利人大量迁出，布达佩斯夺回统治权的可能愈发渺茫，虽然最为鲁莽的政客们还对这一想法念念不忘。

对于匈牙利人来说，1867 年是极其激动人心的年份，此时他们有望建立真正属于自己的国家。1873 年，布达、佩斯和欧布达（Óbuda）共同组成了全新的布达佩斯城，让民众的激动情绪上升为狂热。但不得不承认，他们还要面对一群难对付的新"子民"。短短五年内，抗议活动接连不断，除了阿斯特拉的罗马尼亚人，还有纳吉贝克斯科里克（Nagybecskerek）的塞尔维亚人、图洛兹圣马尔通（Turócszentmárton）的斯洛伐克人和扎格拉布（Zágráb）

的克罗地亚人——这些匈牙利语地名早已不复使用,今天它们是塞尔维亚的兹雷尼亚宁(Zrenjanin)、斯洛伐克的马丁(Martin)和克罗地亚的萨格勒布。抗议群体大多来自山区,生活困窘,进一步激化了政治运动和语言运动(两者密不可分)的爆发。通常来说,特别是在匈牙利以北的斯洛伐克和特兰西瓦尼亚,这些人必须臣服于愈发迂腐守旧的匈牙利地主,民族问题成了地主阶级攫取资源的途径之一。但大型庄园已经无法再为经济提供足够的动力,也就无法通过排他手段保留唯一的生活方式了。

面对强烈的仇恨,"匈牙利化"的进程还在无情地向前推进——斯洛伐克人可以选择继续穿着民族服饰栖身于山间的堡垒,也可以搬到布达佩斯或是外多瑙地区,学习匈牙利语,在工厂找份工作。当时,乡村生活极度沉闷,人们的预期寿命也很短,随时可能发生的疾病和物资短缺足以让收入最低的城市工作都充满吸引力。甚至在几代人之后,情况依然没有任何改变——诺贝尔奖获得者、罗马尼亚裔德国作家赫塔·米勒(Herta Müller)在小说《心兽》(*The Land of Green Plums*)中曾生动描绘了巴纳特的乡村生活:在那里,唯一的选择就是种瓜和养羊,唯一让人兴奋的事情就是看绵羊在甜瓜地里撒欢,用蹄子踩烂甜瓜。19世纪的巴纳特也是这副模样,因此,像布达佩斯这样的城市给了人们极大的诱惑。移民的入场券首先就是认字,学习一种新语言,这一过程在1850到1910年间造就了差不多200万"全新的"匈牙利人。在这些新移民中,犹太人以70万的数量位列第一,紧随其后的是德意志人(50万)、斯洛伐克人、罗马尼亚人和南斯拉夫人。匈牙利化的效

第十三章

果是惊人的,但也存在一个古怪的现象,即匈牙利长期缺乏一种城市文化。这是因为匈牙利人更重视拥有土地和房产,在经历了无数历史转折之后,德意志人、塞尔维亚人和亚美尼亚人反倒在不同时期和不同地点承担了大部分市政工作。到了1900年,情况终于发生了改变。布达佩斯在1848年仍然是个讲德语的城市,但到了1900年,城市规模进一步扩大,匈牙利人的占比激增到80%。在匈牙利中部的大部分地区,匈牙利人愈发"城市化",传统的土地收益不再是人们最具代表性的收入来源。与此同时,大量"民族"外迁也给匈牙利人帮了大忙。举例来说,差不多有100万斯洛伐克人非常明智地移民去了美国,这些人创造的意识形态和谈判对于推动斯洛伐克在一战期间与捷克合并起了重要作用。

第一次世界大战即将爆发,匈牙利政客们眼前的局面更加复杂——令他们深恶痛绝的奥地利人在不停地破坏妥协方案,至少想要修改其中的一些条款,与此同时,动乱在王国大部分地区接连爆发。哪怕有再多人实现了匈牙利化,也远远不够。匈牙利人曾希望斯洛伐克人可以集体消失,但这种妄想不会实现。随着教育的普及,以及当地政客和教士对地方语言学校的保护,斯洛伐克人匈牙利化的进程就和奥地利人的德意志化一样,突然中止了。实际上,斯洛伐克人直到帝国崩溃的1918年才成为一个真正的威胁,但罗马尼亚人对匈牙利人统治的反抗则愈演愈烈,形成了清晰的行动方案——和罗马尼亚实现统一。塞尔维亚人内部发生了分裂,但对于大部分人来说,在贝尔格莱德就能公然得到外国势力的支持。克罗地亚人本身也很反感匈牙利化,但他们也担心自己被塞尔维亚人或是意大利人同化，因此并没有表现出强烈的反对。同时，克罗地亚人也希望能和奥地利治下的达尔马提亚形成联合，这一想法分散了他们对匈牙利化的注意力。人人都开始关注人口比例，各个郡县都开始进行人口普查，希望能找到对匈牙利人有利的蛛丝马迹。匈牙利人开始变得惊慌失措，奥匈帝国在巴尔干半岛的任何行动都能牵动他们敏感的神经，因为斯拉夫人一旦涌入，匈牙利人的人口占比就会陷入劣势。布达佩斯在焦虑中陷入麻木——1908 年，波斯尼亚和黑塞哥维那合并（更多的斯拉夫人！），弗朗茨·斐迪南推出新的妥协方案，给予南斯拉夫人和德意志人、匈牙利人等同的地位。必须承认的是，让弗朗茨·斐迪南做出如此决定的关键原因之一就是他对匈牙利人的憎恶，但即便在帝国内部遭到了强烈抵制，用"三国同盟"（Trialism）代替"两国同盟"（Dualism）也是一个合乎逻辑的选择。

　　人口问题实在太有意思（至少对我来说是这样的），但我也必须停笔了。随着时间的推移，曾在 1848 年流产的民族主义如今开始对更多人恢复了吸引力。实际上，只要帝国还有维持秩序的能力（在 1914 年的确如此，或许有望维持到 1918 年），民族主义就不会成为生死攸关的大问题。但事态发展愈发向民族国家倾斜，而非帝国。亚纳切克创作过一首名字古怪的钢琴奏鸣曲《1905 年 10 月 1 日》（*1. X. 1905*），以纪念这一天在布尔诺惨死于帝国警察手中的一位示威者，这位示威者示威的原因不过是支持创立一所捷克的大学。这首无与伦比的曲子宛若一位可怕的先知——在充满敌意的林荫道上，人们拼命奔逃。作家埃利亚斯·卡内蒂（Elias Canetti）

第十三章

后来曾深度剖析过人群的恐慌之感,而这种感觉恰恰就是1914年以降欧洲最令人不安的特征之一。示威者的死亡点燃了亚纳切克的怒火,但后来发生的事件更让人觉得喘不过气。尽管在今天看来,哈布斯堡帝国是相当温和的,但在当时的人们眼中,帝国的统治根本算不上温和。

民族主义的观点越来越根深蒂固,一位在当时很多人看来都十分古怪的评论员,于1896年写就了短文《犹太国》(The State of the Jews),成为当时最具影响力的民族主义作品。就像捷克人和克罗地亚人将语言和信仰的根源指向中世纪王国,或是罗马尼亚人对古罗马达契亚行省的疯狂迷恋一样,西奥多·赫茨尔(Theodor Herzl)回顾了在圣殿被毁而犹太人被迫分散到欧洲各地和中东之前犹太国家的历史。赫茨尔一家来自南方军事边疆区一个名为泽蒙(Zemun)的河畔小镇(这个地方今天位于贝尔格莱德市郊),后来迁居佩斯。1860年,赫茨尔在佩斯出生。他的父母是一对完全德意志化的犹太人,或许是为了躲避布达佩斯愈发强烈的反德氛围,他们于1878年来到维也纳。赫尔茨就是帝国各地被迫"转型"的一群人中一个典型的代表。在《犹太国》中,他得出结论,帝国的结合方式将犹太人排除在外,最终会除掉他们。就好像每个人都在玩民族主义的抢椅子游戏,人人最终都能得到自己的椅子,但犹太人只能站在一边。反犹主义的浪潮无法平息——无论犹太人融入社会的愿望多么强烈,也无论他们多么努力地摆脱"犹太特性",都无法说服新兴的中欧民族主义者,让他们相信犹太人是"属于"这片土地的,哪怕犹太人自罗马帝国时期起就已经在这里生活了。唯一的解决办法就是在巴勒斯坦建立一个属于犹太人的家园,让他们可以在局势过于糟糕之前离开欧洲。

赫尔茨开创性的想法遭到了众人的嘲笑,但也引发了一些人的好奇。一小撮犹太旅客花费重金,来到巴勒斯坦这个遥远的地方,但最重要的是,这个地方在大部分犹太人看来根本不值得一去。不论是想法本身,还是从它对宗教身份认同的好处来看,建立犹太国都是一个吸引人的点子,但从现实情况来看,巴勒斯坦这个旧日的奥斯曼行省已经落满了灰尘,毫无活力,让赫尔茨的建议在许多人眼中成了荒唐的代名词——就像更为热切但也更为糟糕的加利西亚一样。犹太复国运动的兴起虽然没有确切的时间,但是发展势头迅猛,让人无法视而不见——赫尔茨就看得清清楚楚——这是帝国极端排外的民族主义狂潮导致的必然结果。赫尔茨是个十分有魅力的人物,他走遍欧洲,希望得到更多支持。但他的求助对象个个心怀鬼胎:俄国的大臣们尤其喜欢这个方案,这样就有借口驱逐"他们自己的"犹太人了。威廉二世在访问奥斯曼帝国期间,差点就要正式选择犹太建国的方案,但出于传统的限制("闪族部落",他声称,将"追求更有价值的目标,而非对基督徒的剥削")以及奥斯曼人的反对,不得不放弃了。发生在俄国的屠杀让赫尔茨和他的支持者们愈发迫切地想要取得成果,但这也扰乱了他们与英国的谈判,最终导致谈判失败。英国有很多可供随意处置的殖民地,他们经过慎重思考,给出了几个可以建国的地点:先是塞浦路斯(Cyprus),接着是地中海沿岸的西奈半岛(Sinai)、加沙(Gaza)西部[年轻的劳合·乔治(Lloyd George)参与制定了这一方案],

第十三章

还有英属东非。英属东非成了最终的正式提案：在肯尼亚高地（Kenya Highlands）上开辟出一个犹太区。回想起来，在不到八年的时间里，赫茨尔这个名不见经传的维也纳记者和他异想天开的点子竟然吸引了数千名支持者，发起了声势浩大的犹太复国运动，还让英国人提出了规划方案——真是令人惊叹。肯尼亚方案（或是用"乌干达方案"这个并不准确但更为知名的叫法）的问题再明显不过了：这不过是为犹太人选择了一个满是猴子和大象的流亡之地，和神圣的以色列地（Land of Israel）毫无关联。1904 年，赫尔茨英年早逝，犹太复国运动失去了主心骨，肯尼亚方案随即告终。

赫尔茨的书中充满了惊人之语："我是否在颠倒黑白？我是否太过超前？犹太人的苦难还不够深重吗？让我们拭目以待。"但他还是错了。犹太复国运动和哈布斯堡运动颇为相似，从各个角度来看，以色列正是相互排他主义的好例子，而这恰恰就是让帝国饱受折磨的主因①，但在赫尔茨去世的时候，人们还不知道如何创造能让以色列成功建国的环境。《以色列国》（*The State of Israel*）受到了大部分犹太人的欢迎，能对它提出质疑的人完全是富有智慧而可敬的，这代表了他们对帝国的承诺，这个历史悠久的国家为犹太人提供了保护。犹太人既为帝国的文化做出了最杰出的贡献，也是帝国历史最伟大的见证者。即便是卢埃格尔和希特勒之间也存在着巨大的鸿沟。世纪之交的欧洲，赫尔茨看到了不祥的气氛正在社会深处悄悄酝酿。欧洲也爆发了自奥斯曼帝国第一次入侵以来最为可

---

① 以色列是今天为数不多仍要面对严重的主体民族-少数民族争端的国家之一，和哈布斯堡家族面对的情况十分类似。

怕的一系列灾难，欧洲人不得不在这样的环境里艰难求生。

精灵、女像柱和象征万物的少女

在书写任何特定时间或地点的时候，我常会担心那些留存至今的碎片太过混乱，早已变质，因为承担了太重的历史包袱而无法用作写作素材。历史和技术的变革让这些文化遗存发生了突变，对其极尽讽刺挖苦之能事，逼迫听众、观众和读者只能二选一：要么单纯审美（乘着歌曲的翅膀），要么当个侦探［贝尔格（Berg）的音乐就是个好证据，预示了第一次世界大战的爆发］，但两者各有各的无趣，各有各的平庸。

沃尔夫的作品是哈布斯堡在 19 世纪八九十年代最杰出的作品之一，他创作的艺术歌曲《致风弦琴》（To an Aeolian harp，德语名为 An eine Äolsharfe）、《改宗者》（The Converted，德语名为 Die Bekehrte）曲调优美，甚至有过度欢快之嫌，不免让人担忧。然而，我们今天欣赏歌曲的方式与当时大相径庭。举例来说，我很喜欢在厨房里欣赏这些作品，一手抱着坚果碗，一手拎着啤酒，每隔几分钟就有大型客机在头顶上呼啸而过，混杂着客厅里小儿子激烈的游戏声，比如《阿富汗刑房》（Afghan Rough-House）或是《犯罪团伙》（KriminalKrew）。这种场景和维也纳的贵妇人沙龙有着天壤之别，贵妇人们都穿着带有褶皱装饰的华服，锦缎上的珠宝熠熠闪光（只有女主人如此），这一小群衣着奢侈，但面色惨白、

第十三章

神经衰弱的有钱人是独奏会唯一的听众。我想用音乐过滤掉客厅里处决塔利班（Taliban）分子的格洛克（Glock）手枪声，但和这个要求相比，简单的重复其实是更为古怪的要求。即便是最严苛的赞助人，也不会仅仅出于喜欢就让歌手和乐师在一晚上把《致风弦琴》唱几十遍。今天，我们所熟知的某段音乐及其相应的表演形式，其实和这些作品最初的创作和欣赏方式完全不同。

现场欣赏沃尔夫独唱会能将我推至恐惧的边缘：出现在眼前的是有血有肉的女高音歌手和钢琴师，他们要进行的是一场从开始就难度极高的表演，哪怕是一丁点的小错误、一小声咳嗽和一瞬间的大脑空白都会影响他们的表演，怎能不让人揪心？从这个角度来看，录音的出现和沃尔夫的初衷全然无关。当然，这也不是说沃尔夫的作品都是受人追捧的，他也不乏诸如《精灵之歌》（*Elf Song*，德语名为 *Elfenlied*——跳起来吧！）那样可爱的作品，以及如同声乐和钢琴练习曲一般忧郁的挽歌，在短短五分钟里经历曲调的上下翻腾——很难想象这些作品会受到广泛欢迎。但我也得再次强调另一个巨大的差异——今天，我们不仅有迥然于过去的音乐欣赏方式，还都是糟糕的完美主义者，必须要听完每一段音乐。还是以沃尔夫为例：我相信当时所有的乐迷、歌手、赞助人，甚至是作曲家本人都注定将《精灵之歌》视为一部耻辱之作，表演这部作品不过是为了找乐子。今天，我们想要成为一个权威的听众，就必须听完所有的艺术歌曲，无论作品好坏，都要沿着精心编排的顺序，一首一首地听完。单是曲目顺序固定这一点就完全违背了"艺术歌曲"（Lieder）的精神——幸好现在可以随机播放，未来如果能在播放前就对曲目进行智能评估,抹去一些不佳的作品,就太棒了。

和历史强加给我们的其他难题相比,我们欣赏歌曲的方式虽然与作曲家的意图相去甚远,但这根本算不上什么问题。我们知道,沃尔夫因为梅毒英年早逝,病痛使他憔悴不堪,深陷自我厌恶而不能自拔,认为自己的作品根本不值一提。我们同样知道,沃尔夫在1903年的去世从某种程度上来说也终结了艺术歌曲的传统。在他之后的作曲家,无论多么伟大,都无法像他一样激发大众对于艺术歌曲的热情。就连沃尔夫德裔斯洛文尼亚人的身份也成了一个问题——20世纪的一个小悲剧就是德裔斯洛文尼亚人的消失。当然,还有更大的悲剧——我们已经意识到,19世纪末所有看似充满自信的文化,无论是忧郁的还是雄浑的,最终都将在灾变中走向灭亡。毫无疑问,这样的文化灭亡是最令人愤慨又最为无聊的挣扎。我不喜欢给一切事物都蒙上一层悲伤印记的做法,因为这有悖于曾经鲜活的过往,但我又能做什么呢?整本书写到这里,甚至是写到这个篇幅,都让我不得不写下去,揭示主人公们急转直下的结局,这样的结果看似难以觉察,但根本是命中注定的。

"为艺术而艺术"(l'art pour l'art)的观念和阅兵场般的平庸无知共同构成了一幅"末日帝国"的奇景,沃尔夫创造的"超级唯美主义"(super-aestheticism)正是其中的重要一环。1914年之前,帝国内部爆发了多场举世闻名的文化冲突事件:从禁演施特劳斯的《莎乐美》(Salome)到强烈反对克林姆特的画作挂进维也纳大学的大厅,再到阿道夫·路斯(Adolf Loos)设计惊人的戈德曼和萨拉奇(Goldman und Salatsch)制衣公司大楼〔又名"路斯楼"

第十三章

(Looshaus)］，以及弗洛伊德《性学三论》（*Three Essays on Sexuality*）的发表——这一切似乎都是愚昧与现代之间的战争。但这种未来与现实、预知与怯懦之战的表述（我们喜欢这样的叙事，它完全是自我夸耀、自主选择的结果）并不真实，因为现实状况要混乱得多。和大家一样，我能想到最好笑的画面莫过于长着一双细长腿的谄媚朝臣，身穿及膝马裤和双排扣大衣，手持小型带柄眼镜，在一堆圣母像和圣利奥波德（St. Leopold）的画像中间大放厥词，痛斥现代主义中的某些部分是对所有正派风格卑劣而低级的嘲笑。宫廷里的确存在过这样的派系之争，但并未形成气候，这一时期更突出的特点是弗朗茨·约瑟夫彻头彻尾的迟钝。他对任何事物都兴味索然（除了狩猎用的来复枪和制服标签），因此在任何与文化相关的领域中都毫无建树。在环城大道上，每当有新的文化场所落成，总会为他绘制一幅死气沉沉的官方画像，和众多身穿礼服或制服的人物站在一起，旁边围绕着一大堆镀金的红色大理石。现在，这些地方已经被音乐、毛绒玩具和油画填满了。约瑟夫的一些评论经常被人提及（比如他认为维也纳艺术史博物馆"看起来挺不错"），人们本想凸显他简单直爽的性格，却更加真实地反映出他令人沮丧的麻木不仁。

这些令人惊喜的博物馆终结了伟大的收藏传统——从蒂罗尔的斐迪南收藏的各式英雄铠甲到弗朗茨一世收藏的石头和菊石，博物馆最终成了向大众展示先祖们收藏狂热的地方。这些展品被不间断地列入各种图册和展览，鲁本斯的作品按照特定的顺序挂在墙上，同时展出的还有描绘鬼脸天蛾（death's head hawkmoth）的画作，无一不在凸显19世纪整个欧洲对博物馆的痴迷。漫长而宽阔的走廊一条接着一条，浮夸的大理石构架给人一种沉闷而乏味的落后之感，但整个展示过程是相当具有革命性的。所有过去的秘密私藏今天都一股脑地出现在大众面前：鲁道夫二世沉迷的斯普朗格以罗马女神为主题的色情绘画，斐迪南二世钟情的大型祭坛画，突然兴起的鸟蛋学风潮，还有玛丽亚·特蕾莎送给弗朗茨一世的宝石花束——这些珍宝现在都成了大众审美的一部分。这是一场令人眩晕的大变局，和19世纪末的其他问题相互呼应又相互交织。信仰缺失、文化教育和电力的普及一并出现，和这些变化相比，21世纪早期的变革就显得有些滑稽，根本微不足道。

色彩鲜艳的建筑充分证明了令人生厌的虚假过往，19世纪末的实验者们想要亲手撕碎这一切。这类建筑的巅峰之作或许当数维也纳的金色大厅，那里有堪称奇迹的音响效果，但也是汇集了19世纪60年代糟糕品味的圣殿。最近，我在金色大厅心不在焉地听了一场舒伯特音乐会，脑子里一直有个疑问挥之不去：墙边一排排的裸女像到底源自何处？这些独特的金色雕像自腰部以下都是锥形的柱基，因此没有任何色情意味，但她们一模一样的脸孔却让人感到不安。这些雕像有着醒目的胸部，我倒是很想看看金色大厅工作委员会的会议纪要，上面一定有关于雕像胸部的讨论。我猜，一旦做出在公共建筑中装饰一排排裸体女像柱这样大胆的决定，必定会引发一系列有关雕像胸部的尴尬探讨：到底要写实到什么程度？该做多大？是否应该做得赏心悦目？不同派系各有看法，人们甚至担心这些雕塑是否会影响下一场勃拉姆斯（Brahms）独奏会。最终

第十三章

的结果便是灾难般的妥协：裸露的胸部得以保留，只是做成了奇怪的圆锥形。当然，内饰中这一排排醒目的金色胸像无疑提升了维也纳音乐圣殿中正式又古板的氛围。如果以20世纪20年代盛行的超现实主义实验手法拍摄一场音乐会，让一个穿着燕尾服、留着大胡子的乐师疯狂地敲击钢琴，一排又一排一动不动的上层资产阶级直勾勾地盯着他，不时打个哈欠，宛如性爱娃娃一般的女像柱阴森地出现在观众上方，这大概就是真正的前卫影像——整座建筑都洋溢着维多利亚全盛时期（High Victorian）的哥特风格。

在帝国存续的最后半个世纪里，帝国的审美旨趣在癫狂中如溃坝一般倾泻而出，金色大厅令人迷惑的主题和装饰就是其中的代表。整个帝国几乎淹没在象征着充裕、收获、戏剧、正义和一众河流系统的裸女像之中了。今天，漫步在利沃夫街头，最大的危险可能是从这些象征万物的女性雕像身上脱落的碎块。几乎在每一块三角墙、每一座角楼上，你都能看到19世纪晚期雕塑家们向身形纤柔的模特或是女朋友的致敬之作，这些作品的数量一定达到了工业级。这大概就会让今天本该花在医院和道路上的城市预算被迫转移到几乎令人绝望的修复任务上，比如对复杂的理发师石雕进行安全维修，以及维护某座雕像坚决伸出的手指——那代表着加利西亚精神或是工业与艺术的结盟。很难想象一个如此压抑、虚伪而又极端保守的世纪竟为我们留下了一条极具风情与魅惑的小路。这种公然用情欲的形象来展现象征性含义的手法几乎出现在所有作品之中，通常还带有相同的古典光辉。一些画家，比如汉斯·马卡特（Hans Makart），创作了无数庸俗得令人作呕的布面油画，似乎是在嘲弄所有过去的艺术传统。今天，这些作品很难再看到了，但它们的配色和环城大道上花里胡哨的建筑旗鼓相当。马卡特很容易被视为一个落伍的艺术家，但却相当受欢迎，虽然他与后世现代主义旗手们的决裂并不如想象中轻松。

有一个（在我看来相当合理的）说法很有意思：帝国中一定存在着一个高度机密的团体，认为国家自1860年起最重要的公共事务就是建成无比奢华精美、装饰过度繁复的大楼、雕像和壁画。这样就给帝国中真正充满创意的艺术家们带来了智力和审美上的双重重压，最终迫使他们转向现代主义。如果当下的艺术意味着把数吨重的孔雀石和若干代表维斯图拉河的女神像堆砌在一起，势必会导致审美上的"批斗大会"，让艺术在短时间内呈现出截然不同的面貌。虽然这一秘密团体从未承认过自己的存在，但如果将帝国视为现代主义真正的发源地，如果这些简洁的线条、平屋顶和质朴的椅子果真都发源于此，今天在这些城市里走一走，就会发现其背后的原因是显而易见的。这一团体的分支也给柏林、布鲁塞尔这样的城市帮了大忙。在那里，大型建筑死气沉沉地堆砌在一起（比如柏林大教堂！），但哈布斯堡帝国占据了绝对的中心。

这会让我们今日的所知成为困住自己的魔鬼。我们很可能认为在"维多利亚时期"和"现代"之间存在着一条明显的分界线，因为帝国的正统文化早已名誉扫地，世纪末的恶徒们在故意打破这种沉闷的文化。然而，这样的想法只能证明我们自己也沾染上了当时自吹自擂的风气。今天我们看到的事物只是过去文化的遗存，而文化的形成源自人们的交谈、报刊、走亲访友、公众游行、准备食

第十三章

物、教堂礼拜。我们几乎无法感受到沃尔夫的歌曲或是里尔克（Rilke）的诗句曾给人们带来过多么强烈的情感冲击，也许某位演员的表演会进一步强化这种无助之感，也许复活节的弥撒或是奥匈帝国吞并波斯尼亚的新闻也能给人们带来同样的感受。这种不可知的情感贯穿了整个时代，正因如此，在赞助人和艺术家身上，我们看到了各种形式的延续性。从某种程度来说，帝国末期的伟大作品大多直接露骨地沿袭了马卡特的酒神精神和金色大厅的装饰风格。克林姆特师承马卡特，有着强烈的个人风格，但他的作品主题和创作手法都是相当老套的。马勒的交响曲简直相当于音乐界的环城大楼，都需要国家级别的资源投入（马勒一生中大部分时间都在为皇室服务）。如果马卡特的寿命能再长一些，他一定会全力支持取消对马勒在宫廷歌剧院（Hofoper）指挥《莎乐美》的禁令，因为乐迷们早已对作品中呈现的情欲和死亡主题司空见惯，只是换了种形式罢了。从某种程度上来说，就连弗洛伊德极具革命性的作品同样根植于哈布斯堡文化——人类曾经不可捉摸的思想早已隐藏在大量繁杂的装饰、隐形支柱和重新绘制的画作之中了。

这里我并非意指某种极端的保守主义，即所有的变革不过是对当下的微小改良，但即便是韦伯恩或勋伯格这样一生都被视为"新潮"的人物——他们对宗教的看法不同，对音乐家和听众的要求也不同——仍对精心设计过的高雅之作推崇备至，而这些作品几乎都是做作而陈腐的。依靠一小撮赞助人形成的"奢华现代主义"构成了维也纳、布达佩斯和布拉格的艺术生活场景，但这些赞助人和他们的前辈一样，都是暴躁易怒的古怪家伙。今天，我们还能看到一些幸存的碎片是因为它们使用了特殊的材料：可以无限复制的图书和乐谱，由克林姆特的画作改制的海报、杯垫、钥匙扣、餐巾纸。同时，也要得益于人们借助特殊空间和技艺所实现的保存：博物馆、出版社、印刷厂、音乐家——尽管在 20 世纪的前帝国领土上，其不时会受到严酷的限制、打压和审查。这种文化的原始受众是会讲多种语言、信仰不同宗教、崇尚实验精神又充满自信的一群人，属于他们的世界在遭受了毁灭性的重击之后便消失了，剩下的是一个更为愚蠢，经常自相矛盾，偶尔平庸不堪，但大部分时候都狭隘守旧的世界（在欧洲，每一双望向维也纳的眼睛背后，都会有一千双眼睛盯着巴黎），在今天看来十分清晰的艺术形态在当时还很模糊。克林姆特和席勒在死后才获得了真正的名望，确切地说是直到 1945 年之后。在马勒的一生中，许多维也纳乐迷都认为他是个值得尊敬的指挥家，而非作曲家。同时，他的傲慢和口无遮拦也为他招致不少非议。还有很多人因为他犹太人的身份而厌恶他，认为这个犹太人毁掉了德意志音乐。在马勒和沃尔夫这两位伟大的艺术家身上，我们最后一次看到那些讲德语但身处边缘地带的人对德意志中心地区的向往和热爱——就像法兰克尼亚（Franconian）的吕克特（Rückert）、法兰克福的歌德、西里西亚的艾兴多尔夫（Eichendorff）、士瓦本的默里克（Mörike）和他们如魔法般的诗歌一样。仅凭他们为这些诗歌谱写的曲子，就足以让马勒和沃尔夫进入我心中的万神殿，在最顶层占据两个特殊的位置。但沃尔夫德裔斯洛文尼亚人的身份，以及马勒德裔摩拉维亚犹太人的身份愈发令人困扰，幸好二人都英年早逝，才免于陷入更大的麻烦。

第十三章

为消失的过去立碑

哈布斯堡家族采用了一系列非常成功的策略保住了自己的统治地位。他们利用所谓"胁迫式的善意",即妥协、补选、投资、临时逮捕和许多兵营,对民族主义进行围剿。宫廷和政府中那些双眼突出、身穿制服的庸俗之辈变得愈发重要了。这就为所有非凡的艺术和思维实验提供了一份意想不到的保护,互相冲突又互相交织的民族群体彼此恶语相向,又双双败北。当权者就像澳大利亚的科学家一样,不断引进新物种来消灭害虫,而这些新物种转身又成了新的害虫——当局总想通过操纵或支持某个民族或宗教群体来解决当下最棘手的危机,这种看似巧妙的做法都会导致新的问题。可以说1914 年之前,整个社会已深陷于无理性的氛围之中,但哈布斯堡家族的地位仍然稳固。公众充满恶意或是激进的象征主义或许是个威胁,但和 1848 年真正的大危机相比还相去甚远,如果没有一战的爆发,这样的情况还能持续许多年。实际上,哈布斯堡家族的戍卫力量从未真正面临过疲于招架的局面,但恶魔早已蠢蠢欲动,难怪从今天的视角来看,帝国在这几十年里简直就是个世外桃源。

1867 年到 1914 年间,匈牙利人获得了短暂的胜利,开始肆意妄为。这样的情绪通过布达佩斯 19 世纪 90 年代起的一系列精彩建筑保留至今,这些建筑的兴建是为了庆祝匈牙利人来到欧洲 1 000 年这个疯狂的纪念日。巨大的千年纪念碑上刻着一群充满魅力的首领像,他们头发蓬乱地跨坐在马上,既有蛮族的狂放,又有贵族般的显赫气质。马扎尔人的到来似乎是天意使然,他们是来自中亚的战士,还具有强烈的欧洲人特征,就像留着长胡子的印第安人,终于抵达了这片应许之地。这种跨越千年的建国愿景与赫尔茨的观点一样极端,和哈布斯堡家族倡导的友好分治更是南辕北辙。面对这种疯狂的情绪,弗朗茨·约瑟夫的反应可以用一个典型例子说明:在马扎尔人庆祝千年发展的庆典上,马扎尔人自然以本民族为先,反对哈布斯堡家族的情绪因此暗潮汹涌,而弗朗茨·约瑟夫却在这种场合中仍把自己置于核心位置。弗朗茨·约瑟夫既没有想象力,也没有政策工具保驾护航,他完全忽略了潜在的危险,将匈牙利贵族们虚假的恭维话,还有他们的毛皮和兽角全部当成毫无威胁的盛装表演,而非源自民族主义的激烈谴责。千年纪念碑遭遇了多次破坏,对于一处充满政治意义的地点来说,这样的结果不难预料。千年纪念碑上哈布斯堡家族成员的雕像被铲平,取而代之的是一连串匈牙利领导者的塑像,包括地位最为崇高的科苏特——所有这些人甚至都不会允许任何哈布斯堡家族的成员给他们喂狗。千年纪念碑旁的沃伊达奇城堡(Vajdahunyad Castle)延续了相同的主题:一批匈牙利各地知名建筑的复制品在这里聚集、重建。这些原本为了临时展览而制作的木头复制品大受欢迎,因此在重建时使用了更为耐久的石头材料,颇有点像初始状态的迪士尼乐园。处在中心位置的建筑是位于亚克(Ják)的罗马式教堂的复制品——比原建筑交通更为便利,环境也更温馨,清楚地传递出匈牙利作为基督教灯塔的信号,就像仿建的特兰西瓦尼亚城堡表明这里是基督教的卫士一

第十三章

样。在这段活跃的时期之后，等待着匈牙利人的是一段令人沮丧的糟糕年月，因此看着这座千年纪念碑不免让人心生苦涩。但至少我们现在可以将它看成一个诙谐又疯狂的艺术品，而不是沙文主义的沉重象征。

在帝国的最后几十年里，对于奥地利"一边"来说，管制和退缩同样毫无意义。1775年，偏远的小行省布科维纳被奥斯曼土耳其人选中，作为谈判的谢礼送给了奥地利。这是一片少数民族互相敌视的混乱地带，维也纳扶植的统治集团在当地掌权。巧妙的妥协和分治政策维持了布科维纳的运转，也形成了众多支持奥地利的团体，俄国和罗马尼亚的入侵威胁成了这个边境省份最大的隐患，这些团体因此紧密地联合在了一起。首府切尔诺维茨（Czernowitz）发展完备，拥有有轨电车、一座歌剧院、许多新艺术风格的作品、一座席勒的半身像，还有一座滑稽又乏味的奥地利纪念碑。这座纪念碑建于1875年，以纪念100年前土耳其人将这块领土割让给奥地利。纪念碑上一个妇人的雕像很有特色，她样貌粗笨，手里拿着一把藤蔓缠绕的剑和一片棕榈叶。1918年罗马尼亚入侵期间，奥地利纪念碑被推倒——2003年，人像的躯干部分重现于世，复制品被送往欧洲各地，以证明布科维纳和西方（如今已经相当薄弱）的联系。一位艺术家毫不意外地给其中一个复制品躯干加上了头颅，并套上了一身罩袍，或许这是有史以来最为沉闷而可悲的观念艺术作品，又或许是在对这座毫无价值的纪念碑进行滑稽的跪拜。

切尔诺维茨［即今天的乌克兰城市切尔诺夫策（Chernivtsi）］在20世纪经历了悲惨的命运，因此漫步在这座城市，很难让人感到彻底的享受。虽然许多漂亮的建筑和场所得以保留，但也无法让人忘却这些建筑的修建者、城里的绝大部分居民都未能幸免于难的事实。格雷戈尔·冯·雷佐里（Gregor von Rezzori，他的名字完美地展现了哈布斯堡帝国的融合性）在著名的回忆录《去年的雪》（*The Snows of Yesteryear*）中通过儿时保姆的视角，以极其生动的语言描绘了切尔诺夫策这个复杂的世界，直到20世纪20年代依旧如此：

> 她的话滋养了我。她主要讲德语，却不是那种经过完整学习的标准语言，其间还穿插着来自布科维纳其他通行语言的词汇和表达——因此每句话的第二或第三个词要么是罗塞尼亚语，要么是罗马尼亚语、波兰语、俄语、亚美尼亚语、意第绪语，当然也不能忘了匈牙利语和土耳其语。

今天，几乎所有这些语言都在布科维纳消失了，单是冯·雷佐里一家的存在似乎就是件不寻常的事。1914年俄国入侵后，冯·雷佐里一家开始在帝国各处辗转。一开始，他们翻越喀尔巴阡山口，在的里雅斯特落脚，后来又搬到了下奥地利，再后来又回到了已经被罗马尼亚人统治的布科维纳，冯·雷佐里本人最终在特兰西瓦尼亚开始求学。直到1989年，在哈布斯堡曾经的土地上，这种广泛的流动性才最终被无数充满敌意的国境线阻断。

近来的繁荣和重建抚平了帝国西部大部分领土的创伤，但加利西亚和布科维纳众多破败不堪的小镇毫不掩饰地向人们证明，这些地方真的糟糕透了。当代的切尔诺夫策成了欧盟边境上一个巨大的交易市场，各地运来的商品（最远可以运自东南亚）都在这里通过

第十三章

混乱的边境偷偷运进罗马尼亚，当地人因此大发横财。尽管这多少已经触犯了法律，但至少让这里变成一个热闹而繁忙的地方。切尔诺夫策的大部分地区都给人一种置身印度的感觉——路面破破烂烂、交通堵作一团、报废的货车、成堆的盒子，还有路边的巨型广告。直面这样的地方能让人清醒地认识到，城镇的面貌绝非文化带来的副产品（所谓"印度式混乱"），而是包括当地地区生产总值、税收和政府管理在内多重因素共同作用的结果。

在切尔诺夫策，有一座建筑竟神奇地经历了众多政权[①]仍然屹立至今，那就是大都会宫（the Metropolitan's Palace）。这座梦幻般的大理石建筑充分体现了维也纳对于自身地位的看法，以及他们通过大型建筑施加政治影响的企图——就像英国人在即将结束对印度的统治时，对新德里（New Delhi）的建设一样。按照某些标准，大都会宫是整个帝国造价最高的建筑项目，却建在了一片有些魅力但依然死气沉沉的落后地区。它是 1867 年折中方案影响下的产物。哈布斯堡治下信仰东正教的人口过去曾接受今天斯雷姆斯基卡尔洛夫齐的统治者管辖，这个塞尔维亚小城现归于布达佩斯统治。折中方案的签订让奥地利人开始着手发展切尔诺维茨（这里本就是一个重要的宗教中心），让它成为维也纳治下和斯雷姆斯基卡尔洛夫齐地位相当的城市。这个地处偏远的新城以一种最奇特的形态存在着：维也纳对加利西亚的布科维纳的直接统治让奥地利在俄国和匈牙利之间出现了一块约 400 英里长的镰刀形领土，切尔诺维茨就位

[①] 在 20 世纪里，这座城市至少经历了 10 次政权交替，每次交替都是对当地社区的巨大威胁，这种威胁来自阶级、宗教或语言的差异，1991 年的政治剧变尚未计算在内。

于这片地区的最远端。在一片混乱中，新的都会主教区（Metropolitan See）开始管辖布科维纳、加利西亚和达尔马提亚信仰东正教的人口——还有夹在若干匈牙利管辖地区之间的数千平方英里土地。亚得里亚海边的塞尔维亚人被搞迷糊了，他们突然发现自己竟要开始向一个住在乌克兰边境的人效忠了。

19世纪70年代，大都会宫逐步成形，但宫殿的风格已经完全失控了，就像一个解不开自己咒语的巫师学徒一样。大都会宫成了勃艮第、汉萨、格林纳达、胡楚尔、拜占庭风格的大杂烩，是哈布斯堡式协作的经典之作：来自捷克的疯狂建筑师约瑟夫·赫拉夫卡（Josef Hlávka）搭配一群深受中世纪风格影响的德意志或本地装潢师和专业人士，似乎没人在意工程预算。格雷戈尔·冯·雷佐里的父亲在那里工作过几年，这份工作一定非常适合他这个狂热的历史主义保守分子。这些建筑虽然经历过可怕的年月，但如今已经成为全球最具吸引力的大学建筑群之一了。漂亮的小庭院、神奇的花园，还有古怪的糅杂风格都让我心生向往，真想转世成一个乌克兰的大学生啊！实际上，赫拉夫卡引人入胜的奇思妙想早已让其他建筑师相形见绌，他们为了满足制度需要而提出的新想法毫无意义——根本没有必要做这样的事了，就应该把赫拉夫卡的作品原样复制到任何有需要的城市，不要让它们默默地藏在遥远的布科维纳了。

从这座建筑身上，我们就能看到维也纳每天要做出的平衡：面对不同的利益群体、愤愤不平的党派、合作者和敌人，是选择劝说、收买、监禁还是无视。这同时也导致了物理距离和时间距离的

第十三章

难题。在这里游走就像漫步在一个精致的自助餐厅，观察人们不同的选择和行为，这样的举动和任何生活在其中的人都没有关联。想要避免这些问题就要和它们撇清关系，装作视而不见。像老雷佐里这样的最后一代哈布斯堡官员以自己坚定的立场为荣，但今天的我们都清楚，他们是在以各种方式自欺欺人，所谓的科学理性主义不过是一场妄想。但在帝国中，的确存在一视同仁的政策，被后世包括斯蒂芬·茨威格和约瑟夫·罗特（Joseph Roth）在内的一众作家传颂，这样的政策显然具有真正的价值。这一价值在布科维纳这个全欧洲最大的民族混居区得到了最充分的体现，只可惜这里孕育了保罗·策兰（Paul Celan）和阿哈龙·阿佩菲尔德的独特文化早已消失不见了。

青年波兰

沙皇俄国、德意志帝国和奥匈帝国虽然彼此敌视，但在处理波兰问题时，都大体保持了合作态度，以确保"他们国家的"波兰人接受自己成为亡国之民的命运。从帝国的角度来看，奥地利对加利西亚的统治是相当成功的，奥地利人并没有做出什么特别的努力，但加利西亚的波兰人都清楚，如果他们生活在德意志的波森省或是俄国的第三大城市华沙，情况会糟糕得多。在加利西亚，越来越多的罗塞尼亚人开始接受教育，敢于直言自己的看法，态度也更坚决，他们在一些地区甚至成了占绝对多数的群体，让波兰人更有理由向哈布斯堡家族效忠。但在这些忠诚的波兰人中间，既有人怀揣真挚的信念，也有人保持犬儒主义的鄙夷。加利西亚相对较高的忠诚度让这里成为其他省份的楷模，但获得这样的忠诚也要付出极高的代价。对于欧洲大部分地区来说，加利西亚就是贫穷困苦的代名词，至少有一百万加利西亚人（包括许多犹太人）外迁。在加利西亚，除了少数几个干净整洁的镇中心，剩下的地区都一派萧条，环境肮脏而幽暗。从经济角度来看，波兰人即便选择抗争，收益也太低了，所以毫无行动的必要。因此，再高明的官僚系统在这个地区似乎都派不上用场。德罗霍贝奇（Drohobych）是个不寻常的例外，周边的油田让这里成了一块半美国化的繁荣飞地，布鲁诺·舒尔茨（Bruno Schulz）在后来的作品《鳄鱼街》（*The Street of Crocodiles*）中将这里描绘成了一处奇妙的仙境。

1846年起义失败后，克拉科夫这座如死水般的破败小城被并入加利西亚，接受奥地利管辖。位于更东边的利沃夫仍是加利西亚的首府，克拉科夫仿佛被辉煌的过去绊住了手脚，变得愈发孱弱，瓦维尔城堡沦为哈布斯堡沉闷的兵营，文艺复兴时期的漂亮立柱再也无缘得见。克拉科夫一直是个地方城镇，而非主要的政治中心，是未曾遭受德国人和俄国人残暴统治的城市中最大的一个，为重建波兰文化提供了开阔的空间。1873年发生了一件特别的事情：这一年，德意志帝国为纪念尼古拉·哥白尼（Nikolaus Kopernikus）诞辰400周年举办了盛大的庆典，而波兰人认为他的名字应该是米科拉伊·科佩尔尼克（Mikołaj Kopernik），他在克拉科夫求学，是个英雄，更是个波兰人。很显然，在哥白尼生活的时代，像他这样

第十三章

讲多种语言、有多重民族身份是很常见的事。但德国人的来势汹汹让幸存的波兰知识分子意识到一个让他们脊背发凉的问题：波兰文化和波兰领土很可能在他们的面前彻底消亡。克拉科夫的城市氛围让人们看到了避免这种厄运的可能。

和欧洲其他地方一样，克拉科夫同样受益于快速工业化带来的发展，成了一座属于波兰基督徒和波兰犹太人的新城市，摆脱了停滞不前的局面。这里是扬·马特耶科（Jan Matejko）的故乡，他凭借一人之力，用绘画记录了波兰历史中几乎每一个重要瞬间。他如威尔第（Verdi）般浓烈奔放的艺术风格令人沉醉，多希望英国也能有这种好运气，拥有一位这样的艺术家。直到他去世的 1893 年，马特耶科一直在狂热地用绘画再现历史，这就意味着每一位波兰的中小学生都能在成长的过程中清晰地认识到故国被掩埋的历史：他们会笑话不安的土耳其人，嘲讽骄傲的普鲁士人面对波兰国王时的奴颜婢膝，感受卢布林联合（Union of Lublin）的震撼和激动。或许正是马特耶科戏剧化的行动才将波兰人的身份认同从危险边缘拉了回来，公开展示他的绘画作品让波兰人重新生起了自豪感，比任何历史书都更有效。

"青年波兰"艺术运动兴起于 19 世纪 90 年代，很遗憾，这一运动鲜少为世界其他地区所知。其中的一个原因在于，艺术运动中的大部分作品（如戏剧、诗歌）都未经翻译，或是有特殊场所的要求（如建筑物和彩绘花窗）。我虽然对此一无所知，但面对斯坦尼斯拉夫·维斯皮安斯基（Stanisław Wyspiański）这样的巨擘，（一旦你与他们相遇）很难不心生敬仰。从室内设计到戏剧、诗歌和家具,维斯皮安斯基似乎在所有领域都有所建树。还有费利克斯·曼加·亚辛斯基(Feliks 'Manga' Jasieński),这位极富魅力的东方学者将日本文化带到了克拉科夫。在维斯皮安斯基博物馆,亚辛斯基在文化上的敏锐性为自己赢得了应得的一席之地。许多"青年波兰"艺术家在政治上是无害的,但充满活力的波兰文化本身就会带来不可避免的政治影响。比如维斯皮安斯基最出色的作品中,大部分都以儿童和家庭生活为主题,完全不具有任何威胁性,但他也无法摆脱19世纪与20世纪之交在各地蓬勃兴起的民族主义浪潮。有一件令人叹服的古怪作品完美地展现了维斯皮安斯基的全能,那就是他和瓦迪斯瓦夫·埃基尔斯基(Władysław Ekielski)共同创造的幻境——改造瓦维尔山上的建筑群。1905年,奥地利军队最终从这处破旧的军事设施中撤出,还腾空了阅兵场,让波兰人有机会重建并振兴这处代表波兰国家的最重要的地点。维斯皮安斯基和埃基尔斯基将这里想象成波兰民族的卫城(Acropolis),用角楼和穹顶烘托童话般的城堡,博物馆和新的政府大楼周围是一片空旷的跑马场。这一迷人的愿景通过一套引人注目的模型被保存了下来,但在当时的欧洲,人们都在构思类似的恢宏设计,有一些设计甚至真的落地了(比如粗俗得令人惋惜的维也纳新皇宫[①])。然而,作为模型,维斯皮安斯基和埃基尔斯基的愿景是最完美的。在二人创作的时期,波兰获得真正的国家独立(而非某种不稳定的自治)还是看似无法实现的妄想,但"青年波兰"艺术运动已经为国家独立打牢

[①] 此处原文为 Neue Burg in Vienna。——译者注

第十三章

了文化基础,事实证明,波兰人梦想成真的时刻已经指日可待了。

我知道现在的内容已经有点杂乱了,但也必须停下来,快速介绍一下多才多艺的斯坦尼斯拉夫·维特凯维奇(Stanisław Witkiewicz)。他开创了扎科帕内(Zakopane)风格的建筑,因此享誉世界。扎科帕内风格是对波兰最南部戈拉尔(Goróle)山民木制建筑和雕刻的现代诠释。没什么能比在扎科帕内周边漫步更让我快乐了,虽然大批游客从克拉科夫涌向这里,但扎科帕内仍然是个让人身心愉悦的小城镇。我最喜欢的作曲家之一伟大的希曼诺夫斯基曾经住在这里,创作了包括戈拉尔风格的芭蕾哑剧《哈尔纳西》(*Harnasie*)在内的许多精彩作品。约瑟夫·康拉德(Joseph Conrad)在克拉科夫和利沃夫长大,40年前离开了波兰,他的返乡之旅因为一战的爆发而中断,本人就被困在了扎科帕内,最终在一位好心的美国领事安排下才得以从奥匈帝国离开。希曼诺夫斯基和康拉德是我的精神教父(他们当然不是自愿为之),因此漫步在*他们*生活过的山中小镇,所有事物都变得更美好了,也更有意义了,虽然事实可能并非如此。维特凯维奇眼中的小镇遍布风格传统、设计朴素但又不失精美的木屋,这样的小镇在扎科帕内的一些地方还可以看到。我很喜欢住在这样的镇上,周围都是扎科帕内风格的黄油模子和挤奶凳,穿上民族风格的衬衫,到塔特拉山(Tatra Mountains)上走走。至少最近一个世纪以来,游客们都在这里被大敲竹杠,但能坐在桌前大口咀嚼着大盘山区风格的烧肉菜,耳边回荡着戈拉尔风格的音乐,你就不禁会想,即便被敲了竹杠又何妨?

第十四章

弗朗茨·斐迪南和威廉二世 1912 年在德意志小镇施普林格（Springe）附近狩猎。就这一时期欧洲的统治者是否持续展示了让人印象深刻的特质还是恰恰相反，我想读者们可以通过这张照片自行得出结论。

资料来源：Ullstein/Topfoto.

"那个信上帝的胖子"

弗朗茨·斐迪南大公是现代史上最不幸的亡魂之一。年复一年,他在最后时刻的挣扎被反复上演——他的身体卡在一件可笑的制服里,到处都是乱飞的鸵鸟毛。他总会在一个错误的转弯之后遇到那个绝望的年轻人,后者正坐在萨拉热窝的一间咖啡馆里,反复想着已经失败的刺杀计划,但第二次机会就这样突然从天而降了。不堪一击的安保措施,再加上他突眼长胡子的愚笨形象,让弗朗茨·斐迪南的杀身之祸看似是自找的,他仿佛迫不及待地想要带着众人进入一个糟糕的新世界。

弗朗茨·斐迪南几乎将他所有的成年时光都用在了军演场上,他要为即将接任的哈布斯堡帝位做好准备。自 26 岁起到 25 年后遇刺身亡,他一直不耐烦地等待着讨厌的弗朗茨·约瑟夫叔叔早点入土。当然,我们将永远无法得知他是否会成为一个"好"皇帝。无论他具备怎样良好的品质,都可能在过于漫长的等待之后消失殆尽,深陷在繁文缛节、礼服华裳、没完没了的弥撒,还有最重要的狩猎之中无法自拔。弗朗茨·斐迪南以好枪法闻名,在那个令人沮丧的压抑时代里,贵族们开始在狩猎活动中使用现代军事技术,完全打破了猎手和猎物间的优势平衡,让射鹧鸪好像在玩初代《太空侵略者》(*Space Invaders*)一般简单。弗朗茨·斐迪南一生中共猎杀了约 30 万只动物。我猜当他在萨拉热窝被刺杀的消息传到波希米亚的宅邸之后，周围林地中的小动物一定会兴奋地相互击掌庆祝。

弗朗茨·斐迪南的名声受到了双重打击——除了他在一片混乱和沉默中遇刺身亡的不幸命运，还有他在雅洛斯拉夫·哈谢克（Jaroslav Hašek）的小说《好兵帅克》（The Good Soldier Švejk）中滑稽的出场。小说的开篇，帅克和他的女房东有过这样一段让人印象深刻的对话——帅克认为那个被刺杀的斐迪南要么是个化学家的信使，要么就是当地一个捡狗粪的家伙（"谁死了都无所谓"）——让成千上万的读者把他大公的身份抛在了脑后。压死骆驼的最后一根稻草来自女房东，她纠正了帅克的错误，却无异于又补了一刀："不是的，先生，死的是一位尊贵的殿下……就是那个信上帝的胖子。"

在今天的捷克共和国，弗朗茨·斐迪南在科诺皮什泰的故居成了极受欢迎的景点，也是新一轮哈布斯堡热的中心——这个家族如今被奉为好时代的快乐统治者。在走遍了中欧不少城堡之后，我想我有资格认定科诺皮什泰城堡是所有城堡中最有意思的一个。尽管遭遇过纳粹的破坏和洗劫，科诺皮什泰城堡的内部仍然和弗朗茨·斐迪南一家离开这里去往波斯尼亚时一样。唯一可以与之媲美的大概只有弗洛伊德在伦敦的故居了，其内部的装饰恰如其分地体现了所有者的思想。这不禁让我想起巴托克的作品《蓝胡子公爵的城堡》（Duke Bluebeard's Castle）——每推开一扇门，就会看到这位继承人心中一个不同的侧面。弗朗茨·斐迪南是个优秀的管理师，他认为无论精神还是物质，只要将万物以某种系统化的方法整理出

第十四章

来，就能了解万物，而科诺皮什泰城堡就是他自身记忆的延伸。

在全球各地打猎时（从犀牛到好望角大羚羊，再到鸸鹋），弗朗茨·斐迪南都会详细记下每一次斩获，形成了一份令人惊异的完整记录。数百只动物被做成标本置于高处，在城堡的走廊里，羊角、象牙、鸟喙、长鼻子、玻璃假眼、羽毛和鬃毛随处可见。在这些动物头下走，一个不小心就可能被什么东西戳到，或是被撒上一身恶心的锯屑和皮屑。弗朗茨·斐迪南无论走到哪里都喜欢拍照留念，走廊里挂满了他游历全球的照片，从埃及到澳大利亚，再到加拿大和美国（在进入黄石国家公园之前竟然要收缴枪械，让他大惑不解）。他收集武器，从他的堂兄摩德纳公爵那里得到了不少好东西。摩德纳公爵的遗赠不仅包括成堆的簧轮枪、银制雕花长枪和马上比武用的铠甲，还有大量的金钱，让他一跃成为欧洲最富有的人之一。但这笔钱竟与皇室资产无关，让弗朗茨·约瑟夫怒不可遏却又无能为力。整间屋子里放满了杀人用的精巧金属器，它们都刻有装饰性的花纹，放在玻璃盒子里，从天花板上垂吊而下。弗朗茨·斐迪南同样热衷于收集圣乔治（St. George）的雕像，尽管他最喜欢的圣徒是猎手们的主保圣人圣休伯特（St. Hubert）。在每个角落和神龛里，都能看到圣乔治或美或怪或冷漠的雕塑，身边时而有恶龙，时而没有。在这些数量庞大的*物件*中间，有一些是怪异又夸张的。城堡里甚至还有为他的堂兄兼好友皇储鲁道夫修建的一栋侧翼，里面都是年轻的弗朗茨·斐迪南认为能讨鲁道夫欢心的东西。只可惜鲁道夫还没有参观过城堡就自杀身亡了，但这栋侧翼上装饰的木墙板、悠然而刚健的户外风格，再加上一丝若有若无的古龙水香气，让这里成为保存完好的胜地。

你把这一切都尽收眼底——还有弗朗茨·斐迪南热衷于通过日记记录每日行踪的行为（这一页以访问沃尔瑟姆修道院①开篇，那里是位于伦敦郊外的一处炸药和枪械实验室），以及他的多层皮质旅行箱——就会清楚地意识到，这座城堡的主人有些不一般。毫无疑问，他是个聪明、勤勉又专注的人，求知欲很强，但也同样毫无幽默感，思想狭隘，是个不知满足、难于讨好的目录编撰者，骨子里是残忍而冷酷的。无论是在科诺皮什泰还是在他维也纳的据点上美景宫（Upper Belvedere Palace），弗朗茨·斐迪南年复一年地思考着如何对帝国进行改革，哪些匈牙利人应该最先被扔进监狱。他潜心钻研地图和书籍，反复问询各路专家，只为他最终掌权做好准备。他希望重组可以解决帝国混乱的局面，让国家治理和他的游玩日记、圣乔治雕像及一排排燧发枪一样变得井井有条。我们将永远无从得知成立大奥地利合众国（United States of Greater Austria）的方案是否真的可以奏效（这一方案变数众多，我们也不清楚他是否认真考虑过），但在纸面上看，这是个相当诱人的计划：成立15个民族联邦州，维也纳是整个联邦的（强势）首都。看着设想中的地图［其设计者是罗马尼亚裔的特兰西瓦尼亚人奥莱尔·波波维奇（Aurel Popovici）］，就像想象从未成真的未来——虽然类似的设想在纳粹臭名昭著的统治时期被短暂地实现过。如果真的存在类似塞凯伊地（Szekler Land）、特伦蒂诺和德意志波希米亚（German

---

① 此处原文为 Waltham Abbey。——译者注

第十四章

Bohemia）这样的联邦州，就能避免不少伤痛，但这幅地图自被绘制出来的那天起，就成了 20 世纪诸多事件的痛苦写照。

弗朗茨·斐迪南并不擅长学习语言，因此成了哈布斯堡家族中的一个异类，学不会匈牙利语或许是他如此厌恶匈牙利的原因之一。想让他设想中的版图成真，第一要务就是毁掉匈牙利。多年来，匈牙利贵族混淆视听、诡辩虚伪的言行激怒了弗朗茨·斐迪南，竟让这个终生厌恶民主的人成了只在匈牙利（不包括奥地利）推行普选制度的拥趸，他这样做纯粹是为了激怒匈牙利的贵族阶级，然后摧毁他们。他想要再现 1849 年匈牙利拜服于哈布斯堡家族的场景，扭转当前的混乱局面，让哈布斯堡帝国成为一个超级大国。这些美好的设想自然与当前的危情不符：就算匈牙利人再孤立无援，如此剧烈的变革定会招致俄国别有用心的关注，也会激起意大利、塞尔维亚和罗马尼亚的不满，很可能像弗朗茨·斐迪南的遇刺事件一样，引发更大的冲突。当时的设想还认为，一旦匈牙利人的武装以某种形式被解除，其他各民族都可以在哈布斯堡联邦的范围内保持自己的民族特性并愉快地生活在一起。然而波希米亚的德意志人为什么会愿意固守自己林木繁茂的小省份而不是和第二帝国①结盟呢？这一计划（弗朗茨·斐迪南还有许多计划——也许他已经意识到了其中的设计缺陷）还忽视了一点：正是匈牙利人充当了宪兵的角色，他们以最残酷的手段打击民族主义。让匈牙利人保持中立相当于夺走了哈布斯堡家族手中最得力的武器。但无论如

---

① 即德意志帝国。——译者注

何,波波维奇的版图设想中,有一些最终被实现了,也导致了十分可怕的后果——但无论是对领土无情的重新划界还是纯粹的暴力,其最重要的源头正是弗朗茨·斐迪南的想法。

在弗朗茨·斐迪南的诸多政治活动中,我们都有同样的感受:他好像在幻想着有朝一日能制服所有仆从,让他们都对他俯首帖耳。但从各个角度来看,这不过是他个人糟糕举止的反映,他本人根本算不上战争狂。围绕着他的遇刺身亡,一种最差劲的反事实假设大概是如果他没死,就不会导致七月危机(July Crisis)的爆发。弗朗茨·斐迪南虽然不是巨人泰坦,但比起苍老的弗朗茨·约瑟夫和他身边那群宿命论者及紧张不安的古怪分子,是否本该提出更有智慧的奥匈战略呢?如果七月危机的爆发很大程度上要归咎于欧洲平民领袖的道德败坏,那么弗朗茨·斐迪南手中的巨大权威很可能给人们带来一种不一样的思维方式。他经常认为,德国、哈布斯堡和俄国的三国联盟才是欧洲获得成功和稳定的动力,毕竟这样的三国联盟在19世纪的大部分时间里都是相当成功的。认为三个帝国应该互相支持以巩固王朝统治、反对民主制和波兰是非常有道理的想法——实际上,对俄国看似毫无必要的疏远给欧洲带来了极大的灾难,其影响不亚于英德分裂。

弗朗茨·斐迪南在科诺皮什泰的几年里,一直在反复思考这些选择和可能。或许他是个粗鲁、狭隘、喜欢冷嘲热讽的人,更是全世界动物的公敌,但他也着实是个好丈夫、好父亲。历史人物随意莫测的私生活通常是让历史学家们头疼的课题,但弗朗茨·斐迪南绝对是无可指摘的。尽管遭到了弗朗茨·约瑟夫的极力反对,他还

第十四章

是坚持迎娶了波希米亚贵族索菲·乔泰克（Sophie Chotek），依照哈布斯堡家族的标准，索菲的地位太过普通，根本不适合成为斐迪南的伴侣。两人彼此相爱，索菲却在维也纳令人毛骨悚然的宫廷里度过了饱受冷落和羞辱的余生。因为身份低下，在宫廷宴会上，她只能坐在狭小的边桌旁，而她丈夫却高高在上地坐在皇帝的桌旁。正因如此，夫妻俩决定花尽可能多的时间住在科诺皮什泰，和三个孩子索菲、马克西米利安、恩斯特在一起。两人结婚的条件之一就是所有孩子都不得继承帝位——这是一种疯狂的惩罚，但事后看来，这至少让帝国避免了在第一次世界大战期间，被年仅14岁的马克西米利安三世统治的命运。

一家人展现了城堡中令人惊异又令人动容的一面。育婴室和家庭娱乐房虽然保持了特权阶级的风貌，但同样是朴素迷人的，花了不少心思，这与弗朗茨·斐迪南在其他场合中令人厌恶的自负古板，以及在阅兵场上的严厉吼叫形成了鲜明对比。一家人的画像和照片、玩具，还有孩子们的画作都是有价值的珍藏，想到他们无法摆脱的悲惨命运，不免让人感伤——这种感伤情绪在看到一家人最后的合影时达到了顶点，当时他们正在克罗地亚快乐地享受假期，随后弗朗茨·斐迪南和索菲就要到萨拉热窝去了。父母遇刺的消息传来，孩子们身着黑衣拍下了最后一张照片，过时而做作的姿势也难掩孩子们悲痛的神情。这些孩子显然是德奥合并（Anschluss）的绊脚石，但他们都幸运地活了下来。奥地利甫一并入德国，弗朗茨和索菲的儿子们就被希特勒囚禁了起来，他们女儿的两个孩子则在保卫德意志第三帝国（Third Reich）时战死。

在科诺皮什泰，除了一系列令人窒息的联合、冲击和思想碰撞之外，还有最后一件珍宝：当地贝内绍夫（Benešov）镇上幽暗的小车站里保存的一副装饰性的门框。过去，穿过这个门框就能来到为往来城堡的客人准备的特别等候室。这副门框或许没什么特别的，但它经历过无数苦难，还接待过很多身份高贵的非凡客人！1914年夏天，德皇威廉二世和德意志帝国海军元帅冯·提尔皮茨曾到访此处。这是第一次世界大战爆发前的关键会议之一，但令人恼火的是，我们至今都不知道这场会上讨论了什么。弗朗茨·斐迪南反对任何形式的预防性战争——他很清楚哈布斯堡家族的虚弱，迫不及待地（到这个时候已经不仅仅是迫不及待了）想在内部推行改革，按照现代德国或美国的模式重新将帝国打造成一个强国。这三个人或许会在弗朗茨·斐迪南的"后宫房间"里，一起抽着雪茄，展开最坦诚、最有趣的对话，其中一定会充斥着反英、反俄、反法情绪带来的无端怒骂，德皇和元帅偶尔也会礼貌地停下来让弗朗茨·斐迪南抒发对匈牙利和塞尔维亚的厌恶情绪。如果能以任何形式留下一点记录，我们就能更真切地了解德国与哈布斯堡之间的关系，这一点将在夏天带来致命的变化。元帅和德皇的卧室都被保留了下来。提尔皮茨房间的装饰很容易让人想到一个留着古怪的胡子、心直口快的军国主义者形象——这是一间充满阳刚之气的房间，风格严肃，挂着一幅华伦斯坦的画像。德皇的房间与之形成了古怪的对比，他的房间贴满了印有玫瑰图案的粉色墙纸，还有很多装饰繁复的波希米亚玻璃制品和精巧的家具。很难想象弗朗茨·斐迪南竟给尼伯龙根的最高统帅安排了一间如此具有侮辱性的房间，

第十四章

城堡里的人一定会觉得十分好笑。

夜曲

想要充分了解贝拉·巴托克,这里或许是个好地方。为了写这本书,我去了很多地方,读了很多资料,也听了很多作曲家的作品,但没有任何一个人比巴托克对我的影响更大。我在开始第一份正式工作后不久结识了一位朋友,他刚刚开始听巴托克的音乐,还坚持让我也坐下好好听听《蓝胡子公爵的城堡》的开头几个小节。最终,这段阴暗、神秘、恐怖又病态的伴奏给我的人生留下了深刻的烙印。哪怕我正躺在贝辛斯托克(Basingstoke)工业区边上一个拥挤的半独立出租屋储藏室中的一张折叠床上,微波炉里热着鸡肉馅饼和甜玉米,我的脑子里也在上演一出精彩大戏。

通常来说,在恰好的年纪发生恰逢其时的偶遇,会给人的一生带来举足轻重的影响。想象没有巴托克的成年生活就像是在想象没有家人的生活——没有巴托克,我都不知道该如何写下本书。很多作家和艺术家的作品都让我有种置身中欧的感觉,但25年来,巴托克成了一个永恒的谜题,他的面孔出现在无数照片里,好似一位高深莫测的父辈。无论我多么热爱希曼诺夫斯基、亚纳切克、利盖蒂、德沃夏克、策姆林斯基(Zemlinsky)、贝尔格、马勒、沃尔夫和勋伯格,对我而言,这些作曲家都要排在我的启蒙先锋巴托克之后。

我很想继续抒发对巴托克的热爱,但写书不能由着性子来,必须得控制自己。在有机会在剧院里欣赏《蓝胡子公爵的城堡》之前,这部歌剧已经在我的头脑里上演了一遍又一遍,这绝对是我的一大幸事——剧院里冰冷的灯光让整个场景显得奇怪而尴尬。剧情围绕着公爵将妻子尤迪特(Judith)带回他幽暗的城堡展开。这对夫妻彼此相爱,但尤迪特坚持(这样做很有道理)要打开城堡内的七扇大门,她想让屋子亮堂一点,而且夫妻间也不该有秘密。公爵勉强同意了,大门一扇扇打开,呈现在眼前的是一个刑讯室、一个军火库、一个珍宝库、一座神秘花园、一派美丽的林地风光、一片泪之湖,最后还有尤迪特自己的悲惨命运。

把这个故事写下来,就能感到一丝不安,无休止的象征主义、唬人的精神分析就是这种沉闷感的来源之一。这一点要归咎于剧本作者贝拉·巴拉兹,他还给巴托克的芭蕾舞剧《木刻王子》(*The Wooden Prince*)写了同样糟糕的故事,但他本人却是个迷人的家伙——巴拉兹是匈牙利化的典型产物,原名赫伯特·鲍尔(Herbert Bauer),父母都是德裔犹太人。无论他在舞台剧本的创作上有过多少闪失,他虚构的中国童话故事集《梦之斗篷》都是不可多得的佳作。很显然,巴托克喜欢巴拉兹的故事,在当时的布达佩斯,类似的故事层出不穷:蓝胡子可能和动物园、伊纳格·奥尔帕尔(Ignác Alpár)修建的沃伊达奇城堡以及神鸟图鲁尔(Turul)[①] 的雕像来源于相同的精彩素材。遗憾的是,对巴托克来说,在舞台上

[①] 图鲁尔是一种类似鹰的神物,在匈牙利神话中处于中心地位。在布达佩斯的城堡山上有一尊巨大的图鲁尔雕像,但最大的一尊雕像(毫不夸张地说,这是中欧最大的单体鸟类雕像)位于陶陶巴尼奥镇(Tatabánya)外的小山上。

第十四章

向一排排衣着考究的富人展示这些作品并不能带来成功。巴拉兹和巴托克的作品在舞台上看是可笑的（两个人被大门包围，发出颤抖的鸣唱），但通过耳机或大喇叭播放，其效果惊人地好。没有哪个舞台设计师能指望自己的设计堪比音乐本身的效果，听着这些音乐就像置身于皮拉内西的《想象的监狱》(*Imaginary Prisons*)，充满了没来由的恐惧和狂喜。在听了大量巴托克的音乐之后，竟让我为从未尝试过致幻药品而感到惋惜。

《蓝胡子公爵的城堡》让我第一次见识到匈牙利人让人费解的快乐。把"蓝胡子"的拼写从英语的"Bluebeard"变成匈牙利语的"Kékszakállú"（这就好多了！），歌词就会变成：

> 金币和昂贵的钻石（Aranypénz és drága gyémánt），
> 闪亮的首饰和宝珠（Bélagyönggyel fényes ékszer），
> 王冠和斗篷（Koronák és dús palástok）!

此时你已经看不懂了。我花了很多时间想要学会匈牙利语的正确发音，但正是这门语言让我开始对自己的语言能力感到气愤和悲伤——我注定到死也学不会这怪异而优美的语言了。

《蓝胡子公爵的城堡》（或者，嗯哼，换成匈牙利语版本：*A Kékszakállú Herceg Vára*）只是一段漫长旅程的起点——大概我不该以此为威胁，但对我来说，巴托克就像一本永远充满趣味的听觉之书，永远有新的一页等待我去翻阅。在我看来，除了《蓝胡子公爵的城堡》、钢琴协奏曲和《为弦乐、打击乐和钢片琴而作的音乐》，巴托克的大部分管弦乐作品都没有太大价值。但是在室内乐和钢琴曲中，作曲家完全释放了他骨子里最奇怪的一面，让人为之着迷。有一次我一边怀揣着对号入座的痛苦，一边翻阅穆齐尔（Musil）的《没有个性的人》(*The Man Without Qualities*)，耳边持续响起的正是巴托克的《小宇宙》(*Mikrokosmos*)——这两部扣人心弦、气势磅礴的杰作竟在我的头脑中合二为一，虽然在更为冷静的读者或听众看来，两者根本毫无共通之处。《小宇宙》一共收录了150多首钢琴曲，一开始只是巴托克为儿子编写的简单钢琴教学曲［《附点音符》(Dotted Notes)、《切分》(Syncopation)］，但到了最后欢欣雀跃的《六首保加利亚节奏舞曲》(Six Dances in Bulgarian Rhythm)，让人仿佛置身技法卓绝的疯人院。我没有胆量去查证可怜的小彼得·巴托克（Péter Bartók）在学了多少曲子之后才大哭着跑开。第一首练习曲简单到连我都可以弹奏，但极具巴托克风格，这让人不禁怀疑，他的音乐之所以古怪是否因为他的所听所想本就与众不同（或是"不对"）——当然，这一点也是无从查证的。《小宇宙》中的一些片段只强调技法，因此索然无味，但同样也有像《主题与反思》(*Subject and Reflection*)、《一只苍蝇的日记》(*From the Diary of a Fly*) 这样非凡的曲目。这些曲子生动地反映了匈牙利和种族问题在我头脑中的反复撕扯，让我的外多瑙大巴之旅都变得生动起来了。

巴托克的存在（和许多奥匈帝国的艺术家一样）与后来可怕的政治和种族动荡格格不入。今天，任何与他成长或兴趣相关的地点都不再属于匈牙利。他的出生地瑙吉森密克罗什（Nagyszentmiklós）现为罗马尼亚的大圣尼古拉镇（Sânnicolau Mare），他后来移居的大索洛什（Nagyszőllős）（在那里，他神童的名声不胫而走）现在是乌

第十四章

克兰的万诺赫尔迪夫镇（Vynohradiv），过去的瑙吉瓦劳德今天是罗马尼亚的奥拉迪亚市，还有过去的波若尼即今天斯洛伐克的首都布拉迪斯拉发。巴托克直到快 20 岁才来到布达佩斯。实际上，对他音乐创作影响深远的民歌研究大多发生在今天的斯洛伐克和罗马尼亚，他当时甚至还穿上了极为不便的步行礼服。可以说巴托克成为一名作曲家恰逢其时，因为他的灵感来源很快就要消失了。

从早期藐视哈布斯堡家族的音诗作品《科苏特》开始，巴托克亲历了全部历史进程。在《科苏特》中，巴托克嘲弄般地使用了《皇帝颂》的片段，让当局紧张不已——这种担忧很没有必要，因为这部作品相当枯燥死板。接着，他经历了噩梦般的第一次世界大战，又和战后的共产主义共和国关系密切，后来又参与了饱受创伤、前景黯淡的霍尔蒂摄政集团，但一直没有放弃对所谓"人类兄弟情"的笃信。无论巴托克的大多数音乐作品有多强的私人属性，导致中欧毁灭的彼此仇视却和音乐脱不了干系。比如，关于他在罗马尼亚的出生地该挂哪种语言的牌匾，这样简单的问题照样引发了争议。同样令人沮丧的是，巴托克最伟大的作品之一《世俗康塔塔：九个着迷的单身汉》（*Cantana Profana*：*The Nine Splendid Stags*）虽然是以罗马尼亚名为"科林达"（colindă）的圣诞颂歌为基础创作的，但必须被翻译成匈牙利语，否则就不能在匈牙利演出。他对于法西斯主义的憎恶最终让他远走纽约，在那里他疾病缠身，苦不堪言，还亲眼见证了自己国家的毁灭。最终，巴托克郁郁而终，只有 10 个人参加了他的葬礼。

通常情况下，我都不会参观知名作家或作曲家的故居博物馆，因为里面的展品和我们真正感兴趣的东西往往相去甚远——人们很难因为桌子、钢琴或是什么小摆件就对一个人产生兴趣，更别提还有硬塞进去的咖啡馆、商店和售票处了。但我认为有必要给巴托克位于布达山上的故居破个例，他在 20 世纪 30 年代的大部分时间都住在这里。我也为希曼诺夫斯基在扎科帕内的故居破过例，那真是个迷人的地方。这也让我认识到，多年来，我对作家和作曲家故居的印象完全是*错误的*，导致我在大多数作品中留下了不可弥补的愚蠢漏洞。

巴托克的故居经历了彻底的改建，但街道还是他走过的街道，花园也是他欣赏过的花园，这里还是他当年住过的地方。我参观的那天是个萧索的冬日，整日天色阴沉，树都光秃秃的，很适合搭配《蓝胡子公爵的城堡》里《泪之湖》（Lake of Tears）这首曲子。房子里装满了巴托克的各式物件，竟意外凸显了他最初嬉皮的一面。在大部分照片里，他穿得都像个阴郁的银行职员；但在一张照片里，他身穿彩色的宽松罩袍，脚蹬凉鞋，严肃地坐在一个带有民俗风格装饰的衣柜前面，而这个衣柜现在就立在照片的旁边。最有意思的当数他收集的小玩意儿——一盘盘甲虫、花朵、硬币、矿石、贝壳、装满零碎东西的雪茄盒、一副象棋、一本口袋大小的走迷宫游戏图册，还有一朵雪绒花。博物馆里的大多数展品并没有什么稀奇的（比如学位证书、乐谱、画作），但这些小玩意儿的吸引力实在让人难以抵抗——通过一副折叠的象棋和一朵压扁的干花，我们能感受到这位《小宇宙》的创作者、在作品中随意编排颤鸣"夜曲"的急先锋在传递着怎样敏锐而细腻的情感，就像他的音乐一样。

特兰西瓦尼亚的火箭科学

多年来,我的头脑里一直想象着一个模糊的场景:罗马尼亚西部的博物馆馆长们在一年一度的圣诞午餐会上,一边大口吞咽高度白兰地酒,一边焦急地等待午餐会高潮的到来——颁发年度最无聊展览奖。作为极少数去过特兰西瓦尼亚、帕蒂乌姆和巴纳特东北部所有博物馆的人之一,我完全有资格成为午餐会的座上宾,给出一些有用的意见。在这个竞争激烈的领域,常胜将军一定是锡吉什瓦拉博物馆,馆里的展品只有两本19世纪晚期的书籍,打开的书页上是几幅男子使用器械锻炼背部的插图。其他博物馆或许还有几件卡钳、带花纹的风箱或是酒器——面对如此特别的展品,他们难掩赞许之情。就这样,锡吉什瓦拉博物馆的馆长安静却骄傲地用餐巾纸擦了擦眼镜,同事们热情地拍着他的肩膀,几乎把他整个人都淹没了。

光是写下这个场景,我都觉得自己对不起这位馆长。但转念一想,这些博物馆几乎经历过所有意识形态浪潮的冲击,除了畏首畏尾地听之任之以外,它们还能做什么呢?在经历了一代又一代的兵燹劫掠、国贼禄蠹之后,还有哪座博物馆得以幸免,没有被洗劫一空呢?1989年之后的博物馆又该讲述怎样的故事呢?资金不足,也许还有更重要的兴趣不足,导致很多博物馆都选择关门大吉或是关闭了馆内的大片区域(很遗憾,阿拉德博物馆有关1848—1849年匈牙利战争残酷终局的精彩展览也被关停了)。

控制博物馆和控制教育一样,一直是帝国上下民族主义者们的重要目标。展品被当作证据,证明他们对这片土地自古以来的各种所有权,神化过去的可怕行为,歌颂当下的成功。在布拉格和布达佩斯等地的国家博物馆,情况依然如此。前者正在举办两个展览,一个在展出令人骄傲的胡斯派信徒的遗物,另一个干脆就以"伟大的捷克人"命名。在如今属于罗马尼亚的帝国故土上,人们已经厌倦了意识形态的争斗,因此普遍不接受这样的伪饰——每一个经历过苦难的幸存者都不愿铭记这些糟糕的过往。因此,从这个角度来说,画有背部拉伸器的旧插图正是在庆祝有如魔鬼附身般的可怕过去已经一去不返了。或许正因如此,像克卢日的民族志博物馆(Ethnographic Museum)和锡比乌郊外的阿斯特拉博物馆这样别具一格的特兰西瓦尼亚博物馆才能运营得如此之好。这些博物馆专注于19世纪人们对民族服饰和建筑的痴迷,以避开那些尖锐的问题,把满腔热情全部倾注在审美需求而非政治回应之上。

当漫步在特兰西瓦尼亚,流连于无尽的展柜,欣赏三头鱼叉、灌肠泵和黄铜马饰时,你一定还能发现其他有趣的东西。哪怕是让人惊掉下巴的锡吉什瓦拉博物馆,也会出现让人眼前一亮的精彩瞬间。登上高大但破败的瞭望塔,就能看到有关特兰西瓦尼亚的幻想家赫尔曼·奥伯特(Hermann Oberth)的影音展。一战爆发前,十几岁的奥伯特就对太空旅行着了迷,经常在碎纸上写写画画,设

第十四章

计多级火箭。15 岁时,他已经设计出以棉火药为动力的火箭。一战期间,他潜心研究失重问题并发明了小型液体燃料火箭。到了 20 世纪 20 年代初,他的研究兴趣已经拓展到空间站、登月飞行器和太空服设计,甚至包括可以调节地球温度的巨型太空镜子。奥伯特在很多方面都是个糟糕的家伙,但航空航天领域大部分基础原理的提出都要归功于他。他是火箭专家韦恩赫·冯·布劳恩(Wernher von Braun)的老师,先后参与过纳粹和美国的火箭设计工作。说来也是奇怪,火箭这一 20 世纪典型的双刃剑的发明,其大部分理论和实操思考竟来自特兰西瓦尼亚,这个世界上落后又偏远的蕞尔一隅。书说至此,我希望自己已经纠正了一个误区:即便像锡吉什瓦拉这样的地方,实际上也位于欧洲的最中心。已经不记得有多少次,身处"偏远之地"让我感到满足,但身在当地你才会意识到,所谓的"偏远之地"其实就在我们身边。如果特兰西瓦尼亚南部是 V2 火箭和洲际弹道导弹的重要发源地,或许我们就得以全新的角度来看待我们的历史书了。

突然间,我感到一丝寒意,因为我发现这一章节可能要没完没了地写下去了。我的笔记本里记满了一页又一页的新奇玩意儿,大概会吓坏读者吧——最好还是悄悄把它们丢掉。比如有这么一条记录,是我在锡比乌时留下的:"18 世纪马力铸币的照片:需要四匹马才能拉动冲压机!用这张图开启硬币一章?"该是停下来的时候了。

顺便还要提一句,在这片饱受恐惧和摧残的土地上,最终得以保存并在罗马尼亚博物馆里展出的都是些沉重而耐用的东西。历经过去一个世纪的残酷洗礼,那些抢不走又烧不掉的大家伙成了展览中最主要的展品。除了佩剑和金属酒杯，还有金属盘子，另一件让人讶异的展品是一大块挂在犯人脖子上的石头，上面刻着一行字："像基督徒一样生活，谨防邪恶，这样石头才不会挂在你的脖子上。"展品中最历久弥坚的或许要数一战期间为了战争债券募款而建造的大型雕像。这些雕像大多是中世纪骑士的木雕像，任何人只要捐出一定数量的款项，就可以往雕像上打一颗钉子，钉头上有时还标注了家族姓氏。成千上万颗钉子层层叠叠，让木雕俨然成了个金属怪物。这是奥匈帝国的发明，后来被德国人学了去。在锡比乌的"阿尔坦堡之家"博物馆（Altemberger House Museum）就有一个令人叹为观止的例子。这是个高达10英尺的"十字军机器人"，品相完好，没什么表情的脸上泛着邪恶的光。这些怪物总能吸引我们的注意——除了些许氧化，这样的材料组合几乎保留了它们的原样。同样留下的还有雕像所展现出的当地人或情愿或不情愿的爱国主义情怀，为了帝国和俄国人的战争而募款。这样的图像学标志意在激发人们的责任感，让十字军代表的西方战胜野蛮的东方，用基督徒的道德涤荡异教徒的堕落。这显然是在曲解历史，但有意思的是，双方的很多战士都把自己看成中世纪的骑士。比如在伦敦的海德公园有一座雕像，把英国塑造成圣乔治，同盟国（Central Powers）则是一条死去的恶龙，看起来就像一堆经过精心雕琢的金属鳞甲。这真是一种通行各地的陈词滥调。这些筹钱的机器人时刻在清晰地提醒着我们，同盟国把自己看作正义的一方，为了保护崇高而特别的价值观，才与周围的野蛮人开战。而这些钉子成了最后的纪念碑，纪念这个命不久矣的帝国，同样也为了纪念为帝国（实

第十四章

实在在）投了钱的群体（就锡比乌的例子而言，有一半是德国人，罗马尼亚人和匈牙利人各占四分之一）及其即将消亡的命运。

日常生活的精神病理学

想让帝国毁灭的时刻来得晚些，讲述它最后几十年的故事是个不错的办法。1914年前的帝国是个充满活力的精彩地方，弗洛伊德可以在电车上快活地对着席勒招手，第二维也纳乐派（Second Vienna School）的艺术家们会为喜欢咖啡馆的快乐人儿们表演一首清唱曲。但重复这些故事是没有意义的，因为在华尔兹、尼古丁和变态性欲的蛊惑下，这个帝国像划过天空的流星一样，迅速坠入了厄运的深渊。

不可否认的是，帝国孕育了非凡的文化，实际上这也是我（包括每个人）最初对帝国产生兴趣的原因。但令人意外的是，这样的叙事几乎完全是在战后形成的——在很多地方，特别是在英国，这种看法直到20世纪90年代还在构建之中。在英国人眼中，奥匈帝国可能更像一个兵营遍地、有着贵族阶层却相当没有文化的粗野之地。约翰·施特劳斯二世（Johann Straus II）和勃拉姆斯的出现让人们对维也纳的音乐赞赏有加，但也并非将其视为水平最顶尖的地方。今人眼中无比精彩的布达佩斯和布拉格，当时还是籍籍无名的小城市。施特劳斯和冯·霍夫曼斯塔尔（von Hofmannsthal）共同创作的歌剧《玫瑰骑士》（*Der Rosenkavalier*）在奥匈帝国轰动一时，1913 年在科文特花园皇家歌剧院（Covent Garden）和大都会歌剧院（the Met）上演后，迅速受到了英美乐迷的追捧。这部歌剧将背景设定在玛丽亚·特蕾莎执政时期，在讽刺的故事和优美的旋律之外，平添了一丝衰败的意味——哪怕在今日上演本国的历史旧事，也需要一位德国作曲家为它编写旋律。

当时的人们对奥匈帝国知之甚少甚至毫不在意，简直到了触目惊心的程度。如马勒这般的音乐巨匠，在 1911 年过世前，被人们当作著名指挥家崇拜（他因此远走纽约）。虽然他也有一些脍炙人口的作品，但大部分交响乐作品直到许多年后才在英国或美国首演——《第二交响曲》和《第三交响曲》在英国的首演分别要等到 1931 年和 1961 年。一战前，《第五交响曲》中的小柔板乐章一直被当作通俗易懂的小曲子在逍遥音乐节（the Proms）上演奏——这样的安排倒也合情合理——直到 1945 年，《第五交响曲》才得以完整上演。在美国也是一样。勋伯格、贝尔格、策姆林斯基、韦伯恩这些今人眼中无与伦比的伟大作曲家，在当时的美国几乎无人知晓。贝尔格的《三首管弦乐小品》（*Three Pieces for Orchestra*）和策姆林斯基惊人的《第二弦乐四重奏》（*Second String Quartet*）在我看来宛如帝国末日的挽歌，在当时也未能上演。巴托克的《蓝胡子公爵的城堡》创作于 1911 年，直到 1918 年才在布达佩斯首演。但在当时的氛围下，这部作品应该不会在协约国的音乐爱好者中间掀起什么波澜。直到 20 世纪 50 年代，这部作品才首次登上英国和美国的舞台。

帝国在这一时期的文学发展同样为人所忽略。卡夫卡当时已经

第十四章

出版了几部作品，比如《一次战斗纪实》(Description of a Struggle) 和《审判》(The Judgement)，但这些故事要在许多年后才被西方读者所熟知。一战爆发时，弗洛伊德已经年近 60 岁，他的名字却只在相当小的圈子里流传，外人对他几乎一无所知——他的著作《梦的解析》(Interpretation of Dreams) 和《日常生活的精神病理学》(The Psychopathology of Everyday Life) 刚刚在纽约出版。绘画和建筑界的情况也差不多。炫目的巴黎艺术风潮席卷欧洲，今天几乎人人热爱的克林姆特在当时简直失去了光彩。阿道夫·路斯 (Adolf Loos) 在奥匈帝国之外几乎毫无建树，整个时代最引人注目的两位设计师约瑟夫·霍夫曼 (Josef Hoffmann) 和科洛曼·莫泽 (Koloman Moser) 在维也纳工坊 (Wiener Werkstätte) 中佳作频出，却几乎不为外界所知晓。

今天的人们为奥匈帝国兼收并蓄、异彩纷呈又充满创造力的文化着迷，但在当时，这些伟大的作品在伦敦和纽约根本无人问津。然而，只推崇帝国的文化就像通过后视镜观察环境，是相当狭隘的视角。一战的爆发以及随之而来的内战、屠杀和入侵将一些看似已经失去的珍贵之物尘封在了这里，在无数次流亡和战后两位伟大作家斯蒂芬·茨威格和约瑟夫·罗特（罗特的作品直到 20 世纪 90 年代才被西方读者所熟知）的作品中，你都能看到对这一过程的描述。1918 年到 1939 年间，出于对这一地区的厌恶，人们对帝国的兴趣自然大大延后了。在这一时期，巴托克和勋伯格成了人们追捧的对象，其中部分原因恰恰就是他们对本国政权的深恶痛绝。这种厌恶情绪自然延续到了 1939 年到 1945 年间，让整片地区陷入了孤立无援的困境（当然，流亡者除外），直到冷战结束。就这样，自1914年起，中欧逐渐转变成了东欧，像利沃夫、德布勒森、克卢日这样在文化上根植于欧洲主流价值观、在城市架构上与北意大利到外喀尔巴阡山地区别无二致的城市，便被流放至遥远的黑暗之中了。

或许同样令人诧异的是，就连奥匈帝国自己的民众似乎也不知道他们将要失去什么。许多被今人推崇的创意大师在当时也只在小团体中活跃，或许帝国的主基调真的就是军营和阅兵场——也许还有温泉浴。同样，民族问题绝对是帝国的头等大事，其他一切问题都只能屈居次席。在一波又一波愤怒狂潮的冲击下，布达佩斯和维也纳的议会基本处于瘫痪状态。代表们因为教育问题、军事指挥语言等问题吵得不可开交，他们大拍桌子、墨水瓶乱飞，甚至还会捉对厮杀，时不时还需要军队的介入和叫停。我们要珍视帝国中为数不多的杰出人物，但也要看到他们身上的古怪之处（通常都是些犹太特性），这表明了生活在一个愚昧无知、麻木无情、崇尚军力的欧洲是一件多有压力的事。或许正是这里残存的文化以及对克劳斯、弗洛伊德、哈谢克、卡夫卡、席勒和韦伯恩等人的推崇让我们美化甚至扭曲了对帝国的认知。或许可以组织这样的一个展览（虽然这样的想法是荒谬而令人不齿的，这样的展览也根本不会有人来看），把所有在当时名噪一时，今天却被世人遗忘的家伙凑起来展出一番——英雄般的写实主义雕塑家，反犹主义的漫画家，无趣的社会肖像画家，一小撮鼓吹德裔奥地利人应该加入德意志帝国以及从生物学角度解释为什么犹太人、罗马尼亚人、罗塞尼亚人生来就

第十四章

不值得信赖的畅销书作家。

亚纳切克1909年创作的鬼魅般的合唱曲《七万》(*The Seventy Thousand*)生动地展示了这一时代真正的忧虑。亚纳切克在当时同样籍籍无名,这位伟大的作曲家直到20世纪80年代才被西方乐迷广泛知晓。今天听来,他的作品装点了20世纪初期的历史,成了记录这个时代的原声大碟。在《七万》中,时而喑噜时而高亢的男声以一种惊人的方式混合在一起,营造出一种歇斯底里的绝望氛围。亚纳切克面容和善,他上了年纪之后,看起来就像小孩子的玩具一样,但实际上,他是个彻头彻尾的斯拉夫民族主义者,疯疯癫癫地惹人讨厌。① 这首合唱曲听起来十分古怪,它取材于彼得·贝兹鲁奇(Petr Bezruč)的畅销作《西里西亚之歌》(*Silesian Songs*),讲述了生活在泰申(德语)/捷欣(捷克语)/切申(波兰语)地区的捷克语人群的命运。在这首艺术歌曲中,捷克人遭受了德国人和波兰人的双重夹击,注定了消亡的命运:

> 我们中的10万人变成了德国人
> 我们中的10万人变成了波兰人
> ……………
> 望向那一群人,我们神情茫然
> 就像一头小牛犊看着自己的同伴被宰杀

但一种语言究竟有多少人说才是合适的呢?在帝国各处,这一

---

① 证据A:他在乘坐火车穿越边境进入沙皇俄国时,竟大声高呼"我们现在进入自由之地了"。他一定是历史上唯一这样做的人。

问题带来的压迫感比比皆是——像泰申这样民族混杂的特殊地区通常会受到孤立,因此进一步加剧了这样的压迫感,一旦人口构成出现改变,就会引发人们的精神崩溃。的确有诗作赞美了捷克人的活力和捷克文化前所未有的繁盛(至少贝兹鲁奇和亚纳切克的作品里不会出现这样的表述),但不会有人为这样的作品配唱。从弗雷德里希·李斯特(Friedrich List)到查尔斯·达尔文(Charles Darwin),各类学者的涌现,以及教育和民主模式的普及,加剧了民族问题和数学计算之间的碰撞,让这种疯狂的氛围随之(尴尬地)传播开来。帝国议会将掌握某种语言定义为获取权力的前提,这显然是有问题的。这种感觉就像在无休止地争夺阳光下的某块地方,只有踩在别人头上往上爬才能成功。今天我们看得很清楚,这正是导致欧洲灾难爆发的核心原因。回顾历史我们发现,在哈布斯堡统治时期,这样的氛围似乎是天真无害的,但在当时也酿成了危险的苦果,让整个帝国同时成了纳粹主义和犹太复国主义的试验田。学校、媒体、选举、咖啡馆,甚至是政府内部,都成了语言的竞技场。政府在强力镇压和妥协退让之间摇摆不定。1914 年 2 月,哈布斯堡家族在加利西亚又使出了经典的一招——虽然利沃夫议会最终接纳了几位罗塞尼亚代表,但其数量完全与罗塞尼亚人口数不匹配,处在支配地位的仍然是波兰人。短短几个月后,俄国人的入侵摧毁了加利西亚,也让最后一次取悦少数民族的努力最终一无所获:在波兰人看来,这是令人不安的妥协;但在罗塞尼亚人看来,这就是一次失败的收买行动。在维也纳的德国人和捷克人之间,还有布达佩斯的匈牙利人和罗马尼亚人之间,这样精心设计但让人愤

第十四章

怒的左右摇摆仍在上演。

面对如此局势，更合理的结果似乎并非帝国的解体，而是某种大灾难的爆发。在这场有如星际大战般的变局之后，幸存者将面对一个要么人人讲匈牙利语，要么人人讲德语的世界，在这里，民主制和代表性将不再是什么问题，因为所有非尼伯龙根的民族都将再次被贬为目不识丁的奴隶。无论每个语族最终走向了多远的地方，他们总会和其他人群相遇，被视作外来的威胁。如同《七万》的故事一样，每一个族群都会经历定居和分裂。哈布斯堡家族及其效忠者把控着局面，这群人来自帝国各处，出于各自的理由，早已预见了潜在的灾难。他们中的大多数人真诚地拥护帝国和哈布斯堡王朝及其价值观，军队尤其如此。其他人则因为选择的焦虑而保持中立：波斯尼亚的穆斯林们害怕塞尔维亚人的统治，西克罗地亚人害怕意大利人，加利西亚的波兰人惧怕德国人或是俄国人的统治。其他民族，比如意大利人、塞尔维亚人和罗马尼亚人中间则产生了分歧，有些人支持罗马、贝尔格莱德和布加勒斯特的联合，有些人则看不上这些腐化堕落、管理混乱的新兴国家，担心被这些国家蚕食、吞并，最终被遗忘。①

让这些族群各自存续的做法起到了意想不到的效果，让哈布斯堡政权（在政治和军事上）摇身一变，成了一个符合现代自由标准

---

① 这种恐惧绝非空穴来风，国家一旦实现统一，所有这些地方都会变成彻头彻尾的一潭死水。哪怕是的里雅斯特、克卢日、诺维萨德和布拉索夫这样一时风光无两的城市，也会经历地理上的"潜水病"，在未来的几十年里和什罗普郡（Shropshire）一样，陷入无止境的昏睡。

的政权。而此前许多被视为"自由"的团体（比如城市居民、中产阶级和平民百姓）实际上不过是些民族主义者——捷克人安坐家中读着有关胡斯派信徒屠杀德意志侵略者的故事，罗塞尼亚人回忆起手刃波兰地主的往事，罗马尼亚人和塞尔维亚人则反复聆听先祖充斥着无数残忍暴行的贵族史诗。所有的幻想终将接受历史的考验。但在当时，根本没人想到自己最终会落在强大的德意志人手中——德意志人或许是整个哈布斯堡帝国中最少被人想到的民族：他们是来自西方的统治精英，也是社会上形形色色的小店主、普通士兵和农民，从蒂罗尔到喀尔巴阡山，到处都能看到德意志人的身影。

除了那些被同化后开始全盘接受德意志或匈牙利思想的族群外，犹太人是幸免于难的族群中人数最多的一个。民族主义政客们衣领上挂着本族旗帜，用颤抖的手指对着中世纪的地图指指点点，口里激昂地唱着19世纪的赞歌，根本不把犹太人放在眼里。但即便是同化程度最高的犹太裔匈牙利人也会突然发现，自己被中产阶级的匈牙利新教徒们所排斥，这些人沉浸在对纯净血统的可悲幻想之中，幻想自己是古时骑手的后裔。赫茨尔明白这意味着什么，但从某种意义上来说，所有民族主义政客都明白，他们立论的逻辑就是要消灭所有"非我族类"之人。一个可能的办法就是把所有民族都死死地圈定在各自的边境之内（这一解决方案自1945年起开始实施，从一开始的苏联到后来作为新哈布斯堡宪兵的欧盟），但在此之前，先要经历一系列恐怖的替代方案。

第十四章

末日的开端

　　奥匈帝国一战阵亡将士的纪念碑通常是规模不大的私人石碑，立碑者是他们的家人或是某个军团的幸存者们。这是很好理解的——这场为了王朝和帝国的战争最终一败涂地，葬送了整个王朝和帝国，让社会和经济陷入可怕的灾难旋涡，正因如此，人们毫无理由为这场惨败精心设计任何公共纪念项目。后继的政权都无心铭记这场灾难，他们找不到任何恰当的言语既能承认发生的一切（约110万人丧命），又能为民众带来哪怕一点慰藉。在一些小城镇，比如塞克萨德和鲁斯特（Rust），只有一些"站立士兵"形象的小纪念碑，在英国和法国你也能看到同样风格的雕像。但在大城市里，这类雕像大多隐藏在小礼拜堂或学校大厅里，当然，绝大多数雕像已经在一次次政权交替中被悉数毁坏了。只有一处例外——在莫斯特纳索契（Most na Soči），这座位于戈里齐亚和卢布尔雅那之间铁路沿线上的斯洛文尼亚小村中，有一处纪念碑让我为之动容。当时我正计划搭车前往科巴里德（Kobarid），1917年秋天，这里曾爆发了一场重要战役。车站寂静无声，铁轨上停着几辆破旧的平板货车，山林呜咽，空气里都是树脂和木屑的臭气。静谧的氛围让我沉醉，不由得停下了脚步，等我再次走进院子的时候，眼见着当天最后一班开往科巴里德的巴士缓缓驶过小桥，将桥下青绿色的河水抛在身后。下一班车还要再等些时候，我得找点事情来打发时间，

顺便弥补错过巴士的重大损失。我开始在周围闲逛,眼前突然出现了一块立在路边的大石,石面十分平整,上面刻着一行大字:

十五军团曾在这里战斗(HIER KÄMPFTE DAS XV. KORPS)
1915年5月—1917年10月(MAI1915:OKTOBER1917)

十五军团曾在这里战斗。纪念碑的基座呈阶梯状,还有类似祭坛的设计和石头火把。曾几何时,祭坛和火把都可以被点燃,营造出一种勇士对抗异教徒的氛围,但现在,覆盖其上的只有湿答答的苔藓、霉斑和一道道锈痕,反倒增添了几分特别的庄严感。我得承认,有一点始终没有搞清楚,我的调查也没有任何结果,为什么这座纪念碑可以保留至今?毕竟后哈布斯堡时期的意大利和南斯拉夫统治者一点都不喜欢帝国的统治。或许是足够抽象又大胆的碑文赢得了人们的尊重吧。这句话的确总结了哈布斯堡军队的全部命运——他们四处征战,换来的却只有灾难和失败。这些灾难如何让一个延续了数百年的伟大帝国支离破碎是个宏大而复杂的课题,或许需要整本书而不是简单的几段话才能说明。这既是属于哈布斯堡的历史,也是属于整个欧洲的历史。

在帝国的最后几十年里,最令人惊异的一点或许在于,欧洲竟如此迅速地不再理会帝国的关切。1866年败于普鲁士人之后,帝国仍表现得像个凶猛的猎食者,殊不知自己早已成为他国的猎物——这头幻想中的雄狮不过是现实中的角马。战败后,哈布斯堡军队撤离了莱茵河沿岸的联邦要塞,疏散了荷尔斯泰因的子民,切断了帝国和西欧之间长久的联系,也结束了和英国之间最后一丝互利关系。

第十四章

欧洲在世界各地急速扩张的年代里,奥匈帝国唯一的作用就是向北美输送一批又一批贫困的移民。1878年是个例外,这一年发生了两件特别的事:一个特别的事件是达尔马提亚人对北冰洋的莫名考察。尽管这是一次私人考察,但他们没有在弗朗茨·约瑟夫岛上建立哈布斯堡政权也是让人庆幸的事,让帝国免于对严寒苔地进行愚蠢的投资——全球市场可不需要这些,也不至于让帝国在一战期间将战线拉到如此荒谬的偏远之地。

另外一个特别事件源自俾斯麦,他在1866年战胜帝国后,敦促哈布斯堡家族交出欧洲东南部的土地。德意志人并不怎么关注这一地区,但实际上这里自斐迪南一世起就是哈布斯堡理念发展的核心地带。1878年,奥斯曼帝国持续衰落,其在欧洲的大片领土被突进的俄国人吞并。然而,哈布斯堡家族的短视导致了令人胆寒的结果。俄国人的野心已经扩展到了整片大陆——他们攫取了塔什干(Tashkent)和撒马尔罕(Samarkand)等地,一路沿乌苏里江(Ussuri)和阿穆尔河(Amur)向远东扩张,于1878年将高加索地区的大片土地收入囊中。与之相反,奥匈帝国眼中只有已经被自己占领的波斯尼亚和黑塞哥维那,还有有着好听名字的"新帕扎尔桑贾克①"(Sanjak of Novi Bazar)——理论上来说,帝国只是代表奥斯曼帝国恢复这一地区的秩序,但已经让他们忙得不可开交了。②哈布斯堡政权站不住脚的借口激起了穆斯林的强烈反抗,给帝国造成了5 000人左右的伤亡。奇怪的是,一座异常醒目的纪念碑却立

---

① 桑贾克为奥斯曼帝国的地方行政单位。——译者注
② 1908年,哈布斯堡吞并波黑。

在了格拉茨——就在通往阿诺德·施瓦辛格体育场（Arnold Schwarzenegger Stadium）的路上——以纪念对波斯尼亚的入侵。

占领这一小块贫瘠而苦难的土地本身毫无意义（许多穆斯林已经逃离此地），这不过是对欧根亲王赫赫战功的拙劣模仿。这次占领的目的有三：其一是切断与黑山和塞尔维亚这两个小国间的联系；其二是防止塞尔维亚占领这片地区；其三是以此地为起点，趁机攫取萨洛尼卡（Salonika）港。奥匈帝国在巴尔干地区的劲敌们虽然国土面积狭小，但一旦形成联盟，也是相当危险的，因此前两个理由显得合情合理。虽然占领爱琴海、控制整个巴尔干地区对于哈布斯堡家族来说很有吸引力，但萨洛尼卡计划仍然被谨慎地搁置了——这也暗示了历史的另一种可能性：在经历了无数痛苦的波折之后，希腊也不一定能最终统治这座城市。

奥匈帝国所有向巴尔干地区扩张的努力都在匈牙利人的强烈反对下夭折了。所有匈牙利人如今都定居在帝国境内，任何领土的扩张都会导致更多非匈牙利人的涌入——这自然也包括更多斯拉夫人。这种对于民族纯净性的病态追求和零和思想让维也纳抓狂不已，最终导致弗朗茨·斐迪南动了入侵匈牙利的念头，好为自己未来的加冕庆贺。然而，匈牙利人的担忧不无道理——任何南向的扩张都会带来更多的塞尔维亚人，这样只会在内部形成创建南斯拉夫的推动力。事实也确实如此，1913年，第二次巴尔干战争最终驱离了奥斯曼土耳其人，让塞尔维亚人获得了更多土地，这也使波斯尼亚和黑塞哥维那成了另一桩未竟的事项。一年后，弗朗茨·斐迪南在波斯尼亚的遇刺身亡显得恰逢其时，进一步加速了奥匈帝国的毁灭。

第十四章

奥斯曼土耳其人的离开意外引发了一系列后续事件。贝尔格莱德要塞直到1878年仍有土耳其军队驻守——他们在塞尔维亚宣布全面独立后撤离——亚得里亚海的土耳其军队则坚守到了1912年。虽然经历了一轮又一轮的灾难,但土耳其的部队直到1912—1914年间才撤退到埃迪尔内附近的小岛上,这些岛屿至今仍处在土耳其共和国的管辖之下,也是土耳其在欧洲的最后一片残余领土。土耳其人的离开打破了维系地区秩序的平衡,几大势力随即开始相互攻伐。

罗马尼亚、保加利亚、黑山、希腊和塞尔维亚通过两次巴尔干战争将这一地区瓜分一空,几乎没有理会哈布斯堡家族的意思,而家族竟眼见着一切发生却依旧按兵不动。这是令人绝望而羞耻的时刻,这些小国为何敢于采取如此影响深远的暴力行动,丝毫不把庞大的邻国放在眼中呢?答案很简单——它们已经意识到了哈布斯堡帝国结构性的怯懦。尽管还有来势汹汹的军演和阅兵,但哈布斯堡帝国已经从19世纪50年代的一个泛欧洲大国沦为区域大国,对它的邻国也颇为忌惮。或许这样的场景很难想象,但从全球的视角来看,这一时期的奥匈帝国和德国俨然成了一对相互依附的无助幼童,周围都是虎视眈眈的世界性(而非欧洲区域性)强国。美国和俄国在肆意扩张领土,殖民地似乎成了硬通货,是经济水平和强硬立场的最好证明。反观奥匈帝国和德国,二者几乎无人在意,连比利时都更像一个令人信服的皇权帝国。当然,这对幼童的背后还有斯柯达和克虏伯的支持,但无论在维也纳还是柏林,紧迫的焦虑感正在蔓延——奥匈帝国和德国如今都是领土狭小的内陆国家,此时再自称为"帝国"就显得愈发讽刺了。奇怪的一点在于，对于同盟国来说，1914年的战争似乎不能算作"世界大战"，因为大部分战事都发生在这些国家的欧洲边境上。两个国家陷入了四面楚歌的境地，国力的衰落和世界局势的恶化严重影响了维也纳、布达佩斯和柏林，让他们本就荒谬的世界观变得愈发荒谬了。

有关一战的大部分讨论都想找出究竟哪些国家才是这场灾难背后最大的推手，但这一点永远无法厘清。随着时间一年一年过去，有一点变得愈发清晰：主要欧洲大国都应该为此负责，各国致命的动荡和狂热导致了战争的爆发。对于经历了1914—1945年（或者说是1914—1989年）毁灭性灾难的幸存者们来说，必须找到一个足够宏大的理由来解释这一切——要么是德国人可怕的阴谋，要么是资本主义内部的系统性失灵。但在今天看来，导致战争爆发的理由可能很简单，这场没有赢家的战争正是由各国糟糕的治理、维护势力平衡的企图以及糟糕的民意决策共同引发的，这样的看法不无道理。宏大的陈词滥调让政客们无须为发生的一切承担任何责任——在那个时期，各个国家都充斥着自命不凡的百姓，他们受到了蒙蔽，盲目地相信只要发动战争，就能得到他们想要的结果。

哈布斯堡家族的最后一次肆意妄为促成了阿尔巴尼亚的独立。1909年的阿尔巴尼亚人甚至没有统一的文字，却在几年后获得了全面独立。过去的阿尔巴尼亚人分布广泛，甚至可以说是四海为家，对地中海地区的历史影响深远。这些人曾经为奥斯曼帝国作战，也导致了帝国的灭亡——阿尔巴尼亚人曾经统治埃及，占领并管辖从红海（Red Sea）到高加索地区的大片土地。他们曾活跃在

第十四章

世界舞台上,但奥斯曼帝国的覆灭给了他们致命的打击——这些人第一次被禁锢在一片狭小而动荡的民族地区,直到土耳其人在欧洲失势后才勉强宣告独立。塞尔维亚终于看到了拥有海岸线的机会,当即入侵了这一地区。这真是哈布斯堡人最可怕的噩梦:拥有了港口的塞尔维亚可以让其俄国盟友派出海军包围亚得里亚海,切断哈布斯堡帝国的国际贸易往来,并以此为大本营,持续向外派出远征军。幸运的是,其他欧洲大国也感受到了威胁,共同促成了阿尔巴尼亚的建立以作为缓冲地带,塞尔维亚仍然保持对科索沃省(Kosovo vilayet)的管辖,这一决定严重影响了20世纪90年代的地区局势。原来的桑贾克被一分为二,分属塞尔维亚和黑山。

哈布斯堡帝国的虚弱到了惊人的程度,他们只能在意大利人的帮助下,勉强应付本地区的破坏行动。意大利人乐于扶持一个刚建立的亚得里亚海弱国,但他们虽然是帝国名义上的盟友,却也使帝国陷入了更为不利的局面。从17、18世纪的视角看来,占领巴尔干半岛或许是哈布斯堡帝国最后的使命,他们伟大的军队可以轻而易举地占据半岛,甚至南下到伯罗奔尼撒,但如今,帝国的犹豫和怯懦让这一切烟消云散了。罗马尼亚人和塞尔维亚人愈发相信,有朝一日,他们一定能救出那些被"困在"帝国境内当人质的同胞。塞尔维亚人对于波黑的同胞也抱有同样的想法。1894年出生在波斯尼亚的加夫里洛·普林西普(Gavrilo Princip)是奥斯曼帝国的子民,但他完全继承了苦难的斯拉夫基督徒的坚忍品质——这些斯拉夫基督徒即便饱受哈布斯堡警察的骚扰,仍毅然决然地来到贝尔格莱德,开启了他们的复仇之旅。

第十五章

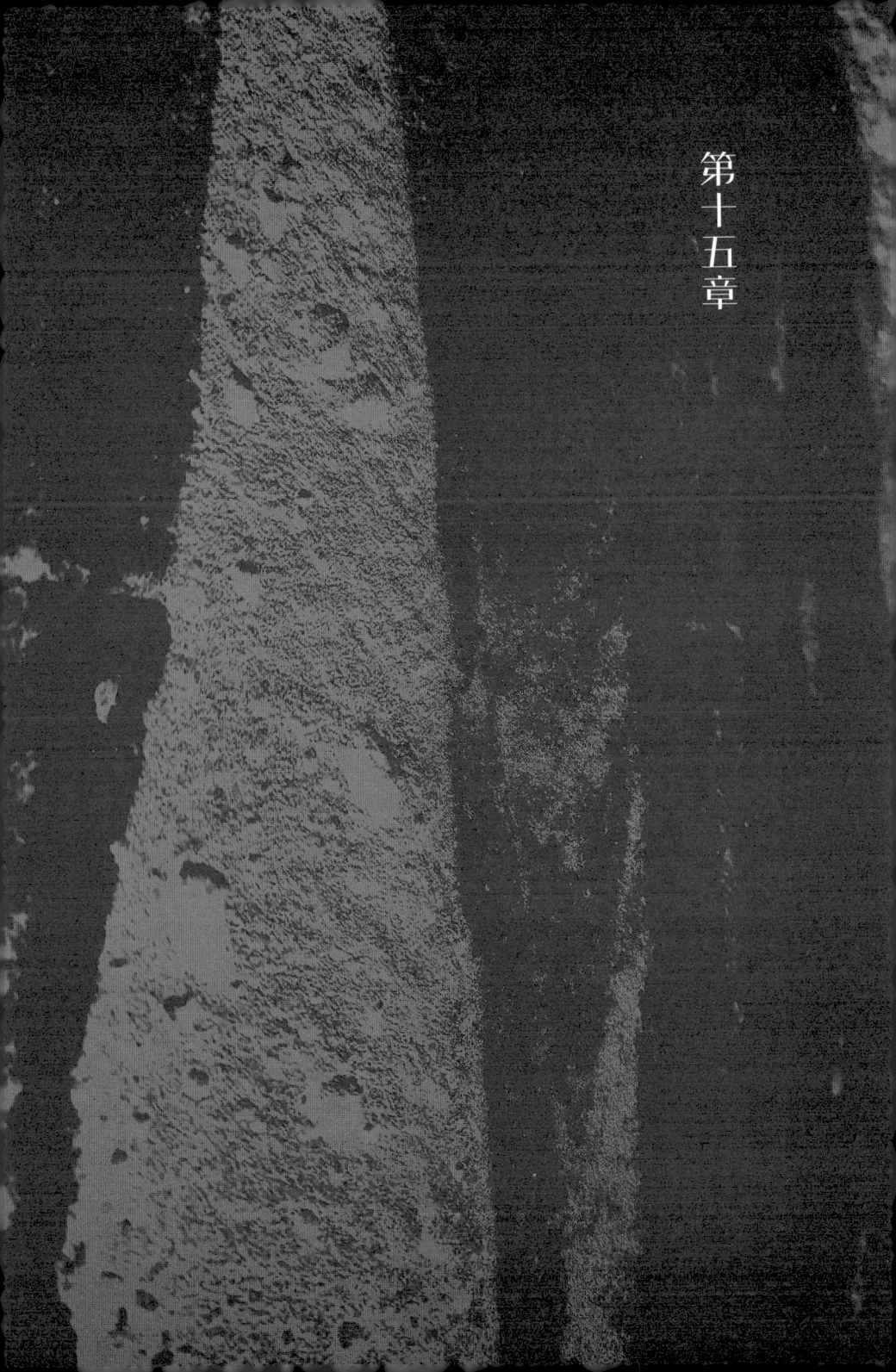

根据安东尼奥·马尔基西奥（Antonio Marchisio）的绘画作品《尾声》（The Epilogue）印制的明信片。这是充分展现民族主义纯粹荒谬性的绝佳例证：被审判的、背信弃义的、卑劣的奥匈帝国之鹰从蒂罗尔的峭壁间跌落，取而代之的是……一只完全相同的鹰，只是羽毛更整齐，身后还有一面漂亮的旗帜。1918—1919年，这些全新的民族主义政权挺进帝国废墟，带来的却只有苦难——南蒂罗尔就是一个让人伤感的小小的例子。

资料来源：Castello Museo Storico Italiano della Guerra, Rovereto/De Agostini/akg-images.

军事应急计划的诅咒

　　和欧洲大部分地区一样，奥匈帝国虽然有着深厚的军国主义传统，但并未与其他任何国家开战。1866 年的屈辱惨败之后，居于国家中心地位的军队也只做出了占领波斯尼亚的行动。中国爆发义和团运动之后，势单力薄且不堪重用的哈布斯堡海军竟派出四艘战船和约 300 名海军士兵远征中国，却沦为各国"秩序重建"行动中几乎无人在意的一分子。这次远征中唯一让人感兴趣的一点在于，冯·特拉普男爵（Baron von Trapp）是远征军中的一员，他曾搭乘女皇兼皇后玛丽亚·特蕾莎号（SMS Kaiserin und Königin Maria Theresia）装甲巡洋舰在长江上巡游。许多年后，由克里斯托弗·普卢默（Christopher Plummer）扮演的冯·特拉普男爵唱着《雪绒花》夺去了我十岁女儿的芳心。我们一家人把《音乐之声》（*Sound of Music*）的 DVD 放了不知多少遍，连光碟上的数字码都快磨平了。

　　如此温和的立场导致了这样的局面：即便举办了无数次军演，制订了无数种计划，经历了一轮又一轮制服和武器的改良，也没人真正上过战场。德国也是一样，军队似乎成了让人赏心悦目的仪式队伍——多年来，士兵们穿着漂亮的制服，广交朋友，四下组织酒会、聚餐，互开方便之门（这些往来决定着数百万将士未来的命运），却从未参与过任何战事。当然，这完全是令人钦佩的。弗朗茨·约瑟夫热衷阅兵，艺术家们终其一生都在描绘他检阅骑兵团时的场景。如果他在1914年前撒手人寰（从任何理性的观点来看，这都是他最好的结果），那么阅兵这种无伤大雅的活动本能地给他的执政时期披上一层美妙的柔光，但这样的价值观延续到1916年，就让人意识到，对暴力的邪恶推崇已经年复一年地成了他的常态。军队成了帝国的重中之重，也是哈布斯堡统治的领土上最醒目的元素。在许多城市中，像克拉科夫的瓦维尔城堡和特伦托的博恩孔西利奥城堡（Buonconsiglio Castle）这样丑陋的大型军营比比皆是，在约瑟夫·罗特的《拉德茨基进行曲》（*The Radetzky March*）和斯蒂芬·茨威格的《心灵的焦灼》（*Beware of Pity*）中对此有着精彩的描述——字里行间都在控诉这个沉闷狭隘、崇尚阳刚之气的世界。到了1914年底，共有约350万接受过训练的市民曾被征召在部队服役，或许这是最能反映哈布斯堡社会崇军风气之盛的数据。在退役前的数年里，这些人都在给皮靴抛光，接受训练，流连于小镇的妓院和喝酒大赛，甚至在退役多年后也有可能突然被叫走，以一种狰狞的方式或死或伤。

整个欧洲皆是如此。这种对军事应急计划的迷恋中没有任何意识形态元素，这一点让今天的我们大惑不解。将军们一直在制订新的计划以应对新的敌人，收益却出奇地低。或许法国是唯一受到意识形态驱使的国家——也是迄今为止军事化人口占比最高的国家——他们下定决心要向德意志帝国展开复仇之战，重新夺回阿尔萨斯-洛林地区。其他国家轮番结盟或敌对，但都收效甚微。各国都痴迷于孤立政策（英国除外，因为在大部分时间里，英国和欧洲大陆之间除了维持欧洲西部的和平之外，几乎没有利益瓜葛），一份又一份公开和秘

第十五章

密的协定带来了各种形式的安全感，同时也引发了激烈的反弹。在今天看来，1914 年形成的联合纯属偶然，如果战争提前两年爆发，可能会导致不同的结果——至少意大利会成为德意志帝国和奥匈帝国的盟友；如果战争推迟两年爆发，俄国和英国肯定会再次反目成仇。

19 世纪，德意志人、奥地利人和俄国人经常通力合作，共同压制波兰人，统治者们相互拜访、交换制服、聚会宴饮，四处痛陈自由派的邪恶。这正是稳定的来源。同时，弗朗茨·约瑟夫下定决心无论在什么情况下都坚定地追随德国，这也是个不变的常量。弗朗茨·约瑟夫执政早期充斥着孤立和军事惨败，与柏林保持一致仿佛成了他神奇的盾牌。但俄国也是个大麻烦。俾斯麦已经通过秘密的《再保险条约》(Reinsurance Treaty) 稳住了俄国，根据其中的秘密条款，俄国哪怕对君士坦丁堡发动进攻也不会受到任何惩罚。俾斯麦意识到，法国疯狂的复仇幻想很可能通过和俄国缔结条约而成真，这让他寝食难安。为了避免这样的困境，他决定默许俄国在其他方向上的扩张，认为这更有利于德意志。俾斯麦在 1890 年下台，所有的烂摊子都交到了倒霉的德皇威廉二世手中。后者拒绝续签与俄国的军事条约，他认为自己的个人魅力超群，只要和沙皇面对面地谈一谈就能处理好两国关系。这让正处于孤立中的俄国人慌了手脚，他们毫不意外地在 1892 年和法国达成了协议。22 年后，战争才最终爆发，这也证明缔结条约的行动本身并不致命，但它着实加剧了潜在的风险，将地区矛盾激化为整个欧洲的隐患。

对于德意志帝国而言，东欧愈发死水一潭。他们的利益点在于贸易，特别是在汉堡和不来梅的贸易往来，西部最有活力的工业区是德意志人最好的客户。除了西里西亚,德意志东部地区,即普鲁士的旧日领土已经没那么重要了,但正是在这些东部领土上爆发了20世纪的大灾难。19世纪90年代以降,维也纳和柏林愈发热衷于举办精心安排的军事演习,想以此来弄清楚如何应对俄国的威胁。德意志帝国的立场有些微妙,他们无意夺取任何俄国领土,俄国人对德国领土也毫无兴趣。正因如此,两国在19世纪大部分时间里都保持了盟友关系,后来的反目成仇完全出于俄国和法国的结盟。德国人在西部地区采取了全面防御:到了1914年,他们放弃了与英国海军的荒谬对抗,一心只想让法国人多买些东西。然而,正是法国和俄国的结盟再次让德意志帝国成了惊弓之鸟,军师们开始疯狂设想愈发难以实现的宏大战争计划——"如果战争爆发了该怎么办",如何先除掉法国,再拿下俄国?遗憾的是,作战计划的头号设计师阿尔弗雷德·冯·施利芬(Alfred von Schlieffen)于1913年以高龄辞世,他疯狂设计的一摞摞列车时刻表、乱画的箭头和勒令再也没有机会实践了。

奥匈帝国的情况完全不同,它必须应对来自俄国的频繁干扰。对奥匈帝国而言,俄国(无论统治者有着怎样的美梦)绝非一个像巨型监狱一般简单运行的地方,那里的精英阶层也绝非冷漠而闲散的技术官僚,对世界大势不闻不问。对于俄国来说,特别是对于在1905年日俄战争(Russo-Japanese War)中屈辱惨败的俄国来说,塞尔维亚和黑山这两个斯拉夫"小兄弟"的荣辱和利益显得尤为重要:既出于没来由的疯狂,又出于在19世纪晚期的艰难苦战中形成的意识形态,让俄国在与奥斯曼帝国的战争中日益深入巴尔干东

第十五章

部地区。如果说哈布斯堡家族对于占领萨洛尼卡的念头只是偶尔浮现又很快被掐灭，罗曼诺夫家族（the Romanovs）拿下君士坦丁堡的计划则更为周详，甚至可以追溯到叶卡捷琳娜二世时期。他们想要达成这一目标，就必须对巴尔干人保持友善，赢得他们的顺从。俾斯麦认为收买俄国，默许他们入侵君士坦丁堡是笔划算的买卖，英德两国在一战期间也签订了类似的秘密条款，正因如此，俄国竟一直未能夺取君士坦丁堡反倒显得有些奇怪。

在欧洲大部分地区，民族主义大肆盛行，泛斯拉夫主义是其中的一个变体。民族主义思潮以一种令人费解的方式打破了边界的限制，形成了南斯拉夫主义这样的集大成之作。当然，泛斯拉夫主义有着高度选择性——为了反对他们的哈布斯堡统治者，捷克人曾向圣彼得堡派出了一支代表团，并在那里受到了热烈欢迎，但古怪的是，俄国人和波兰人似乎永远没有为友谊干杯的可能。这棵怪异的友情树上曾结下过一颗象征性的果子——也可能是最无谓的宣战声明：日俄战争期间，为了支持"老大哥"，黑山曾向日本宣战。

一代又一代哈布斯堡的高级官员曾制订过一个又一个计划来应对俄国令人难以接受的入侵，他们要么支持法国，要么支持塞尔维亚，在参谋学院里反复预演对战的情况，没完没了地进行激烈争论，却从未进入实战。和平的延续让哈布斯堡邪恶的军事奇才康拉德·冯·赫岑多夫（Conrad von Hötzendorf）到了六十几岁都未曾有过真正的战争经验。奥斯卡·波蒂奥雷克（Oskar Potiorek）同样如此，他是波斯尼亚和黑塞哥维那总督，于1914年愚蠢地率军攻入塞尔维亚。这些人的整个职业生涯都在纸上谈兵，但在当时，几乎所有领域都迎来了技术革新，这就意味着最先进的理论会在短短几个月内和现实情况拉开巨大的鸿沟。

或许奥匈帝国的人们本能地认为，除了相当小规模的局部战争之外，其他任何战争都会带来灾难。匈牙利人清楚地认识到了这一点，他们已经实现了所有愿望（建立自己的帝国，拥有自治权，还有一个蓬勃发展的首都），因此任何与军事相关的事项都会遭到他们的阻挠。其理由可能是匈牙利人的自私自利，但他们或许真的是欧洲所有非中立国中对战争最意兴阑珊的一群人。这就意味着哈布斯堡军队将面临兵源不足、财政吃紧的局面，任何一本有关一战的作品都会习惯性地将这一切归因于匈牙利人的不合作。在1914年前的数年中，战争早已变得愈发诱人，人们为开战感到兴奋，在这种时候能看到当地人出于自私的目的而意外促成的和平主义，也是件很有意思的事情。然而，战争一旦打响，匈牙利人就意识到自己的好日子已经岌岌可危，同盟国的前线一旦失守，匈牙利的领土就将首当其冲遭到入侵。就这样，在克扣了多年军费之后，如今的匈牙利人也必须全力以赴了，但一切为时已晚。

康拉德是个非常奇怪的家伙，他以强烈的自信著称，还曾在多个场合宣称"战争是解决所有政治问题的方法"。终于，他在1914年夏天得到了施展的舞台——只可惜他所有潜心制订的作战计划最终都没派上用场。多年来，他一直在研究如何在与塞尔维亚和俄国的战争中维持军力平衡，并一厢情愿地期待利用俄国对德意志帝国的恐惧来成功孤立塞尔维亚。1906年的俄国支离破碎，他们在日俄战争中受辱，国内农奴制改革也宣告失败，这是康拉德自信的主

第十五章

要来源。但到了1914年，俄国已经整装待发，他们有着庞大的部队，和法国的盟友关系也相当牢靠。康拉德则陷入了无限的困境：部队的兵源本就不足，还需要兵分两路。

有一种说法略显极端，但挺有意思：在1914年，德国和奥匈帝国只要随手计算一下，就能意识到他们必败无疑。当时的法俄同盟坚不可摧，德国却幻想着先集中大部分兵力进攻法国并在几周内取胜，然后把兵力重新调回东方来击溃俄国。奥匈帝国则幻想着迅速拿下塞尔维亚，这支在巴尔干半岛大获全胜的部队接着就能集结到帝国的另一侧来打击俄国。两国都没有盘算过如果他们打击第一个目标的进程哪怕出现了半点延迟，又该拿出怎样的计划？如此战略盲点的背后存在着这样的逻辑：延迟一旦出现，这场战争就会毫无胜算。由此可见，操纵战局的大人物们虽然智商超群，但对现状进行评估后，并未得出理智的结论。对于康拉德来说，想要解决七月危机，最合情理的做法就是派遣最少量的部队在南部设防，控制住规模有限的塞尔维亚部队，主力兵力则应投入和俄国人的战争中。事实上，俄国人完全有能力荡平整个帝国，就像在1849年介入匈牙利问题时那般易如反掌，如果当时的俄国没有手下留情，帝国可能早已分崩离析。但康拉德认为，在东部前线，奥匈帝国应该与德意志帝国并肩作战，他甚至不愿意承认这样的现实——如果德军将大部分兵力派往法国，那么对抗全体俄军的重担几乎全要压在他相当弱小的兵力上。

我之所以写了这么多细节，是因为在大部分战争中你都能看到类似的局面，其背后糟糕的作战思路只能依靠德国人出色的策略来弥补。随着英国由中立转为参战,本就漏洞百出的作战计划变得更加不堪一击。德意志人并未对英国人的参战做好任何准备,实际上他们根本没有能力与英军抗衡(除非他们耗尽兵力,全力打造为数众多的 U 型潜艇部队)。然而,德国不得不突然开始应对和自己国力相当的又一劲敌。即便不是如此,他们也只能继续实施施利芬计划。更糟糕的是,意大利作为同盟国中象征性的第三股势力,第一个跳出来宣布中立,接着又在 1915 年 5 月正式倒戈。其根本原因在于奥匈帝国。就像德意志帝国与巴尔干半岛毫无利害关系一样,奥匈帝国也无意卷入阿尔卑斯南部狂热的民族主义旋涡。哈布斯堡家族与意大利谈判的失利让柏林盛怒不已。很显然,意大利人想要从奥匈帝国手中拿回达尔马提亚、戈里齐亚和其他讲意大利语的小块领土,并以此作为加入同盟国的条件。但哈布斯堡家族认为,这些要求是对帝国精神的背叛——如果回溯哈布斯堡家族先祖们的行为,弗朗茨·约瑟夫能找到许许多多为了重大战略利益而做出的古怪背叛。德意志人认为,哈布斯堡家族应该满足意大利人的要求,一旦德意志帝国和奥匈帝国在战争中大获全胜,成为欧洲霸主,他们就可以回过头来铲平意大利,夺回土地更是易如反掌。只可惜哈布斯堡家族祖传的愚钝再次占据上风,给本就已经兵源吃紧的防线打开了新的缺口。

萨拉热窝

1914 年 6 月,弗朗茨·斐迪南来到波斯尼亚和黑塞哥维那视

第十五章

察。重重事件相互叠加，高压的态势一触即发，将斐迪南推到了压力的中心。一些长期存在的压力来自帝国内部的非正常状态。前任皇帝年事已高，却仍然占据皇位，更无意更改古板的惯例，让弗朗茨·斐迪南的继位遥遥无期。他的愤怒和仇恨正是其中重要的压力来源。此前我们曾提到，弗朗茨·约瑟夫坚持认为弗朗茨·斐迪南的妻子出身过于普通，不该在宫廷中获得任何尊位，这一点让弗朗茨·斐迪南怒不可遏。然而，弗朗茨·斐迪南这一次是以军官的身份到访萨拉热窝，而非皇位继承人的身份，因此怪异的霍夫堡皇室并未提出异议，他的妻子也获准和他并肩同行，在宴会和巡游时坐在他的身边。

各种收复领土、实现统一的行动和分裂主义一道威胁着帝国，但尚不致命。众多民族群体根本不想成为帝国的一分子，但也没人能拿出可行的分裂方案。移民或许是个更安全的办法。如果一个人真的痛恨哈布斯堡家族或是他的匈牙利地主，那么他大可以远走美国。一些坚守民族主义阵地的坚定分子大多出于贫困，加利西亚仍然是个发展灾难。一战期间，哈布斯堡家族面临的一大难题就是帝国中众多语言并存的现状（康拉德·冯·赫岑多夫本人就会说七种语言），哪怕经过再多训练，军官和士兵之间仍然难以交流，导致了巨大的人员伤亡。正因如此，斯洛伐克部队的成军似乎成了顺理成章的事，这支部队的军官在高中接受过英语教育，他们麾下的士兵则为了移民美国而学习英语。组建这支讲英语的部队是哈布斯堡家族的独创性发明，但它的存在并不会改变帝国未来的命运。

因此，帝国虽然积蓄了大量军力，却仍寄希望于和平，一些统治者已经意识到了这一点。弗朗茨·斐迪南本人虽然与康拉德关系密切，但在战争问题上却保持了相当谨慎的态度。弗朗茨·斐迪南迫切地想要将斯拉夫人纳入统治结构，创造所谓"帝国允许范围内的南斯拉夫主义"。他的图谋早已尽人皆知，这让他对帝国南部的视察显得尤为引人注目。因此，他甫一抵达波斯尼亚和黑塞哥维那，就立刻成了所有塞尔维亚民族主义团体最想刺杀的对象。究其原因，一方面，他随时可能继位成为一名冷酷严苛的皇帝，另一方面，奥匈帝国改制三元帝国的计划一旦成真，就会形成斯拉夫人的共同体，直接将塞尔维亚王国排除在外。

弗朗茨·斐迪南夫妇一共遭遇了至少六名刺客，民族主义者们想要除掉斐迪南的愿望达到了前所未有的强度，也让我们看清了让巴尔干半岛陷入大变局的各方力量。几十年来，哈布斯堡家族一直被看作因循守旧的代表，但维也纳和布达佩斯一直受制于相当激进的宪政改革，才让这个统治家族看起来没那么不可救药。帝国内部尽管还有诸如大公等可笑的爵位系统，但奥匈帝国已经是个现代化的当代政体，和德国、俄国甚至英国都没有多少差异。或许正是这场刺杀让帝国陷入了不可挽回的古怪境地。斐迪南夫妇能躲过数轮刺杀已经算个奇迹，但这大概要得益于先前的刺客们都没什么经验，一个个都慌了手脚或是扔偏了炸弹，而这些狂热少年的对手则是一个戴着鸵鸟毛、制服紧箍在身上的胖子。

这场刺杀留下的圣物——汽车、染血的上衣、普林西普的手枪、大公死亡时身下的躺椅——自然在维也纳军事历史博物馆里骄傲地占据了一席之地。他当时乘坐的汽车——那辆漂亮的格拉夫-

第十五章

施蒂夫特双辉腾（Gräf and Stift Double Phaeton）敞篷车显然是真正的罪魁祸首。和敞篷车相比，马车速度更快，也更能凸显乘客的尊贵地位，后方还有足够的空间来设置安保，周围也可以安排骑兵保护。马车会给那些留着小胡子、手里挥着武器的叛乱者带来很大的麻烦，但格拉夫-施蒂夫特汽车一旦停下来，就会让大公夫妇陷入无人保护的困境。普林西普只需要简单地走上前去，好像这对夫妻莫名其妙地坐在马路中间一样。哈布斯堡家族最后一任正统的统治者就这样被新技术夺去了性命。

依照这些青年和他们在贝尔格莱德的政治导师的世界观——也许从任何标准来看——这都是世界现代史上一次最成功的刺杀行动。它除掉了塞尔维亚最顽固的敌人，摧毁了整个奥匈帝国，缔造了一个由塞尔维亚人统治的庞大国家，虽然这个国家在20世纪90年代仍难逃解体的命运。按照今天所谓"附带损害"的概念来看，这次刺杀行动有着特殊的意义。第二天早上，当欧洲人在报纸上看到这条令人震惊的大消息之后，没有人能想到未来会发生什么。

普热梅希尔之灾

一战初期充斥着令所有人震惊的古怪场面。年复一年的军事演习、秘密代码和技术升级都成了笑话。法国入侵阿尔萨斯的行动（即所谓的"第十七号计划"——这名字听起来就没什么底气）以失败告终。俄国对东普鲁士的入侵成了灭顶之灾，短短几周内，德意志帝国的施利芬计划就成了漏洞百出的祸患。奥匈帝国的噩梦成了整个欧洲的灾难。在欧洲各国，军队的莽撞无能实在令人难以置信。纷争不断蔓延，欧洲社会的秩序岌岌可危，所谓的政治大师们却无计可施，前所未有的强烈恐惧感席卷了整片大陆。面对战争，将军们都幻想着能像19世纪那样，依靠毅力和诡计，还有大胆的行动取得制胜战果。在1866年的克尼格雷茨战役（约23 000人伤亡）和1870年的色当（Sedan）战役（约25 000人伤亡）中，战败方的政治框架被彻底摧毁。如今，第一次马恩河战役（the First Battle of the Marne）就造成了约50万人伤亡，却没人知道战势将何去何从。如此大规模的相互屠杀让所有统治者都不愿承认战败——但也只有在这头几个星期里，承认失败还是个可能的选项。事实的确如此，主要的领导者都是些微不足道的鼠辈，他们在一连串事件中随波逐流，将自己的懦弱展现在世人面前——如俾斯麦或是索尔兹伯里（Salisbury）① 一般的强人已经不复存在了。

　　至少在1916年结束前，各主要参战国都保持了充足的战力，各自有各自的作战计划，也有足够的人力和财力维持战争的消耗。这是欧洲历史上，人类第一次受到了庄稼般的待遇——每个男子都要经过可怕的划分，进入某个"年龄组"，一旦年龄达标，就立刻接受训练，紧接着就披挂上阵，替换倒在战场上的前辈。这彻底改变了人们对人口的认识，其漫长而痛苦的遗产贯穿了整个世纪：在1914年前，统治者们对子民生活的干涉微乎其微，而现在，他们

---

① 即索尔兹伯里侯爵罗伯特·加斯科因-塞西尔（Robert Gascoyne-Cecil）。——译者注

第十五章

却完全掌握了子民的生杀大权。整个官僚系统都在盘算如何替代在1914年被消灭的常规军队，而后世发生的种种悲剧，如纳粹的"饥饿计划"（Hunger Plan）则不难看到当时的影子。

在军事活跃度方面，奥匈帝国是个例外。帝国的虚张声势和自身孱弱的兵力之间形成了致命的鸿沟，让其成了所有军事大国中唯一一个外强中干的国家。在经历了最初的震动后，各主要参战国都重整旗鼓，哪怕面临再严峻的困难，也都为来年的战争做足了准备，投入新兵力、制订新计划，升级武器装备，但奥匈帝国显然准备不足。

一大批哈布斯堡军队漫无目的地南下进攻塞尔维亚（这正是开战的理由），东线的俄国部队立刻给帝国造成了巨大威胁。南下的列车被迫在屈辱和混乱中调转车头，去往东方。让部队退回到出发的城市再重新出发是最简单的做法，但强烈的无助之感让帝国认识到，这会大大削弱部队的士气，因此是不可接受的。如果在此刻，让这批运送部队的列车灰溜溜地驶回站台，一定会在布达佩斯引起恐慌，毕竟短短几天前，一大批民众才在泪水中送别了他们的家人，在铜管乐队、嘶哑的叫喊声和千万朵鲜花的映衬下，将士兵们送上同一班列车。民众感到恐慌自然是可以理解的，因为整场行动糟糕透顶——奥匈帝国的部队在几次决策后迅速败北，让所有金钱、计划和声望都打了水漂，士兵们在几条支线上混日子，在远方的驻地里昏昏欲睡，以至于连铁路的工作人员都紧张得精神崩溃了。

伴随着挥之不去的焦虑感，两条战线均告惨败：入侵塞尔维亚的部队规模太小，而抗击俄国人的部队同样兵力不足。一连串的灾难给双线作战的奥匈帝国造成了数十万伤亡，一年尚未终了，塞尔维亚人就已经彻底挫败了奥匈帝国的入侵企图,虽然这次入侵是虚假理性尚存的唯一一场战争(旨在为弗朗茨·斐迪南之死复仇)。在东线,俄国人只花了几个星期就摧毁了哈布斯堡的部队,将加利西亚和布科维纳的大部分领土收入囊中。每场战事都有自己的名字,让人们能弄清楚战场的地形和位置,但在实战中,这些信息都是一团糨糊,大批士兵还没有搞清楚状况就和敌人打起了遭遇战,好像是对拿破仑战争简单而拙劣的模仿。在当时的报道中,场面被形容为"一片混乱",大部分人口外逃,整片城镇淹没在火光之中——但结果是——哈布斯堡家族没能真正拿出应对俄国人的计划,精英骑兵部队深陷令人绝望的村落,踪迹全无,被土地和敌军的机枪吞没。

当哥萨克人在利沃夫市中心的废墟上摆姿势拍照时,奥匈帝国只能将最后一丝希望放在加利西亚的小镇普热梅希尔(Przemyśl)。从克拉科夫向东,搭五个小时火车就能来到普热梅希尔。这里一直是加利西亚地区的军事重镇,不利于作战的平坦地形到这里被一条中等规模的桑河(the San)和一片中等规模的山地截断。自19世纪70年代起,重重防御工事在这里拔地而起,但纷争和资金不足的问题一直存在。今天,这里还散落着昔日防御工事的遗迹,有些大块头的遗迹好似在当空解体的宇宙飞船(虽然是用砖块制成的奇怪飞船)。我甚至入住了一家围绕着遗迹修建的酒店,那遗迹是周围数百块大石头中的一个——该酒店位于通往乌克兰边境的路上,坐落在一家巨型乐购超市(Tesco)旁边。这里的防御工事从未完工,或者是因为它的分布面积过于广大,没人能真正宣布工程终

第十五章

了——哪怕再造 10 倍数量的据点或是能容纳数百万人的兵营，漫长的防线上总会有薄弱环节。但无论如何，俄国人早在开战前就通过安插在哈布斯堡军中的间谍雷德尔上校（Colonel Redl）掌握了普热梅希尔要塞的全部细节（还有哈布斯堡入侵塞尔维亚的计划——他们还贴心地把这一计划透露给了贝尔格莱德）。

短期来看，在 1914 年 9 月，普热梅希尔的防御工事还算有效，让俄军被迫陷入围城战。如果没有普热梅希尔，俄国人将势不可当，直抵波兰南部和匈牙利东北部，战争进程也将大为不同。现在，双方都投入重兵，妄图打破围城，一段史诗般的传奇就此展开。10 月，哈布斯堡的军队曾短暂攻入城中，击退了俄军。有一张特别的照片记录了当时人头攒动的市中心，你肯定会被普热梅希尔居民、文化和军队的多样性感到震惊：从男男女女的帽子和雨伞上（当时在下雨）就可见端倪。波兰人、犹太人、匈牙利人、奥地利人、罗塞尼亚人——这是站在高处阳台上的摄影师最后一次为这些奥匈帝国的子民拍照了。但这只是短暂的喘息，短短三个星期后，前线便灾祸四起，让普热梅希尔进一步陷入孤立无援的境地。哈布斯堡的援军试图攻破俄军前线，冒着零下 15 度的严寒穿越喀尔巴阡山，造成了难以置信的巨大伤亡。筋疲力尽的士兵们陷入绝望，他们勉强支撑着不让自己睡过去，以免被冻死或是被狼吃掉。到了 1915 年初，哈布斯堡军队在东线的伤亡人数已经高达约 80 万。最后一次试图解救普热梅希尔的行动又造成了另外约 50 万人伤亡。1915 年 3 月，饥肠辘辘的卫戍部队终于无力抵抗，他们杀光了所有马匹，烧掉了全部物资，炸毁了所有重型火炮和主要堡垒之后献城投降，这一定是当时人类历史上使用炸药最多的一次。8名将军、2 500名军官和11.7万名士兵集体投降，俄国人顺理成章地占领了该地。根据军法，普热梅希尔将变成俄国的城市"佩列梅什"（Peremyshl），学校和政府机关将被禁止使用波兰语，这真是一条令人毛骨悚然的法令。大批哈布斯堡战俘将被送往西伯利亚，途中经过莫斯科的场景仿佛是对不到30年后的德国中央集团军群（Heeresgruppe Mitte）残部的可怕预言。

这些灾难终结了哈布斯堡对欧洲的统治。在米克洛什·班菲（Miklós Bánffy）写于20世纪30年代的杰作《特兰西瓦尼亚三部曲》（*Transylvanian Trilogy*）的结尾，作者并没有描述战争的场面，而是向读者们交代了书中他们关心的那些年轻人的命运：1914年7月，年轻人们激动地换上漂亮的骑兵制服，向各自的小队出发。班菲的读者们自然清楚，这些人很快都会战死在加利西亚。早在1915年初，就有大批斯拉夫士兵向俄军倒戈。《好兵帅克》的故事将这一时期深深刻进了人们的脑海：当愤愤不平的匈牙利部队和捷克部队遭遇时，前者嘲弄般地举起双手以示投降。普热梅希尔陷落后，剩下的部队变成"民兵组织"（militia），实力大减也愈发不可靠，恐怕只能和意大利人抗衡了。

新一轮对抗俄军的攻势在夏天爆发，俄军被赶出了已经变成废墟的普热梅希尔。当地有一种题材古怪的明信片，上面的哈布斯堡士兵摆着怯懦的姿势，合影对象既有被砸烂了的混凝土块，还有巨大的金属圈和损坏的要塞炮筒。还有一张更为古怪的照片，照片上的军官们都在市政厅外立正站好，仿佛在进行一场阅兵式。但这支

第十五章

看起来结实又凶悍的部队却有几分扎眼:他们举着巴伐利亚的大旗,戴着尖刺头盔。这是一批远离故土的德意志人。他们的出现让奥匈帝国的部队黯然失色:面对比自己强大得多的盟友,哈布斯堡人只能沦为附庸,没了德军的支持,他们甚至都无法战胜塞尔维亚和罗马尼亚。一些德国人已经动起了心思,要踩着帝国的尸体,在它的故土上开辟属于自己的帝国。1914年起的种种事件让普热梅希尔从一个多民族杂居的落后小城摇身一变,成为新时代各式灾难爆发的中心。德国人在1918年离开了这里,却在1939年卷土重来,那时的普热梅希尔和穿城而过的桑河即将成为纳粹波兰和苏占波兰对峙的前线。在接下来的岁月里,当地的大部分居民都会受到新统治者们在种族、语言、政治或阶级上的致命打压。

最后一班开往威尔逊维尔的列车

对于奥匈帝国来说,最严重的打击可能并非来自战场的惨败,而是一大群根本无法战胜的怪异的知识分子和艺术家,在这些人眼中,第一次世界大战的爆发简直就是美梦成真。这段时期的欧洲的确处在非正常的氛围中。一个例子就是古怪的意大利诗人、吹鼓手、战斗机飞行员加布里埃尔·邓南遮(Gabriele d'Annunzio),他在意大利进攻奥匈帝国的当天写下了这样的语句:

> 我们的警戒结束了。我们的狂欢开始了……血液从意大利的血管里喷涌而出!……屠杀开始了,破坏开始了……昨天涌

上街头和广场的每一个人都渴望着战争，他们的血管里激荡着热血；热血开始喷涌……

这样的宣言非但没被看成疯狂言论，反倒赢得了大片喝彩。当时的欧洲充斥着各种有如精神失常般令人心生反感的说辞，这样的语句倒是抓住了时代的精髓。

弗朗茨·斐迪南死后，像邓南遮这样的怪人很快开始在帝国的边缘地带出现，为战争的爆发编造出种种神秘莫测的理由。最直接的当数罗马尼亚人。罗马尼亚民族主义最初起源于类似锡比乌这样的地方，他们要求"救赎"是合理的，但这样的吞并行动难免会波及大量德意志人和匈牙利人。波兰人希望同盟国或是俄罗斯帝国陷入混乱，这样他们就能趁机重建自己的国家。但令人惊异的是，直到1918年，各方才陷入内部分裂，让波兰得以在真正意义上重新建立起独立国家。

塞尔维亚人、意大利人和捷克人是更为极端的群体。1914年夏天，塞尔维亚政府感受到了来自奥匈帝国入侵的威胁，但同时——让他们没想到的是——塞尔维亚作为俄国、英国和法国的盟友，天然成了战胜的一方。民族学家、语言学家、地理学家和历史学家蜂拥到贝尔格莱德，无限畅想塞尔维亚人建立独立大国的未来。塞尔维亚在战前就和黑山探讨过两国联手的可能，如今"南斯拉夫主义"来势汹汹，席卷了包括克拉根福（Klagenfurt）、蒂米什瓦拉和塞格德（Szeged）在内的一众北方城市，将这些城市并入王国的时机已经成熟。塞尔维亚也曾和保加利亚就建立一个泛巴尔干联邦进行过严肃的讨论：如何建立一个横跨亚得里亚海和黑海且与

第十五章

德国面积相当的国家。在欧洲各地，那些戴着眼镜、一脸诚恳的家伙给出了千万种理由，来证明为什么斯洛文尼亚人（虽然几个世纪以来都和塞尔维亚人在政治历史上毫无瓜葛）实际上是塞尔维亚人的"小兄弟"，以及为什么克罗地亚人（虽然他们自1102年起就接受匈牙利统治，信奉天主教，使用罗马字母而非西里尔字母）与贝尔格莱德政权关系密切，哪怕这一点最近才被发现。没人真的知道信奉伊斯兰教的波斯尼亚人和阿尔巴尼亚人怎样才能融入一个基督教社会，但在南部，一个没有了哈布斯堡家族的哈布斯堡式新帝国正在悄然成形。更令人震惊的是，在为数不多幸存下来的萨拉热窝刺客中，竟有一个人最终在贝尔格莱德大学任教，另一个人则成了萨拉热窝博物馆民族学部的负责人。"南斯拉夫主义"从本质上说不过是学者们的疯狂主张——但和其他许多疯狂主张一样，"南斯拉夫主义"也具备了异乎寻常的稳定性。

一代又一代意大利人对奥匈帝国的仇恨成了意大利的助燃剂。加里波第虽曾声称意大利跌入了"屈辱的粪坑"，但意大利的部队在饱受哈布斯堡部队的抽打之后，仍然拼尽全力，偷偷将威尼西亚从其他欧洲势力手中夺了回来。意大利政府的决策机制相当不合逻辑（尽管在1914年，每个国家都差不多）。他们虽然自1882年起就和奥匈帝国、德意志帝国结成了三国同盟，但民族主义的狂热仍时不时地掀起波澜，火力主要集中在那些维也纳治下有讲意大利语人口聚居的无关紧要的小地方上，比如南蒂罗尔的山谷地区以及威尼斯北部和东北部地区——的里雅斯特是当地的主要城市。意大利已经坐拥不少港口（该国也因为漫长的海岸线而出名），因此他们对新增一个港口的兴趣并不大，特别是考虑到的里雅斯特的现实情况——该城市之所以重要，唯一的原因是这里承担了为整个帝国提供给养的角色，一旦转移到意大利人手中，它的重要性将一落千丈。许多意大利政客对"民族统一主义"（irredentism）充满鄙夷——所谓"民族统一"意指解放所有讲意大利语的人口——但其他人却对这种主义充满了宗教般的狂热。民族统一思潮很快引发了边境地区的土地掠夺，达尔马提亚海岸地区因为有零星的意大利人分布，就成了夺取整个地区的理由——顺便还有阿尔巴尼亚的港口发罗拉（Vlorë），该城在1914年就被意大利人侵占了。可以预见，亚得里亚海正在逐步变成"意大利湖"，尽管这里的大部分地区并没有意大利人居住。南蒂罗尔的问题也相当类似，也是从"民族统一"开始逐步演变为土地掠夺。定居在加尔达湖（Lake Garda）和特伦托的讲意大利语的人口逐渐侵入布伦纳山口前的大片德意志人聚居地，如今还声称布伦纳山口为意大利的"天然边界"。就这样——当其他国家还在帝国的边界上虎视眈眈的时候——意大利人和哈布斯堡家族一样，提出了许多令人不解的神秘主张。从这个角度来看，意大利人承袭了哈布斯堡家族自说自话的古老传统，这种盛大但腐朽的传统要追溯到马克西米利安一世身边那群再熟悉不过的学者身上了。战争爆发后的头几个月里，哈布斯堡家族逐渐暴露出自身的无能和军力的孱弱，大大增强了这些主张的影响力，也开启了属于敌对制图师和文献学家的黄金时代。

捷克人或许是这些人中最不切实际的空谈家。随着同盟国在战争中失利，帝国彻底解体的可能性越来越高。对捷克人来说，他们

第十五章

很可能要么被并入一个日益壮大的德语国家，要么就得抓住转瞬即逝的机会建立属于自己的帝国。当时的人们都绞尽脑汁，想要找到一个可信的理由让捷克人、斯洛伐克人和罗塞尼亚人联合起来，共同组建一个全新的多民族国家（其中也包括数百万德意志人和不少匈牙利人），自东向西占领位于其他德语和匈牙利语地区与波兰人土地中间的一小块土地。当然，这纯属一种主观意愿的体现。斯洛伐克人和捷克人之间有不少共同点，但归根到底，这样的联合国家根本没有任何真正的历史根基，只能依靠一些想象中模糊的"斯拉夫价值观"，而这些价值观却将一大部分人口排除在外。到了1918年10月，这种荒唐的谬论达到了巅峰——捷克空想家马萨里克和他的同伴在美国的宾夕法尼亚州宣布成立独立的捷克斯洛伐克共和国，并在宾州的独立钟（Liberty Bell）前合影留念。这张照片记录了几个格外学究气又神经质的人物——他们的动力是民族服饰、史诗、文法细节和色彩艳丽的地图——在今天看来，他们仿佛继承了哈布斯堡的衣钵。在独立钟前拍照本来意在表明两国都具有民主的传承，但代表团一到美国却首先找了几个可笑的、完全没有代表性的美籍斯洛伐克人参与其中。他们是现代性的使徒，是最为纯粹的纪念碑。新国家信奉胡斯派的格言［真理必胜（Pravda vítězí）］，极力弘扬（存在于想象中的）真实的波希米亚异教史，即便大多数捷克人都是天主教徒。和"定居于此"的捷克语人口相比，为数众多的德意志人成了马萨里克口中的"殖民激进分子"，虽然德意志人自中世纪起就居住在波希米亚和摩拉维亚，但此刻，他们都莫名其妙地成了非法入侵者。除了与独立钟的无耻合影，紧随其后的还有一条极尽讨好之能事的惊人建议,即将新国家的第二大城市命名为"威尔索诺沃"［Wilsonovo,即"威尔逊维尔"(Wilsonville)的捷克语拼法］。然而这座城市此前只有德语和匈牙利语名字——普雷斯堡和波若尼,笨拙地揭示着此地德匈文化的传承。所幸将城市更名为"威尔索诺沃"的提议没能实现,后来这里有了一个更站得住脚的新名字"布拉迪斯拉发",其来源是对中世纪的布拉斯拉夫王子(Prince Braslav)姓名的误写。

  一个显著的特征在于,所有这些群体都继承了哈布斯堡家族的种种怪异之处。实际上,他们所有的宣言、构想、主张和暴力行动和哈布斯堡家族相比,也没有那么糟糕,都不过是家族自古以来种种痴心妄想的变体,其结果看似更为空洞可笑是因为这些事件发生的时间更晚。比如最晚发生的布拉迪斯拉发更名事件,就让我们不禁开始设想,无数古地名背后到底藏着多少误解和无能。战争创造了一批全新的多民族国家,而这些国家不过是被取代的帝国的缩小版本,和斐迪南一世神奇的独角鲸长牙相比,这些国家并没有变得更为理智。当然,所有对伟大的设想势必会相互重叠,甚至相互敌对。接下来几十年的历史将证明哈布斯堡家族统治的合法性在很大程度上要归功于他们对这个"杂烩国家"的保卫能力——不幸的是,他们的后继者根本无力应对。

点心酥皮

  虽然奥匈帝国在一战的头几年里饱受屈辱和摧残,但在剩下的

第十五章

大部分时间里,帝国看起来都是胜利者。当然,事实已经证明,这不过是一种幻觉,却也足以给予执政者一种灾难般的自信,将政权维持到战争结束。

1916年夏天,情势急转直下,俄国人发动了声势浩大的布鲁西诺夫攻势(Brusilov Offensive),进一步摧毁了加利西亚和布科维纳。从某种程度来说,正是俄国人的惨败掩盖了哈布斯堡军队的无能。这不免让人好奇,两支部队同样因循守旧,但为何俄国部队中能出现阿列克谢·布鲁西诺夫(Aleksei Brusilov)这样凭借一己之力力挽狂澜,打破双方战略平衡的指挥官。哈布斯堡一方从未有过这样的好运气——也不可能有这样的好运气。康拉德和他的指挥官们惬意地住在远离前线的泰申总部[此地距离前线约400英里,和这些人相比,西部前线上的"城堡将军"(chateau general)们①都能算是事必躬亲了],当布鲁西诺夫组织进攻的消息传来时,他们甚至不愿意中断"庆祝晚宴",因为康拉德相信俄军的攻势不会有什么进展。当时的一篇报道曾将哈布斯堡的防线描述为"如点心酥皮一般脆弱",只过了短短三天,俄军竟俘虏了约20万名战俘(其中近一半是抵抗俄军的哈布斯堡部队)。等到德意志部队趁着俄军疲累展开反攻,击退这一波攻势时,哈布斯堡部队已经伤亡了近75万人,超过一半沦为战俘,所剩无几的士兵几乎已经无法独立成军。

俄军在东线的每一场胜利换来的不过是又一片贫瘠的林地和沼

---

① "城堡将军"指一战中不关心部下和战局,缺乏勇气,只关心个人利益的军队领袖。——译者注

泽，还有烧毁的村子。可以说在这些新占领土上，俄军根本一无所获（他们在早先撤退时已经采取了坚壁清野的手段，摧毁了大部分土地）。但无论哪方拿下了加利西亚的残垣断壁，哈布斯堡帝国的未来显然只能依靠德意志帝国了。曾有人拿出一个宏大的计划，想要重新恢复帝国秩序，将一名哈布斯堡家族成员送上波兰新复辟的王位，定都卢布林（该地当时位于哈布斯堡占领区），但德国人对自己的盟友态度冷淡，甚至第一次开始正式讨论将奥匈帝国治下的德语区纳入德意志帝国管辖，类似的计划将在1938年成真。在接下来的攻势中，德国人都占据了领导角色，而哈布斯堡的部队只能沦为不起眼的一分子。

布鲁西诺夫攻势的乱局提醒了罗马尼亚人，他们该向同盟国宣战了，否则就会在1916年夏天错过最后的战略机会。罗马尼亚人入侵特兰西瓦尼亚，轻松占领了布拉索夫，引起了大众的恐慌，因为没有什么可以阻止他们进军布达佩斯了。现在，真正的考验已经来临，他们要面对喀尔巴阡山这一地图上唯一真正的障碍。然而，几代人对于东方堡垒的谋划被证明是错的，而罗马尼亚人选择的进攻时机却是更为灾难性的错误。俄军的攻势渐息，哈布斯堡、德国、保加利亚和土耳其联军的势头正盛，几周内便联手攻破了罗马尼亚。8月初，罗马尼亚人还在穿越特兰西瓦尼亚东南部，但到了12月初，布加勒斯特在几次真正的闪电战后便宣告沦陷，让将军们宛若梦回1914年夏天。在布拉索夫博物馆，展出了一张有关一战暴行的照片，这种照片实在罕见：一个匈牙利士兵微笑着站在一处战壕旁边，里面堆满了罗马尼亚士兵的尸体，尸体上还覆盖着石

第十五章

灰。这张照片一定会先让匈牙利人感受到复仇的快感,但到了1918年,当罗马尼亚人最终占领了这一地区时,他们自然也会感受到同样的喜悦。

弗朗茨·约瑟夫死于1916年11月,从表面上看,他身后的帝国正在取胜,而这正是康拉德始终希冀的。在各条战线上,帝国已经走出挣扎了几十年的战略困境。哈布斯堡的部队占领了贝尔格莱德和布加勒斯特,在曾经的俄控波兰建立了自己的占领区,在西南部的部队还能时不时地击败意军。1917年,俄军前线遭遇溃败,让帝国拥有了难以置信的光明前景。战争初期,哈布斯堡家族曾尴尬地释放了在扎科帕内附近遭到逮捕的俄国公民列宁(Lenin),让他得以继续在瑞士流亡。现在,德国人小心翼翼地安排他重返俄罗斯帝国,好煽动起更大的混乱。发生在1917年11月的卡波雷托战役(Battle of Caporetto)成了最后的狂欢,德奥联军共同向意大利发起攻势,夺取了意大利东北部的一大片土地并逼近威尼斯,造成了意军近30万人的伤亡,其中大部分都是战俘。此刻,只需要德军向西发动进攻,击败英国人、美国人和法国人的军队就能结束掉整场战争。

今天的我们都知道,这样的好局面不过是一闪而过的磷火,但直到德军在1918年夏天的最后攻势中败北前,同盟国最终取胜都是相当合情理的判断。德军的助力给了奥匈帝国一种跻身强国的错觉,但在每一次冲突中,帝国不过是个虚弱的客串演员,特别是在西线这一最重要的战场上,帝国的贡献几乎可以忽略不计。但在幸存的奥匈帝国将士眼中,当下的战局相当令人满意——俄军支离破碎,各条战线上都没有强大的敌人。然而,如何利用好这一有利形势的争论立刻导致了新问题。新登基的卡尔一世能力有限，也没有多少影响力，他于 2004 年受宣福礼，并因此向着封圣迈进了一步。以无用之人的身份获得宗教上的荣耀似乎是条可笑的路径，我盯着真福查理（Blessed Charles）的书签和圆牌，竟有些难以置信。弗朗茨·斐迪南的离世让卡尔进入继位的序列，也让他意识到弗朗茨·约瑟夫同样可能随时丧命，但他只有两年时间来学习如何统治一个多民族的帝国。他的一位将军曾用犀利的言辞这样形容他："你期待能有一位 30 岁的皇帝继位……但你见到的只是一张 20 岁的脸……还有如 10 岁小孩一样的思维、谈吐和举止。"

弗朗茨·约瑟夫的离世以及卡尔在位期间大量士兵的阵亡削弱并最终掏空了人们对帝国的忠诚。卡尔或许是个毫无价值的懦弱家伙，但他自己也很清楚，哈布斯堡帝国的胜利是难以为继的——部队四分五裂，整个帝国因为协约国的封锁而陷入饥荒。战争持续的每个星期都让帝国距离彻底崩溃更进一步。1917 年春天，为了将奥匈帝国拖出战争的泥淖，卡尔一世和法国展开了秘密谈判。谈判一无所获，因为法国关心的问题只有德国才能解决。实际上，卡尔这种"谋求和平"的姿态恰恰反映了哈布斯堡家族致命的地方主义色彩——决定战争走势的西线与卡尔毫无瓜葛。1918 年春天，法国如幸灾乐祸一般将秘密信函公之于众，这一举动激怒了德国人，让卡尔本就脆弱不堪的统治权彻底落入了德国人的严格监控之中。或许就是从这一刻起，奥匈帝国断送了自己的未来——哪怕德国人的战果进一步扩大都可能导致帝国的重大重组。德国人的势力范围已经扩展到了东部地区。这是兴登堡（Hindenburg）如华伦斯坦般夺取的东部领地（Ober Ost territory），自 1915 年起，在这片面积四万平方英里、横跨黑海和芬兰湾（Gulf of Finland）的土地上，一座又一座小镇淹没在德军的巨型探照灯下，被无数重炮和齐柏林飞艇（Zeppelin）夷为平地。这是一连串已经被遗忘的胜利，但在 1941 年，同样可怕的战争再次肆虐了这片地区。这也预示着双方愿意为此付出多大的代价——维尔纽斯（Vilnius）的俄军在被迫集体撤离前摧毁了他们所能摧毁的一切。发生在加利西亚的战争在我们的头脑中同样被后世的悲剧所掩盖，但在一战期间俄军在入侵此地的同时，也展开了大屠杀、劫掠和报复性的枪杀行动。① 到了 1918 年，从波的尼亚湾（Gulf of Bothnia）到伏尔加河（Volga），德国人将附庸国玩弄于股掌之间——这绝非承袭自哈布斯堡家族，毕竟后者已经筋疲力尽，不过是被专横盟友架起来的一具尸体罢了。

帝国内部有关如何处理新行省的激烈讨论证明，哪怕获得了全面胜利也只会带来新问题。举例来说，将新占领的塞尔维亚土地并入帝国仅仅意味着让塞尔维亚人的领土实现统一。但这完全不是帝国想要达成的目标。1914 年"惩罚远征"的本意是要恐吓、羞辱塞尔维亚并解除他们的武装。而如今，在创造了波澜壮阔的民族史诗后，幸存的塞尔维亚人被英国人和法国人集体疏散到了科孚岛（Corfu）上，他们重新组织起一支更为骁勇的军队，在萨洛尼卡前线（Salonika Front）作战——这一地区位于保加利亚以南，协约国计划由此长驱直入，向帝国进军，但直到 1918 年末，这一地区

---

① 乌克兰人和波兰人在战争正式结束后一年内的相互屠杀以及他们对犹太人的屠杀，意味着到了 1919 年旧时哈布斯堡家族统治下的加利西亚已经不复存在。

一直处在僵持状态。如果所有新领土的前景都笼罩在可怕的霸权阴影下，帝国就很难具有侵略性。德国人需要面对更大且更为复杂的附庸国，但这与哈布斯堡家族无关。贝尔格莱德的陷落、当地居民的死亡和逃离让匈牙利人欣喜不已，因为这里已经沦为一个"匈牙利行省"，但长远来看，他们不知道该如何应对数百万怒不可遏的塞尔维亚幸存者，更不用说这个缺衣少食的帝国该如何养活成千上万的意大利战俘。人们似乎刚刚放弃了攫取更多领土的想法，但这样的结果却让幸存下来的帝国精英们犯了难，他们该如何与其他势力抗衡呢？——这些势力会在1918年冬天让帝国土崩瓦解。或许这种殖民的颓势早在1878年就已经开始显现，那一年，帝国如敷衍了事一般占领了波斯尼亚和桑贾克——但无论如何，1916—1918年迟来的短暂胜利标志着帝国最后一次实现了利奥波德一世、查理六世和卡尔其他先祖在无数次虔诚祷告中所祈求的幻想。

战败的代价

哈布斯堡文明衰落的开端几乎与1914年的宣战同步，首先就是约800万年轻士兵的离去。这约800万人中约有100万人丧命，近200万人受伤，超过150万人沦为战俘，其中约三分之一在囚禁过程中死亡。在一年的时间里，每条街上都挤满了心存恐惧或是悲痛欲绝的家庭。除了显而易见的灾难外，帝国在经济上也遭受了致命的打击。意大利的参战让英得以封锁亚得里亚海，彻底截断了帝国仅有

第十五章

的港口——贸易重镇的里雅斯特和如今已经完全瘫痪的普拉（Pula）海军基地。1915 年末，同盟国控制了巴尔干半岛，帝国得以通过德意志帝国从有限的几个中立港口获得供给（当然，德国人将大部分货物都留给了自己），或者通过更为曲折的方式转道奥斯曼帝国获得供给。

  国际贸易让欧洲变得富足，也让分工变得更为专业——哪些产品需要欧洲自产，而哪些可以进口。欧洲的国际贸易在 1914 年陷入瘫痪，直到 1989 年后才得以真正恢复。帝国所有的内陆城镇几乎都是货物交易的场所，货物的进一步流通带来了利润，支撑起整个极为复杂的商业世界，让商人、银行家、律师和他们的雇员活跃其中。但这一系统也崩溃了。和帝国一起消失的还有其中看似无关紧要却又必不可少的最为核心的事物，最明显的就是知名咖啡馆中不再供应咖啡和巧克力了。即便（出于一些奇怪的理由）你不去顾及战争让多少家庭失去了亲人，或是让多少亲人成了残疾人，通货膨胀本身就已经摧毁了中产阶级，正是这些人给首都和省会城市创造了无限繁荣。帝国灭亡的背后，经济崩盘的影响可能要远甚于战争伤亡：数百万在 1914 年夏天还志得意满的中产阶级，到了 1918 年底纷纷陷入绝望，他们穷困潦倒，心中的愤怒与恐惧交织。在帝国各处，你都能看到全盛时代的标志——从 19 世纪 90 年代到 1914 年，帕蒂乌姆漂亮的小城奥拉迪亚肯定是一处永不停歇的建筑工地，是匈牙利最自由的折中主义乐园（包括惊人的黑鹰酒店建筑群①，那里的各色鲜花、玻璃花窗和俏皮的小圆球装饰）。这一切戛

---

① 此处原文为 Black Eagle Hotel complex。——译者注

然而止，也再未重启，小城中心的建筑仿佛被定格在斐迪南遇刺的消息传来的那一刻。但早在战争结束前，维也纳就已经开始衰落，一方面出于饥荒和疾病，另一方面也因为帝国运转的失灵。

军队垄断了一切供应。为了制造武器，连最小的一块金属片也不能放过——只在1917年一年，约有万吨重的教堂大钟被化为铜水，甚至连门把手和商店橱窗的金属框也被征用了。橡胶短缺让军队狂热而徒劳地搜集一切橡胶制品，连台球桌下面的橡胶球袋都变成了军车轮胎。没有新棉花（曾经可以轻松地从美国或英属埃及进口）意味着在衣服穿得破烂不堪之后只能以亚麻代替，而种亚麻又意味着必须征用过去种粮食的土地。在全球导致大约2500万人死亡的西班牙流感给了帝国最后的致命一击，病毒在几近瘫痪的城市中传播，在1918年2月夺去了克林姆特的性命，又在10月让席勒和他怀孕的妻子病亡，掏空了哈布斯堡文化中的最后一丝气韵。不为这些可怕的事件举办纪念活动也是可以理解的。我的脑海中一直回荡着策姆林斯基伟大的第三弦乐四重奏，曲子营造了一种如神经衰弱般的灰暗氛围，了无生气，正如某人的评语所言，"好像在舔舐一块肮脏冰冷的窗玻璃"。

很难想象在这样的情况下，社会该如何维系。当时的人们认为是战争失利和民族主义的煽动导致了帝国的分崩离析。毫无疑问，这些都是重要的原因，但帝国自1915年起就已经沦为一具空壳。对帝国概念最为买账的群体当数年轻的军事精英和会说多种语言、在意帝国的整体性、认同帝制的贵族们，但他们中的大多数人在战争爆发后的头几个月里就死光了。整个帝国框架的合法性随即被经

第十五章

济上的失利击碎——绝对的贫困伴随着一波又一波平民和士兵的死亡。1917年在俄国爆发的二月革命给加冕短短几周的皇帝卡尔提了醒:从这个角度来看,他的无能根本不是重点。1917年底,罢工和兵变已经拖垮了整个帝国。1918年1月16日,维也纳主要的肉食市场前排了约25 000名妇女等待领取食物。

(和俄国一样)执政合法性的彻底丧失为新理念的产生提供了空间。整个中欧开启了一场延续近一个世纪的实验,让当地人口遭受了前所未有的暴力。在那些顺从、繁荣且有文化底蕴的偏远地区,各方势力大行其道,仅仅因为当地一切维持社会秩序的手段都已失效。以奥拉迪亚为例,小城在停战协议签署后仍遭到了罗马尼亚军队的入侵,当地的匈牙利居民饱受暴力与歧视,类似的伤害在后来仍时有发生,时至今日,当地匈牙利居民的数量仍不足当地人口数的四分之一。1927年,一场奥拉迪亚大天使米迦勒军团(Legion of the Archangel Michael)的集会导致镇上半数犹太教堂被烧毁。那里的百姓从未有机会过上稳定正常的生活。

冷漠的胜利

一战期间,英国和哈布斯堡家族之间并未发生过严重的正面冲突,这是件奇事。英国的封锁让中欧大部分地区饱受饥荒之苦,但这只能算远程战争,英国人无须煽动仇恨,只要控制住北海和地中海就能让这一策略产生可怕的效果。卡波雷托战役爆发后,一部分英国军队被调至阿尔卑斯山区来巩固意大利前线，奥地利的专员和观察员在巴勒斯坦和萨洛尼卡战场与英国人对垒，但哈布斯堡的军队则身陷另外一场战争。美国人也是一样。美国人对奥地利知之甚少，但在无数加利西亚移民和到访的捷克知识分子口中，奥地利象征着对落后欧洲的维护，是囚禁各民族的监狱。真正的战争鲜少发生对卡尔来说本该是件好事，因为协约国并未将注意力放在这个仍在存续的帝国身上。但事实证明，这也导致了致命的信息差——只依赖少数几位专家的意见，却对帝国的分崩离析展示出毫不关心的冷漠，最终轻易地断送了这个国家。

卡尔皇帝似乎没给任何见过他的人留下任何印象——他是如此平庸，会因为一点小事发怒，是个蛮横的皇帝。他最喜欢装饰自己的谒见厅，在里面挂满先祖们毫无魅力的画像，还声称在任何一个王朝中总会时不时出现几个被迫填漏补缺的人物，有些甚至比自己还要无助。可悲的是，前任皇帝们虽然无能，但尚有皇室体系支撑，可以为哪怕最没有尊严的人维持住该有的高贵姿态。漫步在美泉宫，弗朗茨·约瑟夫的旧家具为这座养老院增添了文雅的气息，但同样让卡尔感到窒息。再加上如火如荼的俄国革命，让他在各个层面上都成了一个让人失望的君主。作为末代皇帝，卡尔没有任何荣耀加身，他没有如中世纪故事般在英雄广场上与革命者决战，发出作战的怒吼，然后被一枪射倒，身边围绕着身穿漂亮制服的护卫。但自从年轻的玛丽亚·特蕾莎以来，就再没出现过这样的人物了。卡尔没有多少选择，但他做出的每个选择都糟糕透顶。帝国在战争中伤亡惨重，卡尔必须对人民有所交代，这成了他愤怒与痛苦

第十五章

的主要来源——特别是在 1918 年 3 月与俄国达成和平协议之后。随着边界的确定和各国的臣服,所有曾经让哈布斯堡国民头疼的民族和战略问题似乎都尘埃落定了。俄国军队不会再入侵匈牙利,克罗地亚不会再出现塞尔维亚人的军队,也不会有罗马尼亚军队进入特兰西瓦尼亚了。接下来,只需静待德国人击败英法美联军,就能万事大吉了。1918 年春,哈布斯堡家族达成了所有目标。即便意外败北,帝国也无须面对任何具体的威胁,因为协约国无意瓦解帝国,而签署停战协议无异于让敌国自内部产生退化和崩溃。

当然,我们知道这样的想法是错误的——但 1918 年初的协约国本身已经精疲力竭,他们的征战对同盟国毫无影响,令他们惊骇不已。对俄战争的结束让德意志帝国军力大增,一支又一支久经沙场的战斗师团被调往西线,主动权牢牢掌握在德国人手中,而此时的奥匈帝国基本上已经成了战场上的旁观者。但即便如此,卡尔还是陷入了兵源匮乏的局面:哈布斯堡的军队已经集体从主要堡垒中撤离,也无须在喀尔巴阡山驻防,但所剩人数实在寥寥无几,供给也跟不上。有人想出了一些聪明点子,比如征用赛马,让入伍的新兵自带内衣,但这也抵消不了工厂的损耗、交通系统的崩溃,以及发生在中欧生活方方面面的贫血症。

1918 年发生的大事之一是俄国在投降后释放哈布斯堡战俘。被俘虏的人数多达 150 万,其中约三分之一已经死亡。这些被关押在前俄罗斯帝国各处的战俘踏上了他们的返乡之路,这是最早一批大规模人口迁移之一,这种可怕的集体迁移在欧洲各地区接连发生,一直持续到 20 世纪 40 年代末。归来的战俘大都重病缠身,因此也不难理解为什么他们对羞辱了自己的帝国心怀恨意，再加上频繁的犯罪活动，让哈布斯堡军队中仅存的集体价值观岌岌可危。虽然没有确切的数字，但据估计，当时差不多有 20 万逃兵在帝国各地游荡，部队开始重新执行严酷的军法，比如把逃兵绑在柱子上或戴上铁镣铐，这一定能让拉德茨基和温迪施-格雷茨亲王这样的人物欣喜不已。想要将这些憔悴的幸存者再次征召入伍的努力是个彻头彻尾的错误，因为相当大一部分比例的战俘无论在身体条件还是政治理念上都无法达标。

从各个角度来看，帝国都展现出了极强的韧性，但面对重重困局，帝国内外的权力中心都开始另谋良策，最终击垮了帝国。有太多事件可以被认定为"压垮帝国的最后一根稻草"，多到足够搭一间稻草屋了。"圣斯蒂芬"（Saint Stephen）号战舰的沉没是其中最有代表性的事件。这是匈牙利制造的唯一一艘舰船，是匈牙利人渴望展示国家力量投射的产物，也是徒劳无功的普拉海军基地的骄傲。一战期间，这艘军舰并没有派上什么用场，因为它在意大利、法国和英国海军面前根本不堪一击，一旦驶入地中海就会遭到三国的攻击。为了执行冲破封锁线的疯狂计划，这条船终于在 1918 年 6 月离港，但在抵达封锁线前就被意大利的鱼雷艇拦截，随后炸毁，大部分船员都未能逃过一劫。匈牙利人的海军大梦从此化为泡影。

对于同盟国的致命打击竟来自保加利亚前线。多年来，协约国军队一直被牵制在萨洛尼卡附近，惨遭同盟国的嘲弄，也让协约国自己抬不起头。1918 年 9 月，一支法国和塞尔维亚的联合部队最终突破封锁，对整个巴尔干半岛造成威胁。德国和奥匈帝国尚未做出

第十五章

反应,德国陆军将领鲁登道夫(Ludendorff)就率先缴械投降了。原因再简单不过了,他们已经无兵可用——所有士兵要么在忙着占领地域辽阔但百业凋敝的东部帝国,要么在抵抗西线人数远超过自己的敌军(美国计划在1919年将部队规模扩充到约450万人)。

接下来的几个月里情势愈发复杂,兴奋与恐惧交织。你或你的先祖选择在哪里生活突然变成一个至关重要的问题,这是自从土耳其人入侵以来的头一遭。无论与你相隔几代的先祖出于什么原因做出的决定——无论是情感上的还是经济上的,无论是自愿选择还是被迫为之——都将决定你当下的国籍;对于数百万人来说,这将在未来的30年里让他们陷入贫困,流离失所,甚至死亡。

战争即将结束的趋势愈发清晰,各个民族开始反抗哈布斯堡家族。许多评论家认为这是一连串悲惨事件的集合,但毫不夸张地说,当时的帝国已经毫无信誉可言——人们对卡尔和帝国的统治者们嗤之以鼻,但更可怕的是他们对帝国命运的漠视,好似未来的任何势力划分都与他们无关。脆弱的帝国被饥饿折磨得奄奄一息,残垣断壁内外都隐藏着虎视眈眈的掠食者。那个在1914年夏天满怀信心宣战的政治实体如今已经物是人非。军事方面,10月末的威尼托战役(Battle of Vittorio Veneto)成了另一根"最后的稻草"——意大利人面对奥地利人数十年的羞辱,终于以一场决定性的大胜扬眉吐气。随着最后30 000多名子民不出意料地以身殉国,帝国至此满盘皆输。

混乱一直持续到最后。10月下旬,共同部长会议(Common Ministerial Council)在维也纳召开,这是奥地利德意志人、捷克人和匈牙利人最后一次与犹豫不决、缺乏现实感的卡尔会面了。10月18日,卡尔发布《告全体忠诚子民书》(Manifesto to My Faithful Peoples),宣布在他治下建立一个由六个新成员国组成的联邦,包括奥地利、乌克兰、捷克、波兰、匈牙利和南斯拉夫。但一切为时已晚,各地宣言四出,根本没人在意维也纳或是布达佩斯的意愿。会议对"圣斯蒂芬王冠领地"的权利做出了沉闷而冗长的评价,否决了"令人费解的威尔逊方案"(the sphinx Wilson),好似突然从养老院里拉出来一群迷迷糊糊的老人。会议室外,一个新的时代开始了,林荫道上挤满了心怀不满的人群、惊慌失措的警察还有满腔怒火的老兵。11月11日,暴躁的皇帝卡尔一世最后一次展示了他迂回别扭的性子。他拒绝退位,但选择"放弃参与政务"。

帝国的历史就此终结,它的子民们开始展望一个——经后世证明——更为可怕的新世界。

尾　声

　　回想起为本书做调研的日子，我惊讶地发现自己竟花了这么多时间走在路上。我走过一座又一座城市，穿梭在纵横交错的居民区里，好像成了一种病态的喜好。只需要确定一个大概的方向，便开始扫荡一片又一片遍布私人住宅的区域——共产主义的塔楼，成排的 19 世纪自建小楼，还有旧时大资产阶级的豪华别墅，如今却衰败不堪地挤在街上。冷战结束后不久，我曾作为客人在德累斯顿郊区的一对老夫妇家里住过一段时间。他们的房子里空荡荡的，既没有电话也没有电视。突如其来的政权更替吓坏了这对善良而温和的老人，让他们不知所措。他们的全部生活都围绕着家附近的一小块区域，这块地方后来被改建成了一处色彩异常鲜艳的凉亭，周围的架子上开满了同样色彩艳丽的各式花朵，简直让人眼花缭乱。到了夏天，老夫妇就从小棚子里拿出一对折叠椅，坐在花架下乘凉。

我提到这对老夫妇是因为在近30年的时间里，他们的影子一直出现在我的脑海中，我忘不了他们的反应，那是人在面对不可能的情境时最合理的表现。在中欧各地有无数类似的小花园，很多街上都修了很宽的人行道，方便建设这些临街花园。到处都能看到悉心打理的小花田，和周围荒凉的公共空间形成了鲜明的对比。

漫步在这些街道上，耳边回荡着清洗碗碟的叮当声、狗吠声、孩童的吵闹声和广播里的歌曲，让我不禁开始反复思考一个简单的问题。每座小镇里都上演着人人向往的日常生活——有家人、有事业，享受美食和性爱，一起聊聊天然后睡去。但这些地方同样遭受过一波又一波惨烈的灭顶之灾，像我这样的外来者根本无法想象。今天的碗盘叮当声、狗吠声、孩子的吵闹声和乐曲声可能跟过去的一个世纪没什么不同，但发出这些声音的主体却早已换了身份。这片帝国旧土上，几乎没有一个家庭不曾被那些最可怕的势力在思想、政治和军事上染指。一切可能始于1914年，第一批电报送来了亲人伤亡的消息，但对于所有这些家庭的索取则持续了一代又一代。最典型的例子显然发生在布拉格、维也纳、布达佩斯和克拉科夫等城市的犹太人聚居区——帝国终结后的25年里，这里欣欣向荣、充满活力的多元文化被彻底摧毁，数百万人因为不同的信仰和思想而惨遭杀害，这不禁让人开始怀疑到底何为欧洲文化的真正本质。克拉科夫的卡齐米日（Kazimierz）区仍然如此——人们过着同样的家庭生活，家庭却早已不是曾经的家庭。整个地区皆是如此。

尾　声

在利沃夫和伊万诺-弗兰科夫斯克这样的城市，曾经的居民几乎都惨遭驱逐甚至屠杀——仅仅因为他们是犹太人、波兰人、日耳曼人，或是富人、支持纳粹或共产党的人。旧时加利西亚的犹太小镇科洛梅亚（Kolomyya）如今成了一个热闹杂乱的乌克兰小镇，但已经没有一个犹太居民了。冷战结束后，当地人推倒了列宁的雕像，底座里竟塞满了犹太人的旧墓碑。

这个古老帝国中的几乎每个人都在20世纪因为这样或那样的原因遭受过灭顶之灾。从这个角度来看，利沃夫的利查基夫公墓（Lychakiv Cemetery）可能是世界上最知名、最复杂的墓园了——在这里长眠的人来自不同种族、讲不同语言、有不同社会地位，他们共同造就了独特而复杂的加利西亚文化，但这样的文化几乎已经彻底湮灭了。波兰人的家庭墓地通常造型考究但大多破旧不堪，上面爬满了苔藓，旁边就挤着清教徒、东仪天主教徒和东正教徒的坟墓。一座建于20世纪20年代纪念波兰市民成功抗击乌克兰入侵者保卫利沃夫的纪念碑最近竟（令人欣慰地）得以重建。几十年来，这里一直是民族主义和政治恐怖主义的策源地，曾轮番受到纳粹、苏联人和乌克兰人的报复打击，但最终成了一个卡车站。意识形态斗争过去后的今天，人们已经筋疲力尽，在这里你能清晰地感受到这一点——乌克兰和波兰两国政府终于同意重建这座宏伟的纪念碑（已于2005年重新开放），但也意味着围绕纪念碑的争论该停止了，毕竟利沃夫不会再有波兰人了。

二战后，幸存的波兰人被赶出了利沃夫，诗人亚当·扎加耶夫斯基（Adam Zagajewski）在1991年的作品《双城》（*Two Cities*）

中记录了这段儿时的回忆。无数令人发指的暴行曾在这里上演，其中影响最大的当数斯大林为解决这片波兰人、乌克兰人杂居的加利西亚旧地所采取的措施：他将整个波兰西移至原德意志的领土上——大部分土地曾属于哈布斯堡家族，即由腓特烈大帝夺取的西里西亚。这些比碎石块大不了多少的西里西亚小镇上还居住着一些幸存的德意志人，他们被尽数赶走，由同样遭受驱离命运的加利西亚波兰人替代。许多波兰人在格莱维茨（Gleiwitz）落脚，即今天的波兰城市格利维采（Gliwice），距离利沃夫往西约70英里。扎加耶夫斯基的作品记录了人们在欧洲最为悲惨的遭遇，是一部绝对的杰作，但其中最让人难以忘怀的当数格利维采的新居民，他们竟拒绝承认曾经迁移的历史。他们像无事发生过一样和邻居们交谈，穿着古代的衣服，以毫无意义的敬称相互引荐，试图想象一个不曾遭到破坏的哈布斯堡式田园生活，就像他们小时候那样。他们漫步在格利维采，让自己相信这里的环境和利沃夫别无二致。当然，他们也尽可能地不去注意人民共和国的到来，这个新的政体即将替代恐怖的纳粹主义。用扎加耶夫斯基的话说，人民共和国代表着"恐惧、没有血色的面孔、颤抖的手、窃窃私语、死寂和冷漠，家家窗户紧闭，邻里相疑，加入那个令人痛恨的党组织"。

1914年至1950年间，这场绝对的灾难以各种原因席卷了哈布斯堡帝国中的每个人。我的脑海里立刻涌现出数百个例子，让一切都变成恐怖但毫无意义的大杂烩：德国的镇子里没有德国人，波兰的镇子里没有波兰人，匈牙利的镇子里没有匈牙利人。当然，也别忘了乡下：加利西亚和波希米亚还散落着无数犹太人小村。伦敦威

尾 声

斯敏斯特犹太教堂（Westminster Synagogue）的博物馆里保存着1 564份《妥拉》经卷，大多来自波希米亚的犹太人村庄。在大多数情况下，这些经卷是小村唯一的遗存，而这些村子在纳粹"保护国"出现前，一直是欧洲生活中最重要、最根本的存在。

一战结束以降，西方一直存在着这样的困惑：为什么后哈布斯堡时代的政治家们都如此不可理喻——为什么偶尔出现一个令人满意的人物（通常是"怀有善意"的贵族），会如此迅速地被野兽般的政治家们吞没呢？白色恐怖、全民动员、种族暴力以及在军事威胁下的左右之争让旧帝国陷入了一场噩梦，伴随着前所未有的波折曲直，几代人都被卷入其中。但所有这些人物争夺的不过是一处衰败中的废墟，人口数据的变化就是最冷酷的证据。帝国伟大的首都维也纳成了一座空城，两次战争期间人口锐减了约30万，宏伟的政府大楼里有一半都是空的，经济遭到严重破坏。相比之下，帝国第二首都布达佩斯的人口不降反升，仅仅是因为有几十万匈牙利人为了逃离塞尔维亚和罗马尼亚的恐怖统治，从匈牙利南方和东方的旧土逃难至此。

这些创伤立刻让人们陷入了怀旧的情绪，他们意识到自己已经失去了一些极为珍贵的东西。在很多创作于20世纪30年代的经典小说里，作者近乎痴迷般地怀念着前帝国曾经拥有的种种可能，但今天，这个地域辽阔的国家已经被众多如脏笼子般的新兴民族小国替代。德若·科斯托拉尼（Dezső Kosztolányi）充满魅力的作品《夜神科尔内尔》（Kornél Esti）是匈牙利最伟大的小说之一，主人公离开布达佩斯的小酒馆（这些小酒馆的名字都很有意思，比如

"鱼雷"、"硫酸"——"低台跳水")去往海岸。在一个神奇的场景中,他穿过战前的帝国南下,看到一个友善的克罗地亚守卫向他招手。他来到亚得里亚海边的匈牙利港口阜姆,在那里,匈牙利的旗帜还快乐地飘扬在深蓝色的海面上。对于小说最早的读者来说,这段情节一定不忍卒读,因为在当时,这条路线已经被新南斯拉夫人和意大利的法西斯主义者控制,他们满怀着不可遏制的敌意,大肆庆祝战争的胜利。科斯托拉尼的另一部杰作《云雀》(*Skylark*)以及他的大部分故事都发生在战前匈牙利南方的一个小镇上,这个小镇是他以自己的出生地苏博蒂察(Subotica)为原型虚构出来的,苏博蒂察在当时也被划入了南斯拉夫的版图。约瑟夫·罗特的小说中洋溢着对旧帝国的怀念,展现了一种泛欧洲的渴望。在《皇帝的陵墓》(*The Emperor's Tomb*)一书中,生活在维也纳的主人公和他来自斯洛文尼亚、靠卖栗子为生的表亲一起前往加利西亚拜访一位犹太马车夫——他们的目的地兹拉托格勒(Zlotograd)是个虚构出来的小镇,位于偏远的边境线上,是罗特最喜欢的地方。斯蒂芬·茨威格、亚历山大·莱尔内特-霍勒尼亚(Alexander Lernet-Holenia)、米克洛什·班菲等作家也给20世纪30年代留下了很多在帝国领土上往复周游的角色。他们赞颂各民族间的友好关系和相互包容——至少是互不干涉,但如今,民族主义早已露出獠牙,将这一切尽数撕碎。班菲在书中描写了这样一个场景:战争爆发前,几个年轻的科洛斯堡贵族找来一群友善的警察帮忙清理人行道,让他们能和吉卜赛乐队一道,在心爱的姑娘窗下唱歌。在班菲写下这个故事的时候,科洛斯堡成了罗马尼亚治下的城市克卢日,这样的

尾 声

场景根本不可能发生了。

当然,故事中的大部分地点和人物很快会被新一轮的恐怖浪潮淹没,这给作品增添了几分痛苦的魅力,甚至超过了作者的预想。事实的确如此,当我忧郁地在一座座荒凉的小镇中漫步,穿过一条又一条没有尽头的长街时,总会想起班菲在《特兰西瓦尼亚三部曲》中塑造的那些贵族形象。这些房子的主人可能在1914年时就被赶了出去,后续又换了一批又一批住客,但我还是情不自禁地想要回来看看。最让我受到触动的一点在于,当时对帝国的批评都秉承着实打实的自由主义精神——但后来,自由主义本身竟成了不被接受的思想。人们花费了巨大努力让帝国摆脱腐朽的封建体制,想要建立一个公平、宽容的新世界,但后世所遭遇的恶意与痛苦远不是旧时奥匈帝国统治者所能想象的。

奥匈帝国的自由主义精神很快随着帝国的倒台消散无踪,替代它的是极具排他性的民族主义,自然无法与自由主义共存。哪怕只有半点包容性尚存的人数都急速下降,只剩下一小撮像班菲这样的贵族。卡尔一世的统治结束后,就再也没有真正的民主了——或者说民主成了大部分团体手中的武器,让他们能凌驾于更小的群体之上。甚至连捷克斯洛伐克都无法解决少数民族的问题了。对于帝国的后继国来说,第一要务就是消灭哈布斯堡家族留下的所有痕迹。在西部偏远的德语小镇埃格尔(即今天的海布),人们推倒了中心广场上约瑟夫二世的雕像,哪怕他是个倡导现代化改革的亲德君主。这一事件导致镇上唯一的捷克语学校被烧毁,也让捷克军队像占领军一样涌进了广场。损毁的雕像被移除后,埃格尔成了德意志人仇恨滋生的温床。这里在事实上已经不再属于捷克斯洛伐克，连捷克语的路牌都被拆除了。简而言之，弗朗茨·斐迪南对德属波希米亚的设想当即就成了现实。在整个20世纪30年代，镇子里一直在大张旗鼓地纪念德意志英雄华伦斯坦，他在此被哈布斯堡的懦夫杀害，而在布拉格看来，这就是新哈布斯堡的复兴。在纪念华伦斯坦的庆典和游行中，埃格尔的人们会荒谬地换上三十年战争期间的军服，后来就很快演变成了苏台德地区对希特勒的狂热支持。这里的人们从未与捷克斯洛伐克和解。如今的海布也成了一个完全由新居民组成的小镇，所有的德意志居民被尽数杀害或放逐，是历史上的又一场灾难。

在我写作本书的几年里，一个显而易见的问题一直折磨着我：哈布斯堡帝国遭瓦解的内因是否导致了纳粹主义的兴起？帝国最后几十年里方兴未艾的民族主义实验是否在事实上造就了希特勒这一"最完美"的产物？他的执念、行为和幻想似乎都根植于此，而非德意志本身。他对哈布斯堡的痴迷给德国造成的影响是否和德国总参谋部将列宁放回俄国的影响一样大呢？所有这些问题最终都不会有答案。

来到维也纳尚未完工的英雄广场总能缓解我的忧郁之情。但也是在这里，在1938年的春天，希特勒赢得了最大的一场胜利。德裔奥地利人在狂喜中迎来了"进犯"的纳粹军队，奥地利共和国是肮脏而弱小的，他们在此遭受的耻辱终于都结束了。当希特勒出现在霍夫堡宫的阳台上，望向广场上约20万向他投来崇敬目光的人时，成千上万的"他者"（左翼人士、君主主义者、奥地利爱国者

尾 声

和哈布斯堡家族成员）正在被逮捕，残忍暴力的反犹行动正在爆发。希特勒的车队穿过奥地利的国境后，他首先去了父母在上奥地利州的坟墓，接着又来到曾经求学的林茨。但正是在维也纳，20岁出头的希特勒作为弗朗茨·约瑟夫的子民饱受羞辱，过着像乞丐一样的生活。站在霍夫堡宫装潢俗气的阳台上，他却变成弗朗茨·约瑟夫。虽然这个弗朗茨·约瑟夫即将掌管一个重建的帝国，但他的眼中只有德意志，和匈牙利人的合作纯属不情愿之举——只因他们是另一个"尼伯龙根"种族——这也颠覆了维也纳在1914年以前的政治格局：犹太人和斯拉夫人将再次回到他们该去的地方。

英雄广场是个让人难受的地方。过去的军营和阅兵场被改建成了一个彰显帝国辉煌的舞台，但帝国覆灭时，广场远未完工，只竖起了两座陈腐的雕像，一座属于欧根亲王，一座属于卡尔大公。如今，这里成了一个停车场，一阵风吹过，带起的只有尘土和随手丢弃的塑料杯。广场上纳粹时期留下的巨型防空塔总让我的视线不堪其扰，它好像《世界大战》中的产物，偷偷地躲在博物馆后面。大部分防空塔都已被拆除，唯独这一座留了下来——这座庞大的混凝土建筑曾被用作高射炮台，也曾被用作军火库和防空洞。建造防空塔自有其实际作用，但人们也希望它能永远矗立在广场上，成为维也纳堡垒的标志，以供纳粹帝国的后代瞻仰，就像维也纳英雄广场上献给两位伟大卫士的雕像一样，或是像卡伦堡的据点，让人们始终记得亲王们就是在那里会合后一齐冲下山将围攻维也纳的奥斯曼土耳其军队杀得片甲不留的。在原本的设计中，防空塔的外立面还有一层大理石，但石材因为盟军在诺曼底登陆而被滞留在了法国的采石场，又因为显而易见的原因，再没能送过来。沿着广场漫步，地平线上始终耸立着那座丑陋的防空塔。我还记得在蜜月期间，我和妻子曾坐在霍夫堡宫的台阶上看着它——那是一个浪漫的时刻。在之后的近 20 年里，每一次来到这里，我都会情不自禁地抬头看看奥地利人是否把它拆除了。但它始终在那里。

参考书目

有两本书没有列入参考书目：丽贝卡·韦斯特（Rebecca West）的《黑羊与灰鹰》（*Black Lamb and Grey Falcon*），还有克劳迪奥·马格里斯（Claudio Magris）的《多瑙河之旅》（*Danube*）。这两本书是我几年前读的，一读就爱上了，或许我对中欧的兴趣正来源于此，但我实在无法重读这两部作品。它们让我感觉自己好像一个星际旅行者，搭乘着用烟火驱动的垃圾桶火箭，试图在木星和土星间航行。这些书的吸引力实在是太大了——只是读读杰夫·戴尔（Geoff Dyer）有关丽贝卡·韦斯特的书评，就能让我感到，我的整个项目都被无可救药地拖进了她的轨道。所以这些书不应该出现在参考书目清单里，但它们的影响注定无处不在，至少在我纷杂的记忆里。

在这个清单中，有一些我很喜欢但对本书并没有直接贡献的书目。我也没有为托马斯·伯恩哈德（Thomas Bernhard）、约瑟夫·罗特和斯蒂芬·茨威格的小说单列一个清单，这看起来不过是想把书页填满的无意义行为：我只列出了一些非常优秀的例子，希望有某人在某地，从这里开始，然后沉迷其中。每本书的出版日期是基于我所拥有的版本，因此不一定是第一版。作者姓名的拼写沿用了书上的拼写，因此有可能和其他版本有所区别。

撑起本书真正脊梁的是数不胜数的游客信息册、钉在教堂布告板上的传单、塞在CD盒子里的小活页、和比我懂得多的人们对话、博物馆手册，还有一大堆满载回忆、令人困惑却又格外迷人的地图——没有什么东西比一张高质量的多语种特兰西瓦尼亚地图更吓人了。写作过程中，我拥有两本"圣经"（这显然是个矛盾的说法）：一本是贝德克尔（Baedeker）出版于1911年的《奥匈》旅行分册的副本，它的主人是慷慨的约翰·西顿，他的鼓励和友谊多年来对我意义重大；另一本是马戈西（Magocsi）和马修斯（Matthews）的鸿篇巨制《中东欧历史地图集》（*Historical Atlas of East Central Europe*），这本书回答了上千个问题，但也提出了更多的问题。

Charles Allen, *The Buddha and the Sahibs* (London, 2002)
Aharon Appelfeld, trans. Dalya Bilu, *Badenheim 1939* (London, 2005)
Ronald G. Asch, *The Thirty Years War: The Holy Roman Empire and Europe, 1618–48* (Basingstoke, 1997)

Karl Baedeker, *Guide to Austria-Hungary with Excursions to Cetinje, Belgrade and Bucharest* (London and New York, 1911)
Béla Balázs, *The Cloak of Dreams: Chinese Fairy Tales*, trans. Jack Zipes

(Princeton, 2010)
Philip Ball, *The Devil's Doctor: Paracelsus and the World of Renaissance Magic and Science* (London, 2006)
Miklós Bánffy, *They Were Counted*, trans. Patrick Thursfield and Katalin Bánffy-Jelen (London, 2000)
Miklós Bánffy, *They Were Divided*, trans. Patrick Thursfield and Katalin Bánffy-Jelen (London, 2001)
Miklós Bánffy, *They Were Found Wanting*, trans. Patrick Thursfield and Katalin Bánffy-Jelen (London, 2000)
Robert Bartlett, *The Making of Europe: Conquest, Colonization and Cultural Change 950–1350* (London, 1993)
Antony Beaumont, *Zemlinsky* (Ithaca, 2000)
Steven Beller, *A Concise History of Austria* (Cambridge, 2006)
David Bellos, *Is That a Fish in Your Ear?* (London, 2011)
Marina Belozerskaya, *The Medici Giraffe and Other Tales of Exotic Animals and Power* (New York, 2006)
Thomas Bernhard, *Extinction*, trans. David McLintock (London, 1996)
Thomas Bernhard, *Old Masters: A Comedy*, trans. E. Osers (London, 2010)
Robert Bireley SJ, *The Refashioning of Catholicism, 1450–1700* (Basingstoke, 1999)
William Blacker, *Along the Enchanted Way: A Story of Love and Life in Romania* (London, 2009)
Paul Blanchard, *The Blue Guide to Northern Italy* (London, 2005)
T. C. W. Blanning, *The Culture of Power and the Power of Culture: Old Regime Europe 1660–1789* (Oxford, 2002)
T. C. W. Blanning (ed.), *The Eighteenth Century* (Oxford, 2000)
T. C. W. Blanning, *Joseph II* (Harlow, 1994)

Tim Blanning, *The Pursuit of Glory: Europe 1648–1815* (London, 2007)

Richard Bonney, *The European Dynastic States, 1494–1660* (Oxford, 1991)

Catherine Wendy Bracewell, *The Uskoks of Senj: Piracy, Banditry, and Holy War in the Sixteenth-Century Adriatic* (Ithaca, 1992)

Vladmir Brnardic, *Imperial Armies of the Thirty Years War: Cavalry* (Botley and Long Island City, 2010)

Vladimir Brnardic, *Imperial Armies of the Thirty Years War: Infantry and Artillery* (Botley and Long Island City, 2009)

Reed Browning, *The War of the Austrian Succession* (New York, 1994)

Rogers Brubaker, Margit Feischmidt, Jon Fox and Liana Grancea, *Nationalist Politics and Everyday Ethnicity in a Transylvanian Town* (Princeton and Oxford, 2006)

Bernd Brunner, *Bears: A Brief History*, trans. Lori Lantz (New Haven, 2007)

Malcolm Bull, *The Mirror of the Gods: Classical Mythology in Renaissance Art* (London 2005)

Tim Burford and Norm Longley, *The Rough Guide to Romania* (London, 2008)

Elias Canetti, *Crowds and Power*, trans. Carol Stewart (London, 1984)

Elias Canetti, *The Human Province*, trans. Joachim Neugroschel (London, 1986)

Elias Canetti, *Kafka's Other Trial*, trans. Christopher Middleton (London, 2012)

Bryan Cartledge, *Mihály Károlyi and István Bethlen* (London, 2009)

Bryan Cartledge, *The Will to Survive: A History of Hungary* (London, 2006)

Holly Case, *Between States: The Transylvanian Question and the European*

Idea during World War II (Stanford, 2009)

Kenneth Chalmers, *Béla Bartók* (London, 1995)

Christopher Clark, *The Sleepwalkers: How Europe Went to War in 1914* (London, 2012)

Mark Cornwall (ed.), *The Last Years of Austria-Hungary: A Multi-National Experiment in Early Twentieth-Century Europe* (Exeter, 1990)

Gerald R. Cragg, *The Church and the Age of Reason, 1648–1789* (Harmondsworth, 1960)

Gordon A. Craig, *The Battle of Königgrätz: Prussia's Victory over Austria, 1866* (Philadelphia, 2003)

Kevin Cramer, *The Thirty Years' War and German Memory in the Nineteenth Century* (Lincoln and London, 2007)

Roger Crowley, *Empires of the Sea: The Final Battle for the Mediterranean 1521–1580* (London, 2008)

Norman Davies, *God's Playground: A History of Poland: Volume I: The Origins to 1795* (Oxford, 2005)

Norman Davies, *God's Playground: A History of Poland: Volume II: 1795 to the Present* (Oxford, 2005)

Norman Davies, *Vanished Kingdoms: The History of Half-Forgotten Europe* (London, 2011)

Istvan Deák, *The Lawful Revolutionary: Louis Kossuth and the Hungarians, 1848–1849* (New York, 1979)

Peter Demetz, *Prague in Black and Gold: The History of a City* (London, 1998)

Jeroen Duindam, *Vienna and Versailles: The Courts of Europe's Dynastic Rivals, 1550–1780* (Cambridge, 2003)

Mark Edmundson, *The Death of Sigmund Freud: Fascism, Psychoanalysis*

and the Rise of Fundamentalism (London, 2007)
Erich Egg, *Das Grabmal Kaiser Maximilians I.* (Innsbruck, 1993)
Andrew Evans, *The Bradt Guide to Ukraine* (Chalfont St Peter, 2010)
R. J. W. Evans, *Austria, Hungary, and the Habsburgs: Central Europe c. 1683–1867* (Oxford, 2006)
R. J. W. Evans, *The Making of the Habsburg Monarchy 1550–1700* (Oxford, 1979)
R. J. W. Evans, *Rudolf II and His World* (London, 1997)

György Faludy, *My Happy Days in Hell*, trans. Kathleen Szasz (London, 2010)
Niall Ferguson, *The War of the World: History's Age of Hatred* (London, 2006)
David Freedberg, *The Eye of the Lynx: Galileo, His Friends, and the Beginnings of Modern Natural History* (Chicago and London, 2002)
Saul Friedländer, *The Years of Extermination: Nazi Germany and the Jews, 1939–1945* (New York, 2007)
Horst Fuhrmann, *Germany in the High Middle Ages c. 1050–1200* (Cambridge, 1986)

David Gates, *The Napoleonic Wars 1803–1815* (London, 1997)
Misha Glenny, *The Balkans: Nationalism, War and the Great Powers* (London, 1999)
Joscelyn Godwin, *Athanasius Kircher's Theatre of the World* (London and New York, 2009)
Thomas E. Greiss (ed.), *The West Point Atlas for the Wars of Napoleon* (New York, 2003)

Charles Habsburg, *The Autobiography of the Emperor Charles V*, trans.

Leonard Francis Simpson (London, 1862 – Kessinger Publishing digital reprint)
Peter Handke, *Repetition*, trans. Ralph Manheim (New York, 1998)
Peter Handke, *A Sorrow Beyond Dreams*, trans. Ralph Manheim (New York, 2002)
Jaroslav Hašek, *The Good Soldier Švejk*, trans. Cecil Parrott (London, 1973)
Peter Heather, *Empires and Barbarians: Migration, Development and the Birth of Europe* (London, 2009)
Charles Hebbert, Norm Longley and Dan Richardson, *The Rough Guide to Hungary* (London, 2005)
Mary Heimann, *Czechoslovakia: The State that Failed* (New Haven and London, 2009)
Holger H. Herwig, *The First World War: Germany and Austria-Hungary 1914–1918* (London and New York, 1997)
Theodor Herzl, *The Jewish State* (London, 2010)
Michael Hochedlinger, *Austria's Wars of Emergence, 1683–1797* (Harlow, 2003)
Amanda Holden with Nicholas Kenyon and Stephen Walsh, *The Viking Opera Guide* (London, 1993)
Peter Hopkirk, *Foreign Devils on the Silk Road: The Search for the Lost Treasures of Central Asia* (London, 1980)
Bohumil Hrabal, *Closely Watched Trains*, trans. Edith Pargeter (Evanston, 1990)
Bohumil Hrabal, *The Death of Mr Baltisberger*, trans. Michael Henry Heim (London, 1990)
Bohumil Hrabal, *Too Loud a Solitude*, trans. Michael Henry Heim (London, 1991)
Rob Humphreys, *The Rough Guide to Austria* (London, 2005)
Rob Humphreys, *The Rough Guide to the Czech Republic* (London,

2009)
Rob Humphreys, *The Real Guide to Czechoslovakia* (New York, 1991)
Agnes Husslein-Arco (ed.), *Anton Romako: Admiral Tegetthoff in the Naval Battle of Lissa* (Vienna, 2010)
Agnes Husslein-Arco and Marie-Louise von Plessen (eds.), *Prince Eugene: General-Philosopher and Art Lover* (Vienna and Munich, 2010)

Charles Ingrao, *The Habsburg Monarchy 1618–1815*, 2nd edition (Cambridge, 2000)

Charles and Barbara Jelavich, *The Establishment of the Balkan National States, 1804–1920* (Seattle, 1977)
Tony Judt, *Postwar: A History of Europe Since 1945* (London, 2007)

Jonathan Keates, *The Siege of Venice* (London, 2005)
Ian Kershaw, *Hitler 1889–1936: Hubris* (London, 1998)
Ian Kershaw, *Hitler 1936–1945: Nemesis* (London, 2001)
Danilo Kiš, *The Encyclopedia of the Dead*, trans. Michael Henry Heim (Evanston, 1997)
Danilo Kiš, *Garden, Ashes*, trans. William J. Hannaher (New York, 1975)
Dezső Kosztolányi, trans. Bernard Adams, *Kornél Esti* (New York, 2011)
Dezső Kosztolányi, trans. Richard Aczel, *Skylark* (New York, 2010)
Paul Koudounaris, *The Empire of Death: A Cultural History of Ossuaries and Charnel Houses* (London and New York, 2011)
Milan Kundera, *Testaments Betrayed: An Essay in Nine Parts*, trans. Linda Asher (London, 1995)

Chris Lavers, *The Natural History of Unicorns* (London, 2009)
Norman Lebrecht, *Why Mahler?: How One Man and Ten Symphonies Changed the World* (London, 2010)
Paul Lendvai, *Inside Austria: New Challenges, Old Demons* (London, 2010)
Alexander Lernet-Holenia, *Baron Bagge/Count Luna*, trans. Richard and Clara Winston and Jane B. Greene (Hygiene, 1980)
Dominic Lieven, *Empire: The Russian Empire and Its Rivals from the Sixteenth Century to the Present* (London, 2002)
Vejas Gabriel Liulevicius, *War Land on the Eastern Front: Culture, National Identity and German Occupation in World War I* (Cambridge, 2000)
Norm Longley, *The Rough Guide to Slovenia* (London, 2007)
John Lukacs, *Budapest 1900: A Historical Portrait of a City and Its Culture* (London, 1993)

C. A. Macartney, *The Hapsburg Empire 1790–1918* (London, 2010)
William O. McCagg, Jr., *A History of the Habsburg Jews 1670–1918* (Bloomington and Indianapolis, 1992)
Diarmaid MacCulloch, *A History of Christianity: The First Three Thousand Years* (London, 2009)
Diarmaid MacCulloch, *Reformation: Europe's House Divided, 1190–1700* (London, 2003)
Richard Mackenney, *Sixteenth Century Europe: Expansion and Conflict* (Basingstoke, 1993)
Gordon McLachlan, *The Rough Guide to Germany* (London, 2004)
Paul Robert Magocsi and Geoffrey J. Matthews, *Historical Atlas of East Central Europe* (Seattle, 1993)
Noel Malcolm, *Bosnia: A Short History* (London, 1994)
William Maltby, *The Reign of Charles V* (Basingstoke, 2002)

Sandor Márai, *Embers*, trans. Carol Brown Janeway (London, 2002)
Peter Marshall, *The Magic Circle of Rudolf II: Alchemy and Astrology in Renaissance Prague* (New York, 2006)
Mark Mazower, *The Balkans: From the End of Byzantium to the Present Day* (London, 2000)
Simon Millar, *Vienna 1683: Christian Europe Repels the Ottomans* (Botley, 2008)
Lieutenant-Colonel J. Mitchell, *The Life of Wallenstein, Duke of Friedland* (London, 1837 – BiblioLife digital reprint)
Laurence Mitchell, *The Bradt Guide to Serbia* (Chalfont St Peter, 2010)
Andrej Mitrović, *Serbia's Great War, 1914–1918* (London, 2007)
Mary Wortley Montagu, *Life on the Golden Horn* (London, 2007)
Simon Sebag Montefiore, *Prince of Princes: The Life of Potemkin* (London, 2000)
Eduard Mörike, *Mozart's Journey to Prague*, trans. David Luke (London, 1997)
Geoff Mortimer, *Wallenstein: The Enigma of the Thirty Years War* (Basingstoke, 2010)
Herta Müller, *The Land of Green Plums*, trans. Michael Hofmann (New York, 1996)
Robert Musil, *Flypaper*, trans. Peter Wortsman (London, 2011)
Robert Musil, *The Man without Qualities*, trans. Eithne Wilkins and Ernst Kaiser (London, 1979)

Ménie Muriel Norman, *A Girl in the Karpathians* (London, 1891 – British Library reprint)

Richard Overy, *The Bombing War: Europe, 1939–1945* (London, 2013)
Geoffrey Parker, *Europe in Crisis 1598–1648*, 2nd edition (Oxford, 2001)

Ota Pavel, *How I Came to Know Fish*, trans. Jindriska Badal and Robert McDowell (London, 2010)

Martyn Rady, *The Emperor Charles V* (Harlow, 1988)
Timothy Reuter, *Germany in the Early Middle Ages 800–1056* (Harlow, 1991)
Gregor von Rezzori, *The Snows of Yesteryear*, trans. H. F. Broch De Rothermann (London, 1989)
Barnaby Rogerson, *The Last Crusaders: The Hundred-Year Battle for the Centre of the World* (London, 2009)
Joseph Roth, *The Emperor's Tomb*, trans. John Hoare (London, 1984)
Joseph Roth, *Flight Without End*, trans. David le Vay in collaboration with Beatrice Musgrave (London, 1984)
Joseph Roth, *Weights and Measures*, trans. David le Vay (London and Chester Springs, 2002)
Ulinka Rublack, *Reformation Europe* (Cambridge, 2005)

Paul W. Schroeder, *The Transformation of European Politics 1763–1848* (Oxford, 1994)
H. M. Scott, *The Birth of the Great Power System, 1740–1815* (Harlow, 2006)
James J. Sheehan, *German History 1770–1866* (Oxford, 1989)
Larry Silver, *Marketing Maximilian: The Visual Ideology of a Holy Roman Emperor* (Princeton, 2008)
Brendan Simms, *Europe: The Struggle for Mastery, 1453 to the Present* (London, 2013)
Brendan Simms, *The Struggle for Mastery in Germany, 1779–1850* (Basingstoke, 1998)
Alan Sked, *The Decline and Fall of the Habsburg Empire, 1815–1918*

(Harlow, 1989)

Alan Sked, *The Survival of the Habsburg Empire: Radetzky, the Imperial Army and the Class War, 1848* (London, 1979)

Yuri Slezkine, *The Jewish Century* (Princeton, 2004)

Pamela H. Smith, *The Business of Alchemy: Science and Culture in the Holy Roman Empire* (Princeton, 1994)

Timothy Snyder, *The Reconstruction of Nations: Poland, Ukraine, Lithuania, Belarus 1569–1999* (New Haven and London, 2003)

Martin Sonnabend and Jon Whiteley with Christian Rümelin, *Claude Lorrain: The Enchanted Landscape* (Oxford, 2011)

Jonathan Sperber, *The European Revolutions, 1848–1851* (Cambridge, 1994)

Sybille Steinbacher, *Auschwitz: A History*, trans. Shaun Whiteside (London, 2005)

Zara Steiner, *The Lights That Failed: European International History 1919–1933* (Oxford, 2005)

Rolf Steininger, *South Tyrol: A Minority Conflict of the Twentieth Century* (New Brunswick and London, 2009)

David Stevenson, *1914–1918: The History of the First World War* (London, 2004)

Adalbert Stifter, *The Bachelors*, trans. David Bryer (London, 2008)

Adalbert Stifter, *Brigitta and Other Tales*, trans. Helen Watanabe-O'Kelly (London, 1990)

Adalbert Stifter, *Indian Summer*, trans. Wendell Frye (Bern, 2009)

Adalbert Stifter, *Rock Crystal*, trans. Elizabeth Mayer and Marianne Moore (London, 1999)

Richard Stokes (editor and translator), *The Book of Lieder* (London, 2005)

William Stolzenburg, *Where the Wild Things Were: Life, Death, and Ecological Wreckage in a Land of Vanishing Predators* (New York, 2008)

Norman Stone, *The Eastern Front, 1914–1917* (London, 1975)

Hew Strachan, *The First World War, Volume I: To Arms* (Oxford, 2001)

Peter F. Sugar, *South-Eastern Europe under Ottoman Rule 1354–1804* (Seattle, 1977)

Italo Svevo, *The Nice Old Man and the Pretty Girl*, trans. L. Collison-Morley (Brooklyn, 2010)

Franz A. J. Szabo, *The Seven Years War in Europe 1756–1763* (Harlow, 2008)

Marcus Tanner, *The Raven King: Matthias Corvinus and the Fate of His Lost Library* (New Haven and London, 2009)

A. J. P. Taylor, *The Struggle for Mastery in Europe 1848–1918* (Oxford, 1954)

Keith Thomas, *Religion and the Decline of Magic: Studies in Popular Beliefs in Sixteenth- and Seventeenth-Century England* (London, 1971)

Mark Thompson, *The White War: Life and Death on the Italian Front, 1915–1919* (London, 2008)

John Tincey, *Blenheim 1704: The Duke of Marlborough's Masterpiece* (Oxford, 2004)

H. R. Trevor-Roper, *The European Witch-Craze of the Sixteenth and Seventeenth Centuries* (Harmondsworth, 1969)

Walter Ullmann, *Medieval Political Thought* (Harmondsworth, 1975)

Arminius Vambéry, *The Life and Adventures of Arminius Vambéry* (London and Leipzig, 1883 – Elibron digital reprint)

David Vital, *A People Apart: The Jews in Europe, 1789–1939* (Oxford,

1999)

John Watts, *The Making of Politics, 1300–1500* (Cambridge, 2009)
Geoffrey Wawro, *The Austro-Prussian War: Austria's War with Prussia and Italy in 1866* (Cambridge, 1996)
C. V. Wedgwood, *The Thirty Years War* (London, 1938)
Joachim Whaley, *Germany and the Holy Roman Empire*, two vols. (Oxford, 2012)
Andrew Wheatcroft, *The Enemy at the Gate: Habsburgs, Ottomans and the Battle for Europe* (London, 2008)
Carolinne White (trans.), *The Rule of Benedict* (London, 2008)
Christopher Wickham, *The Inheritance of Rome: A History of Europe from 400 to 1000* (London, 2009)
Peter H. Wilson, *Europe's Tragedy: A New History of the Thirty Years War* (London, 2009)
Peter H. Wilson, *German Armies: War and German Politics, 1648–1806* (London, 1998)
Peter H. Wilson, *The Holy Roman Empire 1495–1806* (Basingstoke, 1999)
Simon Winder, *Germania: A Personal History of Germans Ancient and Modern* (London, 2010)
Larry Wolff, *The Idea of Galicia: History and Fantasy in Habsburg Political Culture* (Stanford, 2010)
Larry Wolff, *Inventing Eastern Europe: The Map of Civilization on the Mind of the Enlightenment* (Stanford, 1994)

Adam Zagajewski, *Two Cities: On Exile, History, and the Imagination*, trans. Lillian Vallee (New York, 1995)
Stefan Zweig, *Amok and Other Stories*, trans. Anthea Bell (London,

2006)
Stefan Zweig, *Beware of Pity*, trans. Phyllis and Trevor Blewitt (London, 1982)
Stefan Zweig, *The Invisible Collection/Buchmendel*, trans. Eden and Cedar Paul (London, 1998)

致　谢

　　本书的完成得益于无数旅店老板、火车上的旅客、博物馆导游、路人、服务员、检票员和公车司机的帮助。每当我陷入彻底的迷茫时，就会有人如魔法般地出现，帮助我再次上路。我完成本书的时候，心中竟充满感伤，因为我不能再期冀回到那些格外有趣甚至有点疯狂的地方了。我再讲下去难免会让读者觉得冗长，但每每来到中欧，我总是不自觉地面带微笑，甚至兴奋得跳起来，哪怕眼前的事物在表面上看并没有什么特别的，但它就是能驱使着人们去到那里，和我一样兴奋起来。

　　在此，我要感谢尼古拉斯·布莱克、蒂姆·布兰宁、克里斯托弗·克拉克、R. J. W. 埃文斯、克里斯蒂娜·琼斯、玛丽娜·肯

致谢

普、托尼·莱西、托马斯·佩恩、亚当·菲利普斯、诺曼·斯通和巴纳比·温德尔对部分章节或全书给出的宝贵建议,有些建议着实一针见血。我还要感谢保罗·巴格利、特雷西·博安、埃玛·布拉沃、马尔科姆·布尔、已故的彼得·卡森、萨拉·查尔方特、佩妮与戴维·埃德加、尼尔·弗格森、海伦·弗雷泽、乔纳森·加拉西、艾莱奥·戈登、吉姆与桑迪·琼斯、巴里·兰福德、迪尔梅德·麦卡洛克、斯特凡·麦格拉斯、塞西莉亚·麦凯、马克·马佐尔、斯图尔特·普罗菲特、约翰·西顿、布伦丹·西姆斯、卡萝尔·汤金森、亚当·图兹、汤姆·威尔登、彼得·威尔逊、斯蒂芬妮·温德尔、伊丽莎白与克里斯托弗·温德尔及安德鲁·怀利对我的帮助、启发、鼓励和包容。

我对中欧的兴趣始于 1992 年初,当时我和克里斯蒂娜·琼斯正在度蜜月,维也纳和布拉格的严寒让我始料未及。本书最后的调研是在克拉科夫和普热梅希尔在儿子的陪伴下完成的,小伙子今年已经 19 岁了,当我们一起研究扬三世·索别斯基墓碑上的雕塑,在瓦维尔城堡观看被链条绑住的恶龙时,他是我最志同道合的伙伴。自从我组建家庭,有了孩子以来,我们一家人——包括我的孩子巴纳比、费力克斯和玛莎——就一直和哈布斯堡家族的问题纠缠在一起,但我的家人们始终充满耐心、兴致勃勃,真是让人惊叹。23 年来,克里斯蒂娜·琼斯是唯一一个让我想吸引的人,但我的做法可能有些古怪。比如,我会时不时地在她眼前消失,跑去克卢日-纳波卡,或者更过分的是在厨房里欣赏用乡村长笛演奏的民间小调,希望她不要介意。我相信匈牙利语里一定有一个词汇来表达我对她的亏欠——英语已经不足以表达我对她全部的炙热感情——但和往常一样,我并不知道。

西蒙·温德尔
于旺兹沃思镇斯奎姆

Danubia: A Personal History of Habsburg Europe

Copyright © 2013, Simon Winder

Simplified Chinese edition © 2025 by China Renmin University Press

All Rights Reserved.

图书在版编目（CIP）数据

多瑙河畔：哈布斯堡欧洲史 /（英）西蒙·温德尔（Simon Winder）著；郑玲译. -- 北京：中国人民大学出版社，2025.5. -- ISBN 978-7-300-33551-3

Ⅰ. K500.7

中国国家版本馆CIP数据核字第2025TT7395号

多瑙河畔
哈布斯堡欧洲史

［英］西蒙·温德尔（Simon Winder） 著
郑玲 译
Duonao Hepan

出版发行	中国人民大学出版社
社　址	北京中关村大街31号　　邮政编码　100080
电　话	010-62511242（总编室）　010-62511770（质管部）
	010-82501766（邮购部）　010-62514148（门市部）
	010-62515195（发行公司）　010-62515275（盗版举报）
网　址	http://www.crup.com.cn
经　销	新华书店
印　刷	北京瑞禾彩色印刷有限公司
开　本	890 mm×1240 mm　1/32　　版　次　2025年5月第1版
印　张	20.375 插页4　　　　　　　印　次　2025年5月第1次印刷
字　数	440 000　　　　　　　　　定　价　188.00元

版权所有　　侵权必究　　印装差错　　负责调换